**WERELD
REISGIDS**

Portugal

Inhoud

Tussen melancholie en het moderne leven 10
Portugal als reisbestemming 12
Hulp bij het plannen van uw reis 15
Suggesties voor rondreizen 20

Land, volk en cultuur van Portugal

Portugal in het kort 24
Natuur en milieu 26
Economie, maatschappij en actuele politiek 36
Geschiedenis 42
Jaartallen 52
Maatschappij en dagelijks leven 54
Architectuur en kunst 60

Reisinformatie voor Portugal

Reis en vervoer 72
Accommodatie 78
Eten en drinken 81
Sport en activiteiten 88
Feesten en evenementen 92
Praktische informatie van A tot Z 94

Onderweg in Portugal

Hoofdstuk 1 – Lissabon

In een oogopslag: Lissabon 112
Het historisch centrum van Lissabon 114
Op en rond Rossio 114
Baixa 115
Chiado 118
Actief: een nacht aan de Taag – tocht door het uitgaansgebied 122
Van Bairro Alto naar Cais do Sodré 123

De oostelijke oude stad **125**
Mouraria...125
Graça...126
Alfama..128

Het westen van Lissabon................................ **131**
São Bento en Estrela 131
Campo de Ourique...131
Amoreiras 132
Lapa..133
Alcântara en Belém 136

Het moderne Lissabon **141**
Ten noorden van het centrum 141
Expoterrein 142
Actief: metrorit door een ondergrondse kunstgalerie 148

Hoofdstuk 2 – Omgeving van Lissabon

In een oogopslag: omgeving van Lissabon............... **158**
Schiereiland Setúbal **160**
Cacilhas 160
Costa da Caparica 160
Cabo Espichel..162
Sesimbra 163
Parque Natural da Arrábida......................................163
Azeitão 164
Setúbal 165
Reserva Natural do Estuário do Sado.............................168
Palmela..169

Ten noorden van de Taagmonding **170**
Palácio Nacional de Queluz......................................170
Estoril 170
Cascais 171
Praia do Guincho en Cabo da Roca...............................173
Sintra..174
Actief: Parque da Pena – wandeling door
   de Tuin van Eden 176
Uitstapje naar de Atlantische Oceaan 178
Mafra 179
Ericeira 180

Hoofdstuk 3 – Midden-Portugal

In een oogopslag: Midden-Portugal	**184**
Estremadura en het land van de kloosters	**186**
Peniche	186
Óbidos	187
Caldas da Rainha	188
Santarém	190
Langs de Taag	191
Tomar	193
Ourém	196
Fátima	196
Parque Natural da Serra de Aire	197
Batalha	197
Alcobaça	198
Nazaré	201

Beira Litoral	**203**
Leiria	203
Marinha Grande en de kust	203
Conimbriga	204
Coimbra	204
Het bergland rond Coimbra	211
Noordwaarts langs de kust	212
Aveiro	216
Actief: vogels kijken – een tocht door de lagune	220
Costa de Prata	221

Beira Interior	**222**
Caramulo	222
Viseu	222
Uitstapje richting Dourodal	225
Guarda	226
Serra da Estrela	228
Actief: skiën op 2000 m hoogte	232
Belmonte	233
Historische dorpen	234
Castelo Branco	236

Hoofdstuk 4 – Porto en de monding van de Douro

In een oogopslag: Porto en de monding van de Douro	**240**
Porto	**242**
Het centrum van Porto	242
Ribeira	249
Actief: nostalgisch winkelen	250

Westelijke oude stad 252
Westelijke buitenwijken 255
Actief: met de boot langs de wijngaarden aan de Douro 258

Omgeving van Porto 262
Van Porto zuidwaarts 262
Van Porto noordwaarts 268

Hoofdstuk 5 – Het groene noorden

In een oogopslag: het groene noorden **274**
Het midden van Minho 276
Vila Nova da Famalicão 277
Guimarães 277
Onderweg naar Braga 283
Braga 284
Barcelos 288

Het noorden van Minho 291
Aan de monding van de Rio Cávado 291
Viana do Castelo 293
Actief: hoog boven Viana – wandelen
    over de waterleiding 300
Door het dal van de Rio Lima 301
Actief: over het pelgrimspad naar Ponte de Lima 304
Langs de kust noordwaarts 305
Aan de Rio Minho 307
Parque Nacional Peneda-Gerês 309
Actief: nationaal park Gerês – wandelen over weidepaden 314

Dourodal en Trás-os-Montes 316
Door het Dourodal 316
Actief: met de stoomtrein door het Dourodal 322
Bragança 328
Chaves 330

Hoofdstuk 6 – Alentejo

In een oogopslag: Alentejo **334**
Alto Alentejo 336
Montemor-o-Novo en omgeving 336
Évora 338
Actief: over de Rota dos Vinhos do Alentejo 344
Monsaraz en omgeving 345
Vila Viçosa 346
Elvas 347

Campo Maior 348
Estremoz en omgeving...349
Portalegre 351
Marvão 352
Actief: een reis naar de steentijd...................................354
Castelo de Vide 355

Baixo Alentejo 357
Alcácer do Sal..357
De Costa Azul van Alentejo...358
Grândola 360
Van Grândola naar Sines 360
Sines 362
Van Sines naar Algarve 365
Beja en omgeving..366
Moura 370
Serpa..371
Mértola..371

Hoofdstuk 7 – Algarve

In een oogopslag: Algarve 378
De rotsen van Algarve 380
Sagres en omgeving 380
Uitstapje aan de Costa Vicentina..................................382
Lagos...385
Actief: boottocht langs de grotten van Algarve 388
Alvor 389
Portimão en omgeving...389
Albufeira...392
Vilamoura 394
Rode rotsen...394

Het zand van Algarve 396
Faro 396
Olhão..402
Natuurpark Ria Formosa..403
Tavira..404
Vila Real de Santo António 407
Castro Marim 408

Het achterland van Algarve 409
Uitstapje langs de Rio Guadiana 409
Actief: fietsen en wandelen aan de Rio Guadiana.................410
Door de Serra do Caldeirão.......................................411
Loulé 412
Actief: met de fiets door het stille bergland 416

Door het landschap van Barrocal 417
Alte 418
Silves 419
Serra de Monchique 420

Culinair lexicon **422**
Verklarende woordenlijst **424**

Register **426**
Fotoverantwoording **431**
Colofon **432**

Thema's

Bestrijding van bosbranden met gedeeltelijk succes 31
Portugals energie uit zon, wind en water...................... 35
Grote bloei in het beton verdwenen 38
Wedloop naar het rijke Oosten – de zeeroute naar India 46
Vrouwenemancipatie à portuguesa............................. 57
Golos en gouden fluitjes 58
Azulejo's: kunst in aardewerk gebakken....................... 64
Literatuur op zoek naar het mens-zijn......................... 68
Fado: Amália en haar dochters............................... 130
Sprookjeswereld in steen: de manuelstijl...................... 192
Port: een zoete wijn verovert de wereld....................... 265
Nieuw leven in oude gebouwen............................... 280
Hartstochtelijke heiligenverering: feesten in Minho 296
Alqueva-stuwdam – goed of slecht voor Alentejo?.............. 372
Moors erfgoed in het gewone leven en de cultuur 414

Alle kaarten in een oogopslag

Lissabon: overzicht **113**
Lissabon: binnenstad 120
Lissabon: overzicht.. 134
Expoterrein 143

Omgeving van Lissabon: overzicht **159**
Rond Lissabon 161
Parque da Pena: wandeling door de Tuin van Eden 176

Midden-Portugal: overzicht **185**
Coimbra 206
Aveiro 218

Door de lagune van Ria de Aveiro...................................220
Beira Interior..224

Porto en de monding van de Douro: overzicht 241
Porto..246
Met de boot langs de wijngaarden aan de Douro 258
Omgeving van Porto..268

Het groene noorden: overzicht 275
Guimarães...278
Braga..287
Het noorden van Minho...292
Viana do Castelo..298
Hoog boven Viana – wandelen over de waterleiding 300
Over het pelgrimspad naar Ponte de Lima 304
Parque Nacional da Peneda-Gerês 311
Nationaal park Gerês – wandelen over weidepaden 314
Dourodal en Trás-os-Montes..321

Alentejo: overzicht 335
Alto Alentejo...338
Évora..342
Over de 'Rota dos Vinhos do Alentejo'.............................344
Een reis naar de steentijd..354
Baixo Alentejo 362
Beja 368

Algarve: overzicht 379
De rotsen van Algarve...382
Lagos..384
Boottocht langs de grotten van Algarve 388
Faro 398
Fietsen en wandelen aan de Rio Guadiana 410
Met de fiets door afgelegen bergland..............................416

*De gevels van veel huizen
in de wijk Ribeira van Porto
zijn verfraaid met kleurige tegels*

Tussen melancholie en het moderne leven

Lange tijd lag Portugal wat afgelegen en op zichzelf aan de rand van Europa. Waar het land eindigt en de zee begint, zoals een dichter ooit schreef. Slechts enkele namen en enkele gebeurtenissen deden zich gelden, nauwelijks genoeg om een totaalbeeld te schetsen. Pas na een enorme maatschappelijke verandering verscherpten de contouren zich.

Allereerst brachten de voetballers Portugal grote wereldfaam. Bekende namen zijn Eusébio, Luís Figo en Cristiano Ronaldo. Uiteraard kreeg ook de port wereldwijd erkenning als verfijnde drank. Literatuurliefhebbers zijn bekend met Portugese schrijvers als Fernando Pessoa en José Saramago. En ieder kind schreef op school de namen op van Portugese ontdekkingsreizigers als Vasco da Gama en Magellaan. Algemeen bekend waren de foto's van de droomstranden van Algarve en misschien ook wel de melancholieke melodieën van de fado. Maar zelfs deze optelling van facetten leverde geen tastbare voorstelling van het land en de mensen op.

Ons vage beeld van het land had overigens ook wel te maken met het feit dat Portugal van zijn kant zich lange tijd niet duidelijk als een deel van Europa zag. Als ze de grens overstaken, zeiden de Portugezen dat ze 'naar Europa' gingen. Ze keerden dit schijnbaar vreemde continent de rug toe en oriënteerden zich over het weidse water op hun overzeese koloniën.

Onder de langdurige dictatuur van António Salazar werd zowel de politieke als de geografische afstand tot andere landen op de spits gedreven en omhuld met een nationalistische ideologie: *orgulhosamente sós*, wij staan vol trots alleen, riep hij zijn onderdanen toe. Salazar cultiveerde het terugkijken naar het heldhaftige verleden van het land en moedigde fantasieën over een koloniale grootmacht aan, terwijl het volk in bittere materiële en culturele armoede leefde. De vele Portugezen die zich tot emigratie genoodzaakt zagen, waren aanvankelijk verbaasd over de hoogontwikkelde industrielanden van Europa maar leerden zich er staande te houden. Er bleef echter een sluimerend nationaal minderwaardigheidsgevoel bestaan, ondanks de geslaagde democratische revolutie van 1974 en de daaruit voortvloeiende grote maatschappelijke veranderingen.

Toen Portugal destijds de doorbraak naar een nieuw tijdperk tot stand bracht, bood de Europese Unie actieve steun bij de overgang van een arm land naar een moderne gemeenschap. De Portugezen waardeerden dat buitengewoon en gedroegen zich daarom in de economische crisis van de afgelopen tijd als de modelleerling van de Europese klas. Vol ambitie deden de Portugezen een beroep op onvermoede bronnen van energie en een herbezinning op de historische pioniersgeest om het buitenland te laten zien tot welke prestaties ze in staat waren.

En de lijst met positieve punten van het moderne Portugal groeit nog steeds. Met de uitstekend georganiseerde Wereldtentoonstelling van 1998 in Lissabon, het in euforische sfeer georganiseerde Europees kampioenschap voetbal in 2004 en het voortreffelijke programma van de Europese Cultuurhoofdstad Guimarães in 2012 liet het openhartige en sympathieke gastland zien dat het tot veel meer is in staat is dan sierlijke dribbels en mooie goals. Het ooit achtergebleven land was op gelijke hoogte met de rest van Europa gekomen. Dankzij deze ervaringen lijkt Portugal ook de economische crisis te overwinnen, die het land sinds 2009 als gevolg van een slechte concurrentiepositie hard heeft getroffen.

In dit huidige toenaderingsproces heeft Portugal steeds een hoge mate van culturele zelfstandigheid behouden, die de geïnteresseerde bezoeker ongetwijfeld zal fascineren. Vroeger gaven de Portugese bouwmeesters de Europese gotiek en barok al een eigen karakter door sierlijke stijlelementen toe te voegen. In de 16e eeuw deed de kunstzinnig beschilderde tegel zijn intrede als sierlijk en tegelijk functioneel bouwmateriaal; met de versiering van metrostations in de moderne steden heeft deze toepassing nu weer een nieuw hoogtepunt bereikt. De klassieke fadoklanken zijn een onderdeel van de wereldmuziek geworden en beleven een onverwachte renaissance. In ver van de kust gelegen streken leven nog oeroude tradities voort die een uitstapje naar de dorpswereld tot een tijdreis naar het verleden maken. In veel steden langs de kust is de geschiedenis nog tastbaar aanwezig, maar heeft men ook een geslaagde modernisering weten door te voeren. Doordat de toekomst een plaats naast de traditie heeft gekregen, is de voortdurende afwisseling tussen oud en nieuw, ouderwets en modern een uitzonderlijk onderdeel van de vakantie.

Minstens zo rijk aan afwisseling is het Portugese landschap. De bijzonder fraaie kust met een lengte van 832 km biedt volop gelegenheid om te zwemmen, over het strand te wandelen, te surfen en te snorkelen. In het binnenland liggen bergen en heuvels om te wandelen, ruig en ongetemd in het noorden, lieflijk-mediterraan in het zuiden. Zo wordt *Bemvindos a Portugal* een hartelijke begroeting in een land met een veelzijdige natuur, levende tradities en moderne ambities.

De schrijver

Jürgen Strohmaier
anwbmedia@anwb.nl

Portugal geeft zijn geheimen prijs aan wie het land liefheeft. En Jürgen Strohmaier houdt met heel zijn hart van Portugal. Hij kwam in 1994 via een samenwerkingsverband van de EU terecht in Algarve en woont sindsdien in Faro en in de hoofdstad Lissabon. Hij heeft hier een nieuw thuisland gevonden. Hij is betoverd door de grote verscheidenheid van het land en het hartelijke karakter van de Portugezen. Hij brengt zijn fascinatie graag over in zijn boeken, bij een individuele rondleiding door Lissabon en tijdens georganiseerde groepsreizen met een sociaalculturele achtergrond.

Portugal als reisbestemming

Schitterende kusten, levendige steden, aan traditie gehechte dorpen en ongerepte landschappen – in Portugal kunt u zich verheugen op een reeks veelzijdige vakantie-ervaringen. Het land is echter in het bijzonder zo aantrekkelijk door de sfeer van rustige kalmte, met mensen die vaak overweldigend vriendelijk en zeer behulpzaam zijn. Deze vriendelijke en behulpzame mensen komt u overal tegen, maar vooral ver van de toeristische gebieden. Juist hier kunt u in een pension met een persoonlijke sfeer of in een weinig opvallend traditioneel restaurant veel te weten komen over het land en de mensen.

Gemakkelijk contact

Over het algemeen kunt u zich in Portugal gemakkelijk verstaanbaar maken zonder dat u de taal spreekt. De jongere Portugezen spreken redelijk goed Engels en willen dat graag bewijzen, terwijl de ouderen vaak nog wel Frans verstaan omdat ze dat geleerd hebben in de jaren van emigratie naar Frankrijk, Luxemburg en Zwitserland. Maar overal krijgt u met een paar woordjes Portugees toegang tot het hart van de inwoners, waarbij u na de eerste begroeting zonder problemen het gesprek kunt voortzetten in het Engels. Zelfs een kort *bom dia* ontlokt al een vriendelijk lachje. Gelukkig zijn de gespannen verhoudingen met de Spaanse buren inmiddels veel soepeler geworden. Het is dan ook niet meer een ernstige misstap om bij gebrek aan een andere gemeenschappelijke taal een paar woorden Spaans te gebruiken, dat de Portugezen heel goed verstaan.

Veelzijdig landschap

In het noorden liggen de groene tuinen van de regio Minho en de uitgestrekte wijngaarden van het diep ingesneden dal van de rivier de Douro. In Midden-Portugal vindt u schrale bergketens, die ten zuiden van de rivier de Taag overgaan in het eindeloos uitgestrekte heuvellandschap van Alentejo. Het uiterste zuiden wordt gekenmerkt door een mediterrane plantenwereld en de spectaculaire kust van Algarve. Op een oppervlakte van ruim twee keer Nederland bestrijkt Portugal drie verschillende klimaatzones. De vegetatie wisselt in de streken naargelang ze een zeeklimaat, een landklimaat of een mediterraan klimaat hebben – en het hele jaar door staat altijd wel ergens iets met prachtige kleuren in bloei. Niet in de laatste plaats aantrekkelijk is de 832 km lange kustlijn van het noordwesten naar het zuidoosten, met grillige rotsformaties, imposante plateaus of uitgestrekte zandstranden die worden omzoomd door een ongerept duinlandschap.

Getuigen van het verleden

De oude steden Lissabon en Porto zijn tegenwoordig veelzijdige metropolen die op zich al een reis waard zijn. Er zijn talloze buitengewone cultuurmonumenten, sfeervolle plekjes en nog niet algemeen bekende bijzonderheden te ontdekken. Ook de historische universiteitssteden Coimbra en Évora met hun levendige studentenwereld zijn een bezoek waard. Vooral in het noorden van Portugal, waar de christelijke heroveraars van het schiereiland de Moren het eerst verdreven, liggen middeleeuwse stadjes die nog de sfeer van het vroege begin van de staat ademen.

Langs de grens met Spanje staan meer dan honderd romaanse en gotische kastelen als heldhaftige getuigen van de zeker niet altijd vriendschappelijke relatie tussen de buurlanden. Tegenwoordig bieden ze vooral een fantastisch uitzicht over het omliggende land. De vroegste sporen van menselijke bewoning in Portugal gaan echter nog veel verder terug. De honderden rotstekeningen uit de oudere steentijd in Foz Côa hebben inmiddels een plaats gekregen op de UNESCO-Werelderfgoedlijst, terwijl vooral in het centrale deel van Alentejo talloze mysterieuze dolmens en menhirs te bewonderen zijn. In het noorden is rond Braga en Viana do Castelo een Keltische *castro*-cultuur aangetroffen.

Kunst en cultuur

Wie belangstelling voor kunstgeschiedenis heeft, kan zich verheugen op menige onverwachte ontdekking. Midden- en Zuid-Portugal hebben veel Romeinse opgravingen, met Conimbriga en Milreu als hoogtepunten. Romaanse kerken en kapellen zijn juist in het noorden te vinden. Prachtige voorbeelden van de Portugese laatgotiek, de zogeheten manuelstijl, vindt u in Lissabon en ten noorden ervan tot aan Batalha en Tomar.

Als een 'blauwe draad' loopt door een verblijf in Portugal ook de fantasierijke versiering met azulejo's, die overal te zien zijn, in kerken, paleizen, stations en cafés. Dankzij een grote goudvondst in Brazilië in de 17e eeuw is bijna elk Portugees godshuis getooid met verguld houtsnijwerk; een mooi voorbeeld is de Igreja São Francisco in Porto.

Lissabon biedt een fraai overzicht van de beeldende kunst. Aanraders voor liefhebbers van oude kunst zijn het Museu Nacional de Arte Antiga en de Gulbenkian-stichting, waar overigens ook een collectie moderne kunst is te zien. Uitstekende eigentijdse schilderwerken zijn te bewonderen in het Coleção Berardo en Serralves in Porto.

Historische dorpen en levendige streekmusea

In het heuvelachtige binnenland zijn afgelegen pittoreske dorpen te vinden die vaak alleen over bochtige weggetjes te bereiken zijn. In Algarve en Alentejo herinneren witgekalkte plaatsjes als Alte en Querença aan een Moors verleden. De leistenen dorpjes in de heuvels van Midden-Portugal zijn veel donkerder van kleur. In het noorden van Portugal domineert grijs graniet, dat zowel werd gebruikt voor huizen, adellijke paleizen en kerken als voor schandpalen.

Bijzonder interessant zijn de kleine streekmusea, die verspreid over het hele land een getrouw beeld geven van hoe het gewone

De decoratieve azulejo's zijn in Portugal op vele plaatsen te ontdekken

volk vroeger leefde en werkte, met klederdrachten en kunstnijverheidsproducten. Verder zijn er thematisch georiënteerde musea over bijvoorbeeld de vervaardiging van papier, het conserveren van vis, de textielproductie, port en wijn, de karveel waarmee de zeeën werden bevaren, de elektrische tram en oldtimers.

Actief onderweg

Ook voor een actieve vakantie heeft Portugal van alles te bieden. Er lopen wandelroutes door ongerepte of voor de landbouw benutte landschappen. Zeer aantrekkelijk zijn het nationaal park Peneda-Gerês in het noorden, de Serra da Estrela in Midden-Portugal en in het zuiden de langeafstandsroutes Via Algarviana en Rota Vicentina, waar u ook met een mountainbike of een paard terechtkunt. Fietsers trainen 's winters graag in Algarve en beklimmen 's zomers de bijna 2000 m hoge Torre in het noorden. Voor surfers en kitesurfers vormt de lange en ruige Atlantische kust een waar paradijs: bij het ten noorden van Lissabon gelegen Ericeira het hele jaar door, en met de hoogste golven bij Nazaré.

Individueel of in een groep door het land?

Voor een zelfstandige verkenning van Portugal met ook de stranden en afgelegen streken is een eigen voertuig te verkiezen boven het openbaar vervoer. De tarieven voor huurauto's zijn vergeleken met de rest van Europa betrekkelijk laag. Bij een vakantie met alleen enkele steden hebt u eigenlijk geen eigen auto nodig, want de grotere plaatsen zijn verbonden in een dicht netwerk van bussen. Op het belangrijkste spoortraject van Porto naar Lissabon en Algarve rijden comfortabele treinen.

Als u liever vertrouwt op een georganiseerde rondreis: Portugal staat op het programma van alle grote reisbureaus met studiereizen en all-inreizen, al richten die laatste zich vooral op Algarve. De Portugalspecialist Girassol (www.girassolvakanties.nl) biedt ook individuele rondreizen. Op www.duurzaamtoerisme.com vindt u een overzicht van reisbureaus die bij de vakantie in Portugal het accent op duurzaamheid leggen. Overigens wordt bij een rondreis in kleine groepen nog voldoende ruimte geboden voor individuele interesses.

BELANGRIJKE VRAGEN OVER DE REIS

Welke **documenten** heb ik nodig voor Portugal? zie blz. 72

Kan ik **met bus en trein** door Portugal reizen? zie blz. 73

Welke **websites** en **apps** kunnen helpen bij de planning? zie blz. 101

Kan ik me in Portugal **met Engels** redden? zie blz. 12

Zijn **kinderen** welkom in Portugal? zie blz. 99

Wat is het beste **reisseizoen** voor Portugal? zie blz. 100

Welke **mogelijkheden om te overnachten** zijn er en is reserveren aan te raden? zie blz. 78

Waar zijn de beste **surflocaties** en **wandelgebieden** te vinden? zie blz. 89 en 91

Van welk **budget** moet ik uitgaan voor een verblijf in Portugal? zie blz. 105

Hoe staat het met de **veiligheid** in Portugal? zie blz. 106

Hulp bij het plannen van uw reis

Planning van uw reis

Bij de volgende reisplanningen is rekening gehouden met reizigers die over een beperkte hoeveelheid tijd beschikken.

 Cultuurtip

 Natuurtip

De hoofdstukken in deze gids

1. **Lissabon:** zie blz. 111
2. **Omgeving van Lissabon:** zie blz. 157
3. **Midden-Portugal:** zie blz. 183
4. **Porto en de monding van de Douro:** zie blz. 239
5. **Het groene noorden:** zie blz. 273
6. **Alentejo:** zie blz. 333
7. **Algarve:** zie blz. 377

1. Lissabon

Paleizen van wit marmer, huizen met kleurige tegels, romantische uitkijkpunten en de zilverachtig glanzende Taag (Rio Tejo) vormen de opgewekte facetten van de oude dame Lissabon. Ze geeft zich over aan een voorzichtige facelift, waarbij moderne architecten het historische stadsbeeld in een spannend contrast laten samengaan met kloeke bouwwerken, of waarbij een trendy bar verschijnt naast het sfeervolle café met terras. En dwars daardoorheen ratelen de historische trams. De stad leeft op het ritme van de fado, de overwegend melancholieke, maar soms ook vrolijke muziek van de inwoners. Hun levensritme dringt ook door in de vele koffiehuizen, die zelfs bij een kort verblijf een bezoekje waard zijn.

 Lissabon

Goed om te weten: de Atlantische Oceaan zorgt voor een mild klimaat. In de winter komt de temperatuur nauwelijks onder de 10°C, 's zomers stijgt het kwik zelden boven de 30°C uit, al ligt de gevoelstemperatuur meestal aanmerkelijk hoger. De mooiste seizoenen zijn de lente en de herfst. Met wat geluk maakt de zon op een winterse middag de terrasjes ook al aangenaam warm, in een bijzonder helder licht. De eigenlijke regentijd loopt van november tot april. Van mei tot de vroege herfst regent het alleen op enkele dagen, midden in de zomer helemaal niet.

Tijdschema
Lissabon	3-7 dagen

2. Omgeving van Lissabon

Het zuiden grenst hier aan het noorden. De lange zandstranden en de naar kruiden geurende heuvels van de Serra da Arrábida, aan de zuidkant van de Taag, kennen een bijna mediterrane sfeer. Aan zee liggen de havenstad Setúbal en de badplaats Sesimbra. Aan de noordkant van de rivier verheffen zich de steile rotsen van Cabo da Roca boven de woest schuimende golven van de Atlantische Oceaan. Dit is het meest westelijke punt van het Europese vasteland. De koningssteden Sintra en Mafra lokken cultuurminnaars uit de hele wereld, de omliggende romantische parken trekken liefhebbers van wandelen en natuur.

 Sintra

Goed om te weten: Sintra en Cascais zijn uitstekend te bereiken met het openbaar vervoer en zijn geschikt voor een dagexcursie vanuit Lissabon. De hotelprijzen aan de aantrekkelijke kust zijn over het algemeen hoger dan in de Portugese hoofdstad. Strandwandelingen, wandeltochten in de bossen en bezoekjes aan de bouwwerken zijn het hele jaar door mogelijk, de temperaturen zijn te vergelijken met die in Lissabon, ook al is het klimaat ten zuiden van de Taag, die letterlijk een waterscheiding vormt, iets warmer en stabieler. Zwemliefhebbers kunnen beter terecht aan de zuidelijke stranden, waar de golfslag en de wind rustiger zijn.

Tijdschema
Sintra, Cabo da Roca en Cascais	1-2 dagen
Mafra en Ericeira	1 dag
Schiereiland Setúbal	1 dag

3. Midden-Portugal

Vertier is volop te vinden in de levendige studentensteden Coimbra en Aveiro. En niet ver ervandaan liggen mooie zandstranden aan de Atlantische Oceaan, waar niet alleen zwemmers en wandelaars, maar ook surfers hun hart kunnen ophalen. Wie de hoogste golven ter wereld wil overwinnen, gaat naar Peniche of Nazaré.

De bergstreken zijn overdekt met mysterieuze bossen, met daartussen de historische dorpjes die de Portugese toerismebranche uitkiest voor romantische plaatjes. In de leistenen dorpen, waar deze steensoort het materiaal is voor zowel de huizen als de straten, worden oeroude tradities nog in ere gehouden. Boven de dorpjes troont meestal een beschermend kasteel of een versterkt klooster. Het oudste in Tomar gaat helemaal terug tot de tempeliers.

- Kloosterkerk in Tomar
- Batalha
- Coimbra

Serra da Estrela

Veelzijdige muurkunst – de ene keer vol kleur, de andere keer zwart-wit, en dan weer met een spuitbus

Goed om te weten: het beste reisseizoen voor de streken nabij de kust loopt van april tot en met oktober, in het binnenland van mei tot begin oktober. Hartje zomer stijgt het kwik daar overigens geregeld tot boven de 40°C. Het klimaat in de de hogere bergstreken is tamelijk koud, van december tot april zijn de toppen van de Serra da Estrela met sneeuw bedekt.

Tijdschema

Óbidos	halve dag
Alcobaça, Batalha en Tomar	1-2 dagen
Coimbra	1-2 dagen
Aveiro	1 dag
Guarda en Belmonte	1 dag

4. Porto en de monding van de Douro

Kleurige vissershuisjes strekken zich uit van de Rio Douro tot op de stadsheuvel. Daarboven wordt het beeld bepaald door het zware granietsteen waaruit paleizen en kerken werden opgetrokken. Daartussen valt het oog op de sierlijke tegels van godshuizen en winkels, die al eeuwenoud zijn of uit de bloeitijd van de art deco stammen. Ze worden aangevuld door eigentijdse graffiti op muren van gebouwen en woonhuizen, elektriciteitshuisjes en telefooncellen. Het moderne karakter wordt nog versterkt door futuristische architectuur en populaire bars.

Op de andere rivieroever nodigen de portwijnkelders van Vila Nova de Gaia uit om te proeven en in Espinho kunt u zwemmen en in het casino een gokje wagen. Ten noorden van Porto lijkt het prachtige Vila do Conde nog een Assepoester die op haar ontdekking wacht. Het naburige Póvoa de Varzim staat daarentegen geheel in het teken van het toerisme dankzij de mooie stranden.

 Porto

Goed om te weten: de beste tijd voor een culturele vakantie is van april tot juni en van september tot half oktober. Het zeeklimaat zorgt voor een gematigde luchttemperatuur, van gemiddeld 13°C in de wintermaanden tot 25°C in de zomer. In juli-augustus kan het kwik echter toch nog stijgen tot zo'n 35°C: dat is de juiste tijd voor een zwemvakantie. De temperatuur van het zeewater reikt dan tot zijn maximum van 20°C. In de koude tijd van het jaar kunt u hier veel mist en regen verwachten.

Tijdschema

Porto	2-4 dagen
Vila do Conde	1 dag

Langs de kust van Algarve hebben wind en water enkele spectaculaire rotsformaties doen ontstaan, zoals deze grot O Algar, die alleen per boot te bereiken is

5. Het groene noorden

De op zee gerichte regio Minho trekt met zijn levendige steden, prachtige stranden en stille wandelpaden in de heuvels vele vakantiegangers. Een extra attractie is het enige nationaal park van Portugal met een authentieke planten- en dierenwereld. De regio Trás-os-Montes (letterlijk 'aan de andere kant van de bergen') loopt door tot aan de Spaanse grens. Het is een stille en afgelegen streek die een authentiek stukje Portugal vormt, waar de traditie nog niet naar het museum is verbannen.

Het dal van de Rio Douro wordt hier op zijn weg naar de Atlantische Oceaan gekenmerkt door diepe kloven. Dit is zonder meer het mooiste rivierdal van het land, en heeft ook een plaats gekregen op de UNESCO-Werelderfgoedlijst. Op de steile hellingen liggen wijngaarden waar druiven voor voortreffelijke rode wijnen en de beroemde port groeien.

 Guimarães

• Parque Nacional Peneda-Gerês
• Dourodal

Goed om te weten: de gebieden dicht bij de kust zijn het hele jaar door een bezoek waard, maar het zwemseizoen is beperkt van half juni tot half september. In augustus wordt het hier overigens wel erg druk, ook al kan het dan af en toe regenen. Voor het Dourodal is de warme tijd van het jaar aan te raden, wanneer de wijnranken volop blad dragen. Over Trás-os-Montes zeggen de Portugezen dat het er twee maanden zeer warm is en de rest van het jaar erg koud. En inderdaad: 's zomers wordt het hier rond 40°C en 's winters valt er sneeuw.

Tijdschema

Guimarães	1-2 dagen
Braga	2 dagen
Viana do Castelo	1-2 dagen
Nationaal park Peneda-Gerês	4-7 dagen
Dourodal	1-3 dagen
Trás-os-Montes	3 dagen

6. Alentejo

Aan de horizon verheffen zich glooiende heuvels. Bossen van kurkeiken en olijfbomen worden afgewisseld met wijngaarden en tarwevelden. Daartussen liggen witgekalkte dorpjes en historische steden, vaak onder bescherming van een kasteel. Dolmens, menhirs en steencirkels herinneren aan de prehistorische bewoners. Studenten van de universiteiten van Évora en Beja blazen deze grootse geschiedenis nieuw leven in. Verder liggen er langs de kust van Lissabon tot Algarve eindeloos lange zandstranden en kleine rotsbaaien voor romantische ogenblikken. Ze worden verbonden door een langeafstandswandelroute van 230 km.

- *Évora*
- *Marvão*
- *Mértola*

Goed om te weten: in het voorjaar verandert het landschap in een zee van bonte bloemenpracht. De zomer en de vroege lente zijn ideaal voor een strandvakantie, maar in augustus komen ook veel inwoners van Lissabon naar de Atlantische Oceaan. Van mei tot en met september valt er nauwelijks regen, in juli en augustus helemaal niet. Daarbij stijgt de temperatuur in het binnenland tot boven 40°C. De winter belooft heldere dagen met zon, terwijl het kwik tot rond 15°C stijgt. De nachten zijn dan wel koud en er kan veel regen vallen.

Tijdschema

Évora	1-2 dagen
Castelo de Vide	1-2 dagen
Beja	1 dag
Mértola	1 dag

7. Algarve

Algarve wordt omspoeld door de golven van de Atlantische Oceaan. De rijk gevarieerde kuststrook is 150 km lang, met winderige rotsbaaien in het westen en zachtglooiende zandstranden in het oosten. Op diverse plaatsen reiken de sinaasappelplantages tot aan de waterlijn. Het unieke strandmerenlandschap van Ria Formosa vormt een waar vogelparadijs. Faro en Tavira hebben weliswaar geen directe toegang tot de zee, maar ze hebben wel een fraai gerenoveerde binnenstad. En dan is er nog Lagos, dat vlak bij de grillige rotsformaties van Ponta da Piedade ligt, waarvan de stenen vingers uit het water oprijzen. Vanouds wordt het heuvelachtige achterland al aangeduid als een alternatief voor wie op enige afstand van de kust de stilte zoekt.

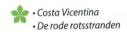
- *Costa Vicentina*
- *De rode rotsstranden*

Goed om te weten: voor de regio met de meeste zonuren van Europa is het hele jaar een geschikt reisseizoen. Als het regent in het najaar of in de winter, gebeurt dat vrijwel nooit op een aantal dagen achter elkaar. De temperatuur daalt in de 'koudste' maand januari bijna nooit onder 10°C. Hartje zomer ligt de maximale temperatuur op 30°C. In januari en februari tooien de heuvels in het achterland zich met een kleed van witte amandelbloesems en in de periode maartmei zijn de weiden overdekt met een bloementapijt. Van juni tot en met oktober is het zeewater zo'n 19-22°C. De temperaturen van lucht en water zijn gemiddeld iets hoger in het oosten dan in het westen.

Tijdschema

Kust	4 dagen
Binnenland	3 dagen

Suggesties voor rondreizen

Vanaf de drie internationale luchthavens van Faro, Lissabon en Porto kunt u rijk gevarieerde rondreizen in verschillende delen van het land ondernemen. De hier genoemde routes zijn bij een langer verblijf ook heel goed te combineren tot een grote rondreis door het hele land.

▬▬ Van Lissabon naar Porto (2 weken)

1e-3e dag: aankomst in Lissabon. Voor de bezichtiging van de stad staan ongeveer twee dagen op het programma.
4e dag: verdere reis naar Sintra, daar bezichtiging van het slot en een stadswandeling.
5e dag: bezichtiging van het kloosterpaleis in Mafra, 's middags uitstapje naar de kustplaats Ericeira.
6e dag: Via Óbidos en Caldas da Rainha naar de badplaats Nazaré.
7e dag: bezichtiging van de kloosters van Alcobaça en Batalha.
8e-9e dag: burchtwijk van Ourém en dan verder naar Tomar. Bezichtiging het klooster van de Orde van Christus en de oude stad.
10e dag: naar de Romeinse opgravingen van Conimbriga en daarna verder naar Coimbra.
11e dag: bezichtiging van de historische en levendige universiteitsstad.
12e dag: bezoek aan de sfeervolle geneeskrachtige baden en de bossen van Buçaco en Luso. Daarna verder naar Aveiro.
13e dag: aan het strand van Costa Nova, eventueel bezichtiging van de porseleinfabriek van Vista Alegre. Dan verder naar Porto.
14e dag: bezichtiging van de oude stad van Porto en een portwijnkelder.
15e dag: bezoek aan de Serralves-stichting en de Casa da Música. Daarna terugreis of verder met de volgende route.

▬▬ Van Porto door Noord- en Midden-Portugal (2 weken)

1e dag: aankomst in Porto, reis naar Vila do Conde.
2e dag: verder naar Guimarães, bezichtiging van de oude stad.
3e dag: bezoek aan de historische oude stad van Braga en de bedevaartkerk Bom Jesus.
4e dag: verdere reis via Ponte de Lima naar Viana do Castelo.
5e dag: uitstapje naar de kust van de Atlantische Oceaan of een wandeling door de heuvels.
6e dag: reis langs de kust van de Atlantische Oceaan naar Valença do Minho, Monção en Melgaço.
7e dag: bezoek aan het nationaal park Peneda-Gerês.
8e dag: over secundaire wegen door het zuidoostelijke deel van het nationaal park naar Chaves.

9e dag: verder naar Bragança, de hoofdstad van de oostelijke provincie Trás-os-Montes.
10e dag: over smalle kronkelwegen naar Miranda do Douro en dan verder naar de rotstekeningen bij Foz Côa. Een aangenaam alternatief is de reis naar de streek van de port rond Pinhão in het midden van het Dourodal.
11e dag: verder via Guarda naar de Serra da Estrela.
12e dag: rondrit langs de historische dorpen Belmonte, Idanha-a-Velha en Monsanto.
13e dag: verder via Castelo Branco naar Castelo de Vide.
14e dag: uitstapje naar het hooggelegen Marvão, eventueel met een wandeling in het natuurpark, en daarna verder naar Portalegre.
15e dag: terug naar Porto of verder naar Lissabon voor de terugreis of de volgende route in het zuiden.

Van Lissabon door Alentejo naar Algarve (2 weken)

1e dag: van Lissabon naar Estremoz, de vroegere koninklijke residentie.
2e dag: uitstapje naar de witmarmeren steden Elvas en Vila Viçosa.
3e dag: via de wijnstreek van Borba en Redondo naar Évora.
4e dag: bezichtiging van de historische oude stad van Évora.
5e dag: via de Alqueva-stuwdam naar de 'witte steden' Moura en Serpa en verder naar Beja.
6e dag: 's ochtends bezichtiging van Beja, daarna verder naar Mértola in het zuiden van Alentejo.
7e dag: langs de Rio Guadiana via Alcoutim en Castro Marim naar Tavira.
8e dag: bezichtiging van het Algarvestadje Tavira en uitstapje naar een zandeiland in de Ria Formosa.
9e dag: rit door het achterland bij São Brás de Alportel naar Loulé, eventueel met een wandeling.
10e dag: via de dorpen Querença, Salir en Alte naar Silves.
11e dag: omhoog in het bergland van Monchique, bezichtiging van het dorp en bezoek aan het geneeskrachtige bad Caldas de Monchique.
12e dag: via Aljezur aan de ruige westkust naar Cabo de São Vicente en verder naar Lagos.
13e dag: bezichtiging van Lagos en de rotsformaties en baaien rond Ponta da Piedade.
14e dag: naar de prachtige stranden rond Albufeira, bezichtiging van de barokkerk van São Lourenço bij Almansil en daarna verder naar Faro.
15e dag: strand van Faro. Terugreis.

Land, volk en cultuur van Portugal

'Het verleden is geschiedenis,
de toekomst brengt de zege.'
Motto van het Portugese
nationale voetbalelftal

Met hun ontdekkingsreizen schreven de Portugezen geschiedenis – zo herinnert onder meer het mozaïek in de Lissabonse wijk Belém aan hun roemrijke daden

Portugal in het kort

Feiten en cijfers
Naam: República Portuguesa
Oppervlakte: 92.212 km² (met de Azoren en Madeira)
Hoofdstad: Lissabon (Portugees: Lisboa)
Officiële taal: Portugees
Inwoners: 10.348.000.
Bevolkingsgroei: teruglopend door emigratie en een laag geboortecijfer
Levensverwachting: vrouwen 82,6 jaar, mannen 76,7 jaar.
Munteenheid: euro; eurocenten noemt men doorgaans *cêntimos*.
Tijdzone: Greenwich Time, met zomertijd. Het hele jaar is het in Portugal een uur vroeger dan in de Benelux (of Spanje).
Landnummer: 00 351
Internetextensie: .pt

Nationale vlag: de vlag, die in 1911 werd aangenomen, symboliseert de ontdekkingsreizen over zee van de Portugezen en de christelijke herovering van het land: rood staat voor de moed en het vergoten bloed van de Portugese strijders, groen voor de hoop. Het gele armillarium, een hemelbol met de belangrijkste cirkels van de hemel die als nautisch instrument diende, was het wapen van koning Manuel I. De zeven kastelen tonen de belangrijkste vestingen die koning Afonso Henriques veroverde op de Moren. Voor de beslissende slag van 1139 zou Jezus aan hem zijn verschenen en de zege hebben voorspeld met de hulp van het witte schild. Hierop symboliseren de vijf blauwe schilden de vijfvoudige overmacht van de Moren waartegen de Portugezen streden. Het getal verwijst ook naar de vijf wonden van Christus aan het kruis.

Geografie
Portugal ligt in het uiterste zuidwesten van Europa en omvat tevens Madeira en de Azoren in de Atlantische Oceaan. De oppervlakte van continentale deel van Portugal beslaat met 89.005 km² ongeveer een zesde deel van het Iberisch Schiereiland. De maximale lengte van noord naar zuid is 561 km, van oost naar west naar 218 km. De gemeenschappelijke grens met het buurland Spanje heeft een lengte van 1215 km, de kustlijn is 832 km lang.

Terwijl de kuststreek en het zuiden overwegend vlak of licht heuvelachtig zijn, liggen in Midden- en Noord-Portugal diverse bergketens. Torre is met 1993 m de hoogste berg van het Portugese vasteland. De belangrijkste rivieren Taag, Douro en Guadiana ontspringen in Spanje. Een derde van alle inwoners van Portugal woont in de agglomeraties van Lissabon (2,8 miljoen) en Porto (1 miljoen).

Geschiedenis
De oudste figuratieve rotstekeningen zijn dertigduizend jaar oud, de talrijke rotsblokken van de megalietcultuur zijn ongeveer vijfduizend jaar oud. Sinds 1000 v.Chr. onderhielden volken rond de Middellandse Zee steunpunten voor handel langs de kust. De Romeinse bezetting begon in 209 v.Chr.

De grote volksverhuizing resulteerde na 409 in een overheersing door Germaanse stammen, totdat Moren vanuit Noord-Afrika overstaken en vanaf 711 in korte tijd bijna het hele Iberisch Schiereiland in bezit namen.

Tijdens de herovering door de christenen riep Afonso Henriques in 1139 in het noorden een onafhankelijk koninkrijk Portugal uit. Dit werd in de periode tot 1249 uitgebreid tot de Algarve. Dankzij de ontdekking van de zeeroute naar India in 1498 beheerste Portugal de lucratieve handel in specerijen en groeide uit tot een wereldmacht. Bij gebrek aan een troonopvolger trad het Spaanse koningshuis van 1580 tot 1640 op als regent. Veel overzeese steunpunten voor de handel gingen verloren. De neergang werd bezegeld door de grote aardbeving van 1755, die Lissabon en grote delen van Zuid-Portugal verwoestte.

In 1910 brachten republikeinse militairen de monarchie ten val, maar de opbouw van een stabiele democratie mislukte. In 1926 was een militaire staatsgreep de aanzet tot een langdurige dictatuur onder Salazar, die Portugal uitputte met koloniale oorlogen en tot een arm land maakte dat geïsoleerd was binnen Europa. Pas in 1974 maakte een geweldloze coup van een breed gesteunde beweging binnen het leger de weg vrij voor democratie.

Staat en politiek

Portugal is een parlementaire democratie met presidentiële elementen. De twee sterkste groepen in het parlement zijn twee middenpartijen: de vrij links georiënteerde Partido Socialista (PS) en de gematigd conservatieve Partido Socialdemocrata (PSD). Uit hun gelederen komt ook de huidige president van het land. Andere partijen in het parlement zijn de communistische Partido Comunista (PCP), het links-onafhankelijke Bloco de Esquerda, de rechtsconservatieve Partido Popular (CDS-PP), de partij voor bescherming van dieren en natuur Pessoas – Animais – Natureza (PAN) en de groene partij Os Verdes, die overigens vanwege de nauwe banden met de communisten niet te vergelijken is met groene partijen elders in Europa.

Portugal is een centraal geregeerde staat met 18 bestuurlijke districten. Hierbij komen dan nog de autonome regio's Madeira en Azoren. In 1949 werd Portugal lid van de Nato, in 1955 van de Verenigde Naties en in 1986 van de Europese Gemeenschap (nu de EU).

Economie en toerisme

Sinds de toetreding tot de EG heeft Portugal zich ontwikkeld van een agrarische economie tot een economie die gebaseerd is op dienstverlening en industrie. De landbouw draagt nu nog slechts 2,2 % bij aan het bruto nationaal product (bnp), de industrie (met machines, auto's, chemische producten, papier) is goed voor 23,8 %, en de dienstverlening maar liefst 74 %. Spanje en Duitsland zijn de belangrijkste handelspartners.

Het toerisme kan zich verheugen op groeicijfers van soms wel meer dan 10 % per jaar. In 2016 kwamen meer dan 15 miljoen buitenlandse toeristen naar het land. De populairste bestemmingen zijn Lissabon, Porto en de kust van Algarve, terwijl de gebieden in het binnenland in toeristisch opzicht vrijwel ongerept zijn.

Bevolking, taal en religie

Bijna een derde van de om en nabij 15 miljoen Portugezen verblijft in het buitenland, van hen velen elders in Europa, maar bijna een derde (1,4 miljoen) in de Verenigde Staten. Nationale minderheden zijn er niet, het percentage buitenlanders dat in Portugal woont, ligt op 4 %. Sterk vertegenwoordigd zijn Brazilianen, Kaapverdiërs en Oekraïners.

Het Portugees is een Romaanse taal, die wereldwijd door meer dan 200 miljoen mensen wordt gesproken. Van de Portugezen is 79 % rooms-katholiek, met een afnemende invloed van de kerk op het maatschappelijk leven. In 1990 werd 72,5 % van alle huwelijken in de kerk gesloten, in 2016 was dat ongeveer een derde. Op de geluksindicator bekleedt Portugal de op een na laagste plaats in de EU.

Natuur en milieu

Wolven huilen op de ruige granietrotsen in het noorden, blauwpaarse purperkoeten waden tussen het riet langs de Atlantische Oceaan. Pas ontschorste kurkeiken lichten rood op in de zomerzon, algauw zijn de donkere olijven rijp. Dan lokt de eerste sneeuw in de hoge bergen de skiërs. Het hele jaar door ontvouwt Portugal zijn opwindende natuur.

Geologisch begin

Door een immense druk en hoge temperaturen ontstonden zo'n 500 tot 300 miljoen jaar geleden in de vroege fasen van de gebergtevorming de eerste metamorfe gesteenten in het huidige Noord-Portugal. Toentertijd schoven het Europese continent en het Afrikaanse continent dichter naar elkaar toe, terwijl het Portugese gebied nog onder water lag. Ongeveer 280 miljoen jaar geleden werd dit gebied uit het water omhooggeduwd, maar het zakte later ook nog enkele keren terug.

Momenteel is Portugal opgedeeld in drie geologische zones. De Centraal-Iberische Zone met metamorfe (uit andere gesteenten ontstane) en talloze granietachtige gesteenten omvat de sterk omhooggestuwde Noord-Portugese regio's Minho en Trás-os-Montes en het noordwesten van Spanje. Aan de zuidkant sluit de Zuid-Portugese Zone aan, waar veel leisteen, kalksteen en sedimentaire gesteenten uit het paleozoïcum (in Portugal 354-305 miljoen jaar v.Chr.) te vinden zijn.

De Portugese Trog strekt zich ten slotte uit langs de west- en de zuidkust en is nog weer onderverdeeld in vier bekkens van aangeslibd land: Porto-Galicia, Lusitania, Alentejo en Algarve. Deze trog ontstond tijdens het proces waarin de Atlantische Oceaan zich zo'n 160 miljoen jaar geleden tussen Europa en Amerika verbreedde. De ijstijd gaf Portugal uiteindelijk zijn vorm aan de oppervlakte. Daarbij werden de kalksteenheuvels tot karstgebieden die grillige vormen aannamen.

Het Portugese landschap

De kust

Velen zien Portugal graag als een synoniem voor zee, zon en strand. De 832 km lange kust aan de Atlantische Oceaan is met zijn weergaloze rotsformaties, romantische baaien en eindeloze zandstranden dan ook een van de mooiste op aarde.

Donkerrood verheffen de sedimentgesteenten zich boven de stranden van het midden van de Algarve. In het oosten sluit een landschap van lagunes en duinen aan, in het westen rijzen wonderlijke kalksteenrotsen als vingers van een grote hand uit de turkooisblauwe zee op. Daartussen liggen kleine baaien met fijn zand. Een steile rotswand van 60 m hoog vormt de zuidwestpunt van Europa tegenover de oceaan. De aan de noordkant grenzende leisteenkust van zuidelijk Alentejo fascineert met een ruige ongereptheid, voordat hij overgaat in brede zandstranden die tot aan de poorten van Lissabon reiken.

Ten noorden van de Taag verandert het landschap opnieuw. Onstuimig bruisende golven van de Atlantische Oceaan beuken hier tegen hoge rotsen. Cabo da Roca is hier het meest westelijke punt van het Europese vasteland. Pas het middendeel van de Portugese kust heeft dan weer lange, vlak in zee uitlopende zandstranden, die alleen worden onderbroken door de 45 km lange lagune Ria de Aveiro met uitgestrekte rijst- en zoutvelden.

Ook tussen de mondingen van de rivieren Douro en Minho in Noord-Portugal gaat het ene zandstrand in het andere over. Naar het noorden toe worden ze steeds meer omzoomd door lage rotsen; vaak blaast er een sterke wind van zee overheen.

Het binnenland

Het binnenland is heuvelachtig, voor een deel bergachtig. De rivieren Douro en Taag vormen waterscheidingen en verdelen Portugal in noorden, midden en zuiden.

Noord-Portugal strekt zich uit van de Spaanse grens tot de Rio Douro. Zomergroen eikenbos, kastanjebomen, beuken en bebossingen met eucalyptus tooien het bergland, dat meer dan 1500 m hoog is en wordt doorsneden door diepe rivierdalen. De wind vanaf de Atlantische Oceaan zorgt voor veel neerslag en gelijkmatige, milde temperaturen tot ver landinwaarts. Alleen het oostelijke deel heeft een landklimaat met hete zomers en koude winters. Dat valt ook op te maken uit een gezegde dat gangbaar is in de noordoostelijke provincie Trás-os-Montes: *três meses inverno, nove meses inferno* (drie maanden winter, negen maanden hel).

Midden-Portugal ligt tussen de Douro en de Taag en heeft de hoogste bergtoppen van het Portugese vasteland. Het sterk geërodeerde bergmassief Serra da Estrela is een uitloper van de Spaanse centrale bergketen en bereikt een hoogte van 1993 m. 's Winters valt hier geregeld sneeuw. In het schrale landschap kunnen laag struikgewas, dat hier *macchia* wordt genoemd, heide en brem zich staande houden, in de hogere rotsachtige regionen gedijen alleen korstmossen en mos. Het geheel vormt een bijna mythisch oerlandschap.

De ongeveer 50 km brede kuststrook is daarentegen bijzonder vruchtbaar. Al in de 12e eeuw legden de cisterciënzers de basis voor een florerende landbouw, die de hoofdstad Lissabon kon voorzien van fruit, groente, melk en gevogelte. Rond Coimbra strekken rijstvelden zich bijna tot aan zee uit. Het vruchtbare aangeslibde land rond de benedenloop van de Taag wordt benut voor intensieve graanbouw.

Het weidse landschap ten zuiden van de Taag lijkt gevormd door zachtglooiende heuvels die zich naar een eindeloze verte uitstrekken. Schapen en geiten grazen tussen verspreide bosjes van olijfbomen, kurk- en steeneiken. Noemenswaardige neerslag valt er alleen in de winterse helft van het jaar, in de zomerse helft haalt de temperatuur geregeld de 40°C. De bergketens Serra do Caldeirão (589 m) en Serra de Monchique (902 m) scheiden Algarve van de rest van Portugal en houden de wind met winterse kou en zomerse hitte uit het binnenland tegen. Het mediterrane klimaat maakt van deze streek een vruchtbaar tuinbouwland.

Plantenwereld

Amandelbomen

Altijd bloeit ergens wel iets. Op plaatsen met veel zon tonen de amandelbomen van Algarve al in het begin van het jaar hun bloesempracht. In februari-maart volgen de amandelbomen in de beschaduwde dalen en in het noorden van Portugal, want ze worden helemaal tot Trás-os-Montes aangeplant. Uit de witte bloesems komen zoete amandelen voort, uit de roze bloesems ontstaan de blauwzuurhoudende, bittere amandelen. De rijpe vruchten worden in het najaar met stokken van de bomen geslagen; 5 kg amandelen leveren ongeveer 1 kg pitten. De harde schalen zijn uitstekend geschikt als brandstof, bijvoorbeeld in pannenbakkerijen. Erg lief is het verhaal van de Moorse prins die deze bomen ooit in het land zou hebben geïmporteerd omdat de witte bloesemblaadjes leken op sneeuw, die zijn door heimwee geplaagde echtgenote uit het noorden van Europa zo deerlijk miste.

Weidebloemen en macchia

Van maart tot mei wordt het mediterrane cultuurlandschap overdekt door kleurige weidebloemen. Het kleurenschouwspel wordt pas echt intens in het achterland van Algarve,

Natuur en milieu

als daar gele bitterklavers en lupines, witte margrieten, rode klaprozen en blauwpaarse maagdenpalmen als door een toverhand lijken te zijn uitgestrooid over olijfbossen en weiden. De zachtglooiende heuvels van Alentejo komen pas in april en mei in bloei, maar dan met volle pracht. De zich wild uitzaaiende bloemen geven het landschap een bijna paradijselijke schoonheid, waaraan in juni echter een einde komt door de warme zomerzon. De vroege zomer gaat dan in het blauw met laag groeiende irissen, hyacinten, ossentongen en bernagie, met rode accenten van wilde gladiolen die oplichten op vochtige weidevelden, en orchideeën als spiegelorchis en standelkruid.

In de maanden april en mei lijken de zuidelijke heuvels versierd te zijn met kleine sneeuwballetjes. Dan opent de *Cistus ladanifer* (uit de zonneroosjesfamilie) vijf witte bloemblaadjes met een donkere stip. Het harsachtige hout van dit struikgewas kan enorm heet worden en daarom gebruikt men in de dorpen de takken vanouds om de broodbakkersovens aan te wakkeren. De Moren gebruikten al cistusrozen bij het branden van kalk, om

Knoestige kurkeiken en olijfbomen zover het oog reikt

Plantenwereld

daaruit verf voor de huizen te winnen. Doordat ze zo gemakkelijk branden, vormen deze planten in de bossen echter een groot gevaar. De Franse lavendel, die in het Portugees wat verwarrend *rosmaninho* wordt genoemd, bloeit vaak in de nabijheid van kurkeiken en levert een kruidige berghoning.

In het hele land hebben zich geel en wit bloeiende bremsoorten verspreid. Wandelaars noemen de gaspeldoorn (ook wel steekbrem) beducht de 'kuitenstreler' omdat hij ontelbare bloedige schrammen heeft veroorzaakt. Zelfs op dorre berghellingen kan het roze, paars en wit bloeiende heidekruid wel een hoogte van 2 m bereiken. De dichtbebladerde terpentijnboom en de mastiekboom hebben over het algemeen een omgeving met een mediterraan klimaat nodig. Bij beide vallen de kleine rode vruchten op. Wijd uitwaaierend schieten talloze daglelies in de hoogte. De mariadistel blijft daarentegen laag bij de grond. De blauwpaarse bloemen werden nog niet zo lang geleden in plaatselijke kaasmakerijen verkocht omdat het aftreksel een stremmende werking op geitenmelk had.

Olijven, vijgen en johannesbrood

De beste olijfolie leveren de Portugese olijfbomen dankzij de verscheidenheid en de kwaliteit van de geteelde soorten. Aanraders zijn de olijfoliën uit Alentejo en Trás-os-Montes. De vruchten worden in de periode oktober-december met lange stokken van de bomen geslagen en in netten opgevangen.

De vijgenbomen reiken 's winters met hun kale takken als olifantenslurven omhoog. Nog voordat de grote bladeren uitbotten, beginnen er al kleine vruchten te groeien, die aan het eind van de zomer rijp zijn. In de 15e eeuw werden er al vijgen geëxporteerd naar Vlaanderen. In tijden van hongersnood waren ze een laatste redmiddel voor de arme plattelandsbevolking om te overleven.

De johannesbroodboom heeft donkergroene bladeren en draagt in het najaar gele bloesems. Het voedingsrijke vruchtvlees van de peulen werd al in de oudheid op waarde geschat. Het uit het merg gewonnen johannesbrood (ofwel carobe) wordt gebruikt als volwaardige zoetmaker voor diabetici, terwijl de gemalen zetmeelhoudende pitten het ecologische bindmiddel E 410 leveren voor yoghurt, ijs en cosmetica. De Arabieren ontdekten vroeger een wonderlijke eigenschap van deze pitten. In gedroogde vorm schommelt hun gewicht met een zeer geringe afwijking rond 0,2 g, wat ze uitstekend geschikt maakte om geneesmiddelen, goud en edelstenen te wegen. Deze maateenheid wordt tegenwoordig 'karaat' genoemd.

Eiken

De pas ontschorste stammen van de kurkeiken glanzen felrood in de zon. Deze opvallende kleur heeft de boom van zichzelf, hij wordt niet geverfd. Met grote krachtsinspanning maakt men met een bijl de schors los van de stam. Dat gebeurt alleen in het zomerse halfjaar en ook maar eens in de negen jaar. Op die manier kan de boom deze aantasting overleven. Als de stukken schors in de openlucht opgestapeld liggen, verspreiden ze een harsachtig aroma. Daarna worden ze machinaal verwerkt tot flessenkurken, vloerbedekking of isolatiemateriaal. Zo'n 54 % van alle natuurlijke kurken komt uit Portugal, met een prijs op de wereldmarkt van € 0,05 tot 0,50 per stuk.

De heesterachtige hulsteik met stekelige bladeren was in de middeleeuwen belangrijk als broedplant voor de schildluis, waarvan een felbegeerde rode kleur te vervaardigen was. De zomergroene pyreneeëneik is inheems in het regenrijke noordwesten, terwijl de halfgroenblijvende Portugese eik veel minder neerslag nodig heeft. De wijdverbreide steeneik doorstaat zelfs lange perioden van droogte.

Sinaasappelbomen en aardbeibomen

Op de pleinen van de steden genoten vroeger de Moren al van de zoete bloesemgeur van de bittere pomeranzen. Tegenwoordig worden in het hele land zoete sinaasappelen geteeld. De Portugese zeevaarders brachten

Natuur en milieu

deze vrucht vanuit het Chinese Macau mee naar Europa. Dit heeft zijn weerslag in diverse talen gekregen: de vrucht heet naar het eerste importland in het Turks *portakal* en in het Grieks *portokáli*, terwijl het Nederlandse woord 'sinaasappel' oorspronkelijk 'appel uit China' betekende. In ecologisch opzicht is de grootschalige teelt bedenkelijk vanwege het hoge waterverbruik.

'Een *medronho* in de ochtend doodt de worm in de maag,' luidt een oud gezegde in Algarve. Medronho is de vaak clandestien in afgelegen schuurtjes gestookte brandewijn van Algarve met een alcoholpercentage van zo'n 50 %. Het fruit hiervoor komt van de aardbeiboom *(medronheiro)*. Net als de sinaasappelbomen dragen de aardbeibomen 's winters witte bloesems; in die tijd worden ook de oranjerode vruchten rijp. Overigens hebben deze vruchten afgezien van een vage uiterlijke overeenkomst niets gemeen met de gewone aardbei. Bij de aardbeiboom gaat het eerder om een soort heidekruid.

Eucalyptus

Eucalyptusbomen groeien zeer snel en leveren het beste hout voor de papierproductie. De door de EU gestimuleerde aanplant belooft een snelle winst, en daarom worden er ook steeds uitgestrektere boomgaarden aangelegd. Deze uitbreiding is in ecologisch opzicht echter omstreden, omdat een boom al na acht jaar wordt gekapt. In die tijd haalt hij een grote hoeveelheid water uit de bodem, waardoor die uitdroogt en bronnen droogvallen. Andere planten en de dieren komen in het gedrang. Doordat zijn etherische olie snel ontvlambaar is, vormt hij bovendien een gemakkelijke prooi bij bosbranden (zie blz. 31).

Exotische stadsplanten

De zeevaarders moesten minstens een plant uit de verre landen meebrengen. Daarvoor hield men op de kleine schepen een aparte ruimte en zoet water beschikbaar. De exotische souvenirs sieren nu straten en pleinen in de steden. Bij de aanblik van de wel 6 m hoge dadelpalmen waan je je ergens in Arabië. De aanvankelijk oranje, later roodbruine vruchten zijn overigens niet lekker om te eten. Tussen april en juni straalt de blauwpaarse bloemenpracht van de groenblijvende, uit Brazilië afkomstige jacarandabomen. Enkele bomen laten het hele jaar door hun klokvormige bloemen uitbotten.

De inheemse judasbomen trekken al in maart de aandacht, wanneer ze hun dichte rozerode bloesems in kleine trossen aan de takken laten hangen. Volgens de legende zou Judas zich aan zo'n boom hebben verhangen, waarna de voorheen witte bloesems van schaamte donkerrood kleurden. De bijna cirkelvormige blaadjes doen denken aan de zilverlingen die Judas kreeg als beloning voor het verraden van Jezus.

Dierenwereld

Dankzij de vele verschillende landschapsvormen, de uitzonderlijke ligging tussen de Atlantische Oceaan en de Middellandse Zee, en de grote verscheidenheid aan planten is er in Portugal een grote rijkdom aan soorten wilde dieren behouden gebleven. Zij vinden een beschermde omgeving in 23 natuurreservaten, die grote stukken bergland en flinke delen van de kust omvatten. Ondanks een toenemende intensivering van de landbouw kunt u tijdens een wandeltocht of een rondrit door het binnenland geregeld vrij rondlopende schapen en geiten, en ook runderen, tegenkomen.

De Barroso-runderen vormen een inheems ras. Op de hooggelegen weiden in het noordwesten leven zo'n 7200 van deze sterke dieren met bruine vacht en angstaanjagend lange horens. Al in de 18e eeuw werd hun stevige en smakelijke vlees naar Engeland geëxporteerd. Ook buitengewoon smakelijk zijn de halfwilde Iberische varkens, die zich hoofdzakelijk met eikels voeden.

De fiere Lusitano-paarden genieten wereldwijde faam dankzij hun statige gang. De Lusitano is verwant aan de Andalusiër en is al eeuwenlang inheems in Portugal. De

Bestrijding van bosbranden met gedeeltelijk succes

De balans was verschrikkelijk: in het recordjaar 2003 vielen bossen over een oppervlakte van 430.000 ha ten prooi aan bosbranden; de twee jaren daarna waren nauwelijks minder rampzalig. Daarop nam de regering strenge maatregelen ter bescherming tegen bosbrand, maar er is alleen nog maar een begin van een positief resultaat.

De eigenlijke oorzaak van de bosbranden zijn de toegenomen warmte en droogte door klimaatverandering. Daarnaast wordt het gevaar versterkt door slecht onderhoud van de bossen, een alleen op winst georiënteerde bebossing met monoculturen, onachtzaamheid en brandstichting. De grond is voor 92 % in particuliere handen, en veel eigenaars van bosgrond planten bij voorkeur bomen waarvan de exploitatie hoge winsten oplevert. Brandresistente bomen met droge vruchten, zoals kurkeik, amandel- en olijfboom, maken plaats voor de licht ontvlambare eucalyptus. Ook de leegloop levert extra gevaar op. Waar minder mensen wonen, worden de bossen ook minder opgeruimd en onderhouden. Maar een brand moet snel worden ontdekt om te voorkomen dat hij zo groot wordt dat hij moeilijk in bedwang te krijgen is.

Een van de maatregelen ter bescherming tegen bosbrand richt zich juist op dit punt. Scholieren, jonge werklozen, en verder politieagenten en militairen worden als oppassers de bossen ingestuurd. Voor de observatie van bossen winnen satellieten ook steeds meer aan belang. Daarnaast is een grote voorlichtingscampagne gestart. Naar schatting een derde van de branden ontstond namelijk door onnadenkendheid en onbezonnenheid. Ondanks een streng verbod houdt men gewoon een barbecue in het bos en gooit men nonchalant sigarettenpeuken uit de auto. Daardoor zijn grote stukken bos langs de grote wegen verwoest door bosbranden.

Ongeveer 20 % van de branden is met opzet aangestoken. Dat gebeurt overigens meestal niet eens vanuit een economisch motief, want volgens de wet mag een verbrand stuk bos minstens tien jaar niet voor andere doeleinden worden gebruikt. Factoren bij brandstichting zijn vaak alcohol, vernielzucht, pyromane drang of rancune tegen de buren. Sommigen raken opgewonden van de beelden van hoog oplaaiend vuur zonder na te denken over het leed voor mens en natuur. Het hoge aantal veroordeelde daders heeft trouwens wel een afschrikkende werking.

Als bewijs van daadkracht wijst de regering ook op de verbeterde uitrusting van de rampendiensten. Vroeger moesten tijdens een brand blusvliegtuigen worden ingehuurd van particuliere bedrijven, maar nu beschikt de brandweer over eigen capabele brandweerploegen en moderne apparatuur en voertuigen.

Maar vanwege de economische crisis is er weer aanmerkelijk bezuinigd op de middelen voor de brandweer. Dat is wel degelijk een van de redenen waarom grote gebieden, vooral in Algarve en in 2016 in Midden- en Noord-Portugal, aan de vlammen ten prooi zijn gevallen.

Lusitano's worden vooral in Midden-Portugal gefokt en zijn vanouds voor lichte werkzaamheden in de landbouw ingezet, maar nu vooral als rijpaard.

Een dier dat uit de wereld van fabeltjes afkomstig lijkt, is de Portugese waterhond. Maar hij bestaat echt en wordt vanwege het gebied waar hij veruit het meest voorkomt ook wel Algarve-waterhond genoemd. Met zijn meestal zwarte of bruine, soms witte, vacht lijkt hij nog het meest op een poedel. Een specifiek kenmerk is de dunne huid tussen de tenen, waardoor de hond een uitstekende zwemmer en duiker is en een goede helper voor vissers kan zijn. Hij wordt voor uitsterven behoed in een voor bezoekers toegankelijke fokkerij in het natuurpark Ria Formosa.

Wild in de vrije natuur

In de afgelegen bergstreken van Noord-Portugal leven ongeveer driehonderd Iberische wolven. Ze lijken enigszins op een Duitse herdershond, maar hebben een grijze vacht en worden zo'n 1,50 m lang. Hun gehuil is vaak 's nachts te horen en in afgelegen dorpen doen griezelige verhalen de ronde over wolven die mensen aanvallen. Historische wolvenvallen in de bossen getuigen van de eeroude strijd tussen mens en dier. Tussen twee op elkaar toelopende steenwanden van 2 m hoog dreef de dorpsbevolking het dier naar een diepe kuil om het daarin te doden. De nu als bedreigde diersoort beschermde wolven verscheuren alleen al in het nationaal park Peneda-Gerês elk jaar zo'n tweeduizend grazende dieren, waarvoor de herders door de staat schadeloos worden gesteld. Toch wordt de leefomgeving van de wolven steeds verder ingeperkt door de oprukkende beschaving.

De Iberische lynx wordt acuut met uitsterven bedreigd. Naar schatting zijn er in totaal nog maar tweehonderd, waarvan enkele tientallen in Portugal. Vanwege de vervolging door de mens hebben ze zich teruggetrokken in hoge bergstreken, vooral in de Serra de Monchique in de Algarve. Ze zijn kleiner en markanter gevlekt dan hun soortgenoten in Midden-Europa en voeden zich overwegend met konijnen. Vaker te zien zijn mangoesten, kleine gevlekte katachtigen die vooral 's nachts actief zijn. Zowel de mangoesten als de Iberische lynxen zijn in Europa alleen inheems op het Iberisch Schiereiland.

De voorvader van de Iberische paarden heeft zich goed aangepast aan de menselijke bewoning. Het wilde Garrano-paard zou al sinds de oude steentijd op het Iberisch Schiereiland leven. Halverwege de 20e eeuw werden 21 dieren uitgezet in het nationaal park Peneda-Gerês. Sindsdien hebben ze zich zo sterk vermenigvuldigd dat ze bij een wandeling geregeld te zien zijn. Ze hebben een kastanjebruine vacht en zijn met een schofthoogte van 1,30 m even groot als een pony.

Insecten en reptielen

Snel glippen de talloze hagedissen weg naar een schuilplek wanneer er een wandelaar nadert. Het zijn de korte, vrij onopvallende Spaanse muurhagedissen. Minder schuw zijn de gekko's, die graag een plekje zoeken op de warme witte huismuren. De veel minder voorkomende kameleon kwam in de 19e eeuw vanuit Marokko naar Algarve. Met veel geduld kunt u ze bijna roerloos in bomen en struiken ontdekken. Hun ogen bewegen zich onafhankelijk van elkaar, waardoor het dier een merkwaardige indruk kan maken.

In het gras ritselen vaak slangen. Wijdverbreid maar ongevaarlijk zijn de ringslang en de gladde slang. De meer dan 2 m lange, licht giftige hagedissenslang boezemt angst in, maar zijn giftanden liggen zo ver naar achteren dat ze de mens nauwelijks kunnen schaden. Gevaarlijker is de 50 tot 75 cm lange wipneusadder, die te herkennen is aan de zachte opstaande 'hoorn' op de neus.

In Portugal fladderen zo'n 1500 soorten vlinders rond, waaronder groentjes, icarusblauwtjes en vuurvlinders. Talrijk is de koninginnenpage met zijn gele, bruin en blauw gerande vleugels. Ook de zeldzame rups van de doodshoofdvlinder is soms te zien. Het gezang van de cicaden is dankzij de grote intensiteit op te vatten als de zomerse symfonie van Zuid-Portugal.

Vogelwereld

In het hele land zijn in 2008 bijna achtduizend nesten van ooievaars geteld op hoge locaties als kerktorens, boomtoppen, elektriciteitsmasten, huisdaken en fabrieksschoorstenen. Van de bedreigde zwarte ooievaars leven er veel minder: ze zitten in het uiterste noordoosten van Portugal en in het zuidoosten van Alentejo. Hier is ook de zeldzame grote trap te vinden; met 1500 exemplaren is dit wereldwijd de op een na grootste populatie. Deze vogel leeft op de grond, maar vliegt ook wel degelijk. Met zijn 18 kg aan lichaamsgewicht is het de zwaarste vogel in Europa die kan vliegen.

In het voedselrijke landschap van Algarve leven vogels als de hop, bijeneter, dodaars, bonte strandloper en kleine zilverreiger. De purperkoet houdt zich schuw verscholen in de rietkragen van de lagune Ria Formosa. Zijn bijna zwarte verenkleed heeft een paars glans, zijn poten, snavel en kop lichten oranjerood op. Deze vogel uit de familie van rallen, koeten en waterhoentjes wordt tot 50 cm groot, de spanwijdte van de vleugels is 100 cm. Toch komt deze trage vogel maar langzaam van de grond. Imponerend is wel de luide baltsroep in het voorjaar.

Portugal ligt op de Atlantische westroute van de vogeltrek. In het voor- en najaar trekken grote zwermen over de zuidwestpunt van Algarve. Veel vogels vinden in de drassige gebieden van Ria Formosa en Sapal de Castro Marim een plek om te overwinteren. Naast talloze eendensoorten zijn er blauwe reigers en flamingo's te zien, die ook voorkomen aan de noordrand van het Expoterrein van Lissabon.

Minder talrijk zijn de roofvogels, maar in alle bergstreken van Portugal zijn arenden, gieren en valken te bewonderen. Alleen al het natuurpark Montesinho in het afgelegen noordoosten telt honderdvijftig vogelsoorten, waaronder de koningsarend en de monniksgier.

Aan het strand

Sierlijk dartelen dolfijnen in het zuurstofrijke water van de mondingsdelta van de Rio Sado ten zuiden van Lissabon. Als u meer van deze grote zeedieren wilt zien, moet u verder de Atlantische Oceaan opvaren. Het gaat iets eenvoudiger om langs de kustlijn talloze soorten mosselen, zoals eetbare mosselen, hartschelpen en jakobsschelpen, te verzamelen.

Wees daarbij overigens wel gewaarschuwd voor een bijzondere vis die aan het strand voorkomt. De giftige stekeltjes van de kleine pieterman *(peixe de aranha)* kunnen zeer onaangenaam zijn. Deze vis graaft zich graag in het warme zand in en veroorzaakt met de gifklieren aan zijn stekeltjes een pijnlijke wond bij wie erop stapt. Vissers kennen hier een wonderlijke remedie tegen: een bepaalde mossel *(pedra de veneno)* trekt het gif uit de wond. Portugese artsen pakken het simpeler aan. Het eiwithoudende gif breekt namelijk af in grote hitte. Daarom leggen ze het gewonde lichaamsdeel in heet water: 45°C is voor de mens nog net te verdragen zonder dat er brandwonden ontstaan.

De 's nachts actieve schorpioenen komen vrij weinig voor en worden hooguit 5 cm groot. Hun steek is betrekkelijk onschadelijk, maar kan wel pijnlijk zijn.

Milieu

Klimaatverandering en watertekort

De afgelopen jaren lieten steeds treuriger stemmende droogterecords zien. In de winter van 2011-2012 viel er bijna helemaal geen regen. De besproeiing voor de landbouw werd beperkt en de inwoners van bepaalde gebieden werden met tankwagens van water voorzien. De jaren 2014 en 2016 stelden iets gerust door een grotere hoeveelheid neerslag.

Terwijl de Portugese huishoudens gehoor geven aan de nadrukkelijke oproep om zorgvuldig met het kostbare vocht om te gaan, doet zich een tomeloze groei voor in economische sectoren met een aanzienlijk waterverbruik. De razendsnelle uitbreiding van het massatoerisme, de aanleg van meer golfbanen waarvoor uitgebreide irrigatie nodig

Natuur en milieu

is, de voortschrijdende intensivering van de landbouw en de aanplant van veel waterverbruikende sinaasappel- en eucalyptusbossen blijven niet zonder gevolgen. Er hoeft nog geen beroep te worden gedaan op dure installaties om zeewater te ontzilten, maar men legt wel onderaardse waterreservoirs aan, boort naar bronnen op meer dan 200 m diep en tapt noodvoorraden af.

Een extra complicatie is het feit dat bijna alle grote rivieren in Spanje ontspringen en dat het buurland in zijn eigen behoefte aan water voorziet door aan de bovenloop stuwmeren aan te leggen. In warme zomermaanden bereiken daardoor steeds vaker slechts kleine en vervuilde stroompjes de kant van Portugal. En als het dan een keer regent, dan komt het water in zulke hoeveelheden dat steeds vaker stukken land onder water komen te staan.

Het geldt inmiddels als een bewezen feit dat de mondiale opwarming eerst in het bijzonder de zuidelijke landen erg hard zal treffen. Voor Portugal rekent men op extreme hitte in de zomer en koudegolven in de winter. In 2006 sneeuwde het in Lissabon en in het binnenland van Algarve voor het eerst in 52 jaar, terwijl 2011 de hoogste zomertemperaturen sinds mensenheugenis bracht – records die zich sindsdien steeds weer voordoen.

Verkeersinfarct en luchtvervuiling in het centrale deel

De maatschappelijke en economische veranderingen van de afgelopen jaren hebben geleid tot een grootschalige leegloop onder vooral jongeren. De agglomeraties rond Lissabon en Porto zijn razendsnel gegroeid, waardoor hier inmiddels bijna een derde van alle Portugezen woont. Ze zijn in voormalige groengebieden ondergebracht in snel en eenvoudig uit de grond gestampte slaapsteden, die bewoners lokten met betaalbare huizenprijzen. Daarvoor nam men dan maar lange reistijden naar het werk in het centrale deel van de stad voor lief. Zo wordt Lissabon op werkdagen overspoeld door een miljoen forenzen in 450 duizend personenauto's. In de steden treedt een merkbare luchtvervuiling op, zelfs al is de uitstoot van CO_2 per hoofd van de bevolking in Portugal zeker niet de hoogste van Europa.

De planning voor het regionale openbaar vervoer hield geen gelijke tred met de sterke groei van de huizenbouw in de nabije omgeving. De uitbreiding sinds de jaren 90 is vanwege de economische crisis stopgezet of ingeperkt om te bezuinigen. Spoortrajecten zijn stilgelegd, buslijnen zijn geschrapt en de frequentie van de metro is verlaagd. Van de lang geplande aanleg van een hogesnelheidstreinverbinding met Spanje is helemaal afgezien.

Steppenvorming in het binnenland

Als gevolg van het continue vertrek van jonge generaties wordt in het binnenland de ene na de andere school gesloten. In de dorpen blijven alleen de oude en laagopgeleide inwoners achter. De ecologische gevolgen hiervan zijn al merkbaar. De schrale bodem wordt niet langer voor de landbouw bewerkt en erodeert. Regen spoelt de dunne bovenlaag van kruimelaarde weg en legt het rotsgesteente bloot. In bossen waar geen bosbouw wordt bedreven, groeit het gevaar van bosbranden (zie ook blz. 31). Inmiddels wordt 63 % van het Portugese grondgebied bedreigd door steppevorming. Getroffen regio's zijn het achterland van Algarve, het dal van de Rio Guadiana, het centrale dal van Alentejo en de grensstreken bij Castelo Branco en in het zuidoosten van Trás-os-Montes.

Maar in tijden van economische crisis vindt een voorzichtige terugkeer naar het plattelandsleven plaats. De ontwikkeling van grootscheepse en in ecologisch opzicht bedenkelijke toeristische projecten wordt stilgelegd en in plaats daarvan komen er kleinere industriële ondernemingen, duurzame landbouwprojecten en verantwoord toerisme. Ook jongeren die in de steden geen werk meer kunnen vinden, hopen nu op een betere toekomst op het platteland.

Portugals energie uit zon, wind en water

De 1500 inwoners van het kleine dorp Ferrel bij Peniche in Midden-Portugal gaven op 15 maart 1976 het voorbeeld voor de Portugese energievoorziening. In de toen nog jonge democratie was een enkele protestmars genoeg om de plannen voor de bouw van een atoomcentrale vroegtijdig te beëindigen.

De dertien nieuwe windmolens op de heuvels van de naburige Serra d'El-Rei hebben niet alleen een symbolische waarde. Ze geven de richting aan voor het energiebeleid in een land dat niet over eigen fossiele brandstoffen beschikt. Daarom zet de regering extra in op het opwekken van duurzame energie in het door zon en wind verwende Portugal. Met een productiecapaciteit van 54.100 gigawattuur was het land in 2014 een van de tien grootste producenten ter wereld. Een belangrijk aandeel daarin heeft een industrieel consortium onder leiding van de Portugese, maar inmiddels voor een deel door Chinese investeerders overgenomen elektriciteitsgigant EDP en het Spaanse Endesa. In het hele land zijn windmolenparken aangelegd, waarvan de windmolens zijn vervaardigd door een Duits bedrijf in het Noord-Portugese Viana do Castelo. Het valt niet te ontkennen dat Portugal voor de technologie steeds bij buitenlandse bedrijven moet aankloppen, waardoor het op een nieuwe manier afhankelijk wordt.

Een belangrijke bijdrage voor de uitbreiding van het gebruik van zonne-energie levert de gemeente Moura in Alentejo. Hier bouwde men met steun van Spaanse en Japanse investeerders een van de grootste fotovoltaïsche installaties (met foto-elektrische cellen die zonnewarmte omzetten in elektrische energie) ter wereld. Op een oppervlakte van zo'n 350 voetbalvelden werden 262.080 zonnepanelen samengevoegd. Hun totale productie van 93 megawatt per jaar kan 30.000 huishoudens van elektriciteit voorzien. Er zijn 115 arbeidsplaatsen gekomen en er wordt bijna 90.000 ton CO_2 per jaar minder uitgestoten.

Met deze zinvolle investeringen heeft Portugal grote stappen gezet in een ontwikkeling die het na de Anjerrevolutie had laten sloffen. Zo was in 2016 ongeveer twee derde van het elektriciteitsverbruik gebaseerd op duurzame energie, met inbegrip van de waterkracht. In 2004 was dit nog maar 19,2 %. Daarmee overtreft men nu al het EU-streven van 31 % in 2020. Eenmaal eerder, in de jaren 50, stond Portugal in Europa aan kop wat betreft duurzame energie. Destijds was waterkracht het toverwoord. Overal in het land bouwde men kleine en middelgrote stuwdammen. Daar kwamen later twijfelachtige megaprojecten als het stuwmeer van Alqueva (zie blz. 372) bij, terwijl sinds 2012 sterk is bezuinigd op stimuleringsmaatregelen voor duurzame energie.

Naast centrales op basis van biomassa en gas beproeft de overheid ook andere technieken. De krachtcentrales op basis van getijdewerking die sinds 2008 in het noorden aan de Atlantische kust zijn gebouwd, leveren voorlopig slechts een bescheiden bijdrage. In het energiebeleid staat atoomenergie tenminste niet meer op de agenda.

Economie, maatschappij en actuele politiek

Na het einde van de dictatuur verliet Portugal voortvarend het armenhuis van Europa en verwierf een bescheiden mate van welvaart. Maar in de eerste jaren van de 21e eeuw kwam er onverwacht een einde aan de opbloei. Het land moest van 2011 tot 2014 een beroep doen op het Europese hulpfonds, de economie kwakkelt en er heerst een grote werkloosheid. Slechts heel geleidelijk tekent zich een wending ten goede af.

Van ontwikkelingsland naar industriële natie

Totdat de Anjerrevolutie van 1974 (zie blz. 50) de weg vrijmaakte voor de democratie, werd Portugal bestuurd door een informeel netwerk van leidinggevende mannen die als achtergrond de landadel, de financiële wereld en de hoge ambtenarij hadden. Aan deze tijd herinneren nog de namen van veel grote banken. Zo is de *Banco Espírito Santo* geen monetaire buitenpost van het Vaticaan, maar eigendom van de gelijknamige familie. Slechts duizend ondernemingen produceerden destijds de helft van het totale bruto nationaal product. Het land stond lange tijd buiten de wereldeconomie en raakte financieel uitgeput door de koloniale oorlogen. Tot 1989 rapporteerde de Wereldbank over Portugal als een ontwikkelingsland. Pas daarna werd Portugal in de kring van industrielanden opgenomen. Een bijdrage daartoe werd geleverd door de financiële steun van de Europese Unie, die bij elkaar tot 2020 oploopt naar 95 miljard euro (zie ook blz. 38).

Dankzij de stimulering door de EU en de lage lonen werd er geïnvesteerd in grote industriële projecten. Meer dan de helft van de hiervan afhankelijke werknemers verdient bruto minder dan € 700 per maand; volgens cijfers van de vakbonden krijgt 10 % van de werknemers niet meer dan het wettelijk minimumloon van zo'n € 550 per maand. Veel buitenlandse ondernemingen zijn afkomstig uit Spanje, Duitsland en Frankrijk; dit zijn de belangrijkste handelspartners van Portugal.

Deze buitenlandse bedrijven die in Portugal gevestigd zijn, hebben ook een groot aandeel in de export. Een goed voorbeeld is de fabriek van Volkswagen Autoeuropa in Palmela, net ten zuiden van Lissabon. Met dit industriecomplex, dat het grootste van heel Portugal is, was een investering gemoeid van bijna twee miljard euro; een kwart daarvan werd gefinancierd via een structuurfonds van de EU. Maar het gaat niet altijd goed. De met honderd miljoen euro bijna voor de helft door EU-subsidies en belastingverlichting gesteunde halfgeleidersfabriek van Quimonda moest in 2009 de deuren sluiten omdat het moederbedrijf failliet ging.

De aansluiting bij het hoogontwikkelde deel van Europa leek in de jaren 90 dichtbij, maar de crisis van de afgelopen jaren maakt duidelijk dat het nog niet echt zo ver is. Het ging namelijk alleen om een geïmporteerde industrialisatie, die steunde op EU-subsidies en lage lonen. Er is nog geen sprake van een zelfstandige nationale industrie met een hoge toegevoegde waarde. Ook nu nog heeft 96 % van de Portugese ondernemingen minder dan tien werknemers in dienst, slechts 0,08 % meer dan 250.

De slechte opleidingen in Portugal en de lage investering in onderzoek en ontwikkeling zijn belangrijke oorzaken voor de lage productiviteit. Alleen dankzij grote salarisverminderingen liggen de loonkosten per productie-eenheid in Portugal intussen onder het gemiddelde van de eurozone.

Problemen in een geglobaliseerde wereld

Al kort na het begin van het nieuwe millennium zag het ernaar uit dat er een crisis in de economie aan zou komen. Drastisch gedaalde groeicijfers schoven de veelbesproken economische aansluiting bij de rest van Europa naar de verre toekomst. Tussen 1995 en 2000 wees het groeicijfer van Portugal met gemiddeld 4,1 % per jaar nog op een inhaalslag tegenover de eurozone met 2,7 %, maar tussen 2000 en 2007 was de situatie andersom: 1,1 % tegenover 1,8 %. De daaropvolgende crisis verscherpte deze tendens. In 2010 stond Portugal op de 37e plaats van alle nationale economieën ter wereld, en in 2016 viel het terug naar de 38e plaats, nog steeds achter landen als Malta, Oman en Bahrein. De ramingen van het Internationaal Monetair Fonds (IMF) wijzen voor de komende jaren op een lichte verbetering.

Veel buitenlandse ondernemingen vertrokken naar alternatieve lagelonenlanden in Oost-Europa, Noord-Afrika en Azië. Deze ontwikkeling is vooral voelbaar in de textiel- en schoenenindustrie, die goed is voor een tiende van de Portugese export. Gelukkig is deze tendens na een ingrijpende structurele verandering weer omgekeerd. De sector werkt intussen efficiënt en exporteert nu artikelen van hoge kwaliteit tegen concurrerende prijzen. De productiecijfers zijn sinds 2009 met bijna 20 % gestegen. En dat heeft meteen ook een positief effect op de aanpak van de werkloosheid.

De auto-industrie is echter hard getroffen. Grote producenten als Renault, Ford en General Motors sloten de een na de ander hun fabrieken; alleen Volkswagen breidt zijn fabriek ook in de komende jaren nog verder uit. Er moet nog eenmaal ongeveer 600 miljoen

Zachte schoentjes uit Portugal voor dames overal ter wereld

Grote bloei in het beton verdwenen

Autowegen, voetbalstadions, appartementenflats: ook al was er in Portugal geen sprake van een zeepbel door speculanten in de bouwsector, het gebruik van beton werd niettemin gezien als synoniem voor economische vooruitgang. Door de crisis kwam er een eind aan veel investeringen. Bouwondernemingen gingen failliet, de werkloosheid in de bouwsector steeg enorm.

Voor de toetreding tot de EU was er in heel Portugal met een deeltraject van Lissabon naar Porto niet meer dan 207 kilometer aan autosnelweg te vinden. Tegenwoordig telt het land maar liefst 3000 kilometer. Maar de nieuwe snelwegen brachten niet wat hun bouwers hadden beloofd. Die verwachtten dat de verbetering van het wegennet een stimulans zou zijn voor investeringen in structuurzwakke gebieden en de leegloop van het platteland een halt zou toeroepen. Maar in plaats daarvan gebruikten veel inwoners de nieuwe verkeerswegen om hun thuisland sneller de rug toe te keren.

Ze wonen nu in satellietsteden, waar in de jaren 90 meer dan 900.000 nieuwe woningen zijn gebouwd. Gemeentelijke politici verdubbelden zonder verder na te denken het aantal bouwvergunningen, mede omdat de hoge onroerendgoedbelasting een van de belangrijkste inkomstenbronnen was voor de gemeentekas. Deze afhankelijkheid van de 'betonbelasting' werkte een verwaarlozing van het gegroeide woningenbestand in bijna alle binnensteden in de hand. Die herbergen nog overwegend oude en arme inwoners. De gewenste renovatie van de centraal gelegen woonwijken van Porto en Lissabon zal zo'n tien jaar duren en een investering van minstens 800 miljoen euro vergen. Plaatselijke politici hebben pas laat aandacht gekregen voor deze minder lucratieve, maar dringend noodzakelijke onderneming.

Bij een crisis in de bouwsector stagneert de economie van het hele land. Daarom zetten de regeringen in op grote openbare bouwprojecten. Na de wereldtentoonstelling Expo 98 bepaalde de organisatie van het Europees kampioenschap voetbal in 2004 het moderne gezicht van Portugal, maar de tien nieuwe stadions kostten al met al wel 800 miljoen euro. Veel daarvan worden nu nauwelijks nog gebruikt en belasten de krappe gemeentekassen. Vanwege de door de crisis noodzakelijke bezuinigingen bij de overheid zijn sinds 2011 alle belangrijke bouwplannen in de ijskast gezet. Daaronder vallen projecten als een nieuwe grote luchthaven bij Lissabon en de aansluiting op het Europese netwerk van hogesnelheidstreinen. Het snelle spoorlijntraject zal nu weliswaar van de Spaanse hoofdstad Madrid naar de Portugese grens lopen, maar vanaf dat punt komt er geen snelle lijn naar Lissabon. Ook op de dringend noodzakelijke middelen voor de sanering van schoolgebouwen is gekort. Daardoor raakten meer dan twintigduizend kleine en middelgrote bouwbedrijven in de knel, terwijl de grote ondernemingen uitwijken naar markten buiten de EU, zoals Brazilië of Angola. Het aantal arbeidsplaatsen in de branche is met meer dan de helft gedaald.

Problemen in een geglobaliseerde wereld

euro worden geïnvesteerd, maar er schijnt een pachtovereenkomst voor de middellange termijn te zijn afgegeven. Men hoopt op meer investeringsplannen. De Portugese regering sloeg een grote slag met de vestiging van Ikea. Uit 32 kandidaatsteden in de hele wereld kozen de Zweden het Portugese meubelcentrum Paços de Ferreira voor de bouw van drie productiehallen. Daar kwamen ook nog een porseleinfabriek en een Portugese onderneming bij. De stimuleringspremies zullen vrij hoog zijn geweest, want er is afgesproken daar niets over naar buiten te brengen.

Het toerisme heeft zich ontwikkeld tot een grote groeimotor met jaarlijkse groeicijfers van bijna 10 %. Daarnaast kan de landbouw zich nauwelijks staande houden tegenover de Spaanse concurrentie. Nog steeds is ongeveer 10 % van de beroepsbevolking werkzaam in de agrarische sector, maar deze draagt slechts 2,2 % bij aan het bruto nationaal product. Op de wereldmarkt tellen alleen de kurkproductie en de wijnbouw mee. In de visserij kunnen de kleine viskotters, die goed zijn voor romantische foto's in de havens, alleen met grote moeite de concurrentie aan met de grote Spaanse visserssvloot en de internationale fabrieksschepen waarop de vangst meteen ook wordt verwerkt.

Schulden, werkloosheid, afbraak verzorgingsstaat

De mondiale financiële en economische crisis bracht Portugal aan de rand van de ondergang. Van 2011 tot 2014 was de vroegere modelleerling van de EU genoodzaakt een beroep te doen op het Europees hulpfonds, zelfs al was er geen zeepbel in de onroerendgoedsector of een grote bankencrisis geweest. De bevolking, in het bijzonder de middenklasse, kreeg drastische bezuinigingsmaatregelen opgelegd. Daarbij ging het om verhoging van belastingen en accijnzen, verlaging van salarissen en pensioenen, bezuinigingen in de gezondheidszorg en het onderwijs, en afschaffing van feestdagen. Het verlies van koopkracht ging gepaard met een daling van de binnenlandse vraag. Zo daalde de verkoop van auto's zo'n 40 %. Door de daling in de import van consumentengoederen kreeg het land echter wel voor het eerst een bijna neutrale handelsbalans, maar voor de bevolking weegt de keerzijde zwaar. Veel Portugese bedrijven gingen failliet, de werkloosheid, die in 2000 nog op 4 % lag, steeg in 2013 naar meer dan 20 %, de jeugdwerkloosheid zelfs naar bijna 40 %. Pas in 2015 was een lichte verbetering te zien, waarop de in dit jaar gekozen linksgeoriënteerde regering tal van bezuinigingsmaatregelen voor sociaal zwakkeren en de middenstand terugdraaide.

Daarmee voldoet ze aan de wens van een brede laag in de bevolking, die in de jaren van bezuinigingen op sociale voorzieningen en verhoging van accijnzen door een existentiële angst gegrepen werd. Want pas na de Anjerrevolutie en in de voorbereiding op het EG-lidmaatschap was er een bescheiden verzorgingsstaat gecreëerd met een sociaal vangnet. Het is nog geen 45 jaar geleden dat er in Portugal mensen van de honger stierven. Die tijd, waarin slechts een kleine bovenlaag naar een arts kon gaan, ligt nog niet zo heel ver in het verleden. De enorme opbouw na de Anjerrevolutie van 1974 leek voor velen in gevaar te komen.

Sociale verzekeringen

Volgens de Portugese grondwet moet de staat zorgen voor een nationale gezondheidszorg die 'trendmatig gratis' is. Deze wordt gefinancierd via de belastingen en is beschikbaar voor de hele bevolking. Om aan de wet te voldoen is zelfs in kleine gemeenten een gezondheidscentrum *(centro de saúde)* ingericht, waar eerste medische zorg wordt gegeven. Daarnaast zijn er in de grote steden openbare ziekenhuizen, waarvan de medische kwaliteit overigens sterk varieert. Zelfs voor operaties die van levensbelang zijn, kan er een wachtlijst zijn, die in de tijd van de crisis steeds langer werd. Bovendien is er een hoge eigen bijdrage ingevoerd, waardoor steeds meer mensen zich geen dringend noodzakelijke behandeling kunnen veroorloven. Parallel aan deze ontwikkeling is er een particulier stelsel voor gezondheidszorg opgekomen dat een betere reputatie heeft, maar erg duur is.

De andere sociale voorzieningen zijn gefinancierd met eigen bijdragen. Het lidmaatschap van de pensioenverzekering is ook voor zelfstandigen verplicht. Als gevolg van de lage lonen of een te korte periode voor de eigen bijdrage ligt zo'n 80 % van de pensioenen onder het minimumloon. De armoede onder ouderen is daarom een van de grootste uitdagingen voor een sociaal beleid in Portugal.

De verplicht verzekerde werknemers krijgen een werkloosheidsuitkering ter hoogte van maximaal 65 % van het bruto loon, met een bovengrens van € 1048. De uitkeringsduur varieert afhankelijk van leeftijd en gewerkte maanden trapsgewijs van vijf tot dertig maanden. Veel Portugezen kunnen nauwelijks aanspraak op een werkloosheidsuitkering maken, omdat ze in een situatie zitten waarin het moeilijk is werk te vinden en te behouden. In hun belang is het recht op een uitkering uitgebreid tot de groep van schijnzelfstandigen, als die kunnen bewijzen dat ze alleen voor een bepaalde onderneming hebben gewerkt.

Pas sinds 1997 bestaat er een uit belastingen gefinancierde bijstand, momenteel met een maximum van ongeveer € 180 per maand voor het gezinshoofd, de helft daarvan voor de partner en 30 % voor ieder kind. Deze bijstand moet voor de mensen voorzien in de eerste levensbehoeften, terwijl hij ook hun werkzame en sociale integratie bevordert. Dat gebeurt bijvoorbeeld door verplichte activiteiten voor een beroepsopleiding of door taalcursussen voor buitenlanders.

Vooruitgang in het onderwijs in gevaar

Het dictatoriale regime vóór 1974 deed weinig aan onderwijs en liet een analfabetisme van meer dan 30 % in stand. De noodzakelijke inhaalslag voor het onderwijs is daarom zo groot dat Portugal slechts langzaam uit het vroegere dal omhoogkruipt. Vanaf 2005 moet een brede onderwijscampagne van de overheid een einde maken aan de grootste obstakels voor een goede economische concurrentiepositie in de geglobaliseerde wereld. Zo'n 40 % van de oudere werknemers heeft de middelbare school niet afgemaakt en geen beroepsopleiding gevolgd. Daarom kregen alle werknemers volgens de wet een vrijstelling van jaarlijks minimaal twintig uur voor het volgen van een verdere opleiding.

De ambitieuze doelstelling was een miljoen leden van de beroepsbevolking aan een passende kwalificatie te helpen. Maar het bijbehorende programma voor de volwassenenopleiding werd halverwege ingeperkt in het kader van de bezuinigingen. Om het opleidingsniveau van de jonge generatie te verbeteren werd de leerplicht van negen naar twaalf jaar verlengd. Met een uitbreiding van het onderwijs in wiskunde hoopt men jongeren meer te interesseren voor een studie in techniek en natuurwetenschap. Een eerste resultaat: bij een internationaal vergelijkend kwaliteitsonderzoek onder scholieren (PISA) was Portugal in 2010 een van de landen met de grootste vooruitgang. Probleem blijft nog wel de extreem hoge schooluitval van 15 %.

In de crisisjaren werd sterk bezuinigd op uitgaven voor onderwijs, met besparingen die in de miljarden liepen. Schoolklassen werden vergroot, leraren ontslagen, zogenaamd onbelangrijke vakken geschrapt. Aan veel universiteiten werd het collegegeld verhoogd naar meer dan € 500 per semester en werd bovendien wetenschappelijk personeel ontslagen.

Vooruitzichten in de crisis

Veel Portugezen zien alleen kansen voor een nieuwe opbloei als ze goed nadenken over de eigen sterke punten. Vier sectoren stellen ze daarbij centraal, met op de eerste plaats het toerisme, dat in 2016 goed was voor twaalf miljard euro aan inkomsten. Dat komt overeen met ruim een tiende van alle vormen van dienstverlening. In de afgelopen jaren liet niet alleen de aantrekkelijke stad Lissabon op dat punt hoge groeicijfers zien, maar ook de regio's Noord-Portugal en Alentejo, waar men het aanbod aan cultuur en duurzaam, of 'zacht', toerisme sterk heeft ontwikkeld.

Portugal is een land met veel zon, wind en zeegolven, wat niet alleen aantrekkelijk is voor vakantiegangers, maar ook van nut is voor een duurzame energieopwekking. Met voldoende inzet kan het land in toenemende mate onafhankelijk van olie- en gasimport worden en zich op de lange termijn ontwikkelen tot een exporteur van elektriciteit (zie ook blz. 35).

Vergelijkbare mogelijkheden zijn er in de landbouw, die in de laatste tientallen jaren sterk werd gereduceerd, waardoor Portugal nog maar een derde van de geconsumeerde voedingsmiddelen zelf produceert. En tot slot willen economen en ondernemers met verantwoordelijkheidsbesef de relaties met de voormalige koloniës aanhalen. Per slot van rekening hebben Brazilië, Angola en Mozambique zich inmiddels tot economisch belangrijke opkomende landen ontwikkeld. Een samenwerking op basis van gelijkwaardigheid kan ruim veertig jaar na de Portugese dictatuur voor alle betrokkenen vruchtbaar zijn.

Het Portugese partijenlandschap

Portugal is vandaag de dag een stabiele democratie; er bestaat geen gevaar voor terugkeer naar een dictatuur. De extreemrechtse partijen vinden momenteel weinig weerklank bij de bevolking. Maar het vroegere regime wist nog wel te voorkomen dat de wereldwijde beweging van studentendemonstraties in 1968 zich ook naar Portugal zou uitstrekken. Daarmee werden ook hun anti-autoritaire denkbeelden en de liberale maatschappelijke consequenties tegengehouden. In Portugal bleef een diep respect voor autoriteit voortbestaan, dat later ook niet door de Anjerrevolutie werd aangetast omdat de leiders daarvan deel uitmaakten van de hiërarchische structuur van het leger. Ook in de jonge democratie hielden veel politici een autoritaire stijl van leidinggeven aan.

Pas in de jaren 90 was de tijd rijp voor een ingrijpende verandering. Met António Guterres werd voor het eerst een premier gekozen die als persoon een stapje terug kon doen en de maatschappelijke consensus kon bevorderen. Ongeveer in dezelfde tijd werd Bloco de Esquerda opgericht, dat als linkse oppositiepartij tegen het establishment vanaf het begin succes had. Sinds eind 2015 steunt het de sociaaldemocratische minderheidsregering. Bij de gemeentelijke en de Europese verkiezingen van 2013 en 2014 wisten vrije kiesverbindingen en kleinere partijen grote successen te boeken. In 2015 kreeg een partij voor bescherming van natuur en dieren zitting in het nationale parlement.

Intussen kiezen de twee grote partijen Partido Socialista (PS) en Partido Socialdemocrata (PSD) hun lijsttrekkers in een vergadering van partijleden en zelfs sympathisanten. In 2008 koos de conservatieve PSD als eerste partij een vrouw, wat tot voor kort ondenkbaar was (zie ook blz. 57). Er zijn nu ook referendums mogelijk over maatschappelijke thema's als abortus of een voorzichtige decentralisatie van het landsbestuur.

De namen van de politieke partijen zijn overigens wat verwarrend. De grootste linkse partij PS noemt zich socialistisch, maar is eigenlijk meer sociaaldemocratisch dan socialistisch georiënteerd. En de belangrijkste conservatieve partij PSD noemt zich sociaaldemocratisch, maar heeft weinig van doen met een sociaaldemocratisch programma en staat meer in de christendemocratische traditie.

En wie in verkiezingstijd zijn vakantie in Portugal doorbrengt, ziet op veel verkiezingsposters de afkorting CDU. Het bekende symbool van hamer en sikkel dat erbij staat, maakt echter wel duidelijk dat het niet om een christelijke partij gaat. Het betreft de lijstverbinding Coligação Democrática Unitária die is gevormd door de Communistische Partij van Portugal (PCP) en een kleine groepering die zich Os Verdes (De Groenen) noemt. Die laatste heeft wederom niets te maken met de groene partijen elders in Europa, maar is een afsplitsing van de communisten. Een groene partij die streeft naar een duurzame en rechtvaardige samenleving ontbreekt in Portugal.

Geschiedenis

De oudste natiestaat van Europa kijkt trots terug op het begin van zijn veelbewogen geschiedenis, die wordt gekenmerkt door hoge toppen en diepe dalen. De neergang van de eerste speler op mondiaal niveau in de vroegmoderne tijd naar het armenhuis van Europa had niet pijnlijker kunnen zijn. Maar het land herpakte zich met een nieuwe daad van historische betekenis, de eerste geweldloze revolutie ter wereld.

Prehistorie en vroege geschiedenis

De oudste sporen van menselijke aanwezigheid zijn de ruim dertigduizend jaar oude rotstekeningen bij Foz Côa in het noordoosten van Portugal. Deze kregen in 1998 een plaats op de UNESCO-Werelderfgoedlijst. In de 8e-10e eeuw v.Chr. trokken Iberische stammen uit Noord-Afrika hierheen en zwierven vooral in de zuidelijke streken rond. Vanaf de 5e eeuw v.Chr. vestigden deze nomadische volken zich op een vaste woonplaats, waar ze leefden van landbouw en veeteelt. De vele vondsten van de megalietcultuur wijzen op een dichte bewoning van de huidige Alentejo in het neolithicum.

Na de 8e eeuw v.Chr. kwamen vanuit noordelijk Europa Kelten hierheen en mengden zich met de oude Iberische bevolking. Deze zogeheten Keltiberiërs bouwden op de heuvels van Noord-Portugal ronde weerhuizen *(castros)*, die ze uitbreidden tot weerdorpen *(citânias)* en met een ringmuur afschermden. In deze tijd voeren de Feniciërs naar de Atlantische zuid- en westkust om er koper, tin en zilver te halen. Veel Portugese kustplaatsen gaan terug op een Fenicische nederzetting. In de 6e eeuw v.Chr. volgden de Grieken, die langs de kust handelskolonies vestigden. Ruim honderd jaar later handelden de Carthagers hier in edelmetalen en zout. Zij kwamen in conflict met de Keltiberische stammen toen ze een politieke leidersrol opeisten.

Romeinse Rijk

De Romeinen verdreven de Carthagers in de Tweede Punische Oorlog (218-206 v.Chr.) van het Iberisch Schiereiland en namen meteen ook maar het gebied ten zuiden van de Taag in bezit. De verovering van het noordwesten verliep moeizamer. In het gebied tussen de Taag en de Douro bood de Keltiberische stam van de Lusitaniërs fel weerstand, die pas in 139 v.Chr. werd gebroken door de moord op hun leider Viriatus. De verovering van de streek ten noorden van de Douro kwam pas in 27 v.Chr. tot stand onder keizer Augustus. Na de Romeinse verovering bracht de *pax romana* rust op het Iberisch Schiereiland, dat werd opgedeeld in de provincies Lusitania in het zuidwesten, Tarraconensis in het noorden en het westen, en Baetica in het zuidoosten.

Anders dan de vroegere handelsvolken drukten de Romeinen gedurende hun ongeveer zeshonderd jaar durende aanwezigheid een sterk economisch en politiek stempel op de regio. Ze moderniseerden de landbouw en creëerden grote landgoederen, *latifundia*, waar ze tarwe, druiven en olijven verbouwden. Van groot economisch belang werden verder de zoutwinning en de kopermijnbouw.

In de 2e eeuw begon de verspreiding van het christendom in de Romeinse provincie Lusitania. Al in de 3e eeuw waren er vroegchristelijke gemeenschappen met bisschopszetels in Braga en Évora. Een wijdvertakt wegennet met talloze bruggen bevorderde de handel en maakte een politiek bestuur over het hele land mogelijk. De Romeinse wegen bleven tot in de 19e eeuw de basis voor het Portugese wegenbeheer. Het duurzaamste Romeinse erfgoed is echter de Portugese taal, die net als alle andere Romaanse talen is voortgekomen uit het vulgair Latijn (dat door alle lagen van de bevolking werd gesproken).

Grote volksverhuizing

Vanaf 409 trokken Germaanse stammen over de Pyreneeën. De uit het gebied tussen de Rijn en de Oostzee afkomstige Sueven vestigden een koninkrijk in het noordwesten van het Iberisch Schiereiland. Als fonetisch erfgoed verrijkten zij het reeds bestaande vulgair Latijn met een reeks sisklanken, die karakteristiek zijn gebleven voor het Galicisch en het Portugees.

De Alanen en de Vandalen trokken naar de regio ten zuiden van de Douro, maar werden door de West-Goten, die een bondgenootschap met de Romeinen hadden gesloten, naar Andalusië verdreven. Iets later maakten de West-Goten een einde aan de aanwezigheid van Romeinen in het binnenland van het Iberisch Schiereiland (414-418). In de periode tot 586 veroverden ze ook het gebied van de Sueven. Ze maakten het christelijk geloof tot de officiële staatsreligie en vestigden een feodale inrichting van de maatschappij, die werd gekenmerkt door toenemende conflicten tussen koning, adel en geestelijkheid.

Moorse heerschappij

Toen de Noord-Afrikaanse veldheer Tariq in 711 met zijn leger de Straat van Gibraltar overstak, trof hij een ontwricht West-Gotisch rijk aan. In slechts zeven jaar veroverde hij bijna het hele Iberisch Schiereiland. Als politiek centrum richtte hij na 756 het emiraat Córdoba op. De Moren brachten het land moderne kunstnijverheidstechnieken, effectieve irrigatiemethoden en nieuwe planten als citrusvruchten, suikerriet en katoen. Dankzij de voor de beginperiode van de islam kenmerkende religieuze

De belangrijkste Romeinse opgravingen bevinden zich in Conimbriga

Geschiedenis

verdraagzaamheid konden christenen, joden en moslims vreedzaam naast elkaar leven. Dat onderlinge contact stimuleerde een bloei in de natuurwetenschappen, geneeskunde, filosofie en dichtkunst. De steden konden tot bloei komen dankzij de winsten uit de handel. De verfijnde kunstnijverheid werd beroemd.

Christelijke herovering

De door de Moren uiteengeslagen West-Gotische ridders zochten een toevluchtsoord in het Cantabrisch Gebergte en vormden daar de kiem voor de christelijke herovering *(reconquista)*. Met de steun van edelen uit Bourgondië boekten ze al snel weer succes in de strijd en konden ze de Moren terugdrijven naar het zuiden. Tot hun symboolfiguur kozen de christenen Sint-Jacobus, die in ontelbare schilderijen en in beeldhouwwerk staat afgebeeld als een morendoder te paard. Zijn graf in het Spaanse Santiago de Compostela werd een belangrijk bedevaartsoord en de heroveraars konden morele steun putten uit de komst van miljoenen pelgrims.

In de 10e eeuw was het gebied tussen de rivieren Minho en Douro weer vast in christelijke handen en kwam het tot een zelfstandig graafschap Portucale binnen het koninkrijk Leon. De christenen hadden het gevoel dat het hun eindelijk voor de wind ging, toen het Moorse rijk in het nieuwe millennium in afzonderlijke staatjes uiteenviel en daardoor nog kwetsbaarder werd. De zuidelijke veldtochten begonnen. Een belangrijke rol hierin vervulde de edelman Afonso Henriques.

Begintijd van de staat Portugal

De ridder Hendrik van Bourgondië had als dank voor zijn dappere inzet in de strijd *Portucale* als leen ontvangen. Zijn zoon Afonso Henriques riep zich in 1139 zelfbewust uit tot Portugese koning, nadat hij bij Ourique in Alentejo tegelijkertijd tegen vijf Moorse vorsten had gestreden. Hij maakte daarmee een einde aan de leenplicht tegenover Alfons VII, de koning van Leon en Castilië, die in 1143 van zijn kant Portugal ook als een onafhankelijk koninkrijk erkende. Dit rijk strekte zich uit van de rivier de Minho tot aan Coimbra.

In 1147 veroverde Afonso Henriques met de hulp van 13 duizend kruisridders uit noordelijker delen van Europa na een beleg van vier maanden de stad Lissabon. Er ging een eeuw overheen voordat de Moren ook permanent uit de zuidelijke provincies waren verdreven. Pas in 1249 kon de Portugese *reconquista* met de verovering van Faro aan de kust van Algarve worden afgesloten. In 1256 verhuisde het hof van Coimbra naar Lissabon. Sindsdien zijn de landsgrenzen vrijwel onveranderd gebleven.

Portugal beleefde een periode van economische voorspoed. Het koningshuis beperkte de rechten van de landadel en de macht van de bisschoppen. Het lijfeigenschap werd opgeheven en de landbouw werd bevorderd. Een voorbeeldfunctie hierbij hadden de kloosterorden, en dan vooral de oorspronkelijk in Bourgondië gestichte orde van de cisterciënzers, die de door de Moren verlaten velden bewerkten en stukken land in cultuur brachten. De grootste plaatsen werd meer zelfstandigheid gegund met de verlening van stadsrechten, handel en kunstnijverheid maakten een nieuwe bloei door. Koning Dinis I (1279-1325), bijgenaamd de Dichter, richtte de eerste universiteit op, bevorderde de handel over zee en beveiligde de landsgrenzen met de bouw van meer dan honderd kastelen. Portugese havensteden dreven een levendige handel met Vlaanderen, het Middellandse Zeegebied en Engeland, dat een militaire bondgenoot tegen Spanje werd.

Gouden tijden

In jaar 1383 deed zich een ernstige crisis voor. Na de dood van de laatste Bourgondische koning Ferdinand maakte zijn schoonzoon Juan I van Castilië aanspraak op de troon. Hij kreeg steun van de Portugese lage adel, maar er was verzet bij de steden. De oude feodale heersers stonden tegenover de opkomende burgerij, die uiteindelijk de overhand kreeg. Het standenparlement *(cortes)* koos de grootmeester van de ridderorde van Avis tot burgerkoning João I. De Spaanse heerser reageerde met een beleg van Lissabon dat vier maanden duurde. Bij Aljubarrota nabij Batalha kwam het in 1385 tot een beslissende slag, waarin een klein Portugees leger met de hulp van Engelse boogschutters een gelukkige zege behaalde op het veel grotere Spaanse leger. Er werd een langdurig verbond met Engeland gesloten *(Tratado de Windsor)*, dat werd bezegeld met het huwelijk van João I met Filipa van Lencastre, de nicht van de Engelse koning Edward III. Hun vierde zoon Hendrik zou de grote mentor van de Portugese ontdekkingsreizen (zie blz. 46) worden. Onder de Avis-dynastie groeide Portugal uit tot de eerste wereldmacht van de moderne tijd.

Na de ontdekking van de zeeroute naar India in 1498 door Vasco da Gama beheerste Portugal de lucratieve specerijenhandel. Een onmetelijke rijkdom stroomde het kleine land binnen, dat tijdens de regering van koning Manuel I (1495-1521) een ongekende culturele bloei beleefde (zie blz. 192).

De vijandigheid tussen Portugal en Spanje, dat eveneens zeevaarders en veroveraars naar nieuwe werelden had uitgezonden, bleef bestaan. Alleen de paus kon hieraan een einde maken. Bij het Verdrag van Tordesillas (1494) besloot paus Alexander VI tot een opdeling van de wereld tussen deze twee katholieke landen. Alle ontdekkingen ten westen van de 46e lengtegraad, en daarmee bijna het hele Noord- en Zuid-Amerikaanse continent, werden toegezegd aan Spanje, alle ontdekkingen ten oosten daarvan, met gebieden als Brazilië, Afrika en Azië, vielen toe aan Portugal. Die verdeling spoorde de Portugese zeevaarders aan tot verdere reizen over de onbekende zeeën, die uitmondden in de ontdekking van de zeeroute naar China en Japan. De eerste reis om de wereld werd tussen 1519 en 1522 volbracht door een expeditie onder leiding van de Portugees Fernão de Magalhães (Magellaan), die overigens onder Spaanse vlag voer.

De neergang

Portugal zwolg in rijkdom, maar vergat die op een productieve manier te benutten. De kunstnijverheid en de landbouw kwamen zo goed als stil te liggen. 'Het land loopt leeg bij de geur van kaneel,' luidde het toepasselijke commentaar op het vertrek van talloze Portugezen naar de bezittingen overzee. De winsten uit de handel werden gebruikt om de nodige levensmiddelen en luxegoederen te importeren, maar bij banken elders in Europa moest men dure leningen aangaan voor de bouw van steeds grotere handelsschepen, terwijl de specerijenroute ook een steeds uitgebreidere militaire bescherming vergde. In enkele tientallen jaren gleed de rijkdom als zand tussen de vingers weg. Alleen de handel in slaven uit Afrika bleef door de eeuwen heen uiterst winstgevend. De sterke zwarten werden uitgebuit op de koffie-, suiker- en tabaksplantages in Brazilië en maakten het tekort aan arbeidskrachten in het Portugese moederland goed. In de 16e eeuw vormden zwarte Afrikanen al ongeveer 10 % van de bevolking in Lissabon.

Zeer schadelijk voor de economie was de christelijke vervolging van de joden na 1496, met verdrijving en gedwongen kerstening. Deze vervolging hing alle succesvolle handelaars en kredietverschaffers als een Damocleszwaard boven het hoofd. Ze hadden sowieso te maken met een algemene verdenking tegen joden, maar werden met extra argwaan bekeken als ze actief waren in commerciële sectoren die als typisch joods golden. De door koning João III in 1530 ingestelde inquisitie maakte een einde aan de korte lente van een openhartig humanisme in het kader van de renaissance. Vrije handel was gevaarlijk geworden. De helft van de in documenten vastgelegde veertigduizend slachtoffers van de inquisitieprocessen waren handelaars.

Een duidelijk signaal van de economische en culturele regressie was een kruistocht naar Noord-Afrika, waaraan de jeugdige koning Sebastião meedeed. Met een leger van 18 duizend man leed hij in augustus 1578 op het Marokkaanse slagveld van Alcácer-Quibir een

Wedloop naar het rijke Oosten – de zeeroute naar India

Stoutmoedige Portugese zeevaarders veroverden in de 15e eeuw tot dan toe onbekende oceanen, overwonnen het middeleeuwse gedachtegoed en openden de deur naar de moderne tijd. Als eerste Europeaan kwam Vasco da Gama over zee aan in India en met de oosterse specerijen stroomde een overvloedige rijkdom naar Portugal.

De basis voor dit weergaloze Portugese succes werd al aan eind van de 12e en in het begin van de 13e eeuw gelegd door koning Dinis, toen hij met de hulp van Italiaanse deskundigen in scheepsbouw, scheepvaart en cartografie een zeewaardige vloot opbouwde. Met loten van dennen uit Bourgondië liet hij uitgestrekte bossen aanplanten, waar de latere scheepsbouwers terechtkonden om het benodigde hout te kappen.

De ontdekkingsreizen begonnen met de verovering van Ceuta aan de Noord-Afrikaanse kant van de Straat van Gibraltar. Koning João I waagde in juli 1415 de oversteek daarheen met twintigduizend soldaten op 240 schepen. Een van de deelnemers aan deze expeditie was zijn zoon Hendrik (1394-1460). Hij werd gefascineerd door de mysterieuze berichten van Arabische kooplieden en kostbare handelsgoederen die via de karavaanroutes naar de stad kwamen. Dat zou een ingrijpende invloed op de geschiedenis van de wereld hebben. Vijf jaar later werd Hendrik door de paus tot het werelds hoofd van de Ridderorde van Christus benoemd. Hij ontwikkelde zich tot de visionaire mentor van de Portugese ontdekkingsreizen en droeg daar wezenlijk aan bij met de financiering en de militaire bescherming die de rijke orde kon bieden. Later kreeg hij de bijnaam 'de Zeevaarder', ook al bleef die oversteek naar Noord-Afrika zijn enige zeereis.

Naast de interesse voor de rijkdommen en specerijen van het Oosten werd de diepgelovige katholiek bezield door de wens het christendom over de wereld te verspreiden. Hij wilde op zoek gaan naar het legendarische rijk van de priester-koning Johannes in Abessinië om samen met hem het islamitische imperium te bestrijden. Paradoxaal genoeg trok hij zich voor de uitvoering van zijn missie niets aan van de pauselijke taboes en verzamelde stiekem ook veel kennis die in het bezit van de 'ongelovigen' was en waarover de paus een ban had uitgesproken. De Arabieren hadden het kompas en het astrolabium (instrument voor graadmeting aan de hemel) in de scheepvaart geïntroduceerd en maakten gebruik van de natuurwetenschappelijke kennis uit het oude Griekenland voor berekeningen op grond van sterrenkundige waarnemingen. Hun kennis kwam vooral via Catalaanse joden als Jehuda Cresques in Portugal terecht. Ondanks de middeleeuws-christelijke leer gingen de deskundigen van Hendrik er overigens net als Hipparchus en Ptolemeus 1500 jaar eerder van uit dat de aarde rond was. De moderne paskaarten waren gebaseerd op exacte kompaspeilingen en vormden een betrouwbare wegwijzer voor de zeevaarders. Al snel deed een nieuw scheepstype zijn intrede, de 20 tot 25 m lange Portugese karveel, die met zijn driehoekige latijnzeilen voor het eerst tegen de wind in kon laveren.

De zeevaarders waagden zich steeds verder op de *mar tenebroso*, de duistere zee, en ontdekten de eilanden Madeira (1419) en Azoren (1427). Ze bereikten de legendarische Kaap Bojador aan de zuidwestkust van Marokko, waarachter demonische zeemonsters, een kokende zee en een verzengende hitte werden vermoed. Pas bij de vijftiende poging lukte het Gil Eanes in 1434 om in een wijde boog om de kaap te varen. Daarmee overwon hij een grote psychologische barrière en

De verovering van het Noord-Afrikaanse Ceuta (hier weergeven op een tegelversiering in het São Bento-station van Porto) luidde het tijdperk van de ontdekkingsreizen in

maakte de weg vrij voor de ontdekking van het zuiden van Afrika en de ronding van Kaap de Goede Hoop door Bartolomeus Dias in 1488. Die reis werd uitgevoerd onder de strengste geheimhouding. Het was zelfs verboden een logboek mee te nemen, om te voorkomen dat zeevaarders van andere volken interesse voor de route kregen. De naam van deze kaap gaf uiting aan de hoop om de zeeroute naar India te ontdekken, waar kostbare handelsgoederen als peper groeiden.

In Calicut aan de zuidkust van India kwam Vasco da Gama ten slotte in 1498 aan land, nadat de Arabische loods Ibn Madjid hem de laatste etappe van Malindi over de Indische Oceaan had gewezen. Tijdens de volgende Indiatocht twee jaar later ontdekte Pedro Álvares Cabral bij toeval Brazilië. Gaspar Corte Real ontekte in dezelfde tijd Groenland. Onder leiding van Fernão de Magalhães (Magellaan) lukte het uiteindelijk in 1522 om rond de aarde te varen. Dat was het bewijs dat de aarde niet plat was; de moderne tijd kon beginnen.

Met de zeeroute doorbraken de Portugezen het lucratieve monopolie van Arabische en Venetiaanse kooplieden die vanouds de in de keuken en de geneeskunde felbegeerde Aziatische specerijen over land van India naar Europa hadden vervoerd. Ze brachten peper, kruidnagel, muskaat en kaneel rechtstreeks naar Lissabon, dat al snel schitterde als de rijkste hoofdstad van Europa. Maar deze pracht hield geen honderd jaar stand. Enorme bedragen gingen op aan de militaire bescherming van de specerijenroute en de bouw van steeds grotere handelsschepen om de ruwe zeeën en de piratenaanvallen te weerstaan.

Machtige naties als Engeland en Holland stonden in de startblokken om de Portugezen bijna alle Aziatische handelssteunpunten te ontfutselen. Het kleine land aan de rand van Europa was met hooguit 1,3 miljoen inwoners niet opgewassen tegen de rol van wereldmacht. Gebleven is de *saudade*, de weemoedig-trotse herinnering van het Portugese volk aan zijn stoutmoedige zeevaarders en zijn vergane glorie.

vernietigende nederlaag waarbij het overgrote deel van zijn adellijke militairen sneuvelde. De overlevenden moesten tegen een hoge prijs worden vrijgekocht. Sebastião liet een geruïneerd land achter zonder een rechtstreekse opvolger en maakte zo voor de Spaanse koning Filips II de weg vrij naar de Portugese troon.

Spaanse heerschappij

Filips II beriep zich bij zijn aanspraak op de Portugese kroon op zijn Portugese grootvader Manuel I. Hiervoor kreeg hij steun van de Portugese adel en handelaars. Zij hoopten dat Portugal op deze manier een graantje mee kon pikken van de Spaanse zilvermijnen in Zuid-Amerika.

Maar de nieuwe heerschappij pakte overwegend nadelig uit voor Portugal. De onder dwang gedoopte joden vluchtten weg naar Zuidwest-Frankrijk, Holland en Hamburg. De ambitieuze zee- en handelsmacht Engeland, tot dan toe een trouwe bondgenoot, viel nu steeds meer ook Portugese vestingen in het moederland en overzee aan, met een grote rol voor de onder koninklijke toestemming opererende kaper Francis Drake. In de beroemde zeeslag tussen Engeland en de onverslaanbaar geachte Spaanse Armada van 1588 zonken ook vele Portugese galjoenen. De Nederlanders vielen in hun vrijheidsoorlog tegen Spanje ook Portugese schepen en handelssteunpunten in Brazilië en Azië aan en verdrongen de Portugezen uit de lucratieve specerijenhandel. De kaarten van de oude, onder de katholieke staten opgedeelde wereld werden opnieuw geschud ten gunste van deze twee ambitieuze protestantse landen en Portugal trok aan het kortste eind.

Filips II liet het bestuur en de rechtspraak in Portugal vrijwel ongemoeid, maar zijn opvolgers Filips III en Filips IV bemoeiden zich rechtstreeks met de binnenlandse politiek van Portugal en graaiden schaamteloos uit de staatskas. De belastingverhogingen verscherpten de anti-Spaanse gevoelens en leidden tot het ontstaan van een verzetsbeweging in kringen van de adel.

Opnieuw onafhankelijk

De leider van de adellijke samenzweerders werd in 1640 uitgeroepen tot de Portugese koning João IV. Maar pas na enige schermutselingen en een geheel hernieuwd verdrag met Engeland erkende Spanje in 1668 de onafhankelijkheid van Portugal; in ruil daarvoor kreeg Spanje het Noord-Afrikaanse Ceuta. Voor deze Engelse hulp betaalde Portugal een hoge prijs met het afstaan van de overzeese steunpunten Bombay in India en Tanger in Marokko en de openstelling van zijn binnenlandse markt voor Engelse producten.

De economische relaties werden verder uitgebreid in het Verdrag van Methuen in 1703, waarin de Portugese uitvoer van port en ruwe wol naar Engeland werd geregeld tegenover een verplichte afname door Portugal van Engels textiel. De Portugese markt werd overspoeld door goedkope Engelse stoffen, waardoor de eigen wolverwerking uit de markt werd gedrukt. Zo werd een eerste aarzelende aanzet tot de industrialisering van Portugal in de kiem gesmoord.

De vernietigende economische gevolgen werden aanvankelijk verdoezeld door de vondst van omvangrijke voorraden goud, zilver en diamant in de kolonie Brazilië. Alleen in het jaar 1720 werd er 25.000 kg goud naar Portugal getransporteerd. Opnieuw stroomde een immense rijkdom het land binnen en opnieuw werd deze rijkdom op een onproductieve manier verkwist. Het koningshuis hield er een luxueuze hofhouding op na, bouwde kerken met vergulde interieurs en het gigantische paleis van Mafra, dat het Escorial in het gehate buurland Spanje in omvang moest overtreffen.

De aanleg van een waterleidingsysteem moesten de inwoners van Lissabon daarentegen zelf financieren via een gebruiksbelasting op olijfolie, wijn en vlees. Al met al verzandde de modernisering van de economie en verslechterden de leefomstandigheden van de bevolking. De barokkoning João V (1707-1750) pompte het land weliswaar vol met goud, maar stortte het tegelijkertijd in een diepe financiële crisis.

Kortstondige vernieuwing

In de schaduw van de decadente hofhouding werkte de minister Sebastião José de Carvalho e Melo zich vanuit lage adellijke kringen omhoog, en zou later de titel Marquês de Pombal toegekend krijgen. Zijn grote verdienste was dat hij actief de economische en culturele achterstand bestreed door middel van verstrekkende hervormingen. Deze wegbereider van een verlicht absolutisme voerde ondanks hevig verzet van de hoge adel en de kerk een fundamentele hervorming van het staatsbestel door. Hij ging daarbij niet kleinzielig te werk en deinsde niet terug voor een politieke moord. De jezuïeten wees hij het land uit en hij bracht scholen en universiteiten onder toezicht van de staat. Hij richtte wol-, glas-, zijde- en porseleinfabrieken op en maakte een einde aan de slavernij en de discriminatie van joden en afgesplitste katholieken.

Lissabon heeft aan hem de moderne wederopbouw te danken na de aardbeving van 1755, die de stad en een groot deel van Zuid-Portugal in puin legde en 'een ongekende verschrikking over de aan rust en vrede gewende wereld' verspreidde (Goethe). Maar de wederopbouw van Lissabon vergde gigantische middelen voor de inzet van personeel en materiaal, waardoor Portugal helemaal afhaakte bij de Europese economische ontwikkeling. Pombals despotische trekken kregen de overhand, en hij viel niet alleen bij de adel, maar ook bij de gewone bevolking in ongenade. Na zijn ontslag in 1777 werden de hervormingen stopgezet.

De vlucht van de adel

Toen Portugal het in 1806 door Napoleon afgekondigde continentaal stelsel als blokkade tegen de bondgenoot Engeland ontdook, marcheerden Franse troepen het land binnen. De koninklijke familie en 15 duizend edelen zochten weinig roemrijk hun toevlucht in Brazilië. Het was uniek in de Europese geschiedenis dat een heel rijk officieel werd geregeerd vanuit een kolonie. Maar nadat Engelse troepen het Franse invasieleger in 1811 hadden verdreven, veranderde Portugal onder het despotische bewind van generaal William Beresford zelf in een soort kolonie van Engeland.

Een mislukte liberale opstand in Porto in augustus 1820 leidde in elk geval tot de terugkeer van de koninklijke familie en de afschaffing van de inquisitie. De koningszoon Miguel verzette zich tegen de afkondiging van een radicaal-liberale grondwet met een absolutistische opstand. Zijn liberaal denkende broer Pedro kwam in 1834 tegen hem in het geweer nadat er al jarenlang een burgeroorlog had gewoed. Een voor het eerst samengeroepen nationale assemblee gebood de onmiddellijke opheffing van alle orden van mannen, terwijl nonnenkloosters mochten blijven bestaan tot de laatste non was overleden. Een gematigde grondwet schiep stabiele politieke verhoudingen en legde de basis voor economisch herstel en een geleidelijke industrialisering.

Verstrekkende koloniale plannen in Afrika botsten echter met de Engelse gebiedsaanspraken en moesten in 1890 na een Brits ultimatum worden opgegeven. Deze als 'nationale vernedering' opgevatte stap stortte het koningshuis in een legitimiteitscrisis. Een antimonarchistische beweging werd steeds sterker. In 1908 kwamen koning Carlos I en de kroonprins bij een aanslag in het centrum van Lissabon om het leven. De achttienjarige zoon Manuel II kon daarna de monarchie niet meer redden.

Republikeinse revolutie

Op 5 oktober 1910 riepen opstandige militairen in Lissabon de republiek uit. De grondwet van 1911 voorzag in een parlementair meerpartijenstelsel, de gelijkheid van alle burgers, persvrijheid, stakingsrecht en de scheiding van staat en kerk. Maar de jonge republiek ging kapot aan de wens van grote sociale hervormingen, de eigen autoritaire neigingen en een lege staatskas. De maatschappelijke basis bestond uit een radicale stedelijke middenlaag, maar de oude machten van adel en kerk deden zich gelden, evenals een sterker wordend proletariaat van fabrieks- en landarbeiders. Militaire opstanden en grote algemene stakingen wisselden elkaar af. Onder druk van Engeland sloot Portugal zich in 1916 bij de geallieerden aan. Het kreeg 37 duizend doden en gewonden te betreuren. Deze gastrol in de Eerste Wereldoorlog leidde ook tot grotere economische problemen en politieke instabiliteit. In de periode van 1919-1921 waren er achttien verschillende regeringen.

De tijd van de dictatuur

De eerste Portugese republiek kwam in 1926 ten val door een militaire staatsgreep onder leiding van generaal Gomes da Costa. Twee jaar later werd de in Coimbra werkzame hoogleraar in de economie António de Oliveira Salazar (1889-1970) benoemd tot minister van Financiën. Met rigide bezuinigingen zorgde hij in een paar jaar tijd voor een evenwichtige staatsbegroting en leek de redder van de natie. Geïnspireerd op het fascisme van Mussolini richtte men in 1930 de União Nacional op en wees men enkele wettelijk toegestane partijen aan. In 1932 benoemde Salazar zichzelf tot premier en diende in het jaar daarop een grondwet in voor een autoritair geleide *Estado Novo* (Nieuwe Staat). Het parlement werd gereduceerd tot een applausmachine, omdat alleen de regering wetgevende bevoegdheid kreeg. De president kreeg een puur representatieve functie en slechts 16 % van de bevolking kreeg 'kiesrecht'. Daarvoor moesten mannen een diploma van de basisschool hebben, en vrouwen moesten zelfs over een diploma van de middelbare school beschikken. De vakbonden werden ontbonden en er werd een geheime politie in de stijl van de Duitse Gestapo geïnstalleerd.

Ondanks de ideologische band met de Duitse nazi's en de Italiaanse fascisten bleef Portugal in de Tweede Wereldoorlog neutraal. Het wilde de band met de oude bondgenoot Engeland behouden om de eigen koloniën niet in gevaar te brengen. Bovendien kon men zo met beide oorlogspartijen lucratief handel drijven. Zo exporteerde men visconserven als voedingsmiddel voor soldaten en wolfraam voor het harden van staal bij de productie van pantservoertuigen. Pas toen de militaire successen van nazi-Duitsland in 1942 afnamen, stond Salazar de geallieerden een steunpunt voor hun luchtmacht op de Azoren toe. Via de haven van Lissabon konden zo'n honderdduizend vluchtelingen aan de nazi's ontkomen, onder wie beroemdheden als Alfred Döblin, Lion Feuchtwanger, Heinrich Mann, Jean Renoir, Antoine de Saint-Exupéry en Franz Werfel met Alma Mahler-Werfel.

De economie was oligarchisch georganiseerd, waarbij de belangrijkste sectoren waren verdeeld over de twintig machtigste ondernemersfamilies. Apart van de rest van Europa leefde Portugal op kosten van zijn Afrikaanse koloniës, die goedkope grondstoffen als katoen en koffie leverden en een afgeschermde markt voor de export van de Portugese economie vormden. Deze kunstmatige economische balans werd bedreigd door de sterker wordende Afrikaanse vrijheidsbewegingen. Sinds begin jaren 60 raakte Portugal in onafhankelijkheidsoorlogen verstrikt in Angola, Guinea-Bissau en Mozambique, die wel 40 % van de staatsbegroting opslokten.

Na een beroerte van Salazar nam Marcello Caetano in 1968 de regeringszaken over, maar ondanks de hoop van velen hield hij vast aan het repressieve beleid en het maatschappelijke en economische isolement van het land. Portugal werd het armenhuis van Europa.

Moderne democratie

Uit onvrede met de koloniale oorlogen en het leed in eigen land pleegde een brede beweging in het leger op 25 april 1974 een coup tegen het regime, dat als een kaartenhuis ineenstortte. De bevolking tooide de geweerlopen van de soldaten met anjers en gaf daarmee de geweldloze overname haar naam: Anjerrevolutie. In 1975 kregen de koloniën hun onafhankelijkheid. Bezetting van land,

Moderne democratie

landhervorming en nationalisering van banken en kernindustrieën gaven uitdrukking aan een sfeer van revolutionaire verandering, die vooral in de stedelijke centra en in Alentejo werd gevierd.

Bij de eerste vrije verkiezingen in 1976 behaalden de burgerlijke partijen niettemin een duidelijke meerderheid. Er werd een nieuwe grondwet aangenomen die per referendum werd bevestigd. Deze moest de weg vrijmaken voor een vrije socialistische maatschappij. In 1986 trad Portugal toe tot de Europese Economische Gemeenschap (EEG). Hiermee hoopte men de jonge democratie een grotere stabiliteit te geven. In hetzelfde jaar werd Mário Soares als eerste burger in zestig jaar tot president gekozen.

In de jaren 90 beleefde het land een enorme economische opbloei, die met de organisatie van de wereldtentoonstelling Expo 1998 en met de toetreding tot de eurozone een hoogtepunt bereikte.

Inmiddels is de gehoopte economische inhaalslag met de rest van Europa naar een verre toekomst verschoven. De financiële crisis heeft het land naar de rand van de economische afgrond gevoerd. De belangrijkste oorzaak is de gebrekkige concurrentiepositie, want de overheid met inbegrip van de belastingdienst functioneert goed. Daarom kan Portugal ondanks de huidige moeilijke situatie verder wel de rol van modelleerling van de EU vervullen. Aan de opgelegde bezuinigingsmaatregelen werd zelfs meer dan voldaan. De keerzijde van de medaille zijn een hoge werkloosheid en toenemende armoede onder grote bevolkingsgroepen. Sinds 2016 neemt men daarom voorzichtig afscheid van het strenge bezuinigingsbeleid.

Een nauwere samenwerking met opkomende landen als Brazilië, China en Angola leek in de afgelopen jaren een andere uitweg te bieden. Maar nu deze landen zelf met een crisis te kampen hebben, kijkt men opnieuw naar Europa, in het bijzonder naar Spanje. In elk geval heeft Portugal sinds 2012 voor het eerst sinds de Tweede Wereldoorlog een bijna neutrale handelsbalans met het buitenland.

De militaire coup van 25 april 1974 maakte een eind aan de koloniale oorlogen en de dictatuur

Jaartallen

30.000-5000 v.Chr. Rotstekeningen getuigen van bewoners van Portugal in de steentijd. Vanaf 10.000 v.Chr. komen er Iberische stammen uit Noord-Afrika. In het neolithicum (5000 v.Chr.) bloeit een megalietcultuur.

1000-218 v.Chr. Feniciërs en Grieken vestigen handelsnederzettingen aan de kust. Na de 8e eeuw stromen Noord-Europese Kelten het land binnen. Omstreeks 400 v.Chr. nemen de Carthagers het in bezit.

218 v.Chr.-418 n.Chr. De Romeinen beheersen het Iberisch Schiereiland. In de 2e eeuw n.Chr. begint het christendom aan een opmars.

Vanaf 409 Tijdens de grote volksverhuizing dringen Germaanse stammen door tot het Iberisch Schiereiland, dat de West-Goten tot 586 behouden.

711-1139 Moren uit Noord-Afrika veroveren bijna heel het schiereiland en brengen het land tot bloei. In 722 begint in het noorden de christelijke herovering *(reconquista)*. Met de steun van kruisridders dringen de oude christelijke bewoners de Moren terug naar het zuiden.

Vanaf 1139 Afonso Henriques roept in 1139 in het christelijke noorden het koninkrijk Portucale uit. In de periode tot 1249 worden de Moren ook uit het zuiden verdreven, in 1256 wordt Lissabon de hoofdstad. Koning Dinis I brengt het land een economische en culturele bloei.

15e eeuw Na de verovering in 1415 van Ceuta in Noord-Afrika begint met prins Hendrik de Zeevaarder het tijdperk van de ontdekkingsreizen.

1495-1521 Tijdens de regering van koning Manuel I wordt Portugal een wereldmacht. Vasco da Gama ontdekt in 1498 de zeeroute naar India. Portugal beheerst de lucratieve handel in specerijen.

1542 Invoering van de inquisitie. De neergang van Portugal begint.

1580-1640 Zonder een eigen troonopvolger valt de Portugese kroon toe aan de Spaanse koning Filips II. Portugal verliest veel overzeese steunpunten en herwint pas na een lange vrijheidsoorlog zijn onafhankelijkheid.

1706-1750 Een grote goudvondst in kolonie Brazilië gebruikt koning João V voor grootse bouwwerken, met een financiële crisis tot gevolg.

1755 Aardbeving in Lissabon en grote delen van Zuid-Portugal. De wederopbouw onder Marquês de Pombal gaat gepaard met een modernisering van de staat, wat leidt tot zijn ontslag in 1777.

Invasie door het leger van Napoleon. De koninklijke familie vlucht met de staatskas naar Brazilië en keert pas in 1821 terug.	**1807**
Rebellerende militairen roepen de republiek uit. In een periode van 16 jaar volgen 44 regeringen elkaar op.	**1910-1926**
Na een militaire coup begint de lange periode van de dictatuur.	**1926**
Minister van Financiën Salazar benoemt zich tot premier van de estado novo ('nieuwe staat') en ontbindt het parlement.	**1932**
Portugal blijft neutraal in de Tweede Wereldoorlog.	**1939-1945**
In de Portugese koloniën breken onafhankelijkheidsoorlogen uit. Na een beroerte van Salazar in 1968 zet zijn opvolger Marcello Caetano het repressieve beleid voort.	**1961-1974**
De geweldloze coup van een breed gesteunde beweging in het leger maakt op 25 april een einde aan de dictatuur (Anjerrevolutie).	**1974**
Portugal wordt lid van de Europese Gemeenschap.	**1986**
Na parlementsverkiezingen wordt José Sócrates (Partido Socialista) premier van een minderheidsregering.	**2009**
Na het aftreden van de regering winnen de conservatieve partijen vervroegde de verkiezingen. Pedro Passos Coelho wordt premier.	**2011**
Portugal maakt drie jaar gebruik van het steunprogramma voor eurolanden. Het Portugese leven wordt beheerst door verlaging van salarissen, verhoging van belastingen en hoge werkloosheid.	**2011-2014**
Het aantal overwegend jonge, goed opgeleide Portugezen die het land vanwege de crisis verlaten, stijgt tot boven de vierhonderdduizend. Hun belangrijkste bestemmingen zijn Groot-Brittannië, Frankrijk en Duitsland. Na de parlementsverkiezingen wordt de socialist António Costa met de steun van het links-alternatieve Bloco de Esquerda en de communisten de nieuwe premier.	**2015**
De liberaal-conservatieve Marcelo Rebelo de Sousa wordt president. Portugal wint het Europees kampioenschap voetbal.	**2016**
De voormalige Portugese premier António Guterres wordt secretaris-generaal bij de Verenigde Naties.	**2017**

Maatschappij en dagelijks leven

Portugezen zijn vrij rustig en gesloten. Daarin verschillen ze van andere Zuid-Europese volken en weerspreken ze een clichébeeld van zuidelijke mensen. Het belangrijkste facet van de Portugese volksaard is de saudade, een uit de realiteit vandaan vluchtende, melancholieke mijmering met een weemoedige herinnering aan vervlogen tijden.

De saudade is een levensgevoel

'Het ergste gevoel is geen *saudade* te ervaren,' luidt het motto van een moderne Portugese blogsite. Als je deze zoekterm op internet invoert, krijg je meer dan drie miljoen Portugese en meer dan elf miljoen mondiale resultaten. Maar naar een inhoudelijke definitie van het begrip zul je vergeefs zoeken, want de Portugezen koesteren hun *saudade* als een mythisch gevoel dat met het verstand niet helemaal te bevatten is. De simplistische woordenboekvertaling 'nostalgie' schiet hopeloos tekort.

Het woord 'saudade' vindt zijn oorsprong in het Latijnse *solitas*, eenzaamheid. En eenzaam voelden de Portugezen zich vele eeuwen lang, terwijl ze in de rug van het vijandige Castilië keken, dat hun de weg naar Europa versperde. Zo restte alleen de blik over het eindeloze water, wat gemakkelijk tot een zwaarmoedige gevoelswereld leidt. De melancholie veranderde in een gelukkig stemmende, naar het verleden gekeerde droomtoestand, waaraan het Portugese volk zich vol genoegen overgaf. Het is geen toeval de moderne staatsvlag is gesierd met een wereldbol, want de Portugezen zouden nu nog steeds maar al te graag een volk van mondiale betekenis zijn, zoals ze dat vroeger waren.

De saudade helpt dit lot te verzachten. In alle lagen van de bevolking biedt ze iedereen een persoonlijke mogelijkheid zich even terug te trekken uit de onaangename kanten van het leven van alledag. Maar haar ware betekenis krijgt de saudade door een culturele dimensie. De saudade speelte een belangrijke rol in de literatuur, bijvoorbeeld van Fernando Pessoa, in artistieke films, die vaak in zwaarmoedige nachten spelen, en bovenal in de muziek, met de fado.

Maar er zijn natuurlijk genoeg Portugezen die dicht bij de werkelijkheid blijven staan. Zij houden hun lot liever in eigen hand dan het toe te vertrouwen aan een weemoedig gevoel, en beschouwen de saudade voornamelijk als een belastende uitvinding van de romantische beweging in de 19e eeuw. Vooral nadat de dictatuur was beëindigd door de Anjerrevolutie in 1974 deed men smalend over deze noodlotszang. De dictatuur had immers ideologisch gesteund op het geloof, volksvermaak en de zang, ofwel de drie F's – Fátima, *futebol*, fado. Zelfs al waren er ronduit opstandige liedteksten geweest en had het icoon Amália Rodrigues herhaaldelijk problemen met de censuur gehad, toch wilde de jonge Portugese democratie de historische saudade overwinnen en niet meer bezingen.

Dom Sebastião en winst in de loterij

De saudade kan merkwaardige trekken aannemen bij het wachten op koning Sebastião. Hiermee worden geen monarchistische ambities bedoeld, maar de hoop op de terugkeer van een jeugdige koning. Deze jonge leerling van de jezuïeten was in 1578 op een kruistocht naar Noord-Afrika getrokken. Hij werd samen met bijna de hele Portugese adel vernietigend verslagen door de ongelovige sultan Mohammed. Nadat het strijdgewoel op het slagveld tot bedaren was gekomen, kon niemand echter zijn lichaam vinden. Daarom meenden de Portugezen dat hij niet was verslagen, maar gewoon spoorloos was verdwenen. En menigeen droomt ervan dat de Verlangde op een ochtend uit de nevel tevoorschijn komt om de troon te bestijgen. Dan zal hij de wereld spirituele vernieuwing brengen, met allereerst roem en glorie voor Portugal zoals in vroeger tijden.

In de moderne tijd neemt dit geloof in een magische oplossing voor de bestaande problemen wereldsere vormen aan, zoals de hoop om de loterij te winnen. De tien miljoen Portugezen zijn kampioenen in het deelnemen aan de grote loterij Euromillions. Elke dag investeren ze gemiddeld 4,8 miljoen euro in diverse gelukssloten. En als de jackpot van de hoofdloterij duizelingwekkende hoogten bereikt, gaat de inzet nog eens extra omhoog naar bijna 100 miljoen euro.

Veranderingen in nieuwe tijden

Bij een enquête met de vraag bij welk volk iemand het liefst wilde behoren als hij of zij geen Portugees was, voelde een meerderheid het meest voor de Brazilianen en de Duitsers. De Zuid-Amerikanen scoorden met hun vermeende ruimdenkendheid op seksueel gebied, de Duitsers deden het goed dankzij hun vermeende rijkdom. Uit dit antwoord komt duidelijk naar voren hoezeer de Portugese samenleving is veranderd na de Anjerrevolutie van 1974. Vroeger had de dictatuur *orgulhosamente sós* (wij staan vol trots alleen) als lijfspreuk, maar nu droomt men van westerse waarden die over de hele wereld zijn verspreid. In een reactie op het verlies van de traditionele waarden heeft Portugal zich ontwikkeld tot een modern, liberaal land met alle vrijheden die daarbij horen. In het straatbeeld domineren inmiddels de vrolijke kleuren van een door Spaanse franchisewinkels beïnvloede mode. Alleen in de dorpen dragen vrouwen nog een hoofddoek en gaan ze in het zwart gekleed als

De muzikale uiting van de Portugese saudade is de vaak melancholieke fado

teken van rouw om een gestorven lid van de familie, terwijl de familiebanden duidelijk losser worden. Het aantal huwelijken daalde van 103.125 in 1975 naar nog maar 31.478 in 2014. Daar stonden 22.525 echtscheidingen tegenover, een van de hoogste percentages in Europa. Volgens de wet kunnen ongehuwde paren op aanvraag in grote mate gelijk worden gesteld aan gehuwde paren. Sinds 2010 kunnen partners van hetzelfde geslacht trouwen; per jaar worden driehonderd homohuwelijken gesloten.

De gemiddelde huishouding telt 2,6 personen, in 1974 stond dat cijfer op 3,7. Destijds zorgden de grootouders meestal voor hun kleinkinderen, nu moest de overheid een ambitieus programma opzetten om 45.700 extra plaatsen in kinderopvang en op kleuterscholen te regelen. Kinderarbeid komt inmiddels niet meer voor in de Portugese samenleving.

Het onderwijs als probleemgeval

Er bestaat een twaalf jaar durende leerplicht, maar het percentage schoolverlaters ligt rond 20 %. Het niveau van het onderwijs is laag. Bij het onderzoek voor een internationale vergelijking van scholieren (PISA) staan de Portugese scholieren laag in het midden bij de industrielanden, zelfs al is er lange tijd sprake van een positieve tendens. Tijdens de crisis is fors bezuinigd op het onderwijs. Scholen werden gesloten of samengevoegd, de klassen vergroot, personeel ontslagen. Het komt geregeld voor dat lessen wekenlang uitvallen wegens gebrek aan leraren. Aan de staatsuniversiteiten bedraagt het collegegeld ruim € 500 per semester, terwijl er toch ook nog wetenschappers worden ontslagen.

Zelfs al kunnen de jongeren van nu in tegenstelling tot hun grootouders schrijven, lezen doen ze weinig. In plaats daarvan staat de televisie per dag meer dan vier uur aan, tot verdriet van veel vakantiegangers ook in het restaurant. Populair zijn voetbalprogramma's en *telenovelas*, televisieseries die in eigen land spelen of uit Brazilië zijn geïmporteerd.

Einde van een droom

Niet toevallig maakt het loterijbedrijf Euromillions reclame met de kans op een droomhuis, waarvan de eindeloos lange gangen langs tientallen kamers naar een zwembad leiden. Vrijwel iedere Portugees verlangt al op jonge leeftijd naar een eigen woning, maar de verwezenlijking van die droom wordt bemoeilijkt door de onzekere economische situatie. Banken verstrekken nauwelijks nog hypotheken. En als het toch lukt, gaat het vaak om een goedkope kleine behuizing in een slaapstad buiten de grote steden, waarvoor de gemiddelde Portugese huishouding ongeveer een vijfde van het inkomen betaalt. Bejaarden en armen wonen overwegend in de huurhuizen in de binnensteden die dringend aan renovatie toe zijn.

Ook de aankoop van een auto moet de gemiddelde Portugees op de lange baan schuiven. De verkoop van kleine personenauto's is door de crisis met ongeveer 40 % gedaald; pas sinds 2015 trekt de verkoop weer iets aan. Overigens wordt er zeer veel op krediet gekocht. De stijgende schuldenlast voor veel huishoudens is al een urgent thema in het maatschappelijk beleid geworden.

Toch blijft de voorkeur van de Portugese consument uitgaan naar rondslenteren en kijken in de winkelstraten en de grote winkelcentra. In een willekeurig weekend worden alleen al de tien grootste winkelcentra in de agglomeratie Lissabon bezocht door een half miljoen consumenten, ofwel een vijfde van het aantal inwoners hier. De gemeenschappelijke wandeling langs de etalages is een evenement geworden, dat in maatschappelijk opzicht belangrijker is dan het bezoek aan de kerk.

De katholieke kerk in een crisis

De grondwet garandeert een vrije uitoefening van religie en legt tevens de scheiding van kerk en staat vast. Er wordt geen kerkelijke

Vrouwenemancipatie à portuguesa

Van een revolutie kwam het meteen toen een Portugese door een gerechtelijk vonnis al in 1911 haar stem mocht uitbrengen, in een tijd dat het vrouwenkiesrecht elders in Europa nauwelijks bespreekbaar was. Maar dit was een kortstondig succes, en binnen de kortste keren werden vrouwen weer uit de Portugese politiek verdreven.

Volgens de republikeinse grondwet van 1911 moesten kiesgerechtigden minimaal 21 jaar oud zijn, kunnen lezen en schrijven, en de status van gezinshoofd hebben. De gangbare beperking tot het mannelijk geslacht werd overbodig geacht. Carolina Ângelo was een arts die weduwe was geworden en daarmee ook gezinshoofd. Zij maakte gebruik van de leemte in de wet en ondernam actie. Maar nadat de mannenwereld van de schrik was bekomen, werd het kiesrecht binnen de kortste keren uitdrukkelijk beperkt tot mannelijke gezinshoofden.

Het dictatoriaal regime onder Salazar beperkte de actieradius van vrouwen tot familiebezigheden en achtte onderwijs voor meisjes overbodig. Volgens de wet was voor het uitoefenen van een beroep, reizen buiten de landsgrenzen en het openen van een bankrekening nog tot 1967 de toestemming van het mannelijke gezinshoofd vereist. De verbanning van de vrouw naar een plaats aan het aanrecht leverde echter al snel problemen op toen veel mannen noodgedwongen in het buitenland zaten. Sinds de jaren 50 trokken veel mannen vanwege de slechte economische situatie naar het buitenland om werk te zoeken, later werden ze als soldaten uitgezonden naar Afrika tijdens de koloniale oorlogen. Daarop namen de vrouwen zelfbewust hun plaats in. Pas sinds de Anjerrevolutie van 1974 zijn mannen en vrouwen voor de wet gelijk.

Tegenwoordig vormen vrouwelijke studenten met 53,6 % de meerderheid aan de universiteiten. De moderne Portugese vrouw kiest ook heel vanzelfsprekend een beroep. Zo'n 84 % van de moeders gaat kort na de geboorte van een kind weer hele dagen aan het werk. Dat zijn naar Europese maatstaven hoge cijfers, waarvoor de Portugese vrouw overigens wel de last van een dubbele taak moet dragen. Bij het werk in de huishouding en de zorg voor het gezin krijgt ze namelijk maar weinig steun van haar partner. Slechts 5 % van de mannen doet wel eens de was en slechts een derde houdt zich bezig met de dagelijkse verzorging van de kinderen. De klassieke rolverdeling in het huis is nooit door een feministische vrouwenbeweging ter discussie gesteld. Pas heel laat hebben klassieke vrouwenthema's een plaats op de politieke agenda gekregen, zoals het veel voorkomende huiselijk geweld. Pas in 2007 is na een referendum het recht op abortus geliberaliseerd en werd abortus binnen een termijn van tien weken wettelijk toegestaan.

Uiteraard hebben alle vrouwen nu kiesrecht, maar de posities in de politiek verdelen de mannen nog het liefst onder elkaar. Toch hebben vrouwen ook op dit punt een grote inhaalslag gemaakt. Hun aantal in het parlement is van 8,7 % in 1991 naar zo'n 33 % gestegen. Vooral dankzij een quoteringswet van 2006, die 30 % van de plaatsen op kieslijsten reserveert voor vrouwen.

Golos en gouden fluitjes

Wanneer uit knetterende radio's of grote flatscreentelevisies de euforische kreet *Gooolllooooo* schalt, houdt heel Portugal de adem in. Voetbal is hier meer dan een sport of een aangenaam tijdverdrijf, voetbal bepaalt het Portugese leven. En maar al te vaak ook de politiek.

De voetbalclub Benfica uit Lissabon met zijn rijke traditie staat met zo'n 157 duizend leden in het *Guinnes Book of Records* vermeld als wereldwijd de grootste sportvereniging. En de grote rivaal Sporting Lissabon heeft bijna honderdduizend leden. De derde grote club van het land, F.C. Porto, vertegenwoordigt de dromen van het noordelijke deel van Portugal. Deze club won na eerdere successen in 2003 de UEFA-Cup, in 2004 de Champions League en in 2011 de Europa League. In 2016 verkeerde het hele land in euforie na de winst van het Europees kampioenschap. Grote helden waren Cristiano Ronaldo, die in de finale wegens een blessure uitviel, en de oorspronkelijk uit Guinea-Bissau afkomstige Éder, die als invaller de beslissende *golo* maakte.

In 1960 raakten politiek en sport voor het eerst met elkaar verweven. Destijds wilde Sporting Lissabon de 'zwarte panter' Eusébio als versterking vanuit Mozambique naar Portugal halen. Maar op de luchthaven vingen functionarissen van het regime de achttienjarige voetballer op en dwongen hem een contract met Benfica te ondertekenen, dat de favoriet van de machthebber was. Het regime wakkerde het enthousiasme voor de sport aan om de aandacht af te leiden van de armoede en de onvrijheid. De '3 F's' – Fátima, *futebol*, fado – werden de ideologische steunpilaren van de dictatuur.

Ook na het einde van de dictatuur ervoeren veel politici een magische aantrekkingskracht van het voetbal. Pedro Santana Lopes was tot 1995 staatssecretaris van Cultuur, werd daarna voorzitter van Sporting, vervolgens burgemeester van Lissabon en in 2004 tot slot premier. Gilberto Madaíl schopte het van eenvoudig parlementslid tot voorzitter van de voetbalbond, en Hermínio Loureiro was eerst staatssecretaris van Sport en daarna voorzitter van de competitie *(liga)*. Wat ze gemeen hebben is hun lidmaatschap van de conservatieve partij PSD, waarvan ook de multifunctionele Valentim Loureiro lid is. Hij is burgemeester van de Noord-Portugese stad Gondomar, voorzitter van de plaatselijke voetbalclub en was tot 2006 voorzitter van de *liga*. Hij was een sleutelfiguur in het scheidsrechtersschandaal *apito dourado* (vergulde fluit). Daarbij ging het niet alleen om manipulatie van wedstrijden in de eerste en de tweede divisie, maar om een ondoorzichtige mix van gulle bouwondernemers, bouwopdrachten uitdelende lokale politici en vakbondsbazen met open tassen. Zo raakte het stadsbestuur van Porto verstrikt in dubieuze onroerendgoedzaken met de voetbalclub, financierde het een metrolijn naar het stadion en benoemde het Valentim Loureiro tot de vorstelijk betaalde directeur van het metrobedrijf.

Misschien speelde dit allemaal op de achtergrond mee toen in 2011 Fernando Gomes tot voorzitter van de voetbalbond werd gekozen. Als voormalige basketballer en economisch deskundige heeft hij geen wortels in de partijpolitiek.

belasting geheven. Toch is Portugal vooral een katholiek land, waar protestanten, joden en moslims nog geen honderdduizend aanhangers tellen. Er zijn nauwelijks protestantse kerken of gewijde moskeeën te vinden. In Lissabon en enkele plaatsen in Midden-Portugal zijn enkele kleine joodse gemeenschappen.

De katholieken bepalen in Portugal het religieuze leven. Ze hebben in Fátima (zie blz. 196) een van de belangrijkste bedevaartplaatsen ter wereld, die ook geregeld door een paus wordt bezocht. In huisnissen worden beeldjes van heiligen opgesteld, tot wie men bidt om iets gedaan te krijgen en die men soms ook wel uitfoetert als de gebeden niet het gewenste resultaat opleveren. Bij een lang aanhoudende droogte kwam een katholieke parochie in Alentejo ooit een keer op het idee om te vasten voor regen tot aan de dood toe, maar dit werd al snel beëindigd nadat de bisschop zijn afkeuring had uitgesproken. Toch begon het iets later te regenen. Bijgeloof en religie zijn in Portugal nauw verbonden.

Desondanks verliest de officiële kerk steeds meer invloed. In de tijd van Salazar was het bijwonen van de mis nog een heilige plicht, maar tegenwoordig zijn de kerken vooral in het zuiden en in de steden maar matig gevuld. Er wordt openlijk gediscussieerd over dogma's als de onbevlekte ontvangenis van Maria of de onfeilbaarheid van de paus. Zelfs de voor het heiligdom in Fátima verantwoordelijke bisschop zag zich genoodzaakt om te verklaren dat de erkenning van de Mariaverschijning op die plek geen onvoorwaardelijke eis voor een goede gelovige hoefde te zijn. En terwijl de bisschoppen in 1998 de liberalisering van het recht op abortus via een referendum met een grootscheepse campagne wisten te voorkomen, werd in 2007 in een nieuw referendum ondanks verzet van de kerk wel daartoe besloten. In 1990 werd 72,5 % van alle huwelijken in de kerk gesloten, maar momenteel is dat nog maar ongeveer een derde. Naar aanleiding van de honderste verjaardag van de Mariaverschijning bij Fátima hoopte de paus in 2017 het geloof nieuwe glans geven door een bezoek en de heiligverklaring van de twee herderskinderen die haar zagen.

Emigratie en toestroom

Bijna vijf miljoen Portugezen leven verspreid over de hele wereld, omdat ze zich in de laatste tientallen jaren door de slechte economie genoodzaakt zagen hun heil elders te zoeken. Momenteel verlaten jaarlijks zo'n honderdduizend Portugezen hun land. Ze gaan naar andere landen in Europa of naar de Verenigde Staten, waar bijna 1,4 miljoen Portugezen wonen. Tijdens de kortstondige economische opbloei rond de eeuwwisseling deed zich een omgekeerde situatie voor, waarbij Portugal zelf een land werd met een toestroom van nieuwkomers. Intussen leven er zo'n 390 duizend buitenlanders in Portugal, met ook een flinke groep uit delen van westelijk Europa. Met ongeveer 85 duizend immigranten staan de Brazilianen op de eerste plaats, gevolgd door ruim 40 duizend Kaapverdiërs en 37 duizend Oekraïners. Ze hebben vooral werk gevonden in de landbouw, de bouw en het toerisme, de meesten in Lissabon en omgeving en in Algarve. Aangezien de Portugezen de stress van emigratie uit eigen ervaring kennen, staan ze vriendelijk tegenover nieuwkomers. De inburgering kan slagen na een aantoonbaar verblijf van zes jaar; afstand doen van het oude staatsburgerschap is niet nodig.

Al eenmaal eerder, in de tijd van nazi-Duitsland, strandden veel mensen uit andere delen van Europa in Portugal. Uit vrees voor de nazi's ondernamen honderdduizend vluchtelingen de overtocht van Lissabon naar Amerika. Onder hen waren bekende figuren als Alfred Döblin, Lion Feuchtwanger en Heinrich Mann. Oorspronkelijk zou de beroemde film *Casablanca* dan ook in Lissabon spelen. Men stapte van dit plan af wegens de Portugese censuurbepalingen in die tijd. Iets anders hebben de vluchtelingen wel nagelaten aan Portugal. Toen ze hier waren tijdens hun vlucht naar vrijheid, openheid en warmte namen ze in afwijking van het plaatselijke gebruik hun stoel vanuit het koffiehuis mee naar buiten. Zo werden ze de pioniers van het terras. De vrouwelijke vluchtelingen waren in die tijd zelfs de eerste vrouwen in Portugal die zich in het openbaar in restaurants vertoonden.

Architectuur en kunst

Een klein volk kan met recht trots zijn op grote culturele prestaties. Met de oriëntaals getinte manuelstijl hebben de Portugezen een variant vol pracht en praal van de gotiek ontwikkeld, in de fadozang een geheel eigen muziekrichting gecreëerd, en sinds 1998 kunnen ze bogen op een Nobelprijswinnaar voor de literatuur.

Prehistorie en oudheid

De oudste sporen van menselijke aanwezigheid in Portugal werden ontdekt bij bouwwerkzaamheden voor een stuwdam. In het dal van de Rio Côa vond men vijfduizend rotstekeningen die wel dertigduizend jaar oud zijn. Het zijn onder meer afbeeldingen van oerdieren en menselijke figuren. Iets dergelijks geven de lijntekeningen in de grotten van Escoural in Alentejo te zien. In deze regio zijn bovendien talrijke voorbeelden van een megalietcultuur te vinden die teruggaat tot zo'n 5000 v.Chr. In de oudste grafkamers zijn cultusobjecten van steen ontdekt. Verder markeren sieraden van edelmetaal de overgang naar de bronstijd omstreeks 3000 v.Chr. De handwerktechnieken en de artistieke motieven wijzen op vroege contacten met Midden-Europa en Spanje.

De Feniciërs, Grieken en Carthagers lieten in Portugal geen blijvende sporen na, maar de vele opgravingen van weerdorpen wijzen wel op het bestaan van een belangrijke Keltische *castro*-cultuur in Noord-Portugal omstreeks 500 v.Chr.

Romeinse sporen

De zes eeuwen van Romeinse heerschappij leven niet echt voort in grootse theaters of religieuze heiligdomen. Alleen in Évora is een tempel uit de 1e eeuw n.Chr. in goede staat bewaard gebleven. Maar veel straten, thermen en huizen herinneren nog wel aan het leven van alledag in de Romeinse tijd.

De Romeinen voerden een vernieuwende methode van huizenbouw in, waarvan de fundamenten nu nog steeds worden gehandhaafd. Als bouwmateriaal gebruikten ze niet meer leem met veldkeien en stro. Ze bouwden muren van uitgehouwen natuursteen, versierden de vloeren met fraaie tegels en dekten de daken met in ovens gebakken dakpannen. Het rechthoekige grondplan omvatte een atrium. In Zuid-Portugal zijn grote, met kunstzinnige mozaïeken versierde *villas* aangetroffen. Belangrijke vindplaatsen zijn Milreu en Abicada in Algarve en São Cucufate tussen Évora en Beja. De Romeinse ruïnestad Conimbriga in Midden-Portugal imponeert met een grote alomvattende aanleg.

De Romeinse steden waren door geplaveide wegen met elkaar verbonden. In het nationaal park Peneda-Gerês staan nog mijlstenen en in het hele land zijn nog goed intact gebleven bruggen. Heel bijzonder is de 150 m lange *ponte romana* met achttien bogen in Chaves. Voor hun lichamelijk welzijn en medische toepassingen gebruikten de Romeinen warmwaterbronnen, waaromheen ze thermen, ofwel badhuizen, bouwden. De belangrijkste zijn te bewonderen in Braga.

Vroege christenen en Moren

Enkele objecten uit de tijd van de grote volksverhuizing hebben de eeuwen doorstaan. De West-Gotische kapel van São Frutuoso bij Braga is het belangrijkste religieuze bouwwerk uit de vroegchristelijke tijd. En in Mértola hebben archeologen een spectaculaire vondst gedaan. Een Syrisch geïnspireerd mozaïek met jachttaferelen uit de 6e eeuw doet wijdvertakte handelsbetrekkingen met het oostelijke deel van het Middellandse Zeegebied vermoeden.

Sinds de 8e eeuw beleefde Portugal een bloeitijd tijdens het bewind van de Moren. Maar de prachtige paleizen en moskeeën zijn in puin gelegd door verwoesting en plundering door de christelijke kruisridders. Ook waren veel gebouwen opgetrokken uit ongebakken, alleen maar aangestampte leem, niet zo'n bestendig materiaal. In Mértola verbouwden de christenen een moskee tot een katholieke kerk zonder iets te veranderen aan het grondplan, de hoefijzervormige toegangspoorten of de islamitische gebedsnis, de mihrab.

Het Museu islámico in Mértola biedt een verrassend beeld van het Moorse leven van alledag, waarvoor blijkbaar nog niet alle regels van de Koran golden. Zo stond er varkensvlees op het menu en zijn er afbeeldingen van mensen op porselein en aardewerk te zien. Opvallende elementen van de latere mudejarstijl, die Moorse handwerkers creëerden in opdracht van de christelijke heersers, zijn te zien in de Igreja São Bento in Bragança. Maar veruit het opvallendst leeft het Moorse erfgoed voort in de schoorstenen van Algarve. De onder dwang gedoopte moslims gebruikten deze stiekem als kleine naar het oosten gerichte minaretten, nadat de christelijke heroveraars de islamitische godshuizen hadden verwoest. Veel schoorstenen lijken ook nu nog op de toren van een moskee, ook al staan ze niet meer naar Mekka gericht.

Romaanse en gotische stijl

Na de christelijke herovering van het land brak in de 12e eeuw een religieus gemotiveerde bouwwoede los. Dankzij de bedevaart van pelgrims uit heel Europa over de Pyreneeën naar Santiago de Compostela was de romaanse bouwstijl op het Iberisch Schiereiland bekend geworden. De diverse Portugese pelgrimsroutes langs de kust en door het binnenland werden omzoomd door kleine romaanse kapellen. De Noord-Portugese steden bouwden zware weerkerken, die de christelijke bevolking konden beschermen in tijden van politiek-religieuze onrust. Vaak verrezen deze op de plaats van een verwoeste moskee om zo de christelijke heerschappij tot in de verre omtrek te benadrukken. De Franse religieuze bouwwerken waren hun voorbeeld. De kathedralen van Coimbra en Lissabon werden zelfs gebouwd door Normandische bouwmeesters uit de gelederen van de kruisridders die meegeholpen hadden bij de herovering.

De militaire inname van de provincies ten zuiden van de Taag duurde voort tot halverwege de 13e eeuw. Hier staan geen romaanse kerken, want de kathedralen van Évora, Faro en Silves werden al in de nieuwe stijl van de gotiek gebouwd, die de oorspronkelijk uit Bourgondië stammende cisterciënzerorde in Portugal had geïntroduceerd. De in 1222 voltooide kloosterkerk van Alcobaça vormt het beginpunt van de gotiek in Portugal en is een van belangrijkste voorbeelden van de sobere, maar luisterrijke bouwkunst van de cisterciënzers in Europa. Als hoofdwerk van de Portugese hooggotiek geldt de kloosterkerk in Batalha, waarvan de bouw in 1388 begon. Als gevolg van de lange bouwtijd combineert hij laatgotische decoraties met bouwelementen in een strakke renaissancestijl.

Manuelstijl

Architectuur en beeldhouwkunst

Van de late middeleeuwen tot in de tijd van het classicisme ontwikkelde de bouwkunst in Portugal creatieve eigen trekken, waaraan ook veel buitenlandse ambachtslieden bijdroegen. Met het zelfbewustzijn van de grote zeevaardersnatie en dankzij de rijkdom van een belangrijke handelsmacht ontstond eind 15e eeuw de Portugese variant van de late gotiek. De architectuur was hierbij een uitdrukking van de vreugde van de Portugezen over hun wereldse prestaties. Deze variant wordt manuelstijl genoemd, omdat koning Manuel I over het land regeerde tijdens de glorierijke ontdekkingsreizen van 1495-1521. De bouwwerken maken een grootse, weelderige en tegelijk speelse indruk met hun fantasierijke decoraties, die de strenge regels van de gotiek overwinnen en een brug slaan naar de renaissance (zie blz. 192).

Het welvarende Portugal trok niet alleen scheepsbouwers en wetenschappers uit heel Europa aan, maar ook uitstekende kerkbouwmeesters. Onopgehelderd is overigens de afkomst van Diogo de Boytac, die de nieuwe decoratieve stijl in 1492 voor het eerst uitprobeerde in de Igreja de Jesus in Setúbal. Iets later bracht hij de stijl tot een hoogtepunt in het prachtige Hiëronymusklooster (begin van de bouw 1502) in Lissabon. João de Castilho gaf met zijn pleisterwerk in sierlijke platerescostijl blijk van zijn Spaanse oorsprong.

De Franse beeldhouwer Nicolas de Chantarène bereidde met zijn levensecht aandoende beelden de weg voor de geest van de renaissance. Met zijn altaarbeeld van Engels albast in het klooster van Pena, iets ten noorden van Sintra, schiep hij een waar meesterwerk van de renaissance. Maar ook Portugese bouwmeesters droegen bij aan het succes van de manuelstijl. Francisco de Arruda was verantwoordelijk voor de Torre de Belém, zijn broer Diogo voor het buitenissig gedecoreerde venster aan de westgevel van de tempelierskerk in Tomar – nu het beroemdste venster van Portugal.

In het hele land, zelfs in afgelegen plaatsen, werden de godshuizen versierd in de geliefde manuelstijl. Ook adellijke paleizen en het koninklijk slot van Sintra werden verfraaid met weelderige decoraties. In de havensteden pakte de bouwlustige, dankzij de overzeese handel rijk geworden burgerij al snel de representatieve stijl op. Ook zij lieten de deuren en ramen van hun herenhuizen fantasierijk versieren. Deze vormen tot op de dag van vandaag een sieraad in Viana do Castelo, Vila do Conde of Setúbal.

Schilderkunst en kunstnijverheid

Het culturele enthousiasme sloeg over naar de schilderkunst en de kunstnijverheid, die tussen 1460 en 1540 een historische bloei doormaakten. De aardewerk- en tegelkunst gaven Oriëntaals-Aziatische motieven te zien. Daarnaast vervaardigden Indische ambachtslieden allerlei meubilair met kostbaar inlegwerk van paarlemoer en ivoor in opdracht van Portugezen. En in Afrika vervaardigde men prachtig ivoorsnijwerk.

De schilderkunst gaf een sterke invloed van de Vlaamse Primitieven te zien, met een accent op verfijnde portretkunst. In het Museu Nacional de Arte Antiga in Lissabon is het veelluik *De aanbidding van Sint-Vincentius* (omstreeks 1460) te bewonderen. Op de zes panelen zijn zestig personen uit alle standen te zien. Bij de verbluffend levensgetrouwe uitbeelding zag de hofschilder Nuno Gonçalves voor het eerst af van een inkadering in een verhaal of een landschap uit de Bijbel. Vasco Fernandes uit Viseu, ook wel Grão Vasco genoemd, maakte indruk met gevoelige complexe portretten, maar hij hield daarbij nog wel vast aan de traditionele weergave van religieuze taferelen.

De tijd van de Contrareformatie

In de havensteden werd het eerste begin van een economische crisis na de dood van koning Manuel nog tegengehouden. Onder invloed van de Vlaamse en Noord-Italiaanse zakenpartners werden stijlelementen van de humanistisch getinte renaissance opgenomen in de bouwstijl van de herenhuizen, al gebeurde dit vanwege de oppermachtige manuelstijl pas laat en in lichte mate. Het beginpunt hiervoor buiten de Noord-Portugese kustplaatsen was het wetenschapscentrum Coimbra; in Algarve was de renaissancestijl te zien bij de gebouwen in de handelsstad Tavira. Toch bleef het emancipatieproces van

Speelse stijl: versieringen in manuelstijl in de kruisgang van het Hiëronymusklooster

het individu uit de geestelijke voogdij van de kerk beperkt tot een kleine bovenlaag, die de economische en politieke neergang van Portugal spoedig ook niet meer kon ontkennen.

De exuberante architectuur was in tegenspraak met een nieuwe werkelijkheid in het leven, die sinds het midden van de 16e eeuw in sterkere mate werd bepaald door inquisitieprocessen, jezuïeten die streng in de leer waren, en de katholieke Contrareformatie. Een sobere, reactionaire Portugese variant van de renaissance, die in de kunstgeschiedenis ook wel *estilo chão* wordt genoemd, paste zich aan de krappere economische situatie in het land aan. De Italiaan Filippo Terzi maakte in Lissabon het ontwerp voor de belangrijkste Portugese renaissancekerk São Vicente de Fora. Deze kerk vormt een stenen monument voor de Spaanse koningen, die tussen 1580 en 1640 hun heerschappij over Portugal hadden uitgebreid.

Maar belangrijker dan de godshuizen waren misschien de militaire verdedigingswerken die de met de Spanjaarden in een oorlog verwikkelde Engelsen en Nederlanders moesten tegenhouden. Terzi, die in 1590 tot koninklijk bouwmeester was benoemd, was dan ook verantwoordelijk voor de vestingen bij havens, zoals in Setúbal en Viana do Castelo.

De bouwstijl van de barok

In de vroege 18e eeuw maakten grote goudvondsten in de kolonie Brazilië een nieuwe economische opbloei mogelijk. Het kwam in Portugal tot een brede ontplooiing van de barok. Hierme vierde men ook de verdrijving van de Spaanse koningen en de herwonnen nationale soevereiniteit. Tot in de verste uithoeken van het land werden kerken en adellijke paleizen uitvoerig versierd met houtsnijwerk dat spilziek werd bedekt met bladgoud. Er was geen dorpskerk of hij was voor een deel verguld. In het interieur van de Igreja de São Francisco in Porto zijn zelfs de stenen zuilen tot hoog in het gotische kruisgewelf met goud bedekt. Deze *talha dourada* werd verder verrijkt met prachtige blauw-witte tegelversieringen, die taferelen met Bijbelse en wereldse

Azulejo's: kunst in aardewerk gebakken

Een van de mooie dingen van een vakantie in Portugal is dat je in een doodgewoon straatje een kleurige afbeelding op een tegel kunt ontdekken. Charmant is ook een met tegels overdekte huisgevel of een met blauw-witte tegels getooide kerk. Deze glanzende azulejo's nodigen uit tot een kijkje in de Portugese kunstgeschiedenis.

Uniek in de hele wereld is het dat deze tegels talloze paleizen, kerken, kloosters en huizen sieren. Als een kameleon paste de tegelversiering in Portugal zich steeds aan de actuele mode aan. De oudste azulejo's liet koning Manuel I aan het eind van de 15e eeuw in Sevilla vervaardigen door Moorse ambachtslieden. Zij versierden de koninklijke paleizen met fantastische patronen, waarbij aparte randstroken voor een speciaal Portugees accent zorgden.

Al-zulayi, 'kleine gepolijste stenen', noemden de Arabieren hun fantasierijk versierde reliëftegels. Het oneffen oppervlak voorkwam het doorlopen van de kleuren. Dit resultaat werd ook behaald door in vet gedrenkte snoeren die tussen de kleuren werden gelegd, en die bij 1400°C in de oven verbrandden zonder hinderlijke sporen na te laten. De Spaans-Moorse mudejarstijl was bepalend voor de Portugese tegelmode in het tijdperk van de grote zeereizen. Pas tijdens de renaissance werden de gladde azulejo's populair, die werden beschilderd volgens de Italiaanse majolicatechniek. Het doorlopen van de kleuren kon men nu voorkomen door eerst een laag van tinglazuur aan te brengen; met deze techniek was het mogelijk om veel gedetailleerdere afbeeldingen weer te geven, die de kunstenaar dan ook als een schilderij signeerde. In 1584 werd dit nieuwe procedé voor het eerst op grote schaal toegepast in de kerk São Roque in Lissabon.

In de tijd van de economische neergang onder de Spaanse heerschappij domineerden juist eenvoudige blauw-gele patonen die werden vervaardigd door ambachtslieden zonder artistieke pretenties. Maar na de Portugese restauratie beleefde ook de tegelschilderkunst een nieuwe esthetische opbloei. Op veel tegels werd het fijnbeschaafde leven uitgebeeld, ook met satirische variaties. In de 17e en de 18e eeuw verschenen in de barokkerken blauw-witte tegelpanelen, die vaak uit de ateliers van Vlaamse kunstenaars kwamen en op de Delftse tegels leken.

Het goud uit Brazilië financierde in de 18e eeuw de barokke pracht van hof en adel. Zo kon een eigen Portugese tegelproductie tot bloei komen. Na de opkomst van het liberalisme in het midden van de 19e eeuw sierden de azulejo's ook restaurants, bakkerijen en melkwinkels. In dezelfde tijd brachten uit Brazilië teruggekeerde emigranten een voorliefde mee om hun huisgevel te versieren met kleurige tegels. Aan het begin van de 20e eeuw werden bovendien stations en markthallen versierd met grote afbeeldingen op tegels. Omlijstingen met bloemmotieven, sierlijke ornamenten en allegorische figuren van de jugendstil ontstonden naast grote patriottische en naturalistische taferelen. Nog steeds is de tegel een vast onderdeel van de Portugese cultuur, waarin metrostations veranderen in ondergrondse galerien van eigentijdse kunst.

Architectuur van de moderne tijd

motieven toonden (zie ook blz. 64). Daarmee sloeg de bouwkunst in Portugal opnieuw een eigen weg in. Een indrukwekkend voorbeeld van de volledige bekleding van een kerkinterieur met tegels is de Igreja de São Lourenço nabij Almancil in Algarve (1730).

Met het goud uit Brazilië konden ook weer creatieve bouwmeesters van elders in Europa naar Portugal worden gehaald. Een bijzonder productieve schilder en architect was de Italiaan Nicolau Nasoni (1691-1773), die Noord-Portugal en in het bijzonder de stad Porto opluisterde met prachtige werken in barokstijl.

De pracht en praal minnende koning João V gaf de uit Zuid-Duitsland afkomstige Johann Friedrich Ludwig opdracht voor de bouw van het reusachtige kloosterpaleis van Mafra. De bouw duurde van 1717 tot 1770 en het bouwwerk moest met 900 zalen het Spaanse Escorial in pracht en omvang overtreffen. Zijn zoon Johann Peter Ludwig creëerde met de gouden bibliotheek van de universiteit van Coimbra nog een andere schat van de barok.

Classicisme en romantiek

De aardbeving van 1755 veroorzaakte een vroegtijdig einde van de weelderige barok. In plaats daarvan kwam een nuchtere, classicistische bouwstijl. In de verwoeste binnenstad van Lissabon werden nu brede straten in een rechtlijnig stratenplan aangelegd, met daartussen rechthoekige pleinen. De versieringloze huisgevels moesten voldoen aan opgelegde eenheidsmaten en de diverse delen waren halfindustrieel geprefabriceerd. Een voorbeeld van deze vanuit een zuiver praktisch oogpunt aangestuurde stedenbouw onder leiding van premier Marquês de Pombal is ook de aanleg van het vissersdorp Vila Real de Santo António in het oosten van Algarve, dat in 1774 in slechts vijf maanden uit de grond werd gestampt. Andere voorbeelden van deze rationele aanpak zijn het Nationaal Theater in Lissabon en de Beurs in Porto.

In reactie hierop ontwierp men hier en daar romantische bouwwerken die teruggrepen op stijlen uit het verleden, zoals het Rossio-station in neomanuelstijl en de Stierengevechtarena in neo-Moorse stijl in Lissabon. De romantische oriëntatie van dit historisme bracht een voorliefde mee voor de imitatie van middeleeuwse kastelen. Een duidelijk voorbeeld is het Palácio da Pena in Sintra, dat ook wel een vroege versie van Disneyland wordt genoemd. Dit paleis was het levensproject van de prins-gemaal Ferdinand van Sachsen-Coburg-Gotha. Het ontwerp werd in de tweede helft van de 19e eeuw gemaakt door de Duitse mijnbouwingenieur Von Eschwege. Daarop lieten binnen- en buitenlandse edelen en rijke burgers romantische kastelen bouwen, die nu vaak in gebruik zijn als luxehotel. Een mooi voorbeeld daarvan is het idyllische Palácio de Buçaco in een donker sprookjesbos bij Coimbra.

De befaamdste schilders in deze tijd waren de broers Rafael en Columbano Bordalo Pinheiro, die al de weg naar de moderne kunst voorbereidden. Rafael bestudeerde de gedragingen van het volk en bracht zijn observaties over in een satirische zedenschildering. Voor zijn kunst richtte hij een eigen tegelfabriek op. Columbano volgde met een kritische vorm van naturalisme de trend in de overige landen van Europa.

Architectuur van de moderne tijd

Industrieel tijdperk en dictatuur

De Fransman Gustave Eiffel en zijn leerlingen liepen een stap voor op de nationale bouwwijze in het laatste kwart van de 19e eeuw. Met diverse technisch zeer vernuftige ijzerconstructies kondigden zij het industriële tijdperk aan. Spoorwegbruggen, markthallen en liften behoorden tot hun meesterwerken, zoals de Ponte Dom Luís I in Porto (1881-1886) of de Elevador Santa Justa die op- en neergaat tussen de beneden- en bovenstad van Lissabon (1902). Daarmee was het moderne in Portugal gearriveerd.

Enkele tientallen jaren later kwam uit de romantische bouwstijl en de eerste gebouwen van de art deco – zoals het filmtheater Eden in Lissabon en het theater Coliseu in Porto – het idee voort van een *casa portuguesa*. Dat moest een stadsvilla zijn die was versierd met landelijke en oriëntaalse stijlelementen en opgetrokken uit traditionele bouwmaterialen. De stedenbouw tijdens de dictatuur stond echter steeds meer in het teken van monumentale woonblokken en functionele betonbouw. Opvallende bouwwerken uit deze tijd zijn de nieuwe universiteitsgebouwen in Lissabon en Coimbra en het ontdekkersmonument in het Lissabonse voorstadje Belém.

Postmodernisme

De bevrijding in 1974 uit de langdurige dictatuur en de daaropvolgende economische opbloei vonden eerst hun uitdrukking in zakenpanden en winkelcentra. Met de van ver zichtbare, in grijs en roze tinten uitgevoerde hoogbouwtorens van het Centro Comercial Amoreiras in Lissabon, voltooid in 1985, luidde de architect Tomás Taveira het postmodernisme in, dat overigens van korte duur was. Hiermee maakte hij een landelijke discussie los. Hooguit enkele overheidsgebouwen en enkele grote ondernemingen volgden het voorbeeld van de op effect beluste bouwstijl.

Minimalisme en avantgarde

Een veel grotere invloed op de eigentijdse bouwkunst heeft de architectuurschool van Porto, waarvan de oprichters Fernando Távora (1923-2006) en Álvaro Siza Vieira (geb.1933) zijn. Ze zijn voorstander van een minimalistische architectuur en beperken zich het liefst tot alleen wit. De façade en de ruimtelijke indeling van het tentoonstellingsgebouw van de Fundação de Serralves in Porto doet futuristisch aan, net als het in 2007 voltooide modernistische gemeentehuis van de stad Viana do Castelo. Met medewerking van alle vooraanstaande architecten vond de avant-gardistische stadsplanologie haar voorlopige hoogtepunt in het futuristische Parque das Nações in het oosten van Lissabon. Hiermee zette de wijk een kloeke stap naar de 21e eeuw.

Maar er valt alweer een nieuwe opkomende ster te bewonderen. Ook Eduardo Souto de Moura (geb. 1952) is afkomstig uit de architectenschool van Porto. In 2011 won hij de prestigieuze Pritzkerprijs voor architectuur. Met zeer uiteenlopende bouwwerken geeft hij een bewijs van zijn grote creativiteit. Zo gaf hij middeleeuwse kloosterruïnes een nieuw leven als het moderne luxehotel Terras de Bouro (zie blz. 280) en ontwierp hij het voetbalstadion van Braga door het voor een deel uit een grote granietrots uit te sparen. Maar hij was ook verantwoordelijk voor de volledige aanleg van de metro in Porto. De dominante kleur daarvan is uiteraard wit!

Schilderkunst van de moderne tijd

Amadeo de Souza-Cardoso

In 1913 baarde een jonge Portugees opzien in New York. Te midden van beroemde kunstenaars als Duchamp, Matisse, Cézanne en Renoir trok Amadeo de Souza-Cardoso (1887-1918) met zijn buiten de stijlgrenzen tredende schilderwerken de aandacht op de Armory Show, een soort wereldtentoonstelling voor moderne kunst. Enkele jaren tevoren was hij, de zoon van een rijke wijnboer, uit onvrede over het middelmatig niveau in Portugal naar Parijs verhuisd, waar hij de moderne kunststromingen leerde kennen en zich die eigen maakte. In zijn zoektocht naar steeds nieuwe visuele uitdrukkingsvormen ontwikkelde hij zich in de richting van expressionisme, kubisme, dada en abstracte werken, maar hij maakte ook figuratieve kunst en landschappen. Hij wilde beslist niet in een bepaald stijlhokje geplaatst worden en noemde zich een zoekende in de moderne tijd.

Na zijn deelname aan de Herfstsalon van de invloedrijke Berlijnse galerie Der Sturm ging hij tijdens de Eerste Wereldoorlog terug naar Portugal, waar hij zijn impressies van Parijs verwerkte in talloze schilderijen met intens stralende kleuren. Na zijn vroege dood als gevolg van de Spaanse griep raakte zijn werk aanvankelijk echter in de vergetelheid. Dankzij grote exposities in de afgelopen jaren is Souza-Cardoso inmiddels weer een bekend kunstenaar en krijgt hij erkenning als de grondlegger van de moderne Portugese kunst.

José Sobral de Almada Negreiros

Het veelzijdige multitalent José Sobral de Almada Negreiros (1893-1970) was de enige vertegenwoordiger van de jonge Portugese moderne kunst die al tijdens zijn leven algemene erkenning kreeg. Zijn artistieke loopbaan begon in 1915 met de heruitgave van twee edities van het tijdschrift *Orpheu*, dat een kring van futuristische kunstenaars en schrijvers aantrok, onder wie ook Souza-Cardoso en Fernando Pessoa. Het portret van zijn vriend Pessoa uit 1954 siert tegenwoordig zowel toeristische reclamefolders als Portugese culturele tijdschriften. Maar ook hij zocht creatieve inspiratie in het buitenland. Later keerde hij als nationalistische aanhanger van dictator Salazar naar Portugal terug.

Maria Helena Vieira da Silva en Paula Rego

De Portugese schilderkunst bracht ook twee grote vrouwelijke kunstenaars voort, ook al verruilden ook zij de improductieve levenssituatie in Portugal voor Parijs en Londen. Maria Helena Vieira da Silva (1908-1992) overwon met in haar eigenzinnige stijl van imaginaire ruimtecontructies de tegenstellingen tussen het abstracte en het figuratieve. Tegenwoordig is er in Lissabon een museum aan haar gewijd.

Paula Rego (geb.1934) wil met een ruig realisme gevoelens wakker maken en de toeschouwer provoceren tot nadenken. Haar schilderijen in felle kleuren geven tot grimassen vertrokken gezichten en verwrongen gedaanten te zien. Maatschappelijke taboes die ze ter discussie stelt, zijn onder meer abortus, vrouwelijke seksualiteit in een door de katholieke kerk beheerste samenleving, en tirannie.

Stimulans voor de kunst

Dankzij de bevrijding door de Anjerrevolutie van 1974 kan de creativiteit van de huidige generatie kunstenaars zich intussen in eigen land ontplooien. Een belangrijke stimulans vinden de jonge creatievelingen bij de Gulbenkian-stichting, die in haar Centro de Arte Moderna in Lissabon ruimte biedt om werk te exposeren en geregeld tijdelijke tentoonstellingen van de Portugese eigentijdse kunst houdt. Ook verleent ze werkbeurzen.

Daarmee is het niet meer nodig in het buitenland artistieke inspiratie en een toegang tot de kunstwereld te zoeken. De kunst zelf is nu eerder de feitelijke toegang tot die wereld. Die zal volgens de slogan 'het nieuwe beeld van Portugal in de wereld uitdragen'. Iets dergelijks presteerde de vindingrijke designer Henrique Cayatte. De internationaal gewaardeerde schilder Júlio Pomar droeg met twee getekende portretten van de nationale dichters Luís de Camões en Fernando Pessoa bij aan het artistieke succes van zijn werk. De overheid maakt er zelfs uitgebreid gebruik van op internet (www.pep.pt).

Portugese muziek

Fado

De Portugese muziek is wereldberoemd geworden dankzij de fado. Deze zang werd rond 1840 voor het eerst genoemd, toen deze werd opgevoerd in duistere kroegen in de havenwijk van Lissabon. Iets later vond de fado zijn weg naar de aristocratische salons, de revuetheaters en de *casas de fado*. In 2011 kreeg de fado een plaats op de UNESCO-Werelderfgoedlijst. Met zijn vaak

Literatuur op zoek naar het mens-zijn

Fernando Pessoa, António Lobo Antunes, José Saramago – de moderne Portugese literatuur kan bogen op enkele wereldberoemde namen. Alsof het niet genoeg is, wordt ook vaak gesproken over een dichter die nooit heeft geleefd: Amadeu de Prado, een personage in de populaire roman *Nachttrein naar Lissabon* van de Zwitser Pascal Mercier, die is verfilmd en op toneel uitgevoerd.

Portugal heeft veel bekende auteurs voortgebracht en veel bekende auteurs hebben over Portugal geschreven. Thomas Mann ontwierp voor zijn oplichter Felix Krull een gedetailleerd beeld van de hoofdstad Lissabon, waar hij overigens zelf nooit was geweest. Dat gold wel voor zijn broer Heinrich, die net als veel schrijvers op de vlucht sloeg voor de nazi's en in 1944 in Portugal was. Zijn afscheid, dat hij beschreef in zijn memoires, klinkt als een fadotekst. 'Het zicht op Lissabon gaf mij een beeld van de haven. Het zal het laatste zijn geweest, als Europa achterblijft. Hij komt me onbegrijpelijk mooi voor. Een verloren geliefde is niet mooier.'

Ook Nederlandse auteurs hebben Portugal in hun hart gesloten. Heleen van Royen heeft er gewoond, en Tessa de Loo woont er nog steeds. Haar laatste roman *Liefde in Pangea* (2017) speelt zich deels af in Algarve. Eerder schreef ze ook al over Portugal in de roman *Daan*. De in 2012 overleden Gerrit Komrij koesterde eveneens een grote liefde voor Portugal. Hij schreef in *Vila Pouca* (2008) over het leven in een klein dorpje op het Portugese platteland.

De moderne Portugese literatuur kent enkele belangrijke vertegenwoordigers, zoals António Lobo Antunes (geb. 1942) en de winnaar van de Nobelprijs voor literatuur José Saramago (1922-2010). Hij ontwikkelde een eigen stijl als formele begeleiding bij een soms moeilijk te doorgronden spel van de verbeelding. In ingewikkelde zinnen laat hij leestekens vaak weg als iets wat overbodig is. Inhoudelijk staan negatieve visies over de Portugese geschiedenis in het middelpunt. Ze vormen een kanttekening bij het glorierijke verleden waarmee de regering-Salazar graag pronkte. Deze controverse spreekt al uit boektitels als *Het beleg van Lissabon* (Saramago) en *Het handboek van de inquisiteurs* (Lobo Antunes). De kerk eiste een verbod op Saramago's tegendraadse roman *Het evangelie volgens Jezus* omdat hij het religieuze erfgoed van Portugal zou aanvallen.

De grote literaire wegbereider was de in 1935 overleden Fernando Pessoa. Zijn hoofdwerk, *Het boek der rusteloosheid*, is het dagboek vol gedachtenflarden van de hulpboekhouder Bernardo Soares. Hierin gebruikt hij het bescheiden leven van de auteur als een matrix voor de zoektocht naar de zin van het menselijk bestaan. Door de nieuwe interesse voor de Portugese literatuur ontstond ook weer aandacht voor de oudere literatuur, met als grootste exponent de nationale dichter Luís de Camões. Zijn verhalend epos *De Lusiaden* (1572) werd opnieuw in het Nederlands vertaald in 2012. Het is een literair monument voor de heldhaftige ontdekkingsreizen.

zwaarmoedige melodie werd de fado de muzikale uitdrukkingsvorm van de Portugese *saudade*, met zijn melancholieke mijmering en weemoedige herinnering aan vervlogen tijden (zie blz. 54). De onbetwiste ster van de fado is de in 1999 overleden Amália Rodrigues. Deze in armoedige omstandigheden opgegroeide zangeres maakte met haar zeer expressieve stem de fado bekend tot ver buiten de grenzen van Portugal (zie blz. 130).

Tal van jonge zangeressen houden na haar dood haar erfgoed levend. Ana Moura valt daarbij op omdat ze veel waardering vindt bij rockmuzikanten. Zo heeft ze opgetreden met de in 2016 gestorven Prince en met de Rolling Stones, die in een eigen videofilmpje op Youtube enthousiast over de fado spreken als de Portugese blues.

Een Portugese zangeres die de fado een iets modernere stijl geeft en onder meer veel succes in Nederland heeft is Cristina Branco. Zij vertolkte onder meer in het Portugees vertaalde gedichten van de Nederlandse schrijver en fado-bewonderaar J.J. Slauerhoff.

Een andere succesvolle zangeres is Mariza. Zij werd in 1976 in Mozambique geboren en is opgegroeid in de Lissabonse wijk Mouraria. Zij probeert ook voorzichtig de fado te combineren met actuele muziekstijlen, al heeft ze ook wel de traditionele fado gezongen met alleen de begeleiding van twee gitaren.

Dankzij deze nieuwe zangeressen krijgt de amateurfado in kleine kroegen nieuwe waardering. Zelfs al klinkt de stem vaak wat broos, deze volkse fado wordt wel met groot enthousiasme gebracht. Het bezoek aan een fadorestaurant mag eigenlijk niet ontbreken tijdens een vakantie in Lissabon.

Van fado doordrenkt: wereldmuziek uit Portugal

De muzikale ontwikkeling van Mariza geeft aan dat de actuele muziek in Portugal veel verder reikt dan alleen de fado. Veel kunstenaars uit de vroegere Portugese koloniën weten verschillende muziektradities op fascinerende wijze te versmelten. De nieuwe ster van deze muziek is Sara Tavares. Zij werd in 1978 in Lissabon geboren als dochter van Kaapverdische immigranten, die niet voor haar konden zorgen. Nadat ze was geadopteerd door een oude Portugese vrouw, kreeg zij haar opvoeding in de straten van een arme wijk in Lissabon. Nu voelt ze zich net zoveel Portugese als Kaapverdische en staat met haar hart in de wereld. In haar adembenemende melodieën zijn West-Afrikaanse invloeden te beluisteren, maar ook van de Amerikaanse gospelzang en de Portugese fado. Geheel in lijn met haar muzikale rijkdom zingt ze in drie talen: Portugees, Engels en creools.

Uitzonderlijk zijn ook Buraka Som Sistema. Deze band bestaat uit Portugese en Angolese muzikanten die kuduro spelen, een energieke mengeling van house, hiphop en ragga, een soort reggae die zijn wortels heeft in de Portugeestalige landen van Afrika.

Rão Kyão is in Lissabon geboren maar heeft banden met India (Goa). Aan zijn bamboefluit ontlokt hij klanken die een connectie leggen tussen de fado en de Indiase volksmuziek. De Angolees Waldemar Bastos verbindt Afrikaanse beats met dansritmes. Zeer experimenteel is Dulce Pontes, de toonaangevende vertolkster van de Portugese wereldmuziek. Haar repertoire omvat westerse melodieën, fado en moderne Zuid-Amerikaanse klanken. De wereldwijd bekende groep Madredeus is inmiddels uiteengevallen, maar enkele vroegere leden gaan verder onder de oude naam.

Jazz en pop

De gerenommeerde jazzscene van Portugal heeft in Maria João een zangeres met een eigenzinnige, soms schelle stemacrobatiek. De in het buitenland wonende componist en contrabassist Carlos Bica legt zich toe op een *fusion* van jazz, fado en pop. Hij geniet internationale faam. Nauwelijks buiten Portugal bekend zijn daarentegen de Portugese rockmuzikanten. Des te groter is dan ook de vreugde in Portugal over het internationale succes van de Canadese Nelly Furtado. Haar achternaam wijst er al op dat haar familie van oorsprong uit Portugal komt, en zij werkt ook graag samen met Portugese artiesten.

Reisinformatie voor Portugal

Reis en vervoer
Accommodatie
Eten en drinken
Sport en activiteiten
Feesten en evenementen
Praktische informatie van A tot Z

Het kleine kopje sterke koffie noemt men in Portugal 'cafezinho' of 'bica'

Apart souvenir: door eigentijdse tegelkunstenaars gemaakte azulejo's – ook in vintage look

Vakantiegangers die onderweg online willen zijn, kunnen in Portugal profiteren van WLAN met een bijna landelijke dekking

Reis en vervoer

Reisdocumenten en douanebepalingen

Voor een vakantie in Portugal dienen EU-burgers te beschikken over een geldig identiteitsbewijs (paspoort of identiteitskaart); kinderen hebben los van hun ouders een eigen identiteitsbewijs nodig. Bij een verblijf van langer dan drie maanden kunt u het best eventuele problemen voorkomen door u bij de vreemdelingendienst te melden.

Bij het gebruik van een eigen personenauto dient u naast een identiteitsbewijs uw nationale rijbewijs, het kentekenbewijs en de verzekeringspapieren te kunnen tonen. De door de autoverzekering verstrekte internationale groene kaart is niet verplicht, maar wel aan te raden. Ook aan te raden zijn een allriskverzekering of een internationale reis- en kredietbrief. Een gewaarmerkt eigendomsbewijs is noodzakelijk als het kenteken van de auto niet op naam van de bestuurder staat. Zo'n formulier is in Nederland of België verkrijgbaar bij de ANWB of Touring. Volgens richtlijnen van de Europese Unie mag u maximaal zes maanden met uw eigen auto in een ander land, dus ook Portugal, rijden.

Huisdieren

Als u een hond of kat uit eigen land wilt meenemen naar Portugal, hebt u daarvoor een EU-dierenpaspoort nodig. Dit kan worden afgegeven door een dierenarts. Dit dierenpaspoort moet strikt gelden voor het betreffende dier. Daarvoor is een chip of een duidelijk zichtbare tatoeage met het registratienummer van het dierenpaspoort nodig. Naast de gegevens over het dier en de eigenaar moet in het dierenpaspoort ook staan vermeld dat het dier een geldige inenting tegen rabiës (hondsdolheid) heeft. Deze inenting moet minstens dertig dagen en hooguit twaalf maanden voor de reis naar Portugal zijn uitgevoerd.

Overigens zijn huisdieren in Portugal vaak niet welkom in het openbaar vervoer of in hotels en restaurants. Er geldt een algemeen verbod om huisdieren mee te nemen naar een strand, maar soms wordt het oogluikend toegestaan.

In- en uitvoer van goederen

Binnen de EU gelden geen beperkingen op de in- en uitvoer van goederen voor eigen gebruik. Voor wat wordt gezien als eigen gebruik gelden per persoon van minimaal achttien jaar bepaalde indicatieve maximumhoeveelheden. Voor rookwaren en alcoholische dranken zijn dat: 800 sigaretten, 400 kleine sigaren, 200 grote sigaren en 1 kg tabak. Verder 10 l sterkedrank, 20 l likeurachtige dranken (tot 22 % alcohol), 90 l wijn (waarvan maximaal 60 l mousserende wijn) en 110 l bier. Pas als u meer dan de hierbovenstaande hoeveelheden meeneemt over de grens, moet u kunnen aantonen dat de goederen daadwerkelijk voor eigen gebruik zijn bestemd. Neemt u goederen in grotere hoeveelheden mee die voor zakelijke doeleinden zijn bestemd, dan zult u accijns moeten betalen.

Heenreis

Met het vliegtuig

Er zijn momenteel drie luchthavens die rechtstreekse vluchten ontvangen van buitenlandse luchtvaartmaatschappijen: Lissabon, Porto en Faro. Bij Beja in Alentejo is weliswaar een vliegveld aangelegd voor budgetmaatschappijen, maar op dit moment vliegt geen daarvan hierheen. De vliegtijd van Amsterdam of Brussel naar Lissabon is zo'n 2,5 uur. De aankomst- en vertrektijden van alle vluchten zijn op te vragen bij de Portugese luchthavenautoriteit via www.ana.pt.

De Portugese luchtvaartmaatschappij TAP (www.flytap.com), KLM/Air France (www.klm.nl) en Brussels Airlines (www.brussels

airlines.be) vliegen dagelijks rechtstreeks van Amsterdam en Brussel naar Lissabon en Porto, en enkele keren per week naar Faro. Daarnaast worden veel vluchten verzorgd door de budgetmaatschappijen. Transavia (www.transavia.com) vliegt vanuit enkele Nederlandse steden naar Lissabon, Porto en Faro. Ryan Air (www.ryanair.com) vliegt vanuit Eindhoven en Brussel naar Lissabon, Porto en Faro. Voor rechtstreekse vluchten tussen Amsterdam en Lissabon kunt u ook terecht bij easyJet (www.easyjet.com). Verder vliegt Eurowings (www.eurowings.com) vanuit Amsterdam en Brussel naar Faro, vanuit Brussel ook naar Lissabon.

Met de trein

De reis per trein is milieuvriendelijk, maar wel langzaam (algauw langer dan een dag reizen). En vanuit de Benelux bestaat geen doorgaande verbinding. Een overstap in Parijs is altijd nodig, waarbij u binnen Parijs ook nog eens met de metro van noord naar zuid moet gaan. Vanuit Amsterdam of Brussel rijdt de Thalys in 4 of 1,5 uur naar Parijs. En vanuit Parijs rijden dagelijks treinen naar Porto en Lissabon in minimaal 16 en 20 uur. Een goed alternatief vanaf Parijs is de TGV Atlantique naar Hendaye en Irún aan de Frans-Spaanse grens. Vandaar kunt u dan een nachttrein nemen naar Porto of Lissabon. Eventueel kunt u ook een omslachtigere route nemen via Barcelona, Madrid en Lissabon.

De normale prijs voor een enkele reis tweede klas bedraagt meer dan € 200, maar vaak zijn er allerlei kortingen te verkrijgen. Informeer daarnaar bij de spoorwegmaatschappij waar u wilt boeken. Het boeken van een treinkaartje tegen gereduceerde prijs via internet is vanwege de gecompliceerde kortingssystemen in de diverse landen nauwelijks mogelijk. Meestal krijgt u op de website het advies om te bellen. Soms kunnen ook volwassenen profiteren van de aanbiedingen van Interrail. Het meenemen van een fiets in de diverse snelle treinen is niet mogelijk.

Met de bus

Vanuit diverse steden in Nederland en België rijden comfortabele lijnbussen van Eurolines

VAN DE LUCHTHAVEN NAAR DE STAD

De **luchthaven van Lissabon** ligt ten noorden van het centrum. De shuttlebus Aero-Bus 91 rijdt elke 20 mintuten naar de binnenstad; de rit duurt ongeveer 30 minuten en kost ca. € 3,50. De metro (Rode lijn) is met amper € 2 iets goedkoper, maar voor het historisch centrum moet u dan wel een keer overstappen. Voor een taxi betaalt u met bagage € 12-20 (zie ook blz. 76). De **luchthaven van Porto** ligt eveneens ten noorden het centrum. Met de metro reist u in ongeveer 30 minuten naar het centrum voor ca. € 2,40. De rit met een taxi kost € 25-30. De **luchthaven van Faro** ligt ten zuidwesten van het centrum. Met bus 14 of 16 reist u in 20 minuten naar de binnenstad. Van het in het centrum gelegen busstation rijden bussen naar alle grotere vakantieplaatsen in Algarve.

naar alle regio's van Portugal. De reisduur is meer dan een dag, de prijs voor een retour bedraagt zo'n € 300, maar er zijn geregeld speciale aanbiedingen. Informatie en kaartverkoop:

Eurolines Nederland: tel. 088 076 17 00, www.eurolines.nl
Eurolines België: tel. 022 74 13 50, www.eurolines.be
Internorte: tel. (00 351) 707 20 05 12, www.internorte.pt (Eurolines in Portugal)

Met de eigen auto

De routes vanuit de Benelux naar Portugal lopen bijna parallel aan de treinroutes. In Frankrijk rijdt u via Parijs naar Bordeaux en verder naar Hendaye en Irún aan de Frans-Spaanse grens. De verdere reis door Spanje is afhankelijk van uw bestemming in Portugal. U kunt door het Baskenland en via Salamanca naar het noorden van Portugal rijden, of via

Het gebruik van het openbaar vervoer heeft als bijkomend voordeel dat u meteen een indruk krijgt van de gevarieerde kunst- en bouwgeschiedenis van het land, zoals in het station van Porto uit de tijd van de art deco (lb) of in het postmoderne Station Oriente van Lissabon (rm). In beide steden sieren de Portugese azulejo's het straatbeeld.

Madrid naar de diverse regio's in Portugal, of langs de Spaanse Middellandse Zeekust naar het zuiden van Portugal.

De afstand van Amsterdam/Brussel naar Lissabon is ongeveer 2240/2040 km, waarvan het grootste deel (op zo'n 40 km na) bestaat uit snelwegen. In Frankrijk, Spanje en Portugal rijdt u overwegend over tolwegen, waardoor de reis per personenauto inclusief brandstof de duurste reisvariant is. Deze variant is daarom eigenlijk alleen interessant voor wie met een camper op vakantie gaat of voor wie de reis onderdeel is van een lange vakantie. Er rijden geen autotreinen naar Portugal.

Binnenlands vervoer

Trein

Het netwerk van spoorlijnen strekt zich uit over heel Portugal, maar is in het binnenland niet erg dicht. De treinen op het hoofdtraject tussen Lissabon en Porto rijden eens per uur, soms eens per twee uur; op alle andere trajecten aanzienlijk minder vaak.

De snelle, supermoderne **Alfa Pendular** rijdt tussen Braga, Porto, Aveiro, Coimbra, Lissabon en Faro en is uitgerust met televisie, radio en een restauratiewagon. Van Porto naar Lissabon of Faro duurt de reis overigens nauwelijks 3 uur. Op hetzelfde traject rijdt de eveneens comfortabele, maar iets langzamere en goedkopere **Intercidades**, die bovendien Lissabon ook nog verbindt met Alentejo, Guarda en Covilhã. De langzame stoptrein **Regional** doet op zijn reis nagenoeg alle tussenliggende stations aan. De belangrijkste trajecten van de Regional lopen langs de kust van Algarve van Lagos naar Vila Real de Santo António, en tussen Porto en de grens met Galicië. De voorstedelijke trein **Urbanos** rijdt in de agglomeratie van Lissabon en Porto. Iets bijzonders voor liefhebbers van treinen en spoorlijnen zijn de **smalspoorlijnen** in Noord-Portugal.

De tarieven zijn bijzonder laag, maar variëren sterk naargelang het type trein. Alleen de Alfa Pendular en Intercidades hebben een eerste klasse, met een opslag van ongeveer 50 %. In de tweede klasse kost een rit van Lissabon naar Porto in de Intercidades ongeveer € 25 en in de Alfa Pendular ongeveer € 31; de rit van Lissabon naar Faro kost ongeveer € 22 dan wel € 28. Jongeren met een Cartão jovem (zie blz. 106) krijgen 25 % korting. Bij een vroege boeking kunt u een korting krijgen die kan oplopen tot 40 % en voor gezinnen in het weekend tot 50 %. Op de website van de Portugese Spoorwegen (www.cp.pt) vindt u een gedetailleerde dienstregeling en nadere informatie over tarieven (Engelstalig). Informatie is ook verkrijgbaar via tel. 707 21 02 20 (€ 0,10 per min.), vanuit het buitenland voorafgegaan door 00 351 (internationaal tarief).

Bus

Het netwerk van lijnbussen biedt een goede manier om Portugal zonder auto te verkennen. Tussen de grotere steden rijden moderne bussen met een hoge frequentie. De busstations zijn meestal op een goed bereikbare locatie in de buurt van het centrum gelegen. Vanuit de hoofdsteden van de afzonderlijke districten kunt u zelfs kleine plaatsjes bereiken, zij het dat hier minder comfortabele regionale bussen worden ingezet. Op de minder drukke trajecten rijden ze vaak ook maar eenmaal in de ochtend, in de middag en in de avond. De tarieven liggen gemiddeld rond € 6 tot 11 per 100 km, waarbij een lagere kilometerprijs geldt op de langere trajecten. Dienstregelingen zijn verkrijgbaar op de busstations en bij veel toeristenbureaus. De bussen vertrekken altijd stipt op tijd.

Taxi

De taxi is in Portugal een redelijk goedkoop middel van vervoer binnen de stad. Voor langere ritten buiten de stad is de taxi minder geschikt. De Portugese taxi's zijn zwart met een groen dak of beigekleurig. Op de centrale pleinen in de steden vindt u doorgaans taxistandplaatsen, maar het is ook heel gebruikelijk om op straat een taxi aan te roepen met een handgebaar. Met een licht op het dak wordt aangegeven of de taxi vrij is of bezet. Alle taxi's zijn uitgerust met een taximeter. Bij een telefonische bestelling van een taxi wordt een toeslag per kilometer gerekend. Er geldt ook een toeslag voor bagage en voor ritten in het weekend of 's nachts. De actuele prijs wordt in een venstertje aangegeven.

De Portugese taxichauffeurs staan algemeen bekend als eerlijk. Een beruchte uitzondering zijn de chauffeurs in Lissabon die een vergunning hebben voor de luchthaventransfer. Zij staan slecht bekend vanwege hun 'creatieve' manier van afrekenen. In geval van twijfel kunt u het best even niet betalen en de hulp inroepen van de hotelreceptie.

In Lissabon, Porto en in Algarve kunt u ook een **T-Taxi** huren, die vakantiegangers langs de bezienswaardigheden rijdt. Meestal gaat het hierbij om een comfortabele Mercedes. Deze chauffeurs spreken Engels en geven enige toelichting. De hotelreceptie bemiddelt meestal voor deze toeristentaxi's.

Huurauto

Autoverhuurbedrijven zijn te vinden op de luchthavens, in alle grotere steden en in veel vakantieplaatsen. De minimumleeftijd voor het huren van een auto ligt op 21 jaar, het rijbewijs moet minstens een jaar oud zijn. Buiten het hoogseizoen zijn de tarieven laag. Zo kost een week in het koude halfjaar nauwelijks meer dan € 100. Een beperking van het aantal kilometers is niet gangbaar.

In principe is de huurprijs inclusief een allriskverzekering CDW (Collision Damage Waiver) met een eigen risico en een diefstalverzekering. Het is echter aan te raden een Super-CDW af te sluiten, waarbij in geval van schade geen eigen risico geldt. Voor een kleine auto komt dat neer op zo'n € 13 per dag extra. Of een inzittendenverzekering (PAI) zin heeft, hangt af de verzekering die u in eigen land hebt.

Het huren van een auto in Portugal vanuit eigen land is meestal goedkoper dan in Portugal zelf. Kijk daarbij eventueel naar aanbiedingen bij all-inreizen en naar internetaanbieders. Inspecteer de auto grondig wanneer u deze afhaalt bij het verhuurstation. Eventuele gebreken kunt u dan meteen melden en in het huurcontract laten vastleggen.

Autorijden

Portugal heeft een wijdvertakt wegennet dat goed is uitgebouwd. In het binnenland zijn de wegen echter vaak zeer bochtig, iets waar u wel rekening moet houden bij uw planning. Ook zijn hier kuilen in het wegdek mogelijk.

De tijd dat Portugal het hoogste percentage ongevallen van Europa had, zijn gelukkig voorbij. Toch is het aan te raden extra voorzichtig te rijden, omdat er geregeld gevaarlijke situaties ontstaan, vooral bij inhaalmanoeuvres. Verder kunt u misschien last ondervinden van bumperkleven en afsnijden. Vergeet daarbij overigens niet dat het verboden is zo langzaam te rijden dat het overige verkeer er hinder van ondervindt.

Verkeersregels

In Portugal rijdt het verkeer rechts. De verkeersborden komen ook overeen met de internationale normen. Bij pleinen, kruispunten en zijwegen geldt dat zonder speciale aanduidingen rechts voorrang heeft op links. Ga hier trouwens wat voorzichtig mee om, want bij veel straten in de binnensteden is een soort gewoonterecht ontstaan dat niet altijd met de regels overeenkomt. Op de veel voorkomende rotondes heeft degene voorrang die op de rotonde rijdt.

De snelheidslimiet voor een personenauto is 50 km per uur binnen de bebouwde kom, 90 km per uur op gewone wegen buiten de bebouwde kom, 100 km per uur op autowegen waar alleen snelverkeer mag rijden, en 120 km per uur op snelwegen (er zijn plannen voor een verhoging naar 130 km per uur). Voor campers van meer dan 3,5 ton gelden limieten van 50, 80, 90 en 110 km per uur.

Het maximaal toegestane alcoholpromillage is 0,5. Telefoneren met een mobiele telefoon mag alleen handsfree; op alle zitplaatsen is het gebruik van de veiligheidsgordels verplicht. Het is ook verplicht een veiligheidsvest met het Europese waarmerk EN 471 in de auto mee te voeren en bij een pechgeval te dragen. Let er bij een huurauto op dat zo'n vest in de auto aanwezig is.

Tolwegen

Op alle snelwegen in Portugal wordt tol geheven. Het bedrag voor een personenauto met een maximale hoogte van 1,10 m is gemiddeld € 0,09 per kilometer, zonder extra kosten voor een aanhanger. Een rit van Lissabon naar Porto kost zo'n € 23, van Lissabon naar Albufeira zo'n € 22. Voor auto's die hoger dan 1,10 m zijn, en voor campers, caravans en busjes, geldt een dubbel tarief.

Op veel snelwegen wordt een elektronisch tolsysteem gehanteerd, waarvoor een speciaal registratieapparaat in de auto nodig is. Als alternatief kunt u de tol na twee dagen contant op een postkantoor betalen. Tegen een vergoeding nemen autoverhuurbedrijven de betaling over en brengen de tol in rekening op uw creditcard. Auto's uit het buitenland kunnen aan de grens worden geregistreerd in het systeem Easy toll, waarbij de tol rechtstreeks wordt verrekend via uw creditcard. Er wordt ook tol geheven op de viaductopritten naar Lissabon, maar niet op de afritten.

Tanken

In Portugal zijn volop tankstations, bij de kleinere wordt u door een pompbediende geholpen. U kunt loodvrije benzine *(gasolina)* met verschillende octaangehalten en diesel *(gasóleo)* tanken. Bij een aantal tankstations is LPG verkrijgbaar. De meeste tankstations zijn in handen van het semistaatsbedrijf Galp, BP en Repsol. De brandstofprijzen liggen ongeveer tussen die van België en Nederland in. Veel supermarkten op buitenterreinen en enkele budgetbenzinestations hanteren lagere prijzen.

Parkeren

In de binnensteden kunt u doorgaans alleen betaald parkeren. De maximale tijd is meestal vier uur. Toch is er gebrek aan parkeerruimte. Zelfbenoemde parkeerdirigenten verwachten minstens € 0,50. Daarvoor krijgt u alleen goodwill, geen bewaking. Een alternatief zijn de vele openbare parkeergarages waar u betaald kunt parkeren. Let altijd goed op de voorschriften, want de politie brengt al snel een wielklem aan op fout geparkeerde auto's.

Verkeersboetes

De boetes bij verkeersovertredingen dienen als afschrikmiddel en zijn extreem hoog. Wie ook maar een kilometer sneller dan de toegestane limiet rijdt, kan al een boete van € 60 krijgen; wie binnen de bebouwde kom 20 km te snel of daarbuiten 30 km te snel rijdt, kan een boete van € 600 krijgen. Het is verboden afval uit de auto te gooien: daarop staat wel € 300.

Nog strenger zijn de straffen voor rijden onder invloed, met boetes van € 250 tot € 2500. Bij een alcoholpromillage van meer dan 1,2 belanden ook toeristen in de gevangenis. Sinds kort worden automobilisten ook getest op het gebruik van drugs en pilletjes. Telefoneren in de auto is alleen handsfree toegestaan.

Geldboetes moeten ter plaatse worden betaald, anders worden rijbewijs en kentekenbewijs in beslag genomen en omgeruild tegen vervangende documenten met een beperkte geldigheid. Het is mogelijk het bedrag per creditcard te voldoen. Als u zich ten onrechte bestraft voelt en bezwaar wilt maken, hebt u daartoe de mogelijkheid tegen betaling van een borgsom *(depósito)* ter hoogte van de minimale boete.

In geval van autopech

In geval van schade bieden tal van kleine werkplaatsen en de grote automobielbedrijven snelle hulp aan. Bij pech op een snelweg kunt u hulp krijgen van de commerciële snelwegexploitant, die op grote borden zijn noodnummer aangeeft en ook bereikbaar is via noodtelefoons langs de weg. De grootste exploitant Brisa bestrijkt bijna de helft van alle snelwegkilometers, waaronder het traject van Lissabon naar Porto (A1) en van Lissabon naar Algarve (A2). Zijn noodnummer is 24 uur per dag bereikbaar via tel. 707 50 09 00.

De **ANWB**-Alarmcentrale is vanuit het buitenland bereikbaar via tel. 00 31 70 314 14 14. De **Touring**-Alarmcentrale is vanuit het buitenland te bereiken via tel. 00 32 2 233 23 45. De Portugese automobielclub **Automóvel Clube de Portugal ACP** (www.acp.pt) is bereikbaar via tel. 808 22 22 22.

Accommodatie

Wonen als een koning op een historisch kasteel, overnachten in een romantisch dorpshotel, slapen in een goed uitgeruste jeugdherberg of kamperen vlak bij het strand? Portugal heeft voor iedere smaak en voor iedere beurs het juiste te bieden. Zelfs in afgelegen gebieden voldoen de goed verzorgde onderkomens aan iedere wens. Een bijzondere service wordt geboden op de website van het Portugese Verkeersbureau (zie blz. 94), waar een lijst is opgenomen met bijna drieduizend hotels en pensions die per plaats en regio zijn onderverdeeld, met daarbij steeds een korte beschrijving en een link naar de betreffende website.

De door de overheidsdienst voor het toerisme toegekende categorie moet bij de ingang staan aangegeven, en de kamerprijzen moeten duidelijk zichtbaar zijn opgehangen bij de hotelreceptie en op de kamer zelf. Daarbij gaat het om de prijzen voor deze kamer die maximaal zijn toegestaan volgens de wettelijke richtlijnen. De werkelijk gehanteerde prijzen liggen bijna altijd aanzienlijk lager. Afdingen voor een kamer is overigens ongebruikelijk. De kamerprijs is in principe inclusief het ontbijt. Eenpersoonskamers zijn doorgaans ongeveer 15 % goedkoper dan een tweepersoonskamer. Voor een extra bed wordt een toeslag gevraagd, maar voor kleine kinderen die bij de ouders in bed slapen wordt gewoonlijk niets extra's gevraagd. In de steden bestaan nauwelijks prijsverschillen per seizoen, maar in kustplaatsen gaan de prijzen in de zomer sterk omhoog.

Hotels

Portugal heeft een breed aanbod aan hotels. Van staatswege worden de hotels ingedeeld in categorieën van 1 tot 5 sterren, die ook daadwerkelijk overeenkomen met de geboden kwaliteit. Een goed middenklassehotel met 3 tot 4 sterren heeft meestal airconditioning en verwarming, maar ook alle eenvoudigere hotelkamers die hier worden aanbevolen, zijn uitgerust met televisie, bad of douche en wc.

Sinds enige jaren zijn de onderverdelingen in pension, residencial of albergaria officieel afgeschaft. Toch kunt u deze termen nog steeds wel tegenkomen als onderdeel van de naam. Een hotel-pensão biedt met kamerprijzen vanaf € 25 de goedkoopste overnachtingsmogelijkheid, maar het kwaliteitsniveau is dan meestal ook wel laag. Een hotel-residencial heeft geen eigen restaurant.

Pousadas

Veel van deze vroeger door de overheid, maar nu door een onderneming gerunde luxehotels staan in een prachtige omgeving of op een historische locatie. Het zijn er ongeveer 35, vaak ondergebracht in een imposant kasteel of klooster, dat door een gerenommeerde Portugese architect op elegante wijze is gemoderniseerd. Het stijlvolle interieur heeft nog steeds vorstelijke pretenties (zie ook blz. 280).

RESERVEREN IS AAN TE BEVELEN

In de zomer is een tijdige reservering van accommodatie niet alleen aan te raden in de badplaatsen aan zee, maar ook in de beschermde natuurgebieden in het binnenland. Erg krap wordt het in de Portugese vakantiemaand augustus, en rond Kerstmis en Pasen. In Lissabon en Porto zijn het voor- en najaar het hoogseizoen, daarbuiten kan het krap worden tijdens grote evenementen en beurzen. Een telefonische reservering op korte termijn wordt graag aangenomen, veel receptionisten spreken Engels.

In hemelse sferen en vaak niet eens duur: overnachten in een adellijk paleis

Daarnaast zijn er nieuw gebouwde, maar niet minder comfortabele pousadas. Voor fijnproevers biedt men regionale specialiteiten in de bijbehorende restaurants. De prijs voor een tweepersoonskamer ligt tussen € 120 en 270, maar op de website van de hotelketen, www.pousadas.pt, zijn vaak verrassende aanbiedingen te vinden.

Herenhuizen en landgoederen

Wie van iets bijzonders houdt, kan ook kiezen voor een oud landgoed, een mooi familiepaleis of een voornaam herenhuis. De bij de vereniging **Turismo no Espaço Rural** (TER, 'vakantie in landelijke omgeving') aangesloten hotels kenmerken zich door een persoonlijke sfeer, omdat de eigenaars er ook wonen en een unieke mogelijkheid bieden het land en de bevolking te leren kennen. Er zijn zeer uiteenlopende mogelijkheden. Let er bij het boeken op dat het officiële handelsmerk 'TER' vermeld staat.

De meest luxueuze varianten zijn de voorname villa's en herenhuizen van de vereniging **Turismo de Habitação** (TH). Iets rustieker is het aanbod bij **Casas do Campo** (CC), waarvan de landhuizen minder voornaam zijn, maar wel veel sfeer en een persoonlijke benadering bieden. Ze zijn vaak te vergelijken met een vakantie op een grote boerderij. **Aldeias de Portugal** beheert aaneengesloten complexen van minstens vijf huizen in een historisch dorp. Bij **Hotel Rural** (HR) zijn de architectuur en het interieur van de grotere landelijke hotels in harmonie met de omgeving aangepast. Veel van deze hotels zijn lid van het overkoepelende reserveringscentrales Turihab en Center (Praça da República, 4990-062, Ponte de Lima, tel. 258 93 17 50, www.turihab.pt, www.solaresdeportugal.pt en www.center.pt).

Vakantiehuizen en kamers bij particulieren

Het gebruik van vakantiehuizen is wijdverbreid in Algarve en in de grote steden, en dan vooral in Lissabon. Meestal kunt u een vakantiehuis alleen via internet boeken. Via een zoekmachine krijgt u tal van aanbieders voorgeschoteld. U kunt natuurlijk ook een kijkje nemen op www.airbnb.nl of ...be. Onder de naam Alojamento Local (AL) worden goedgekeurde kamers of woningen van particulieren verhuurd. Informatie hierover is verkrijgbaar bij de toeristenbureaus.

Jeugdherbergen

De Portugese jeugdherbergen staan open voor iedereen, ongeacht leeftijd. Voorwaarde is een jeugdherbergpas, die u in uw eigen land of bij een Portugese herberg kunt kopen. Doorgaans kunt u inchecken tussen 18 en 24 uur. De meeste jeugdherbergen zijn te vinden in toeristisch interessante streken en steden, ze zijn gemoderniseerd en beschikken naast de slaapzalen ook over tweebedden- en gezinskamers. De prijs per bed ligt tussen € 9 en 16, de prijs voor een tweebeddenkamer ligt tussen € 28 en 48. Informatie is verkrijgbaar via de reserveringscentrale Pousadas de Juventude, Rua Lúcio de Azevedo, 27, 1600-146 Lisboa, tel.

ALL-INAANBIEDINGEN EN 'KOOPJES'

In Algarve en andere toeristische gebieden zijn all-inaanbiedingen van grote reisbureaus meestal goedkoper dan wanneer u ter plekke zelf iets boekt bij hetzelfde hotel.
De kwaliteitshotels lokken vaak gasten met eigen lucratieve aanbiedingen op hun website of zijn goedkoper als u boekt via een boekingssite als www.expedia.nl, www.trivago.nl of www.booking.com. Houd er bij een koopje wel rekening mee dat de kamer minder aantrekkelijk kan zijn wat betreft ligging, grootte of inrichting.

707 20 30 30, http://microsites.juventude.gov.pt/Portal/pt/default.htm.

Hostels

In de afgelopen jaren zijn in veel grote steden allerlei moderne vormen van accommodatie opgekomen die zich met hun lagere kwaliteit vooral richten op rugzaktoeristen. Ze zijn echter ook geschikt voor andere toeristen die niet al te hoge eisen stellen. Vrijwel al deze zogeheten hostels bieden naast slaapzalen ook afzonderlijke kamers aan. De prijzen liggen op het niveau van jeugdherbergen of budgethotels. U kunt boeken via www.hostelworld.com.

Campings en campers

In Portugal zijn ongeveer tweehonderd campings, waarvan vele in de nabije omgeving van een strand liggen. Alleen in het noordoosten van Portugal zijn maar weinig campings te vinden. Bij veel campings vraagt men naar een campingcard, een vervangend legitimatiebewijs waarmee u vaak ook korting krijgt. In de zomermaanden is tijdig reserveren aan te bevelen. Afhankelijk van de uitrusting en de geboden voorzieningen worden de campings onderverdeeld in vijf categorieën, waarij de hoogste standaard met 5 sterren wordt aangeduid.

De prijs bedraagt ongeveer € 3-7 per persoon en tot € 15 per tent. Wildkamperen is verboden. Een uitgebreid overzicht van alle campings biedt de gids *Camping Portugal – Roteiro Campista*, die in de meeste Portugese boekwinkels of bij een reisboekwinkel in eigen land verkrijgbaar is. Zeer gedetailleerd en overzichtelijk is de de bijbehorende website, www.roteiro-campista.pt, waar ook boekingsformulieren voor campings te vinden zijn.

De meeste campings accepteren campers. Steeds meer gemeenten richten gratis parkeerterreinen in, andere tolereren dat u ergens een nacht staat. Een zeer uitvoerig overzicht is te vinden op www.campingcarportugal.com/areasServico (ook in het Engels).

Eten en drinken

De stevige en authentieke gerechten van de traditionele keuken staan bij veel Portugezen nog hoog in het vaandel. Elke regio heeft zijn eigen, vaak verrassend fantasierijke gerechten voortgebracht, waarbij het liefst een rode wijn wordt gedronken. Daarnaast verdienen de jonge koks veel culinaire lof voor hun creatieve doorontwikkeling van de recepten uit oma's tijd.

Ook al beheersten de Portugezen ooit de handel in specerijen, zelf zijn ze zeer terughoudend in het gebruik van kruiden en specerijen omdat ze de eigen smaak van de gerechten naar voren willen laten komen. Er zijn overigens enkele uitzonderingen waarvan men zich wel rijkelijk bedient, zoals koriander, knoflook en chilipeper, ofwel *piri-piri*, die eenpansgerechten op tomatenbasis en gegrilde kip een pikante smaak geeft. 'Eerlijke keuken' noemen de koks hun bereidingswijze die van overbodige liflafjes afziet.

Ronduit spectaculair is de authentieke smaak van de boven houtskool gegrilde vis aan de kust, met daarbij alleen gezouten aardappelen en wat groente of salade. Het binnenland biedt daarentegen stevige vleesgerechten. Stokvis *(bacalhau)* staat in het hele land op het menu.

Kleine restaurantgids

Op bijna elke hoek van de straat is er wel een eenvoudige eetgelegenheid en in elk dorp zijn er wel een paar te vinden. Iets bijzonders zijn de *pastelarias*. Deze grote cafés veranderen stipt om 12.30 uur in eenvoudige kantines, waar men aan de bar een groentesoep eet of voor hooguit € 5 een eenvoudig daggerecht kan krijgen. Voor die prijs biedt men degelijke kost, want de eigenaars leven bijna uitsluitend van hun vaste klanten. *Churrasqueiras* zijn grillrestaurants, *marisqueiras* hebben zich gespecialiseerd in vis en schelp- en schaaldieren, en in de *cervejarias* wordt bij een lapje vlees of garnalen volop bier gedronken.

Steeds meer waardering krijgen de nieuwe restaurants met een ambitieuze Portugese keuken. Jonge koks behalen verbluffende resultaten met traditionele ingrediënten. Zij krijgen bijzondere aandacht in de tips bij de plaatsbeschrijvingen (vanaf blz. 108), want de Portugese keuken moet niet worden gelijkgesteld aan alleen maar eenvoudige gerechten.

Als u een keer buiten de rand van het Portugese etensbord wilt kijken, kunt u in de grote steden tal van Afrikaanse, Indiase en Braziliaanse restaurants vinden die gerechten uit de voormalige koloniën serveren.

Veel restaurants hebben naast de gewone menukaart een toeristenmenu, dat meestal nauwelijks goedkoper is en slechts zelden culinaire specialiteiten biedt. In eenvoudige restaurantjes worden vers bereide daggerechten in een handgeschreven of getypte lijst opgesomd, overigens vaak alleen in het Portugees. Neem bij voorkeur even de moeite om de gerechten te vertalen, want op de voorgedrukte menukaarten in het Engels of een andere taal worden meestal alleen de standaardgerechten uit de diepvriezer genoemd.

Vaak worden er ook halve porties *(meia dose)* aangeboden, die toereikend zijn voor een normale trek. In Noord-Portugal gaat men in principe bij een hoofdgerecht uit van twee personen, maar u kunt altijd kiezen of u inderdaad allebei hetzelfde eet of dat u allebei *meia dose* bestelt. Bijgerechten, bediening en belasting zijn bij de prijs inbegrepen; daarbovenop kunt u nog een fooi geven. De etenstijden zijn ongeveer dezelfde als in de Benelux (maar dan wel natuurlijk met het algemene uurtijdverschil); veel restaurants zijn zondag gesloten.

Koffiehuizen

Een koffiehuis is voor veel Portugezen een tweede thuis en vormt het sociale centrum van hun leven. Het vaak gedronken kleine kopje koffie, *cafezinho*, in Algarve ook *bica* genoemd, bepaalt het levensritme. Vaak ontvlucht men even het kantoor of het eigen huis en vindt in het koffiehuis een tweede woonkamer, waar men vrienden en bekenden treft. Meteen na het ontstaan in de 18e eeuw werd het koffiehuis vooral bezocht door gegoede burgers, kunstenaars en intellectuelen. Het was gebruikelijk om aan tafel de in het postkantoor afgehaalde correspondentie bij te houden.

De koffie werd en wordt overwegend geïmporteerd uit Brazilië. Naast de kleine zwarte, de Portugese tegenhanger van de Italiaanse espresso, drinken de Portugezen graag een *galão* (ongeveer een koffie verkeerd) uit een hoog glas, een *café com leite* (met veel melk) of *meia de leite* (met half zoveel melk).

De Portugese keuken

Voorgerechten en soepen

Een Portugees begint de maaltijd met *petiscos*, kleine hapjes om de eetlust op te wekken. Deze worden in een restaurant zonder te vragen op tafel gezet en komen later op de rekening te staan. Ze kunnen variëren van brood met boter, olijven, kaas, vispastei tot rookworst en garnalen. Wat u niet hoeft, kunt u zonder enig probleem terug naar de keuken laten gaan. Bij een stevige eetlust volgt daarna een gebonden soep, meestal op groentebasis (*sopa de legumes*). Specialiteit is de *caldo verde*: een soep van gepureerde aardappelen met een beetje olijfolie en dunne reepjes groene Portugese kool. Voor het serveren wordt voor een intensere smaakbeleving een dun schijfje gerookte varkensworst (*chouriço*) op het bord gelegd. Andere nationale soepen zijn de *sopa de marisco* met schelp- en schaaldieren en de *canja*, een heldere kippenbouillon.

Verse vis

In veel strandrestaurantjes serveert men vis die rechtstreeks van de vissersboot op de grill gaat, in restaurants met meer pretenties wordt de vis in een jasje van zout of brood gebakken. Veel geserveerde vissoorten zijn zeebrasem, met onder meer *dourada*, *sargo*, *pargo* en *besugo*, zeebaars (*robalo*), grote zeebaars (*cherne*), zwaardvis (*peixe espada*), zeetong (*linguado*) en zeebarbeel (*salmonete*). De prijs wordt per gewicht berekend, met zo'n € 30-65 voor een kilo. De bijgerechten zijn bij de prijs inbegrepen. Per persoon kunt u op ongeveer 350 tot 400 g rekenen. In eenvoudige restaurants rekent men meestal een vaste prijs voor het vlees, dat vaak des te smakelijker is omdat het bij kleinschalig werkende boeren uit de omgeving wordt afgenomen. Voor het vlees kunt u op € 7-10 per portie rekenen.

Tamelijk goedkoop zijn de sardines, die echter alleen in de warme maanden vers te krijgen zijn, omdat ze dan genoeg vet hebben om op de grill niet volledig uit te drogen. Als ze 's winters in toeristische tenten worden aangeboden, komen ze uit de diepvries, maar dat staat er op de menukaart niet bij. Een goed alternatief zijn dan de iets grotere *carapaus* (stekelbaarjes), die het hele jaar door worden gevangen. Een tonijnsteak (*bife de atum*) wordt meestal in een uiensaus gestoofd of ook gegrild. De smaak van een visfilet (*filete*) haalt het ook bij de beste bereiding niet bij die van een hele vis. De inmiddels veel geserveerde zalm (*salmão*) komt uit Noorwegen.

Zeevruchten

Zeer populair is de inktvis, die per soort verschillend wordt bereid. Het zachte vlees van de pijlinktvis (*lula*) wordt gegrild of gestoofd en lijkt in smaak iets op krab. Vaak wordt het spits toelopende lijf gevuld (*lulas recheadas*) met een mix van rijst, ham en pijnboompitten. Niet ieders smaak zijn de in eigen inkt gestoofde zeekatten (*chocos com tinta*), die ook wel gefrituurd zonder inkt (*sem tinta*) worden geserveerd. De achtarmige octopus (*polvo*) komt als eenpansgerecht of als filet op tafel.

Er wordt een grote verscheidenheid aan schelp- en schaaldieren geserveerd. Er zijn alleen al 65 soorten garnalen (*camarões*) bekend. Met 100 g per persoon vormen ze een smakelijk voorgerecht. Een ander populair voorgerecht zijn *améijoas à bulhão pato*, tapijtschelpen die zijn gestoofd in een saus van

Ook al oogt het basisproduct misschien niet zo heel bijzonder, van stokvis (bacalhau) zijn heerlijke gerechten te bereiden. Daarvan is ook helemaal niet te zien dat er gedroogde vis in is verwerkt. Overigens is de vers gevangen vis zeker niet minder lekker. Zelfs de vis uit een voorverpakt blikje, nog een Portugese specialiteit, smaakt uitstekend.

NATIONAAL GERECHT BACALHAU

Het begon allemaal in de 14e en de 15e eeuw, toen de Portugese zeevaarders over de wereldzeeën voeren. Het probleem was dat ze onderweg genoeg te eten moesten hebben. In de koude wateren bij Newfoundland vingen ze grote hoeveelheden kabeljauw die ze konden conserveren door ze te drogen en te zouten. Daarna werd deze stokvis in heel Europa gegeten. Na de uitvinding van de koelkast nam de populariteit van de stokvis sterk af, maar in Portugal werd hij een nationaal gerecht. Gemiddeld eet de Portugees 6 kg per jaar, en voor elke dag zou er een ander recept bestaan.

---

olijfolie, knoflook en koriander. Opvallend vanwege hun eigenaardige uiterlijk zijn de eendenmosselen *(perceves)*. De eetbare rozerode steel wordt uit een rimpelig, donker vel getrokken. Hele generaties Portugezen vinden het een belevenis om met hamertjes en tangen een grote krab *(sapateira)* te lijf te gaan en het restaurant met gelach en gebrul te vullen. Een waar feestmaal vormen zeevruchtenschotels met langoest *(lagosta)* en zeekreeft *(lavagante)*, maar daar betaal je dan ook wel wat voor.

Bacalhau

In supermarkten en delicatessenzaken ligt de stokvis *(bacalhau)* grijs en vrij oninteressant in rechte vakken verdeeld in stapeltjes bij elkaar. Pas na een kundige bereiding wordt deze gedroogde kabeljauw een smakelijke specialiteit en een culinaire belevenis die iedere bezoeker van Portugal moet meemaken. Tegenwoordig wordt de vis meestal uit Noorwegen en IJsland geïmporteerd. In de Portugese winkels wordt de vis voor de klant in stukken van 15 x 15 cm gezaagd, zodat die gemakkelijk in de pan passen. Dan wordt hij afhankelijk van kwaliteit en dikte zo'n 12 tot 48 uur in het water gelegd, waarbij hij zout verliest en aan volume wint. Vervolgens wordt de stokvis gedurende 15 minuten verwarmd in water dat net onder het kookpunt is, zodat het vel en de graten gemakkelijk zijn te verwijderen. Dankzij deze langdurige voorbereiding behoudt de vis zijn structuur zonder taai te worden.

Pas nu volgt eindelijk de bereiding, die vele varianten kent. *Bolinhos* of *pasteis de bacalhau* zijn eenvoudige kroketten van aardappel, vis en ei, die worden gegeten bij rijst of als kleine tussenmaaltijd. *Bacalhau à brás* is de Portugese versie van een boerenontbijt, waarbij de stokvis in plaats van ham wordt gebakken met fijngesneden aardappelen, uien, olijven en eieren. Een in de oven gestoofde variant is *bacalhau à gomes de sá*. De *bacalhau com natas* zwemt in een ingedikte roomsaus, en kan naar keuze met garnalen en andere specialiteiten uit zee worden verfijnd. De *bacalhau com todos* is een gekookte variant met daarbij gezouten aardappelen, diverse groenten en een hardgekookt ei. Een gegrilde variant is de *bacalhau na brasa*. Zelfs in luxerestaurants serveert men *bacalhau*, maar dan doorgaans in combinatie met Franse ganzenleverpastei *(foie gras)*.

Eenpansgerechten

In arme tijden vormden eenvoudige eenpansgerechten de basis van het dagelijks eten. Inmiddels prijken ze in verfijnde vorm weer op de menukaarten. Hoog in aanzien staat de traditionele *cataplana*. Dat is de benaming voor een door een scharnier bijeengehouden dubbele pan van metaal, die samengeklapt als een grote stoofpan fungeert. Daarin worden aardappelen en groente gestoofd in combinatie met stukken vis met een stevige structuur (*cataplana de peixe*), schelp- en schaaldieren (*cataplana de marisco*) of kip (*cataplana de frango*). Voor vegetariërs is er een groente-cataplana (*cataplana de legumes*). Ook de door de Braziliaanse keuken beïnvloede bonengerechten *feijoadas* worden verrijkt met naar keuze vis, vlees of schelp- en schaaldieren. De *caldeirada* is een soort ragout van vis, of soms vlees, waarvoor elke regio een eigen recept heeft voortgebracht. Het eenpansgerecht met rijst *arroz de marisco* is vooral in trek in Algarve. Met name op zondag eten Portugezen graag een stoofschotel van rundvlees, *cozido à portuguesa*.

Regionale specialiteiten

De provincie Alentejo heeft geraffineerde culinaire combinaties voortgebracht. De *carne à porco alentejana* is een mix van in een pittige wijnsaus gemarineerde, magere stukken varkensvlees, mosselen en geroosterde aardappelen. Het is een ongewoon, maar zeer smakelijk hoofdgerecht. Deze verbluffende combinatie werd uitgevonden door de inquisitie om de onder dwang gedoopte nieuwe christenen, die voorheen joden en moslims waren, op de proef te stellen. In deze maaltijd is immers alles verenigd wat het joodse en het islamitische geloof verboden: alcohol voor de moslims, de onkoosjere combinatie van vlees met zeevruchten voor de joden, en voor beide groepen het varkensvlees. Van oorsprong joodse nieuwe christenen kwamen in reactie hierop met een eigen bewijs voor hun christelijke overtuiging en creëerden de *alheira*, een worst van brood, spek, kip, konijn, kalfsvlees en varkenskop. Bij de koosjere vervaardiging voor hun eigen gebruik lieten ze overigens het varkensvlees stiekem weg.

Alentejo was vanouds de graanschuur van Portugal. Daarom hebben veel gerechten hier brood als basisingrediënt. De *migas* is een vaste broodpap waarin rookworsten en knoflook verwerkt zijn. Daarbij serveert men dan stevige ribstukken van het varken. De stroperige *açorda* van restanten witbrood wordt door de ober aan tafel gemengd met een rauw ei en dikwijls garnalen *(açorda de gambas)*. Bij de soep van Alentejo gaat het om een heldere bouillon met veel koriander en een paar gebakken stukken brood, die met vis of groente wordt aangevuld.

Het lievelingsgerecht van de studenten van Coimbra in Midden-Portugal is *chanfana*, in wijn gemarineerd en gebakken geitenvlees, dat in de naburige dorpen kan worden vervangen door schapenvlees of lamsvlees.

In het noorden van Portugal zet men zeer stevige gerechten op tafel. De *tripas à moda do Porto* biedt een combinatie van pens, witte bonen, kalfspoot, spek, rookworst en kippenvlees. In Porto eet men bij voorkeur geen hamburgers, maar kleine 'Françaises' *(francesinhas)*. Daarbij worden rookworst, vlees en kaas ingeklemd tussen twee schijven witbrood en smeuïg gemaakt met een pikante tomatensaus. In de luxevariant komt er nog een ei bovenop.

Een volledig hoofdgerecht zijn de *rojões*, de Noord-Portugese versie van een goulash van varkensvlees in wijnsaus. In de variant *rojões à moda do Minho* wordt er bovendien varkensbloed doorheen geroerd. Niet geschikt voor wie een zwakke maag heeft. Dat geldt eveneens voor de *sarrabulho*, met stukken varkensvlees, rundvlees en kip die in het eigen bloed worden gebakken en worden geserveerd met rijst of maïspap. De fijnproever met een gevoelige maag kan het beter houden bij gebraden wild of lamsvlees, en de zoetwatervis negenoog *(lampreia)*, elft ofwel een soort haring *(sável)*, of forel *(truta)*.

Kaas

De bereiding van kaas uit de melk van schapen *(ovelha)*, geiten *(cabra)*, koeien *(vaca)* of een mengeling hiervan kent een lange traditie. Tegenwoordig staat het keurmerk DOP, dat voor elf beschermde regio's geldt, garant voor

Geïnspireerd op de Braziliaanse keuken: het stevige bonengerecht feijoada

een hoge kwaliteit. Toch zijn de prijzen per kilo voor zelfs kaassoorten van hoge kwaliteit niet bijzonder hoog, ergens tussen € 15 en 25.

In veel restaurants wordt kaas eveneens als voorgerecht geserveerd. Een speciale soort is de zachte, bijna op kwark lijkende, geitenkaas *queijo fresco*, waaraan honing of marmelade (jam) wordt toegevoegd – en dat gebeurt al eeuwenlang. De Portugezen staan namelijk bekend als de uitvinders van de marmelade. In de 16e eeuw hadden ze kweeperen (Portugees: *marmelo*) ingekookt met suiker en daarvoor de nieuwe term *marmelada* bedacht. Algauw werd het procédé overgenomen in het Frans, waarna het verder de wereld veroverde. Marmeladesoorten van andere vruchten heten in het Portugees overigens *doce*.

De pastéis de nata zijn in 1837 in de Lissabonse voorstad Belém uitgevonden

Zoete desserts

Het komt geregeld voor dat rappe obers de gasten weinig tijd bieden voor een pauze tussen de afzonderlijke gangen. Dat moet niet worden opgevat als een liefdeloze afhandeling, maar geldt als een bewijs van professionaliteit en opmerkzaamheid. Toch heeft deze haast ook nog een diepere oorzaak. Voor veel Portugese snoepers is het toetje het belangrijkste onderdeel van een sobere maaltijd. Men wil eigenlijk zo snel mogelijk daaraan toe zijn, om dan volop de tijd voor dit onderdeel te nemen. Tot het standaarddessert behoren de karamelpudding *pudim flan*, de melkrijst *arroz doce*, de gekaramelliseerde ei-met-melkpudding *leite creme*, de koude gebakken appel *maça assada* en de *mousse de chocolate*, die zoeter en smeuïger is dan de Franse tegenhanger.

Bijzonder zoet is de overheerlijke calorieënbom *toucinho do céu* (hemels spek), waarvoor suiker, amandelen, eigeel, kaneel en een beetje water door elkaar worden geroerd en in de oven gebakken. De *encharcada* van Alentejo bestaat maar liefst uit 22 dooiers, 4 porties eiwit, 750 g suiker en kaneel. Ondanks de militante naam is de *pudim molotov* een volkomen onschuldig nagerecht van stijfgeklopt en gesuikerd eiwit. Wie aan de calorieën denkt, kan kiezen voor de fruitsalade *salada de frutas* of de in port en rode wijn ingelegde 'dronken peren' *pêras bêbedas*.

Taarten en koekjes

In kookboeken verzamelt men trots duizenden heerlijke recepten voor taartjes waarin dooiers zijn verwerkt. Veel van die recepten werden bedacht in nonnenkloosters, waar de nonnen het eiwit gebruikten voor het stijven van de witte kragen van hun habijt. Na de opheffing van de religieuze orden in 1834 mochten ze geen nieuwe nonnen rekruteren, maar wel hun eigen leven in het klooster voortzetten en dus ook recepten blijven bedenken.

Populair in het hele land zijn de met roompudding gevulde bladerdeeggebakjes *pastéis de nata*, die nog beter smaken als ze met kaneel zijn bestrooid. Een variant uit Coimbra heet *pastéis de tentúgal*. Het bladerdeegtaartje *queijadas de Sintra* is gevuld met kwark, suiker en amandelen. Mierzoet is alles waarin het woord *chila* voorkomt. Daarbij gaat het om vezeldraden uit het binnenste van een pompoen, die in een suikeroplossing zijn ingekookt. Zoetigheden zijn ook geliefd in Alentejo en Algarve, waar men naast gebak van amandel en johannesbrood graag een *Dom Rodrigos* bij de koffie neemt. Daarvoor wordt eigeel door een dunne trechter in een warme suikeroplossing geleid. De gestolde draden worden tot nestjes gevormd, waarin een mengsel van eieren, amandelen, suiker, brandewijn en eierlikeur wordt gelegd.

In het noorden van Portugal geeft men vaak de voorkeur aan de met chocolade- of amandelcrème gevulde, luchtige zandgebakjes *pão-de-ló*. De *ovos moles* in Aveiro, een soort gestold mengsel van eigeel en suiker, worden in kleine hoeveelheden genoten. Let op de aanduiding '*fabrico próprio*' (eigen product), waarmee een koffiehuis de eigen bakkerij promoot.

Wijnen

Jaarlijks wordt in Portugal ongeveer 400 miljoen liter wijn geconsumeerd en ongeveer eenzelfde hoeveelheid geëxporteerd. Het kleine Portugal staat met een wijnbouwgebied van 250.000 ha wereldwijd op de zesde plaats; zo'n 3 % van het hele land staat in het teken van de wijnbouw. Dat geeft wel aan hoeveel de Portugezen van hun lievelingsdrank houden.

In Portugal voeren 29 wijnregio's het keurmerk VQPRD *(Vinhos de Qualidade Produzidos em Região Determinada)*. De kwaliteit van deze wijnen komt overeen met die van het Franse AOC. Hiervan mogen 25 de hoogwaardige aanduiding DOC *(Denominação de Origem Controlada)* voeren en de vier andere de aanduiding IPR *(Indicação de Proveniência Regulamentada)*. De vermelding *vinho regional* op het etiket belooft een landwijn van goede kwaliteit, terwijl *vinho de mesa* vaak duidt op een nauwelijks drinkbare tafelwijn. Er wordt maar in weinig restaurants wijn per glas aangeboden, maar zelfs in de betere restaurants kun je al een fles wijn krijgen voor € 10, in eenvoudige eethuisjes ligt de prijs op € 5-8.

De wijnen met de beste reputatie worden geproduceerd in Noord- en Midden-Portugal. Uit het Dourodal komen naast de wereldwijd gewaardeerde portwijnen (zie blz. 265) ook zware rode wijnen met een hoog tanninegehalte. De hier minder geproduceerde witte wijn heeft een fijn fruitaroma. Andere klassiekers zijn de wijnen uit de regio Dão ten oosten van Coimbra, die met hun lichte fruitigheid doen denken aan de beaujolais. De oudere wijnen zijn zacht en mild. De witte wijnen zijn pikant zurig en hebben een hoog alcoholpercentage.

De grootste en productiefste wijnregio ligt in Alentejo. Het droge en warme klimaat brengt op de leisteenhoudende bodem rode wijnen voort die lang houdbaar zijn en lichte, mousserende witte wijnen die vooral bij jongeren zeer geliefd zijn (zie blz. 344). Andere gerenommeerde wijnbouwgebieden zijn Estremadura en Ribatejo ten noorden van Lissabon en Terras do Sado ten zuiden ervan.

Vinho Verde

De reclameslogan voor de vinho verde is 'fris, fruitig en filigraan' (waarbij dat laatste zoiets als 'verfijnd' zal betekenen). De aanduiding *verde* (groen) verwijst niet naar de kleur van de wijn, die rood of naar lichtgeel neigend wit kan zijn, maar naar het groene landschap van de noordelijke regio Minho en tegelijk ook naar het sprankelende fruitige karakter van de wijn, waarvan het alcoholpercentage meestal niet hoger is dan 8-10 %. Karakteristiek zijn de wijnranken, die in pergola's tot wel 6 m boven de grond reiken. De sprankelende witte vinho verde is uitstekend geschikt om te drinken bij gegrilde vis, zeevruchten en wit vlees. Een lekkere variant van hoge kwaliteit is de alvarinho, die wordt gemaakt van de gelijknamige kleine druif en tot een alcoholpercentage komt van 11,5-13 %. De Portugezen in het noorden geven er echter de voorkeur aan bij hun stevige vleesgerechten een stugge, tanninehoudende rode vinho verde te drinken.

PORTUGEES BIER

In het wijnland Portugal komen ook bierdrinkers aan hun trekken, want het Portugese bier *(cerveja)* is zeker niet slecht. Sagres en Superbock zijn hier de grote merken. Die laatste naam zegt overigens niets over het soort bier, maar is gewoon de naam van de onderneming. Als u graag getapt bier drinkt, bestelt u een *imperial*. Algemeen gangbaar is ook alcoholvrij bier *(cerveja sem álcool)*.

Sport en activiteiten

Duiken

Bij duikers is het westen van Algarve populair, omdat de zee hier snel diep wordt. Tussen de grillige rotsformaties en grotten bij Sagres en Lagos en bij het langgerekte rif Pedra de Âncora bij Portimão leven kenmerkende vissen van de Middellandse Zee, zoals zeebaars, inktvis en zeeduivel, in de spleten tussen het gesteente schuilen kreeften en langoesten. Vooral bij scheepswrakken krioelt het onderwaterleven, zoals bij een stoomschip uit de Eerste Wereldoorlog. Het zicht onder water is meestal meer dan 10 m, de maximaal toegestane diepte om te duiken is 40 m. Talloze duikscholen bieden lessen (ook in het Engels) aan met verhuur van materiaal. De prijs voor een duiktrip is zo'n € 30 met en € 50 zonder eigen uitrusting. Een duikcursus kost vanaf € 100 per dag.

De kust van Alentejo en ten zuiden van Lissabon lokt met talloze dieren- en plantensoorten in het donkergroene water. Het mooist is de omgeving van Troja. Iets noordelijker is de veelzijdige onderwaterwereld rond de eilandengroep Berlinga bij Peniche aantrekkelijk. Een uitgebreide lijst van Portugese duikstations met hun websites vindt u op www.tauchbasen. net/tauchen-portugal-66.html, of zoek via www2.padi.com/scuba/duiken/duikvakanties/vakanties-op-een-duikresort/Portugal/default.aspx?LangType=1043.

Fietsen

Dankzij het zachte klimaat is Algarve ideaal voor sportfietsers om 's winters te trainen. De Ronde van Algarve in februari vormt het begin van het Europese fietsseizoen en wordt door veel profrenners gebruikt als eerste doel voor de voorjaarsklassiekers. Vanaf de kust gaat het in het bergland omhoog naar 900 m. De wegen zijn goed en in het achterland is weinig verkeer. De drukke kustwegen kunt u beter mijden.

Van eind mei tot september zijn de heuvels en bergen van Noord- en Midden-Portugal geschikt voor lange trainingen. Een sportieve uitdaging is de klim op de 1993 m hoge Torre in Midden-Portugal, met stijgingspercentages van ruim 10 %: vergelijkbaar met een Pyreneeënpas.

Neem beslist uw eigen racefiets mee, want erkende verhuurders van racefietsen van betere kwaliteit zijn er nog maar weinig. Fietsers zijn welkom in de hotels: ook als ze niet over een afgezonderde parkeerruimte voor fietsen beschikken, hebben ze altijd wel ergens een veilige plek die voldoet.

Fietsers met een iets minder hoge ambitie kunnen hun hart ophalen op diverse aangelegde fietsroutes, vooral langs de kust van Midden-Portugal. De gemeentelijke overheden van Cascais en Aveiro stellen gratis fietsen ter beschikking voor fietstochtjes langs de zee. In de omgeving van Nazaré, Marinha Grande, Mira, Espinho en Caminha zijn fietspaden langs het strand aangelegd. In Algarve wordt een aangename fietstocht echter sterk gehinderd door de grote verkeersdrukte op de kustwegen. Om dit probleem te ondervangen is een nieuwe fietsroute voor toerfietsers aangelegd, Ecovia Litoral do Algarve, die over een lengte van 241 km

---

ONDERWEG MET DE MOUNTAINBIKE

Voor liefhebbers van deze fietssport zijn in heel Portugal en in het bijzonder in het achterland van Algarve en in Alentejo allerlei routes van verschillende moeilijkheidsgraden aangelegd, die met een rode stip worden aangeduid. In veel vakantieplaatsen zijn mountainbikes te huur. Een zware opgave zijn de downhillkoersen in de Serra da Estrela en in de Serra de Monchique.

van west naar oost langs de kustlijn loopt. Zie http://reedijk.eu/index.php/79-cyclo/grote-fietsroutes/401-ecovia-litoral-do-algarve of ook www.algarve-gids.com/nl/fietsen.html. Er zijn tal van fietsverhuurbedrijven.

Golf

Met om en nabij zeventig pittoresk gelegen golfbanen, die vooral in Algarve en rond Lissabon te vinden zijn, is het Portugese vasteland een van de mondiale topbestemmingen voor golf. Internationaal het hoogste aanzien genieten Penina Golf bij Portimão, São Lourenço bij Faro en Penha Longa bij Cascais. Bij de meeste golfbanen wordt een handicap van 36 voor vrouwen en van 28 voor mannen verlangd. Veel golfbanen maken het ook gemakkelijk voor beginners en bieden goede oefenmogelijkheden en ervaren leraren. Een uitgebreid overzicht van alle golfbanen met tarieven is te vinden op www.portugalgolf.pt.

Jong geleerd, oud gedaan

De grote vraag naar speelmogelijkheden gedurende het golfseizoen van het late najaar tot het vroege voorjaar heeft er echter toe geleid dat de *green fees* voor een deel tot astronomische hoogten gestegen zijn – meer dan € 100 voor een ronde is geen uitzondering meer. Een golfuitrusting is overal te huur, en op alle banen zijn schoenen met spot-spikes gebruikelijk.

De begintijden op gerenommeerde golfbanen gedurende het golfseizoen kunt u het best al vanuit eigen land boeken, bij minder bekende golfbanen kunt u volstaan met een reservering op de dag ervoor. Vaak kunt u goedkoper terecht via een all-inaanbieding van hotels met een eigen golfbaan of via een complete golfvakantie, die door diverse reisbureaus worden aangeboden.

Paardrijden

Paardrijden is in het landelijke deel van Portugal een grote traditie. Paarden waren lange tijd een statussymbool van de adel en de grootgrondbezitters. De in Midden-Portugal inheemse Lusitano-paarden behoren tot de oudste paardenrassen van Europa. Tegenwoordig zijn de rijlessen en georganiseerde ruitertochten van de talrijke maneges een vast onderdeel van de mogelijke vrijetijdsbestedingen.

Vooral in Noord-Portugal kunnen gasten van accommodaties op het platteland vaak de beschikking over een paard of pony krijgen om tochtjes te maken (zie ook bij de plaatsbeschrijvingen vanaf blz. 108). Complete paardrij-/ruitervakanties in Portugal worden door diverse reisorganisatoren aangeboden.

Skiën

Nauwelijks voor te stellen maar waar: wintersport is een attractie op de hoogste berg van het Portugese vasteland, de bijna 2000 m hoge Torre in de Serra da Estrela. Het seizoen begint half november en loopt door tot in april (zie blz. 232).

Surfen en kitesurfen

Het Portugees Verkeersbureau maakt terecht reclame met een 850 km lang surfstrand langs de tomeloze Atlantische Oceaan, met veel wind en een sterke golfslag. Vooral ervaren surfers kunnen hier optimaal genieten. Aan de

Surfen kan in de oude stijl, maar is ook bij coole jongeren populair

Praia de Guincho bij Cascais en rond Ericeira en Peniche in Midden-Portugal vinden surfers een waar droomparadijs. Op deze locaties worden geregeld internationale wedstrijden gehouden. Bij Nazaré vestigden de profs Garrett McNamara en Carlos Burle in 2013 een wereldrecord door over de tot dusver hoogste golven van bijna 30 m te surfen.

Bodyboarders komen bij het Noord-Portugese Espinho en aan de kust van Algarve aan hun trekken. Aan de oostkant van Algarve komen de golven heel wat bedaarder aan het strand. Deze streek heeft daarom de voorkeur voor beginners. Op de website van de Portugese surfvereniging (www.surfingportugal.com, ook in het Engels) staan de adressen van de ruim tachtig scholen en clubs, op www.portugalsurfguide.pt (een particuliere site) staan beschrijvingen met foto's van alle locaties.

Steeds populairder wordt ook in Portugal het kitesurfen, waarbij de surfer over het water wordt voortgetrokken door een brede vlieger die hij met twee lijnen bestuurt. De beste locaties, met windsnelheden van doorgaans minimaal 20-25 knopen, zijn te vinden in Noord-Portugal en aan de westkust ten zuiden van Lissabon tot aan de westpunt van Algarve. Voor lessen kunt u terecht bij onder andere Escolas de Kitesurf Katavento (www.katavento.pt, ook in het Engels).

Wandelen

De veelzijdige en prachtige natuur van Portugal nodigt uit om uitgebreid te wandelen. In de afgelopen jaren zijn interessante routes van verschillende moeilijkheidsgraad en lengte uitgestippeld en van markeringen voorzien; vaak lopen ze voor een deel over traditionele weidepaden. De wandeltochten in het nationaal park Peneda-Gerês in het noorden lijken bijna tochten door het hooggebergte. In het zuiden van Alentejo loopt u tussen schaduw biedende kurkeiken en olijfbomen door een eindeloos heuvellandschap, zo ook op de langeafstandswandelroute Rota Vicentina (http://en.rotavicentina.com). Ruiger zijn de heuvelketens in het noorden van Alentejo. Algarve biedt daarentegen een mediterraan parklandschap. Over de Via Algarviana kunt u het achterland doorkruisen (www.viaalgarviana.org).

Geel-rood is de markering van een lokale route, *pequena rota* (PR), wit-rood is de markering van een lange route, *grande rota* (GR). Er zijn geen gedetailleerde wandelkaarten van Portugal, maar de toeristenbureaus verschaffen wel gratis beschrijvingen met een meestal globale overzichtskaart. Als hulpmiddel kunt u ook kiezen voor legerkaarten *(carta militar de Portugal)* van 1:25.000. Deze kosten zo'n € 7 en zijn verkrijgbaar via het Instituto Geográfico Português (www.igeoe.pt). Neem altijd genoeg drinkwater en zonnebrandcrème mee en ga op pad met goede wandelschoenen. In de winter en het voorjaar kunnen kleine beekjes na stevige regenval de wandelpaden overspoelen.

De Portugezen zelf wandelen niet veel en voor het onderhoud van de paden zijn weinig middelen beschikbaar. Daarom verkeren sommige paden niet in bijzonder goede staat. Verder zijn de markeringen soms wel heel erg creatief (verwarrend) geplaatst. Maar laat u door zulke kleine ergernissen niet weerhouden van de prachtige wandelingen. Zie dergelijke zaken meer als onderdeel van het avontuur dat u hier kunt beleven.

Zeilen en sportvissen

Jachthavens zijn te vinden langs de hele kust van Portugal, met als belangrijkste die van Vilamoura, Lagos en Cascais. De meeste booteigenaren hier komen uit het buitenland. Zeilcruises, andere cruises en pleziervaartuigen kunt u ter plekke in de haven boeken. Hier liggen ook de schepen met een vergunning voor vissen op zee. Hierbij vist men onder meer op tonijn, haai, baars of rog. Ook in het hoogseizoen is boeken op korte termijn mogelijk. Zeilscholen zijn te vinden via de Portugese zeilvereniging Federação de Vela Portuguesa, Doca de Belém, 1300-038 Lisboa, www.fpvela.pt, en via www.ancruzeiros.pt (zie onder Links bij Clubes/Escolas/Associações).

Feesten en evenementen

Santos Populares

Elk plaatsje, hoe klein ook, viert het feest van een volksheilige. Koplopers met deze feesten zijn de Noord-Portugezen (zie blz. 296). Bijzonder geliefd zijn de feesten ter ere van Sint-Antonius in de nacht van 12 op 13 juni, van Johannes de Doper in de nacht van 23 op 24 juni, en van Petrus op 29 juni. Dan sieren kleurige lampions en papieren bloemen de door middernachtsvuren verlichte straten en straatjes, waar de inwoners in dichte drommen bij elkaar komen om in een uitbundige stemming feest te vieren. Voor de huizen liggen sardines en karbonades op de grill te sissen, in veel plaatsen draait er een kolossale os aan het spit. Daarbij wordt er stevig op los gedronken, host men mee met de muziek en worden er grappen uitgehaald.

In veel plaatsen verdrijft men de boze geesten uit het hoofd van de buurman door hem ervan langs te geven met plastic hamers. Kwalijk riekende kruiden moeten een vergelijkbaar resultaat opleveren. Het rondzwaaien met preistengels dient ter versterking van de potentie, terwijl vrouwen en kinderen in kleine pannetjes basilicum verkopen dat onheil op afstand houdt. Ook hier doet zich een vermenging van oud bijgeloof en het katholicisme voor. Op de daaropvolgende dag wordt er meestal een kerkelijke processie gehouden, want als het een niet baat, dan helpt misschien het ander: als het met plastic hamers of kruiden niet lukt, dan is er altijd nog de heilige.

Paasfeesten en Mariaprocessies

Anders dan in veel andere Zuid-Europese landen zijn Goede Vrijdag en Pasen vooral dagen van stilte, en niet zozeer van bonte processies. Duister zijn de optochten van *Semana Santa* in Braga, als mannen met zwarte capuchons en boetehemden de kruisiging herdenken. Talrijker en kleuriger zijn de bedevaarten *(romarias)* ter aanbidding van de Heilige Maria of ter herinnering aan haar verschijningen en andere wonderen. In talloze kustplaatsen worden *procissões marítimas* gehouden. Tijdens zo'n botenprocessie wordt een Mariabeeld naar de zee gedragen en gezegend. De vissers waren altijd diepgelovig, want ze moesten bij het natuurgeweld van de zee wel op bescherming van hogere machten vertrouwen.

Na de processies zijn er uitvoeringen van muziek- en theatergroepen. Deze begeleidende feesten zijn vaak van een verrassend hoog cultureel en artistiek niveau. Veel feesten gaan dagenlang door, soms wel wekenlang. De inwoneers dragen hun traditionele klederdracht en verheugen zich in een opgewekt samenzijn in een grote kring. Ook veel arbeidsmigranten komen dan vanuit het buitenland over naar hun oude woonplaats.

Feiras en festivals

De traditie van de feestelijke boerenmarkten *(feiras)* gaat helemaal terug tot de middeleeuwen. Het veelzijdige aanbod bestaat uit kunstnijverheidsproducten, textiel, kleding, agrarische producten en etenswaar. Een fraai spektakel zijn de uitvoerige verkoopsonderhandelingen over paarden, ossen en runderen. De markten zijn voor de boeren meteen ook een goede mogelijkheid om onderling informatie uit te wisselen en tot prijsafspraken te komen. Daarbij is er geen gebrek aan eten en drinken, en na een goede deal volgt de verbroedering op het feest, dat tot diep in de nacht kan doorgaan.

Meestal houden de markten verband met de cyclus van het oogsten en verwerken van landbouwproducten. In februari staan de *feiras* in het teken van rookwaar, in augustus van uien, in september noten, in oktober noten, en in november kastanjes.

Het feestprogramma ter begeleiding van de *feiras* heeft zich in de loop der tijd op veel plaatsen ontwikkeld tot een zelfstandig gastronomisch evenement. Aan de kust komen honderdduizenden bezoekers naar de zeevruchtenfestivals, in het binnenland naar de worstfeesten. Ook de kasteelfeesten, waarbij ridderspelen in historische kastelen de entourage vormen voor stevige middeleeuwse gerechten die met de handen worden gegeten, genieten een grote populariteit.

Lintenverbranding door studenten

In een feestelijke roes vieren in veel universiteitssteden de studenten de *queima das fitas*, de verbranding van de linten. In Coimbra en Porto komt het gewone leven dan helemaal stil te liggen. Het is eigenlijk een beetje vreemd dat dit feest al in mei wordt gehouden. Het zou logischer zijn om pas helemaal na gedane arbeid feest te vieren, maar de studenten geven zich al kort vóór de afsluitende tentamens in juni aan dit bonte spektakel over. Zes dagen lang is het feest met rockconcerten, fadogezang en gezamenlijke maaltijden. Op de zevende dag bereikt het feest eindelijk zijn hoogtepunt.

Mannelijke studenten dragen bij hun zwarte toga kleurige wandelsokken en een hoge hoed, vrouwelijke studenten een mantelpak en hoge hakken. Ze proeven alvast van het 'burgerlijke leven' na het universiteitsjaar. Tientallen versierde wagens vormen een carnavaleske optocht, die urenlang door de steden trekt – kleurig, vrolijk en luidruchtig. 's Avonds worden vuren ontstoken en worden linten in de traditionele kleur van de betreffende faculteit in brand gestoken. Daarbij stroomt het bier rijkelijk. Met grove grappen hopen de drankzuchtige studenten 'dat zelfs de zedigste jongedame uit het nonnenhuis in een helse drinkster verandert'.

In de pers wordt de geconsumeerde drank opgewonden vergeleken met de records van voorgaande jaren. De studenten moeten echter al snel weer nuchter zijn voor de tentamens.

Bij het stadsfeest São João in Porto spelen kleurige plastic hamers een niet te onderschatten rol

Muziek- en dansfestivals

Voor een ander publiek zijn er festivals met klassieke muziek en ballet in een historische entourage. Het zwaartepunt van deze festivals ligt in Lissabon en omgeving en in de historische steden van Midden-Portugal. De kastelen van Sintra vormen een geweldige achtergrond voor zomerse dansuitvoeringen, in de paleizen brengen orkesten klassieke muziek ten gehore. Eveneens in de zomer zijn de opera-uitvoeringen in het kasteel van het middeleeuwse Óbidos. De orgels van de kloosterkerk van Mafra zijn onlangs gerestaureerd; hun fantastische klank vult het godshuis nu weer tijdens het internationale festival van klassieke muziek in oktober.

Rock in Rio, dat om het jaar in Lissabon wordt gehouden, is onderdeel van het grootste rockfestival ter wereld. Artiesten die geregeld optreden zijn onder meer Rolling Stones en Miley Cyrus. Legendarisch is het Festival Sudoeste in een tentenstad in Alentejo. En Boom trekt meer dan dertigduizend bezoekers naar het verder rustige plaatsje Idanha-a-Nova in Midden-Portugal. Voor jazzliefhebbers zijn er 's zomers Jazz Out in de openlucht en het Loulé Jazzfestival in een historische sfeer.

Praktische informatie van A tot Z

Adressen

In Portugal staat geen familienaam vermeld op de voordeur of de brievenbus. De nummering verloopt per verdieping en ligging van de woning: bijvoorbeeld 1° esq. *(esquerdo* = links) voor 1e verdieping links, of 2° dto. *(direito* = rechts) voor 2e verdieping rechts. De postcode heeft vier cijfers voor de regio, aangevuld met drie cijfers voor de wijk.

Alarmnummers

Algemeen noodnummer: tel. 112
(politie, ambulance en brandweer)
Hulp bij vergiftiging: tel. 808 25 01 43
Naast Portugees spreekt men doorgaans ook Engels, eventueel Frans of Spaans.
Blokkering bankpas/creditcard: zie blz. 98

Diplomatieke vertegenwoordigingen

... in Nederland
Ambassade van Portugal
Zeestraat 74
2518 AD Den Haag
tel. 070 363 02 17
www.haia.embaixadaportugal.mne.pt

... in België
Ambassade van Portugal
Kortenberglaan 12
1040 Brussel
tel. 02 286 43 60
www.reper-portugal.be

... in Portugal
Ambassade van Nederland
Avenida Infante Santo 43-5
1399-011 Lisboa
tel. (00351) 213 91 49 00
lis@minbuza.nl
Honorair consulaten: Funchal en de Azoren.

Ambassade van België
Rua Castilho 75-4 dto
1250-068 Lisboa
tel. (00351) 213 17 05 10
http://portugal.diplomatie.belgium.be
Ereconsulaten: Faro, Porto, Funchal en Ponta Delgada (Azoren).

Do's and Don'ts

Portugezen zijn over het algemeen vriendelijke, maar iets terughoudende mensen, bij wie zelden een luid woord over de lippen komt. Ze zijn

INFORMATIE OP INTERNET

Er zijn vijf grote regionale toeristenbureaus die elk hun eigen uitgebreide websites hebben: Porto en Noord-Portugal met Dourodal (www.portoenorte.pt), Midden-Portugal (www.turismodocentro.pt), Lissabon, Taag en Estremadura (www.visitlisboa.com), Alentejo (www.visitalentejo.pt) en Algarve (www.visitalgarve.pt). Daarnaast onderhouden tal van plaatselijke toeristenbureaus een eigen website, die bij de betreffende plaatsbeschrijving (vanaf blz. 108) wordt vermeld.
De websites van de stedelijke en gemeentelijke overheden in Portugal hebben voor de benaming een vaste formule: www.cm-plaatsnaam.pt (bijvoorbeeld: www.cm-faro.pt). Bij kleine plaatsen zijn deze alleen in het Portugees, bij grote steden is er meestal ook een versie in het Engels, plus toeristische tips.

vaak graag behulpzaam bij kleine problemen of vragen, en kunnen ook zomaar aanbieden om bij een ingewikkelde route een stukje vooruit te rijden of om in het geval van een voetganger even mee te lopen. Daarvoor verwacht men alleen een vriendelijk bedankje, en zeker geen geld, dat trots zal worden afgewezen. U maakt vrienden als u een paar lovende woorden over Portugal spreekt.

De sleutel tot een omgang met Portugal die de zenuwen spaart, is *paciência* (geduld), want men heeft hier vaak nog een 'voormoderne' beleving van de tijd. *Paciência* hebt u nodig als u op een bus of tram wacht – in een keurige rij overigens. Of bij de kassa van een supermarkt, als iemand vóór u eerst alles in plastic tassen opbergt en pas daarna een bankpas tevoorschijn haalt die ook nog eens pas bij de derde poging functioneert. Of in een kleine kruidenierswinkel, waar de verkoper en een klant in een persoonlijk gesprek verwikkeld zijn waaraan maar geen einde lijkt te komen en waarbij ze geen oog lijken te hebben voor de andere klanten, die staan te wachten.

Portugezen vatten het als zeer onbeleefd op als iemand een vraag meteen met 'nee' beantwoordt. Ze geven de voorkeur aan een antwoord in de trant van: *É muito complicado* – dat is erg ingewikkeld... waarmee ze bedoelen dat het onmogelijk is. Als vakantieganger kunt u dit beter gewoon accepteren en niet proberen er met een hele discussie tegenin te gaan. Want wie in Portugal zijn stem verheft of agressief wordt, heeft al verloren. Dan worden Portugezen ronduit stijfkoppig.

Klachten

Restaurants en hotels hebben net als alle openbare instellingen een klachtenboek *(livro de reclamações)*, dat op verzoek beschikbaar moet worden gesteld en waarin iemand een klacht ook in het Engels kan noteren. Een kopie hiervan gaat naar de toezichthoudende overheidsinstantie, zodat alleen al de vraag om het klachtenboek ertoe kan leiden dat het probleem wordt opgelost. Toch is het beter hiermee wat terughoudend te zijn en alleen in echt ernstige gevallen naar dit boek te vragen.

Elektriciteit

De netspanning is in Portugal 220 volt. De stekkers die in de Benelux gebruikelijk zijn, kunnen zonder adapter voor de stopcontacten in Portugal worden gebruikt.

Feestdagen

1 januari: Nieuwjaar *(Ano Novo)*
Carnaval *(Carnaval)*
Goede Vrijdag *(Sexta-Feira Santa)*
Pasen *(Páscoa)*
25 april: *Dia da Liberdade*, nationale feestdag vanwege de Anjerrevolutie van 1974
1 mei: Dag van de Arbeid *(Dia do Trabalhador)*
Sacramentsdag: *(Corpo de Cristo)* wordt op veel plaatsen gevierd, maar niet in Lissabon
10 juni: *Dia de Portugal*, nationale feestdag vanwege de sterfdag van de nationale dichter Luís de Camões in 1580
15 augustus: Maria-Hemelvaart *(Dia da Assunção)*
5 oktober: *Dia da República*, nationale feestdag vanwege de revolutie van 1910
1 november: Allerheiligen *(Dia de Todos os Santos)*
1 december: *Dia da Restauração*, nationale feestdag vanwege de beëindiging van de Spaanse heerschappij in 1640
8 december: Maria-Ontvangenis *(Imaculada Conceição)*
25 december: Kerstmis *(Dia de Natal)*

Daarnaast zijn er regionale en stedelijke feesten ter ere van de beschermheilige, vaak voor **Sint-Antonius** op 12-13 juni (ondere andere in Lissabon) en **Johannes de Doper** in de nacht van 23-24 juni (ondere andere in Porto).

Fooien

Een fooi voor dienstverlening ter hoogte van 5-10 % van het bedrag is in Portugal gebruikelijk. In restaurants laat men bij vertrek de fooi op tafel achter.

Fotograferen

In principe is het verboden om in winkelcentra en supermarkten te fotograferen of te filmen. De plaatselijke bewakingsdienst zal u daar ook snel en vriendelijk op wijzen. Dit verbod geldt ook voor markthallen, maar daar ziet men het eerder door de vingers. In de meeste musea en historische gebouwen is fotograferen wel toegestaan, maar dan alleen zonder flitslicht. Het is een kwestie van beleefdheid om mensen eerst toestemming te vragen voordat u hen fotografeert.

Veel fotozaken in de binnensteden of in grote winkelcentra bieden de mogelijkheid aan om de inhoud van een volle geheugenkaart op een cd te branden of er op korte termijn afdrukken van te maken.

Gehandicapt op reis

Het proces waarbij op grote schaal voorzieningen worden aangelegd die geschikt zijn voor mensen met een beperking, verloopt in Portugal maar heel geleidelijk. De luchthavens zijn inmiddels uitgerust met toegangen en toiletten voor rolstoelgebruikers en hebben een speciaal team dat paraat staat voor de begeleiding van mensen met een lichamelijke beperking. Van de hotels beschikken alleen de recent gebouwde over kamers voor gehandicapten. Steeds meer musea en overheidsinstellingen worden uitgerust met aangepaste toegangen, en de toegangen tot de stranden worden barrièrevrij gemaakt. In de steden worden rolstoelgebruikers echter vaak gehinderd door auto's die op ongeoorloofde plaatsen zijn geparkeerd, en is het plaatselijk openbaar vervoer niet voor hen toegankelijk.

Een reisbureau dat gespecialiseerd is in transfers, rondreizen en excursies voor gehandicapten is **Accessible Portugal**: tel. 917 62 67 26, www.accessibleportugal.com. Voor algemene vragen kunt u zich in het Engels wenden tot de **Portugese Gehandicaptenbond**: Associação Portuguesa de Deficientes, Rua Bentor do Zé Morais, 3, 9700-772 Ponta Delgada, tel. 296 62 86 65, www.pcd.pt.

Geld

De munteenheid van Portugal is de euro; eurocenten worden in het Portugees meestal *cêntimos* genoemd. Er is een dicht netwerk van geldautomaten. Ze zijn ook te vinden in supermarkten, winkelcentra, stations en tankstations, en te herkennen aan het blauwe opschrift *Multibanco MB*. De bediening kan in het Engels worden verricht.

Internationale creditcards (zoals Visa en Mastercard) zijn algemeen gangbaar. Geld wisselen is mogelijk bij alle banken en enkele wisselkantoren.

Gezondheid

Als EU-burger hebt u bij een ongeval of een plotselinge ziekte hetzelfde recht op algemene medische zorg als de Portugezen. Hiervoor hebt u de **Europese ziektekostenverzekeringskaart (EHIC)** nodig, die u van uw verzekering krijgt.

Medische zorg

Bij een niet al te ingrijpend geval dient u de kaart van de ziektekostenverzekering en uw paspoort/identiteitskaart te laten zien, en betaalt u een kleine eigen bijdrage voor de medische zorg in een gezondheidscentrum *(centro de saúde)*. Hetzelfde geldt voor een spoedopname *(urgência)* in de openbare ziekenhuizen, waar u terechtkunt in het geval van bijvoorbeeld ernstige ziekte, verwonding of vergiftiging; hier krijgt u een behandeling van een specialist.

In de openbare instellingen dient u echter wel rekening te houden met wachttijden. Die kunt u bij particuliere artsen en klinieken meestal omzeilen, maar de behandeling daar moet u in principe ter plekke betalen. Hetzelfde geldt voor de behandeling door een tandarts die niet binnen het openbare stelsel van gezondheidszorg valt. Voor dergelijke gevallen is het afsluiten van een reisverzekering met ziektekostendekking dringend aan te raden. De meeste artsen spreken naast het

De Portugese buurtwinkel houdt nog stand tegenover de grote supermarktketens

Portugees meestal ook Engels of Frans, zeker in de badplaatsen van Algarve en de grote steden.

Apotheken

De vele met een groen of groengerand kruis gekenmerkte apotheken *(farmácias)* zijn op werkdagen van 9-19 uur geopend (voor een deel zijn ze gesloten voor een middagpauze, in de grote steden blijven ze soms langer open), en op zaterdag alleen in de ochtend. Apotheken van dienst *(farmácias de serviço)* zijn de hele nacht en in het weekend beschikbaar; bij deze apotheken is het groene kruis dan verlicht. Welke apotheken dienst hebben, staat met vermelding van adres aangegeven in de dagbladen en bij de ingang van alle *farmácias*.

De apothekers in Portugal hebben een goede opleiding gehad. Zij kunnen u deskundig advies geven bij kleine gezondheidsproblemen. Daarvoor kunt u medicijnen krijgen die ook elders in Europa gebruikelijk zijn, zij het vaak onder een andere naam. Het gebruik van homeopathische middelen en geneeskrachtige kruiden is in Portugal overigens minder gangbaar; deze horen in uw reisapotheek.

Informatiebureaus

... in Nederland/België

Er wordt geen fysiek verkeersbureau meer in stand gehouden dat toegankelijk is voor het publiek. Voor informatie kunt u terecht op www.visitportugal.com (in het Nederlands).

... in Portugal

Zelfs kleine gemeenten onderhouden een toeristenbureau. Overigens zijn er aanmerkelijke verschillen in de kwaliteit van de informatie en het beschikbare achtergrondmateriaal. Het advies in de grote steden is over het algemeen goed. Met uitzondering van Lissabon wordt nergens kamerbemiddeling aangeboden.

De openingstijden van de kleine toeristenbureaus wisselen geregeld of worden door het personeel niet al te strikt aangehouden. Daardoor kunt u niet blind vertrouwen op de vermeldingen bij de plaatsbeschrijvingen in deze gids.

Er is een toeristentelefoon die tegen lokaal tarief informatie in het Engels of Frans biedt voor vakantiegangers: tel. 808 78 12 12.

Internet

Verspreid over het hele land zijn WLAN-hotspots beschikbaar. Daarom zijn er nog maar weinig internetcafés. In hotels en veel pensions hebt u ook gratis toegang tot internet. Daarnaast bieden veel stedelijke overheden en het Instituto Português do Desporto e Juventude (Instituut van Sport en Jeugd) gratis toegang tot internet, overwegend in gemeentehuis, bibliotheek, jeugdherberg en een apart ingerichte 'Espaço Internet'. Voor de toegang geldt een tijdslimiet van 30 minuten. Ook vakantiegangers mogen hiervan gebruik maken; na registratie krijgt u een gratis gebruikerspasje.

Kaarten

Een degelijke en vrij gedetailleerde wegenkaart voor het hele land is ADAC Länderkarte Portugal (1:300.000). Verder zijn er goede afzonderlijke kaarten voor het noorden, midden en zuiden, zoals die van Michelin (1:300.000). Op de genoemde kaarten staan ook bezienswaardigheden en mooie trajecten en plaatsen aangegeven.

Bij veel toeristenbureaus zijn gratis stadsplattegronden verkrijgbaar met daarop ook toeristische informatie. Bij een verblijf in Lissabon kan de scheur- en watervaste stadsplattegrond Lissabon van Marco Polo (1:15.000) handig zijn.

Kinderen

Portugezen houden van kinderen en verwelkomen hen graag. In vrijwel alle hotels is een babybedje of een extra bed beschikbaar – voor een deel tegen een meerprijs – en kleine kinderen mogen gratis bij hun ouders in bed slapen. Restaurants stellen eigen kinderstoelen beschikbaar of voor kleine kinderen geschikte stoelen die aan de tafel worden bevestigd. Kindermenu's zijn echter een uitzondering, maar de bijna overal aangeboden halve porties zijn een goed alternatief voor de kleine eter.

Portugese kinderen hebben een belangrijke plaats in het leven van alledag van volwassenen. Ze gaan ook 's avonds met hen mee en mogen in de zomermaanden tot laat in de avond ronddarren. De speelplaatsen voldoen met hun elastische kunststofbodem aan de EU-normen. Kinderen krijgen in het openbaar slechts bij hoge uitzondering een standje van hun ouders, die dan ook heel ontspannen met hun kinderen omgaan.

Voor een vakantie met kleine kinderen biedt Algarve de beste infrastructuur. Denk daarbij aan appartementen met eigen kookgelegenheid, en zandstranden die zachtglooiend naar een rustige zee aflopen. Ook zijn er genoeg alternatieven voor het strand, zoals een recreatiepark of een waterpretpark met glijbanen, of speciale duiklessen voor kinderen. In de zomerse vakantiemaanden worden in historische plaatsen middeleeuwse feesten georganiseerd met bonte kostuums, grote eetgelagen of riddertoernooien die kinderen ook prachtig

---

BANKPAS OF CREDITCARD BLOKKEREN

Bij **verlies of diefstal** kunt u 24 uur per dag onderstaande nummers in Nederland bellen. Geef de vermissing van uw pas ook op bij de politie.

Bankpassen
ABN AMRO: 0031 102 41 17 20
ING: 0031 202 28 88 00
Rabobank: 0031 887 22 67 67
Overige banken: 0031 883 85 53 72

Creditcards
American Express: 0031 250 48 00 00
MasterCard: 0031 20 660 06 11
VISA: 0800 022 3110

Houd bij het bellen het nummer van uw pas en rekening bij de hand!

vinden. Soms kunnen ze er zelfs schildknaap en jonkvrouw spelen.

In Lissabon is een ritje met de historische tram iets bijzonders voor het hele gezin, of een bezoek aan de dierentuin en het grootste aquarium van Europa. Interessant in Midden-Portugal zijn de 175 miljoen jaar oude sporen van dinosauriërs in de Serra de Aire.

Kleding en uitrusting

Behalve in het casino gelden nergens speciale kledingvoorschriften, maar veel, vooral oudere Portugezen hechten wel aan correcte kleding. In restaurants draagt de man een lange broek. Verder is passende kleding gewenst in kerken en kloosters.

Bij een verblijf in Noord-Portugal is het voor het hele jaar aan te raden een regenjack mee te nemen, voor Algarve kunt u dat 's zomers rustig thuislaten. Overal in Portugal is zonnebrandcrème met een hoge beschermingsfactor aan te raden. In het voor- en najaar kunt u het best kleding voor wisselende temperaturen meenemen. Een warm vest is altijd handig, ook 's zomers als de airconditioning op koud staat.

Klimaat en reisperiode

De verschillende delen van het land liggen in sterk uiteenlopende klimaatzones, waardoor Portugal het hele jaar door aantrekkelijk is, afhankelijk van de gewenste vakantieactiviteit. In het noorden en het midden kent het klimaat Atlantische en continentale invloeden. De streken nabij de kust hebben door de zee milde temperaturen en geregeld neerslag, terwijl het binnenland hete zomers en koude winters heeft, met soms zelfs vorst en sneeuw. In het zuiden heerst een droog mediterraan klimaat, waarbij de kuststreken door de zee ook weer gelijkmatigere temperaturen hebben en in het binnenland de temperatuur 's zomers geregeld boven de 40°C stijgt.

Culturele reizen en stadsvakanties zijn het mooist in de lente en de herfst. Met enig geluk kunt u trouwens ook 's winters nog van de middagzon genieten op een terras in Lissabon, Coimbra of Évora. Fotografen zijn in deze periode enthousiast over het zachte strijklicht. In Porto en omgeving is dit jaargetijde overwegend koel en regenachtig.

In het midden van de zomer is een plekje aan zee het aangenaamst, met gemiddeld 19°C in het noorden en ongeveer 22°C in Algarve. De Atlantische Oceaan is ook koeler dan de Middellandse Zee, en het eigenlijke zwemseizoen loopt hier dan ook van juni tot in september of oktober. Maar ook in deze periode zijn de stranden niet zo drukbevolkt als in andere zuidelijke landen. Een strandwandeling of zonnebaden is vooral in Algarve aangenaam in elke maand, en menig enthousiasteling neemt 's winters al bij een watertemperatuur van 15°C een duik. Een kustwandeling in het noorden van Portugal is in dit jaargetijde prachtig vanwege de woeste zee.

De eerste bloesems en de groenblijvende bomen stemmen natuurliefhebbers al opgewekt in de winter, wanneer het noordelijker in Europa allemaal nog somber en kaal is. De geschiktste perioden voor wandelaars zijn het voor- en najaar, in het regenachtige bergland van het nationaal park Peneda-Gerês kunt u ook midden in de zomer uitstekend wandelen.

Leestips

António Lobo Antunes: *Het handboek van de inquisiteurs*, Anthos. Achttien betrokkenen, familieleden en personeel, op een afgelegen landgoed geven hun oordeel over een ziekelijke patriarch, die tot de machthebbers behoorde vóór de Anjerrevolutie. Hun voor zichzelf sprekende bekendmakingen met begeleidend commentaar geven een veelzijdig beeld van wat er op politiek en spiritueel gebied speelde in de Portugese maatschappij.

Luís Vaz de Camões: *De Lusiaden*, Atlas Contact. De nationale dichter van Portugal plaatst in zijn in 1572 verschenen episch dichtwerk de Portugese ontdekkingsreizen in het kader van de Portugese geschiedenis.

José Maria Eça de Queiróz: *De Maia's*, Arbeiderspers. Deze roman uit 1888 geeft aan de hand van een adellijke familie een satirisch-kritisch beeld van het laatfeodale, decadente Portugal. Samen met *Het vergrijp van Pater Amaro* (over de geestelijkheid) en *Neef Bazilio* (over de burgerij) vormt het een schitterend drieluik van de Portugese samenleving van eind 19e eeuw.

Lidia Jorge: *De dag der wonderen*, Atlas Contact. In deze roman beschrijft zij het leven van alledag van een boerenfamilie in Algarve. Het verhaal speelt zich af tijdens de dictatuur, maar de eerste voortekenen van grote veranderingen dienen zich aan. In *De kust van het gemurmel*, Arena, geeft ze een beeld van Mozambique in de tijd van de koloniale oorlog.

Pascal Mercier: *Nachttrein naar Lissabon*, Wereldbibliotheek. Een Zwitserse leraar filosofeert over het leven van de intellectuelen tijdens de Salazar-dictatuur en het menselijk leven in het algemeen. De in 2004 verschenen roman geeft bij het zoeken naar vrijheid een vriendelijk beeld van de Portugese maatschappij.

Fernando Pessoa: *Boek der rusteloosheid*, Privé-domein. Het is het fictieve dagboek van de hulpboekhouder Bernardo Soares die in het begin van de 20e eeuw in Lissabon leeft. Het boek is een mengeling van aantekeningen, overpeinzingen en beschouwingen. Op kantoor leidt hij een kalm bestaan, maar in zijn privéleven wordt hij rusteloos zodra hij begin te schrijven of wanneer hij door de straten van Lissabon dwaalt – op zoek naar de zin van het menselijk bestaan.

Van zijn *gedichten* zijn diverse uitgaven in het Nederlands te verkrijgen.

José Saramago: *Memoriaal van het klooster*, Meulenhoff. Met dit boek werd hij in 1982 internationaal de bekendste schrijver van Portugal. Aan de hand van de bouw van het gigantische klooster van Mafra zet hij de grootheidswaan van het koningshuis en de kerk af tegen de arme bevolking die lijdt onder uitbuiting en de vervolging van de inquisitie.

Andere bekende werken zijn: *Het jaar van de dood van Ricardo Reis*, een eerbetoon aan Fernando Pessoa, *Het stenen vlot*, een fantasieverhaal waarin het Iberisch Schiereiland losscheurt van Europa en de oceaan opdrijft (verfilmd door George Sluizer), *Het beleg van Lissabon*, met een alternatieve geschiedenis over de 12e eeuw.

Miguel Sousa Tavares: *Evenaar*, Ambo. Deze Portugese journalist beschrijft de strijd tussen Engeland en Portugal om de macht in de cacaohandel tegen de achtergrond van verhulde slavenarbeid op de plantages van São Tomé.

Meer leestips vindt u bij de bespreking van de Portugese literatuur op blz. 68.

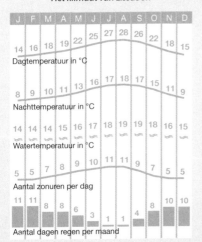

Het klimaat van Lissabon

Links en apps

Links

www.visitportugal.com: de overzichtelijk vormgegeven, omvangrijke website van het Portugees Verkeersbureau wekt de reislust op. U vindt er veel achtergrondinformatie over het land, en verder tips voor de reis erheen, met thematische routes en reismogelijkheden, actuele informatie over evenementen en links naar de websites van de regionale toeristenbureaus. Ook zijn er lijsten opgenomen met nuttige informatie over meer dan zesduizend hotels, pensions en restaurants. Bovendien wordt er een persoonlijke reisplanner op internet aangeboden. Ook kunt u alvast in de stemming komen door korte videos te bekijken of podcasts te downloaden.

portugal.startpagina.nl: veel links voor praktische informatie over diverse mogelijkheden voor een vakantie in Portugal.

ww.portugal.nu: veel wetenswaardigheden die nuttig zijn bij de voorbereiding op een vakantie in Portugal.

www.wikiwand.com/pt/Lista_de_mu seus_de_Portugal: op deze website (ook in het Engels) staat een opsomming van musea in de verschillende regio's en districten van Portugal, met links naar de beschrijvingen en nadere gegevens.

http://whc.unesco.org/en/statesparties/ pt: uitvoerige beschrijvingen, ook in het Engels, van de vijftien cultuur- en natuurmonumenten van Portugal die op de UNESCO-Werelderfgoedlijst staan. Daarnaast vindt u ook beschrijvingen van 21 cultuur- en natuurmonumenten die mogelijk worden genomineerd.

www.portugal.gov.pt: de Portugese overheid geeft informatie over het politieke stelsel en het actuele regeringsbeleid, en noemt verder allerlei interessante websites die overigens vaak alleen in het Portugees zijn gesteld.

www.haia.embaixadaportugal.mne.pt: de website van de Portugese ambassade in Den Haag geeft praktische informatie, ook in het Engels, over de contacten tussen de landen, met veel links voor verdere informatie.

www.turismodeportugal.pt: het Portugese ministerie van Economie biedt informatie, ook in het Engels, over de perspectieven van het toerisme in Portugal. Daarnaast geeft het contactgegevens van verkeersbureaus in het buitenland.

www.weeronline.nl, **www.weerplaza.nl:** actueel weerbericht voor Portugal als geheel en de grote steden in het bijzonder.

Apps

Met een app kunt u onderweg gemakkelijk iets opzoeken. De genoemde apps zijn zowel voor Android als iPhone beschikbaar.

Een verwijzing naar een regenarm klimaat? In Midden-Portugal waren onlangs talloze paraplu's onderdeel van een kunstproject

Visit Portugal Reisgids: gratis app van het Portugees Verkeersbureau om toeristische informatie te zoeken (ook in het Nederlands).

Meo Drive: gratis navigatieapp van het Portugese mobieletelefoniebedrijf Meo met kaarten van Portugal die offline zijn te gebruiken. Ook veel bezienswaardigheden en winkels.

Weerbericht voor Portugal: gratis app met actuele weerberichten voor Portugal, onder toezicht van MeteoNews.

Portugal: als u hierop zoekt, krijgt u een lijst van apps met betrekking tot Portugal, met daarbij diverse vertaalprogramma's en taalcursussen. Ze zijn van wisselende kwaliteit, maar kunnen handig zijn voor een eerste stap.

Yelp of Iens: gratis app om restaurants te zoeken en een tafel te reserveren.

Media

Radio/televisie

Een televisie behoort in Portugal tot het vaste meubilair, maar op de Portugese kabel zijn de programma's vrijwel allemaal in het Portugees. Voor internationale programma's bent u aangewezen op een satellietontvanger. Die kunt u bijna alleen in Algarve verwachten.

Dagbladen

Internationale kranten zijn bijna het hele jaar door verkrijgbaar bij de grote kiosken in vakantieplaatsen en grote steden. De belangrijkste Portugese kranten zijn *Público*, *Diário de Notícias* en *Jornal de Notícias*, waarin ook actuele informatie over evenementen, cultuur en films is te vinden.

De gewone post stopt u in de rode brievenbus, alleen de extra kostende snelpost *(correio azul)* gaat in de blauwe brievenbus. Normaal gesproken doet de post naar de Benelux er twee tot drie dagen over, de snelpost een of twee dagen. Geef het land van bestemming in het Portugees aan: *Países-Baixos* voor Nederland, en *Bélgica* voor België.

Openingstijden

Markthallen: ma.-za. 8-13/14 uur, soms ook 's middags en op zondag.
Traditionele winkels: ma.-vr. 9/10-13, 15-19 uur, vaak ook zonder onderbreking geopend, za. meestal alleen 's ochtends.
Supermarkten: ma.-za. 8.30/9-20/21 uur, vele ook zo.; grote supermarkten aan de rand van de stad of in een winkelcentrum dag. 9-22/24 uur.
Winkelcentra: dag. 10-22/24 uur.
Musea: de meeste grote musea zijn op maandag en op de belangrijkste feestdagen, zoals Nieuwjaar of Kerstmis, gesloten. Kleinere particuliere of gemeentelijke musea zijn vaak alleen op werkdagen geopend.
Banken: ma.-vr. 8.30-15 uur.
Post: ma.-vr. 9-18 uur, in kleine plaatsen ook kortere openingstijden; de hoofdpostkantoren van grote steden in principe tot 19 uur en ook za.-ochtend.

Post

De Portugese postkantoren *(correios)* zijn te herkennen aan een rood schild met een witte ruiter. Bij de ingang van het postkantoor staat een rode automaat waar u een nummer trekt; voor de koop van postzegels kiest u hier *atendimento geral*. De wachtenden zien als ze aan de beurt zijn hun nummer oplichten boven een loket *(balcão)*. Postzegels *(selos)* zijn ook direct bij de rode automaten te koop. Voor het versturen van ansichtkaarten en brieven naar landen in Europa is een postzegel van € 0,70 nodig, met snelpost kost dat € 1,90.

Prijsniveau

Portugal is geen goedkoop vakantieland, maar het leven is er goedkoper dan in Nederland of België. De prijzen voor een kamer variëren van € 25 in een zeer eenvoudig pension tot € 150-500 in een vijfsterrenhotel. De accommodatie in de middenklasse tot de hogere klasse kost in het binnenland € 50-100, in de grote steden en aan de kust € 70-200. Vlak bij een strand schiet de prijs in het zomerseizoen omhoog.

Voor een hoofdgerecht in een eenvoudig eethuisje betaalt u ongeveer € 5-10, in een middenklasserestaurant € 8-20, en in een luxerestaurant € 30-50. De dranken zijn in Portugal goedkoop: een espresso kost doorgaans € 0,70, water en bier kosten € 1,30, en voor een fles wijn betaalt u € 5-15.

Fruit, groente en zuivelproducten zijn in Portugal tamelijk duur; voor de andere levensmiddelen ligt de prijs op een gemiddeld Europees niveau. Liefhebbers van chocolade kunnen maar beter een eigen voorraad meenemen. In de grote supermarkten en de budgetwinkels koopt u goedkopere, maar zeker niet altijd betere waar dan op de markten en in de nog veel voorkomende buurtwinkels.

Kortingen

De toegang tot alle nationale en enkele particuliere musea en bezienswaardigheden is op zondag tot 14 uur gratis, al wordt er nagedacht over een inperking daarvan.

Voor wie jonger dan dertig jaar is, biedt de **Cartão jovem** vele voordelen bij toegangsprijzen, concerten, in treinen en veel winkels. Deze is voor € 10 te koop in onder andere jeugdherbergen en postkantoren; een pasfoto is noodzakelijk (http://microsites.juventude.gov.pt/Portal/CartaoJovem). Wie ouder is dan 65 kan bij het tonen van een identiteitsbewijs korting krijgen op veel toegangsprijzen.

Bij veel grote supermarkten is benzine voor een lagere prijs te koop (zie blz. 77).

Roken

In gesloten openbare ruimtes, ook in hotels, restaurants en bars, is het verboden te roken. Er geldt alleen een uitzondering voor een speciaal afgezonderd rookgedeelte.

Telefoneren

De telefoonnummers bestaan zowel voor het vaste als het mobiele netwerk uit een abonneenummer van negen cijfers en hebben geen kengetal. Mobiele nummers beginnen met een 9, vaste nummers met een 2. De openbare telefooncellen werken met muntgeld of een telefoonkaart *(cartão telefónico)*, die bij veel krantenkiosken te koop is vanaf € 5. De Portugese tarieven zijn iets hoger dan in uw eigen land.

Voor een internationaal gesprek toetst u eerst het betreffende landnummer, dan het kengetal zonder de eerste 0, en dan het abonneenummer. **Landnummers:** Nederland 00 31, België 00 32, Portugal 00 351.

Mobiele telefoon

In Portugal zijn drie grote providers actief voor mobiele telefonie: de Portugese bedrijven Meo en NOS, en Vodafone. Zij hebben roamingverdragen met de meeste internationale providers. Als u dan met uw mobiele telefoon een Portugees nummer belt, kunt u het landnummer (00 351) weglaten. Sinds de zomer van 2017 worden in de EU geen extra roamingkosten in rekening gebracht. U kunt dus in Portugal bellen, sms'en en data gebruiken tegen het tarief dat u in eigen land betaalt. Let op: voor bellen vanuit uw eigen land naar Portugal is niets

Zoals in de goede oude tijd met een krant in het café

*Naar een avond met zang?
Met fado een belevenis!*

veranderd – daarvoor gelden nog steeds de internationale tarieven. Voor intensief gebruik in Portugal kunt u eventueel een SIM-kaart van een Portugese provider kopen. Die zijn al op de luchthavens verkrijgbaar.

Tijd

In Portugal geldt de Greenwich Mean Time, met zomertijd. Het hele jaar is het hier (net als in Groot-Brittannië) een uur vroeger dan in Nederland en België.

Toiletten

Over het algemeen is het goed gesteld met de hygiëne in de toiletten *(casa de banho)* in Portugese hotels en restaurants. De toiletten bij busstations, tankstations en wegrestaurants zijn vrij eenvoudig en gratis in gebruik, de toiletten bij spoorwegstations en parken zijn vaak moderne cabines waarvan het gebruik € 0,50 kost. De volautomatische deur van de meestal groene of bruine cabine gaat echter alleen open met gepast muntgeld! In markthallen zijn vaak openbare toiletten die eenvoudiger zijn, maar doorgaans keurig schoon worden gehouden door een toiletvrouw. Zij verwacht daarvoor een kleine fooi.

Op het platteland werpt u in de toiletten van dorpsrestaurants het gebruikte toiletpapier in een emmer naast de wc, omdat de smalle afvoerpijpen anders verstopt raken. Op de deuren staat een M *(mulheres)* voor dames en een H *(homens)* voor heren.

Uitgaan

Vooral de zwoele zomernachten kunnen in de Portugese steden lang duren. In de uitgaanswijken wemelt het van bars en uitgaansclubs; het populairst zijn de discotheken. Als u het liever iets rustiger houdt, kunt u een drankje nemen op een caféterras. Vanaf een terras hoog bij de uitkijkpunten van Lissabon hebt u een romantisch uitzicht over de verlichte binnenstad, vanaf een strandterras kijkt u uit over de weidse Atlantische Oceaan met daarboven de sterrenhemel.

Het authentieke Portugal vindt u bij een bezoek later op de avond aan een fadorestaurant. Casino's van wereldniveau lokken bezoekers met de kans om de vakantiekas te spekken. Een poging daartoe kan natuurlijk ook een averechts effect hebben. De plattelandsbevolking vermaakt zich iets minder goklustig, maar niet minder vrolijk op dorpsfeesten, die tot diep in de nacht doorgaan.

De bioscopen zijn voor toeristen interessant omdat de films meestal in de oorspronkelijke taal worden vertoond. De theaters brengen helaas minder interessante uitvoeringen op het podium, terwijl bij de enige opera in het land, die al in 1793 in Lissabon de deuren opende, zo sterk op de programmering is bezuinigd dat hij op veel dagen gesloten blijft.

Casino's

Voor opwindende avonden aan de stranden van de Atlantische Oceaan wenste de Europese high society al in het begin van de 20e eeuw casino's van internationaal niveau. Naast de diverse gokspelen worden in de traditionele casino's van Póvoa de Varzim, Espinho,

Figueira da Foz, Estoril, Praia da Rocha, Vilamoura en Monte Gordo ook variétévoorstellingen en muzikale, literaire en kunstzinnige evenementen georganiseerd. De nieuwe casino's van Lissabon en Chaves zijn modern en multifunctioneel ingericht. Het gaat hier 's nachts door tot 3 of 4 uur.

Discotheken en uitgaansclubs

Jonge Portugezen maken het graag laat, vooral in het weekend in de disco. Het uitgaansleven van Lissabon en Porto geniet wereldfaam. 'Local heroes and international superstars,' zo luidt de stemmingmakende slogan in Porto bij Indústria. Voor de internationale sfeer bij Lux in Lissabon staan alleen al de namen van mede-eigenaars Catherine Deneuve en John Malkovich garant. De grootste discotheek van Portugal is Kadoc in Algarve, waar het leven vooral in de zomer opbloeit. Maar ook menig 'provinciestadje' heeft iets interessants te bieden. Zo zijn er in Barcelos tal van disco's te vinden nabij de grootste houseclub van Portugal.

Gedanst wordt er meestal tussen 0 en 6 uur, waarbij het pas echt losgaat vanaf 3 of 4 uur. Laat u niet afschrikken door de melding van een minimale consumptie van € 100. Zo'n bedrag geldt alleen bij grote evenementen. Bij een 'normale' discoavond is het allemaal redelijk betaalbaar.

De jazz kent in Portugal een lange en levendige traditie. Bijna elke studentenstad heeft een jazzclub, terwijl er uitstekende jazzfestivals worden gehouden in Lissabon, Estoril, Coimbra, Porto, Braga en Guimarães.

Fadorestaurants

In de duistere kroegen van Lissabon werd de fado voor het eerst gezongen, daarna vond de fado een weg naar revuetheaters en chique restaurants. Ook nu nog kunt u kiezen voor een eenvoudige pint bier met zangers uit de buurt of voor een verheven fadohuis *(casa do fado)* waar de liederen op professionele wijze worden vertolkt. Meestal begint het programma om ongeveer 21 uur en gaat dan vaak door tot tegen middernacht. De grote centra van de fado zijn Lissabon en Coimbra.

Veiligheid

Portugal geldt als een redelijk veilig land, maar het is natuurlijk geen criminaliteitvrije zone. Wees met name bedacht op zakkenrollers in het openbaar vervoer van de grote steden. Vaak werken ze in teams. Met een beetje dringen en aanstoten, of zelfs ook vriendelijk behulpzaam zijn bij het instappen, leidt de een de aandacht af, terwijl de ander zijn slag slaat. Laat in een café of restaurant met veel toeristen uw handtas of rugzak niet op tafel liggen, maar sla de riem liever om een stoelpoot. Waardevolle zaken en reisdocumenten kunt u het best bewaren in de hotelkluis, en bewaar uw geld in een plat buideltje onder uw kleding. Loop in elk geval niet rond met uw portemonnee in een rugzak op uw rug.

Mocht u desondanks te maken krijgen met diefstal of andere schade, meldt dit dan meteen bij de Polícia de Segurança Pública (PSP). Een bewijs van aangifte *(declaração)* is voorwaarde voor een eventuele heruitgifte van de reisdocumenten en voor een schadevergoeding door de verzekering.

In de grote steden zijn speciale politiebureaus opgezet voor toeristen die in de buurt van de toeristenbureaus te vinden zijn. De hier aanwezige agenten spreken diverse talen en helpen ook met het adres van het bureau voor gevonden voorwerpen, waar vaak de gestolen geldbuidel opduikt zonder het contante geld maar wel met de documenten er nog in.

Vrouwen

Portugal noemt zich graag het land van de gemakkelijke omgangsvormen *(brandos costumes)*, waarin zich in het bijzonder de mannen duidelijk onderscheiden van die van andere zuidelijke landen. Weliswaar valt ook bij Portugese mannen als gevolg van hun overwegend katholiek-patriarchale opvoeding een zekere machohouding niet te ontkennen, maar die is nadrukkelijker aanwezig binnen de familie dan in de publieke ruimte.

Anders dan in Spanje of Italië kan een alleenreizende vrouw tijdens een vakantie in Portugal over het algemeen over straat lopen zonder last te hebben van opdringerig gedrag, en wordt ze in restaurants ook net zo attent bediend als de overige gasten. Portugese vrouwen gaan ook vaak alleen in een restaurant eten. Toch kan het voorkomen dat alleenreizende vrouwen in afgelegen streken nieuwsgierig worden bekeken, maar dat hoeft verder geen onaangename gevolgen te hebben.

Water

Afgezien van enkele afgelegen dorpen zijn de Portugese huishoudens in het hele land aangesloten op de openbare drinkwatervoorziening en het rioolstelsel. Leidingwater kunt u dus gewoon drinken, maar in hotels is er vaak chloor aan toegevoegd. In oude hotels heeft de waterkwaliteit vaak te lijden van loodhoudende waterleidingsbuizen. Toch roepen Portugese milieuorganisaties op om gewoon leidingwater te gebruiken. Bij het tandenpoetsen en het wassen van fruit kan dat zeker zonder enig probleem. Als u echt zeker wilt zijn, kunt u de flessen bronwater van 1,5 l gebruiken, die in kiosken en levensmiddelenzaken te koop zijn.

Winkelen

Levensmiddelen

Het heeft iets bijzonders om in een markthal of op een boerenmarkt de verse producten rechtstreeks van de producent te kopen. In Portugal kunt u dit genoegen zelfs in kleine dorpjes hebben. Fruit, groente, vis en vlees worden met aanprijzende of verlokkende marktkreten te koop aangeboden naast de regionale specialiteiten: amandel- of vijgenpasta in Algarve, schapenkaas en chouriço-worst in Alentejo, bloedworst in het noorden.

In Portugal zijn nog steeds veel buurtwinkels, al hebben ze te lijden onder een moordende concurrentie van de grote handelsketens. In de supermarktketens Pingo Doce en Minipreço zijn naast levensmiddelen ook artikelen voor dagelijks gebruik te koop, en daarnaast zijn er budgetwinkels die goedkope standaardproducten aanbieden. Het veelzijdigste aanbod is te vinden in de winkelcentra *(centros comerciais)*, waar de grote winkels van Continente of Jumbo (niet de Nederlandse) ook delicatessen verkopen (voor openingstijden zie blz. 102).

Souvenirs

Overal in het land geven de kunstnijverheidsproducten blijk van de vingervaardigheid van de makers. Her en der vindt u prachtig kantwerk, maar er zijn ook wollen dekens en lappendekens die nog op oeroude weefstoelen zijn vervaardigd. Zwart aardewerk is typerend voor Noord-Portugal, roodbruin voor het zuiden. Daar worden ook al eeuwenlang manden uit palmbladen en riet gevlochten en poppen genaaid van textielresten. Een fraai souvenir zijn antieke of moderne azulejo's, die evenals het aardewerk voor huishoudelijk gebruik in verschillende patronen en kleuren met de hand worden beschilderd. Een klein olijvenschaaltje kan bij het eten thuis al voor mooie vakantieherinneringen zorgen. En voor een fles zeer goede port of hoogwaardige olijfolie is misschien ook nog wel een plaatsje in de koffer in te ruimen.

Muziek

Een blijvende muzikale herinnering aan Portugal is mogelijk met een cd. De verzameling van achttien onsterfelijke liederen van de grande dame van de fado *The Art of Amália Rodrigues* is voorzien van een Engelse vertaling. Dulce Pontes verrijkt op haar cd *Lágrimas* de fado met een tintje wereldmuziek. Dat deze melancholieke zang nog steeds actueel is, bewijst de jonge zangeres Mariza op haar live-dvd *Concerto em Lisboa*, waarbij ze wordt begeleid door de Braziliaan Jacques Morelenbaum en het orkest Sinfonietta de Lisboa.

De digitale vakantiebeelden kunt u thuis opluisteren met opnamen van de fadogitarist Carlos Paredes, die hij op de cd *Guitarra* bijeen heeft gebracht. Als u van experimentele muziek houdt, luister dan ook een keer naar de cd *Cor* van de jazzmusici Maria João en Mário

VERANTWOORD REIZEN

Het milieu beschermen, de lokale economie stimuleren, intensieve contacten mogelijk maken, van elkaar leren – wie verantwoord reist, voelt zich verantwoordelijk voor het milieu en de maatschappij. De volgende websites geven tips hoe u op verantwoorde wijze kunt reizen.
www.fairtourism.nl: de naam zegt al, Fair Tourism streeft naar eerlijker toerisme, waarbij de natuur wordt ontzien en de lokale bevolking acief betrokken is. Ook met links voor Portugal.
www.mvonederland.nl/mvo-netwerk-toerisme: dit is de website van een landelijk netwerk voor de duurzame ontwikkeling van uitgaand toerisme. In het netwerk hebben zitting: bedrijfsleven, maatschappelijke organisaties, onderwijs en overheid. Met een hele lijst van deelnemers om op door te klikken.
En verder: www.duurzaam-toerisme.com.
Ook vakantiegangers in Portugal kunnen een bijdrage leveren aan het behoud van het milieu, bijvoorbeeld door verantwoord gebruik van de airconditioning en zuinig gebruik van water. Maak in supermarkten gebruik van een herbruikbare kunststoftas (ca. € 1), die de voorkeur verdient boven een plastic tas van € 0,10. In alle grote steden zijn natuurwinkels te vinden, maar biologische producten zijn ook steeds meer te koop in de grote supermarkten. Op markten en in buurtwinkels verkoopt men producten uit de regio zelf. Voor plastic en glas staan afvalcontainers op straat, batterijen kunt u kwijt in elektronicazaken en supermarkten.

Laginha. Voor Portugese rockmuziek kunt u al sinds 1978 terecht bij de groep Xutos e Pontapés ('slaan en schoppen'), die begon met punk, maar nu nog steeds als de beste rockband van Portugal geldt. Voor de belangrijkste hiphop van Portugal moet u bij Dealema zijn.

Zwemmen

Portugal is een land van prachtige stranden. Deze worden niet alleen omringd door een fantastisch landschap, ze worden in het zomerseizoen ook regelmatig gereinigd, terwijl het zeewater ook nog eens van uitstekende kwaliteit is. Bij ongeveer 314 stranden, ongeveer 60 %, wappert een blauwe EU-vlag, de bekende cirkel van sterren op een blauwe ondergrond, die aangeeft dat het water bijzonder schoon is.

De relatief koele watertemperatuur (het is oceaanwater) zorgt voor een relatief kort zwemseizoen, dat in Algarve en ten zuiden van Lissabon van juni tot begin oktober loopt, en in Midden- en Noord-Portugal van juli tot half september. Alleen aan de drukke stranden vindt u bars, restaurants en sanitaire inrichtingen, en worden er parasols en windschermen verhuurd.

Van half juni tot half september is er toezicht op de belangrijkste stranden. Vanwege de sterke, vaak boven water niet te bespeuren stromingen kunt u het best alleen bij een strand met toezicht gaan zwemmen. Let op de kleur van de vlag die als signaal wordt gebruikt. Bij een groene vlag is er geen gevaar en is zwemmen toegestaan. Bij een gele vlag is zwemmen toegestaan, maar dient u wel voorzichtig te zijn omdat er zich sterke golven of stromingen kunnen voordoen. Ga voor de zekerheid niet te ver van het strand. Bij een rode vlag is zwemmen verboden: er zijn daarom ook geen reddingszwemmers meer aanwezig.

Nudisme is alleen toegestaan op bepaalde daarvoor aangewezen stranden in Algarve en rond Lissabon. Topless zonnen gebeurt niet al te veel, maar wordt vaak getolereerd.

Onderweg in Portugal

'Dat is een landschap naar je smaak; een landschap van
licht en steen, en het water om die te spiegelen!'
Charles Baudelaire: Petits poèmes en prose

Veel te mooi voor een snel kiekje: Porto gezien vanaf Vila Nova de Gaia

Hoofdstuk 1

Lissabon

De hoofdstad van Portugal is doordrenkt van het warme licht van de Zuid-Europese hemel. Als bijna geen andere Europese metropool raakt Lissabon bij haar bezoekers een romantische snaar. Kleurrijk betegelde huizen omlijsten smalle straatjes en riante avenues komen samen op grote pleinen. Met een majesteitelijke luister schitteren prachtige kerken en witmarmeren paleizen, bekostigd met de onmetelijke opbrengsten uit de roemrijke zeereizen die ooit de poort naar de moderne tijd openden.

De hoofdstad van Portugal, die 535.000 inwoners telt, spreidt zich uit over zeven heuvels. De historische trams rijden licht schommelend de heuvels op en af, ook over de helling van de in de wijde omtrek zichtbare burchtheuvel. In de richting van de rivier strekken zich de Moors aandoende woonwijken van de eenvoudige beroepsbevolking uit. Het labyrint van straatjes is vervuld van het geroezemoes van het Zuid-Europese leven.

In deze authentieke sfeer is de oude dame Lissabon druk in de weer met een behoedzame facelift. Moderne architecten van naam brengen contrasten aan tussen het historische stadsbeeld en kloeke nieuwe bouwwerken. Zo ontwierpen ze aan de oever van de Taag het Parque das Nações als een nieuw stadsdeel van de 21e eeuw.

Lissabon is een lichte en levendige metropool. Toch hangt over deze stad van het licht de muzikale sluier van een melancholieke zang, de fado, waarin de ziel van de inwoners van Lissabon zich openbaart. En die is met alle moderne daadkracht en dynamiek nog steeds wat treurig gestemd.

Allerlei hoekjes en trappetjes, en kleurige tegels
aan de muren – overal in Lissabon te vinden

In een oogopslag: Lissabon

Hoogtepunt

⭐ **Lissabon:** de bonte verscheidenheid van nostalgie en moderniteit vormt juist de bijzondere charme van de culturele hoofdstad van Portugal. De stad presenteert zich met een paradijselijke schoonheid vanuit talloze perspectieven, en de zuidelijke sfeer wordt hier gecombineerd met een vrolijk uitgaansleven. Daarbij komen dan nog de belangrijkste musea van het land en imposante godshuizen.

Fraaie routes

Wandeling door Mouraria: zwerf op uw gemak rond door de middeleeuwse straatjes van Mouraria, de Moors getinte wijk, langs kleine pleintjes en kroegjes. Veel muren van de huizen zijn versierd met zwart-witfoto's van de bewoners of van fadomuzikanten, te midden van een veelkleurige straatkunst (zie blz. 125).

Stadsrondrit met de tram: lijn 28 van de historische *elétrico* maakt vaart vanaf de Largo Martim Moniz in het centrum en rijdt dan schommelend door de smalle straatjes van Lissabon in het uiterste westen. Voor een kennismakingsrit is lijn 12 geschikt, die op een kort traject rond de burchtheuvel rijdt (zie blz. 126).

Tips

Elevador Santa Justa: de lift gaat al sinds 1902 omhoog naar een uitkijkplatform, en vandaar verder naar de bovenstad (zie blz. 117).

Vini Portugal: de smaak staat centraal in de proeflokalen van het Portugese wijninstituut. De proeverijen in een ontspannen sfeer zijn niet duur (zie blz. 117).

Johannes de Doper-kapel in de Igreja São Roque: meer dan honderd Italiaanse specialisten vervaardigden mozaïekafbeeldingen van kleurige edelstenen en zuilen van marmer en lapis lazuli in deze aan de buitenkant onopvallende jezuïetenkerk (zie blz. 124).

's Avonds treffen uitgaande jongeren elkaar in de Bairro Alto

Een nacht aan de Taag – tocht door het uitgaansgebied: levendig en afwisselend is het uitgaansleven in de oude pakhuizen aan de rivier en in de populaire wijk Bairro Alto, waar menige bar al aan het eind van de middag opengaat (zie blz. 122).

Metrorit door een ondergrondse kunstgalerie: tal van metrostations zijn vormgegeven door Portugese en internationale kunstenaars. Artistiek vuurwerk bieden de stations Parque en Oriente (zie blz. 148).

✪ Het historisch centrum van Lissabon
▶ A/B 10/11

Rossio en Praça do Comércio, rechthoekig aangelegde straten in Baixa, elegante stadspaleizen en winkels in Chiado, het uitgaansleven in de alternatieve Bairro Alto – sterker kunnen de buurten in een historisch centrum nauwelijks van elkaar verschillen, maar juist van zulke contrasten leeft de hoofdstad Lissabon.

De wijk Baixa werd na de aardbeving van 1755 volledig nieuw aangelegd in de rechtlijnige en strakke stijl van het verlichte absolutisme. Geen enkele kerk, geen enkel adellijk paleis doorbreekt de uniforme lijn van de huizen van vier tot vijf verdiepingen tussen de grote pleinen Rossio en Praça do Comércio. Een geheel andere aankleding geeft de wijk Chiado te zien, die is voortgekomen uit de elegante dromen van de 19e eeuw. Hier vindt u theaters, trendy modeboetieks en chique luxerestaurants. En na een paar stappen in Bairro Alto merkt u al dat u in een andere wereld bent beland. Deze bovenstad is in zichzelf al een tegenstelling, met grote luxe in de armenwijk. De jongerendisco staat naast een ouderwetse winkel met huishoudelijke artikelen, de populaire modeboetiek tegenover een traditionele kleermaker. Deze sociale verscheidenheid brengt ook spanningen met zich mee, maar laat ook het vermogen zien om steeds weer met een bepaalde situatie om te gaan. Overdag straalt de historische wijk rust en kalmte uit, maar 's nachts ontwaakt in de Lissabonse uitgaanswijk een zuidelijke levendigheid.

Op en rond Rossio

Kaart: zie blz. 119

Rossio 1
Het 201 m lange en 91 m brede plein is het kloppende hart van de stad. Maar op de plattegronden zult u de naam Rossio niet vinden, want daar staat de officiële naam Praça Dom Pedro IV vermeld. Op het plein werd in 1870 ter ere van deze koning, een wegbereider van de staat met een liberale grondwet, een standbeeld geplaatst en werd de officiële naam vastgesteld, die echter nooit door de bevolking is overgenomen. Al sinds de middeleeuwen was de Rossio het toneel van vrolijkheid tijdens markten, volksfeesten of stierengevechten, en van dodelijke ernst tijdens een autodafe-ritueel van de inquisitie.

In 2001 is het plein grondig gerenoveerd. De trottoirs werden verbreed, twee eeuwenoude fonteinen van Franse oorsprong werden gerestaureerd en het zwart-witte plaveisel werd vernieuwd. Het historische golvenpatroon van het plaveisel symboliseert de nabijheid van de zee en wekt de indruk alsof het plein tot in het oneindige voortgaat. Overigens hebben de huizen die weliswaar een verse verflaag hebben gekregen, maar nog altijd dringend aan renovatie toe zijn, tegenwoordig nog maar twee bewoners. Aan de lange zijde van het plein moet nu boven **Pastelaria Suiça** 14 een luxehotel komen. Tot die tijd verkeert het gebouwencomplex in een erbarmelijke toestand.

Rond Praça dos Restauradores 2
Achter het rijk met elementen in neomanuelstijl versierde **Station Rossio**, vanwaar na een geslaagde sanering nu weer een sprinter naar Sintra vertrekt, begint de Praça dos Restau-

radores. Een in artistiek opzicht weinig interessante obelisk herdenkt de succesvolle opstand tegen de Spaanse heerschapij in 1640. De gebouwen aan de westzijde stralen in volle pracht. De roze **Cinema Eden** werd in 1930-1937 in art-decostijl gebouwd volgens het ontwerp van de modernistische architect Cassiano Branco. In het luxueuze 19e-eeuwse **Palácio Foz** ernaast is het hoofdkantoor van het toeristenbureau gevestigd.

In noordelijke richting loopt de 1271 m lange en 90 m brede pronkboulevard **Avenida da Liberdade**, waar naast monstrueuze panden uit de jaren 80 inmiddels ook talloze filialen van internationale modeontwerpers als Hugo Boss en Ermenegildo Zegna te zien zijn, die de straat weer een wat gezelliger aanzien geven. De parallel lopende **Rua das Portas de Santo Antão** is nu een lange rij restaurants. Obers lokken er in vele talen mogelijke klanten naar binnen.

Casa do Alentejo 3
Rua das Portas de Santo Antão 58
Achter de smalle toegangsdeur van Casa do Alentejo gaat een heus juweeltje schuil. De neo-Moorse binnenplaats lijkt een sprookje uit *Duizend-en-één-nacht*. Het stadspaleis werd begin 20e eeuw gebouwd als een luxueus casino, maar nu biedt het onderdak aan het cultureel centrum van de provincie Alentejo. Hierbij behoort tevens een algemeen toegankelijk **restaurant** op de bovenverdieping, waar u van uitstekende streekgerechten uit Alentejo kunt genieten.

Baixa

Kaart: zie blz. 119

Aan de zuidkant van Rossio grenst de **benedenstad** met zijn symmetrische stratenplan dat werd aangelegd in opdracht van Marquês de Pombal. Na de verwoesting van deze wijk door de aardbeving van 1755 stelde premier Marquês de Pombal bij de wederopbouw van het nieuwe Lissabon duidelijk veel vertrouwen in zijn ingenieurs van het leger. Er lopen acht hoofdstraten met een lengte van 560 m parallel aan elkaar, terwijl haaks daarop acht dwarsstraten liggen, die zich uitstrekken over een lengte van 380 m.

Het centrale plein Rossio is het kloppend hart van Lissabon

Het historisch centrum van Lissabon

LISSABONSE KOFFIEHUIZEN

Het centrale punt voor de koffiehuizen in Portugal is Rossio. Al in 1787 werd **Nicola** 13 op nr. 25 geopend door de Italiaan Nicolau Breteiro. Schimmige afbeeldingen op de muren herinneren aan de tijd van de oprichting van vóór de liberale democratie. In 1935 werd het interieur opnieuw vormgegeven in de stijl van art deco. Aan het eind van de toonbank met gebak is de kast voor 'poste restante' behouden gebleven. Hier lieten de stamgasten hun correspondentie heen sturen.

Ertegenover staat de in 1923 in de stijl van de Weense koffiehuizen ingerichte **Pastelaria Suiça** 14 (nr. 96-104). Het interieur staat nu in het teken van roze pluche. Bij mooi weer is een van de vrij dure caféterrassen misschien het aantrekkelijkst; deze worden gerund sinds eind jaren 30. Destijds strandden veel vluchtelingen uit Midden-Europa in Lissabon. Ze zochten vrijheid, licht en warmte, en gingen tegen de gangbare gebruiken in met een stoel in de openlucht zitten. Zo gaven ze de aanzet tot een nieuw levensgevoel.

Op het hooggelegen deel van Chiado is op Rua Garrett 120 de lange smalle ruimte behouden gebleven van een van de mooiste Lissabonse koffiehuizen, in bruin en goud en getooid met lampen van messing en grote wandspiegels. **Brasileira** 15 werd in 1905 opgericht als handelsonderneming voor Braziliaanse koffie. De importeur maakte er een gewoonte van zijn klanten een gratis kopje koffie aan te bieden om te proeven. Deze verkoopstrategie werkte zo goed dat de winkel drie jaar later werd omgezet in een koffiehuis, dat een grote aantrekkingskracht

Een gratis kopje koffie geven ze hier niet meer, maar een bezoekje is zeker de moeite waard

uitoefende op intellectuelen en politici van allerhande slag.
Merkwaardig feit: ooit brachten de Portugese handelaars de thee (*chá* in zowel het Portugees als het Mandarijns) vanuit China naar Europa en later ook naar het Engelse hof. **Casa Chinese** 16 op Rua do Ouro 274 opende in 1866 zijn deuren als theehuis. Tegenwoordig valt het vooral in de smaak door de grote keus aan gebak, waarbij men nu koffie schenkt.
Het fraaiste koffiehuis is iets buiten het centrum te vinden op Avenida da República 15 A, die vanuit het noorden uitkomt op de Praça Duque de Saldanha. **Versailles** 17 vertoont sterke invloed van de Franse art deco. Spiegels in gouden lijsten, donker hout, wit stucwerk en licht marmer zorgen voor een voorname entourage, waarin deftige dames bij de koffie bijkletsen.
En een bezoek aan Lissabon zonder een *pastel de Belém,* een bladerdeeggebakje met roomvulling, te proeven in de **Antiga Fábrica dos Pasteis de Belém** 18 nabij het klooster op de Rua de Belém 84-88, is zoiets als naar Rome gaan zonder een pizza te eten. Het gebakje is een absolute aanrader.

Het plan voor deze wederopbouw was revolutionair. Alle huizen werden in een gestandaardiseerde systeembouw opgetrokken. In werkplaatsen buiten de stad fabriceerde men de bouwstenen volgens vaste normen, waarna die ter plekke volgens een strak plan in elkaar werden gevoegd. De gebouwen, waarin handelaars en ambachtslieden hun intrek namen, hadden geen sierelementen. De bewoners richtten hun winkel of werkplaats in op de begane grond; de volgende twee verdiepingen gebruikten ze als opslagruimte, en daarboven hadden ze hun woonvertrekken. Op de nieuw ingevoerde zolderverdieping onder het dak hadden ze nog goedkope huurkamers voor de werknemers. Een vakwerkconstructie, die achter de pleisterlaag schuilgaat, moest meer zekerheid bij aardbevingen bieden. Met een groot saneringsprogramma wil men de komende jaren erkenning krijgen als UNESCO-Werelderfgoed.

Naar Elevador Santa Justa 4
Rua do Ouro, dag. 7-23, 's winters 7-22 uur
Het centrale voetgangersgebied **Rua Augusta**, met talloze caféterrassen, traditionele winkels en zaken van internationale ketens, daalt af naar de Taag. In het westen steekt de Elevador Santa Justa uit boven Baixa. Deze lift is in 1902 gebouwd door Mesnier du Ponsard, een leerling van Gustave Eiffel, en is nu een symbool van de stad. De lift staat voor de verbinding tussen boven- en benedenstad.

Museu do Design e da Moda
Rua Augusta 24, www.mude.pt, di.-zo. 10-18 uur, gratis
Aan het zuidelijke uiteinde van de straat biedt dit museum van mode en design een interessante expositie en een overtuigende vormgeving van het interieur. De voormalige ruimte met loketten van een bank werd teruggebracht tot kaal beton. Bij de expositie ligt het accent op meubilair en kleding van de laatste decennia.

Praça do Comércio 6
De classicistische **triomfboog** met uitkijkplatform (dag. 9-19 uur, € 2,50) vormt de toegang tot de Praça do Comércio. Hier opent Lissabon zich naar de rivier en de zee, hier stond voor de aardbeving het koninklijk paleis. In navolging van het vroegere slot worden de omringende rijen panden met arcaden in classicistische stijl afgesloten met rechthoekige gedrongen torens. Vanaf de rivier oogt het plein met op de achtergrond de contouren van de stadsheuvels bijzonder fotogeniek. Het ensemble is echter zo groot geworden dat het nauwelijks met levendige bedrijvigheid te vullen is. Om dat toch voor elkaar te krijgen zijn er talloze restaurants, cafés en bars met terrassen ingericht.

Het toeristenbureau aan de westzijde van het plein fungeert als een venster op de stad. Daarbij hoort de 300 m² grote wijnhal **Vini Portugal**, een proeverij voor Portugese wijnen (ma.-za. 11-18 uur). Het multimediale

Het historisch centrum van Lissabon

Lisboa Story Center biedt een spannende, maar ook wat oppervlakkige reis door de geschiedenis. Het verhaal begint bij de oprichting van de stad en eindigt bij de Anjerrevolutie in 1974 (dag. 10-20 uur, € 7).

Op de noordoosthoek van het plein eert **Café Martinha do Arcada** zijn beroemde stamgast Fernando Pessoa met ingelijste, door de auteur eigenhandig geschreven brieven en een afbeelding van hem op ware grootte in azulejo's.

Casa dos Bicos 7
ma.-za. 10-18 uur, € 3
De vanaf het plein oostwaarts lopende Rua da Alfândega voert langs het portaal in manuelstijl van de **Igreja da Conceição Velha** naar enkele seculiere gebouwen van de vroege renaissance in Lissabon. De naam Casa dos Bicos (huis van de uitsteeksels) dankt het gebouw aan de naar Italiaans voorbeeld puntig uitstekende ruitvormen van steen op de gevel. Volgens de legende had de opdrachtgever, de onwettige zoon van de Portugese onderkoning van Goa en Malakka, in elke uitspringende stenen ruitvorm een diamant ingelegd. Momenteel wordt het huis gebruikt door de stichting van de overleden Nobelprijswinnaar José Saramago.

Igreja de São Julião, Muralha D. Dinis en Museu do Dinheiro 8
Largo de São Julião, wo.-za. 10-18 uur, gratis
Niet ver ten westen van de Praça do Comércio staat het **stadhuis**, waarvan de rode glazen koepel op verscheidene uitkijkpunten in het oog springt. Maar de eigenlijke bezienswaardigheid verheft zich naast het stadhuis. De **Igreja de São Julião** met de Muralha D. Dinis en het Museu do Dinheiro is eigendom van de Portugese Nationale Bank, die een buitengewone sanering van deze kerk tot stand heeft gebracht. De oude muren zijn zoveel mogelijk intact gelaten en voorzichtig uitgebreid met nieuwe muren. Bovendien zijn in de kelder enkele delen van de oorspronkelijke **stadsmuur** uit de tijd van Dom Dinis in de 13e eeuw blootgelegd. Een korte film geeft een inleiding op de geschiedenis van Lissabon. De galerijen bovenin herbergen het interactieve, bijna futuristische **Geldmuseum**.

Chiado

Kaart: zie blz. 119

Met de Elevador Santa Justa (zie blz. 117) of lopend vanaf Rossio door de **Rua do Carmo** komt u bij de heuvels van Chiado. Dit was ooit een door de kerk gedomineerde wijk met talloze kerken en kloosters. Dankzij een bonte mengeling van nostalgische en supermoderne winkels ontwikkelde de wijk zich tot een winkelparadijs voor consumenten met een goedgevulde beurs. Meteen aan het begin ziet u rechts op nr. 87 A de kleinste winkel van Lissabon, de handschoenenzaak **Luvaria Ulisses** 7 .

Hiertegenover heeft de door een Franse neostijl uit begin 20e eeuw geïnspireerde gevel van het vroegere warenhuis Grandella een nieuwe glans gekregen. Het geeft de straat een betoverende charme, die verder wordt onderstreept door een van de grootste Apple Stores in Europa. Vanaf dit punt greep in augustus 1988 een verwoestende brand om zich heen, waarbij achttien huizen verloren gingen. Deze zijn nu in de oude stijl herbouwd.

Largo do Chiado
Chique luxewinkels omzomen de verkeersluwe Rua Garrett, die omhoogg aat naar Largo do Chiado. Daar zit voor het historische **Café Brasileira** 15 in brons gegoten de eenzame dichter Fernando Pessoa, naast wie ontelbare vakantiegangers plaatsnemen voor een kiekje. Getuigen van een voorbije tijd zijn ook te vinden in het kledingwarenhuis **Benetton** ertegenover: een vergulde lift op de begane grond en jugendstil-plafondschilderingen.

Teatro Nacional de São Carlos 9
Largo de São Carlos 17-21, tel. 213 25 30 00, http://tnsc.pt
De Opera aan de naar de Taag afdalende Rua Serpa Pinto werd dankzij ruimhartige donaties van rijke zakenlieden in niet meer dan zes maanden gebouwd en in 1793 geopend.

Chiado

De gevel doet denken aan die van het Scala in Milaan en het interieur is aangekleed in rococostijl. De grote zaal is maar liefst vijf galerijen hoog.

Museu do Chiado 10
Rua Serpa Pinto 6, tel. 213 43 21 48,
www.museuartecontemporanea.pt, di.-zo.
10-18 uur, € 4,50

Het Museu do Chiado is sinds 1911 ondergebracht in een voormalig franciscanenklooster. Dat het gebouw in de 19e eeuw ook nog als bakkerij heeft gediend is te zien aan de goed bewaard gebleven bakovens in een van de expositieruimten. De schilderijencollectie toont Portugese kunst van 1850 tot 1950. Daarnaast worden er interessante wisselende tentoonstellingen gehouden.

Lissabon: binnenstad

(Kaart zie blz. 120-121)

Bezienswaardig
1 Praça Dom Pedro IV (Rossio)
2 Praça dos Restauradores
3 Casa do Alentejo
4 Elevador Santa Justa
5 Museu do Design e da Moda (MUDE)
6 Praça do Comércio
7 Casa dos Bicos
8 Igreja de São Julião/ Muralha D. Dinis/ Museu do Dinheiro
9 Teatro de São Carlos
10 Museu do Chiado
11 Igreja do Carmo
12 Igreja São Roque
13 Elevador da Glória
14 Museu da Farmácia
15 Elevador da Bica
16 Largo Martim Moniz
17 Largo dos Trigueiros
18 Casa Severa
19 Bairro Estrella d'Ouro
20 Vila Berta
21 Miradouro Nossa Senhora do Monte
22 Miradouro da Graça
23 Igreja São Vicente de Fora
24 Pantheon Santa Engrácia
25 Largo das Portas do Sol
26 Castelo São Jorge

27 Museu do Fado
28 Station Santa Apolónia
29 Museu Nacional do Azulejo
30 Kathedraal

Accommodatie
2 Solar do Castelo
3 Avenida Liberdade
4 Hotel do Chiado
5 Lisboa Plaza
9 Rosa Residence
10 Globo
11 Shiado Hostel
12 Lisbon Lounge Hostel
Alle andere zie kaart blz. 133

Eten en drinken
2 Bica do Sapato
3 100 Maneiras
5 Cantinha do Bem-Estar
6 Jardim dos Sentidos
7 Cervejaria da Trindade
8 Stasha
9 Ramiro
11 Toma-lá-dá-cá
13 Café Nicola
14 Pastelaria Suiça
15 Café Brasileira
16 Casa Chinesa
20 Parreirinha de Alfama
21 A Baiuca
22 Esquina de Alfama

23 Tasca do Chico
Alle andere zie kaart blz. 133

Winkelen
1 FNAC
2 A Carioca
4 Brio
5 A Vida Portuguesa
6 Sant'Anna
7 Luvaria Ulisses
8 Burel
14 Mercado da Ribeira
15 Vlooienmarkt Feira da Ladra
Alle andere zie kaart blz. 133

Uitgaan
1 British Bar
2 Musicbox
4 Hot Clube
5 Pavilhão Chinês
6 Majong
7 B. Leza
8 Frágil
9 Portas Largas
13 Lounge
14 Lux Frágil
16 Chapitô
17 Zé dos Bois
Alle andere zie kaart blz. 133

Actief
1 Carris
2 Bikeiberia

Het historisch centrum van Lissabon

EEN NACHT AAN DE TAAG – TOCHT DOOR HET UITGAANSGEBIED

Informatie
Begin: Bairro Alto
Eind: bij de Taag (bij station Santa Apólonia)
Duur: naargelang conditie de hele nacht

Openingstijden en toegang: in de Bairro Alto gaat alles om 2 uur dicht, aan de Taag gaat men de hele nacht door.
Kaarten: zie blz. 119 en 133

Voor iedereen die zich al vroeg op de avond in het uitgaansleven van Lissabon wil begeven, is het **Pavilhão Chinês** 5 aan te raden als een goed beginpunt. Deze voormalige kruidenierswinkel is door een gepassioneerde verzamelaar met van alles volgestouwd en is beroemd om zijn cocktails (Rua Dom Pedro V 89, ma.-za. 18-2, zo. 21-2 uur). Voordat de discotheken en nachtbars in de omgeving eindelijk hun deuren openen, kunt u in het alternatieve cultureel centrum **Zé dos Bois** 17 (Rua da Barroca 59) genieten van performances, concerten en theater. **Majong** 6 op Rua da Atalaia 3 was vroeger een Chinees restaurant, nu biedt het een zonderling decor voor diverse kunstenaars. Zo hangen er kroppen kool van plastic aan het plafond (ma.-za. 16-2 uur). Natuurlijk is er in Bairro Alto ook een echte discotheek te vinden. De extravagante **Frágil** 8 bracht al halverwege de jaren 80 de actuele muziektrends voor het voetlicht en gaat sinds 2016 onder een nieuwe eigenaar verder (Rua da Atalaia 126, vr. 23-4 uur). De homokroeg **Portas Largas** 9 schuin

ertegenover op nr. 105 doet denken aan een oude *tasca* (eethuisje); hier kunnen hetero's zich ook op hun gemak voelen. Men luistert hier graag naar opnamen van de fadozangeres Amália Rodrigues, maar vaak staat er tegelijkertijd een grote televisie aan (dag. 19-2 uur).
Wanneer tegen 2 uur in de nacht de deuren in Bairro Alto dichtgaan – volgens een decreet van het stadsbestuur om de inwoners in bescherming te nemen – verplaatst de scene zich naar de Taag. Neem wel even de tijd voor een korte tussenstop bij **Miradouro de Santa Catarina**. Er is een hippe kleine kiosk die drank verkoopt en u kijkt er uit over de nachtelijke Taag. Daarna gaat u door de straatjes omlaag, want bij een nachtelijke tocht mag ook de omgeving van de haven rond het sprinterstation Santos niet ontbreken.
Voor een late maaltijd treft men elkaar in het stijlvolle **KAIS** 10. In een vroegere elektriciteitscentrale is met veel fantasie een restaurant ingericht: het wordt verlicht door onnoemelijk veel kaarsen, in de grote vensteropeningen groeien olijfbomen, en achter een ruisende fontein speelt een swingende jazzband (Cais da Viscondessa, zo. gesl.). Aansluitend kunt u iets verderop bij **Plateau** 11, een discotheek die als een van de eerste in het Lissabonse havengebied opdook, dansen op rock- en popmuziek, ook uit de jaren 80 (Escadinhas da Praia 7, wo., vr.-za. 23.30-6 uur). Pal ernaast heeft de semilegale rave-schuur **Kremlin** 12 uit de jaren 80 zich ontwikkeld tot een van de beste avant-gardistische discotheken van het land. Reusachtige, door vj's bediende beeldschermen bieden vooral vermaak aan een wat jonger publiek (Escadinhas da Praia 5, vr.-za. 23.30-8 uur).
Een alternatief zijn de dj's in **Lounge** 13 nabij de Cais do Sodré iets verder naar het oosten, maar nog populairder zijn de liveoptredens van avant-gardistische muzikanten (Rua da Moeda 1, di.-zo. 22-3 uur). Afrikaanse ritmes, vaak ook live, zijn te horen in **B. Leza** 7 aan de rivier (Cais da Ribeira Nova, Armazém B, wo.-zo. 22.30-4 uur). Wereldfaam genieten zelfs de glamourachtige danshallen van de discotheek **Lux Frágil** 14, vanaf het station Santa Apólonia stroomopwaarts. Hier laten internationaal bekende dj's trance, house en techno horen, en geven innovatieve nationale en internationale muzikanten bijzonder gewaardeerde concerten (Avenida Infante Dom Henrique, Armazém A, Cais da Pedra, do.-za. 23-6 uur).

Igreja do Carmo 11
Largo do Carmo, museum ma.-za. 10-18, 's zomers tot 19 uur, € 3,50

Dit plein in het bovendeel van Chiado biedt niet alleen toegang tot een rijk verleden via een klein archeologisch museum in de ruïne van de Igreja do Carmo. Deze kerk zelf is ook het enige, zij het dan ook slechts voor een deel behouden gebleven, godshuis in zuiver gotische stijl in Lissabon. Hij herinnert aan de verwoestende gevolgen van de grote aardbeving. Oorspronkelijk was de kerk samen met een karmelietenklooster in 1389 gebouwd toen de legeraanvoerder Nuno Álvares Pereira zijn gelofte gestand deed na de zege in de Slag bij Aljubarrota.

Aan een cruciale gebeurtenis in de recente Portugese geschiedenis herinnert een inscriptie in het plaveisel voor de politiekazerne naast de kerk. De laatste machthebber van de dictatuur, Marcello Caetano, vluchtte op 25 april 1974, de dag van de Anjerrevolutie, naar deze kazerne, voordat hij 's avonds afstand van de macht deed en in ballingschap in Brazilië ging.

Van Bairro Alto naar Cais do Sodré

Kaart: zie blz. 119
De oorsprong van Bairro Alto gaat terug tot de glorietijd van de ontdekkers, toen Lissabon uit haar voegen barstte. Tijdens de regering van Manuel I (1495-1521) verdubbelde het aantal inwoners. Met de verdrijving van de Joden vanaf 1496 kwam dringend benodigd

bouwland vrij. Hierop legde men buiten de middeleeuwse stadsmuur een nieuw stadsdeel aan, waar zich Portugese edelen, Spaanse jezuïeten en eenvoudige ambachtslieden en vissers vestigden.

Sinds de jaren 80 van de 20e eeuw is Bairro Alto vooral bekend om de levendige kroegen en talloze populaire winkels ten westen van **Rua da Misericórdia** en **Rua São Pedro de Alcântara**. Overdag kun je hier rustig wandelen door de rechte verkeersluwe straten van een wijk waarvan de bewoners nog werken. Voor de ramen wappert het wasgoed dat te drogen hangt in de wind. 's Avonds wacht de bezoeker een heel andere sfeer, wanneer de bars, restaurants, fadokroegen en discotheken hun deuren openen. En zeker vanaf middernacht bruist het leven in de Rua do Diário de Notícias, Rua da Atalaia en Rua da Rosa.

Igreja São Roque 12

Largo Trindade Coelho, ma. 14-18, do. 9-20, anders 9-18 uur, 's zomers een uur langer, kerk gratis, museum € 2,50

Op de overgang van Chiado naar Bairro Alto gaat achter een vrij onopvallende gevel een van de prachtigste kerken van Lissabon schuil. Deze Igreja São Roque werd in 1566 door de jezuïetenorde gebouwd. Meteen bij binnenkomst door het portaal richt alle aandacht zich op het vergulde hoofdaltaar. Daarna valt de perspectiefwerking op van de schilderingen die het houten plafond sieren. De balken zijn aangevoerd uit Noord-Europa omdat er op het Iberisch Schiereiland geen hoge bomen meer groeiden. De meeste zijkapellen werden in de 18e eeuw luisterrijk verguld.

Het pronkstuk is de vierde kapel links, die aan Johannes de Doper gewijd is en met zijn bouwjaar van 1752 de overgang van rococo naar classicisme markeert. Meer dan honderd Italiaanse specialisten vervaardigden in Rome een meesterwerk van diverse soorten marmer, lapis lazuli, albast, jade, brons, goud en zilver. Weergaloos zijn de uit edelstenen samengestelde mozaïeken. Na de zegening door de paus werd de kapel in afzonderlijke delen op drie schepen naar Lissabon vervoerd en ter plekke weer in elkaar gezet. In een bijhorend museum is een kostbare kerkschat uit de 16e tot de 18e eeuw te bewonderen.

Elevador da Glória 13 en omgeving

Aan het begin van de Rua São Pedro de Alcântara rijdt een historische kabeltram, de Elevador da Glória, omlaag naar de Praça dos Restauradores. Naast het heuvelstation strekt zich over twee niveaus een klein **park** uit. Op deze hoogte hebt u een weids uitzicht over het centrum van de stad en de heuvel die hiertegenover ligt tot aan de imposante burcht (zie blz. 126). Op nr. 45 biedt het **Port-instituut** in een moderne clubsfeer proeverijen met keus uit meer dan tweehonderd soorten port voor een redelijke prijs (ma.-vr. 11-24, za. 15-24 uur).

Museu da Farmácia 14

Rua Marechal Saldanha 1, tel. 213 40 06 80, ma.-vr. 10-18, za. 10-14 uur, € 5

Op een vrij onopvallende plek in de Rua Marechal Saldanha heeft de Portugese apothekersvereniging het Museu da Farmácia ingericht. Het museum is al enkele keren bekroond vanwege de briljante presentatie van de vervaardiging, toepassing en verkoop van geneesmiddelen. Men toont onder meer authentieke medicijnkasten uit de 18e eeuw en bovendien objecten uit het voorheen Portugese overzeese gebiedsdeel Macau.

Naar Cais do Sodré

Aan de zuidrand van Bairro Alto rijdt nog een tweede kabeltram, de **Elevador da Bica** 15. Deze daalt door de volkswijk Bica af naar de Taag. Hier concentreert het uitgaansleven zich rond de centrale markthal **Mercado da Ribeira** 14. Het gebouw van twee verdiepingen kreeg in 2014 nieuwe glans met een modern, door de stadskrant *Time Out* gerund restaurant annex cultureel centrum. Voorbij het **station Cais do Sodré** hebben talloze restaurants hun intrek genomen in de vroegere opslaghallen die pal aan het water staan. Iets verderop zijn nu rond het sprinterstation Santos veel discotheken en nachtbars te vinden (zie blz. 122).

De oostelijke oude stad
▶ A/B 10/11

De burchtheuvel was ooit de bakermat van Lissabon en vanaf deze heuvel regeerden de koningen van Portugal. In de smalle straatjes van Mouraria lijken de middeleeuwen voort te leven en in Alfama waant de bezoeker zich in oude Moorse tijden, toen moslims, joden en christenen vreedzaam naast elkaar leefden. Pas na de reconquista ontstonden vanaf de 12e eeuw eerst Moorse, later ook Joodse getto's.

De steile hellingen en de beperkte ruimte maakten een speciale bouwstijl noodzakelijk, die grote verwantschap vertoonde met de Arabisch-Afrikaanse tradities. De huizen staan hier als toevallig neergeworpen blokken dicht tegen elkaar aan. Vogelkooien hangen aan de muren van de huizen, vrouwen staan met elkaar te praten in kleine groentewinkeltjes, en in schemerige kroegen worden levendige gesprekken gevoerd. In deze omgeving zijn veel fadozangers opgegroeid.

Een heel ander beeld geeft de wijk Graça. Deze wijk van eenvoudige arbeiders heeft dankzij de voor het verkeer ongunstige ligging op de heuvel zijn volkse karakter bewaard. Naast indrukwekkende kloostergebouwen en kerken vallen de sinds eind 19e eeuw als sociale woningbouw aangelegde arbeidersnederzettingen. En de hier gelegen uitkijkpunten *(miradouros)* bieden een fantastisch uitzicht over de stad.

Mouraria

Kaart: zie blz. 119

Largo Martim Moniz 16

Voor wie liever niet te voet naar het Castelo omhoog wil gaan, bieden de nostalgische trams een aangenaam alternatief. Van de Praça da Figueira en de Largo Martim Moniz volgt lijn 12 de kortste weg door de smalle straatjes van Mouraria. Op het plein staat de levendige **Mercado de Fusão**. Hier zijn hapjes en drankjes uit alle delen van de wereld te koop; verder is er Thaise massage en in het weekend een klein cultureel programma.

Rond Largo dos Trigueiros 17

Na de christelijke herovering kregen de achtergebleven Moren de wijk toegewezen die nu een sympathiek stadsdeel van eenvoudige burgers is. Enkele Afrikaanse en Indiase winkels en restaurants houden het multiculturele karakter van Mouraria in stand. Dat is bijvoorbeeld te zien rond de levendige Largo dos Trigueiros, die extra interessant is door de foto's van de inwoners die aan de gevels van de huizen te zien zijn. Deze esthetische meerwaarde wordt voortgezet in de naar het zuiden afbuigende Beco das Farinhas. De muren met gestileerde kantelen en de fonteinen markeren de loop van de vroegere stadsmuren.

Naar Casa Severa
Largo da Severa 2

Foto's tooien eveneens de muren van de huizen in de Rua do Capelão ten noordoosten van de Largo Martim Moniz. Hier zijn beroemde zangers en zangeressen van de fado te zien, van wie velen in deze omgeving woonden en zongen.

Aan het begin van het straatje verwijst een gitaar van marmer naar de geschiedenis van de legendarische Maria Severa, van wie het woonhuis **Casa Severa** 18 nu deel uitmaakt van het fadomuseum (zie hierna). Ze was niet alleen beroemd om haar expressieve stem, maar zeker ook door haar stormachtige affaire

Het mooiste uitzicht op de burchtheuvel met het imposante Castelo biedt de Miradouro de São Pedro de Alcântara aan de rand van Bairro Alto

met graaf Vimioso; ze was per slot van rekening prostituee. Dat gebeurde allemaal zo'n honderdzeventig jaar geleden.

Graça

Kaart: zie blz. 119

De *eléctrico* 28 neemt, eveneens vertrekkend vanaf Largo Martim Moniz, de langere route via de traditionele arbeiderswijk Graça. In de middeleeuwen was deze wijk nog voorbehouden aan fraaie kloosters en adellijke residenties. Toen aan het eind van de 19e eeuw allerlei industrieën zich aan de Taag vestigden, volgde een proletarische toestroom. De sociaal ingestelde fabriekseigenaars lieten daarna de eerste arbeidersnederzettingen, *vilas operárias*, voor hun arbeiders aanleggen.

Getuigenissen van vroegere arbeidersnederzettingen

Een goed voorbeeld zijn **Bairro Estrella d'Ouro** [19] achter de Rua da Graça en de knusse **Vila Berta** [20] aan de Rua Sol à Graça, die bestaat uit aantrekkelijke rijtjeshuizen met

Graça

overdekte balkons en voortuintjes. Het paleis van de arbeiderscultuur **Voz do Operário** (stem van de arbeider) staat lager op de heuvelhelling aan de trambaan.

Uitkijkpunten van de wijk

Bijzonder geliefd zijn de uitkijkpunten van Graça. De **Miradouro Nossa Senhora do Monte** 21 zou het mooiste uitzicht over Lissabon bieden (Rua da Senhora do Monte).

Op een caféterras bij de **Miradouro da Graça** 22 kunt u van het mooie uitzicht genieten met een kopje koffie of laat op de avond bij een cocktail. Misschien is Lissabon rond die tijd wel op zijn mooist (aan het zuideinde van Largo da Graça, café dag. 11-2 uur, bij regen gesl.).

São Vicente de Fora 23

Largo de São Vicente, klooster di.-zo. 10-18 uur, € 5, kerk onregelmatige openingstijden, deels gesloten vanwege een sanering, gratis

Koning Afonso Henriques liet na de verovering van Lissabon op de begraafplaats voor gesneuvelde kruisridders een weerkerk in romaans-gotische stijl bouwen. Het aangrenzende **klooster** São Vicente de Fora werd toegewezen aan de augustijnerorde. In 1290 richtte deze orde hier de eerste universiteit van het land op, waarna deze in 1537 verhuisde naar Coimbra. De sinds 1580 ook over Portugal heersende Spaanse koning Filips II liet de in verval geraakte kerk slopen en plaatste hier een monument voor zijn eigen dynastie dat van ver zichtbaar moest zijn. Het koele, geheel uit marmer opgetrokken middenschip van de kerk draagt duidelijk de signatuur van de Contrareformatie. Tot de architecten van dit nieuwe godshuis behoorden de Italiaan Filippo Terzi en de Spanjaard Juan de Herrera. Het is dan ook geen toeval dat de gevel en het interieur doen denken aan de kloosterkerk van het Escorial.

De **Igreja** São Vicente de Fora is een van de weinige renaissancekerken in Lissabon. De twee kruisgangen van het klooster zijn getooid met mooie tegelpanelen uit de 18e eeuw. Bij de ingang geven ze taferelen uit de geschiedenis van Lissabon te zien, op de bovenverdieping tonen de 38 azulejo-afbeeldingen de fabels van La Fontaine. Het refectorium (de eetzaal) werd in 1885 verbouwd tot mausoleum van de koninklijke dynastie Bragança.

Naar Pantheon Santa Engrácia 24

Campo de Santa Clara, di.-zo. 10-17, 's zomers tot 18 uur, € 4

Elke dinsdag en zaterdag wordt de grote vlooienmarkt **Feira da Ladra** 15 (markt van de dievegge) gehouden in de ruimte van de achterkant van de kerk tot aan het Pantheon

De oostelijke oude stad

Santa Engrácia, waar de fadozangeres Amália Rodrigues (zie blz. 130) als eerste vrouw haar laatste rustplaats heeft gekregen. In 1570 werd begonnen met de bouw van dit pantheon. Toen kort voor de voltooiing in 1681 de altaarkapel instortte, maakte men resoluut plannen voor een volkomen nieuwe, Italiaans geïnspireerde kerk, die overigens pas in 1966 helemaal werd voltooid. De kerk verenigt nu elementen in zich van late renaissance, maniërisme en barok.

Het sobere, maar door de toepassing van gekleurd marmer verheven aandoende interieur op het grondplan van een Grieks kruis wordt omsloten door een reusachtige koepel. Het is de moeite waard met de lift even naar het uitkijkplatform te gaan.

Naar Largo das Portas do Sol 25

Na de kerk São Vicente begint het avontuurlijkste deel van de tramrit. Tussen de tram en de muren van de huizen zit soms niet meer dan een paar centimeter ruimte. Zo nu en dan krijg je de neiging een stuk fruit uit een tuintje te plukken of een oude vrouw de helpende hand toe te steken bij het schoonmaken van het huis. Maar dan bereikt de tram al snel Largo das Portas do Sol, en is het tijd om uit te stappen voor een bezichtiging van het kasteel. Ooit stond hier de oostelijke stadspoort, nu hebt u er vanaf het uitkijkpunt zicht over de Taag, Alfama en de imposante kerken van Graça. De hele geschiedenis van Portugal in kleur is te zien op een tweezijdige muurschildering aan de kant van de vroegere stadsmuur. Ook leuk voor kinderen.

Castelo São Jorge 26

mrt.-okt. dag. 9-21 uur, nov.-feb. dag. 9-18 uur, € 8,50

Iets verder heuvelopwaarts komt u bij de zware burchtmuren. De rondgang door het complex belooft tevens een weergaloos uitzicht over de stad, het omliggende land en de rivier. De vrij hoge toegangsprijs is door het stadsbestuur vastgesteld.

Op deze strategisch belangrijke heuvel stichtten ruim drieduizend jaar geleden de Feniciërs de nederzetting Olisipo. Daarna vestigden zich hier achtereenvolgens Grieken, Romeinen, West-Goten en Moren. Aan het eind van de 13e eeuw liet koning Dinis hier een middeleeuwse weerburcht bouwen; in 1506 verhuisde Manuel I van het kasteel naar zijn nieuwe paleis aan de haven. Na de grote aardbeving resteerde van de middeleeuwse burcht alleen nog een ruïne. Het huidige uiterlijk kreeg het door aanbouw en nieuwbouw in verband met een groot nationaal feest in 1940. Aan de oostrand ligt het opgravingsterrein **Núcleo Arqueologico** van 2600 m². Hier zijn resten van huizen uit de 7e-3 eeuw v.Chr., een Moorse wijk en een middeleeuws paleis ontdekt.

Een aanrader, waarvan nog maar weinigen op de hoogte zijn, is de wandeling door de aangrenzende **wijk Castelo**. Vrijwel alle huizen in deze wijk schitteren weer als nieuw na een uitgebreide renovatie.

Alfama

Kaart: zie blz. 119

Langs de restanten van de Moorse stadsmuur aan Largo das Portas do Sol voert een trappenstraat omlaag naar het labyrint van sfeervolle straatjes in Alfama. De naam van deze wijk is te herleiden naar de warmwaterbronnen, in het Arabisch *al-hama*, die al in de 11e eeuw werden geroemd door Arabische reizigers. Langs de sfeervolle straatjes staan talloze gerenoveerde huizen, terwijl andere gebouwen in verval zijn geraakt en niet meer dan ruïnes zijn. Volgens eeuwenoud gebruik wordt dan op hetzelfde oppervlak en hetzelfde perceel een nieuw huis gebouwd. Zo is de middeleeuws-Moorse sfeer min of meer tot het heden bewaard gebleven. U beleeft de wijk op haar mooist door gewoon wat door de straatjes rond te zwerven en de zuidelijke sfeer te proeven.

Museu do Fado 27

Largo do Chafariz do Dentro 1, www.museudofado.pt, di.-zo. 10-18 uur, € 5

De rozekleurige voormalige waterpompcentrale (1868) is verbouwd tot een modern fado-

Alfama

museum. De geschiedenis van de fado, die is voortgekomen uit een wat schemerig milieu in de 19e eeuw, wordt uiteengezet met behulp van beeldmateriaal, media, instrumenten en levensbeschrijvingen van de artiesten, vanaf de oorsprong tot nu. Voor een bezoeker zonder enige voorkennis worden de expositiestukken uitgebreid toegelicht als die gebruik maakt van een audiogids (in het Engels). Via interactieve beeldschermen kunt u allerlei theoretische en praktische achtergrondinformatie opvragen, zoals de adressen van fadorestaurants.

Rond Santa Apolónia 28

In de oude opslaghallen aan de Taag is nu sprake van een nieuwe bedrijvigheid: restaurants, bars, cafés met terrassen, discotheken. In oostelijke richting voorbij het voormalige centraal station Santa Apolónia is een pakhuis omgetoverd tot de bijzonder populaire discotheek **Lux Frágil** 14, die zelfs wereldfaam geniet (zie blz. 122). In de nabije omgeving wordt een nieuwe grote terminal voor cruiseschepen aangelegd, het is de modernste terminal van Europa.

Museu Nacional do Azulejo 29

Rua da Madre de Deus 4, www.museudo azulejo.pt, di.-zo. 10-18 uur, € 5
De locatie halverwege in de richting van het Expoterrein kon voor een museum niet beter gekozen zijn. Op overtuigende wijze geeft dit museum de azulejo's een verdiende plaats in de stedelijke architectuur van Lissabon. Het **klooster Madre de Deus** werd in 1509 opgericht door koningin Eleonora en in de eeuwen daarna versierd met kostbare tegelafbeeldingen.

In 1980 nam het tegelmuseum, dat uniek in zijn soort in de wereld is, hier zijn intrek. Het documenteert de ontwikkelingen in stijl van de tegels over een periode van zes eeuwen tot de dag van vandaag. Het verhaal begint bij de oudste mudejar-tegels, dan volgen de kleurige tegels van de renaissance, de blauw-witte van de barok, en zo verder naar het werk van eigentijdse kunstenaars. Pronkstukken zijn de uit 1498 tegels samengestelde altaarafbeelding *Nossa Senhora da Vida* (1580) en een ca. 20 m lang stadsaanzicht uit begin 18e eeuw, waarop het Lissabon van vóór de aardbeving te zien is.

De rondgang leidt ook naar de **barokkerk Madre de Deus**, die prachtig is versierd met Vlaamse tegelafbeeldingen uit de 17e eeuw. De schilderingen en het vergulde houtsnijwerk accentueren de koninklijke feestelijke sfeer.

Kathedraal 30

Largo Santo António da Sé, dag. 9-19, za.-zo. voor een deel tot 17 uur, gratis, kruisgang en kooromgang ma.-za. 10-18.30 uur, € 2,50, met schatkamer € 4
De route van Alfama naar het centrum van de stad voert door een voormalig **Jodengetto**, langs de Rua da Judiaria naar de kathedraal Sé. Direct na de inname van de stad lieten de christelijke machthebbers de grote moskee afbreken om op de dezelfde plaats een kathedraal te bouwen. De overeenkomst met romaanse weerkerken in Noord-Frankrijk is geen toeval, want men deed een beroep op de Normandische kruisridder Robert als bouwmeester. De twee gekanteelde torens onderstrepen de monumentale uitstraling van het complex, die wordt voortgezet in het romaanse tongewelf van het middenschip. De verbouwingen in gotische stijl van de 14e eeuw betreffen vooral de kooromgang. Het werd een bedevaartskerk waar men om het altaar heen naar de relikwieën van Sint-Vincentius ging. Deze zijn nu naast andere kerkschatten te bewonderen in de sacristie.

Links van de ingang staat een romaanse doopvont, waarin Sint-Antonius (1195-1231) gedoopt werd. In de zijkapellen van de kooromgang valt het oog op drie sierlijke graftomben in gotische stijl van rijke edelen en een romaanse *reixa* op, een fraai gietijzeren hek met sierlijke spiralen. De gotische kruisgang werd in de tijd van koning Dinis in de 14e eeuw aangebouwd. Hier brachten archeologen resten van Fenicische kolonisten, een deel van een Romeinse straat en restanten van de vroegere moskee aan het licht. Ook werden er Arabische munten aangetroffen.

Fado: Amália en haar dochters

'De stem van Portugal is gestorven, met Amália is een stukje van ons land en ons volk heengegaan,' luidde het bericht in de krant *Público* over Amália Rodrigues, die op 6 oktober 1999 op bijna tachtigjarige leeftijd overleed. De zangeres was nieuwe muzikale wegen ingeslagen en werd tot een nationaal icoon van de fado.

Amália was van heel eenvoudige komaf: ze werd in juli 1920 in Mouraria geboren, ging nauwelijks drie jaar lang naar de basisschool en voorzag in haar levensonderhoud als fabrieksarbeider en fruitverkoper totdat ze op haar achttiende werd ontdekt bij een wedstrijd in fadozang. Zij bevrijdde de fado uit de armoedige achterplaatsjes en schemerige havenkroegen en won de maatschappelijke elite voor de fado. Ze beleefde een daverend succes in het Parijse Olympia, en daarna in wereldsteden als Madrid, New York, Moskou en Tokio. In de jaren 60 begon de baanbrekende samenwerking van Amália met de Franse componist Alain Oulman, die virtuoze tonenreeksen componeerde die op haar stemregister toegesneden waren. De volle rijkdom aan harmonie van haar melodieuze *fado canção* voerde de tot dan toe eenvoudig opgebouwde klanklijnen van de traditionele fado naar de muzikale hoogten van het Franse chanson.

Amália was de eerste internationale ster van Portugal en bleef daarbij steeds de eenvoudige vrouw van het volk: wars van politiek, vol gevoel en zeer religieus. Ze werd door het regime gepaaid als nationaal uithangbord, maar het verwijt dat ze meewerkte aan de dictatuur, wierp ze later resoluut van de hand: natuurlijk werd voor gasten het beste servies uit de kast gehaald, wat zij nu eenmaal was geweest – maar om meer ging het niet. Ten gunste van haar moet worden gezegd dat ze haar stem ook leende aan gedichten van kritische dichters als David Mourão-Ferreira en in zijn allegorische tekst *Abandono* (wat zoveel betekent als 'opgegeven') over gevangenissen en gevangenen zong. Het lied viel ten prooi aan de censuur en leidde tot de uitwijzing van de componist Oulman. Haar liederen waren verder vooral gewijd aan volkse figuren, zoals in het fadolied *Maria Lisboa*, waarin ze pantoffeldragende, zich als katten bewegende visvrouwen in de straatjes van Lissabon bezingt, die dromen en zeelucht verkopen en stormen aanprijzen.

Met de dood van Amália verloor Portugal de grote stem, maar vrij plotseling trad nu een jonge generatie van fadozangeressen uit de lange schaduw van hun voorbeeld en bracht de fado een grote bloeitijd. De gloedvolle, met internationale muziekprijzen beladen Mariza voert maandenlang de hitparades aan en brengt tijdens haar concerten in tranen de grote succesnummers van Amália ten gehore, zoals *Primavera* (lente) over een vervlogen liefde. 'Alle liefde die ons gegeven was, brak en vloeide weg, alsof ze slechts bestond uit was. Rampzalige lente, had mij, had ons toch liever laten sterven op die ene dag.' Internationaal bijna net zo bekend is Mísia, die intellectuele teksten van bijvoorbeeld José Saramago zingt en zich naast de traditionele gitaren laat begeleiden door nieuwe instrumenten als piano en viool. Andere nieuwe vertolkers van de melancholieke muziek die internationale bekendheid genieten, zijn Ana Moura, Carminho, Mafalda Arnauth, Cristina Branco en Kátia Guerreiro.

Het westen van Lissabon

▶ A/B 10/11

In de bloeitijd van de ontdekkingreizen en na de aardbeving breidde Lissabon zich uit naar het westen. De Atlantische winden voerden zuivere lucht aan, de stadsplanologen legden sfeervolle pleinen aan. Hier wonen de gegoede burgers, nabij het parlement, het presidentieel paleis en het klooster van Belém, omringd door musea, een sfeervolle begraafplaats op Campo de Ourique en een fameuze rij discotheken aan de Taag.

São Bento en Estrela

Kaart: zie blz. 133
Tram 28 ratelt vrolijk van Bairro Alto naar Campo de Ourique. De lijn loopt onder meer langs het **Parlementsgebouw São Bento** 31, dat voorheen een benedictijnenklooster was. De langgerekte classicistische gevel en de brede trap naar de ingang geven een indrukwekkende eerste indruk.

Casa-Museu Amália Rodrigues 32

Rua São Bento 193, www.amaliarodrigues.pt, di.-zo. 10-13, 14-18 uur, € 5
Iets hogerop in de Rua de São Bento op nr. 193 ziet u het **Casa-Museu Amália Rodrigues** in de vroegere woning van het in 1999 gestorven icoon van de fado. De inrichting geeft een interessante indruk van haar privéleven; ook zijn er honderden schoenen, gewaden en parfumflesjes te zien.

Basílica da Estrela 33

Praça da Estrela, officiële openingstijden di.-zo. 10-11.30, 15-17 uur, ma. alleen 's ochtends, meestal langer geopend, kerk gratis, toren € 3
De tram rijdt verder naar de Basílica da Estrela, het laatste belangrijke bouwwerk van het oude koninklijke regime, dat werd voltooid in het jaar van de Franse Revolutie. Het voorbeeld voor dit buitenproportioneel aandoende godshuis was de kloosterkerk van Mafra. De sarcofaag van de opdrachtgeefster, koningin Maria I van Portugal, staat rechts van het hoogaltaar, de afbeeldingen zijn geschilderd door de Italiaan Pompeo Batoni. Zijn *Aanbidding van het Heilig Hart* op het altaar was fel omstreden, want deze verering van het hart van Jezus was destijds een wereldprimeur.

Een romantische omgeving vindt u in het hiertegenover gelegen park **Jardim da Estrela**, met een harmonieus ensemble van oude bomen, exotische planten, kunstmatige aangelegde vijvers, kassen en een caféterras. Deze oase voor ontspanning is niet voorbehouden aan gestreste vakantiegangers, de hele buurt lijkt hier bij elkaar te komen.

Campo de Ourique

Kaart: zie blz. 133
De tram rijdt in noordelijke richting heuvelopwaarts tot hij bij de lommerrijke grote winkelstraat van Campo de Ourique komt. Meteen aan het begin van de **Rua Ferreira Borges** gaat het hoekhuis getooid met een kleurig jugendstilfries van tegels. Een weinig opvallend paneel wijst erop dat op 4 oktober 1910 de eerste granaten van de burgerrevolutie explodeerden op dit plein. Zo'n 250 jaar geleden stonden op deze plek alleen nog maar een kapelletje, een paar huizen en een rijtje oude windmolens. Toen ontdekte de adel deze idyllische streek. Met de aanleg van het geometrische stratenplan werd pas in 1878 begonnen.

Casa-Museu Fernando Pessoa 34
Rua Coelho da Rocha 16, http://casafernando pessoa.cm-lisboa.pt, ma.-za. 10-18 uur, € 3
In de laatste vijftien jaar van zijn leven woonde Fernando Pessoa hier in een dwarsstraat. Tijdens zijn leven had de auteur niet meer dan enkele artikelen voor tijdschriften en een enkel boek gepubliceerd. Na zijn dood vond men twee kisten met daarin manuscripten van in totaal 27 duizend bladzijden. In 1993 kocht de stad het in verval geraakte huis voor een grote sanering. De woonvertrekken zijn niet meer te zien, maar wel enkele persoonlijke voorwerpen van deze grote woordkunstenaar, die leefde van een bescheiden inkomen als handelscorrespondent. Met regelmatige tussenpozen geven kunstenaars steeds op een nieuwe manier vorm aan de inrichting van zijn kamer.

Markthal Campo de Ourique 13
www.mercadodecampodeourique.pt, basistijden ma.-za. 7 tot minstens 14 uur, restaurants dag. 10-23, vr.-za. tot 1 uur
Aan het westelijke uiteinde van de Rua Coelho da Rocha staat de mooiste markthal van Lissabon, die wordt overdekt door maar liefst vier oriëntaals aandoende koepels. Sinds 1933 heerst hier een opgewekte bedrijvigheid, die inmiddels verder wordt verrijkt door een groot culinair aanbod dat reikt van lamsgerechten tot sushi.

Cemitério dos Prazeres 35
Praça São João Bosco, dag. 9-18, 's winters tot 17 uur
De ongewone naam 'kerkhof van het plezier' heeft de begraafplaats waarschijnlijk te danken aan de eindhalte van tram 28 bij een voormalig landgoed. Een oud verbod van het stadsbestuur doet vermoeden dat ook tussen de graven nog plezier werd gemaakt. De dodenstad omvat sinds 1840 zo'n 13 ha, met tachtig straten tussen de paleisachtige grafmonumenten waar adellijke personen hun laatste rustplaats vonden. Ook Fernando Pessoa en Amália Rodrigues lagen hier voordat ze werden overgeplaatst naar het klooster van Belém, ofwel het pantheon. Aan het westeinde van de begraafplaats hebt u een weids uitzicht over een gebied van de Taagbrug tot het aquaduct.

Amoreiras
Kaart: zie blz. 133
Ten noorden van Campo de Ourique verheffen zich de torens van het postmoderne winkelcentrum **Amoreiras** 12 – dit was het eerste grote winkelcentrum in Lissabon. In de jaren 80 werden de drie kleurige kantoor- en winkelgebouwen van glas en kunststof aan de Avenida Engenheiro Duarte Pacheco gebouwd naar het ontwerp van architect Tomás Taveira.

Aquaduct 36
mrt.-okt. di.-za. 10-18 uur, € 3
Verder naar het noorden torenen de pijlers van het aquaduct boven het dal uit, dat de stad van het groene omliggende land scheidt. De imposante bogen hebben een hoogte van wel 65,29 m, om bouwkundige redenen lopen veertien hiervan spits toe. Het stenen monster, dat volgens de wens van de ambitieuze koning João V zo bijzonder groot werd, moest worden betaald uit een speciale waterbelasting die de bevolking werd opgelegd. Het werd in 1748 voltooid en doorstond zonder schade de aardbeving van een paar jaar later. Toen in 1880 in het noorden nieuwe waterbronnen in gebruik werden genomen, verloor het aquaduct aan betekenis, maar het bleef nog tot 1967 in bedrijf.

Mãe d'Água 37
Praça das Amoreiras 10, di.-za. 10-12.30, 13.30-17.30 uur, € 5
Boven de zuidelijke Rua das Amoreiras verheffen zich de prachtige afsluitbogen van de 58 km lange waterleiding, die uitmonden in de Mãe d'Água, 'watermoeder'. Achter een classicistische gevel bevindt zich een religieus aandoende, driescheepige binnenruimte als een soort kathedraal van het water. Het 8 m diepe waterbassin van 5460 m^3 wordt omringd door muren van 5 m dik. Op het platte dak ziet u Lissabon met heel andere ogen.

Fundação Arpad Szenes-Vieira da Silva 38

Praça das Amoreiras 56-58, www.fasvs.pt, di.-zo. 10-18 uur, € 5

In het voornaam ogende gebouw van de voormalige koninklijke zijdefabriek bij het park van Amoreiras toont men de kunstcollectie van Arpad Szenes en Vieira da Silva. Maria Helena Vieira da Silva (1908-1992) geldt als de belangrijkste vertegenwoordiger van de moderne kunst in Portugal, met een eigenzinnige stijl die de tegenstelling tussen het abstracte en het figuratieve overwint. Haar werk werd ook geregeld elders in Europa geëxposeerd. De bijzondere sfeer in de vroegere fabriekshal voegt nog iets extra's toe voor wie de schilderijen van haar en haar man, de Hongaarse kunstenaar Arpad Szenes, bekijkt.

Lapa

Kaart: zie blz. 133

De wijk Lapa aan de Taag ten zuiden van Campo de Ourique werd vanaf de 17e eeuw een geliefde vestigingsplaats voor de aristocra-

Lissabon: overzicht

(Kaart zie blz. 134-135)

Bezienswaardig

- [1] – [30] zie kaart blz. 119
- [31] Parlement São Bento
- [32] Casa-Museu Amália Rodrigues
- [33] Basílica da Estrela
- [34] Casa-Museu Fernando Pessoa
- [35] Cemitério dos Prazeres
- [36] Aquaduct
- [37] Mãe d'Água
- [38] Fundação Arpad Szenes-Vieira da Silva
- [39] Museu Nacional de Arte Antiga
- [40] Museu do Oriente
- [41] LXFactory
- [42] Museu da Carris
- [43] Museu Nacional dos Coches
- [44] Palácio de Belém
- [45] Mosteiro dos Jerónimos
- [46] Museu da Marinha
- [47] Centro Cultural de Belém/ Coleção Berardo
- [48] Padrão dos Descobrimentos
- [49] Torre de Belém
- [50] Praça Marquês de Pombal
- [51] Fundação Calouste Gulbenkian/Centro de Arte Moderna
- [52] Stierengevechtarena
- [53] Museu de Lisboa
- [54] Museu Rafael Bordalo Pinheiro
- [55] – [60] zie kaart blz. 143

Accommodatie

- [1] Four Seasons Ritz
- [2] – [5] zie kaart blz. 119
- [6] Turim Lisboa
- [7] Fenix Garden
- [8] Horizonte
- [9] – [12] zie kaart blz. 119

Eten en drinken

- [1] Eleven
- [2] – [3] zie kaart blz. 119
- [4] Comida de Santos
- [5] – [9] zie kaart blz. 119
- [10] Coutada
- [11] zie kaart blz. 119
- [12] O Moisés
- [13] – [16] zie kaart blz. 119
- [17] Café Versailles
- [18] Confeitaria dos Pastéis de Belém
- [19] Sr. Vinho
- [20] – [23] zie kaart blz. 119

Winkelen

- [1], [2] zie kaart blz. 119
- [3] Coisas do Vinho do Arco
- [4] – [8] zie kaart blz. 119
- [9] El Corte Inglés
- [10] Centro Colombo
- [11] zie kaart blz. 143
- [12] Winkelcentrum Amoreiras
- [13] Markthal Campo de Ourique
- [14], [15] zie kaart blz. 119

Uitgaan

- [1], [2] zie kaart blz. 119
- [3] Casa da Morna & Semba
- [4] [9] zie kaart blz. 119
- [10] KAIS
- [11] Plateau
- [12] Kremlin
- [13], [14] zie kaart blz. 119
- [15] zie kaart blz. 143
- [16], [17] zie kaart blz. 119

Actief

- [1], [2] zie kaart blz. 119

Museu Nacional de Arte Antiga [39]

Rua das Janelas Verdes 9, www.museude arteantiga.pt, di.-zo. 10-18 uur, € 6

Het bekendste museum van het land is dit museum voor oude kunst dat in 1884 werd geopend in het prachtige Palácio Alvor. Naast religieuze kunst uit rijke kloosters van een gemiddelde kwaliteit zijn vooral de talloze objecten uit de tijd van de ontdekkingsreizen de moeite waard. Prachtig is het veelluik *De aanbidding van Sint-Vincentius*. Dit schilderij uit de vroege renaissance (omstreeks1460) van de hofschilder Nuno Gonçalves toont portretten van zestig mensen uit alle maatschappelijke lagen. Dat gebeurt op zo'n meesterlijke wijze dat je op straat in Lissabon denkt hun gelaatstrekken te herkennen. Tussen hen bevindt zich Hendrik de Zeevaarder met een zwarte bourgondische muts.

Op het surrealistisch aandoende drieluik *De verzoeking van Sint-Antonius* (omstreeks 1500) toont Jheronimus Bosch tussen al het gejuich over de ontdekking van nieuwe werelddelen een verscheurde en angstige wereld. Bijzondere aandacht verdienen behalve *Sint-Hiëronymus* van Albrecht Dürer en *Salomé* van Lucas Cranach de Oude ook de Japanse Namban-schermen (16-17e eeuw), waarop Japanse kunstenaars de Portugese reizigers met hun pofbroeken, lange neuzen en meegebrachte stoelen afbeeldden.

Museu do Oriente [40]

Avenida de Brasília, Doca de Alcântara Norte, www.museudooriente.pt, di.-zo. 10-18, vr. tot 22 uur, € 6, vr. vanaf 18 uur gratis

Het in 2008 geopende museum heeft een unieke collectie kunst uit het Verre Oosten, met onder meer terracottabeelden van het neolithicum tot de Yuan-dynastie. Andere hoogtepunten zijn het Chinese porselein dat speciaal voor de Portugese markt werd gemaakt, kostbaar inlegwerk van zilver en ivoor, en meubelstukken uit India, Japan en China.

Een aanrader is verder de tentoonstelling van religieuze volkskunst op de bovenverdieping.

Alcântara en Belém

Kaart: zie blz. 133

Vele vervolgden die waren gevlucht voor de Duitse nazi's moesten in de jaren 40 in de naburige, wat in verval geraakte uitklaringshallen van de terminal **Estação Marítima da Alcântara** afscheid van Europa nemen voor hun reis over de oceaan.

Op vreedzame en vrolijke wijze heeft de Lissabonse uitgaanswereld in de afgelopen jaren de oude opslagplaatsen veroverd. Nu treft men elkaar graag aan de sfeervolle oever van de Taag nabij de **Ponte 25 de Abril** voor een drankje of een trendy etentje. De brug in de wijk Alcântara deed in 1966 een wens van de bevolking van Lissabon in vervulling gaan om een directe verbinding met de zuidoever te hebben. Het trein- en autoverkeer zijn verdeeld over twee niveaus. De spanbreedte van de brug is bijna 2300 m, en het fundament ligt op een diepte van 82 m.

LX Factory [41]

Rua Rodrigues de Faria 103, www.lxfactory.com

Bijna recht onder de brug vindt u op het vroegere fabrieksterrein van een textielproducent een bonte mengeling van meer dan honderdvijftig alternatieve winkels, bars, culturele instellingen en kantoren. De uitklaringshallen aan de Rua Rodrigues de Faria zijn zorgvuldig gerestaureerd met behoud van hun oude karakter. Inmiddels lokt hier de Lissabonse uitgaanswereld om te drinken en te dansen.

Museu da Carris [42]

Rua 1° de Maio 101-103, http://museu.carris.pt, ma.-za. 10-13, 14-18 uur, € 4

Iets westelijker is dit vervoersmuseum aan te bevelen voor liefhebbers van nostalgische vervoersmiddelen. Met veel liefde voor detail documenteert het de ontwikkeling van de railvoertuigen, die oorspronkelijk door paarden werden voortgetrokken. Een paar historische voertuigen mag u van binnen bekijken.

Alcântara en Belém

Perfecte omgeving om te chillen: de bars en cafés aan de Taag

Museu Nacional dos Coches 43
Avenida da Índia 136, www.museudoscoches.pt, di.-zo. 10-18 uur, € 6

De getoonde voertuigen in dit koetsenmuseum zijn van een respectabele leeftijd. Het museum beschikt over een unieke collectie koninklijke, bisschoppelijke en adellijke voertuigen uit de 17e-19e eeuw, waaronder de koetsen in barokstijl van koning João V die in gouden pracht en praal nauwelijks meer te overtreffen zijn. De expositieruimtes bezitten daarentegen de koele zakelijke charme van een moderne fabriekshal. De Braziliaanse architect Paulo Mendes, winnaar van de Pritzkerprijs voor architectuur in 2006, voltooide dit bouwwerk in 2015.

Palácio de Belém 44
Praça Afonso de Albuquerque, www.museu presidencia.pt, di.-zo. 10-18 uur, € 2,50

Het rozekleurige Palácio de Belém was het koninklijk paleis totdat het na het uitroepen van de republiek in 1910 de residentie van de presidenten van Portugal werd. Bij het paleis is het **Museu da Presidência da República** aangesloten, waar men de staatshoofden tot nu toe aan het publiek voorstelt, maar ook allerlei documenten, ordes, staatsgeschenken en de presidentiële kunstcollecties toont. Het **presidentieel paleis** kan elke zaterdag van 10.30-16.30 uur met een rondleiding worden bezichtigd (€ 5 met museum).

Praça do Império

Het grote plein voor het Hiëronymusklooster is het resultaat van landwinning die een eeuw heeft geduurd. Oorspronkelijk stond hier het kapelletje voor de Heilige Maria van Belém (Portugees voor Bethlehem), waar zeelui nog een laatste keer voor een behouden thuiskomst baden. In de tegen de wind beschutte haven begon in 1415 de overzeese expansie van Portugal met de veroveringstocht naar het Noord-Afrikaanse Ceuta (zie ook blz. 46). Van dezelfde ankerplaats vertrokken op 8 juli 1497 drie karvelen onder commando van Vasco da Gama om de zeeroute naar India te ontdekken. Het plein werd aangelegd op de plaats van deze oude haven, en de geometrisch ingerichte groenvoorziening werd pas in 1940 aangelegd voor een feestelijke expositie over de Portugese koloniale wereld.

Mosteiro dos Jerónimos 45

Praça do Império z.n., www.mosteiro jeronimos.pt, di.-zo. 10-17.30, mei-sept. tot 18.30 uur, kerk gratis, kruisgang € 10, combikaartje met Torre de Belém € 12

Na de terugkeer van Vasco da Gama uit India reserveerde koning Manuel I 5 % van alle inkomsten uit de te verwachten handel in specerijen, goud en slaven voor de bouw van het luisterrijke Hiëronymusklooster. De officiële eerstesteenlegging vond plaats op 6 januari 1502. Deze datum (feestdag van Driekoningen) stond symbool voor het streven naar de verspreiding van het christelijk geloof in de nieuw ontdekte werelden. Het complex werd in de loop van zeventig jaar voltooid onder leiding van vijf bouwmeesters en markeert de overgang van gotiek naar renaissance. Fantasierijk beeldhouwwerk dat getuigt van invloeden uit de oriënt, siert de stijlvolle sluitstenen en maken de kerk en de kruisgang tot ware pronkstukjes van de weelderige manuelstijl.

Het 32 m hoge **zuidportaal** van de Spaanse bouwmeester João de Castilho, dat met talloze verfijnde decoraties in platerescostijl

De versiering in manuelstijl geeft de laatgotische kruisgang een ongewoon speels karakter

Alcântara en Belém

is getooid, staat nog geheel in het teken van gotische godsvrucht. Boven heiligen, profeten en kerkvaders tronen de aartsengel Michaël en de Maagd Maria. Het streven naar wereldse macht valt alleen te vermoeden doordat Hendrik de Zeevaarder als enige wereldse figuur aanwezig is op de middelste pilaar van het portaal. Heel anders is het bij het westportaal, dat iets later in renaissancestijl werd vervaardigd door Nicolas de Chantarène. Hier schuift een zelfbewust koningspaar met het koninklijk wapen als symbool van aardse macht dicht bij de heilige kribbe aan.

De 92 m lange en 22 m brede **hallenkerk Santa Maria** spreidt een volmaakte elegantie en lichtheid tentoon. Zes ranke zuilen vertakken zich naar een hoogte van 25 m als een palmenbos. Links van de ingang ziet u het grafmonument van Vasco da Gama, rechts het lege grafmonument van de nationale dichter Luís de Camões. Het in 1571 voltooide koor in renaissancestijl vormt met een zwaar cassetteplafond van marmer een vreemd accent in het interieur. De sarcofaag van Manuel I wordt net als die van vijf andere gekroonde hoofden gedragen door Indische olifanten. De imposante **kruisgang** van twee niveaus en een lengte van 55 m lijkt wel een binnentuin van een Oriëntaals paleis. De overgang tussen de laatgotische benedenverdieping en de renaissancistische bovenverdieping verloopt harmonieus dankzij de in steen uitgehouwen fabelwezens, wilde planten en fraaie ornamenten die buiten de vaste kaders treden. Het sobere **grafmonument van Fernando Pessoa** is later aan de noordkant toegevoegd.

In de westvleugel, waar de slaapcellen van de monniken gelegen waren, bevindt zich nu het **Archeologisch Museum**. Hier staan opgegraven objecten uit de voorchristelijke en vroegchristelijke tijd centraal (di.-zo. 10-18 uur, € 5).

Zo'n 300 m oostelijker bakt men in de **Confeitaria dos Pastéis de Belém** 18 (Rua da Belém 84-88) al sinds 1837 de beroemdste roomtaartjes van Lissabon, wel 15 duizend per dag. Het streng bewaarde huisrecept is alleen bekend bij de vier chefbakkers.

Museu da Marinha 46
Praça do Império, http://ccm.marinha.pt, di.-zo. 10-17, mei-sept. 10-18 uur, € 6
Aan het uiteinde van de westvleugel staat het Marinemuseum, waar u de lokroep van de zee kunt ervaren. In het middelpunt staan de Portugese ontdekkingsreizen van de 15e en de 16e eeuw (zie ook blz. 46). Getoonde objecten zijn onder meer nautische instrumenten en miniatuurmodellen van de snelle karvelen die in die tijd de verre wereldzeeën verkenden. Een van de modellen is dat van de São Gabriel, waarop Vasco da Gama naar

India voer. Niet minder indrukwekkend is de enorme collectie van de vroeger hoog aangeschreven Portugese kaarten en globes.

Centro Cultural de Belém 47
Praça do Império, dag. 10-19 uur, http://ccb.pt
In de ogen van de een is het cultuur- en congrescentrum Centro Cultural de Belém, kortweg CCB, een wonder van architectuur, in de ogen van een ander is het gewoon een groot plomp gebouw. Het centrum heeft overigens geen nadelige gevolgen van deze discussie ondervonden. Van dit duurste gebouw van Portugal dat in de 20e eeuw uit publieke middelen werd gefinancierd, gaat dan ook een belangrijke invloed op het culturele leven van Lissabon uit. Het Portugees-Italiaanse architectenduo Manuel Salgado en Vittorio Gregotti verluchtigde de zware structuur van het bouwwerk door de toepssing van gegroefd rozekleurig kalksteen. De aanleg van brede paden en open ruimtes moet de overweldigende indruk van het gebouw nog iets verder afzwakken.

Museu Coleção Berardo
in CCB, Praça do Império, z.n., http://en.museu berardo.pt, dag. 10-19 uur, gratis
Het jongste juweeltje onder de moderne kunstexposities is het in 2007 geopende museum met de privécollectie van Coleção Berardo. Het veilinghuis Christie's schat de waarde ervan op ongeveer 300 miljoen euro. De in 1944 op Madeira geboren zakenman en kunstverzamelaar Joe (José) Berardo legde de basis voor zijn rijkdom met de exploitatie van goudmijnen in Zuid-Afrika. Tegenwoordig houdt deze veelzijdige man zich bezig met banken en telefoonmaatschappijen en is eigenaar van hoogwaardige wijngaarden en paleizen, zoals het Palácio da Bacalhôa in Azeitão (zie blz. 164). Van de ruim 800 werken in zijn collectie worden er steeds zo'n 250 tentoongesteld. Naast werken van Portugese kunstenaars ziet u hier *Femme dans un fauteuil* en *Tête de femme* van Pablo Picasso, diverse werken van Salvador Dalí, Marcel Duchamp en Joan Miró en diverse schilderijen van Francis Bacon, Yves Klein, Roy Lichtenstein en andere beroemde kunstenaars uit de 20e eeuw. Verder worden er nog tijdelijke exposities gehouden.

Padrão dos Descobrimentos 48
Avenida Brasília, z.n., www.padraodos descobrimentos.pt, dag. 10-18 uur, mei-sept. tot 19 uur, € 4
Via een voetgangerstunnel onder de kustweg komt u bij het Ontdekkersmonument, een hommage van dictator Salazar aan Hendrik de Zeevaarder. Aan beide zijkanten van het 52 m hoge monument knielen zestien belangrijke figuren uit Hendriks tijd, aangevoerd door Hendrik zelf met een karveel in zijn hand. Een binnenlift voert omhoog naar het uitkijkplatform. In de bodem voor het monument is een wereldkaart aangebracht met daarop de stations van de Portugese ontdekkingsreizen.

Torre de Belém 49
www.torrebelem.pt, di.-zo. 10-17.30, mei-sept. 10-18.30 uur, bij incidentele grote drukte beperkte toegang, € 6, met klooster € 12
Wanneer u van het Ontdekkersmonument landinwaarts kijkt, ziet u de Toren van Belém, die net als het Mosteiro dos Jerónimos tot UNESCO-Werelderfgoed is uitgeroepen. Dit pronkstuk in manuelstijl werd in 1515-1521 gebouwd als wachttoren voor de haven van Lissabon. Het onderste deel is een zeskantig bolwerk dat uitsteekt in de Taag. Daarop staat een toren die van schietgaten is voorzien. De bouwmeester bekommerde zich overigens meer om het speelse decor met oriëntaalse en Venetiaanse elementen dan om de militaire deugdelijkheid. Het gebouw kreeg na vijftig jaar dan ook al een nieuwe bestemming als douanegebouw en gevangenis.

Nadat de Torre de Belém door troepen van Napoleon was beschadigd, werd hij in de 19e eeuw weer in de oorspronkelijke staat hersteld. Zo werd hij een symbool in steen van de Portugese geschiedenis en kan hij nog altijd symbool staan voor de zeevaarders die naar nieuwe werelden trokken en ongedeerd hoopten terug te keren, en die bij het langsvaren salueerden voor het laatgotische beeld van Maria voor een behouden vaart.

Het moderne Lissabon

▶ A/B 10/11

In de loop der eeuwen was Lissabon op organische wijze tot grote stad uitgegroeid aan de Taag, waarover mensen en handelsgoederen hierheen kwamen. Met de nieuwe indeling van Baixa na de aardbeving keerde de stad de rivier de rug toe. Aan de noordrand maakten landgoederen plaats voor brede avenidas rond de Praça Marquês de Pombal. Pas de wereldtentoonstelling van 1998 luidde de renaissance van de Taag in.

Ten noorden van het centrum

Kaart: zie blz. 133

Rond Praça Marquês de Pombal 50

De Praça Marquês de Pombal met het meer dan levensgrote standbeeld van de regeringsleider vormt een afsluiting met druk verkeer van de Avenida da Liberdade. Aan de noordkant ligt het **Parque Eduardo VII** op een heuvelhelling. Hier zijn in de grote kas Estufa Fria talloze planten te bewonderen. Verdeeld over drie afdelingen groeien er op 15.500 m² planten uit alle vijf continenten (dag. 10-19, 's winters 9-17 uur, € 3,10).

Aan de noordkant van het park is het fraai gelegen caféterras Linha d'Água ideaal voor een pauze. Fris en uitgerust kunt u dan gaan winkelen in het naburige grootste warenhuis van het Iberisch Schiereiland, **El Corte Inglés** 9, of iets verderop het Museum Gulbenkian bezichtigen.

Fundação Calouste Gulbenkian 51

Rua Berna, 45, www.museu.gulbenkian.pt, wo.-ma. 10-18 uur, € 5, zo. gratis

Het bezoek aan deze verfijnde privécollectie ontpopt zich tot een opwindende tocht door de kunstgeschiedenis. Al op zijn veertiende bemachtigde de Armeniër Calouste Gulbenkian (1886-1955) op een Turkse bazaar enkele antieke munten. Als employé van Shell leerde hij al vroeg de waarde inzien van het 'zwarte goud' en hij ontdekte daarna in Irak zijn eigen oliebronnen. Deze verkocht hij in 1928 aan vier grote ondernemingen in ruil voor een winstaandeel van 5 %. Mister Five Percent, de bijnaam die hij daarmee verdiende, verzamelde met een scherp oog voor schoonheid schilderijen, tapijten, antiek en sieraden uit alle hoeken van de wereld. In 1942 vluchtte hij uit zijn woning in Parijs naar Lissabon; dankzij goede internationale connecties wist hij zijn levenswerk uit handen van de nazi's te houden. Uit dankbaarheid voor de Portugese gastvrijheid richtte hij een stichting op, die hij na zijn dood in 1955 zijn vermogen naliet. Het vermogen van de stichting bedraagt nu meer dan drie miljard euro, met de oliemaatschappijen als belangrijkste inkomstenbron.

De rondgang door het museum begint in de Egyptische zaal met een drieduizend jaar oud masker uit obsidiaan van farao Amenemhat III. De aangrenzende zalen zijn gewijd aan de Grieks-Romeinse tijd, Mesopotamië en Klein-Azië, met kleurig borduurwerk op zijde, tapijten en faience. Bijzonder is de islamitische gebedsnis uit de 8e eeuw. Via de Armeense zaal en de Aziatische zaal komt u in de negen zalen met Europese kunst, waaronder veel portretten. U ziet op deze afdeling schilderijen van Rembrandt, Rubens, Watteau, Fragonard, Manet, Monet, Renoir en Degas. De Europese afdeling wordt afgesloten met de jugendstilen art-decosieraden van de juwelenontwerpen en glaskunstenaar René Laliques.

Een tropisch park met schaduwrijke plekjes, beekjes en kunstobjecten legt de verbinding met het **Centro de Arte Moderna**, waar de Gulbenkian-stichting de grootste collectie eigentijdse Portugese kunst toont, met onder meer het late werk van Amadeo de Souza-Cardoso en werk van Maria Helena Vieira da Silva. Het beeldhouwwerk van João Cutileiro en de schilderijen van Paula Rego gelden al als klassiekers. Het programma wordt afgerond met wisselende exposities en een overzichtstentoonstelling van Engelse kunst.

Stierengevechtarena
Campo Pequeno
De aan de noordzijde van de stichting lopende Avenida de Berna komt uit op de Stierengevechtarena. Het Moors aandoende bouwwerk van rode baksteen uit de late 19e eeuw biedt plaats aan bijna negenduizend toeschouwers. In verband met een renovatie werd de arena in 2006 uitgebreid met een ondergronds winkelcentrum. Per jaar worden ongeveer twintig stierengevechten gehouden, met verder rockconcerten en gastronomische beurzen.

Museu de Lisboa 53
Campo Grande 245, www.museudelisboa.pt, di.-zo. 10-13, 14-18 uur, € 2
Na 15 minuten heuvelopwaarts lopen langs de Avenida da República, een drukke verkeersader, of na twee metrostations vindt u nabij het uiteinde van de Campo Grande twee interessante musea. Het Museu de Lisboa op nr. 245 geeft in een goed onderhouden landgoed uit 1748 op onderhoudende wijze een beeld van tweeduizend jaar stadsontwikkeling. Hoogtepunten zijn een tot in detail getrouwe maquette van Lissabon uit de tijd vóór de aardbeving en de origineel bewaard gebleven huiskeuken, die ruim plaats bood aan de uitgebreide aristocratische gastronomie.

Museu Rafael Bordalo Pinheiro 54
Campo Grande 383, http://museubordalo pinheiro.cm-lisboa.pt, di.-za. 10-18 uur, € 1,50

Zeer vermakelijk om te zien zijn de werken van Rafael Bordalo Pinheiro (1846-1905), een karikaturist met een scherp oog en tevens tegelschilder. Zijn museum is gevestigd in de vroegere woning van zijn opdrachtgever die hiervoor werd gerenoveerd. Bordalo Pinheiro liet ook waardevol aardewerk na dat een ironische zedenschets van het leven in Lissabon aan het eind van de 19e eeuw geeft.

Expoterrein

Kaart: zie blz. 143
Aan de hernieuwde aandacht voor de Taag ging in 1980 een competitie rond ideeën over de stadsplanologie vooraf. Deze culmineerde in de wereldtentoonstelling Expo 98, die aanleiding was voor de belangrijkste stedenbouwkundige herordening sinds 1755. Het Lissabon van de 21e eeuw ontstond op een oppervlakte van 340 ha met 10.000 ruimte voor 25.000 bewoners. Dienstverleningsbedrijven moesten zo'n 14.000 arbeidsplaatsen opleveren. Slechts een deel van het gigantische **Parque das Nações** werd ingericht als Expoterrein, dat zich toch nog over een lengte van 5 km langs de Taag uitstrekt. De Expo, die in het teken stond van de ontdekking van de zeeroute naar India van vijfhonderd jaar geleden, trok elf miljoen bezoekers. Het hoofdthema 'Oceanen – een erfenis voor de toekomst' loopt nu nog als een rode draad door de algehele architectuur (www.portaldasnacoes.pt).

Station Oriente
Avenida Dom João II
Het artistieke hoogtepunt van de nieuwe metrolijn is het eindstation Oriente. Tien kunstenaars uit alle vijf continenten gaven vorm aan de grote tegelpanelen met de Expo als leidend thema. Een hiervan is een veelkleurige uitbeelding door Friedensreich Hundertwasser van de legendarische stad Atlantis.

Het station van de befaamde Spaanse architect Santiago Calatrava is een bouwkundig sieraad dat van cruciaal belang is voor het stadsvervoer met een samenloop van trein, metro, streekbussen en stadsbussen. De

Expoterrein

Bezienswaardig
- **1** – **54** zie kaart blz. 119 en 133
- **55** Station Oriente
- **56** MEO Arena
- **57** Torre Vasco da Gama
- **58** Oceanário
- **59** Pavilhão do Conhecimento
- **60** Portugees Paviljoen

Winkelen
- **11** Centro Comercial Vasco da Gama

Uitgaan
- **15** Casino

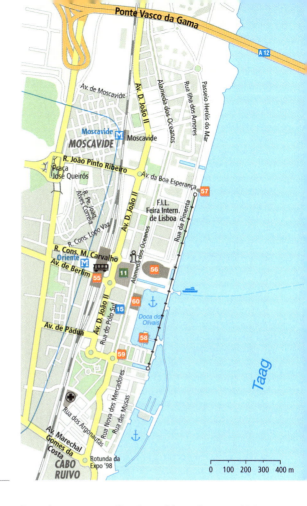

perrons liggen op een constructie van bruggen die door betonnen pijlers wordt gedragen. Deze lopen door elkaar op de manier van boomwortels. Boven de sporen verheft zich een licht dak van witgeschilderd staal en doorzichtig glas, dat toeloopt in gotische spitsbogen en zo evenzeer herinnert aan een palmenbos en de kloosterkerk van Belém.

Centro Comercial Vasco da Gama **11**
Avenida Dom João II
Ook de architectuur van het winkelcentrum Vasco da Gama legt een verband met de zeevaart. Het glazen dak wordt omspoeld door water, over de bodem lopen de banen van lengte- en breedtegraden, en zitbankjes hebben de vorm van scheepsrompen. Je waant je hier in het ruim van een cruiseschip. Via dit grote winkelcentrum komt u uit op het voormalige Expoterrein. Als u even omkijkt, ziet u de twee meest luxueuze woonflats van Lissabon, die in de vorm van twee scheepsrompen aan weerszijden van het winkelcentrum staan. Over de prijs van een woning praat je eigenlijk niet, maar hij kan variëren van € 480.000 tot bijna € 1.500.000 afhankelijk van ligging en grootte.

Het moderne Lissabon

MEO Arena 56
Rossio dos Olivais, Lote 2.13.01A
Tegenover het winkelcentrum loopt de MEO Arena door tot aan de Taag. In uiterlijke vormgeving en kleurstelling lijkt het gebouw een reusachtige mossel. In de binnenruimte doet een constructie van houten bogen met een lengte van wel 114 m vooral denken aan de romp van een Portugese karveel.

De links aansluitende **beurshallen** bestaan uit vier rechthoekige gebouwen van verschillende hoogte. De gewelfde dakconstructie met afzonderlijke metalen stutten vertoont enige gelijkenis met het Centre Pompidou in Parijs.

Torre Vasco da Gama 57
Cais das Naus, Lote 2.21.01
Voorbij de MEO Arena loopt een lange rij restaurants door tot aan de Torre Vasco da Gama, die zich verheft tot een hoogte van 140 m. Hier werd een van de meest luxueuze hotels van Lissabon gebouwd. De ranke betontoren wordt versterkt door witte metalen stutten die de indruk wekken van een opbollend zeil. Als een mastkorf hangt bovenin een uitkijkplatform, dat momenteel helaas niet voor publiek toegankelijk is. Het fundament van de toren staat deels in de Taag. De planners van de Expo wilden als symbool van het nieuwe Lissabon een tegenhanger creëren van de Torre de Belém (zie blz. 140), die vijfhonderd jaar eerder aan het westeind van de stad werd gebouwd als symbool van de Portugese ontdekkersgeest. De noordelijker gelegen **Ponte Vasco da Gama** is met een lengte van 17,2 km en een spanbreedte van 480 m een van de langste bruggen ter wereld.

Een **kabelbaan** (dag. 11-19, 's zomers tot 20, 's winters tot 18 uur, enkele reis € 4) en de oeverpromenade leiden naar het aquarium aan de zuidrand van het Expoterrein.

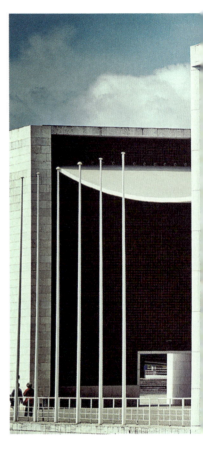

Oceanário 58
Esplanada Dom Carlos I, z.n., www.oceanario.pt, dag. 10-20 uur, 's winters tot 18 uur, laatste toegang een uur eerder, € 13
Voorbij de toegangspoorten van het grootste aquarium van Europa belandt u in een fantastisch onderwaterparadijs. Het gebouw is ontstaan naar een ontwerp van de Amerikaanse architect Peter Chermayeff; het ligt als een eiland in het beschutte water van de vroegere dokken. In het onderste deel staan ronde zuilen die een zwaar, ongelijkmatig verdeeld en donker middenstuk dragen, dat in vorm en kleur verwijst naar een rots in zee. Daarboven verheft zich een licht doorlatend dak. Metalen kabels en masten roepen associaties op met het tuigwerk van een schip, de naar het aquarium leidende brug doet denken aan een aanlegsteiger.

Expoterrein

Een dak van spanbeton als een zeildoek: de Portugese geschiedenis van grote zeevaarders wordt weerspiegeld in de eigentijdse architectuur van het land

Eerst krijgt de bezoeker de planten en dieren te zien van de verschillend gevormde kusten van de Atlantische Oceaan, de Zuidelijke Oceaan (ook wel Zuidelijke IJszee genoemd), de Grote Oceaan en de Indische Oceaan. Daarna voert de route om een centrale watertank heen naar de duistere diepte van de zee. Angstaanjagende haaien, reusachtige roggen en bonte scholen vissen zwemmen hier rond. Om ze beter te kunnen bekijken zijn de kleinste zeebewoners ondergebracht in afzonderlijke aquariums. Al met al zijn er tienduizend dieren in 7000 m³ water te zien. Een nieuwe aanbouw is naar Portugese traditie bekleed met tegels, meer dan vierduizend. Hier worden onder andere tijdelijke tentoonstellingen georganiseerd.

Pavilhão do Conhecimento 59

Alameda dos Oceanos, Lote 2.10.01, www.pavconhecimento.pt, di.-vr. 10-18, za.-zo. 11-19 uur, € 9, internetcafé met gratis wifi
Het gebouw naast het aquarium biedt onderdak aan het 'Paviljoen van het weten', waar op speelse wijze kennis kan worden gemaakt met de krachten van de natuur. Klein en groot

Het moderne Lissabon

kunnen hier met fantasierijke proeven hun kennis van het milieu uitbreiden. Er zijn tal van mogelijkheden om te experimenteren voor nieuwsgierige mensen vanaf drie jaar. In de omringende tuin kunnen de proeven in de openlucht worden voortgezet. Niet alleen kinderen zullen hier worden verrast.

Portugees paviljoen 60
Alameda dos Oceanos z.n.
De inwoners van Lissabon zijn trots op de vormgeving van het voormalige Portugees Paviljoen, dat tussen het aquarium en het winkelcentrum staat. Álvaro Siza Vieira heeft een in tweeën gedeeld bouwwerk gecreëerd. Een langgerekt gebouw met plat dak gaat over in een overdekt plein. Het 65 m lange en 50 m brede dak is het eigenlijke pronkstuk (zie foto blz. 145). Als een zeildoek is een wit, vrij hangend dak boven de open ruimte gespannen, dat uit afzonderlijke betonstroken is samengesteld en met staalkabels is versterkt.

Casino 15
Alameda dos Oceanos Lote 1.03.01, www.casino-lisboa.pt, zo.-do. 15-3, vr.-za. 16-4 uur
Vlak bij het Portugees Paviljoen is het supermoderne casino gebaseerd op een minimalistisch architectuurconcept dat sterk leunt op kleurcontrasten. De gevel is glanzend zwart, met daarop in diagonale rode letters de naam Casino Lisboa. Om een ronde binnenruimte van 20 m hoog zijn de diverse spelfaciliteiten concentrisch gegroepeerd, met verder diverse restaurants en zalen voor culturele evenementen. Met een ambitieus programma van concerten, theatervoorstellingen en shows is het casino een nieuw oriëntatiepunt in de Lissabonse stadscultuur geworden.

Informatie
Lisboa Welcome Center: Praça do Comércio, tel. 210 31 28 10, www.askmelisboa.com, 9-20 uur.
Balies van het toeristenbureau:
Luchthaven: tel. 218 45 06 60, 7-24 uur.
Palácio Foz: Praça dos Restauradores, tel. 213 46 33 14, 9-20 uur.
Station Santa Apolónia: tel. 218 82 16 06, di.-za. 7.30-9.30 uur.
Kiosk Rossio: tel. 910 51 79 14, dag. 10-13, 14-18 uur.
Kiosk Belém: tel. 213 65 84 35, di.-za. 10-13, 14-18 uur.
Kiosk Expoterrein: Alameda dos Oceanos, dag. 10-13, 14-18 uur.
Y/Lisboa: Rua Jardim do Regedor 50 (nabij Restauradores), tel. 213 47 21 34, dag. 11-18 uur. De belangrijkste doelgroep zijn jongere toeristen.
In geval van schade:
Politiebureau voor toeristen: Palácio Foz, Praça dos Restauradores (ingang links naast het toeristenbureau, zie hiervoor), tel. 213 42 16 23.
Dienst voor gevonden voorwerpen: Secção de Achados, Praça Cidade de Salazar, Lote 180, tel. 218 53 54 03 (werkdagen 9-12.30, 14-16 uur).

Accommodatie
Zie kaart blz. 119 en 133
Pure luxe – **Four Seasons Ritz** 1 **:** Rua Rodrigo da Fonseca 88, tel. 213 81 14 00, www.fourseasons.com. Hotel met 262 ruime kamers van minstens 42 m², stijlvol en elegant ingericht, de meeste met balkon en uitzicht over de stad; wellnessafdeling. 2 pk vanaf € 430.
Verblijf bij het kasteel – **Solar do Castelo** 2 **:** Rua das Cozinhas 2, tel. 213 21 82 00, www.heritage.pt. Slechts 14 elegante kamers in een klein 18e-eeuws stadspaleis aan de rand van de kasteelmuren, romantisch! 2 pk € 140-380.

Lisboa Card
Het toeristenbureau stelt een Lisboa Card beschikbaar met een geldigheid van 24, 48 of 72 uur (ca. € 18,50, 31,30, 39). Hiermee kunt u gebruikmaken van het openbaar vervoer en hebt u gratis of met korting toegang tot veel musea en monumenten. De kaart is alleen de prijs waard als u in korte tijd veel betaalde bezienswaardigheden wilt bezoeken. Verder zijn er ook nog een Lisboa Shopping Card en een Lisboa Restaurant Card.

Adressen

Traditioneel en modern – **Avenida Liberdade** 3 **:** Avenida da Liberdade 28, tel. 213 40 40 40, www.heritage.pt. De 41 kamers van verschillende grootte in een grondig gerenoveerd stadspaleis uit de 18e eeuw zijn vormgegeven door een innovatieve Portugese binnenhuisarchitect; wellnessafdeling. 2 pk ongeveer € 200.

Aziatisch getint – **Hotel do Chiado** 4 **:** Rua Nova do Almada 114, tel. 213 25 61 00, www.hoteldochiado.com. Hotel met 40 kleurige kamers met oosterse versieringen, deels met uitzicht op de stad. 2 pk vanaf € 169.

Degelijke traditie – **Lisboa Plaza** 5 **:** Travessa do Salitre 7, tel. 213 21 82 18, www.heritage.pt. Hotel met 94 klassiek ingerichte kamers in lichte bruintinten. 2 pk € 106-200.

Ruim en gezellig – **Turim Lisboa** 6 **:** Rua Filipe Folque 20, tel. 213 13 94 10, www.turim-hotels.com. Nieuw gebouwd hotel in een woonbuurt met 56 ruime kamers. 2 pk € 70-200.

Goede prijs – **Fénix Garden** 7 **:** Rua Joaquim António de Aguiar, 3, tel. 213 84 56 50, www.hfhotels.com. Nieuw gebouwd hotel met licht ingerichte kamers, die echter wel uitkijken op een straat met druk verkeer. 2 pk vanaf € 75.

Goede prijs-kwaliteitverhouding – **Horizonte** 8 **:** Avenida António Augusto de Aguiar 42, tel. 213 53 95 26, www.hotelhorizonte.com. Hotel met 61 onlangs gerenoveerde, praktisch ingerichte kamers; aan de achterkant rustig, aan de voorkant groter en deels met een balkon. 2 pk vanaf € 65.

Vakantiewoning – **Rosa Residence** 9 **:** Escolas Gerais 37, www.rosaresidence.pt, ca. € 90. Huis met 4 opgewekt en aangenaam ingerichte kamers voor maximaal 8 personen; kindvriendelijk

Rustpunt voor late uitgaanders – **Globo** 10 **:** Rua do Teixeira 37, tel. 213 46 22 79, www.anjoazul.com. Hotel met 15 kleine, keurige kamers in een rustige zijstraat in Bairro Alto. 2 pk € 30-60.

Kunstzinnig – **Shiado Hostel** 11 **:** Rua Anchieta 5, 3e verdieping, tel. 213 42 92 27, www.shiadohostel.com. Slaapzalen met 4 tot 8 bedden, ook alleen voor vrouwen; verder afzonderlijke kamers. De muren zijn beschilderd door kunstenaars uit Lissabon. Bed in een slaapzaal € 14-16; 2 pk € 60.

Ontspannen sfeer – **Lisbon Lounge Hostel** 12 **:** Rua de São Nicolau 41, tel. 213 46 20 61, www.lisbonloungehostel.com. Vrolijk ingerichte kamers in een historisch gebouw midden in Baixa. Bed in een kamer met meer bedden € 20-22; 2 pk ca. € 55.

Eten en drinken
Zie kaart blz. 119 en 133

Het hoogste genot – **Eleven** 1 **:** Rua Marquês da Fronteira, Jardim Amália Rodrigues, tel. 213 86 22 11, zo.-ma. gesl. Onbetwist het toprestaurant van Lissabon. De Duitse chef-kok Joachim Koerper tovert met Portugees-mediterrane gerechten, zoals een carré van jong geitenvlees met een korst van olijven uit Alentejo. Hoofdgerecht vanaf € 37, menu vanaf € 84, lunch vanaf € 32.

Trendy – **Bica do Sapato** 2 **:** Avenida Infante Dom Henrique, Armazém B, Cais da Pedra, tel. 218 81 03 20, ma.-middag gesl. Kleurrijk design in een oud pakhuis aan de Taag. Mede-eigenaar is de Amerikaanse acteur John Malkovich. Fantasierijke mediterrane keuken. Hoofdgerecht € 13-29, in de bijbehorende sushibar vanaf € 6.

Buitengewoon – **100 Maneiras** 3 **:** Rua do Teixeira 35, tel. 210 99 04 75, www.restaurante100maneiras.com, dag. 19.30-2 uur. Echt iets bijzonders is het menu van zo'n tien kleine gerechtjes, zoals inktvisschijfjes met maniokkaviaar, 72 uur lang gegaard vlees van het Iberisch varken op een selleriemousse gegarneerd met amandelen. Een creatieve verfijning van de Portugese keuken. Menu ca. € 60.

Eten in een museum

Vrijwel alle grote musea van Lissabon bieden een smakelijke en niet al te dure lunch, meestal in een zelfbedieningsomgeving. Een bijzonder goede naam hebben **Centro de Arte Moderna** 51 en **Museu Nacional de Arte Antiga** 39. Een heel aangename omgeving biedt de lommerrijke binnenplaats van het **Museu Nacional do Azulejo** 29.

METRORIT DOOR EEN ONDERGRONDSE KUNSTGALERIE

Informatie
Begin en eind: metrostation Marquês de Pombal.
Duur: halve dag, ook mogelijk in etappes.

Toegang: de dagkaart viva viagem (zie blz. 154) is verkrijgbaar in alle metrostations, prijs ca. € 6.

Sinds omstreeks 1995 beschikt Lissabon over een kunstgalerie met zulke hoge bezoekersaantallen dat zelfs de curators van het Parijse Louvre alleen maar jaloers kunnen zijn. Deze galerie bevindt zich onder de grond van de Portugesen hoofdstad: in de toegangshallen en op de perrons van de metrostations. De moderne Kunst in de metro, die vaak als een symbool van ons haastige leven van alledag wordt gezien, wil een onderbreking in de hectische verkeersstroom provoceren. Vaak laten Portugese en internationale kunstenaars een thematische betrokkenheid zien bij de bovengrondse omgeving van het betreffende station.

Maria da Fonseca, die zich als kunstenaar Menez noemt, plaatst op witte tegels in het **station Marquês de Pombal** deze Portugese hervormer naast zijn tijdgenoten Casanova, Bach, Mozart,

Kant, Voltaire en Rousseau. In een luchtige opeenvolging van beelden schetst ze de ingrijpende politieke hervormingen, met de wederopbouw van Lissabon na de aardbeving, de oprichting van een openbaar onderwijsstelsel, de organisatie van werkplaatsen en de officiële instelling van het wijnbouwgebied voor de port. Ook de despotische trekken van de Portugese hervormer komen aan bod, zoals de verdrijving van de jezuïeten en de gruwelijke vervolging van zijn aristocratische tegenstrevers.

Van dit station gaat u verder met de gele metrolijn richting Odivelas naar het volgende station **Picoas**. Op het perron tekent Martins Correia met expressieve kleuren en penseelstreken vrouwen van Lissabon, onder wie ook de allang vergeten zwarte straatverkoopsters en visvrouwen, die met hun koopwaar in platte korven op hun hoofd rondliepen.

Twee stations verder verwijzen in **Campo Pequeno** mozaïekafbeeldingen van verschillend gekleurde marmerstukjes naar de stierengevechtarena boven de grond. Bij de zuidelijke uitgang herinneren ook in marmer vormgegeven marktvrouwen aan de groentemarkt die vroeger op deze plek de levering aan de hoofdstad verzorgde. Op het volgende station **Cidade Universitária** schetst de grande dame van de Portugese moderne kunst, Maria Helena Vieira da Silva, onder de universiteit een gemeenschap van wetenschappers, filosofen en kunstenaars. Socrates wordt geciteerd met een beroemde uitspraak: 'Ik ben geen Athener of Griek, maar een burger van deze wereld.' En op station **Campo Grande** verrast Eduardo Nery met een soort collage van tegelversieringen. Ze hebben betrekking op de historische azulejo-afbeeldingen van ontvangstdames en -heren, die ooit de toegangsportalen van grote adellijke paleizen in deze wijk flankeerden.

Van dit station gaat u over een verder weinig interessant traject van de groene metrolijn (richting Cais do Sodré) naar het overstapstation Alameda. De stations van de rode metrolijn vanhier naar Oriente verplaatsen de toeschouwer als het ware in de zee. Eindpunt is het terrein van de wereldtentoonstelling van 1998, die destijds als hoofdthema 'Oceanen – een erfenis voor de toekomst' had. Op station **Olaias** krijg je tussen de imposante zuilen die op de zuigers van een grote motor lijken, het gevoel in het ruim van een schip te staan.

Op station **Olivais** verlaten de op tegels geschilderde ratten het zinkende schip. En het eindstation **Oriente** presenteert een soort overzichtstentoonstelling van bekende internationale kunstenaars, van wie de namen op kleine metalen plaquettes te lezen zijn. De drie opvallendste afbeeldingen tooien het perron van de aankomende treinen. Tegen de rijrichting in heeft de Oostenrijker Friedensreich Hundertwasser de legendarische, naar de zeebodem gezonken stad Atlantis in uitbundige kleuren uitgebeeld. Pal ernaast presenteert de Argentijn Antonio Segui met kleurige stripfiguren allerlei ideeën over het leven op en in de wereldzeeën.

Aan het andere eind van het spoor graait de IJslandse popart-kunstenaar Erró diep in de iconografische trucendoos en laat een jeugdig ogende Vasco da Gama als stripheld tussen allerlei verleidelijke zeemeerminnen en Kwik, Kwek en Kwak stoutmoedig zijn koers over de oceaan aanhouden, terwijl piraten noch vijandelijke strijders hem daarvan kunnen afhouden.

Hierna volgt de terugreis tot aan het eindstation São Sebastião. Vanaf dit station gaat u verder met de blauwe metrolijn richting Amadora Este naar station **Jardim Zoológico**, waar Júlio Resende de toeschouwer met talloze apen, giraffen en krokodillen in zachte aquareltinten naar hun levende soortgenoten in de dierentuin boven de grond lokt.

Op de weg terug naar het beginpunt ziet u hoe de Belgische Françoise Schein en de Française Federica Matta het station **Parque** hebben veranderd in een fantasierijk en tegelijk kritisch monument voor de ontdekkingsreizen, die zij in de context van de slavenhandel en de Universele Verklaring van de Rechten van de Mens van 1946 plaatsen. Deze staat woord voor woord te lezen in het gewelf boven het spoor. Langs het perron worden de verworvenheden van de Portugese ontdekkingsreizen op het gebied van de ideeëngeschiedenis en de zeevaart verbeeld.

Lissabon

Braziliaans – Comida de Santos 4 : Calçada Engenheiro Miguel Pais, 39, tel. 213 96 33 39, di. gesl. Hier krijgt u subtiel bereide specialiteiten voorgeschoteld, ook vegetarische. Hoofdgerecht € 15-21.

Aangenaam – Cantinho do Bem-Estar 5 : Rua Norte 46, tel. 213 46 42 65, zo.-middag en ma. gesl. Voor de gegrilde vis- en rijstgerechten in het kleine restaurant staat vaak een rij wachtenden bij de deur. Het hoofdgerecht vanaf € 14,50 is genoeg voor twee!

Tuin van de zintuigen – Jardim dos Sentidos 6 : Rua da Mãe de Água 3, tel. 213 42 36 70, zo. gesl., za. alleen 's avonds. De fantasierijke vegetarische gerechten worden in een mooie ambiance geserveerd. Hoofdgerecht ca. € 10, middagbuffet € 9.

Levendige drukte – Cervejaria da Trindade 7 : Rua Nova da Trindade 20-C, tel. 213 42 35 06, dag. 10-24 uur (zonder onderbreking). Met azulejo's versierd restaurant met bier en zeevruchten in het refectorium van een oud klooster; rumoerig en populair. Hoofdgerecht vanaf € 12.

Gemoedelijk – Stasha 8 : Rua das Gaveas 33, tel. 213 43 11 31. Vrolijk ingericht restaurantje met behoedzaam gemoderniseerde traditionele gerechten, zoals *açorda* (broodsoep) met stokvis en mosselen; ook vegetarisch. Hoofdgerecht vanaf € 8,50.

Zulke knusse pleintjes zijn terecht geliefd bij toeristen, Portugezen gaan vaak naar binnen

Adressen

Garnalen en meer – **Ramiro** 9 : Avenida Almirante Reis 1-H, tel. 218 85 10 24, di.-zo. 12-24 uur (zonder onderbreking). Gezellig is anders, maar hier krijgt u mogelijk de beste zeevruchten van Lissabon voor een redelijke prijs. Daarom staan er 's avonds lange rijen wachtenden bij de ingang. De prijs wordt berekend naar gewicht; zo gaan de reuzengarnalen voor € 66 per kilo.

Authentiek Portugees – **Coutada** 10 : Rua Bempostinha 18, tel. 218 85 20 54, zo. gesl. Een geweldig, wat achteraf gelegen restaurant met een traditionele keuken en een uitstekende prijs-kwaliteitverhouding; heerlijke spiezen en in het weekend lokt de *bacalhau à presidente* met roomsaus en garnalen. Hoofdgerecht vanaf € 7,50.

Jeugdig – **Toma-lá-dá-cá** 11 : Travessa do Sequeiro 38, tel. 213 47 92 43, zo. gesl. Een opgewekte naam en een opgewekte ambiance. Eenvoudige, maar smakelijke vis- en vleesgerechten. Hoofdgerecht vanaf € 7,50.

Goed en goedkoop – **O Moisés** 12 : Avenida Duque de Ávila 121-123, tel. 213 14 09 62. Veelomvattende en smakelijke Portugese keuken met zachte prijsjes. Hoofdgerecht vanaf € 5,50, aan de bar vanaf € 5.

Traditionele koffiehuizen

Art deco – **Café Nicola** 13 : Praça Dom Pedro IV (Rossio) 25, zie blz. 116.

Degelijke kop koffie – **Pastelaria Suiça** 14 : Praça Dom Pedro IV (Rossio) 96-104, zie blz. 116.

Speelse jugendstil – **Café Brasileira** 15 : Rua Garrett, 120, zie blz. 116.

Voormalig theehuis – **Casa Chinesa** 16 : Rua do Ouro 274, zie blz. 116.

Pompeus – **Café Versailles** 17 : Avenida da República 15 A, zie blz. 116.

Taartjesparadijs – **Confeitaria dos Pastéis de Belém** 18 : Rua de Belém 84-88, zie blz. 116.

Fadorestaurants

Veel fadorestaurants zijn te vinden in de wijken Alfama en Bairro Alto. Reserveren is hier aan te bevelen.

Hoogste kwaliteit – **Sr. Vinho** 19 : Rua do Meio à Lapa 18, tel. 213 97 26 81, dag. 19.30-2 uur. Exclusief en traditioneel restaurant, waar ook nationaal bekende fadovertolkers optreden. Hoofdgerecht vanaf € 24, menu € 50, minimale besteding € 25.

Een en al traditie – **Parreirinha de Alfama** 20 : Beco do Espirito Santo 1, tel. 218 86 82 09. Klein restaurant van de bekende zangeres Argentina Santos waar professionele fado ten gehore wordt gebracht. Hoofdgerecht vanaf € 24.

Authentiek – **A Baiuca** 21 : Rua São Miguel 20, tel. 218 86 72 84, di.-wo. gesl. De weinige tafeltjes in deze fadotaverna zijn steeds snel bezet, dus reserveren is zeker aan te raden. Hoofdgerecht vanaf € 15.

Lissabon

Gemoedelijk – **Esquina de Alfama** 22 : Rua de São Pedro 4, tel. 218 87 05 90, ma.-di. gesl. De zanger Lino Ramos heeft een eigen authentiek fadorestaurant geopend. Hij wordt begeleid door buren en vrienden. Hoofdgerecht vanaf € 14.

Authentieke kroeg – **Tasca do Chico** 23 : Rua Diário de Notícias 39, geen reserveringen, dag. Fado van amateurs meestal vanaf 22 uur.

Winkelen
Zie kaart blz. 119, 133 en 143

Talloze **traditionele winkels** zijn nog te vinden in de wijken Baixa, Chiado en Bairro Alto. Winkels voor **jonge mode** vindt u vooral in de Rua Dom Pedro V. Voor **antiquairs** kunt u goed terecht in de Rua da Escola Politécnica en de naburige Rua do Alecrim, Rua Dom Pedro V en Rua de São Bento.

Mediawarenhuis – **FNAC** 1 : Rua do Carmo 2 (Armazéns do Chiado). Gigantisch assortiment van cd's, dvd's en boeken.

Zuivere koffie – **A Carioca** 2 : Rua da Misericórdia 9. Kleine koffiebranderij die een familiebedrijf is; ook met een groot assortiment thee. Het naar de wens van de klant samengestelde koffiemelange wordt vers gemalen en degelijk verpakt.

Uitstekende wijnen – **Coisas do Vinho do Arco** 3 : Rua Bartolemeu Dias (Centro Cultural do Belém). Goed gesorteerde wijnhandel met kwaliteitswijnen.

Biologisch – **Brio** 4 : Travessa do Carmo 1 (Chiado Plaza): goed gesorteerde biologische winkel met een klein café. Men verkoopt ook vers donker brood.

Uit een vorig leven – **A Vida Portuguesa** 5 : Rua Anchieta 11 (Chiado). Nostalgie met Portugese merkproducten uit de jaren 50 en 60 van de vorige eeuw.

Oudste tegelatelier – **Sant'Anna** 6 : Rua do Alecrim 95 (Chiado). Handgeschilderde tegels met klassieke patronen.

Handschoenen – **Luvaria Ulisses** 7 : Rua do Carmo, 87 A, zie blz. 118.

Wol – **Burel** 8 : Rua Serpa Pinto 15 B (Chiado). Geweven wol die op duurzame wijze in de bergstreken van Midden-Portugal is geproduceerd. Kleding, stoffen, tassen.

Consumententempel – **El Corte Inglés** 9 : Avenida Antônio Augusto de Aguiar 31. Het grootste warenhuis van het Iberisch Schiereiland.

Winkelcentra – **Centro Colombo** 10 : Avenida Lusiada (metro: Colégio Militar). Het grootste winkelecentrum van Portugal omvat winkels in alle soorten, bioscopen, restaurants en meer. **Centro Comercial Vasco da Gama** 11 : Avenida Dom João II (Expoterrein). Het winkelcentrum lijkt op het ruim van een schip, met daarbij een watergekoeld glazen dak – interessante architectuur. **Amoreiras** 12 : Avenida Engenheiro Duarte Pacheco. Het eerste winkelcentrum, zie blz. 132.

Markthallen – De mooiste zijn die van de Rua Coelho da Rocha (**Campo de Ourique** 13) en de Cais do Sodré (**Mercado da Ribeira** 14).

Vlooienmarkt – **Feira da Ladra** 15 : Campo de Santa Clara, zie blz. 127.

Uitgaan
Zie kaart blz. 119, 133 en 143

Degelijk – **British Bar** 1 : Rua Bernardino da Costa 52, zo. gesl. De klok boven de bar loopt achteruit, wat de filmregisseur Alain Tanner opvatte als een metafoor voor het onvervulbare Portugese verlangen naar vervlogen tijden. Trefpunt voor intellectuelen van middelbare leeftijd.

Modern – **Musicbox** 2 : Rua Nova do Carvalho 24, wo.-za. open vanaf 22, programma vanaf 1 uur. Concerten, beroemde dj's, films, tentoonstellingen. Niet duur.

Afrikaans – **Casa da Morna & Semba** 3 : Rua Rodrigues Faria 21, tel. 213 62 11 69, vr.-za. 19-4 uur. De inrichting van de muzikant Tito Paris is een ideale omgeving met livemuziek bij Kaapverdische en Angolese gerechten. Buiten bijzondere evenementen gratis toegang, hoofdgerecht vanaf € 12.

Pure jazz – **Hot Clube** 4 : Praça da Alegria 47, concerten do.-zo. meestal vanaf 22.30 uur. De legendarische jazztent in het centrum van de stad moest na een brand verhuizen naar een nieuwe ruimte. Hier komt de muziek akoestisch nog beter tot zijn recht.

Vreemde cocktails – **Pavilhão Chinês** 5 : Rua Dom Pedro V 89, zie blz. 122.

Adressen

> **Wat, waar en wanneer?**
> Bij de tijdschriftenkiosken is het weekmagazine **Time Out** verkrijgbaar. Daarnaast verschijnen er voor de stad het maandoverzicht **Follow Me** (Engels) en het cultureel tijdschrift **Agenda Cultural** (Portugees), die gratis verkrijgbaar zijn bij hotels en toeristenbureaus.

Altijd alternatief – **Majong** 6 : Rua da Atalaia, 3, zie blz. 122.
Afrikaanse ritmes – **B. Leza** 7 : Cais da Ribeira Nova, Armazém B, zie blz. 122.
Extravagant – **Frágil** 8 : Rua da Atalaia 126, zie blz. 122.
Homo en hetero – **Portas Largas** 9 : Rua da Atalaia 105, zie blz. 122.
In een oude elektriciteitscentrale – **KAIS** 10 : Cais da Viscondessa, Rua Cintura do Porto, tel. 213 93 29 30, zie blz. 122.
Hitparade – **Plateau** 11 : Escadinhas da Praia 7, sprinter Santos, zie blz. 122.
Progressieve house – **Kremlin** 12 : Escadinhas da Praia 5, zie blz. 122.
Avant-gardistisch – **Lounge** 13 : Rua da Moeda 1, zie blz. 122.
Wereldberoemd – **Lux Frágil** 14 : Avenida Infante Dom Henrique, Armazém B, Cais da Pedra, do.-za. vanaf 23 uur, zie blz. 122.
Niet alleen voor gokkers – **Casino** 15 : Alameda dos Oceanos (Expoterrein). Dankzij een vaak hoogwaardig cultureel aanbod heeft het casino een eigen plaats in het culturele leven van Lissabon verworven.
Met uitzicht – **Chapitô** 16 : Costa do Castelo 7, ma. gesl. Dit centrum van alternatieve cultuur omvat een café en een restaurant met uitzicht, een concertbar (di.-zo. vanaf 22 uur geregeld met livemuziek, met het accent op jazz), een kindercircus, een theater voor kleinere producties en een clownsopleiding. De oprichtster is zelf dan ook clown.
Centrum van alternatieve cultuur – **Zé dos Bois** 17 : Rua da Barroca 59, bar geopend di.-za. 18-24 uur. Jonge kunstenaars met performances, tentoonstellingen, concerten, video's, fotografie, theater, dj's, en verder een kleine winkel met kunstboeken en een bar.

Podium voor opera's – **Teatro Nacional de São Carlos** 9 : Largo de São Carlos. De in Italiaanse stijl gebouwde opera werd in 1793 ingewijd en is een van de mooiste theaters van de stad. Gastvoorstellingen van opera's en concerten van klassieke muziek.

Actief
Zie kaart blz. 119

Rondrit – **Carristur**: het stedelijk vervoersbedrijf geeft op www.yellowbustours.com een overzicht van rondritten in een dubbeldekker met open dak (ca. € 15) en in de historische tram (ca. € 18). Kaartjes zijn verkrijgbaar bij de toeristenbureaus en de kiosken van het bedrijf, bijvoorbeeld aan de zuidwestkant van de Praça do Comércio (zie hierna).
Rondleiding – Persoonlijke rondleidingen afgestemd op de individuele wensen worden georganiseerd door de auteur van deze reisgids Jürgen Strohmaier, zowel voor kleine groepen als voor individuele reizigers. Hij geeft zijn persoonlijke visie op Lissabon, gegarneerd met talloze tips en kijkjes achter de coulissen. Nadere informatie via www.portugal-unterwegs.de of tel. 218 40 30 41.
Boottocht – **Carris**: kiosk aan de Praça do Comércio 1 , www.yellowbustours.com. Boottochten van twee uur over de Taag, Pasen-okt., ca. € 20.
Fietsen – **Bikeiberia** 2 : Largo Corpo Santo 5 (Cais do Sodré), tel. 213 47 03 47, www.bikeiberia.com. Fietsverhuur en organisatie van fietstochten.

Evenementen
Festas de Lisboa: juni-begin juli. Muzikaal spektakel in de hele stad met alles van hiphop tot wereldmuziek en fado. Het hoogtepunt is het feest ter ere van Sint-Antonius op 12 juni met de kleurrijke processie *marchas populares* over de Avenida da Liberdade en uitbundige feestelijkheden in Alfama en de burchtwijk.
Jazz at the Gulbenkian: aug. Voortreffelijke Portugese en internationale musici.
Queer Lisboa: sept.-okt. Het ambitieuze festival van gay films presenteert naast mainstreamfilms ook een uitstekende selectie van outsiderfilms.

Lissabon

Oudejaarsavond: 31 dec. Groot vuurwerk en rockconcerten op het Expoterrein en op de Praça do Comércio.

Vervoer

Gedetailleerde informatie over al het vervoer in de nabije omgeving en voor grotere afstanden is te vinden op www.transporlis.pt. Hier vindt u de exacte tarieven en dienstregelingen voor metro, bus, tram, veerboot en trein, met als enige uitzondering het vliegverkeer. Op de website kunt u ook naar uw individuele wens de best mogelijke verbindingen met het openbaar vervoer bepalen, met reistijd en prijs.

Luchthaven: Humberto Delgado, aan de noordrand van de stad, informatie via tel. 218 41 35 00 en www. ana.pt. De luchthavenbus Aero-Bus 1 (City Center) rijdt van 7-23 uur elke 20 minuten van de aankomstterminal naar het centrum, reistijd ongeveer 30 minuten, kaartjes verkrijgbaar bij de halte voor ca. € 3,50. Daarnaast rijdt de AeroShuttle 2 (Financial Center) van 7-22 uur naar de hotels in de richting van Sete Rios, € 3,50.

Luchthaven-metro: de rode metrolijn rijdt naar Alameda en São Sebastião, met daar overstapmogelijkheden naar het centrum.

Kaartjes

De chipkaart **viva viagem** is verkrijgbaar (€ 0,50) bij de metrostations, in postkantoren en een aantal inleverkantoren van de lotto. De kaart kan opnieuw worden opgeladen en kan gelden voor een enkele rit (met een overstap tot maximaal een uur) of voor een periode van 24 uur (ca. € 6). De kaart is te gebruiken voor alle vervoersmiddelen binnen de stad. U kunt de kaart ook opladen met een groter geldbedrag tot maximaal € 40 ('zapping'), dat u vervolgens kunt besteden. De chipkaart moet voor elke rit steeds voor het elektronische toegangssysteem in de metro worden gehouden of in de automaat in bussen, trams en kabelbanen worden ingevoerd. Zapping-kaarten zijn ook geldig voor de sprinter en de veerboot. Voor de **Lisboa Card** zie blz. 146.

Station: treinen uit Parijs, Madrid en Noord-Portugal stoppen bij de stations Gare do Oriente (Parque das Nações) en Santa Apolónia (Rua Caminho do Ferro); treinen uit Algarve stoppen bij de stations Entrecampos (Avenida da República) en Oriente.

Busstation: Rua Prof. Lima Bastos (Sete Rios). Voor de meeste streekbussen en alle lange-afstandsbussen.

Metro: er zijn vier metrolijnen. De treinen rijden van ca. 6.30-1 uur met een hoge frequentie (tel. 213 50 01 15, www. metrolisboa.pt).

Tram: de romantische manier om Lissabon te verkennen met de vier lijnen 12, 18, 25 en 28. Daarnaast rijdt de moderne lijn 15 naar Belém (www.carris.pt).

Bus: er is een dicht netwerk van bussen, maar het geheel is vrij onoverzichtelijk en gedrukte informatie is nauwelijks voorhanden (www. carris.pt).

Kabelbaan: een specialiteit van Lissabon zijn de kabelbanen Glória, Bica en Lavra, die worden ingezet op bijzonder steile trajecten. De grote lift Elevador Santa Justa verbindt Baixa met Chiado (www. carris.pt).

Veerboot: vanaf Cais do Sodré, Belém en Praça do Comércio varen veerboten naar de overkant van de Taag (www.transtejo.pt).

Sprinter: vanaf station Cais do Sodré en station Rossio rijdt gemiddeld elke 15 minuten een sprinter naar Cascais dan wel Sintra.

Taxi: in Portugal is de taxi een goedkoop vervoersmiddel. U kunt de chauffeur met een handgebaar aanroepen. Helaas staan veel taxichauffeurs bij de luchthaven slecht bekend om hun 'creatieve tariefberekening'. De rit naar het centrum kost ongeveer € 10-15 met de bagagetoeslag. Betaal bij een extreem hoge rekening niet meteen, maar vraag de hotelreceptie om hulp. Als alternatief biedt het toeristenbureau op de luchthaven een taxivoucher aan vanaf € 16 (afhankelijk van de afstand).

Parkeren: de parkeerruimte in de straten van Lissabon wordt nauwgezet geëxploiteerd. In de binnenstad zijn voldoende parkeergarages te vinden.

De elétrico ratelt door de straten van Lissabon

Hoofdstuk 2
Omgeving van Lissabon

De buren ten noorden en ten zuiden van de Taag hebben in elk geval één ding gemeen: de korte afstand tot Lissabon. Verder zijn het landschap, het klimaat, de steden en de dorpen, zelfs de zee en de kust zeer verschillend.

Het schiereiland Setúbal ten zuiden van de riviermonding wordt gekenmerkt door uitgestrekte zandstranden langs de Costa da Caparica en een rustige golfslag. Dankzij een mediterraan klimaat gedijen planten uit het Middellandse Zeegebied op de heuvels boven de kust van de Atlantische Oceaan. De districtshoofdstad Setúbal is een industrie- en havencentrum, maar heeft nog een levendig oud stadsdeel. De huizen in de omliggende gemeenten zijn witgekalkt, de vruchtbare bodem wordt benut voor wijnbouw.

Heel anders is de aanblik van de rivierzijde die op Lissabon is gericht. Hooguit de mondaine badplaatsen Estoril en Cascais hebben nog een zuidelijke sfeer. De kustweg loopt al spoedig met vele bochten langs de ruige rotsen omhoog naar Cabo da Roca, het meest westelijke punt van het Europese vasteland, 'waar het land eindigt en de zee begint', zoals de nationale dichter Camões schreef.

Sintra doet bijna Midden-Europees aan. Op een steile heuvel verheft zich te midden van een romantisch park het lustslot Palácio da Pena uit de 19e eeuw, terwijl het centrum van de stad wordt gedomineerd door het complex van het koninklijk paleis. De naburige stad Mafra staat juist in het teken van een monumentaal klooster. Het grijze steen van het bouwwerk doet echter kil aan, wat ontbreekt is het licht van het zuiden.

Een toeristische trekpleister: het Palácio da Pena in Sintra

In een oogopslag: omgeving van Lissabon

Bezienswaardig

Cascais: in de oude straatjes zijn talloze modeboetieks en juwelierszaken te vinden, een kustpromenade nodigt uit tot een wandelingetje langs de Atlantische Oceaan en interessante musea lokken bezoekers met belangstelling voor cultuur (zie blz. 171).

⭐ **Sintra:** 'In Sintra is alles hemels,' wordt gezegd in de roman van de Portugese auteur Eça de Queiróz. Dat kun je nauwelijks overdreven noemen als je de romantische paleizen, koninklijke residenties en de plantenrijkdom in de bossen in ogenschouw neemt (zie blz. 174).

Mafra: vanaf 1717 werkten 45.000 bouwlieden aan een luisterrijk kloosterpaleis, dat groter moest worden dan het Escorial bij Madrid: 232 m lang, 221 m breed, met 4500 ramen en 900 zalen (zie blz. 179).

Fraaie routes

Door de Serra da Arrábida: een spectaculair panorama over de zee en de beboste heuvels ontvouwt zich op de kustweg, die in het natuurpark met talloze bochten langs de rotsen omhoogloopt (zie blz. 163).

Kustweg van Guincho: van Cascais voert de N 247-7 langs de door onstuimige golven belaagde rotsen van Boca do Inferno en de duinen van Guincho naar de vuurtoren van Cabo da Roca op de westpunt van het Europese vasteland (zie blz. 173).

Tramrit naar het strand: een historische tram, die langs romantische parken en dichte bossen rijdt, verbindt Sintra en Colares met de stranden langs de Atlantische Oceaan (zie blz. 179).

Tips

Cacilhas bij zonsondergang: de oever van de Taag biedt hier uitzicht op het verheven silhouet van Lissabon, dat door de in zee neerdalende zon in een oranjerode gloed wordt gezet (zie blz. 160).

Costa da Caparica: boven een van de langste zandstranden van Portugal nodigt een pijnbomenbos uit tot een wandeltocht (zie blz. 161).

Museu do Trabalho Setúbal: de hoge hallen van een stilgelegde visconservenfabriek zijn het decor voor een levendige expositie in het Museum van de Arbeid, die de leefomstandigheden van het gewone volk documenteert (zie blz. 166).

De vuurtoren Santa Maria in Cascais is nu een museum

Parque da Pena: wandeling door de Tuin van Eden: te voet rondtrekken door de exotische parken en bossen rond de paleizen van Sintra is een bijzondere belevenis. De Duitse prins-gemaal van koningin Maria II liet in de 19e eeuw volgens de romantische natuurvoorstelling van zijn tijd diverse bomen en struiken uit alle delen van de wereld aanplanten op de heuvel van Sintra. Daartussen klateren tal van beekjes en erbovenuit torent een imposante granietrots (zie blz. 176).

Schiereiland Setúbal

Tussen de monding van de rivieren Taag en Sado, tussen de hoofdstad Lissabon en het landelijke Alentejo ligt het schiereiland Setúbal. De bij hoofdstedelingen populaire weekendbestemming omvat dicht bij elkaar lange zandstranden, woeste rotskusten, uitgestrekte bossen en wijngaarden, witte dorpen, historische steden, en ook industriecentra.

Cacilhas ▶ B 11

Kaart: zie blz. 161
Het uitstapje op de andere rivieroever begint bij de Lissabonse aanlegplaats Cais do Sodré. De veerboten vervoeren op werkdagen duizenden forenzen naar hun werk in Lissabon; in het weekend steken de inwoners van Lissabon graag over voor een bezoek aan een van de buitenrestaurants. Tijdens de overtocht van ongeveer 15 minuten is de fascinatie voelbaar die het majesteitelijke Lissabon al eeuwenlang op terugkerende zeevaarders heeft uitgeoefend. Neem zo mogelijk de tijd om van de avond in **Cacilhas** 1 te genieten, wanneer de zon de stad aan de overkant in een oranjerode gloed zet, waarna Lissabon langzaam in de schemering verdwijnt en de talloze lichten in de stad uiteindelijk het silhouet in het duister uitstippelen.

Standbeeld van Cristo Rei
dag. 9.30-18.15 uur, € 5, vanuit Cacilhas bereikbaar met lijnbus 101
De dorpsstraat door het hoger gelegen historische centrum begint bij de voormalige werven en leidt omhoog naar het standbeeld van Christus Koning. Op een 82 m hoge sokkel verheft zich het van ver zichtbare Christusbeeld van marmer dat zelf een hoogte van 28 m heeft. De katholieke kerk van Portugal richtte het beeld in 1959 op als blijk van dankbaarheid omdat Portugal niet bij de Tweede Wereldoorlog betrokken was geraakt. U kunt met een lift omhooggaan naar het uitkijkplatform, waar u rondom een fraai uitzicht hebt op Lissabon, het mondingsgebied van de Taag en de heuvels in de omgeving.

Eten en drinken
Geweldige ligging – **Ponto Final:** Cais do Ginjal 72, tel. 212 76 07 43, di. gesl. Men serveert de door de keuken van Alentejo beïnvloede gerechten op het terras aan de rivier. Hoofdgerecht vanaf € 14,50.
Vers uit zee – **Cervejaria Farol:** Largo Alfredo Dinis Alex 1-3, tel. 212 76 52 48. Levendige tent waar zeevruchten de specialiteit zijn, zoals het rijstpannetje *arroz de marisco* met mosselen, garnelen en kreeft. Hoofdgerecht vanaf € 8,50.

Costa da Caparica ▶ A 11

Kaart: zie blz. 161
De badplaats Caparica, die via de autobrug Ponte 25 de Abril te bereiken is, heeft weinig eigen karakter en ontbeert de mondaine sfeer van Estoril, dat aan de noordkant van de Taag ligt. Maar de 24 stranden met fijn zand en goed zwemwater behoren tot de mooiste van Portugal, vooral die voorbij de huizenrij in zuidelijke richting. Aan de kustpromenade rijgen de bars en restaurants zich aaneen. Op bepaalde stukken strand sluiten gelijkgezinden zich bij elkaar aan; nudisten, gezinnen met kinderen, homo's en singles hebben daar hun 'eigen' stuk strand, dat ook voor niet-inge-

Costa da Caparica

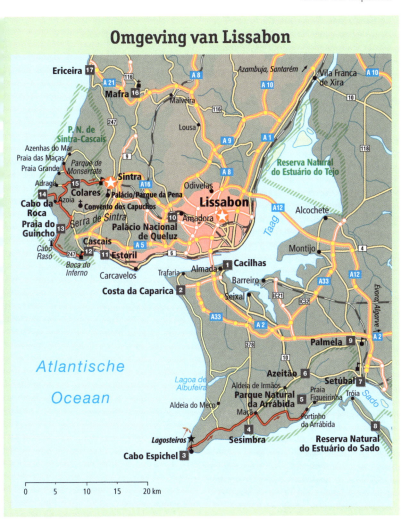

wijden duidelijk te herkennen valt. Gelukkig wordt niemand lelijk aangegeken die niet tot de betreffende groepering behoort.

Ook voor geologen en wandelaars heeft de **Costa da Caparica** 2 veel interessants te bieden. De afzettingslagen van de tot 70 m hoge rotsen die abrupt uit zee omhoogsteken, bevatten resten uit diverse ontwikkelingsperioden van de kust. En op de ene plek zijn versteende levensvormen uit zee te bespeuren, terwijl iets verderop fossielen zijn te zien uit het lagunelandschap dat zich hier vroeger uitstrekte.

Wandelingen

Het beginpunt voor korte of lange wandelingen langs deze rotsen en door een geurig pijnbomenbos kan het zandstrand aan het westelijke uiteinde van het dorp zijn of het een paar honderd meter oostelijker gelegen

Schiereiland Setúbal

Convento dos Capuchos. Dit in 1558 gebouwde kapucijnenklooster heeft weliswaar allerlei bouwkundige veranderingen ondergaan, maar het oorspronkelijke portaal uit de 16e eeuw is behouden gebleven. Prachtige tegelafbeeldingen illustreren het leven van alledag van de monniken, en het weidse uitzicht over de kust is spectaculair. 's Zomers worden in dit pittoreske decor concerten klassieke muziek gehouden.

Over de gemarkeerde wandelpaden kunt u zonder veel inspanning door de bossen aan de rand en boven de kust rondzwerven tot aan het meer **Lagoa de Albufeira**. De afwatering naar zee is alleen zwemmend over te steken, maar als u zich aan deze onderneming waagt, komt u uit bij het **strand van Meco**, dat inmiddels bij een breder publiek bekend is, maar nog steeds een fascinerende omgeving biedt in een prachtig duinlandschap. Slechts weinig avonturiers gaan met de auto vanuit Sesimbra naar Meco.

Eten en drinken

Uit zee – **O Barbas:** Costa da Caparica, kustpromenade, tel. 212 90 01 63. Smakelijke eenpansgerechten met zeevruchten en gegrilde vis te midden van talloze Benfica-fans. Hoofdgerecht ongeveer € 30 voor 2 personen.

Vervoer

Bus: vanaf Lissabon regelmatige verbinding met de streekbussen 153 (Praça de Espanha) en 161 (Areeiro) van de bedrijf Transportes Sul do Tejo (www.tsuldotejo.pt); vanaf Cacilhas met bus 124.

Veerboot: vanaf de aanlegplaats Belém naar Trafaria, daar verder met streekbus 129.

Cabo Espichel ▶ A 11

Kaart: zie blz. 161

Over de N 379 bereikt u de zuidwestpunt van het schiereiland, **Cabo Espichel** 3 . De rotsen staan hier met steile hellingen pal aan zee. Van ver in de omtrek is de rode kap van de vuurtoren zichtbaar. Hij is een van de vele die de staatsman Marquês de Pombal liet bouwen om de zeelieden in de nacht te waarschuwen voor de gevaarlijke rotsen van de westkust. Tot 1886 was de brandstof olijfolie, daarna werd het petroleum en gas, totdat de elektriciteit het overnam.

Voorbereiding voor de volgende vangst

Igreja Nossa Senhora do Cabo
ma.-vr. 10-17.30, za.-zo. tot 18 uur, gratis
De bedevaartkerk in barokstijl staat op de rotsen pal boven de branding. Het interieur schittert na een uitvoerige restauratie weer in vriendelijke witte en goudkleurige tinten. De tien zijkapellen zijn versierd met olieverfschilderijen en er is een mooi geschilderd houten plafond. De bijgebouwen dienden sinds de 18e eeuw als onderkomen voor pelgrims. In een hiervan is een klein **café** ondergebracht.

Sesimbra ▶ B 11

Kaart: zie blz. 161
De drukbezochte, sympathieke vissers- en vakantieplaats **Sesimbra** 4, met 6000 inwoners, ligt 15 km ten oosten van Cabo Espichel aan een kleine, door de Serra da Arrábida tegen de wind beschutte baai. Op een hoogte van 240 m houdt een imposant Moors kasteel de wacht. U kunt er mooi wandelen langs de havenpier, terwijl in alle kleuren geschilderde vissersbootjes op het water liggen te schommelen. Aan het westeinde verheft zich de indrukwekkende **Fortaleza de Santiago**, die sinds de 17e eeuw het welvarende plaatsje moest beschermen tegen overvallen door piraten. Tegenwoordig krijgt Sesimbra vooral bezoek dankzij de vele visrestaurants aan de kustpromenade.

Moors kasteel
buitenmuren dag. 7-20, 's winters tot 19 uur, documentatiecentrum en delen van het kasteel 9.30-13, 14.30-18 uur, gratis
Om dit kasteel werd tijdens de Reconquista fel gestreden. Pas in tweede instantie lukte het koning Sancho I om hier in 1200 de Moren definitief te verslaan. Hij liet een burchttoren bouwen en de muren rond de middeleeuwse nederzetting versterken. Halverwege de 16e eeuw trokken de bewoners omlaag naar de kust, waarna het kasteel geleidelijk in verval raakte. Bij een wederopbouw in de periode 1934-1944 werden kantelen en schietgaten toegevoegd. De bezoeker ziet hier nu ook diverse exposities over de geschiedenis van de kastelen in Portugal en archeologische vondsten. Van het centrum van Sesimbra loopt een mooi wandelpad omhoog naar het kasteel.

Informatie
Turismo: Fortaleza de Santiago, tel. 212 28 85 40, www.visitsesimbra.pt, dag. 9.30-13, 14-17.30 uur.

Accommodatie
Aan de promenade – **Sana Park Sesimbra:** Avenida 25 de Abril, tel. 212 28 90 00, www.sanahotels.com. Modern hotel in vrolijke kleuren met 100 kamers en een healthclub. 2 pk vanaf € 89, toeslag voor zeezicht.

Eten en drinken
Uit de Atlantische Oceaan – **Lobo do Mar:** Avenida dos Naúfragos, z.n. (ten westen van de haven), tel. 212 23 52 33, ma. gesl. Specialiteiten zijn *caldeirada* (vispannetje) en *massa de cherne* (pasta met zilverbaars). Hoofdgerecht vanaf € 7, verse vis vanaf € 25 per kilo.

Actief
Zwemmen – **Praia da Sesimbra:** lang, licht zandstrand aan een rustige zee.
Wandelen – In de omgeving zijn diverse gemarkeerde wandelroutes uitgezet. Bij het toeristenbureau is informatie verkrijgbaar.

Evenementen
Senhor das Chagas: 4 mei. Een van de grootste processies in het zuiden van Portugal ter ere van de beschermheilige van de vissers.

Vervoer
Bus: Avenida da Liberdade 21B, tel. 212 23 30 36. Geregeld naar Lissabon en Setúbal.

Parque Natural da Arrábida ▶ B 11

Kaart: zie blz. 161
Van het stuk kust tussen Sesimbra en Setúbal werd een gebied van 10.820 ha tot beschermd natuurgebied uitgeroepen. Het beboste kalk-

steengebergte verheft zich bij Alto do Formosinho tot een hoogte van 501 m. Tussen de olijf-, laurier-, johannesbrood- en aardbeibomen, de knoestige eiken en mastiekbomen in het **Parque Natural da Arrábida** 5 leven onder meer vossen, dassen, genetkatten en wilde katten. Verder fladderen hier meer dan zestig soorten vlinders rond. In dit natuurparadijs zijn weliswaar wandelroutes uitgestippeld, maar intussen zijn er zoveel verschillende markeringen aangebracht dat de weg moeilijk te vinden is. Daarom heeft de auto de voorkeur. Vanaf de bochtige kustweg hebt u steeds een spectaculair uitzicht op de nabij Atlantische Oceaan. In de halvemaanvormige baai van **Praia do Portinho da Arrábida** met fijn wit zand kunt u in de Atlantische Oceaan duiken en vanuit het water de beboste kust bewonderen.

Convento da Arrábida

www.foriente.pt, bezichting wo., za.-zo. alleen op afspraak (tel. 212 19 76 20), rondleiding € 5
Niet ver van de baai staat het Convento da Arrábida op enige hoogte boven de zee. Het sobere klooster werd in 1542 gebouwd door een Spaanse franciscaner monnik en daarna steeds verder uitgebreid. Met zijn vele kapellen en bijgebouwen wekt het nu de indruk van een klein kloosterdorp dat midden in het bos ligt. Dit hemelse stukje aarde heeft al voor menige Portugese film als romantisch decor gediend. In 1990 werd het klooster aangekocht door de particuliere stichting Oriente, waarna het werd veranderd in een elitair opleidingsinstituut. In kloosterachtige afzondering organiseert men voor een chique clientèle maatschappijpolitieke cursussen en culturele evenementen.

Azeitão ▶ B 11

Kaart: zie blz. 161
In een vruchtbaar dal ten noorden van het natuurpark ligt **Azeitão** 6 . De 9000 inwoners zijn opgedeeld over twee dorpskernen, Vila Nogueira en Vila Fresca. Lekkerbekken zullen Azeitão zeker waarderen om zijn schapenkaas en de *tortas de Azeitão*, een klein taartje dat van honing en kwark wordt gemaakt. Ook de wijnen uit deze streek staan goed aangeschreven.

Wijnkelder José Maria de Fonseca

Rua José Augusto Coelho 11-13, www.jmf.pt, dag. 10-12, 14.30-17.30, 's winters tot 16.30 uur, rondleiding op afspraak (tel. 212 19 89 40), ook in het Engels, vanaf € 3 afhankelijk van het aantal en de kwaliteit van de geproefde wijnen
Sinds 1834 produceert het Portugese familie-imperium Fonseca wel 18 miljoen liter wijn per jaar. In de eigen kelders werd ooit de zware dessertwijn Moscatel de Setúbal ten doop gehouden, die van de muskadeldruif wordt gemaakt en waaraan – net als bij port – wat brandewijn wordt toegevoegd. Bij een rondleiding over het wijngoed ziet u het eigen museum, de imposante wijnkelder en de ruim aangelegde tuin.

KAAS VAN AZEITÃO

Landelijk beroemd is de Queijo de Azeitão, die uit zijn korst wordt opgelepeld, vaak als een smaakmakertje voor het hoofdgerecht. Overigens komt deze gastronomische specialiteit oorspronkelijk helemaal niet uit deze plaats. In 1830 bracht een uit de Serra da Estrela overgekomen landbouwer niet alleen zijn schapen mee, maar ook het recept voor de kaas van zijn geboortegrond. Maar de fijnere kruiden van de nieuwe omgeving en het andere microklimaat zorgden voor een heel eigen aroma. Deze delicatesse is in veel restaurants in Portugal te proeven, maar is heel origineel in de oude dorpsbar **Casa das Tortas** 1910, Praça da República 37 (ma. gesl.).

Palácio da Bacalhôa
www.bacalhoa.com, ma.-za. 10-18 uur alleen op afspraak (tel. 212 19 80 67), rondleiding € 4
Het mooiste renaissancepaleis van het dorp is op afspraak toegankelijk voor het publiek. Het zeer voorname Palácio da Bacalhôa in Vila Fresca de Azeitão is versierd met kostbare polychrome renaissancetegels, met onder meer een azulejo-paneel uit 1565 in de gang met arcaden bij de tuin. De zoon van de Indische onderkoning, die ook de Casa dos Bicos in Lissabon liet bouwen, gaf in 1554 opdracht voor de bouw van dit paleis op de fundamenten van een middeleeuws koninklijk paleis.

Informatie
Turismo: Praça da República 47, tel. 212 18 07 29, ma.-za. 9.30-12.30, 13.30-17.30, zo. 9-13 uur.

Setúbal ▶ B 11

Kaart: zie blz. 161
Over de smalle N 10 rijdt u van de Serra da Arrábida omlaag naar **Setúbal** 7. Als u van Lissabon komt, bereikt u deze haven- en industriestad met 120.000 inwoners via de autoweg naar het zuiden. Na de rit langs lelijke voorsteden en rokende fabriekspijpen komt de levendige oude stad als een aangename verrassing. Setúbal ligt aan de Rio Sado, die zich bij de monding uitrekt tot een bekken van wel 1600 m breed. In de knusse straatjes van de stad vallen talloze pareltjes in gotische bouwstijl en menige deurboog in manuelstijl te ontdekken.

De stad werd in de 5e eeuw n.Chr. gesticht nadat een rampzalige overstroming de van oorsprong Romeinse nederzetting op het hiertegenover gelegen schiereiland Troia had verwoest. De inwoners moesten een nieuwe plek om te wonen zoeken. Na de christelijke herovering, de Reconquista, regelde de militaire Orde van Santiago de bewoning van Setúbal, waarna de haven van grote betekenis werd. De aardbeving van 1755 legde het historische centrum voor een groot deel in puin, maar tijdens de industrialisering in de 19e eeuw ontwikkelde de stad zich tot een belangrijk economisch centrum en trok veel werkloze landarbeiders uit Alentejo aan.

Convento e Igreja de Jesus
Praça Miguel Bombarda, di.-za. 9.30-13, 14-16, zo. 9-12 uur, gratis
Het in kunsthistorisch opzicht belangrijkste bouwwerk aan de noordwestrand van het oude stadsdeel bleef gespaard bij de aardbeving. De in 1492 opgerichte kloosterkerk geldt als het eerste gebouw van Portugal in manuelstijl. Diogo de Boytac, die ook een van de bouwmeesters van het Hiëronymusklooster in Lissabon was, experimenteerde in het nog wat plompe en bescheiden kerkgebouw met de nieuwerwetse Portugese sierstijl. De kleine binnenruimte van de kerk wordt nog volslagen gedomineerd door zware zuilen van marmer uit de Serra da Arrábida in een gedraaide vorm, terwijl latere pilaren in manuelstijl een sierlijke decoratie vormen. Het sobere gotische koor is getooid met een groen-wit geruit tegelpatroon dat uit de renaissance stamt. De azulejo-afbeeldingen in barokstijl aan de zijmuren tonen taferelen uit het leven van Maria.

Museu de Setúbal
Het clarissenklooster huisvest nu het stadsmuseum met een rijke collectie schilderijen, kunstnijverheid, meubilair en goudsmeedkunst van de 16e eeuw tot nu. Het is overigens momenteel gedeeltelijk gesloten wegens renovatie. Het hoofdwerk, het 14-delige renaissanceschilderij *Retábulo do Convento de Setúbal* is in deze periode te zien in de **Galeria Municipal** (Avenida Luisa Todi 119, di.-vr. 11-14, 15-18, za. 11-13, 14-18, zo. 14-18 uur, € 1,50). Koningin Eleonora gaf hiervoor opdracht aan de hofschilder Jorge Afonso en liet het bij haar dood na aan het klooster. Het altaarstuk vertelt over de jeugd en het lijden van Christus en over de geschiedenis van de orde van franciscanen. De figuren met hun gebarentaal lijken uit het leven gegrepen te zijn, zelfs als het om heilige zaken gaat. Meesterlijk is ook het rijke kleurengebruik, waarin met het licht wordt gespeeld.

Winkel- en kroegenwijk

Voor de grootste zoon van de stad Setúbal, de in 1765 geboren en door de inquisitie vervolgder schrijver Manuel de Bocage, is een standbeeld neergezet op de centraal gelegen, maar eigenlijk iets te grote **Praça do Bocage**. Talloze stadspaleizen omzomen het gezellige winkelgebied rond de **Rua Castelões**. Op de **Largo Dr. Francisco Soveral** zorgen caféterrassen onder een reusachtige plataan voor een bijna Frans aandoende sfeer. Het afwisselende uitgaansleven speelt zich vooral iets lager af in de lommerrijke **Avenida Luisa Todi**, waar ook een hele rij restaurants is te vinden waar men vis en zeevruchten serveert.

Museu de Arqueologia e Etnologia

Avenida Luisa Todi 162, di.-za. 9-12.30, 14-17.30 uur, gratis

In het Museu de Arqueologia e Etnologia worden archeologische vondsten uit de regio tentoongesteld en verder werktuigen die bij de zoutwinning, de visserij en de landbouw werden gebruikt.

Museu do Trabalho

Largo dos Defensores da República, di.-vr. 9.30-18, za.-zo. 14-18 uur, juni-half sept. zo. gesl., € 1,15

Een van de belangrijke industriële musea van Portugal is dit Museum van de Arbeid. De cultureel antropoloog Michel Giacometti en een team van vrijwilligers hebben in de zomer van het revolutiejaar 1975 in het hele land klederdrachten, werktuigen en productiemachines verzameld. De hoge hallen van een buiten bedrijf gestelde visconservenfabriek vormen nu het toepasselijke decor voor de expositie van de objecten, die een beeld geven van de harde werkelijkheid van het leven voor het gewone volk. Er is een volledige reconstructie van een conservenfabriek te zien, met poppen die de begeleiding van het productieproces tonen.

Fortaleza de São Felipe

tijdelijk wegens renovatie gesloten

De aan de westkant boven de stad tronende vesting is te bereiken na een wandeling van

20 minuten. De Spaanse koning Filips II liet deze eind 16e eeuw door de Italiaanse bouwmeester Filippo Terzi aanleggen om de haven te beschermen tegen aanvallen van piraten. Met twee ringen van muren is het een van de beste intact gebleven vestingen van Portugal. Het interieur van de kleine burchtkerk bekleedde de barokschilder Policarpo de Oliveira Bernardes in 1736 met prachtige azulejo's, die de geschiedenis van de apostel Filippus uitbeelden. Van de burchtmuren hebt u een overweldigend uitzicht over Setúbal en de monding van de Sado.

Informatie

Casa da Baía: Avenida Luisa Todi 468, tel. 265 54 50 10, www.visitsetubal.com.pt, dag. 9-20, hartje zomer zo.-wo. tot 22, do.-za. tot

Setúbal

In de Igreja de Jesus in Setúbal wentelen zuilen in manuelstijl zich ten hemel

24 uur. Het toeristenbureau is ondergebracht in een groot stadspand dat vanaf 1745 als woonhuis voor nonnen en later als weeshuis diende. Behalve aan het toeristenbureau biedt het ook onderdak aan een wijnhandel en een kunstgalerie.

Ask me Arrábida: Travessa Frei Gaspar 10 (aan Avenida Luisa Todi), tel. 265 00 99 93, apr.-sept. 10-13, 14-19, okt.-mrt. tot 18 uur. Informatiecentrum voor het natuurpark (zie blz. 168).

Accommodatie

Bij de tijd – **Luna Esperança Centro:** Avenida Luisa Todi 220, tel. 265 52 17 80, www.lunahoteis.com. Modern hotel met eigentijdse tegelkunst in het trappenhuis en 80 gezellig ingerichte kamers, waarvan een deel uitkijkt op zee. 2 pk € 60-92.

Keurig – **Aranguês:** Rua José Pedro da Silva 15, tel. 265 52 51 71, www.hotelarangues.com. Een aanrader vanwege de goede prijs en de centrale ligging. 2 pk € 42-60.

Eten en drinken

Eenvoudig en goed – **Adega dos Garrafões:** Rua Arronches Junqueira 103, tel. 265 22 91 51, ma.-do. alleen 's middags, vr.-za. ook 's avonds. Gemoderniseerde, lichte tasca, wel met affiches voor stierengevechten. De specialiteit is *xaputa,* gefrituurde brasem in azijnsaus. Hoofdgerecht vanaf € 6,50.

Inktvisspecialiteiten – Aan het eind van de Avenida Luísa Todi zijn bij de haven talloze eenvoudige visrestaurants te vinden. Hun specialiteit is inktvis van de grill, die gewoon naast het terras staat opgesteld. Een aanrader is hier

Schiereiland Setúbal

Capitão Cook (nr. 44, di. en in de winter zo nu en dan 's avonds gesl.), waar men bovendien een eenpansgerecht met vis serveert. Hoofdgerecht vanaf € 6,50.

Actief

Zwemmen – **Praia Figueirinha:** het fijnzandige strand ca. 5 km westelijker is vooral in de zomer het best te bereiken met de pendelbus van het openbaar vervoer (vanaf het busstation, met veel haltes langs de Avenida Luisa Todi).
Dolfijnen en vogels kijken – **Vertigem Azul:** Rua Praia da Saúde 11 D, tel. 265 23 80 00, www.vertigemazul.com. Excursies op een catamaran, verder ook tochten om vogels te kijken langs de kust en in het natuurpark van Arrábida.

Vervoer

Trein: Praça do Brasil. Verbinding met Lissabon en Algarve (met overstap); ook de sprinter Fertagus rijdt naar Lissabon.
Bus: Avenida 5 de Outubro 52, tel. 265 53 84 45. Geregeld naar Faro, Lissabon, Algarve en plaatsen in Alentejo.
Veerboot: Doca do Comércio. Regelmatig naar de stranden van het schiereiland Tróia.

goed beginpunt voor een tocht om vogels te kijken is de ongeveer 10 km ten oosten van Setúbal gelegen kust van Mitrena, waar talloze verlaten zoutpannen en viskweekvijvers liggen.

Moinho de Maré de Mouriscas

Estrada do Faralhão, wo.-zo. 9.30-19.30, 's winters di.-zo. 10-18 uur, gratis
Deze slechts zo'n 5 km verderop gelegen getijmolen werd gebouwd in 1601, daarna enkele keren uitgebreid en ten slotte in 1995 gerestaureerd. Twee van de acht historische molenstenen zijn door het parkbeheer weer in bedrijf genomen.

Actief

Wandelen – Door het natuurreservaat lopen diverse wandelpaden. Informatie is beschikbaar bij het bureau van het park in Setúbal (Praça da República, tel. 265 54 11 40, ma.-vr. 9-13, 14-18 uur).
Vogels kijken – **BIRDS & Nature:** Avenida do Brasil 112-2° dto, Lissabon, mob. 913 29 99 90,

Reserva Natural do Estuário do Sado

▶ B/C 11

Kaart: zie blz. 161
Het natuurreservaat rond het mondingsgebied van de **Rio Sado** 8 loopt door tot Alcácer do Sal in Alentejo. Op een oppervlakte van ongeveer 23.160 ha omvat het een kuststrook, draslanden, duinen en rijstvelden. Hier leven en paaien tal van vissoorten in het zuurstofrijke water. Zelfs dolfijnen kunnen hier aarden: momenteel leven er 28. En dan zijn er nog 250 vogelsoorten, zoals flamingo's, pauwlipvissen, roodhalsreigers en blauwe reigers, die bij eb bijzonder goed te zien zijn, omdat ze dan op de slijkerige rivierbodem naar voedsel zoeken. Een

www.birds.pt. Tochten te voet in het natuurreservaat of per boot langs de kust.

Palmela ▶ B 11

Kaart: zie blz. 161

Pittoreske straatjes doorkruisen het romantische wijnstadje **Palmela** 9 en lopen omhoog naar het Castelo. Bij mooi weer kunt u genieten van een weids uitzicht over het omliggende landschap, van de heuvels van Sintra tot Lissabon en tot de havenstad Sines in Alentejo. De vesting werd oorspronkelijk op deze strategische heuvel gebouwd door de Moren, en werd in 1210 door koning Sancho I veroverd voor het christelijke Portugal. De ruim opgezette kasteelmuren omringen een vijfhoekige burchttoren uit de 14e eeuw, de restanten van de romaanse Igreja Santa Maria do Castelo, de laatgotische Igreja de São Tiago en een kloostergebouw van de militaire Orde van Santiago, waarin inmiddels een pousada (zie hierna) is gehuisvest.

In 1995 maakte Palmela een grote sprong naar het industriële tijdperk. Aan de voet van de burchtheuvel ging de supermoderne Volkswagenfabriek Autoeuropa in bedrijf. Deze fabriek produceert nu voor Volkswagen de ruime MPV Sharan, de cabrio Eos en de sportcoupé Scirocco.

Informatie
Turismo: Castelo de Palmela, tel. 212 33 21 22, ma.-vr. 9.30-12.30, 14-17.30, za.-zo. vanaf 10 uur.

Accommodatie, eten
In de vesting – **Pousada:** Castelo de Palmela, tel. 212 35 12 26, www.pousadas.pt. Hotel met 28 zeer luxueuze kamers in een nieuw gebouw binnen de kasteelmuren; enkele met fraai uitzicht. 2 pk € 110-130.

Evenementen
Wijnfeest: enkele dagen in begin sept. De pasgeoogste druiven worden gezegend, en er wordt feest gevierd met optochten en concerten.

Het kasteel van Palmela biedt een panoramisch uitzicht

Ten noorden van de Taagmonding

De mondaine kustplaatsen Estoril en Cascais trekken al honderdvijftig jaar bezoekers die zich willen ontspannen aan de ruige kust van de Atlantische Oceaan. Vanouds bezongen dichters de parken en de schitterende paleizen van het romantische Sintra, dat sinds 1995 op de UNESCO-Werelderfgoedlijst staat. Kritiek was er ook voor het immense kloostercomplex van Mafra.

Palácio Nacional de Queluz ▶ A 10

Kaart: zie blz. 161
wo.-ma. 9-18, 's zomers tot 19 uur behalve bij staatsbezoeken, € 10, 's winters € 9,50, alleen de tuin € 4,50

Zo'n 15 km ten westen van Lissabon liet de koninklijke familie in de 18e eeuw het **Palácio Nacional de Quelez** 10 bouwen. Dit van licht vervulde zomerverblijf volgde de toenmalige tijdgeest met de rococostijl van Versailles. Ook de objecten in het interieur zijn geheel in lijn met de Franse smaak. De pronk en praal wordt voortgezet in allegorische muur- en plafondschilderingen. In de vroegere troonzaal met zijn imposante kroonluchters worden nu staatsbanketten gehouden. De vroegere paleiskeuken levert de geëigende gerechten.

De Franse inspiratie is ook onmiskenbaar aanwezig in de geometrisch aangelegde **tuin**, die in hoefijzervorm rond het paleis ligt. Beekjes doorkruisen in rechte lijnen de gazons en bloembedden, met hier en daar een klaterende fontein. Een Portugees tintje geven wel de kleurige azulejo's. Aan de verheven ambiance wordt overigens sterk afbreuk gedaan door hoge flats in de nabije omgeving. In koninklijke tijden werden hier nog zomerconcerten in de openlucht gegeven met de fraaie tuin als decor.

Vervoer

Trein: sprinter station Queluz, vandaar ca. 20 minuten lopen.

Estoril ▶ A 11

Kaart: zie blz. 161

Estoril 11 met zijn 25.000 inwoners geldt als de meest mondaine badplaats van Portugal. De koninklijke familie vond hier in de zomer ontspanning, terwijl een van de eerste casino's zelfs gegoede burgers uit Frankrijk lokte. De trein uit Parijs laste voor hen een extra tussenstop in. Vorsten uit Italië, Spanje, Servië en Brazilië die door de burgerrevoluties aan het begin van de 20e eeuw tot aftreden waren gedwongen, vonden hier gastvrij onthaal. De vroegere Spaanse koning Juan Carlos bracht zijn jeugd door in een huis pal achter het huidige **casino**. Hier staan de vele bezoekers duizend fruitmachines ter beschikking, voor de zalen met roulette bestaan kledingvoorschriften. Het luxehotel Palácio aan de rand van de subtropische tuin rond het gokpaleis bood in de Tweede Wereldoorlog onderdak aan zowel het hoofdkwartier van de Engelse als dat van de Duitse geheime dienst.

Bezienswaardig

Talloze prachtige villa's en stadspaleizen, omringd door keurig verzorgde tuinen en kleine parken, staan aan de door palmen omzoomde lanen die over de 100 m hoge **Monte Estoril** lopen, en herinneren nog aan vervlogen tijden. De grote, wijde wereld doet zich in de stad gelden met belangrijke sportevenementen als auto- en motorraces op het voormalige formule 1-circuit of internationale tennis- en golftoernooien.

Cascais

Een weergaloze kunsthistorische bezienswaardigheid is de barokkerk **Santo António** met een verguld altaar en blauw-witte tegelafbeeldingen (Avenida Marginal, ma.-za. 10-12.30, 16.30-18, zo. 16.30-18 uur, de tijden worden niet strikt aangehouden, gratis). Achter het sprinterstation begint de mooie strandpromenade met eenvoudige restaurants. Over de promenade kunt u in een halfuur naar het naburige Cascais wandelen.

Accommodatie

In de villawijk – **Smart:** Rua Maestro Lacerda 6, tel. 214 68 21 64, www.hotel-smart.net. Het is allemaal wat klein, zowel het gebouw uit 1901 als de 26 kamers, die zich deels in een aanbouw bevinden. De naam van het hotel is ontleend aan een vroegere Engelse eigenares, de respectabele mevrouw Smart. Goed verzorgd en met zwembad. 2 pk € 40-85.

Eten en drinken

Aan de Atlantische Oceaan – **Jonas Bar:** Paredão do Estoril, z.n. (ten westen van sprinterstation Estoril), tel. 214 67 69 46, dag. 10-2, 's winters tot 20 uur. Bar en restaurant pal aan de kustweg met een heerlijk terras. Vers geperste sappen, mooie salades, hapjes en grillgerechten. Hoofdgerecht vanaf € 12,50.

Uitgaan

Spel en cultuur – **Casino:** Avenida Dr. Stanley Ho, www.casino-estoril.pt, dag. 15-3 uur. Geregeld shows en voor een deel gratis concerten van nationale en internationale musici, ook kunstexposities.

Voor elke leeftijd – **Longe D**, **Jezebel**, **Tamariz:** in Casino Estoril. De lounge biedt redelijke prijzen en u hebt er zicht op de speeltafels en de optredens; daarom gaat deze al om 15 uur open en sluit pas om 3 uur. Dan komt de actie goed op gang in de discotheek Jezebel ('s winters vr.-za. 23-6 uur) of Tamariz ('s zomers dag. 23-6 uur).

Evenementen

Jazz Out: in de zomer jazzconcerten in Estoril en Cascais in de openlucht en met gratis toegang.

FIARTIL: juli-aug. De oudste kunstnijverheidsbeurs van Portugal, omlijst door feestelijke evenementen.

Vervoer

Trein: sprinter Avenida Marginal. Regelmatige verbinding met Lissabon.

Cascais ▶ A 11

Kaart: zie blz. 161

De monnik Antonius van de Orde van de Heilige Geest moest na de aardbeving van 1755 berichten dat het stadje 'onder puin bedolven lag, zonder dat er ergens nog een huis overeind stond'. Het dorpsachtige centrum werd daarna meteen volledig nieuw opgebouwd, terwijl de vele flats aan de rand van de stad pas in de laatste jaren zijn verschenen. Vele gegoede Duitsers en Engelsen hebben zich in **Cascais** 12 gevestigd en zorgen voor een internationale sfeer. De boetieks en juwelierszaken in het pittoreske voetgangersgebied zijn dan ook op een internationaal publiek ingesteld. Daarnaast heeft de visserij haar economisch belang behouden. Na terugkeer tegen de avond van de vissersboten in de centrale haven begint de luidruchtige veiling van de vangst.

Stadswandeling

Haven en voetgangersgebied

Achter de vishal herbergt de **Igreja da Misericórdia** een meer dan levensgroot Mariabeeld dat in goudkleurige en blauwe tinten is gehouden. Iets meer ten het westen is het **stadhuis** aan de keurige Largo 5 de Outubro versierd met fantastische tegelafbeeldingen van heiligen en evangelisten. Rond de naburige **Largo de Camões** wemelt het van charmante cafeterrassen en Engelse bars. De **Igreja dos Navegantes**, die nog iets verder in westelijke richting staat, geeft op twee tegelafbeeldingen in barokstijl de Portugese beschermheilige van de zeevaarders, Pedro Gonçalves, te zien.

Als u teruggaat naar de zee, komt u langs het belangrijkste godshuis van Cascais. Deze

Ten noorden van de Taagmonding

Igreja da Nossa Senhora da Assunção aan de Largo Assunção werd eind 18e eeuw gebouwd op de plaats van een door de aardbeving verwoeste kerk. Bezienswaardig zijn het met goud versierde altaar en de kunstzinnige azulejo's in de sacristie (onregelmatige tijden, meestal 11-13, 17-19 uur, gratis).

Aan de rand van het uitgestrekte **Parque Municipal Gandarinha** staat het stedelijke **cultureel centrum**, waar wisselende exposities worden gehouden. Schuin hiertegenover torent de imposante **citadel** uit de 17e eeuw boven de haven uit. Deze burcht is inmiddels verbouwd tot een hotel met een algemeen toegankelijke **kunstgalerie**.

Museu Condes de Castro Guimarães

di.-vr. 10-17, za.-zo. 10-13, 14-17 uur, € 3

In een klein paleis binnen de muren van het park, dat aan het eind van de 19e eeuw werd gebouwd in een neomiddeleeuwse bouwstijl, geeft dit museum een beeld van het leven van de aristocratie in de tijd kort vóór de burgerrevolutie. Verder toont men archeologische vondsten, Aziatische en Portugese meubelstukken, een kleine porseleincollectie en een uitmuntende bibliotheek.

Museu do Mar en vuurtoren Santa Maria

di.-vr. 10-17, za.-zo. 10-13, 14-17, 's zomers tot 18 uur, € 3

Het **maritiem museum** aan de noordrand van het Parque Municipal is gewijd aan de zeevaart, oceanologie en de visserij. Naast allerlei oude documenten en afbeeldingen worden er modellen van schepen en klederdrachten van vissersdorpen getoond.

In de **vuurtoren Santa Marta** aan de zuidzijde van het park is nu een museum ingericht, maar de toren kan nog steeds worden beklommen. Ook de indrukwekkende lichtapparatuur is te zien.

Casa das Histórias Paula Rego

Avenida da República 300, www.casadas historiaspaularego.com, di.-zo. 10-18, 's zomers tot 19 uur, € 3

De bekendste eigentijdse kunstenares van Portugal heeft een eigen museum gekregen. Het harde realisme van Paula Rego valt maatschappelijke taboes aan en geeft in felle kleuren tot grimassen vertrokken gezichten en akelige lichaamsvormen te zien. Abortus, seksueel misbruik en tirannie zijn slechts een paar van haar thema's. Het futuristische museumgebouw in roodgeschilderd beton verwijst naar de regionale architectuur. Zo geven twee hoog oprijzende piramiden duidelijk een parallel te zien met de schoorstenen in het paleis van Sintra.

Informatie
Turismo: Largo Cidade de Vitória, z.n., mob. 912 03 42 14, www.visitcascais.com, dag. 9-20, 's winters 9-18 uur.

Accommodatie
In de citadel – **Pousada:** Cidadela de Cascais, tel. 214 81 43 00, www.pousadas.pt. Sinds 2012 herbergt het historische bouwwerk van de vroegere verdedigingswerken 126 modern ingerichte kamers, waarvan vele uitkijken op de zee of de jachthaven. Ook worden er kunstexposities gehouden. 2 pk € 160-310.

Traditioneel – **Casa da Pérgola:** Avenida Valbom 13, tel. 214 84 00 40, www.pergolahouse.pt, dec.-feb. gesl. In een honderd jaar oud herenhuis zijn 8 kamers smaakvol ingericht; in de mooie tuin kunt u heerlijk in een pergola zitten. 2 pk € 130-155.

Eten en drinken
Bij de vissers – **O Cantinho da Belinha:** Avenida Vasco da Gama 133, tel. 214 82 25 04, ma. gesl. Het kleine restaurant nabij het Museu do Mar is ook bekend als Casa dos Pescadores (huis van de vissers). Op de kleine binnenplaats geeft gegrilde vis dan ook de toon aan. Hoofdgerecht vanaf € 7.

Actief
Fietsen – Van Cascais loopt een 7 km lange fietsroute naar Guincho. Op vertoon van uw identiteitsbewijs kunt u bij de stedelijke kiosk voor het station gratis een fiets huren. De fietsen verkeren helaas niet altijd in een optimale

Praia do Guincho en Cabo da Roca

De vuurtoren van Cascais is nu een museum

conditie en zijn bovendien in het hoogseizoen al snel allemaal in gebruik (dag. 9-17, 's zomers 8-20 uur).

Vervoer
Trein: sprinter Rua Sebastião J. Carvalho. Regelmatige verbinding met Lissabon.
Bus: Avenida 25 de Abril, ongeveer elke twee uur naar Sintra en Cabo da Roca.

Praia do Guincho en Cabo da Roca ▶ A 10

Kaart: zie blz. 161
De route naar het fantastische duinlandschap van **Guincho** 13 voert over de kustweg langs een klein natuurwonder. Op ongeveer 2 km ten westen van de vuurtoren van Cascais vormen door water uitgesleten rotsen met daartussen kleine grotten en een klein keteldal de **Boca do Inferno**, de poel (letterlijk: muil) van de hel. Bij een ruwe zee spat het schuim wel 20 m naar het bezoekersplatform omhoog.

Door de gevaarlijke stromingen is het nauwelijks mogelijk om in de kleine baaien en bij het lange zandstrand van Guincho te zwemmen, maar de plek is een paradijs voor geoefende surfers. Overigens komen er niet alleen surfers in de populaire **Bar do Guincho** (dag. 9-3 uur, 's winters korter en ma. gesl.) aan het noordeinde van het strand voor een kop koffie, een cocktail of een eenvoudige maaltijd. Je kunt er ook genieten van het uitzicht op de rotsen aan zee, die een paar kilometer noordelijker bij **Cabo da Roca** 14 tot 140 m hoog reiken en duizelingwekkend steil zijn.

De rood-witte vuurtoren geeft het punt aan 'waar het land eindigt en de zee begint, en waar de geest van geloof en avontuur leeft, die de karvelen van Portugal uitzond naar de nieuwe werelden voor de wereld,' zoals de nationale dichter Luís de Camões vijfhonderd jaar geleden het meest westelijke stukje van het Europese vasteland bezong. Iets minder poëtisch is de kleine informatiekiosk waar bezoekers op verzoek een oorkonde krijgen. Overigens bent u hier waarschijnlijk nooit alleen, want het is ook een tussenstop van excursiebussen.

HAUTE CUISINE AAN HET STRAND VAN GUINCHO

De verfijnde restaurants aan de kuststraat Estrada do Guincho zijn weliswaar duur, maar beter bereide vis en zeevruchten zult u niet snel weer vinden. De onbetwiste ster is **Porto de Santa Maria** (tel. 214 87 94 50, ma. gesl.) met een grote glazen gevel die uitkijkt op de Atlantische Oceaan en een ontspannen sfeer. De Portugese regering troont menige staatsgast mee naar dit restaurant. Men serveert verse mosselen in zoveel soorten als anders alleen in biologische vakboeken te vinden zijn. Tot behoud van de eigen smaak worden ze heel eenvoudig in hoogwaardige olijfolie bereid en slechts licht gekruid. Aanraders als hoofdgerecht zijn de eenpansgerechten met zeevruchten en vis in een mantel van zout of brooddeeg. Reken voor een maaltijd overigens wel op minimaal € 50 (zonder wijn).

In een vormelijker sfeer wordt er gedineerd in het **Fortaleza do Guincho** uit de 17e eeuw (tel. 214 87 04 91, dag.). De leiding ligt hier in handen van de ambitieuze Portugese sterrenkok Miguel Vieira, die op zijn 31e in Hongarije al een Michelinster verdiende. De kaart wisselt regelmatig naargelang het aanbod op de markt. Vis en zeevruchten maken er steevast deel van uit, maar soms ook wildbraad. Het viergangenmenu kost ongeveer € 100. Als u niet zoveel wilt uitgeven, kunt u een lichte maaltijd nemen in de bar met een terras. Mocht u na een goed maal een bed nodig hebben, dan kunt u terecht in het bijbehorende luxehotel, waar de meeste kamers uitkijken op de Atlantische Oceaan (2 pk vanaf € 130).

Interessant onder de vele restaurants met vis en zeevruchten in de nabije omgeving zijn **Panorama**, **Furnas do Guincho** en **Meste Zé**. Als u liever wat goedkoper, maar nog steeds wel lekker wilt eten, is **Restaurante O Púcaro** aan het noordeinde van de kustweg een goede keus (tel. 214 87 04 97, dag.). Weliswaar hebt u hier geen uitzicht op zee, maar u zit er wel op een terras onder naaldbomen. De hoofdgerechten beginnen bij € 13 en verdienen het zeker om creatief te worden genoemd. Een aanrader is het eenpansgerecht van inkvis gegarneerd met mosselen *(lulas na canoa com ameijoas)*.

Eten en drinken

Haute cuisine aan het strand van de Atlantische Oceaan – zie hiervoor.

 ▶ A 10

Kaart: zie blz. 161

'In Sintra is alles hemels,' riep de hoofdpersoon in de 19e-eeuwse Portugese familiesaga *De Maia's* van Eça de Queiróz uit. Wie geld had, liet in Sintra een zomerverblijf bouwen en trof daar vrienden en bekenden in restaurants en speelzalen. Een halve dag duurde de rit van Lissabon met de eigen koets of de openbare postkoets. Talrijke buitenlandse reizigers, zoals lord Byron of Hans Christian Andersen, waren gefascineerd bij de aanblik van de steden en landschappen. En de prins-gemaal Ferdinand van Sachsen-Coburg-Gotha, getrouwd met koningin Maria II, stelde zich ten doel hier een sprookjeskasteel te bouwen met daarbij een romantisch park. In 1995 kreeg Sintra een plaats op de UNESCO-Werelderfgoedlijst.

Sintra

Het **stadhuis** in neomanuelstijl maakt een speels indruk naast het station. Het werd in het begin van de 20e eeuw gebouwd, maar de versieringen en de grote bol op de torenspits getuigen van het verlangen het gouden tijdperk van de ontdekkingsreizen in elk geval in de architectuur terug te brengen. De straat naar het historisch centrum loopt aan de voet van het mooie Parque da Liberdade langs een met neo-Moorse tegels getooide fontein. Hier valt het oog op het symbool van de stad, het nationaal paleis met zijn twee markante, 33 m hoge torens – de schoorstenen van de koninklijke keuken, 'op maat voor de strot van een koning die dagelijks een heel koninkrijk opeet,' zoals iemand met kritiek op de spilzucht van hof en adel opmerkte.

Tegenover het paleis loopt een wirwar van smalle kronkelstraatjes door de **oude stad**. Veel te dure souvenirwinkels belemmeren tegenwoordig het zicht op de charmante details van de huizen. Maar met slechts een paar stappen buiten de gebaande toeristenpaden belandt u al in een romantische sfeer van rust en stilte. Hier begint ook de met borden aangegeven, zo nu en dan tamelijk steile en rotsachtige wandelroute naar het Castelo dos Mouros en het Palácio da Pena (zie hierna). Comfortabeler is een rit met bus 434 (vertrekt vanaf het station of tegenover het toeristenbureau) of met een van de paardenkoetsen die voor het nationaal paleis op klanten wachten.

Palácio Nacional de Sintra

do.-di. 9.30-18, 's zomers tot 19 uur, € 10

Het enige middeleeuwse koninklijk paleis dat in Portugal volledig intact is gebleven, is gebouwd op de fundamenten van een Moorse burcht uit de 10e eeuw. De opwindende verscheidenheid aan bouwstijlen is het resultaat van de diverse verbouwingen en uitbreidingen die de Portugese koningen tot in de 19e eeuw lieten uitvoeren. Het verbindende element zijn de prachtige azulejo's in Moorse, laatgotische en renaissancistische stijl.

Via een rondgaande route wordt u door het complex geleid. De met fonteinen en groene en witte tegels in geometrische patronen versierde **Arabische zaal** is het oudst. Van bijzondere kunsthistorische betekenis zijn het houten plafond en de oude vloertegels in mudejarstijl van de slotkapel, terwijl de versleten bodem in de **gevangeniskamer** eerder wat curieus aandoet. In de strijd om het koningschap hield koning Pedro II zijn broer Afonso hier zestien jaar gevangen.

Een imposante **wapenzaal** werd in het begin van de 16e eeuw ingericht; de blauw-witte tegelafbeeldingen met jachttaferelen werden in de 18e eeuw toegevoegd. Rond het koninklijke staatswapen in het midden van het achthoekige, met houten panelen beklede koepelplafond staan de wapens van de acht kinderen van koning Manuel en de 72 belangrijkste adellijke families. Een fraai bewerkt gotisch tweelingvenster kijkt uit op een van de vele mooie patio's. Het houten plafond van de prachtige **Zwanenzaal** is getooid met 27 zwanen, mogelijk als symbool voor de liefde van de opdrachtgever voor zijn naar het buitenland uitgehuwde dochters. In de **Eksterzaal** geeft koning João I volgens de legende een intelligente reactie op de kletspraat van de 136 hofdames nadat hij een van hen gekust had. Op het cassettenplafond zijn namelijk 136 eksters te zien met in hun bek een lint met de tekst *por bem* ('neemt u mij niet kwalijk').

Castelo dos Mouros

apr.-half okt. dag. 9.30-20 uur, anders 10-18 uur, € 8, 's winters € 7

De al van ver zichtbare gekanteelde muren en torens van het Castelo dos Mouros zijn de uiting van een romantisch wereldbeeld. De prins-gemaal Ferdinand liet in de 19e eeuw de ruïnes van de Moorse vesting conserveren zonder daarbij aan een volledige wederopbouw te denken. In de romantiek gebeurde iets dergelijks in Europa wel meer met kasteelruïnes. De wandeling over de dubbele ring van muren wordt bij helder weer opgeluisterd met een prachtig uitzicht tot aan Mafra.

Palácio da Pena

apr.-half okt. 9.45-19 uur, € 14 met park, half okt.-mrt. 10-17 uur, € 11,50 met park; alleen park € 7,50 in de zomer en € 6,50 in de winter

Ten noorden van de Taagmonding

PARQUE DA PENA – WANDELING DOOR DE TUIN VAN EDEN

Informatie
Begin en eind: Palácio Nacional de Sintra
Duur: 3 uur.
Oriëntatie: de route is voor een deel geel-rood gemarkeerd (PR 2).
Openingstijden en toegang: www.parques desintra.pt, apr.-okt. dag. 9.30-20, anders 10-18 uur, € 7,50, 's winters € 6,50, het lage deel gratis.
Belangrijk: de klim is op veel plaatsen steil, goede wandelschoenen zijn aan te raden.

De ondernemende prins-gemaal van koningin Maria II liet in de 19e eeuw geheel in lijn met de verheerlijkende natuurideeën van de romantiek op de heuvel bij Sintra bomen en struiken uit alle delen van wereld aanplanten. De wandeltocht voert onder meer naar een uitkijkpunt en een koninklijke varentuin.
Tegenover het **paleis van Sintra** (zie blz. 175) loopt de smalle Rua das Padarias omhoog naar de stadskern. Bij de eerste bocht verlaat u dit straatje alweer via trappen. In de volgende geasfalteerde straat gaat u naar links tot u bij een mooi betegelde **waterbron** komt, die overigens heel lekker water aanvoert. Rechts leidt een verhard pad omhoog dat u langs de driebeukige **Igreja de Santa Maria** en de vakantiewoning van de sprookjesschrijver Hans Christian Andersen uit 1866 voert, voordat het – met een bocht naar rechts – het bos bereikt en steiler wordt.
Ongeveer aan de voet van de Moorse burchtruïne **Castelo dos Mouros** (zie blz. 175) passeert u een draaihek, waarna u nog een kort stukje verder bergopwaarts over de rijweg loopt. Al snel komt u bij het punt waar u dient te betalen voor de toegang tot het binnendeel van het park. U loopt nog een paar honderd meter over het geasfalteerde pad totdat u het **lustslot** (zie blz. 175) van de prins bereikt. Voorbij dit slot maken de geel-rode markeringen plaats voor kleine bordjes met informatie over de aanwezige natuur, bijna tot aan de **top van Cruz Alta**. Vanaf deze rotsformatie met een hoogte van 529 m hebt u een weids uitzicht over de Atlantische Oceaankust, het kleurige Palácio de Pena en de uitgestrekte bossen, die herinneren aan 19e-eeuwse landschapsschilderijen. Het van ver zichtbare **standbeeld** van Van Eschwege, de architect die het paleis ontwierp, doet nogal pompeus aan.

Rijke, door de romantische natuurideeën van hun tijd gefascineerde Engelsen, Duitsers en Nederlanders waren in de 18e en de 19e eeuw pioniers in de aanleg van fraaie en sfeervolle bossen. Steile rotshellingen en verspreid liggende losse granietbrokken versterken de beoogde indruk van een wild oerbos.

Hierna gaat u van dit uitkijkpunt omlaag over smalle paden en kleine bruggetjes door de wilde **varentuin van de koningin** *(Feteira da Rainha)*. Nu ziet u de exotische kant van het park met lichte varenbossen, rode camelia's en blauwe rododendrons. Daartussen staan de Zuid-Amerikaanse araucaria, de Australische eucalyptus en de grote Amerikaanse levensboom *(thuja)* met uitnodigende wortels die zich boven de grond uitstrekken. Klaterende bronnen en Moors aandoende tempeltjes vervolmaken de droom van een paradijs. Op drie onderling verbonden meertjes zwaaien zwanen de bezoeker uit naar de uitgang. De volgende verharde weg leidt nog een stukje omhoog naar het Castelo dos Mouros, vanwaar u weer omlaag naar **Sintra** teruggaat.

Het lustslot lijkt uit de rotsen tevoorschijn te groeien. Vaak staat er een koele bries vanaf de Atlantische Oceaan, iets warmere kleding is daarom aan te raden. Van de omlopende weergang en de uitkijkterrassen hebt u een weids uitzicht over het groene landschap en de Atlantische Oceaankust tot aan Lissabon.

Het oorspronkelijke hiëronymietenklooster (1513) werd in de 18e eeuw opgeheven. Behouden zijn nog de kruisgang van twee niveaus in manuelstijl en een sierlijk betegelde kapel uit de 16e eeuw. Het altaar, dat Nicolas de Chantarène maakte van wit en donker albast, is een van de hoofdwerken van de renaissance op het Iberisch Schiereiland. Rond deze kloosterruïne liet de prins-gemaal Ferdinand van Sachsen-Coburg-Gotha (1816-1885) het paleis bouwen, waarin alle in Midden-Europa en Portugal bekende bouwstijlen zijn terug te vinden. Het resultaat staat symbool voor een romantische bouwkunst die het ontbreken van een eigen kenmerkende stijl verborg achter een wilde mengeling van bestaande stijlen. Daarbij werden vertrouwde voorstellingswerelden opengebroken om alles in het Palácio de Pena weer tot een verrassende eenheid samen te voegen.

De activisten van de burgerrevolutie van 1910 hebben het koninklijke vakantieverblijf ongemoeid gelaten. Bij een rondgang door de koninklijke vertrekken kunt u zich een beeld vormen van de uitbundige levensstijl van hof en adel in een tijd dat het gewone volk honger leed.

Chalet da Condessa d'Edla

apr.-okt. 9.30-20, anders 10-17 uur, € 2 extra op toegangsprijs voor Parque da Pena

De gravin van Edla, die eigenlijk Elise Hensler heette, was een Amerikaanse operazangeres van Duits-Zwitserse afkomst. Na de dood van koningin Maria II trouwde de prins-gemaal Ferdinand met Elise en gaf haar een eigen paleis in de romantische tuin met planten uit de hele wereld. Bijzonder mooi zijn de muurschilderingen in het paleis, de stucplafonds en de tegels in de keuken.

Convento dos Capuchos

apr.-half okt. dag. 9.30-20 uur, anders 10-18 uur, € 8, 's winters € 7

Het Convento dos Capuchos geldt als voorbeeld van het piëtisme, dat in Portugal sinds de 16e eeuw wijdverbreid was. Het klooster staat verscholen in het bos met vele soorten planten en bomen op de zuidhelling van de Serra de Sintra en is met een rit van zo'n 10 km over de secundaire weg 247-3 te bereiken. De sobere bouwstijl geeft blijk van de ascetische leefwijze van de kapucijnen. Achter het eenvoudige portaal bevinden zich kleine kloostercellen. Om een cel te betreden moest men op de knieën, zo laag was de ingang.

De kloosterruimtes zijn als een eenvoudige beschutting tegen winterse koude en vochtigheid bekleed met kurkschors. Alleen de met blauwe tegels versierde kloosterkapel bracht iets van schoonheid in het leven van de monniken.

Ten noorden van de Taagmonding

Paleizen en parken in het westen

Langs de N 375 in de richting van de Atlantische Oceaan liggen tal van grote paleizen en parken. In het **Palácio de Seteais** in classicistische stijl, dat de Nederlandse consul Gildemeister in 1783 liet bouwen, is nu een luxehotel gevestigd. Het **Palácio da Regaleira** in fantasierijke neomanuelstijl uit het begin van de 20e eeuw is een eldorado voor spiritueel georiënteerde bezoekers, die in de architectuur van het gebouw en in de tuinen onnoemelijk veel mythologische en esoterische symbolen kunnen ontdekken (apr.-sept. 10-20, feb.-mrt., okt. 10-18.30, nov.-jan. 10-17.30 uur, € 6, met een aanbevelenswaardige rondleiding in het Engels € 10).

Een iets wereldsere sfeer is daarentegen te vinden in het enkele jaren geleden gerestaureerde **Palácio de Monserrate**. In 1858 gaf de Engelsman Francis Cook opdracht voor de bouw van dit paleis, waarvan de rode koepels boven de bomen uitsteken. Typerend voor dit paleis is dat neogotische stijlelementen contrasteren met Indische decoraties. In het park nodigen drieduizend plantensoorten, romantische cascaden en fonteinen, en kabbelende beekjes uit tot een wandeling over prachtige paden (park apr.-half okt. dag. 9.30-20 uur, anders 10-18 uur, paleis apr.-okt. 9.30-19, anders 10-17 uur, toegang voor park en paleis € 8).

Informatie

Turismo: Praça da República 23, dag. 9.30-18 uur, en een extra balie in het station, dag. 10-12.30, 14-18 uur.

Accommodatie

Chique hotels – In enkele van de romantische paleizen rond Sintra hebben inmiddels luxehotels hun intrek genomen, die overigens stevige prijzen hanteren van € 120-350 per tweepersoonskamer, zoals **Palácio de Seteais** (www.tivolihotels.com) en **Lawrence's** (www.lawrenceshotel.com).
Landelijk – **Casa Miradouro:** Rua Sotto Mayor 55, tel. 219 10 71 00, www.casa-miradouro.com. Rustig hotel in een landhuis uit 1890 dat aan de rand van de stad staat, met 6 lichte en ruime kamers. 2 pk € 60-120 zonder ontbijt.

Eten en drinken

Voor een hapje tussendoor – **Piriquita II:** Rua das Padarias 18, tel. 219 23 06 26, wo.-ma. 8.30-22 uur. Kleine gerechten en salades vanaf € 1,50, en als specialiteit *travesseiros*, een soort amandelgebak van bladerdeeg. Er is ook een terras.
Het origineel – **As Verdadeiras Queijadas:** Rua Volta do Duche 12 (nabij het stadhuis), di.-zo. 9-18 uur. In dit kleine café in een woonhuis van de gegoede burgerij van de 19e eeuw serveert men de gelijknamige zoete specialiteit van Sintra naar een oeroud recept: bladerdeeggebakjes gevuld met kwark, eieren en suiker.

Actief

Wandelen – zie blz. 176.

Evenementen

Festival van klassieke muziek en ballet: juni-juli. Concerten en dansvoorstellingen in een bijzonder romantische omgeving in en voor de historische paleizen van Sintra.

Vervoer

Trein: er rijdt geregeld een sprinter naar Lissabon.
Bus: sprinterstation Portela de Sintra; ongeveer elk uur naar de stranden, minder vaak naar Cabo da Roca, Cascais en Mafra.
Tram: historische tram naar Colares en Praia das Maças ('s zomers wo.-zo., anders vr.-zo.).

Uitstapje naar de Atlantische Oceaan

Kaart: zie blz. 161

Via Colares naar Praia Adraga ▶ A 10

Als u de smalle nationale weg, de N 375, in westelijke richting volgt, komt u al snel uit bij **Colares 15** met een fraaie bovenstad rond het oude kerkplein. De gelijknamige witte wijn geniet een zeer goede reputatie en wordt geproduceerd in twee wijnkelders in de benedenstad. Helaas zijn deze wijnkelders niet geopend voor een bezichtiging. Van Colares kunt u over de weg verder rijden via Almoçageme naar de mooie **Praia Adraga**, een romantisch stuk strand tussen hoge rotsen. Voor eenvoudige grillgerechten kunt u hier terecht in een klein visrestaurant.

Praia Grande en Praia Maças ▶ A 10

Als u van een iets drukker bevolkte omgeving houdt, kunt u van Colares in noordwestelijke richting naar de **Praia Grande** rijden. De charme van deze omgeving beviel ook Wim Wenders, die er zijn film *Der Stand der Dinge* (1982) opnam. De Duitse regisseur trof hier destijds nog een morbide rij huizen bij de strandpromenade aan, maar die zijn inmiddels fraai gerestaureerd. Het water aan het langgerekte strand is geschikt voor zwemmen en surfen.

Een mooi alternatief is een ritje met de **historische tram** van de wijk Estefânia in Sintra naar Colares en **Praia das Maças** ('s zomers wo.-zo., anders vr.-zo.). Dit kustplaatsje met lelijke nieuwbouw is dankzij de vele restaurants populair bij dagjesmensen die van vis en schelp- en schaaldieren houden.

Daarentegen is het slechts iets verder naar het noorden gelegen **Azenhas do Mar** een mooi rustig plaatsje boven de rotsen aan de kust gebleven, maar hier zijn weer minder mogelijkheden voor toeristen.

Accommodatie

Boven de zee – **Arribas:** Praia Grande, tel. 219 28 90 50, www.arribashotel.com. Alle 58 ruime kamers van het pal op de kustrotsen gebouwde hotel kijken uit op de Atlantische Oceaan; 's zomers een groot zeewaterzwembad. Hier speelt Wim Wenders' film *Der Stand der Dinge*. 2 pk € 50-157.

Eten en drinken

Verse vis – **Naútilus:** Praia das Maças, Rua Gonçalves Zarco 1, tel. 219 29 18 16, ma. gesl. Heerlijke gegrilde vis, die aan tafel wordt gefileerd. Ook lekker is de achtarmige inktvis *(polvo)* in olijfolie. Gerecht ca. € 10.

Actief

Zwemmen – De mooiste stranden zijn **Praia Adraga** en de drukke **Praia Grande**. Ook populair, maar minder romantisch is **Praia das Maças**.

Surfen – **Praia Grande:** materiaalverhuur aan de strandpromenade.

Wandelen – Wandelroute van Praia Grande via Adraga naar Cabo da Roca (ca. 3 uur). Beginpunt is een in de rots uitgehouwen trap aan het noordeinde van het strand.

Mafra ▶ A 10

Kaart: zie blz. 161

In de 18e eeuw begon de tweede bloeitijd van Portugal, toen in de kolonie Brazilië een enorme goudvoorraad werd ontdekt. Het koningshuis, de adel en de kerk zwolgen in onmetelijke rijkdom. De door de inquisitie in toom gehouden bevolking leed onder geestelijke armoede en hongersnood.

Maar ook de koning had het moeilijk. Na drie jaar huwelijk had João V nog steeds geen erfopvolger. Hemelse krachten moesten hem bijstaan. De franciscanerorde was al lange tijd van plan in **Mafra** 16 een klooster te bouwen. Nu beloofde de vorst dat hij bij de geboorte van een kind deze plannen zou financieren. Zijn gelofte leidde al heel snel tot de geboorte van een dochter, waarna de bouw van het klooster per decreet op 26 november 1711 werd aangekondigd. De daadwerkelijke bouw begon in 1717, nadat er ook nog een zoon ter wereld was gekomen.

In het hele land werden op bijna militaire wijze arbeiders gerekruteerd om te werken op de grootste bouwplaats van Europa. In Mafra werkten zo'n 45.000 bouwvakkers, terwijl 7000 soldaten elke vluchtpoging moesten verhinderen. Tijdens de bouw kwamen 1400 arbeiders om. Dit leed contrasteert José Saramago in zijn roman *Memoriaal van het klooster* met de pronkzucht van het koningshuis en de kerk. Onder leiding van de bouwmeester Johann Friedrich Ludwig uit Regensburg overtrof het kloosterpaleis na een bouwperiode van slechts dertien jaar het Escorial bij Madrid in grootte.

Ten noorden van de Taagmonding

Op een oppervlakte van 232 m lang en 221 m breed staan hier de kloosterkerk, het kloostercomplex en een paleis voor de koninklijke familie bij elkaar in een streng geordende grootheidswaan. Het geheel wordt afgeloten door twee vooruitspringende hoekgebouwen en onderbroken door twee centrale klokkentorens, die 92 bronzen klokken uit Antwerpen dragen.

Kloosterkerk
dag. 9.30-13, 14-17.30 uur, gratis
Het klooster werd bewoond door 450 monniken en nonnen. In de toegangshal van de eenbeukige kloosterkerk staan veertien marmeren heiligenbeelden van wel 4 m hoog die zijn vervaardigd door Italiaanse en Portugese beeldhouwers onder leiding van de Italiaan Alexandre Gusti. Gecanneleerde zuilen dragen een cassettenplafond in een tongewelf. De heldere structurering van het interieur in classicistische stijl wordt ondersteund door de geometrische schikking van marmersoorten in verschillende kleuren. Geregeld worden hier orgelconcerten gegeven.

Paleis
www.palaciomafra.pt, *wo.-ma.*
9.30-17.30 uur, € 6 (met de bibliotheek)
De gigantische omvang van het paleis, dat bijna 900 zalen en 4700 vensters en deuren telt, werkt eerder overweldigend dan uitnodigend, zelfs al zijn de oorspronkelijk nog veel verder gaande plannen niet helemaal ten uitvoer gebracht. De immense bouwkosten waren zelfs met alle inkomsten van het goud niet op te brengen en stortten de staat in een diepe financiële crisis. Daarom werden de plannen terzijde geschoven voor een pronkboulevard van het slotplein over het heuvellandschap naar de zee.

Bibliotheek
ma.-vr. 9.30-13.30, 14-16 uur
De rondgang door de prachtige woonvertrekken en gezamenlijke verblijfruimtes van de koninklijke familie en het kloostercomplex eindigt bij de magnifieke bibliotheek. De van licht vervulde, ruim 83 m lange zaal herbergt zo'n veertigduizend banden uit de 16e-18e eeuw, waaronder tweeduizend manuscripten en boeken uit de begintijd van de boekdrukkunst, zoals een drietalige Bijbel uit 1514, de eerste druk van *De Lusiaden* van Luís de Camões en de oudste bewaard gebleven uitgave van Homerus in het Grieks.

Tapada de Mafra
Aan de noordkant ligt een voor publiek toegankelijke botanische tuin die overgaat in een romantisch, zogenaamd wild, natuurpark. Dit gebied werd in 1747 aangelegd voor het koninklijk jachtgezelschap. Het parkbeheer organiseert thematische bezichtigingen, ook voor individuele toeristen (tel. 261 81 42 10, www.tapadademafra.pt).

Informatie
Turismo: Avenida das Forças Armadas 28 (naast het klooster), tel. 261 81 71 70, www.cm-mafra.pt/Turismo1/, dag. 10-18 uur.

Eten en drinken
Verlokkingen – **Polo Norte:** Praça da República, 15 (tegenover het kloosterpaleis), tel. 261 81 10 70, dag. 7-20 uur. De crème-, roomen rijsttaartjes zijn voor een lekkerbek niet te weerstaan. Beste café in de wijde omgeving.

Vervoer
Bus: halte voor het klooster, regelmatig naar Lissabon, Sintra en Ericeira.

Ericeira ▶ A 10

Kaart: zie blz. 161
Op de rotskust enkele kilometers ten westen van Mafra ligt Ericeira, dat oorspronkelijk een vissersplaatsje was. Het maakte geschiedenis in 1910, toen de koninklijke familie vanuit dit haventje wegvluchtte voor de activisten van de burgerrevolutie. Tegenwoordig leven nog maar weinigen van de bijna 5000 inwoners in **Ericeira** 17 van de visserij, ook al is verse vis een veelgevraagd gerecht in de talloze restaurants aan de stranden en in de mooie oude stad. De belangrijkste bron van inkomsten zijn

Ericeira

Wachten op die ene perfecte golf, hier aan de Atlantische Oceaankust bij Ericeira

nu het toerisme en de langoestenkweek voor de kust.

De centrale plaats in het stadsleven wordt ingenomen door de lommerrijke en van zitbankjes voorziene Praça da República. Ten noorden hiervan strekt het oudste deel van het plaatsje zich uit tot de zee, met onder meer de met blauw-witte tegels getooide kapellen van Santo António en Santo Sebastião en de 17e-eeuwse parochiekerk **Igreja Matriz**. Een klein kustpad leidt van de vissershaven langs de rotsen omhoog naar het **stadspark Santa Maria** met een minigolfbaan. Tussen de rotsen liggen tal van stille plekjes, en in de omgeving zandbaaien met goed zwemwater.

Ericeira is geregeld het toneel van internationale surfwedstrijden, want het is een van de belangrijkste surflocaties van Europa. Het voordeel van deze omgeving is dat er dankzij de baaien een kustlijn in alle windrichtingen is. Daardoor kun je hier deze sport 365 dagen per jaar beoefenen.

Informatie
Turismo: Rua Dr. Eduardo Burnay, 46, tel. 261 86 31 22, www.ericeira.net, 15 juli-15 sept. dag. 10-22, anders dag. 10-18 uur.

Accommodatie
Met oceaanzicht – **Vila Galé Ericeira:** Largo dos Navegantes, tel. 261 86 99 00, www.vilagale.pt. Comfortabel hotel in koloniale stijl boven de zee met 202 bedden. 2 pk € 70-175.
Gemoedelijk – **Camarão:** Avenida Espírito Santo, tel. 261 86 26 65, www.hotelcamarao.com. Hotel met 24 eenvoudige, maar gezellige kamers. 2 pk € 40-70.

Eten en drinken
Eten met panorama – **Esplanada Furnas:** Rua das Furnas, tel. 261 86 48 70, ma. gesl. Het terras, waar men verse vis en zeevruchten serveert, is prachtig gelegen boven de zee. Vis vanaf € 42 per kilo, ook enkele gerechten met een vaste prijs vanaf € 14.

Actief
Surfen – **Três Ondas Ericeira:** Estrada da Ribeira d'Ilhas 80, Santa Isodoro, tel. 261 86 63 49, www.tresondas.de. Surfschool van de Duitse meester in longboardsurfen, Frithjof Gauss.
Stand Up Paddling – **Ericeira Sup:** mob. 916 00 94 98, www.ericeirasup.com. Staande peddelen tussen de surfers.

Hoofdstuk 3
Midden-Portugal

Het midden van Portugal begint iets ten noorden van Lissabon en reikt noordwaarts tot bijna aan de Douro. Tweemaal stond de regio in het middelpunt van de Portugese geschiedenis. De verboden tempeliersorde ging in 1319 over tot de oprichting van een nieuwe ridderorde, de Orde van Christus, met de zetel in Tomar en werd later de mentor van de Portugese ontdekkingsreizen. En met de Slag bij Aljubarrota in 1385 stelde koning João I de Portugese onafhankelijkheid van Castilië veilig.

Óbidos is een juweeltje uit de middeleeuwen. Naast de religieuze bouwwerken van de Orde van Christus behoren de in koninklijke opdracht gebouwde kloosters van Alcobaça en Batalha tot de grote nationale monumenten van Portugal. De universiteitsstad Coimbra vormt sinds de 16e eeuw het intellectuele centrum van het land. En tot slot is voor miljoenen katholieken de bedevaartplaats Fátima een spiritueel hoogtepunt.

In de stille dorpjes nabij de grens met Spanje kan eigenlijk nog steeds een realityshow over het leven in de middeleeuwen gehouden worden. In de provincie zijn overigens ook belangrijke musea te vinden. Hiertoe behoort de schilderijencollectie van de kunstenaar Grão Vasco in zijn geboortestad Viseu. Vanuit deze voormalige koninklijke residentie zijn de hoogste bergen van het Portugese vasteland in de Serra da Estrela al te zien. Brede zandstranden liggen aan de hele kuststrook van Peniche tot Aveiro.

Een uiting van levensvreugde: het lijnenspel
van de manuelstijl in Batalha

In een oogopslag: Midden-Portugal

Bezienswaardig

⭐ **Castelo Templário e Convento de Cristo in Tomar:** het beroemdste venster van Portugal en een labyrint van zeven kruisgangen vertegenwoordigen een meesterwerk van de manuelstijl (zie blz. 193).

⭐ **Batalha:** het kloostercomplex is de openbaring in steen van het gouden tijdperk van Portugal, dat de strenge gotiek liet overgaan in de van levensvreugde stralende manuelstijl (zie blz. 197).

⭐ **Coimbra:** een onsterfelijk liefdespaar, een historische bibliotheek, een uitmuntend museum, de charmante oude stad, imposante religieuze gebouwen en een rivierpromenade maken de stad tot een geliefd pareltje (zie blz. 204).

❁ **Serra da Estrela:** 'Er was eens...', zo begint ook de geschiedenis van de Serra da Estrela, het grootste natuurpark van Portugal (zie blz. 228).

Fraaie routes

Kloosterroute: over een lengte van 73 km verbinden de wegen N 113, N 356 en N 8 de kloostersteden Tomar, Batalha en Alcobaça, de hoogtepunten van de Portugese kerkenbouw en drie plaatsen die op de UNESCO-Werelderfgoedlijst staan (zie blz. 193).

Door de Serra da Estrela: het uitstapje voert naar het hoogste punt van het Portugese vasteland op 1993 m. Het landschap wordt gekenmerkt door ruwe granietformaties, met daartussen brem en heide. Bergmeertjes vormen een belangrijk drinkwaterreservoir voor de omliggende dorpen (zie blz. 228).

Tips

Restaurante Estrela do Mar: het terras van het restaurant in São Pedro de Moel ligt pal boven de woelige zee (zie blz. 204).

Stranden aan de Costa de Prata: met het lichtgele zand contrasteren in alle kleuren geschilderde woningen – bijzonder mooi in Costa Nova (zie blz. 221).

Belmonte: 10 % van de inwoners zijn zogenaamde cryptojoden, die ondanks de inquisitie een heel eigen leefpatroon hebben ontwikkeld (zie blz. 233).

Olijfoliemolen in Idanha-a-Velha: twee grote boomstammen dienden als hefboom om druk op het maalmechanisme uit te oefenen (zie blz. 236).

Actief

Het drogen van vis is in Nazaré vanouds vrouwenwerk

Vogels kijken – een tocht door een lagune: rijstvelden, rietaanplant, beekjes en kanalen omringen de paden door de Ria de Aveiro. Het is in het bijzonder een belevenis voor wie graag vogels observeert, want hier zijn visarenden, blauwe reigers, wouwaapjes, ijsvogels, wielewalen en bonte spechten te ontdekken (zie blz. 220).

Skiën op 2000 m hoogte: en dat in Portugal! Vier sleepliften en stoeltjesliften maken skiën mogelijk op de top van de Torre. Tussen december en april is een sneeuwhoogte van 3 m niet vreemd. Zelfs après-ski hoort erbij. En een tocht met een hondenslee! (zie blz. 232).

Estremadura en het land van de kloosters

Kloosters in Tomar, Batalha en Alcobaça, gotische kerken in Santarém en bedevaarten naar Fátima typeren een regio die van de zandstranden aan de Atlantische Oceaan tot aan de Taag reikt. Maar verder zijn er ook nog de aardewerkkunstenaars van Caldas da Rainha, de middeleeuwen in Ourém en Óbidos, en sporen van dinosauriërs in het natuurpark van Candeeiros.

Peniche ▶ A 9

Van Ericeira (zie blz. 180) voert de bochtige N 247 enige tijd langs de kust naar Peniche, een centrum van de Portugese visserij. Bekend is het plaatsje ook vanwege de lokale kantwerk, waarvan het voortbestaan wordt ondersteund door een vakschool naast het toeristenbureau. Tijdens de dictatuur van Salazar was Peniche berucht omdat de **citadel** uit de 16e eeuw als gevangenis voor politieke gevangenen werd gebruikt. De communistische partijleider Álvaro Cunhal werd beroemd na een succesvolle ontsnapping uit deze gevangenis. Het **stadsmuseum** binnen de kasteelmuren herinnert aan deze tijd. Daarnaast toont men archeologische vondsten en getuigenissen van traditionele takken van nijverheid (di.-vr. 9-12.30, 14-17.30, za.-zo. vanaf 10 uur, € 1,60).

In de nabije omgeving kunnen watersportliefhebbers hun hart ophalen met tien uitstekende stranden voor **zwemmen en surfen** in diverse moeilijkheidsgraden.

Berlenga

aanlegplaats bij de haven, half mei-15 sept., ca. € 20

De opwindende overtocht naar de eilandengroep Berlenga, het enige maritiem reservaat van Portugal, duurt 40 minuten. Berlenga steekt tot een hoogte van 90 m uit boven de Atlantische Oceaan en is een nestelplaats voor talloze vogelsoorten. Plantkundigen zijn blij met de tachtig voor een deel inheemse plantensoorten. Een baai nodigt uit tot zwemmen, en zelfs duiken vanaf een springtoren.

Informatie

Turismo: Rua Alexandre Herculano (bij het park), tel. 262 78 95 71, dag. 9-13, 14-17, in de zomer 9-18 uur.

Accommodatie

Gemoedelijk – **Maciel:** Rua José Estêvão 38, tel. 262 78 46 85, op Facebook. Klein pension met eenvoudige, maar smaakvol ingerichte kamers. 2 pk € 45-80.

Eten en drinken

Vers uit de Atlantische Oceaan – **Estelas:** Rua Arquitecto Paulino Montez, 21, tel. 262 78 24 35, dag. De eenpansgerechten met vis en zeevruchten zijn herhaaldelijk bekroond. Hoofdgerecht ongeveer € 20.

Actief

Surfen – **Baleal Surf Camp:** Praia do Baleal, tel. 262 76 92 77, www.balealsurfcamp.com.
Wandelen – Wandelroute naar Óbidos.
Duiken – **Dive Center Peniche:** hotel Praia Norte, tel. 262 78 11 60, www.haliotis.pt.

Vervoer

Bus: Rua Dr. Ernesto Moreira. Er rijden geregeld bussen naar plaatsen in de regio, minder vaak naar Coimbra en Porto.

Óbidos ▶ A/B 9

De romantische ingrediënten voor en van de mooiste plaatsjes van Portugal zijn: een volledig intact gebleven stadskern uit de tijd van de renaissance die hoog boven een vlakte ligt, eerbiedwaardige herenhuizen aan verkeersluwe en met bloemen getooide straatjes, een fiks aantal kerken, een kasteel en een voor publiek toegankelijke stadsmuur met kantelen die 1,6 km lang en 13 m hoog is. Daarbij komen dan nog restaurants, hotels en souvenirwinkels. De Kelten, Romeinen, West-Goten en Moren benutten de uitstekende strategische ligging al en legden hier verdedigingswerken aan, net zoals tempeliers na de christelijke herovering. Later werd Óbidos een geliefd vakantieoord bij de Portugese koninginnen, die hier hun intrek namen in het tot paleis verbouwde **kasteel**. Hiervandaan hebt u een idyllisch uitzicht over de huizen van het 600 inwoners tellende historische centrum.

Rond Praça Santa Maria

Een wandeling door het stadje begint u het best bij het parkeerterrein voor de **Porta da Vila**. Deze stadspoort werd in 1380 gebouwd en in de 17e eeuw versierd met een vergulde gebedsnis en tegels. De bezienswaardigheden zijn vooral te vinden rond de Rua Direita en de centraal gelegen Praça de Santa Maria. In de gelijknamige **renaissancekerk** verdienen de altaarstukken van het in de 17e eeuw toegevoegde Sint-Catharina-altaar en vier schilderijen aan de zijmuren bijzondere aandacht; ze zijn van de hand van Josefa d'Óbidos (1630-1684), een van de weinige vrouwelijke kunstenaars van haar tijd. De waardigheid van de personages wijst op Spaanse invloeden.

De schandpaal op het voorplein draagt het wapen van koningin Eleonora, die de naburige **Igreja da Misericórdia** liet bouwen. Het barokportaal werd naderhand aangebouwd (beide kerken 9.30-12.30, 14.30-19, okt.-mrt. tot 17 uur, gratis). Tegenover de kerk vormt de galerie **casadopelourinho** op de eerste verdieping van een herenhuis waarvan alleen de gevel er nog staat, een modern contrast met eigentijdse kunstexposities.

Stad van de boekwinkels

Oud en nieuw komen bijeen in de talrijke boekwinkels in historische panden. Zo verkoopt José Pinto, eigenaar van een alternatieve boekhandel in Lissabon, hier kinderboeken in een voormalige **basisschool**, en kookboeken in een voormalige **wijnkelder** en in de vroegere **markthal** (Rua Direito 28) in combinatie met een kleine biowinkel. Als boekenplanken dienen fruitkisten. Heel bijzonder is de winkel in de **Igreja de Santiago** bij de toegang tot het kasteel. De structuur van het godshuis en het altaar zijn behouden, maar de zijkapellen zijn nu gevuld met literaire werken.

Lagoa de Óbidos

In de middeleeuwen reikte de Lagoa de Óbidos helemaal tot aan het stadje. Door verzanding is deze lagune ongeveer 6 km naar de Atlantische Oceaan teruggedrongen. Als gevolg van schadelijke algenvorming en verstedelijking dreigt er acuut gevaar voor het ecologisch evenwicht. Maar tijdens een wandeltocht van twee uur kunt u voorlopig nog steeds veel water- en trekvogels zien.

Aan de noordrand van de lagune ligt het aantrekkelijke zandstrand **Foz do Arelho**, waar vroeger ook de koningen van Portugal gingen zonnebaden.

Informatie

Turismo: parkeerterrein bij de Porta da Vila, tel. 262 95 92 31, www.obidos.pt, mei-sept. dag. 9.30-19.30, okt.-apr. ma.-vr. 9.30-18, za.-zo. 9.30-12.30, 13.30-17.30 uur.

Accommodatie

In een oud gebouw – **Pousada:** Paço Real, tel. 262 95 50 80, www.pousadas.pt. Hotel met 9 luxueuze kamers van verschillende grootte in het historische kasteel; tijdig boeken is aan te raden. 2 pk € 170-326.

Renaissancejuweel – **Casa do Fontanário:** Largo Chafariz Novo de Dona Maria, tel. 262 95 83 56, www.casadofontanario.net. Het 16e-eeuwse herenhuis met een binnenplaats is ingericht met stijlmeubelen. 2 pk € 55-80.

Bij particulieren – Informatie bij het toeristenbureau. 2 pk vanaf € 25 zonder ontbijt.

Estremadura en het land van de kloosters

Eten en drinken
Sfeervol – **Ibn Errik Rex:** Rua Direita 100, tel. 262 95 91 93, di. gesl. Sinds 1955 een familiebedrijf. De entourage bestaat uit oude flessen en wapens tussen muurschilderingen. Specialiteit is de kersenbrandewijn Ginjinha, met daarbij brood, kaas en geflambeerde worst (ca. € 8).

Winkelen
Regionaal – **Loja do Oeste:** Rua Direita 70. Producten en kunstnijverheid uit de streek.

Actief
Watersport – **Escola de Vela:** Rua Dr. João Soares, Foz do Arelho, tel. 262 97 85 92, www.escoladeveladalagoa.com.
Wandelen – Informatie over wandelroutes naar de lagune en langs de kust is verkrijgbaar bij het toeristenbureau.
Fietsen – Er loopt een 10,5 km lang fietstraject *(ecopista)* naar de lagune. Het toeristenbureau verhuurt zo nu en dan fietsen.

Evenementen
Chocoladefeest: mrt./apr. Chocolatiers uit heel Europa tonen hun creaties met het middeleeuwse stadje als decor.
Semana Santa: Goede Week. Religieuze processies door het oude stadsdeel.
Óbidos Vila Natal: dec.-begin jan. Kerstmarkt aan de voet van het kasteel.

Vervoer
Trein: station 500 m ten noorden van het centrum, kaartverkoop alleen in de trein, diverse keren per dag naar Lissabon.
Bus: Porta da Vila. Regelmatig naar de steden in de buurt en naar de kust.

Caldas da Rainha ▶ B 9

Op slechts 10 km ten noorden van Óbidos is het veel grotere Caldas da Rainha (25.000 inwoners) op toeristisch gebied niet meer dan een muurbloempje. Op het eerste gezicht maakt het stadsbeeld dan ook een weinig spectaculaire indruk, maar elke ochtend heerst op de centrale Praça da República een grote bedrijvigheid. Dan zijn er op de buiten gehouden **markt** producten uit de omliggende plaatsen te koop, van fruit tot kunstnijverheid. Juist deze stadse bedrijvigheid van alledag is een weldadig contrast met het naburige Óbidos. In de stad valt het oog verder op de rijkversierde gevels van talloze jugendstilhuizen. Interessant is ook een koninklijk badhuis uit de 15e eeuw, dat herhaaldelijk is verbouwd. Pal erachter verheft zich de vrijstaande klokkentoren **Igreja Nossa Senhora do Populo** in manuelstijl.

Musea
In de 19e eeuw ontwikkelde Caldas zich tot een centrum van aardewerkproductie. Ook de initieerder van de moderne tegelkunst, Rafael Bordalo Pinheiro, opende er een atelier (zie blz. 190). Vlakbij werd in een adellijk paleis aan de rand van het **stadspark Dom Carlos** het zeer fraaie **Museu da Cerâmica** ondergebracht met een collectie azulejo's uit de 16e eeuw en jugendstilaardewerk (di.-zo. 10-13, 14-18 uur, € 3).

In de buurt hiervan vindt u het wat merkwaardige **Museu do Ciclismo**, waar een oud-wielrenner zijn verzamelstukken toont (di.-zo. 10-12.30, 14.30-17 uur, gratis). Tegelkunst, maar dan vooral met naturalistische afbeeldingen die de voorkeur hadden tijdens de dictatuur, is verder ook te zien in het **Museu de José Malhoa**. Het accent ligt op portretten, landschappen en volksgebruiken (di.-zo. 10-13, 14-18, apr.-okt. tot 19 uur, € 3).

Informatie
Turismo: Rua Provedor Frei Jorge de São Paulo, 1, tel. 262 24 00 05, dag. 10-18 uur. Met café, restaurant, winkel en exposities.

Accommodatie
Comfortabel – **Sana Silver Coast:** Avenida Dom Manuel F. Freire da Câmara, tel. 262 00 06 00, www.silvercoast.sanahotels.com. Hotel met 80 ruime, in donkere tinten gehouden kamers. 2 pk ongeveer € 75.

Straatje in Óbidos

Estremadura en het land van de kloosters

Eten en drinken
Elegante sfeer – **Sabores D'Itália:** Praça 5 de Outubro 40, tel. 262 84 56 00, ma. gesl. Bekroonde Portugese en Italiaanse keuken, met bijvoorbeeld garnalen in een mantel van bladerdeeg en eekhoorntjesbrood. Hoofdgerecht vanaf € 11, Pizza vanaf € 7.

Portugese tapas – **Pachá – Casa Antero:** Rua Alexandre Herculano 6, tel. 262 83 50 89, za.-avond en zo. gesl. In een authentieke landelijke ambiance serveert men regionale hapjes en kleine gerechten *(petiscos)* en schenkt men wijn per glas.

Winkelen
Faience – **Fábrica Bordalo Pinheiro:** Rua Bordalo Pinheiro 53. Excentriek decoratief en gebruiksaardewerk naar het origineel ontwerp van de grote kunstenaar.

Vervoer
Trein: Avenida 1° de Maio. Regelmatig naar Lissabon, Coimbra, Óbidos en Figueira da Foz.
Bus: Avenida Herois da Grande Guerra, tel. 262 83 10 67. Geregeld naar Lissabon, Óbidos en naar de kust.

Santarém ▶ C 9

De N 114 is vanaf Caldas een mooie route naar Santarém (30.000 inwoners), waarvan het mooie oude stadsdeel zich uitstrekt over een heuvel boven de Taag. Deze voormalige koninklijke residentie is rijk gezegend met kerken, overwegend in de gotische stijl. Santarém laat zich dan ook graag de hoofdstad van de gotische kerkenbouw noemen.

Rond Praça Sá da Bandeira
Een rondwandeling door de stad kan heel goed beginnen aan de noordrand van de oude stad bij de **markthal**, die helemaal versierd is met blauw-witte tegelafbeeldingen uit de jaren 30 van de vorige eeuw (Rua Dr. Jaime Figueiredo). Het nabijgelegen vroegere franciscanenklooster is nu de **Igreja de São Francisco**. Het gebouw was ook enige tijd een kazerne. De officier Salgueiro Maia trok in de vroege ochtend van 25 april 1974 met zijn tankregiment vanuit deze kazerne naar Lissabon en droeg in belangrijke mate bij aan de vreedzame omverwerping van de dictatuur van Salazar (Rua 31 de Janeiro, wo.-zo. 9-12.30, 14-17.30 uur, € 2).

Aan de nabije Praça Sá da Bandeira ziet u de **Igreja do Seminário**. Aan de buitenkant heeft deze jezuïetenkerk een redelijk ingetogen maniëristische gevel. Het overdadig barokke interieur met verguld houtsnijwerk, uitvoerig marmeren inlegwerk en spectaculaire plafondschilderingen laat echter zien dat de jezuïeten wel degelijk wisten hoe ze de aandacht konden trekken (ma.-vr. 10-13, 14-18, za.-zo. 10-13, 14-19, 's winters tot 18 uur, zo. alleen 's middags, € 4).

Naar Portas dol Sol
De verkeersluwe winkelstraat Rua Serpa Pinto komt uit op de laatgotische **Igreja de Marvila**. Via een sierlijk portaal in manuelstijl betreedt u het driebeukige interieur, dat volledig is versierd met azulejo-patronen uit de 17e eeuw (wo.-zo. 9-12.30, 14-17.30 uur).

De nabije **Igreja da Graça** doet met haar kunstzinnig roosvenster in gotische stijl denken aan de kerk van Batalha. Via een paar traptreden betreedt u het interieur van de kerk waar de ontdekker van Brazilië, Pedro Álvares Cabral, begraven ligt (wo.-zo. 9-12.30, 14-17.30 uur).

Van de vroeggotische **Igreja de São João do Alporão** en de **Torre das Cabaças**, die ooit een Moorse minaret was, leidt de Avenida 5 de Outubro naar het uitkijkterras **Portas do Sol** met een weergaloos panoramisch uitzicht over het dal van de Taag.

Informatie
Turismo: Rua Capelo Ivens 63, tel. 243 30 44 37, ma.-vr. 10-18, za.-zo. 9.30-13, 14-17.30 uur.

Accommodatie
Met panorama – **Casa da Alcáçova:** Largo da Alcáçova 3, tel. 243 30 40 30, www. alcacova. com. Hotel met 8 kamers die chic zijn ingericht met stijlmeubelen, in een herenhuis met tuin en zwembad. 2 pk € 115-175.

Ontspannen – **Santarém Hostel:** Rua Engenheiro António Antunes Júnior 26, mob. 965 83 27 02, www.santaremhostel.blogspot.pt. De grote binnenplaats van 360 m² is geweldig. 2 pk ca. € 40, slaapzaal ca. € 15.

Eten en drinken
Stierengevechttempel – **Taberna do Quinzena 1:** Rua Pedro de Santarém 93-95, tel. 243 32 28 04, zo. gesl. Bekende, bijna 140 jaar oude taverna die de verering van het stierengevecht niet onder stoelen of banken steekt.

Evenementen
Gastronomsch festival: half okt. Honderdduizenden komen op dit festival van twee weken af om de specialiteiten te proeven die de plaatselijke restaurants aanbieden op een historisch landgoed.

Vervoer
Station: 2 km buiten het centrum. Geregeld naar Coimbra, Porto en Lissabon.
Bus: Avenida do Brasil, tel. 243 33 32 00. Geregeld naar Lissabon en de steden in de nabije omgeving.

Langs de Taag

Van Azinhaga naar Golegã ▶ C 9

De smalle N 365 loopt door het brede dal van de Taag. In **Azinhaga** kwam de Nobelprijswinnaar voor de literatuur José Saramago ter wereld. In de vorm van een bronzen standbeeld op de centrale Largo da Praça is hij na zijn dood in 2010 nog aanwezig. Iets verderop is een klein museum aan hem gewijd (di.-za. 9.15-13, 15-19 uur, www.josesaramago.org).

Na 8 km bereikt u **Golegã**, dat nauw verbonden is met de fokkerij van de Lusitano-paarden. Talloze stoeterijen hebben zich aangesloten bij het agentschap Lusitanus (Largo Marquês de Pombal, tel. 249 97 69 33, www.lusitanus.pt). Opvallend is verder het portaal in manuelstijl van de parochiekerk, dat wordt toegeschreven aan Diogo de Boytac.

Evenementen
Feira Nacional do Cavalo: nov. Paardenbeurs, stierengevechten en folklore in Golegã.

Almourol en Constância ▶ C 8

Iets voor het stadje Entroncamento kruist de N 3, volg deze naar rechts langs de Taag. Op een klein rotseiland voorbij Tancos verheft zich het imposante **Castelo de Almourol** boven de rivier. De tempeliers lieten dit kasteel in de 12e eeuw bouwen met ruim opgezette vestingmuren en maar liefst tien torens. Vanaf de kade in Tancos vaart een pont (kasteel dag. 10-12.30, 14.30-19, uur, 's winters di.-zo. tot 17 uur, € 2,50, boottocht € 2,50).

Bij de samenstroming met de Zêzere liggen de met bloemen getooide straatjes van **Constância** bevallig op een heuvel. Bij een pestepidemie in Lissabon trokken de koningen zich terug in deze rustige omgeving, en met hen de edellieden en de kunstenaars. De nationale dichter Luís de Camões (1524/25-1580) werd hierheen verbannen, terwijl hij brandde van liefde voor zijn beminde Dona Catarina de Ataíde, die hij in *De Lusiaden* vereeuwigde als Natércia. Aan de rivier staat nu een monument voor hem. Overigens wordt het aanzicht van de rivier nu enigszins vertroebeld door een rokende fabrieksschoorsteen.

Informatie
Turismo: in Constância, Avenida das Forças Armadas, tel. 249 73 00 52, ma.-vr. 10-17, za.-zo. 11-13, 14.30-18, okt.-apr. ma.-vr. 10.30-17, za.-zo. 12-17 uur.

Evenementen
Nossa Senhora da Boa Viagem: tweede paasdag. Processie met versierde boten in Constância.

Uitstapje naar Abrantes ▶ D 8

Om in het historische centrum van deze 15.000 inwoners tellende stad te komen moet u zich eerst door lelijke industriegebieden en

Sprookjeswereld in steen: de manuelstijl

Felix Krull werd in verrukking gebracht bij het zien van de 'spitse torentjes en ragdunne zuiltjes [...], een als het ware door engelenhanden uit zacht gepatineerd wit zandsteen gebeeldhouwde sprookjespracht, die de indruk wekte dat men met een dunne figuurzaag in steen kon werken en daaruit kleinoden van luchtig kant kon vervaardigen.'

De hoofdfiguur in de roman *Ontboezemingen van de oplichter Felix Krull* van Thomas Mann geeft met deze euforische omschrijving uiting aan zijn bewondering voor het hoogtepunt van de Portugese architectuur, de laatgotische manuelstijl. De grote meesterwerken zijn de kloosterkerk in Tomar en de koninklijke kruisgang van de kloosterkerk in Batalha – beide in Estremadura gelegen – en het Hiëronymusklooster in Lissabon. In deze bouwstijl is het een en ander 'aan Moorse, gotische en Italiaanse elementen samengevoegd, met als extraatje iets uit de berichten over Indische wonderen'. In hun enthousiaste berichten over de nieuwe wereld hadden de Portugese ontdekkingsreizigers iets daarover meegebracht, net als een grote hoeveelheid fascinerende souvenirs van de verre kusten van Afrika, Azië en Zuid-Amerika. De indrukwekkende oosterse pracht en praal lieten in de kunst en de architectuur van het avondland hun sporen na en dat gebeurde vooral in Portugal met een bijzondere intensiteit en verbeeldingskracht.

De decoratieve stijl is vernoemd naar koning Manuel (1495-1521) en is de eerste stijl in het christelijke avondland die zich openstelt voor invloeden van buiten Europa. De overdadige ornamenten, met koralen, negroïde gezichten, fabelwezens en exotische planten, zijn een symbool en een getuigenis van het contact met de vreemde culturen. Op de voorgrond treden Indische motieven, maar de specerijen en kostbaarheden van India bleken de eigenlijke motor voor de Portugese zeevaart te zijn en de opbrengsten uit het 'peperimperium' maakten de bouw van rijkversierde kerken en paleizen mogelijk. Daarom werden ook karvelen, als scheepstouw gedraaide zuilen, ankers, koralen en mosselen tot een sierelement. In deze euforische stemming van verandering nam men afscheid van de Europese middeleeuwen. De Portugese zeevaarder Fernão de Magalhães (Magellaan) weerlegde met zijn rondreis het christelijke dogma dat de aarde plat zou zijn. De kunst en de wetenschap van de renaissance bevrijdden zich uit de oppermachtige greep van de kerk. De mens van de nieuwe tijd ziet zich voortaan als *faber mundi*, maker en beheerser van de wereld. Deze tijdgeest wordt in de symboliek van de manuelstijl uitgedrukt door de globe en het astrolabium, die tevens zinspelen op de aanspraak van koning Manuel op de wereldheerschappij.

De overdadige ornamenten bracht men graag in ranken rond portalen en vensters aan, maar duiken tevens met een bijna oosterse pracht en sierlijkheid op in de voorheen sobere, kloosterachtige kruisgangen. Zo weet de Portugese manuelstijl vol levensvreugde een brug te slaan van de godsvrucht eisende middeleeuwse gotiek naar de renaissance, die het zelfbewuste individu verheerlijkt. En kan de manuelstijl nog steeds de toeschouwer van nu fascineren.

voorsteden worstelen. De moeite wordt beloond met straatjes en gevels die met bloemen getooid zijn, en verkeersluwe pleinen die worden gesierd door eigentijdse sculpturen van plaatselijke beeldhouwers. De **Misericórdia-kerk** heeft een prachtig renaissanceportaal en zes schilderijen uit de 16e eeuw van Gregório Lopes (tijdens de kerkdienst of via het toeristenbureau).

Boven het plaatsje is van ver de ruïne zichtbaar van het **kasteel** (14e eeuw) in een keurig verzorgde tuin. Het kerkje **Santa Maria do Castelo** binnen de kasteelmuren biedt tijdelijk onderdak aan een expositie van religieuze kunst tot in 2019 het nieuwe Museu Ibérico de Arqueologia e Arte zijn deuren opent in het gerenoveerde dominicanenklooster bij de Jardim da República. Het koor en het altaar van het kerkje zijn volledig versierd met kostbare mudejartegels uit Sevilla (16e eeuw). Drie grafmonumenten in de stijl van de flamboyante gotiek reiken bijna helemaal tot aan het bovengewelf (di.-zo. 9.30-12.30, 14-18 uur, gratis).

Informatie
Turismo: Mercado Municipal, Esplanada 1° de Maio, tel. 241 33 01 00, ma.-vr. 10-18, za.-zo. 10-13, 14-18 uur.

Accommodatie
Landgoed – **Quinta de Coalhos:** EN 118, Pego (ca. 6 km oostelijker), mob. 969 05 70 31, www.wonderfulland.com/coalhos. Kasteeltje met 4 chique kamers en 1 appartement in een landelijke omgeving. 2 pk ca. € 80.

Aan de Rio Zêzere ▶ C 8

Bij de verdere rit naar Tomar kunt u er als ontspanning voor kiezen een stukje om te rijden over de N 358-2, die bij Constância afbuigt. De Rio Zêzere komt 10 km stroomopwaarts bij **Castelo de Bode** uit op een 60 km lang **stuwmeer** dat wordt omringd pijnboombossen en kastelen. Het kristalheldere water, de talloze stranden en de vele faciliteiten voor vrijetijdsbesteding maken het meer tot een populair recreatiegebied.

Accommodatie
Pal aan het water – **Estalagem Lago Azul**: Castanheira bij Ferreira do Zêzere, www.estalagemlagoazul.com, tel. 249 36 14 45. Hotel met 20 smaakvol ingerichte kamers, zwembad, minigolf en tennisbaan. 2 pk € 65-110.

Actief
Boottocht – **Barco São Cristóvão** voor 164 personen, www.barcosaocristovao.com. Reserveren is mogelijk bij Estalagem Lago Azul (zie hiervoor).
Watersport – **Clube Náutico do Zêzere:** Trízio, tel. 274 80 21 72.

Tomar ▶ C 8

De grote trekpleister van deze mooie stad (22.000 inwoners), waar vroeger al Romeinen en Moren woonden, is het als UNESCO-Werelderfgoed erkende kasteel- en kloostercomplex. Bijna 200.000 bezoekers worden er jaarlijks geteld. Toch heeft Tomar nog veel meer te bieden.

✪ Castelo Templário e Convento de Cristo

juni-sept. 9-18.30, okt.-mei 9-17.30 uur, € 6, combikaartje met Alcobaça en Batalha € 15
De ridderorde van de tempeliers was een van de belangrijkste steunpilaren bij de christelijke herovering van Portugal. Als dank kreeg deze orde het gebied ten noorden van de rivier de Nabão als koninklijk geschenk. De orde bouwde hier een viervoudig omsloten verdedigingswerk. Hiervan zijn enkele muurresten en de tempelierskerk bewaard gebleven. De vestingachtige kerk is in navolging van de Grafkerk in Jeruzalem gebouwd op een zestienzijdig grondplan. De grondig gerestaureerde achthoekige binnenruimte is prachtig versierd met fresco's en bladgoud.

Nadat de paus de wel zeer machtig geworden orde in 1312 verbood, ging het bezit over naar de Portugese Orde van Christus, met latere leden als de zeevaarders Vasco da Gama en Pedro Álvares Cabral; Hendrik de Zeevaarder

Estremadura en het land van de kloosters

was hun grootmeester. In 1356 werd Tomar de zetel van de orde en in de 15-16e eeuw werden klooster en kerk verbouwd tot een labyrintisch complex met zeven kruisgangen. De oudste, *claustro do cemitério,* is versierd met waardevolle azulejo's in mudejarstijl.

De bouw van de nieuwe kerk, een meesterwerk in manuelstijl, begon in 1515 naar het ontwerp van João do Castilho. In het interieur werd de rotonde van de oude tempelierskerk geïntegreerd als altaarruimte. De fresco's, zuilenschilderingen en de in de 16e eeuw toegevoegde schilderijen van Jorge Afonso werden gerestaureerd en behoren tot het mooiste wat er in Portugal te zien is. Het portaal en de gevel zijn rijk versierd met stenen mensenfiguren, boomstammen, wortels, algen, mosselen en fabelwezens. Beroemd is het venster van de oude kapittelzaal, waarvan de weelderig versierde omlijsting is te bewonderen vanuit de kruisgang van Sint-Barbara ertegenover (zie foto blz. 192). De met bordjes aangegeven route voert de bezoekers door alle opengestelde kruisgangen en monnikencellen. De pas tegen het einde van de bouwtijd voltooide kruisgang van Dom João III geeft al de overgang naar de renaissance te zien.

Van het terras op de bovenverdieping hebt u een mooi uitzicht over het gehele kloostercomplex. Sinds het begin van de 17e eeuw liep de watervoorziening via een eigen **aquaduct** met honderdtachtig ronde bogen, die vanuit enkele vensters aan de buitenkant van het complex, maar beter vanaf de weg N 113 naar Pegões, te zien is.

De oude stad

De smalle straatjes lopen bijna in een rechte lijn door de oude stad rond de centrale Praça da República. Indrukwekkend is het portaal in manuelstijl van de **parochiekerk** die hier staat.

Joods Museum
Rua Dr. Joaquim Jacinto, di.-zo. 10-12, 14-17, uur, 's zomers 15-19 uur, gratis
Op een straatje afstand van de parochiekerk vindt u het Museu Hebraico Abraão Zacuto.

De vestingachtige kerk van Tomar is gebouwd door de legendarische tempeliers

Het museum is vernoemd maar een beroemde sefardische geleerde uit Salamanca, die de astronomische tabellen en het astrolabium verder ontwikkelde. Columbus en Vasco da Gama bedienden zich van zijn werk. In 1492 vluchtte hij voor de inquisitie van Castilië naar Portugal, waar hij in 1515 overleed. In het jaar van de Kristallnacht in Duitsland (1938) werd in de 15e-eeuwse synagoge als teken van verzet dit kleine museum geopend. U krijgt er nu voorwerpen uit het religieuze en wereldse leven van de Joden in Portugal te zien en een aantal Joodse grafstenen uit de 13e en de 14e eeuw.

Andere bezienswaardigheden

Veel woonhuizen in de omliggende straatjes stammen uit de 15e-17e eeuw. Interessant zijn de versierde hoekvensters op de bovenverdieping. In de vorige eeuw werden op open plekken in de bebouwing tal van gebouwen in art-decostijl ingevoegd. Bijzonder fraai zijn **Café Paraíso** (Rua Serpa Pinto 127), tegenwoordig een trefpunt van jong en oud, en **Cine-Teatro Paraíso**, met een aantrekkelijk cultureel programma (Rua Infantaria 15).

Eigenlijk sluit het hier wel goed bij aan dat het kunstmuseum **Núcleo de Arte Contemporânea** het accent legt op het surrealisme uit ongeveer diezelfde tijd. Bezienswaardig is de ingang die is vormgegeven door Eduardo Nery en José Guimarães (wo.-zo. 14-18, juni-sept. 15-18 uur, gratis).

Een merkwaardig **Lucifermuseum** (Museu dos Fosforos) is te vinden nabij de doorgaande weg die aan de zuidkant van de stad verlaat, niet ver van de bushalte. Hier zijn 80.000 lucifers en lucifersdoosjes uit 115 landen te bewonderen (di.-zo. 10-12, 14-17, 's zomers 15-19 uur, gratis).

Voor ontspanning kunt u terecht op het met oude bomen begroeide riviereiland **Parque do Mouchão**. Een huizenhoog waterrad met tientallen aarden potten zorgt voor de irrigatie met elk uur 5000-7000 l water.

Informatie

Turismo: Avenida Dr. Cândido Madureira, tel. 249 32 98 23, dag. 9.30-12.30, 14-18 uur.

Accommodatie

Comfortabel – **Dos Templários:** Largo Cândido dos Reis 1, tel. 249 31 01 00, www.hoteldostemplarios.com. Hotel met 171 zeer ruime kamers, deels met zicht op het klooster; groot zwembad en een kuurafdeling. 2 pk € 88-132.

Rustig in een park – **Santa Iria:** Parque do Mouchão, tel. 249 31 33 26, www.estalagemsantairia.com. Hotel met 13 wat kleine, maar aangename kamers met balkon; gemoedelijke sfeer. 2 pk ca. € 45-65.

Eten en drinken

Originele keuken – **Chico Elias:** Algarvias, N 349-3, 1,5 km südl., tel. 249 31 10 67, di. gesl. Gastronomisch uithangbord van de regio dankzij fantasierijk aangepaste traditionele gerechten, zoals konijn in een uitgeholde pompoen. Kleurenfoto's vergemakkelijken de keus. Bij de reservering, die noodzakelijk is, moet u echter het gerecht van uw wens al aangeven. Hoofdgerecht ongeveer € 15.

Goed en veel – **Bela Vista:** Rua Marquês de Pombal 68, tel. 249 31 28 70, ma.-avonden di. gesl. Degelijke kost, grote keus uit voorgerechten, een halve portie die al groot genoeg is vanaf € 7,50.

Winkelen

Souvenirs – **Galeria do Mundo Rural:** Rua Infantaria 77. Uitstekende kunstnijverheidartikelen en regionale producten.

Evenementen

Congresso de Sopa: mei. Alle plaatselijke restaurants koken soep in het park voor tienduizenden smulpapen.

Festa dos Tabuleiros: elke vier jaar in juli (2019, 2023). Vrouwen dragen grote, wel 20 kg wegende bloemenkronen op hun hoofd.

Vervoer

Trein: Avenida Combatentes da Grande Guerra. Geregeld naar Lissabon en Santarém.

Bus: Avenida Combatentes da Grande Guerra, tel. 249 31 27 38. Regelmatig naar Lissabon, Santarém, Ourém en Fátima.

Stadsvervoer: bus TUT rijdt door het hele oude stadsdeel.

Estremadura en het land van de kloosters

Ourém ▶ C 8

Pure romantiek ligt op de bezoeker te wachten in het historische deel van Ourém op de burchtheuvel boven de N 113. In de oude huizen wonen nog steeds vijftien families. De knusse buurtwinkel is het middelpunt van het leven hier. Men verkoopt er ook de traditionele kersenbrandewijn Ginjinha de Ourém. De straatjes nodigen uit om rond te dwalen. Na reservering biedt de plaatselijke onderneming Ouremviva rondleidingen aan (www.ouremviva.pt, tel. 249 54 09 00). Hiervoor moet u in het nieuwe stadsdeel zijn bij de **Stedelijke Galerie**, waar het hele jaar moderne kunst is te zien (Praça do Pelourinho).

De **burcht** (12e eeuw) werd gebouwd rond een Moorse waterkelder uit de 7e eeuw. Opvallend is de omloop met bogen van de drie zware wachttorens. Het is de moeite waard om naar de oude crypte af te dalen onder de Igreja da Nossa Senhora das Misericórdias: het grafmonument van de graaf van Ourém is een juweel van gotische beeldhouwkunst.

Informatie
Turismo: Praça do Pelourinho, tel. 249 54 46 54, mei-sept. di.-zo. 10-13, 15-19, okt.-apr. 9.30-12.30, 14-18 uur.

Accommodatie
Met weids uitzicht – **Pousada:** Zona de Castelo, tel. 249 54 09 20, www.pousadas.pt, nov.-mrt. gesl. Mooi hotel met 30 gezellige kamers in een ensemble van middeleeuwse huizen; met een voortreffelijk restaurant. 2 pk € 80-156.

Eten en drinken
Authentiek – **Condes de Ourém:** Zona de Castelo. Eenvoudige gerechten in een ruimte die aandoet als de woonkamer van de eigenaar, inclusief televisie. Volledige maaltijd met huiswijn ca. € 10.

Evenementen
Heilig Hart-feest: laatste weekend van aug. Religieus feest met processie, eten, muziek en kunstnijverheid.

Fátima ▶ C 8

Fátima in de lente en de herfst van 1916: drie herderskinderen zien een vredesengel aan de hemel. Cova da Iria nabij het dorpje op 13 mei 1917: Maria verschijnt aan de kinderen. Deze gebeurtenis herhaalt zich op 13 juni, juli, september en oktober, dan al voor tienduizenden gelovigen. Terwijl ter plaatse al een kapel werd gebouwd, hadden de hoge geestelijken in Rome eerst moeite met deze gebeurtenis. Een officiële erkenning van de Mariaverschijning volgde pas in 1927. Een jaar later werd volgens de wens van de hemelse verschijning de eerste steen voor een **basiliek** gelegd, die in 1953 werd ingewijd. In 2007 kwam er een moderne kerk tegenover te staan. In 2017 zijn twee van de kinderen heilig verklaard.

Bedevaart
Elk jaar bezoeken meer dan vier miljoen gelovigen de ongeveer 6500 kerkdiensten. Velen schuifelen op hun knieën naar het godshuis. In 1994 werd bij de oostelijke ingang een model van de Berlijnse Muur onthuld, want Maria zou de kinderen de 'triomf van het onbevlekte hart' over het communistische Rusland hebben voorspeld. Daarom gebruikte Salazar het heiligdom ook als ideologische ondersteuning van zijn regime en stortte hij zich op de drie F's: Fátima, futebol, fado.

Het wassenbeeldenmuseum **Museu de Cera** legt in 31 taferelen het accent op de religieuze kant van de stadsgeschiedenis (www.mucefa.pt, apr.-okt. dag. 9-18, nov.-mrt. dag. 10-17 uur, € 7,50).

Informatie
Turismo: Avenida Dom José Alves Correio da Silva 213, tel. 249 53 11 39, dag. 9.30-13, 14-17.30 uur, 's winters zo. gesl.
Informatie voor bedevaartgangers: Santuário de Fátima, tel. 249 53 96 00, www.fatima.pt (meertalig).

Accommodatie
Rond het heiligdom zijn tienduizend bedden beschikbaar in hotels, pensions en onderkomens voor bedevaartgangers.

Batalha

Modern en elegant – **Dom Gonçalo:** Rua Jacinto Marto 100, tel. 249 53 93 30, www.hoteldg.com. Gemoedelijk hotel met 71 aangename kamers. Een paar jaar geleden uitgebreid met een binnenzwembad voor de wellnessafdeling. 2 pk € 65-400.

Eten en drinken

Gastronomisch hoogtepunt – **Tia Alice:** Rua do Adro, tel. 249 53 17 37, zo.-avond en ma. gesl., reserveren is aan te bevelen. In dit gezellige restaurant aan de zuidwestelijke uitvalsweg en tegenover de parochiekerk serveert men in een elegant-rustieke ambiance verfijnde traditionele gerechten. Bijzonder lekker is de chocoladetaart met ijs. Hoofdgerecht ongeveer € 20.

Vervoer

Trein: station Caxarias, 12 km buiten Fátima.
Bus: Avenida Dom José Alves Correio da Silva. Ongeveer elk uur naar Lissabon, Coimbra, Porto en de steden in de regio.

Parque Natural da Serra de Aire ▶ B/C 8

Ten zuiden van de verbindingsweg N 356 tussen Fátima en Batalha ligt het natuurpark Serras das Aire e Candeeiros, met een hoogste punt van 485 m. Dit belangrijkste kalksteengebergte van Portugal omvat een gebied van ongeveer 38.500 ha. Door het heuvelland met een veelsoortige planten- en dierenwereld lopen talloze wandelroutes.

Een bijzondere attractie zijn hier de twee **druipsteengrotten** in Alvados (www.grutasalvados.com, sept.-juni di.-zo. 10-17, juli-aug. dag. 10-18.30 uur, € 5,80).

De belangrijkste plaats is **Porto de Mós**, waarvan het kasteel een kleinere versie van de burcht van Ourém lijkt. Ze werden ontworpen door dezelfde bouwmeester. Beroemd werd deze streek toen in 1994 in het oostelijk gelegen **Bairro** honderden pootafdrukken van **dinosauriërs** van 175 miljoen jaar oud werden ontdekt (di.-zo. 10-12.30, 14-18 uur, za.-zo. 's zomers tot 20 uur, www.pegadasdedinossaurios.org, € 3).

Informatie, actief

Turismo: Porto de Mós, Jardim Público, tel. 244 49 13 23, ma.-za. 10-12,30, 14-17, 's winters tot 17.30 uur. Hier is ook een brochure met wandelroutes verkrijgbaar.

Batalha  ▶ B 8

Op 14 augustus 1385 stond aan de ene kant een grote overmacht van Castiliaanse troepen, en aan de andere kant een klein Portugees leger dat streed voor de onafhankelijkheid. Op dat moment smeekte de Portugese koning João I om bijstand van Maria – waarna hij tegen alle verwachtingen in zegevierde. Mogelijk had dit minder te maken met hulp vanuit de hemel dan met de ondersteuning door Engelse boogschutters. De Portugezen zien dit succes als een historische mijlpaal.

De plaats van handeling lag in de huidige gemeente São Jorge. Momenteel heeft de slag een eigen monument gekregen in het **Centro de Interpretação da Batalha de Aljubarrota**. Centraal staat een multimediashow die de gevechten uitbeeldt (meertalig). Daarnaast voert een met bordjes aangegeven route van zo'n 1,5 km over het oude slagveld. Hier staat nog de kleine, door legeraanvoerder Nuno Álvares Pereira gestichte kapel (di.-zo. 10-17.30 uur, laatste toegang 16.30 uur, € 7).

Het Portugese koningshuis had echter iets groters in gedachten. Zo'n 3 km ten noorden van het slagveld werd in 1386-1387 begonnen met de bouw van het majestueuze dominicanenklooster van Batalha. Het duurde wel tot 1580 voordat de bouw was voltooid. Het klooster staat nu op de UNESCO-Werelderfgoedlijst. Batalha is de aankondiging in steen van het gouden tijdperk van Portugal, de uitdrukking van het gevoel van verandering dat onder de jonge zeevaardersnatie leefde, die los van Castilië de strenge gotiek liet overgaan in de van grote levensvreugde getuigende manuelstijl.

Estremadura en het land van de kloosters

Kloostercomplex
juni-sept. 9-18.30, okt.-mei 9-17.30 uur, € 6, combikaartje met Alcobaça en Tomar € 15

Het hoofdportaal van de kerk van **Santa Maria da Vitória** van okerkleurig kalksteen is bijzonder overdadig versierd. Te zien zijn twaalf apostelen op stenen voetstukken, musicerende engelen en Bijbelse koningen en profeten. Zij omringen de majestueuze verschijning van Christus. Daarnaast wordt de kroning van Moeder Maria uitgebeeld door een fantastische beeldengroep. Het middenschip van de driebeukige kerk is opvallend smal in vergelijking tot de lengte van 83 m. Zeer fraai zijn de kleurrijke glas-in-loodramen, waarvan de meeste nog dateren uit de tijd dat de kerk werd gebouwd. De kapel van de stichter *(capela do fundador)* rechts van de ingang werd in de periode 1426-1434 gebouwd en herbergt naast de monumentale grafmonumenten van koning João I en zijn echtgenote Filipa de Lencastre ook de graven van hun kinderen, onder wie Hendrik de Zeevaarder.

De **koninklijke kruisgang** *(claustro real)* van 50 bij 55 m stamt uit de eerste bouwfase. Koning Manuel I liet hiervoor in de 16e eeuw de gotische spitsbogen voorzien van uiterst verfijnde, in steen uitgehouwen ornamenten. Daarmee is het een perfect meesterwerk van de manuelstijl geworden. De ruime, 19 m lange kapittelzaal wordt op spectaculaire wijze overspannen door een kruisribgewelf zonder steunpilaren. Het gewelf zou tijdens de bouw tweemaal zijn ingestort. Een beetje misplaatst doet hier het moderne Graf van de onbekende soldaat aan, waarbij militairen een erewacht houden. In het vroegere refectorium, de eetzaal van het klooster, is nu een legermuseum ingericht.

Via de aan het refectorium grenzende **kruisgang van Afonso V** (15e eeuw), die een sobere tegenhanger is van die van Manuel, voert de rondgang naar de **capelas imperfeitas** (onvoltooide kapellen). Deze liggen aan de buitenkant van het klooster en zijn nooit voltooid. Het ontbrekende gewelf kan als een symbool worden opgevat voor de neergang van Portugal die aanbrak tijdens de bouwtijd. De kapellen liggen rond een achthoekige ruimte en waren elk bedoeld voor twee graftombes van leden van de dynastie van Aviz.

Informatie
Turismo: Praça Moutinho de Albuquerque, tel. 244 76 51 80, dag. 9-13, 14-18 uur.

Accommodatie
Zicht op het klooster – **Mestre Afonso Domingues:** Largo do Mestre Afonso Domingues 6, tel. 244 76 52 60, www.mestreafonsodomingues.pt. Gerestaureerd historisch gebouw met 20 aangename en functionele kamers. Hierbij hoort een modern restaurant met terras. 2 pk € 71-100.

Keurige inrichting – **Casa do Outeiro:** Largo Carvalho do Outeiro 4, tel. 244 76 58 06, www.casadoouteiro.com. Rustig gelegen hotel met 15 moderne kamers met balkon. 2 pk € 50-65.

Eten en drinken
Eenpansgerechten – **Burro Velho:** Rua Nossa Senhora da Caminho 64 (achter het klooster), tel. 244 76 52 60, zo.-avond gesl. Veel grill- en stokvisgerechten, maar de specialiteit zijn rijst- en bonengerechten met zeevruchten. Daggerecht vanaf € 8, anders vanaf € 11.

Winkelen
Streekproducten – **Loja do Mundo Rural:** allerlei producten van aardewerk en glas, honing, koekjes, handgeschept zeezout en jam zijn te koop in dit winkeltje in het toeristenbureau.

Vervoer
Bus: Rua do Moinho da Vila (5 min. lopen van het klooster aan oostrand van de stad nabij Intermarché). Regelmatig naar Leiria, minder vaak naar Fátima, Tomar en Lissabon.

Alcobaça ▶ B 8

In Alcobaça staat aan de samenloop van de rivieren Alcoa en Baça het vroeggotische Mosteiro de Santa Maria, dat op de UNESCO-Werelderfgoedlijst prijkt. Dit klooster geldt als een van de meesterwerken van de Europese

Alcobaça

bouwkunst van de cisterciënzers. De grote promotor van deze orde Bernardus van Clairvaux stamde net als de eerste Portugese koning uit een Bourgondisch riddergeslacht. Aan zijn diplomatieke vasthoudendheid had het jonge Portugal het in 1144 te danken dat paus Innocentius II het als natie erkende. Koning Afonso schonk hem uit dank dit nieuw te bouwen klooster en uitgestrekte landerijen.

In de voor de cisterciënzer orde kenmerkende combinatie van spirituele ascese en noeste handarbeid bewerkten de monniken het door de oorlog verwoeste land, bevorderden ambachtelijk werk en richtten scholen en apotheken op. Zo legden zij de grondslag voor de tot op heden bloeiende landbouw in Estremadura.

Een haastig gebouwde kloosterkerk was voor de razendsnel groeiende cisterciënzer orde binnen de kortste keren te klein geworden. Daarom werd in 1178 de eerste steen gelegd voor een nieuw en veel groter kloostercomplex, dat al in 1222 voltooid was. Het bouwwerk heeft in de eeuwen daarna vele veranderingen ondergaan, en dat gaat ook nog steeds door: zo is de noordvleugel tot een hotel verbouwd.

Rondgang door het klooster

apr.-sept. 9-19, okt.-mrt. 9-18 uur, kruisgang € 6, combikaartje met Batalha en Tomar € 15

Het ruime autovrije voorplein biedt onbelemmerd uitzicht op de 221 m lange voorgevel. De **gevel** van de kloosterkerk werd in de 16 en in de 18e eeuw veranderd, waarbij alleen het roosvenster en het gotische portaal, geflankeerd door de beelden van Benedictus en Bernardus, behouden zijn gebleven. De twee baroktorens hebben een monumentaal, bijna feestelijk, effect.

In tegenstelling tot de gevel verrast het lichte **interieur** met een bijna ornamentloze soberheid. Het middenschip is met zijn 106 m het langste van heel Portugal en stuurt door zijn in verhouding geringe breedte van 21,5 m de blik onwillekeurig omhoog naar de Almachtige. Het grondplan is vrijwel gelijk aan dat van de kerk in Clairvaux. Daarbij heeft het godshuis ook zijn eigen accenten – met hoge vensters, zijbeuken van gelijke hoogte en een kooromloop met een kapellenkrans.

In het dwarsschip herinneren twee pronkstukken van gotische beeldhouwkunst uit de 14e eeuw aan de tragische liefde tussen Dom Pedro I en Inês de Castro (zie blz. 205).

Stenen engelen beschermen koning Pedro en zijn geliefde Inês de Castro

Estremadura en het land van de kloosters

Zes leeuwen dragen het **grafmonument van de Portugese koning**, dat in een rozet onder het hoofdeinde diverse episodes van hun gemeenschappelijk geluk toont. Inês ligt in het grafmonument ertegenover, zodat ze elkaar op de jongste dag meteen kunnen aankijken. Haar graf wordt gedragen door grimassende fabelwezens, wat misschien een zinspeling is op haar gewelddadige dood.

Via de koningszaal, waar azulejo-afbeeldingen de geschiedenis van het klooster weergeven, betreedt u de **kruisgang van de stilte** (claustro do silêncio). Deze werd aan het begin van de 14e eeuw gebouwd met zware bogen en vervolgens twee eeuwen later verhoogd in de sierlijke manuelstijl.

Te midden van alle kloosterruimtes bekoort de 18 m hoge, volledig wit betegelde **keuken** met een kolossale open stookplaats. Hier werden de vleesloze maaltijden voor maximaal 999 monniken bereid. Stromend water kreeg men door de omleiding van de nabijgelegen rivier. Een sierlijke gotische fontein staat pal voor de aangrenzende eetzaal, het **refectorium**. Van een kleine preekstoel, die men beklom via een trap met verfijnde rondbogen, werd tijdens de maaltijden uit de Heilige Schrift voorgelezen. Alleen in de enige spreekkamer, parlatório (13e eeuw), mochten de monniken hun zwijgen een uurtje onderbreken.

Als u geïnspireerd door Inês en Pedro oneindig liefdesgeluk wilt ervaren, zij het dan zonder hun dramatische wending, dan kunt u bij het toeristenbureau, de hotels en veel winkels een 'liefdeskit' kopen. Deze set bevat kersenbrandewijn, een appel uit Alcobaça en twee sleutels voor een kluisje in de Jardim do Amor, de tuin van de liefde (Rua Araújo Guimarães). In het kluisje kunt u uw liefdesgelofte achterla-

Traditioneel vrouwenwerk in Nazaré: de vis drogen aan het strand

ten. Overigens moet u hier dan wel binnen drie jaar terugkeren, want daarna wordt het kluisje door een gemeentelijke instantie onverbiddelijk leeggeruimd.

Nationaal Wijnmuseum

met rondleiding di.-zo. 10, 11, 12, 14, 15, 16, 17 uur, € 3,60

Ongeveer 1,5 km buiten Alcobaça, aan de weg naar Leiria, staat het Nationaal Wijnmuseum. Naast tienduizend expositiestukken kunt u verscheidene authentiek ingerichte ruimtes bekijken. Zo ziet u hoe de helpers bij de oogst woonden, hoe de wijnen gistten of hoe de wijnvaten werden gemaakt.

Informatie

Turismo: Rua 16 de Outubro 7, tel. 262 58 23 77, ma.-vr. 9-12.30, 14-17.30, za.-zo. 10-12.30, 14-18 uur.

Accommodatie

In een elegant landhuis – **Challet Fonte Nova:** Rua da Fonte Nova, tel. 262 59 83 00, www.challetfontenova.pt. Romantisch chalet met 10 stijlvol ingerichte, gezellige kamers. 2 pk ca. € 64-120.

Eten en drinken

Aan het nieuw vormgegeven, door slechts weinig bomen beschaduwde plein tegenover het klooster kunt u aangenaam zitten op een van de talloze **caféterrassen** of in een van de eenvoudige **tascas**.

Winkelen

Prachtig kristal – **Atlantis:** Casal de Areia, tel. 262 54 02 69, www.vistaalegre.com/eu, ma.-vr. vanaf 10.30 uur, aanmelden is aan te raden. Fabrieksverkoop, glasmuseum en bezichtiging van de fabriek.

Nazaré ▶ B 8

Dankzij een heerlijk strand heeft het 14 km verder naar het westen gelegen Nazaré zich in de afgelopen jaren ontwikkeld van een pittoresk vissersdorp tot een kosmopolitische vakantieplaats. Nazaré geniet wereldfaam als centrum van de surfsport door verscheidene wereldrecords in het surfen over de hoogste golf, onder andere door de Amerikaan Garrett McNamara en de Braziliaan Carlos Burne. Toch leven veel inwoners nog steeds van de visserij. De gezinnen van de vissers leiden als vanouds een eenvoudig bestaan. Hun vrouwen hebben als erkenning voor hun dagelijkse inzet nu een eigen monument gekregen op de Largo dos Cedros in het centrum van Nazaré.

Nazaré is behalve om de golven vooral geliefd om het lange strand en de talloze visrestaurants. Ook heeft het **oude stadsdeel** haar charme behouden. Een mooi uitzicht hebt u vanaf de hogergelegen wijk **Sítio**. Over een traject van 310 m loopt het kabelspoor **Ascensor de Nazaré** daarheen omhoog. Het werd aangelegd door Mesnier du Ponsard, die ook verantwoordelijk was voor de Elevador de Santa Justa in Lissabon.

Estremadura en het land van de kloosters

Museu Dr. Joaquim Manso
Rua Dom Fuas Roupinho, di.-zo. 10-18, apr.-begin okt. tot 19 uur, gratis

In Sítio, ooit de woonwijk van de gegoede burgerij, biedt het Museu Dr. Joaquim Manso vooral aandacht aan het leven van de vissersbevolking, die ook nu nog opvalt door een bijzondere klederdracht. De mannen dragen een geruit hemd en een witte broek, die hun veel vrijheid geeft maar geen zakken heeft. Hun spulletjes bewaren ze daarom in hun puntmuts. De vrouwen dragen over hun witte onderrok minstens twee andere, maar vaak meer, soms wel zeven, katoenen rokken. Deze kunnen in alle kleuren zijn, maar zijn in de rouwtijd steevast zwart.

Forte de São Arcanjo
di.-zo. 10.30-18 uur, € 1

Van dit fort met zijn vuurtoren werden de foto's geschoten die de wereld rondgingen. Ze tonen de pogingen van surfers om de gigantische golven te overmeesteren. Ze zijn nu in het fort te bezichtigen, naast de geschiedenis van dit fort en een Duitse onderzeeboot die twaalf dagen na (!) afloop van de Tweede Wereldoorlog voor de kust zonk. Boven kunnen bezoekers zich zelf een beeld van de branding vormen. Het fort werd overigens in 1577 gebouwd om bescherming te bieden tegen piraten, de vuurtoren kwam er pas in 1903.

Informatie
Turismo: Mercado Municipal, Avenida Vieira Guimarães, z.n., tel. 262 56 11 94, okt.-mrt. 9.30-13, 14.30-18, apr.-juni, sept. 9.30-12.30, 14.30-18.30, juli-aug. 9-21 uur.

Accommodatie
Zeezicht – **Miramar:** Rua Abel da Silva, tel. 262 59 00 00, www.miramarnazarehotels.com. Comfortabel hotel met 40 kamers in een rustige, authentieke wijk boven het centrum, op ca. 1 km in het oude stadsdeel en van het strand. 2 pk € 56-169.

In vrolijke kleuren – **Maré:** Rua Mouzinho de Albuquerque 8, tel. 262 55 01 80, www.hotelmare.pt. Hotel met 46 gerenoveerde kamers met balkon nabij het strand. 2 pk € 43-120.

Eten en drinken
Niet zomaar toeristisch – **Fonte Mar:** Largo da Fonte Velha 14 B, Sítio, heuvelstation van het kabelspoor, tel. 262 56 17 71. Hoe kan het anders in een vissersplaats: het accent ligt op gegrilde vis en eenpansgerechten met vis en rijst. Hoofdgerecht vanaf € 7.

Eenvoudig maar goed – **Maria do Mar:** Rua Guilhim 13, mob. 919 44 47 11. In gemoedelijke sfeer serveert men gegrilde vis en zeevruchten, maar ook bacalhau. Er wordt geregeld fado gezongen. Hoofdgerecht vanaf € 7.

Uitgaan
Muziekkroeg – **Bar Nafta:** Praça Dr. Manuel Arriaga 26-29, 's zomers dag. vanaf 23.45 uur, 's winters meestal alleen vr.-za. Jong publiek, dj's, concerten, dansvloeren.

Actief
Fietsen en fietsverhuur – **Adventure by You:** Rua Mouzinho de Albuquerque 6A (1e verdieping), naast Hotel Maré, www.adventurebyyou.pt, tel. 262 56 21 07. De mooie fietsroute **Estrada Atlântica** loopt door de buitenwijk Sítio langs de Costa de Prata.

Wandelen – 12 km lange wandelroute **Rota dos Milagres** vanaf de kerk in Sítio.

Zwemmen – **Praia de Nazaré:** lang zandstrand met blauwe vlag direct bij de stad; in het hoogseizoen zeer druk. De romantische, maar onbewaakte baaien in de omgeving zijn gevaarlijk vanwege sterke stromingen.

Surfen, bodyboarden en kitesurfen – **Adventure by You** (zie hiervoor). Lessen en materiaalverhuur.

Evenementen
Carnaval: feb./mrt. De bonte optochten behoren tot de mooiste in Portugal.

Nazaré em Festa: begin sept. Concerten, religieuze processies en stierengevechten rond het stadsfeest op 8 september.

Vervoer
Trein: station 6 km buiten het centrum in Valado.

Bus: Avenida Vieira Guimarães. Zeer goede verbinding met de steden in de regio.

Beira Litoral

De kuststreek van de regio Beira kent een grote verscheidenheid. Langs de brede zandstranden staan pijnbomen, en idyllische bossen overdekken het bergland bij Coimbra, dat in de renaissance uitgroeide tot het intellectuele centrum van Portugal. De Romeinen lieten hun sporen na in het nabije Conimbriga, en de middeleeuwen leven voort in de burcht van Montemor.

Leiria ▶ B 8

In de provinciehoofdstad Leiria, 11 km ten noorden van Batalha gelegen, is het **kasteel** uit 1385 op de burchtheuvel vermeldenswaard. In de 14e eeuw liet koning Dinis hieraan een koninklijk paleis toevoegen, dat in de vorige eeuw werd gerestaureerd ('s zomers dag. 9.30-19, 's winters 9.30-17.30 uur, € 2,10).

Een klein uitstapje naar de noordelijke buitenwijk Marrazes voert u naar een merkwaardig **Schoolmuseum**. Op een oppervlakte van 200 m² zijn in acht klaslokalen voorwerpen uit het leven van de scholieren in de tijd van de monarchie te zien. Daarnaast ziet u ook de schooluniformen tijdens de dictatuur (di.-vr. 9-12.30, 14-17.30 uur, € 1).

Marinha Grande en de kust ▶ B 8

Zeer de moeite waard is de verdere rit door de uitgestrekte pijnboombossen naar de stranden aan de Atlantische Oceaan. Aan de economische bloeitijd van dit centrum van de glasindustrie in de 18-19e eeuw herinnert het **Museu do Vidro** in het elegante Palácio Stephens, waarvan de zalen zijn versierd met oude 18e-eeuwse tegels. Naast wisselende exposities van moderne en historische glazen objecten, machines en gereedschappen toont een film in het Engels de productietechnieken (di.-zo. 10-13, 14-18 uur, € 1,50). In de aangesloten winkel is eigentijds glaswerk te koop. Het glasmuseum is het beginpunt van een **glasroute**, waarbij een bezoek aan diverse werkplaatsen wordt gebracht.

Informatie
Turismo: Praça Stephens (in het Museu do Vidro), tel. 244 56 66 44, di.-zo. 10-18, juni-sept. tot 19 uur.

São Pedro de Moel en Praia da Vieira ▶ B 7/8

Door een tot aan het strand doorlopend bos bereikt u na 10 km de mooie badplaats **São Pedro de Moel**, waar een aantrekkelijk strand met fijn zand ligt. Het is onder toeristen nog niet algemeen bekend, maar hartje zomer trekt het wel veel Portugezen. Een plaatselijke specialiteit is *galão do senhor António*, waarbij de koffie en de melk in twee lagen boven elkaar in het glas worden geserveerd.

Vanwege het prachtige kilometerslange zandstrand en een waterrecreatiepark is het plaatsje **Praia da Vieira** 17 km noordelijker veel toeristischer, maar juist strandwandelaars komen hier volledig aan hun trekken.

Accommodatie
Pal aan zee – **Mar & Sol:** in São Pedro de Moel, Avenida da Liberdade 1, tel. 244 59 00 00, www.hotelmaresol.com. Het hotel met 63 kamers heeft na een uitvoerige renovatie een opgewekt-moderne aankleding gekregen. 2 pk € 55-135, afhankelijk van seizoen en zeezicht.

Beira Litoral

Antistressprogramma – **Cristal:** in Praia da Vieira, Avenida Marginal, tel. 244 69 90 60, www. hoteiscristal.pt. Modern wellnesshotel met 100 kamers en zowel een groot binnen- als buitenbad. 2 pk € 69-169.

Eten en drinken

Boven de woelige golven – **Estrela do Mar:** in São Pedro de Moel, Avenida Marginal, tel. 244 59 92 45, di. gesl. Voortreffelijk restaurant voor heerlijke vis en schelp- en schaaldieren voor prijzen per gewicht; met terras. Hoofdgerecht vanaf € 14.

Actief

Fietsen – Drie met bordjes aangegeven wandel- en mountainbikeroutes met een lengte van 7 tot 10 km. Daarnaast is er de 74 km lange fietsroute **Estrada Atlântica**. Fietsverhuur bij Hotel Miramar.
Zwemmen – Het langgerekte **Praia Velha** ten noorden van São Pedro is door de milieuorganisatie Quercus als bijzonder schoon aangemerkt.
Surfen – **Murillo's Academy:** in São Pedro, Rua das Saudades 3, mob. 913 81 44 70, www. murillosacademy.com. Lessen in surfen en bodyboarden.

Conimbriga ▶ C 7

www.conimbriga.pt, dag. 10-19 uur, € 4,50
Ongeveer 15 km voor Coimbra komt u van de snelweg via de afrit voor Condeixa bij de Romeinse ruïnestad Conimbriga. Weliswaar maakt het bijbehorende museum, waar vondsten bij de opgravingen worden getoond, een wat duistere indruk, maar de **opgravingen** zelf behoren tot de waardevolste van het hele Iberisch Schiereiland.

In de 2e eeuw v.Chr. legden de Romeinen hier een *castro* aan, ongeveer honderd jaar later groeide deze versterkte legerplaats uit tot een welvarende stad die werd omringd door een 2 km lange muur. De stad werd in de 5e eeuw grotendeels verwoest door de binnendringende Sueven. De mozaïeken van de vier rijkste villa's zijn goed bewaard gebleven. Erg mooi is de Casa dos Repuxos (huis van de fonteinen) met deels gereconstrueerde fonteinen. In de toegangshal is op een mozaïek een nijlpaard uitgebeeld als half paard en half zeemonster.

 Coimbra ▶ C 6

Kaart: zie blz. 204
De smalle oude straatjes lopen van de oever van de rivier de Mondego steil omhoog door de stad op de heuvel en komen uit op romantische pleintjes. Studenten van de oudste universiteit van Portugal zijn bepalend voor de sfeer met talrijke bars, cafés en restaurants. De fado is hier geworteld in een studententraditie en wordt anders dan in Lissabon alleen door mannen gezongen. Een wandeling door het eerbiedwaardige Coimbra (143.000 inwoners) voert langs indrukwekkende bouwwerken, waarvan de meeste uit de renaissance stammen, die zich vanuit Coimbra over de rest van Portugal verspreidden. De geschiedenis van de stad gaat echter veel verder terug. Vanwege de strategisch gunstige ligging aan de rivier hadden hier achtereenvolgens Kelten, Romeinen en Moren een nederzetting. Koning Afonso Henriques maakte in de 12e eeuw Coimbra tijdelijk tot de hoofdstad van het nieuwe Portugese koninkrijk.

Wandeling door de stad

Rond Rua Ferreira Borges

De **Largo da Portagem** 1 is een goed beginpunt voor een verkenning van de stad. De autovrije Rua Ferreira Borges met mooie oude winkels, boekenzaken en cafés leidt naar het bedrijvige oude stadsdeel. Een staaltje van interessante architectuur is de ijzerconstructie van het gebouw Chiado (nr. 83), dat onderdak biedt aan het **Museu da Cidade** 2 met een particuliere kunstcollectie en wisselende thematische exposities (di.-vr. 10-18, za.-zo. 10-13, 14-18 uur, € 1,80).

Links daarvan leidt een trap omlaag naar het voormalige marktplein, de **Praça do Comércio**, met daaromheen fraaie winkels en

Coimbra

tal van restaurants en caféterrassen. Aan het plein staat ook de romaanse kerk van de Orde van Santiago.

Igreja de Santa Cruz [3]
Praça 8 de Maio, ma.- vr. 9-17, za. 9-12, 14-17, zo. 16-17.30 uur, kerk gratis, kruisgang en koningsgraven € 2,50

Het augustijnenklooster uit 1131 was van oorsprong gebouwd in romaanse stijl en was in die tijd een cultureel centrum van landelijk belang. In de 16e eeuw werd het gebouw ingrijpend verbouwd door de belangrijkste bouwmeesters van de manuelstijl en de renaissance: Boytac, Chantarène, Marcos de Pires en Diogo de Castilho. Vanbuiten is dit al duidelijk te zien aan de imposante portaaltoevoeging. Vanbinnen werd de eenbeukige kerk rijk versierd in manuelstijl. In de hoofdkapel staan de kunstzinnige grafmonumenten van de eerste Portugese koningen Afonso Henriques (1139-1185) en Sancho I (1185-1211). De azulejo-afbeeldingen in de hoofdbeuk en de sacristie stammen uit de 18e eeuw. Daarnaast zijn er waardevolle olieverfschilderijen te zien als de *Kruisafname* van Andre Gonçalves en de *Ecce Homo* van Cristóvão de Figueiredo. In de oude eetzaal hangt het beroemde maniëristische *Pinksteren* van Grão Vasco.

Via de kapittelzaal komt u in de **kruisgang van de stilte** *(claustro do silêncio)* van twee verdiepingen rond een hoge fontein. Deze kruisgang in manuelstijl werd zo genoemd naar de zwijggelofte van de monniken.

Naar de Arco de Almedina
Na de bezichtiging van de kloosterkerk kunt u uitstekend even bijkomen in het naburige **Café Santa Cruz** onder een gotisch gewelf of op het terras. De specialiteit is het bladerdeegpasteitje *crúzio* met een vulling van ei en pijnboompitten. Daarna voert de rondgang een klein stukje terug in het voetgangersgebied van de Moorse stadspoort **Arco de Almedina**, waarop later een gotische toren is gebouwd. Hier is nu het kleine informatiecentrum **Núcleo da Cidade Muralha** [4] gevestigd, waar u een maquette van de middeleeuwse stad kunt zien (di.-za. 10-13, 14-18 uur,

Een tragische liefde
Steeds weer is er sprake van een historisch liefdespaar, van wie de dodelijke tragiek wordt bezongen in films en toneelstukken en die het hele land nog steeds aangrijpt: de troonopvolger Dom Pedro werd in 1340 smoorverliefd op de wondermooie Inês de Castro uit Galicië, zeer tegen de zin van zijn vader en de Portugese adel. Zij waren bang voor een sterkere invloed vanuit Galicië en Castilië en lieten Inês in 1355 in de tuin van de Quinta das Lágrimas voor de poorten van Coimbra (zie blz. 209) zo wreed vermoorden dat haar bloed het bronwater van de Fonte dos Amores, nu een pelgrimsoord van verliefden, rood kleurde.
Tot zo ver de historische feiten, en nu begint de nog gruwelijkere legende. Na de dood van zijn vader liet de op wraak beluste Pedro voor zijn troonsbestijging het opgegraven lijk van Inês in de kathedraal van Coimbra op een troon zetten. De edelen van het hof moesten haar in ontbinding verkerende hand kussen. De harten van de moordenaars at Pedro publiekelijk op. In een huiveringwekkende processie bracht hij daarna zijn dode geliefde naar de kloosterkerk van Alcobaça.

€ 1,80). Bij deze poort begint de wandeling omhoog naar de fraaie bovenstad.

Museu da Guitarra e do Fado de Coimbra [5]
Rua Sobre Ripas, di.-za. 10-13, 14-18 uur, voorlopig nog gratis

Een klein uitstapje naar de boven naar links afbuigende Rua Sobre Ripas is de moeite waard. Het portaal en de vensters van het 16e-eeuwse paleis Sub-Ripas zijn prachtig in een omlijsting in manuelstijl gevat. De verdedigingstoren Torre de Anto, iets daarachter, herbergt het Museu da Guitarra e do Fado de Coimbra. Dat is met multimediale middelen gewijd aan de zang die in Coimbra ontstond in studentenkringen en wordt uitgevoerd door mannenkoren. Toen Cristina Cruz in 2007 voor het eerst als vrouw een cd uitbracht, veroorzaakte ze veel misbaar onder mannen.

Sé Velha 6

Largo da Sé Velha, ma.-za. 10-18 uur, 's zomers ook zo. 13-18 uur, € 2,50

De bouw van de kathedraal begon in 1162. Bouwmeester was de Fransman Roland, die ook verantwoordelijk was voor de kathedraal in de hoofdstad. Het romaanse westportaal lijkt dan ook op dat van de kathedralen van Lissabon en Évora. Binnen de overweldigende aanwezigheid van zware zuilen afgezwakt door de galerij *(triforium)* boven de zijbeuken, terwijl een uitzonderlijk aantal planten- en dierenmotieven de hoge kapitelen van de zuilen tooien. Aan de zijmuren zijn fascinerende reliëftegels in mudejarstijl te zien. De veranderingen uit de 16e eeuw zijn niet te missen. Het noordportaal van wit marmer, in 1540 door Jean de Rouen gebouwd, is een hoofdwerk van de Portugese renaissance. In diezelfde tijd maakte Chantarène het zijaltaar links van het hoogaltaar. Dat tot het plafond reikende pronkstuk van de late gotiek werd al een halve eeuw eerder vervaardigd door Vlaamse kunstenaars. De kruisgang uit de 13e eeuw staat te boek als het eerste gotische bouwwerk in Portugal.

Museu Machado de Castro 7

Largo Dr. José Rodrigues, www.museu machadocastro.pt, apr.-sept. di.-zo. 10-18, okt.-mrt. di.-zo. 10-12.30, 14-18 uur, € 6, met audiogids € 7,50

De Rua Borges Caneiro loopt van de oude kathedraal naar het middeleeuwse bisschoppelijk paleis, dat werd gebouwd op de plaats waar vroeger het *forum* van de Romeinse stad Aeminium lag. Het behoud van de Romeinse gewelfgang *(criptopórtico)* was noodzakelijk als ondersteunende constructie vanwege de zeer steile helling van de heuvel. De bezoeker zal nu evenzeer onder de indruk zijn van deze gewelfgang als van de preromaanse kruisgang en de renaissancekapel (Capela do Tesoureiro), die Jean de Rouen voor het dominicanenklooster bouwde.

In de moderne museumaanbouw van Gonçalvo Byrne worden deze grote expositiestukken op moderne wijze gecombineerd met de middeleeuwse en renaissancistische sculpturencollectie van het museum. Andere hoogtepunten van de op moderne en multimediale wijze gepresenteerde collectie zijn het goudsmeedwerk en de gewaden voor

Coimbra

Bezienswaardig
1. Largo da Portagem
2. Museu da Cidade
3. Igreja de Santa Cruz
4. Núcleo da Cidade Muralha
5. Museu da Guitarra e do Fado de Coimbra
6. Sé Velha
7. Museu Machado de Castro
8. Sé Nova
9. Universidade Velha
10. Botanische tuin
11. Portugiesischer Pavillon
12. Parque Portugal dos Pequenitos
13. Santa-Clara-a-Nova

Accommodatie
1. Quinta das Lágrimas
2. Tivoli Coimbra
3. Vitória
4. Ibis
5. Serenata

Eten en drinken
1. A Portuguesa
2. Zé Manel dos Ossos
3. A Cozinha da Maria

4. Praça Velha
5. Fangas

Uitgaan
1. Rock Planet
2. NB Club
3. Twiit
4. Galeria Bar Santa Clara
5. àCapella
6. Convento São Francisco

Actief
1. Basófias
2. Centro Hípico de Coimbra
3. Fado ao centro

---

kerkdiensten en schilderijen uit de 15e-18e eeuw met overwegend religieuze thema's. Doel is een dialoog tussen museum en stad, ook in architectuur. Zo hebt u er ook geregeld uitzicht over het oude stadsdeel van Coimbra, zoals vanaf de galerij van twee niveaus uit de 16e eeuw of van het terras van het museumrestaurant, met een goedkoop lunchmenu.

Sé Nova 8
ma.-za. 9-18.30, zo. 10-12.30 uur, tijdens kerkdiensten gesl., kerk € 1, sacristie € 1
Aan de noordkant het het aangrenzende Largo da Sé Nova staat de 'nieuwe kathedraal' in barokstijl. De bouw in opdracht van de jezuïeten begon eind 16e eeuw, maar het gebouw was pas een kleine eeuw later klaar. Na hun verbanning uit Spanje maakten de jezuïeten deze kerk tot hun kathedraal in Portugal. Imposant zijn het cassettenplafond en het vergulde beeldhouwwerk van het hoogaltaar.

Universidade Velha 9
's zomers dag. 9-19.30, 's winters ma.-vr. 9.30-13, 14-17.30, za.-zo. 10.30-16.30 uur, € 9, toren € 1 extra, met rondleiding € 15
Via de Rua de São João komt u uit bij de Porta Férrea (1633) die met allegorische beelden van ijzer is versierd. Deze renaissancepoort staat aan het voorplein van de oude universiteit, die werd gebouwd op de plek waar vroeger een Romeinse castro en daarna een Moorse burcht waren gevestigd. In 1290 stichtte koning Dinis de universiteit, die eerst haar zetel in Lissabon had, maar in 1537 definitief naar Coimbra verhuisde. De 34 m hoge **klokkentoren** uit 1733 wordt onder studenten vanouds vanwege het op mekkeren lijkende geluid *cabra* (geit) genoemd.

Een fraai barokportaal geeft toegang tot de **oude bibliotheek** (1717) met 250 duizend kostbare banden van de oudheid tot heden die in kunstzinnig vervaardigde boekenkasten van zeldzame houtsoorten staan. In 2013 heeft de bibliotheek een plaats op de UNESCO-Werelderfgoedlijst gekregen. De drie onderling verbonden zalen zijn overdadig met goud versierd, de vloer is met marmer in verschillende tinten ingelegd.

Bijna net zo mooi is de **universiteitskapel** São Miguel (1517-1522). Het vergulde hoofdaltaar, de schilderijen die het leven van Christus uitbeelden, en een rijkversierd orgel werden naderhand toegevoegd. In de Sala dos Capelos, waar nu nog steeds tentamens worden afgenomen, zijn olieverfportretten van

Voor het Mosteiro Santa Cruz ligt het levendigste plein van Coimbra

alle Portugese koningen te zien. De aangrenzende Sala do Exame Privado heeft een galerij met alle rectoren van de universiteit.

Botanische tuin 10
ingang Calçada Martim de Freitas, dag. 9-20, 's winters tot 17.30 uur, gratis
Na de bezichtiging van de universiteit kunt u weer afdalen naar het voetgangersgebied of een kijkje nemen in de iets westelijker gelegen Jardim Botânico. Deze tuin werd in de 18e eeuw door Marquês de Pombal aangelegd. Rond een romantische fontein groeien hier subtropische planten. Aan de zuidkant van de botanische tuin zuiden is de mooie promenade **Parque Verde do Mondego** met bars en restaurants aan de rivier toegevoegd.

Aan de rivier
Aan het zuideinde van de oeverpromenade is het voormalig **Portugees paviljoen** 11 op de Expo in Hannover nu de thuisbasis van het klassiek orkest van de regio. Het gebouw werd door de architecten Siza Vieira en Souto de Moura geheel bekleed met de ecologisch verantwoorde grondstof kurk (onregelmatige openingstijden, meestal ma.-za. 14.30-20 uur, gratis).

Coimbra

Via een voetgangersbrug komt u aan de overkant van de rivier, waar in het grote **Parque Portugal dos Pequenitos** 12 de belangrijkste Portugese monumenten en representatieve residenties in miniatuurformaat zijn nagebouwd. Vooral kinderen beleven hier veel plezier aan (mrt.-mei, half sept.-half okt.10-19, juni-half sept. 9-20, half okt.-feb. 10-17 uur, € 9,50).

Naar Mosteiro de Santa Clara

Vanaf dit punt is het slechts een paar honderd meter verder van het centrum naar de **Quinta das Lágrimas** 1 , waar Inês de Castro ooit werd vermoord. Iets meer naar het centrum vindt u de ruïne van het in 1330 ingewijde, maar in de 18e eeuw in het drasland van de rivier verzonken oude klooster **Santa-Clara-a-Velha**. Na een uitvoerige restauratie zijn de kloosterruïne en een blootgelegde kruisgang nu toegankelijk. In een nieuw gebouwd museum ziet u in een film de spectaculaire drooglegging en kunt u zich aan de hand van vele vondsten bij opgravingen een beeld vormen van het leven in het klooster voor rijke vrouwen, inclusief verfijnd porselein en parfum (di.-zo. 10-18 uur, 's zomers tot 19 uur, € 4).

Op een hogergelegen plaats werd als oplossing voor de problemen het nieuwe klooster **Santa-Clara-a-Nova** 13 gebouwd. Bijzonder fraai zijn het vergulde altaar, een zilveren sarcofaag voor koningin Isabel (zie blz. 349) en haar oorspronkelijke grafmonument uit 1330, dat eerst in het oude klooster stond. Mooi groen is de kruisgang in barokstijl (dag. 8.30-19, 's winters tot 18 uur, € 2).

Informatie

Turismo do Centro: Largo da Portagem, tel. 239 48 81 20, ma.-vr. 9-18, za.-zo. 9.30-12.30, 13.30-17.30 uur, half juni-half sept. ma.-vr. 9-20, za.-zo. tot 18 uur.
Turismo de Coimbra: Praça da República, mob. 939 01 00 84, www.turismodecoimbra.pt, ma.-vr. 9.30-12.30, 14-18 uur.
Turismo van de universiteit: Largo da Porta Férrea (universiteitsbibliotheek), tel. 239 85 98 84, www.turismodecoimbra.pt, half apr.-half okt dag. 9.30-13, 14-18, anders ma.-vr. 9.30– 13, 14-17.30, za.-zo. 10-16 uur.

Accommodatie

Hier stierf de prinses – **Quinta das Lágrimas** 1 . Rua António Augusto Gonçalves, tel. 239 80 23 80, www.quintadaslagrimas.pt. Luxehotel met 49 kamers in een 18e-eeuws paleis te midden van een park waar ooit Inês de Castro werd vermoord. 2 pk vanaf € 120.
Ruim – **Tivoli Coimbra** 2 **:** Rua Joâo Machado 4, tel. 239 85 83 00, www.tivolihotels.com. Modern, zeer comfortabel hotel met 95 grote kamers; met binnenzwembad en healthclub. 2 pk vanaf € 63.

Keurig – **Vitória** 3 : Rua da Sota, 9-11, tel. 239 82 40 49, www.hotelvitoria.pt. Hotel met 21 gemoderniseerde, in diverse bruintonen ingerichte kamers in de buurt van restaurants. 2 pk € 47-60.

Goedkoop – **Ibis** 4 : Avenida Emídio Navarro 70, tel. 239 85 21 30, www.ibishotel.com. Hotel met 110 kamers van de bekende keten, met aantrekkelijke tarieven. Aan de achterkant rustiger. 2 pk vanaf € 35 zonder ontbijt.

Overwegend jong publiek – **Serenata** 5 : Largo da Sé Velha 21, tel. 239 85 31 30, www.serenatahostel.com. Hostel in het historische gebouw van een voormalige kraamkliniek; charmant ingericht met eigentijdse muurschilderingen. Slaapzaal € 15-18, 2 pk ca. € 43-60.

Eten en drinken

Aan de rivier – **A Portuguesa** 1 : Parque Verde do Mondego, Avenida da Lousa, tel. 239 84 21 40. Stijlvol restaurant met een groot terras. Het accent ligt op vis en zeevruchten, maar er zijn ook vleesgerechten vanaf € 13. Baars in zoutkorst voor prijs per gewicht.

Levendig – **Zé Manel dos Ossos** 2 : Beco do Forno 12, tel. 239 82 37 90, za.-avond en zo. gesl. Als een van de oudste tascas van Coimbra is dit eethuisje echt een instituut: het zit er vol met studenten die blij zijn met de grote porties. De specialiteit zijn stevige vleesgerechten van ongeveer € 9.

Ambitieus – **A Cozinha da Maria** 3 : Rua das Azeiteras 65, tel. 239 84 00 34, ma. gesl. Heitor Gomes heeft in Londen verfijnd gekookt; terug in Coimbra brengt hij een traditionele keuken met een modern tintje. De specialiteit is *chanfana*, jong geitenvlees in wijnsaus. En ja, Maria is de oma. Hoofdgerecht vanaf € 8.

Ook om te kijken – **Praça Velha** 4 : Praça do Comércio 67, tel. 239 83 67 04. Het verder weinig bijzondere restaurant is vooral populair vanwege het terras op het plein. Eenvoudige grillgerechten vanaf € 6,50.

Groot in kleine hapjes – **Fangas** 5 : Rua Fernandes Tomás 45-49, mob. 934 09 36 63. Voor de niet meer dan zes tafeltjes bereidt men hier *petiscos*, de Portugese variant van tapas, op zeer creatieve wijze. Zo zijn er bijvoorbeeld tomaten gevuld met gerookte spek en amandelen. Twee personen nemen samen drie of vier gerechtjes, vanaf € 4.

Uitgaan

Jong publiek – De uitgaande studenten treffen elkaar rond de **Praça da República** ten oosten van het historisch centrum, bijvoorbeeld in **Rock Planet** 1 , Rua Almeida Garrett 1, met dance, in **NB Club** 2 , Rua Venâncio Rodrigues 11-17, en in **Twiit** 3 , Avenida Sá da Bandeira 33, beide met het accent op house.

Op de andere oever – **Galeria Bar Santa Clara** 4 : Rua António Augusto Gonçalves 67, www.galeriasantaclara.blogspot.pt, dag. 14-2 uur. Alternatieve bar met een cultureel programma; 's zomers een mooi terras.

Fado – **àCapella** 5 : Rua Corpo de Deus, tel. 239 83 39 85, www.acapella.com.pt. Fado live om 22 uur in een oude kapel.

Live in het klooster – **Convento São Francisco** 6 : Avenida da Guarda Inglesa, www.coimbraconvento.pt. Veelzijdig cultureel programma in een franciscanenklooster.

Actief

Rondrit – In de zomermaanden rijdt een dubbeldekker met open dak langs de belangrijkste bezienswaardigheden van Coimbra (www.yellowbustours.com).

Boottocht – **Basófias** 1 : Parque Dr. Manuel Braga, mob. 969 83 06 64, www.odabarca.com.

Paardrijden – **Centro Hípico de Coimbra** 2 : Mata do Choupal, tel. 239 83 76 95, www.centrohipicocoimbra.wordpress.com.

Alles over de fado – **fado ao centro** 3 : Rua Quebra Costas 7, tel. 239 83 70 60, www.fadoaocentro.com. Voor tentoonstellingen, informatiemateriaal en eigen cd's kunt u overdag terecht bij deze particuliere culturele vereniging. Om 18 uur begint een concert van 50 minuten, € 10 met een glas port erbij.

Evenementen

Queima das Fitas: 2e week in mei. Studentenfeest met kleurrijke optochten en rock- en fadoconcerten met veel bier.

Jazzfestival: mei-juni. Gerenommeerde internationale en nationale musici veranderen de stad in een jazzparadijs.
Feira Popular: juni. Kermis op de andere oever van de rivier.
Festa da Rainha Santa: elke twee jaar begin juli (2018, 2020). Vuurwerkwedstrijd, theater- en muziekfestival, processies ter ere van de heilige koningin Isabel.
Encontros Mágicos: sept. De straten van de oude stad worden door magiërs betoverd.

Vervoer

Trein: Coimbra A, Estação Nova. Station in de stad dat in verbinding staat met het station voor lange afstanden Coimbra B, Estação Velha aan de rand van de stad. Vandaar ongeveer elk uur naar Lissabon, Porto en Aveiro.
Bus: goede regionale en langeafstandsverbindingen. De centrale van de busmaatschappij Transdev (tel. 239 85 52 70) ligt ten noorden van het centrum (Avenida Fernão Magalhães). De meeste bussen stoppen bij spoorwegstation Coimbra A.
Stadsvervoer: 46 buslijnen. Daarnaast rijden er elektrische busjes *(patulinhas)* door het historisch centrum. Kaartjes verkrijgbaar in de bus, maar goedkoper bij de kiosk Loja SMTUC aan de rivier tegenover het toeristenbureau.
Parkeren: veel parkeerplaatsen aan de rivier, aan de stadskant betaald parkeren, aan de overkant voor een deel gratis. Aan te raden vanwege een lager tarief en een gunstigere ligging is het grote parkeerterrein aan het zuideinde van Parque Verde do Mondego.

Het bergland rond Coimbra

Serra de Lousã ▶ D 7

De uitlopers van verschillende bergketens reiken tot aan Coimbra. Bijna 30 km in zuidoostelijke richting ligt het stadje **Lousã** ingebed tussen de dichtbeboste bergen van de gelijknamige Serra, met een hoogste top van 1202 m. In de afgelopen jaren gaf de Portugese staat steun aan een uitgebreid project voor het behoud van 24 in deze streek gelegen historische dorpen, waar de huizen van leisteen werden gebouwd. In deze **Aldeias do Xisto** (dorpen van leisteen) werden particuliere huizen en kerken gesaneerd en werd nieuw leven ingeblazen in de culturele tradities en kunstnijverheid. Met deze opwaardering van het plattelandsleven hoopt men de leegloop een halt toe te roepen.

Op basis van de eerste resultaten is het project inmiddels oostwaarts uitgebreid langs de rivier de Zêzere. De interessante rondrit door de dorpen, waarbij nog veel van de authentieke leefwijze te ontdekken valt, is ongeveer 70 km lang. Van Lousã rijdt u, met diverse wegen waarvan een dorp het eindpunt is, over de N 342 naar het oosten, dan over de N 342 en tot slot over de N 236 terug.

Informatie
Turismo: in Lousã, Rua João Luso, tel. 239 99 00 40, ma.-vr. 9.30-12.30, 14-17.30, za.-zo. 10-12.30, 14.30-16 uur.
Welcome Center Aldeias do Xisto: in Lousã, Rua Miguel Bombarda (in het Ecomuseu), tel. 239 99 33 72, www.aldeiasdoxisto.pt, ma.-vr. 9-12.30, 14-17.30, za.-zo. 10-12, 14.30-18.30 uur

Accommodatie
Noblesse oblige – **Palácio da Lousã:** in Lousã, Rua Viscondessa do Espinal, tel. 239 99 08 00, www.palaciodalousa.com. Comfortabel hotel met 46 verschillend, van stijlvol tot modern, ingerichte kamers in het vroegere paleis van de graaf van Espinal. 2 pk € 98-175.

Eten en drinken
Populaire streekkeuken – **O Burgo:** Ermida da Senhora da Piedade, in Lousã, tel. 239 99 11 62, ma.-zo. 's avonds gesl. Tot in Lissabon bekend restaurant. Hoofdgerecht vanaf € 8.

Actief
Wandelen – Voor tips en informatie over wandelroutes in de Serra met verschillende moeilijkheidsgraden en trajecten (5-10 km) kunt u terecht bij het toeristenbureau van Lousã.

Beira Litoral

Luso en Curia ▶ C 6

Bijna 20 km ten noorden van Coimbra komt u in het idyllische bos van Buçaco bij de geneeskrachtige baden van Luso en Curia. **Curia** is eigenlijk niet meer dan een verzameling oude, door bomen omringde kuurhotels, die zich tooien met namen als Grande Hotel of Palace. Bij de baden worden naast kuren ook diverse wellnessprogramma's aangeboden (www.termasdacuria.com).

Iets levendiger gaat het eraan toe in **Luso**, waar ook het gelijknamige bronwater vandaan komt dat in het hele land in plastic flessen wordt verkocht.

Buçaco

park apr.-sept. dag. 8-19, okt.-mrt. 8-18 uur, gratis voor voetgangers, auto € 5, klooster 10-13, 14-19, 's winters tot 17 uur, € 2
Het aan de oostkant van Luso grenzende **Mata Nacional de Buçaco** van 105 ha lijkt ontsproten te zijn aan de fantasie van een sprookjesverteller. Met bordjes aangegeven wandelroutes lopen er langs bronnen en meertjes, nu eens door een donker bos, dan weer over lichte weiden, trappen op, hellingen af. Hier leven onnoemelijk veel vogelsoorten, minstens 86, talrijke vleermuizen en wel zevenhonderd inheemse en exotische planten. Dit park werd al in de 17e eeuw aangelegd door monniken van de karmelieter orde, die hier een toevluchtsoord bouwden en zich al vroeg inzetten voor natuurbescherming. Wie een boom kapte, hing excommunicatie boven het hoofd. De **kloosterkerk** en delen van de kruisgang zijn te bezichtigen, net als een klein legermuseum ter herinnering aan een overwinning op het leger van Napoleon.

Tegen het eind van de 19e eeuw liet koning Carlos een speels jachtslot in neomanuelstijl bouwen ten teken van de grootsheid van zijn koninkrijk, terwijl overigens de ondergang al voor de deur stond. Sinds 1909 is hier een chic hotel gevestigd, waarvan het restaurant ook graag niet-hotelgasten ontvangt. De Cruz Alta biedt een fantastisch uitzicht over de omgeving dat bij helder weer van de zee tot de Serra da Estrela reikt.

Informatie

Turismo Curia: in Curia Largo Dr. Luís Navega, tel. 231 51 22 48, dag. 9-13, 14-18 uur.
Turismo Luso: Rua Emídio Navarro 136, tel. 231 93 91 33, dag. 9-13, 14-18 uur.

Accommodatie

Degelijk en elegant – **Curia Palace:** in Curia, tel. www.curiapalace.com. Gerenoveerd kuurhotel, waarvan de inrichting een interessante mengeling van art deco en modern te zien geeft; met kuurafdeling. 2 pk vanaf € 85.
Elegant – **Vila Duparchy:** in Buçaco, Rua José Duarte Figueiredo 148, tel. 231 93 07 90, www.viladuparchy.com. Hotel in een stadsvilla met 6 kamers die zijn ingericht met antiek. 2 pk € 60-75.

Eten en drinken

Van de grill – **Dom Ferraz:** in Curia, Estrada Nacional 1, tel. 231 50 41 20, wo. gesl. Men serveert overwegend vleesgerechten, met jong geitenvlees als specialiteit. Hoofdgerecht vanaf € 9.

Actief

Wandelen – Een kaart met wandelroutes in Buçaco is verkrijgbaar bij het toeristenbureau van Luso.

Vervoer

Trein/bus: vanuit Curia diverse verbindingen met Coimbra en Guarda, 3 x per dag naar Luso.

Noordwaarts langs de kust

Montemor-o-Velho ▶ C 6

Vanuit Coimbra kunt u naar Noord-Portugal rijden over de rechtstreekse snelweg A 1 of via een langzamere route langs de kust. Tijdens de rit naar de Atlantische Oceaan ziet u na ongeveer 30 km het kasteel van het witte stadje Montemor-o-Velho uitsteken boven de uitgestrekte rijstvelden bij de Rio Mondego. Het **kasteel** met zijn dubbele, van kantelen voor-

Noordwaarts langs de kust

Een kasteel met zware muren domineert Montemor-o-Velho

ziene muren en vierkante verdedigingstorens is een van de indrukwekkendste van Portugal. Het werd in de 11e-12e eeuw gebouwd op Moorse fundamenten en in de 14e eeuw verder uitgebreid. Merkwaardig is wel dat naast de bank Caixa Geral de Depósitos in de Rua Dr. José Galvão roltrappen beginnen die het hoogteverschil van 30 m overbruggen.

Bezienswaardig

Tussen de burchttoren en de noordkant staat de driebeukige **Igreja da Santa Maria da Alcáçova** in manuelstijl, waarschijnlijk ontworpen door Boytac. Onder de heiligenbeelden in de kerk springt het werk van Mestre Pero naast het altaar in het oog. De zwangere Maria houdt gracieus haar linkerhand op haar gebolde buik (hartje zomer 10-20, anders 10-17.30 uur, gratis).

Aan de voet van de burcht vormt het stadje een charmant geheel van smalle straatjes, middeleeuwse huizen, sinaasappelbomen en moestuinen. Een sterk contrast met deze oude charme vormt de **voormalige markthal** aan het centrale stadhuisplein, die door een fantasierijke architect is veranderd in een moderne kunstgalerie.

Aan de noordoostrand van de stad komt u bij de kloosterkerk **Nossa Senhora dos Anjos** met fraaie renaissancekapellen, een meesterlijk grafmonument voor de zeevaarder Diogo de Azambuja en een sfeervolle kruisgang (alleen op afspraak via het toeristenbureau).

Informatie

Turismo: Castelo, tel. 239 68 03 80, hartje zomer dag. 10-20, anders 10-17.30 uur.

Eten en drinken

Rustiek – **Mosteiro:** Avenida José Nápoles 7 (bij de Jardim Municipal), tel. 239 68 94 46, zo. gesl. Eenvoudig restaurant waar veel gerechten van de grill komen, zoals de spies met garnalen en inktvis. Hoofdgerecht vanaf € 6.

Actief

Vogels kijken – In het drasland **Paúl do Taipal** overwinteren talloze trekvogels, waaronder drieduizend eenden, hazelhoenders en

Beira Litoral

snippen. Ongeveer 1 km noordelijker aan de EM 579-2 in de richting van Moinho da Mata zijn observatieposten neergezet.

Figueira da Foz ▶ B 6

Niet meer dan 22.000 inwoners telt Figueira da Foz, en toch trekt de oude badplaats dankzij het casino en de uitgestrekte zandstranden een kosmopolitisch publiek aan. Langs de kustweg staan hoge flats, terwijl de van het strand afgewende wijken worden opgeluisterd door extravagante stadsvilla's.

Bezienswaardig in het centrum

Het gebouw met de meeste pronk en praal is het **Palácio Sotto Mayor** in de gelijknamige straat, dat aan het begin van de 20e eeuw naar Frans voorbeeld in een park aan de rand van de stad werd neergezet. Enkele belangrijke kunstenaars uit die tijd kregen de opdracht voor de inrichting van de zalen. Bij een bezichtiging krijgt u een levendig beeld van de grootse ideeën van de gegoede burgerij in Portugal in die tijd (alleen op afspraak, tel. 233 40 84 41).

Niet ver hiervandaan staat midden op een gazon het **Centro de Artes e Espectáculos**. Zowel inhoudelijk als wat betreft architectuur vormt dit centrum een sterk contrast met het paleis. Hier organiseert men naast toneel- en filmvoorstellingen en muziek- en dansuitvoeringen ook interessante kunstexposities (Rua Abade de Pedro, ma.-vr. 10-23, za. 10-24, zo. 10-19 uur).

Pal hiertegenover toont het **Museu Municipal Dr. Santos Rocha** regionale vondsten uit de oudheid, en verder aardewerk, meubilair, munten en etnische kunst van overzee (di.-vr. 9.30-17, za. 14-19, juli-aug. di.-vr. 9-18, za.-zo. 14-19 uur, € 2).

Zo'n 6700 schitterend beschilderde Delftse tegels sieren de van een plompe toren voorziene **Casa do Paço**, die in de 17e eeuw in opdracht van de bisschop van Coimbra werd gebouwd. In vier zalen zijn hier landschappen en taferelen uit het leven van adel en hoge geestelijken te zien (Largo Prof. Vítor Guerra 4, meestal ma.-di., do.-za. 9.30-17 uur, € 2,45).

Buarcos

Een mooie aanblik biedt ook het iets noordelijker gelegen vissersplaatsje Buarcos, met tal van smalle straatjes. De verdedigingsmuur werd ooit gebouwd als bescherming tegen piraten en lijkt nu een wal te vormen tegen de oprukkende hoogbouw.

Zoutmuseum

Armazéns de Lavos, mei-half sept. wo.-zo. 10.30-12,30, 14-18.30, anders do.-zo. 10-12.30, 14-16 uur, € 1

Aan de zuidzijde van de riviermonding staat midden tussen de zoutpannen het Núcleo Museológico do Sal. Naast de historische ontwikkeling en de milieuaspecten licht men ook de traditionele technieken van de zoutwinning toe. Voor een beeld van de praktijk is tussen de zoutpannen de 4 km lange wandelroute **Rota das Salinas** aangelegd, die begint bij het museum (pad is vrij toegankelijk).

Informatie

Turismo: Avenida 25 de Abril, tel. 233 42 26 10, dag. 9-18, juli-aug. tot 19 uur.

Accommodatie

Comfortabel – **Wellington:** Rua Dr. Calado 25, tel. 233 42 67 67, www.hotelwellington.pt. Rustig in de binnenstad gelegen hotel met 32 smaakvolle kamers. 2 pk € 56-95.

Pensions – Rond het casino zijn tal van eenvoudige pensions te vinden.

Eten en drinken

Verwarrende naam – **TAPAS Bar:** Passeio Infante Dom Henrique (jachthaven), tel. 223 42 80 90, ma. gesl. Zevruchten als voorgerecht worden voor een mogelijke bestelling op tafel getoond, daarna komen de hoofdgerechten in grote porties op tafel. Het accent ligt op vis, een aanrader is de inktvis. De meeste hoofdgerechten € 10-12.

Portugees – **Caçarola 1:** Rua Cândido dos Reis 65, tel. 233 42 48 61. De zeer smakelijke specialiteiten bestaan vooral uit vis en zeevruchten, en doen de niet zo gezellige ruimte al heel snel vergeten; klein terras. Hoofdgerecht vanaf € 7.

Noordwaarts langs de kust

Winkelen

Markthal – Rua Engenheiro Silva, dag. 7-16 uur. Groot aanbod in een qua architectuur interessante ijzerconstructie uit 1890, die enkele jaren geleden werd gerenoveerd.

Uitgaan

Voor wie van een gokje houdt – **Casino:** Rua Bernardo Lopes, www.casinofigueira.pt, ma.-vr. 15-3, za.-zo. en juli-aug. 16-4 uur. ook concerten, variété en theater.

Populair – **NB Club:** Rua Cândido dos Reis (naast het casino), www.noitebiba.pt, za. 23-6 uur, 's zomers vaker. Diverse muziekstijlen op twee dansvloeren.

Actief

Zwemmen – Bij de stad liggen kilometerslange stranden met licht zand, vaak wel met hoogbouw aan de rand.

Surfen – **Surfing Figueira:** Rua de Cabedelo 36, Cabedelo, mob. 918 70 33 63, www.surfingfigueira.com, materiaalverhuur.

Wandelen – Bij het toeristenbureau is informatie beschikbaar over zes thematische wandelroutes van 4 tot 13 km, bijvoorbeeld tussen door de zoutpannen door of naar vondsten uit het neolithicum.

Fietsverhuur – **Santiago Bikes:** Avenida 25 de Abril 8, tel. 233 10 72 92, www.assantiago.pt.

Evenementen

Stadsfeest: begin juni-begin juli, met als hoogtepunt de nacht van 23 op 24 juni. Kunstnijverheidsmarkt, folklore, dans.

Vervoer

Trein: Largo da Estação, Avenida Saraia de Carvalho. Zeer vaak naar Coimbra.
Bus: de stadsbussen rijden ook naar de stranden; haltes onder meer bij het spoorwegstation en het toeristenbureau.

Praia de Mira ▶ B 6

Zo'n 40 km ten noorden van Figueira komt u over de N 109 bij Praia de Mira, een van de mooiste stranden van Midden-Portugal. Bijkomende attracties zijn een ongeveer 20 km lange **fietsroute** langs de kust en de door pijnbomen omringde binnenmeren. Verder vindt u op de eerste verdieping van het toeristenbureau een **streekmuseum**. Fietsen zijn te huur bij een informatiekiosk aan het strand en bij Hotel Mira Villas.

Informatie

Turismo: Avenida da Barrinha Mira, tel. 231 47 25 66, juli-half sept. dag. 10-13, 14-18, half sept.-juni ma.-za. 9-13, 14-17, zo. 14.30–17.30 uur.

Accommodatie

Modern design – **Mira Villas:** Aldeamento Miravillas, tel. 231 47 01 00, www.miravillas.com. Hotel nabij het strand met 30 volgens ecologische normen ingerichte kamers en studio's met kitchenette. Afhankelijk van het seizoen studio voor 2 personen € 83-123, 2 pk € 10 minder. Fiets- en kajakverhuur.

Ílhavo ▶ C 5

Als u over de N 109 verdergaat, ziet u op ongeveer 8 km voor de universiteitstad Aveiro langs de weg de hoofdvestiging staan van de bekende **porseleinfabriek Vista Alegre** bij Ílhavo. In een bijbehorend museum documenteert men op fraaie wijze aan de hand van honderden expositiestukken de geschiedenis van de Portugese porseleinproductie sinds 1824 (mei-sept. 10-19.30, okt.-apr. 10-19 uur, € 6 met de huiskapel, alleen de kapel € 1,50, 10.45, 11.45, 15, 16, 17.30, 18.30, 's winters 17, 18 uur).

Alles over de voor de Portugese gastronomie zo belangrijke kabeljauwvangst komt u te weten in het moderne, met architectuurprijzen bekroonde **Museu Marítimo** in het centrum van Ílhavo (www.museumaritimo.cm-ilhavo.pt, di.-vr. 10-18, za.-zo. 14-18 uur, okt.-feb. zo. gesl., € 5).

Als een soort buitenpost van het museum fungeert de gerestaureerde vissersboot voor de kabeljauwvangst **Santo André**, die 13 km verderop in Gafanha da Nazaré, tussen Aveiro en Barra, aangemeerd ligt (dezelfde openingstijden, € 3, combikaartje € 6,50).

Beira Litoral

Oude kanalen geven Aveiro zijn bijzondere charme

Aveiro ▶ C 5

Kaart: zie blz. 216

Wat dromerig liggen de liefdevol beschilderde bootjes van de *moliceiros*, de zeewiervissers, te schommelen op de drie kanalen, die de universiteitstad Aveiro (78.000 inwoners) een uniek karakter verlenen. Maak beslist even een wandeling door de oude straatjes achter deze grachten en proef in een van de oude koffiehuizen de zoete specialiteit *ovos moles* van eidooier, suiker en rijstemeel.

In de Romeinse tijd lag de toentertijd Talabriga geheten stad aan zee, maar de lagune is daarna verzand. De **Ria de Aveiro** heeft nu een lengte van meer 47 km en een breedte van 7 km.

De oude stad

De bewoners kwamen hier al vroeg tot rijkdom door zoutwinning, visserij en zeevaart, zoals goed te zien is aan de fraaie **burgerwoningen**. Een bijzondere bron van inkomsten was het inzamelen op platboomde vaartuigen van zeewier, dat in gedroogde vorm als mest kon worden gebruikt. Overigens bleef de doorvaart naar zee na een stormvloed vaak lange tijd geblokkeerd, waardoor veel vissers zich genoodzaakt zagen te verhuizen; ze trokken vooral naar Algarve.

Pas door de aanleg van een kanaal in de 19e eeuw werd een betrouwbare verbinding met de zee gecreëerd. In dezelfde tijd ontwikkelde zich in deze streek een belangrijke porselein- en aardewerkindustrie. Van dit nieuwe

Aveiro

Igreja da Misericórdia 3
Rua de Coimbra 27, onregelmatige openingstijden

De kerk valt al van ver op dankzij de blauw-witte tegelversiering. Van 1775 tot 1826 was dit de zetel van een bisschop. Het ontwerp voor het godshuis werd in de 16e eeuw gemaakt door de Italiaanse renaissancebouwmeester Filippo Terzi, maar wegens geldgebrek trad er vertraging in de bouw op. Binnen is de kerk geheel bekleed met 17e-eeuwse tegels in blauw-wit-oker. Naast het prachtige hoogaltaar valt de gracieuze figuur van een zwangere Maria op.

Convento de Jesus 4
Avenida Santa Joana, di.-zo. 10-18 uur, € 4

In het klooster van de dominicanessen trad in 1472 Dona Joana, dochter van koning Afonso V, toe om doelbewust haar leven door te brengen buiten de pronkzucht van het hof. Ze overleed al toen ze 38 jaar was, maar vanwege haar ingetogen levenshouding heeft ze een vaste plaats in de harten van veel inwoners verworven. Van het oude gotische klooster is nog weinig over, maar de in de 18e eeuw verbouwde kloosterkerk met weelderig verguld houtsnijwerk is een meesterwerk van de Portugese barok. De tegelafbeeldingen en schilderijen in het koor tonen het leven van Joana. Haar kostbaar, met gekleurd marmer en edelstenen getooide grafmonument werd in de vroege 17e eeuw vervaardigd.

In het kloostercomplex werd het **Museu de Aveiro** geïntegreerd. Hier is een rijke collectie religieuze kunst van 15e-19e eeuw, ingedeeld in verschillende stijlperioden, te zien. Met zijn waardevolle relikwieën, memorabilia, historische boeken en een portrert van de hand van Nuno Gonçalves (15e eeuw) is het museum ook een geliefde plek voor wie de heilige prinses in het hart heeft gesloten. Van de oorspronkelijke kloosterruimtes is alleen de handwerk- en ziekenkamer van Joana bewaard gebleven.

Sé de Aveiro 5
Avenida 5 de Outubro

Een verweerd gotisch wegkruis staat aan de straat voor de tegenover het klooster gelegen

succes getuigen de versieringen met azulejo's op veel gebouwen en woonhuizen in art-decostijl. Bijzonder fraai zijn die aan het hoofdkanaal, waar ook het vrij bescheiden **Museu Arte Nova** 1 een onderkomen heeft gevonden (Rua Dr. Barbosa de Magalhães 10, di.-vr. 9.30-12.30, 14-18 uur, za.-zo. alleen 's middags, € 1), en in de aangrenzende oude straten. Extra attractief is het prachtig versierde **theehuis** op de binnenplaats van het museum (di.-za. 10-2, zo. 10-21 uur).

Terwijl vroeger de vissers in deze smalle straatjes rond de modern gerestaureerde **vismarkthal** 2 woonden, namen de rijke burgers en de adel hun intrek aan de zuidzijde van het kanaal in de omgeving van de grote kerkgebouwen.

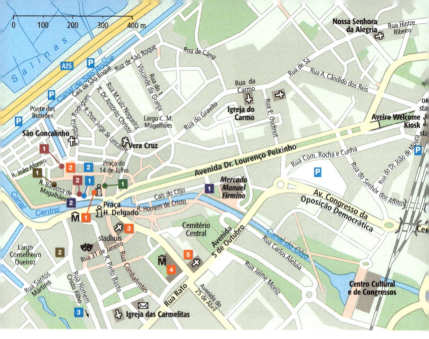

Aveiro

Bezienswaardig
1. Museu Arte Nova
2. Vismarkthal
3. Igreja da Misericórdia
4. Convento de Jesus
5. Sé de Aveiro

Accommodatie
1. Moliceiro
2. Aveiro Center

Eten en drinken
1. O Telheiros
2. Café A Barrica

Winkelen
1. A Barrica

Uitgaan
1. Mercado Negro
2. Decante

3. Estação da Luz

Actief
1. Fietsverhuur
2. Excursieboten
   Eco Ria

Sé de Aveiro (ook bekend als Igreja de São Domingos), die een geschenk van prins Dom Pedro aan de dominicanen was. De kerk werd ingewijd in 1464, maar in de 18e eeuw ingrijpend verbouwd. Uit die tijd dateert ook het barokportaal.

Informatie
Welcome Center: Rua Clube dos Galitos 2, tel. 234 37 77 61, ma.-vr. 9-19, za.-zo. 9-12.30, 13.30-18 uur. Het is ook een verkooppunt van producten uit de regio.

Turismo: Rua João Mendonça 8, tel. 234 42 07 60, juni-sept. ma.-vr. 9-20, za.-zo. 9-18 uur, anders ma.-vr. 9-18, za.-zo. 9.30-12.30, 13.30-17.30 uur.

Aveiro Welcome Kiosk: Largo da Estação. Informatiekiosk bij het station, dag. 9-18 uur.

Accommodatie
Centrale locatie – **Moliceiro** 1 : Rua Barbosa de Magalhães 15, tel. 234 37 74 00, www.hotelmoliceiro.pt. Hotel met 49 smaakvol-modern ingerichte kamers, aan de voorkant aan

het hoofdkanaal, aan de achterkant aan het marktplein. 2 pk € 110-135.
Modern – **Aveiro Center** 2 : Rua da Arrocheira 6, tel. 234 38 03 90, www.hotelaveirocenter.com. Rustig hotel in een stadspand met 22 kamers die met oog voor detail zijn vormgegeven. 2 pk naargelang seizoen en uitrusting € 62-88.

Eten en drinken

Rond de vismarkt – Aan de Largo da Praça do Peixe hebben zich talloze restaurants gevestigd. Op de eerste verdieping van de **vismarkthal** 2 biedt het moderne **Mercado do Peixe** een ruime keus aan gegrilde vis en eenpansgerechten met vis (tel. 234 35 13 03, zo.-avond en ma. gesl., vanaf € 14, lunchmenu ca. € 9,50). Een rustieke ambiance en iets lagere prijzen vindt u in **O Telheiros** 1 (nr. 20-21, tel. 234 42 94 73, ma. gesl., hoofdgerecht vanaf € 8).
Uitstekend – **Café A Barrica** 2 : Rua João Mendonça 25/26. Eigenlijk is dit een weinig spectaculair koffiehuis, maar de specialiteit *ovos moles* (zie blz. 216) heeft jaar na jaar de gouden medaille in de nationale competitie voor lekkernijen gewonnen.

Winkelen

Regionaal – **A Barrica** 1 : Praça Joaquim de Melo Freitas. Winkel van de regionale vereniging voor kunstnijverheid, waarvan de leden hun producten hier aanbieden, met onder meer porselein, houtsnijwerk, tegelafbeeldingen en beeldjes van aardewerk.

Uitgaan

Heel bijzonder – **Mercado Negro** 1 : Rua João Mendonça 17, 2e verdieping, di.-vr. 20-2, za.-zo. 15-2 uur. Concerten, levendige bar en verkoop van kleding en cd's onder het stucplafond van een historisch herenhuis. Heel alternatief!
Smaakvol – **Decante** 2 : Rua Tenente Resende 28, dag. 16-3 uur. Fraai ingerichte cocktailbar met nachtelijke achtergrondmuziek die live wordt gespeeld, ook een paar tafeltjes in de smalle voetgangerszone. De overheersende muziekstijlen zijn jazz en latin.

Danstempel – **Estação da Luz** 3 : EN 335, Quintas, 5 km zuidelijker, vr.-za. 24-6 uur, 's zomers vaker. Discotheek met diverse muziekrichtingen, van house tot pop en rock.

Actief

Fietsverhuur – Gratis gemeentelijke verhuur (BUGA) op vertoon van een identiteitsbewijs bij de kiosk 1 op de Praça do Mercado.
In een boot over de kanalen – **Eco Ria** 2 : zie hierna.

Evenementen

Festas da Ria: afhankelijk van het getij in de zomer. Wedstrijd van versierde vissersboten, met daarnaast feestelijke activiteiten verspreid over de hele stad.

Vervoer

Trein: Avenida Dr. Lourenço Peixinho, 1,5 km ten oosten van het centrum, tel. 808 20 82 08. Regelmatig naar Porto, Coimbra en Lissabon.
Bus: Rua Dr. Luís Gomes Carvalho, nabij spoorwegstation, tel. 234 42 29 43. Geregeld naar plaatsen in de regio.

OP EEN PLATBODEM DOOR AVEIRO

De zeewiervissers en zoutzieders moesten vroeger zware arbeid op hun boten verrichten, tegenwoordig biedt een tocht op een van hun kleurig beschilderde *moliceiros* alleen maar vermaak. De boten vertrekken van de aanlegplaats in het Canal Central voor het toeristenbureau. De onderneming **Eco Ria** (www.ecoria.pt) organiseert tochten van een uur over de kanalen van de stad en langs de zoutvelden. Prijs vanaf ca. € 5.

VOGELS KIJKEN – EEN TOCHT DOOR EEN LAGUNE

Informatie

Begin en eind: Centro de Interpretação Salreu. Het staat aan de westrand van het plaatsje Salreu, 20 km ten noordoosten van Aveiro aan de N 109 richting Estarreja. Elk uur treinen vanaf Aveiro, reistijd 10 min.
Lengte en duur: 7,7 km; lopend ca. 2 uur plus tijd om vogels te kijken.
Moeilijkheidsgraad: eenvoudig, verharde paden, geen hoogteverschil, geen schaduw.
Belangrijk: de lagune is ook te verkennen met fiets, kajak of elektrische auto. Het informatiecentrum verhuurt fietsen en kajaks en organiseert tochten in een elektrische

auto (www.bioria.com, apr.-sept. ma.-vr. 15-19.30, za.-zo. 9-12, 15.30-19.30 uur, buiten het seizoen alleen za.-zo.).

Rijstvelden, rietaanplant, beekjes en kanalen omringen de paden door het vruchtbare strandmeergebied van Ria de Aveiro. Vogelliefhebbers kunnen hier visarenden, blauwe reigers, wouwapen, ijsvogels, wielewalen en bonte spechten ontdekken.

Achter het informatiecentrum van Salreu biedt eerst een verhoogde uitkijkpost iets buiten het pad gelegenheid een blik op de veelzijdige vogelwereld te werpen. Blauwe reigers stappen statig door het water, terwijl de havikachtige bruine kiekendief en de visarend hun opvallende zwart-witte veren hoog in de lucht tonen. Allerlei kleuren zijn te zien bij de ijsvogel, bonte specht, wielewaal en blauwe kiekendief. In de rijstvelden houden wouwapen zich schuil, een van de kleinste reigersoorten. De meerkoeten laten zich daarentegen onbekommerd zien. Zeven panelen aan de rand van het pad geven een toelichting over de verschillende leefomgevingen van dieren en planten, helaas alleen in het Portugees, maar dankzij de vele afbeeldingen wordt alles over het algemeen wel duidelijk.

De aangenaam te bewandelen route, die met zijn rood-gele markeringen niet te missen is, loopt eerst tussen uitgestrekte rijstvelden door. Het is misschien moeilijk te geloven, maar Portugal is een exporteur van rijst. In het drasland duiken geregeld watervogels tussen de planten op.

Na ruim 3 km volgt de rietaanplant, totdat een zwaar geruis de beek Antuã aankondigt, die een verlegging van de koers naar het zuiden nodig maakt. Een overdekte **picknickplaats** sluit goed aan bij het landschap. Daarna loopt de route aan de voet van een dijk. Boven hebt u uitzicht op de zee en de uitlopers van Aveiro. Enige tijd later komt u bij een breed kanaal; voor de terugweg loopt u langs de oever hiervan. Zitbankjes nodigen uit om een tijdje naar waadvogels te kijken, of u kunt in de vrij toegankelijke tuin van een verlaten **woonhuis** even pauze houden onder een vijgenboom. Een fonteintje levert water voor verkoeling, maar het is geen drinkwater. Kleine beekjes voorzien de rijstvelden van het nodige water. Meeuwen krijsen hoog in de lucht. In de verte tekent zich het silhouet af van Salreu en de vogeluitkijktoren van het informatiecentrum. Het pad leidt daar nu rechtstreeks heen.

Costa de Prata

Een bezoek aan de stad Aveiro is goed te combineren met een uitstapje naar de kleurrijke badplaatsjes aan de geweldige zandstranden van de Costa de Prata.

Kustplaatsen ▶ B/C 5

De vierbaansweg IP 5 leidt naar de vuurtoren van **Barra**, die met 62 m de op een na hoogste van Europa is. Iets zuidelijker ligt het mooie dorp **Costa Nova**. De witte houten huizen zijn in de lengte met felle kleuren beschilderd. Het strand is paradijselijk, houten vlonders leiden over de duinen omhoog.

Het goedkopere buurplaatsje **Torreira** is alleen met de auto te bereiken als u vanuit Aveiro aan de noordzijde om de lagune heen rijdt. Misschien juist omdat er zonder enige planning een mengeling van verschillende bouwstijlen is ontstaan, is het een aangenaam, zij het met een wat onbestemd karakter, vakantieplaatsje zonder hoogbouw gebleven. Aan de autovrije strandpromenade vindt u tal van visrestaurants, met een heel fijn zandstrand. Een fietsroute leidt door de lagune naar **Murtosa** en verder naar **Estarreja**.

Informatie
Turismo: in Torreira, Avenida Hintze Ribeiro 30, tel. 234 83 82 50, di.-za. 9-13, 14-18, hartje zomer wo.-zo. 9-13, 14-18 uur.

Accommodatie
Aan de lagune – **Pousada da Ria:** in Torreira, Bico do Muranzel, tel. 234 86 01 80, www.pousadas.pt, 's winters gesl. Rustig gelegen luxehotel op pilaren boven het water met 19 kamers. 2 pk € 100-178.
Gemoedelijk – **Azevedo:** in Costa Nova, Rua Arrais Ançã 16, tel. 234 39 01 70, www.hotel azevedo.com. Nieuwbouw met 16 kamers. 2 pk € 65-75.

Eten en drinken
Gerenommeerd – **Praia do Tubarão:** in Costa Nova, Avenida Marginal 136, tel. 234 36 96 02, ma. gesl. Vis en zeevruchten, gegrild of in eenpansgerecht. Hoofdgerecht vanaf € 16.
Uit het water – **Avenida Praia:** in Torreira, Largo Varina, tel. 234 24 20 95, ma. gesl. De specialiteit is paling uit de riviermonding, verder serveert men schelp- en schaaldieren, en voor de vleesliefhebbers speenvarken. Hoofdgerecht vanaf € 8.

Ovar ▶ C 4

Aan de noordkant van de Ria de Aveiro ligt het provinciestadje Ovar, dat bijna overweldigd wordt door al het doorgaande verkeer. Ovar geniet in heel Portugal bekendheid vanwege de bonte carnavalsoptochten die hier worden gehouden. Verspreid door de stad staan talloze Christuskapellen uit de 18e eeuw. Interessant is verder het **stadsmuseum**, dat het leven en het werk van het gewone volk in de laatste tientallen jaren documenteert aan de hand van klederdrachten, werktuigen en poppen (Rua Heliodoro Salgado 11, di.-za. 9.30-12.30, 14.30-17.30 uur, € 2).

Informatie
Turismo: Rua Elias Garcia, tel. 256 57 22 15, ma. 14-19, di.-za. 10.30-12.30, 14-18 uur.

Eten en drinken
Rijkelijk – **Oxalá:** Carregal Sul, tel. 256 59 13 71, ma. gesl. Pal aan de lagune gelegen, uitmuntend restaurant met grote keus aan verse vis en schelp- en schaaldieren. Zeer in trek is de *feijoada de marisco*. Hoofdgerecht vanaf € 15.

Beira Interior

De door hoge bergen doorsneden regio, die tot aan de Spaanse grens reikt, heeft vooral een landelijk karakter. Hier vindt u vrijwel geheel authentiek gebleven plaatsjes die worden gedomineerd door imposante vestingen uit de 13e eeuw. Schoorvoetend komt het toerisme tot ontwikkeling in de koninklijke residentie Viseu en het natuurpark Serra da Estrela. Dat kan een goede aanleiding voor een bezoek zijn.

Caramulo ▶ D 5

Kaart: zie blz. 224
Van Coimbra en Aveiro leiden de verbrede IP 3 en A 25 naar het landinwaarts gelegen deel van Beira. Onderweg naar de koninklijke residentie Viseu kunt u een mooi uitstapje maken naar **Caramulo** 1, dat op 800 m hoogte in een bosrijk berglandschap ligt waar u heerlijk kunt wandelen. Maar de miljoen bezoekers die hier elk jaar komen, zoeken niet de zes gemarkeerde wandelroutes in deze omgeving, maar het Museu do Caramulo.

Museu do Caramulo

www.museu-caramulo.net, di.-zo. 10-13, 14-17, 's zomers tot 18 uur, € 7
Eigenlijk is het niet één museum, maar twee musea. Ze verschillen sterk van elkaar en zijn in 1959 ook opgericht door twee broers die sterk van elkaar verschilden. Abel Lacerda verzamelde kunst, terwijl João Lacerda geïnteresseerd was in auto's. De eerste liet een gebouw inrichten voor vijfhonderd kunstwerken, de tweede gaf opdracht voor een aanbouw voor zijn honderd voertuigen, met onder meer een kopie van een Mercedes Benz uit 1886 en een sportieve Ferrari F 40. Elk jaar wordt in september een rally met oldtimers gehouden.

Het oudste expositiestuk in de kunstafdeling is de drieduizend jaar oude Hettitische voorstelling van een stierenkop. Tijdens een wandeling door de kunstgeschiedenis ziet u onder andere Grieks aardewerk uit de oudheid en werk van Grão Vasco, Picasso, Léger, Chagall, Dalí en Portugese kunstenaars uit de 20e eeuw. Prachtig zijn vier grote wandtapijten uit de tijd van de ontdekkingsreizigers, vervaardigd in het Vlaamse Doornik, met de zeereizen als thema.

Informatie

Turismo: Avenida Dr. Jerónimo de Lacerda 750, tel. 232 86 14 37, www.visitcaramulo.org, dag. 9.30-12.30, 14-17.30 uur.

Accommodatie

Wellnesshotel – **Caramulo:** Avenida Dr. Abel Lacerda, tel. 232 86 01 00, www.hoteldocaramulo.pt. Klassiek-modern hotel met 87 kamers in een verbouwd voormalig ziekenhuis. Tot de noodzakelijke renovatie echter beperkt aan te raden. 2 pk € 67-97.

Actief

Wandelen – Informatie over wandelroutes van 5-8 km lang is verkrijgbaar bij het toeristenbureau. Overigens herstelt het gebied nog maar langzaam van de verwoestende bosbranden van 2013.

Viseu ▶ D 5

Kaart: zie blz. 224
Een levendig, mooi gerestaureerd oud stadsdeel dat wordt gedomineerd door een imposante kathedraal, het uitzonderlijke Museu

Viseu

Grão Vasco en de geweldige restaurants maken de provinciehoofdstad van ongeveer 50.000 inwoners zeer aantrekkelijk voor een bezoek. Al vroeg benutten de Kelten de strategische ligging om er een versterkte *castro* te bouwen. De Portugese vrijheidsheld Víriato organiseerde vanhieruit het verzet tegen de Romeinse veroveraars. **Viseu** 2 was vanaf de 13e eeuw een koninklijke residentie en ontwikkelde zich in de 16e eeuw tot een centrum van de Portugese schilderkunst.

Rondgang

Achter de **Rossio**, het stadhuisplein dat officieel Praça da República heet en dat is versierd met een lange, in 1931 gemaakte rij azulejo's, zijn tal van cafés te vinden in het stadspark. Geplaveide straatjes buigen af naar het historische centrum. Ze zijn op heel wat plaatsen zo smal dat de smeedijzeren hekken voor de ramen op de bovenverdieping van de huizen elkaar bijna raken. Iets verderop getuigen prachtige renaissance- en barokgebouwen van welvaart. De Rua Formosa, de levendige Rua Direita en de Rua Augusto Hilário voeren tot slot omhoog naar het kerkplein dat aan de oostkant wordt begrensd door de versterkte kathedraal en aan de westkant door de Igreja da Misericórdia (18e eeuw).

Kathedraal

Adro Sé, kerk ma.-za. 9-12, 14-19, zo. vanaf 9.30 uur, gratis; museum di.-vr. 9-12, 14-17, za. 9-12 uur, € 2,50

In de 12e eeuw werd de driebeukige kathedraal gebouwd in opdracht van koning Afonso Henriques. Uit deze tijd zijn de linker toren en de zuilen in het interieur nog intact. Koning Manuel I liet de Sé in de 15e eeuw verbouwen in laatgotische stijl. In 1635 stortte de nieuwe voorgevel in tijdens een onweer en werd daarna vervangen door een maniëristische gevel met een driedeling. In deze tijd werd ook de sobere kruisgang gebouwd, waartoe een vroeggotisch portaal toegang biedt. Het barokaltaar omlijst een Mariabeeld uit de 14e eeuw. De kerkschatten zijn te zien in het bijbehorende **Museu de Arte Sacra**.

Museu Grão Vasco

Adro Sé, di. 14-18, wo.-zo. 10-18 uur, € 4

Het naast de kathedraal staande museum is gewijd aan de schilder Vasco Fernandes (1480-1543), beter bekend onder zijn kunstenaarsnaam Grão Vasco. Deze artistieke vertegenwoordiger van het Portugese tijdperk van de ontdekkingsreizen maakte expressieve schilderijen met intense kleuren. Hij richtte ook de School van Viseu op, die sterk werd beïnvloed door de Europese renaissance.

Het museumgebouw werd in de periode 2001-2004 fraai gerestaureerd door Eduardo Souto de Moura, winnaar van de Pritzkerprijs voor architectuur. De schilderijen krijgen nu veel meer ruimte om er met een aandachtig oog naar te kijken. Op de tweede verdieping is de briljante 14-delige schilderijencyclus over het leven van Jezus te zien. Ze waren bedoeld voor de kathedraal, maar moesten wijken voor het barokaltaar. Subtiel is de vormgeving van de plooien in de kledij. In het schilderij *Jezus in het huis van Martha en Maria* zijn motieven overgenomen uit de gravures van Albrecht Dürer. Op de eerste verdieping worden objecten uit de bisschoppelijke collectie getoond, waaronder volkse heiligenbeelden, gouden en zilveren sieraden, Vlaamse wandtapijten, oosters porselein, Indisch-Portugees meubilair en Portugese schilderkunst uit de 17e-20e eeuw.

Informatie

Welcome Center: Casa do Adro (naast Museu Grão Vasco), tel. 232 42 09 50, ma.-vr. 9-18, juni-half sept. tot 19, za.-zo. 9-13, 14-18 uur. Centrum voor de regio.

Turismo do Rossio: Praça da República, tel. 232 42 74 27, www.visitviseu.pt, ma.-vr. 10-18, za.-zo. 10-13, 14-18, 's winters tot 17 uur. Hoofdbureau in de kiosk, met **filialen** in het historisch museum Casa das Memórias, Rua da Arvore 1-7, en Casa da Ribeira (zie blz. 225).

Accommodatie

Neoklassiek – **Pousada:** Rua do Hospital, tel. 210 40 76 10, www.pousadas.pt. Het stadsziekenhuis van 1842 is uitgebreid gesaneerd en verbouwd tot een modern en stijlvol hotel.

Beira Interior

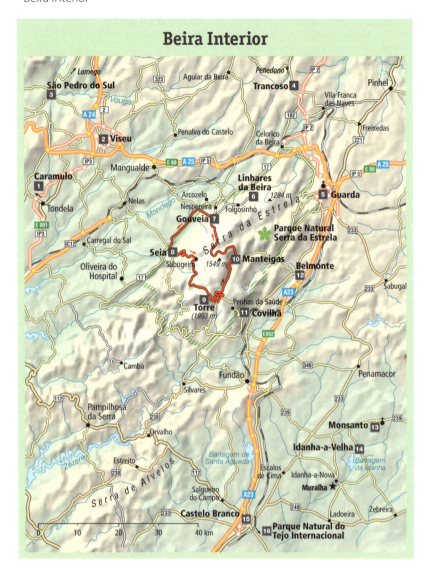

Het staat op zo'n 10 minuten lopen van het centrum. 2 pk € 85-126.
Centraal in het park – **Grão Vasco:** Rua Gaspar Barreiros, tel. 232 42 35 11, www.hotelgraovasco.pt. Gerenoveerd traditioneel hotel met 109 kamers, vele met balkon. 2 pk ongeveer € 76-89.

Eten en drinken
Zicht op de kathedraal – **Muralha da Sé:** Adro da Sé 24, tel. 232 43 77 77, zo.-avond en ma. gesl. Elegante inrichting in een oud granietstenen pand, met creatief inzicht verfijnde streekkeuken. Hoofdgerecht vanaf € 15 voor 2 personen.

Uitstapje richting Dourodal

Tapas en wijn – **Tasquinha da Sé:** Rua Augusto Hilário, mob. 933 43 64 82, zo. gesl. Kleine delicatessen- en wijnzaak, waar bovendien kleine, maar veelzijdige gerechten worden bereid.

Winkelen

Regionale kunstnijverheid – **Casa da Ribeira:** Largo Nossa Senhora Conceição, di. 14-18, wo.-zo. 10-13, 14-18 uur. De stedelijke kunstnijverheidsvereniging verkoopt hier aardewerk, gevlochten manden en borduurwerk.

Uitgaan

Grote discotheek – **Noite Biba:** Rua Concelheiro Afonso de Melo 39, Rossio, vr.-za. 0-6 uur. House, hiphop, rock.

Actief

Fietsen – **Ecopista do Dão:** fietsroute van 49 km naar Santa Combo Dão. Ter plekke geen fietsverhuur.

Wandelen – De toeristenbureaus bieden informatie over wandelingen in de omgeving.

Evenementen

Stadsfeest – **Feira de São Mateus:** half aug.-half sept. Al vijfhonderd jaar een van de grootste markten van Portugal. Met veelzijdig programma ter begeleiding van de markt.

Vervoer

Bus: Avenida Dr. António José de Almeida, tel. 232 42 74 93. Een enkele keer naar Lissabon en Porto, regelmatig naar Coimbra en de Serra da Estrela.

São Pedro do Sul ▶ D 5

Ruim 20 km ten noordwesten van Viseu liggen aan de N 16 te midden van beboste heuveltens de thermen van **São Pedro do Sul** 3 in het groene dal van de rivier de Vouga. De Romeinen kwamen hier al kuren, de resten van hun badhuis zijn te bezichtigen. Volgens de legende brak koning Afonso Henriques in 1169 tijdens de Slag bij Badajoz een been en vond hij pas genezing nadat hij hier een bad in het bronwater had genomen. Daarna zochten veel leden van de koninklijke familie, onder wie Hendrik de Zeevaarder, deze plek op.

Informatie

Turismo: Rua da Barroca, tel. 232 71 13 20, ma.-za. 9-13, 14-18, zo. 14-17.30 uur.

Accommodatie

Op de boerderij – **Quinta da Comenda:** Comenda, 3 km ten zuiden van São Pedro do Sul, tel. 232 71 11 01, www.quintadacomenda.net. Vakantie op een biologische boerderij die bekendstaat om haar biologische wijnen. Dit was ooit de hoeve van de moeder van de eerste Portugese koning. 2 pk ongeveer € 65.

Eten en drinken

Landelijke keuken – **Adega do Ti Joaquim:** Rua Central das Termas, tel. 232 71 12 50, di. gesl. Regionale gerechten als geiten- en kalfsvlees, maar ook zeevruchten. Hoofdgerecht ongeveer € 10.

Winkelen

Kunstnijverheid – **Estação de Artes e Sabores:** Avenida José Vaz 2. In een voormalig station verkoopt men nu weef-, kurk- en houtproducten, aardewerk en gebak.

Actief

Wandelen – Het toeristenbureau heeft informatieblaadjes over zes wandelroutes.

Uitstapje richting Dourodal ▶ E 4/5

Kaart: zie blz. 224

Voor de verdere reis naar het Dourodal doen zich twee mogelijkheden voor. U kunt rechtstreeks over de snelweg A 24 naar Lamego rijden, óf u neemt de route naar het **oostelijke deel van het Dourodal** die eerst over de A 25 door Beira gaat. In **Celorico da Beira**, ten oosten van Viseu, neemt u dan de N 102 en buigt vervolgens na 15 km af over de N 226 in de richting van **Trancoso** 4. In het kasteel van dat plaatsje trouwden ooit koning Dinis

Rust en eendracht tussen kerk en kasteel in Linhares

en Dona Isabel de Aragón met elkaar. Dat zei wel iets over het toenmalige militaire en economische belang van de stad, waar de stadsmuur intact is gebleven.

Na nog eens 32 km bereikt u **Penedono** aan de rand van het Dourodal. Als u tijdens uw ontdekkingsreis een beetje wilt bijkomen, kunt u in dit middeleeuwse stadje op 1000 m hoogte een rustige plek vinden. Ook deze stad met smalle straatjes wordt gedomineerd door een vesting op een granietrots, die goed behouden is gebleven en uitkijkt over de vruchtbare hoogvlakte. Penedono werd beroemd door het nationale epos *De Lusiaden* van Luís de Camões. In het zesde lied bezingt hij het vertrek van de kasteelheer Álvaro Gonçalves met elf edellieden naar Engeland om het hart van begerenswaardige adellijke vrouwen te veroveren. Of het nu wel of niet waar is, in Penedono is men trots op dit verhaal.

Informatie
Turismo: in Trancoso, Praça 25 de Abril, tel. 254 50 81 74, ma.-vr. 9-13, 14-18, za. 10-12.30, 14-17.30, zo. 14-17.30 uur.

Eten en drinken
Levendig – **Flores:** EN 229, tel. 254 50 44 11. Eenvoudig, groot restaurant met vooral grillgerechten, ca. € 7.

Guarda ▶ F 5

Kaart: zie blz. 224

Op een berg die slechts 16 km ten oosten van Celorico da Beira ligt, troont op een hoogte van ruim 1000 m de hoogstgelegen stad van Portugal: **Guarda** 5 (25.000 inwoners). Hier staat zelfs in de zomer een frisse wind. De Romeinen benutten de strategische ligging voor een versterkte nederzetting, maar de Moren lieten die daarna in verval raken. Na de oprichting van het koninkrijk Portugal in 1139 had men een verdedigingspost tegen Castilië nodig. Het gebied werd opnieuw in gebruik genomen en bevolkt, er kwam een bisschop en er werd begonnen met de bouw van de eerste kathedraal. Deze moest overigens in 1374 plaatsmaken voor een nieuwe weerkerk van okerkleurig graniet.

Guarda

Kathedraal
niet helemaal betrouwbaar, juni-sept dag. 10-13.30, 15-18.30, anders 9-12.30, 14-17.30 uur, € 1, met religieus museum € 2

Imposant verheffen zich de twee achthoekige torens, waartussen later een portaal in manuelstijl werd toegevoegd als een verwijzing naar het klooster van Batalha. De arbeiders van Batalha werden verplicht om ook in Guarda te werken. In het driebeukige interieur springt het altaar van natuursteen in het oog, waar honderdtien beelden de geschiedenis van het christendom tonen. De bouwmeester in 1550-1552 was Jean de Rouen, het vergulden gebeurde later in de 18e eeuw.

De oude stad
Van het kerkplein leiden smalle straatjes in noordelijke richting naar de vroegere **Joodse wijk** rond de Largo da Judiaria. Een oude inscriptie duidt het huis op nr. 57 aan als Tribunal dos Judeus. Aan het eind van de Rua da Torre ten oosten van de kathedraal staat bij een gotische boogpoort de enige hier nog intacte burchttoren **Torre dos Ferreiros**.

Aan de oostrand van de oude stad staat een oude **vestingtoren**, en iets verderop biedt het vroegere bisschoppelijk paleis (17e eeuw) onderdak aan het **Museu da Guarda**. Het heeft een veelzijdige collectie met zwaarden uit de bronstijd (1600 v.Chr.), Romeinse munten, religieuze schilderijen en sculpturen (13e-18e eeuw), volkskundige objecten en Portugese schilderkunst uit de 19e-20e eeuw (di.-zo. 10-17.30, 's zomers tot 19 uur, € 3).

Informatie
Turismo: Praça Luís de Camões, tel. 271 20 55 30, dag. 9-17.30 uur, za.-zo. vaak met middagpauze.

Accommodatie
Met tuin – **Solar de Alarcão:** Rua Dom Miguel de Alarcão, tel. 271 21 12 75, www.solardealarcao.pt. Klein hotel met 3 kamers in een herenhuis uit de 17e eeuw vlak bij de kathedraal. 2 pk ca. € 80.

Futuristisch – **Vanguarda:** Avenida Monsenhor Mendes do Carmo, tel. 271 20 83 90, www.hotelvanguarda.com.pt. Groot hotel met geweldig uitzicht vanuit de meeste kamers. 2 pk ongeveer € 55.

Eten en drinken
Binnen dikke granietmuren – **Belo Horizonte:** Largo de São Vicente 1, tel. 271 21 14 54, zo.-avond en ma. gesl. De smakelijke streekgerechten worden in twee eetzalen geserveerd. Hoofdgerecht vanaf € 10.

Actief
Vissen – De meren en beken in de omgeving bieden goede vislocaties. Informatie bij Direcção Regional de Agricultura, Bairro Senhora dos Remédios, tel. 271 20 54 50.

Vervoer
Trein: station 4 km zuidoostelijk; 6 x per dag naar Coimbra en 2 x per dag naar Gouveia.
Bus: Rua Dom Nuno Álvares Pereira, tel. 271 22 17 54. Regelmatig naar Viseu, Belmonte en Serra da Estrela, een enkele keer naar Coimbra, Porto en Lissabon.

Linhares da Beira ▶ E 5

Op enige afstand ten westen van Guarda ligt het in de 12e eeuw gestichte en uitstekend onderhouden plaatsje **Linhares da Beira** 6 afgelegen op een bergrug. Zonder veel verkeer en met de Serra da Estrela in zicht. Veel huizen zijn hier in de 16e eeuw gebouwd, in de stijl van het binnenland van Beira uit granietsteen met weinig ramen en dan ook nog vaak alleen op de bovenverdieping. Kronkelstraatjes lopen omhoog naar het kasteel, waar u op de muren uitzicht hebt over het dal en bijna tot aan de Atlantische Oceaan.

Aan de voet staat de parochiekerk, die oorspronkelijk uit de ontstaanstijd van Linhares stamde, maar in de 17e eeuw uitgebreid werd verbouwd. Aan de overkant van het romantische kerkplein vindt u twee kleine bars met een paar tafeltjes buiten. In augustus kun je hier mensen vaak wel in het Frans aanspreken, want dan komen de Portugezen op familiebezoek die eerder uit hun geboorteplaats vertrokken om werk in vooral Frankrijk te zoeken.

Informatie
Turismo: Rua Direita (achter hotel Inatel), tel. 271 77 63 07, dag. 9-13, 14-17 uur.

Accommodatie
Oase van rust – **Inatel:** Largo da Misericórdia, tel. 271 77 60 81, www.inatel.pt. Hotel met 26 kamers in een historisch pand met een moderne aanbouw, deels met bergzicht, op de begane grond met eigen tuintje, waarop andere gasten echter wel zicht hebben bij een open deur. 2 pk € 51-76.

Eten en drinken
Geniaal – **Cova da Loba:** Largo da Igreja, tel. 271 77 61 19, wo. en do.-middag gesl. Een modern restaurant met een verfijnde traditionele keuken. Op het menu staan onder meer patrijzensoep met bospaddenstoelen onder een bladerdeegkapje, of geitenvlees in hapklare stukjes geserveerd en met allerlei kruiden op smaak gebracht. Als de eetzaal toch eens niet zonder ramen was geweest… Hoofdgerecht vanaf € 14.

Actief
Deltavliegen – Arnold en Marié Marx runnen een lodge voor deltavliegers en zijn vertrouwd met de beste vertrekplaatsen en routes (www.paraglideportugal.com).
Wandelen – De 4 km lange PR 1 **Trilho das Ladeiras** loopt om Guarda heen, de 5 km lange **PR 4** ook over Romeins plaveisel.

❀ Serra da Estrela
▶ E/F 5/6

Kaart: zie blz. 224
Er was eens een jonge schaapherder die maar één wens had. Hij wilde een reusachtig gebergte ontdekken dat hem tot boven de beperkte horizon van zijn leven zou verheffen. Hij droomde van een ster die hem de weg zou wijzen. Hij ging daarna op pad met alleen zijn ster als trouwe begeleider. Onderweg stierf hij in de nacht, maar zijn ster straalde des te helderder boven de bergen, die daarna de naam Serra da Estrela (gebergte van de ster) toebedeeld kregen.

De Serra da Estrela is met 101.060 ha het grootste natuurpark van Portugal, en vormt een afscheiding tussen het noorden van het land en het zuiden. Maar bij de overheid liggen plannen klaar om het beschermde gebied te verkleinen om meer ruimte over te houden voor hotel- en appartementencomplexen. Het hoogste punt van de bergketen is de 1993 m hoge **Torre**, meteen ook het hoogste punt van het Portugese vasteland. Ruige granietformaties bepalen het beeld, maar op middenhoogte zijn de hellingen begroeid met eikenbossen. Overigens zijn in de afgelopen jaren grote delen ten prooi gevallen aan bosbranden. In de hogere regionen

Serra da Estrela

groeien brem en heide. Vier rivieren slijten diepe dalen uit in het bergland en vormen zo het belangrijkste waterreservoir van Portugal. De Serra is befaamd om zijn schapenkaas, die traditioneel de voornaamste bron van inkomsten voor de bewoners is. Als herdershond hebben ze een reebruin Portugees schaapshondenras. Een andere belangrijke bron van inkomsten is de wolindustrie.

In de laatste jaren zijn er diverse gemarkeerde **wandelroutes** uitgestippeld, maar een echt wandelparadijs is de Serra daarmee alleen geworden in de omgeving van Manteigas (zie blz. 231). Een organisatie die zich inzet voor de bescherming van de natuur is CISE in Seia, die ook informatie over wandelen verschaft (www.cise.pt). Daarnaast is er informatie te verkrijgen bij het parkbeheer, dat het hoofdkantoor in Manteigas heeft en filialen in Seia, Gouveia en Guarda. Sportieve **fietsers** kunnen de Torre beklimmen, die elk jaar het hoogtepunt vormt van de fietswedstrijd Volta de Portugal, met stijgingspercentages van wel 12 %. In de winter is **skiën** hier populair (zie ook blz. 232).

Gouveia ▶ E 5

Een goed beginpunt voor een ontdekkingstocht door de Serra is het 4000 inwoners tellende stadje **Gouveia** 7 , dat een verkeersluwe oude stadskern heeft en bekendstaat om zijn gastronomie. Het symbool van Gouveia is de imposante **Igreja de São Pedro** uit

Ruig en kaal is het landschap van de Serra da Estrela het hele jaar door

de 17e eeuw, die is voorzien van blauw-witte tegelversieringen.

Het stedelijke **Museum Abel Manta**, dat is ondergebracht in een adellijk paleis uit de 17e eeuw, bezit naast de schilderijen van de naamgever een fijne selectie Portugese eigentijdse kunst, met onder meer werk van Júlio Resende, Paula Rego, Helena Vieira da Silva en Júlio Pomar (di.-zo. 9.30-12.30, 14-17.30 uur, gratis).

Bezienswaardig in de omgeving

Bijzonder liefdevol heeft de volksmuziekgroep van het plaatsje **Nespereira** ongeveer 4 km noordelijker een particulier **streekmuseum** ingericht. Mede dankzij de levendige aankleding van de verschillende ruimtes komt u hier veel te weten over de traditionele beroepstakken, van kleermakers tot de hoeders van dieren (onregelmatige openingstijden, het best na aanmelding via tel. 238 49 24 97).

Na nog eens 4 km begint in Arcozelo een **archeologische wandelroute**. Deze PR 3 is 18 km lang en voert langs een imposant grafmonument van dolmens en de resten van een prehistorische nederzetting.

Informatie

Turismo: Jardim da Ribeira, tel. 238 08 39 30, dag. 9.30-12.30, 14-18 uur. Ook verkoop van regionale specialiteiten en kunstnijverheid.

Accommodatie

Centrale ligging – **Monteneve:** Rua Bombeiros Voluntários 12, tel. 238 49 03 70, www.montenevehotel.com. Hotel in twee gesaneerde oude panden met 12 moderne kamers in lichte bruintinten. 2 pk € 55-90.

Eten en drinken

Enkele eenvoudige restaurants liggen wat verborgen in de straatjes van Gouveia, zoals **O Júlio**, Travessa do Loureira 11 (ma.-di. gesl.) en **O Flor**, Rua Cardeal Mendes Belo 14 (wo. gesl.). De Portugezen komen overigens van ver naar het nabijgelegen Folgosinho:
Een instituut – **O Albertino:** Folgosinho, tel. 238 74 52 66, zo.-avond en ma. gesl. De rit naar het 18 km verderop gelegen dorp Folgosinho is het zeker waard. Een compleet menu van diverse gangen met stevige, landelijke gerechten en huiswijn krijgt u hier voor ca. € 16… zoals in vroeger tijden!

Actief

Wandelen – Bij het toeristenbureau is informatie beschikbaar over drie wandelroutes.

Vervoer

Trein: station 5 km buiten de stad. Een enkele keer naar Guarda en Coimbra.
Bus: Rua Cidade da Guarda, tel. 238 49 36 75. 3 x per dag naar Guarda en Coimbra.

Seia ▶ E 6

Het aan de voet van de Torre gelegen, verder weinig spectaculaire stadje **Seia** 8 (7000 inwoners) moest het vooral van de kledingindustrie hebben en lijdt nu ernstig onder de textielcrisis in Europa. Inmiddels zoekt men in de stad een toekomst in vormen van toerisme die dicht bij de natuur staan. In het middelpunt staat het **Centro de Interpretação da Serra da Estrela (CISE)** in de Rua Visconde de Molelos aan de noordrand van de stad. Enkele vertrekken in het karakterloze overheidsgebouw fungeren als informatiecentrum over de leefsituaties van mens en dier met diverse ecologische aspecten. Aantrekkelijker voor de bezoeker is het omliggende **park** van 2 ha met planten uit de Serra (tel. 238 32 03 00, www.cise.pt, di.-zo. 10-18 uur, gratis).

Zo'n 8 km zuidelijker aan de hoofdweg naar de Torre komt u bij het hoogste dorp (1050 m) van Portugal, **Sabugueiro**, dat om die reden een populaire bestemming is. Langs de weg staan talloze souvenirwinkels, waar men ook smakelijke bergkaas verkoopt.

Museu do Pão

tel. 238 31 07 60, www.museudopao.pt, zo., di.-vr. 10-18 uur, za. 10-22 uur, museum € 5, menu ca. € 19,50

Dit aan de weg naar Sabugueiro gelegen particuliere museum over brood vertelt de culturele geschiedenis van dit basisvoedingsmiddel. Het museum is een uitbreiding van een bakkerij, met een oude verkoopruimte en een modern restaurant, waar men overigens geen broodgerechten serveert.

Informatie
Turismo: Rua Pintor Lucas Marrão, tel. 238 31 77 62, ma.-za. 9-12.30, 14-17.30, zo. 9-13 uur.
Parkbeheer: Praça da República 28, tel. 238 31 04 40, ma.-vr. 9-13, 14-18 uur.

Accommodatie
Rustiek – **A Casa do Pastor:** Póvoa Velha (5 km oberhalb), tel. 238 39 32 62, www.casadopastor.com. Acht huizen van granietsteen uit 1868, vroeger huizen van herders, zijn verbouwd tot toeristische appartementen. Afhankelijk van grootte en seizoen € 60-175.

Eten en drinken
Geliefd – **Camelo:** Avenida 1° de Maio 16, tel. 238 31 01 00, zo.-avond en ma. gesl. Gerenommeerd hotelrestaurant met smakelijke streekgerechten en attente bediening. Hoofdgerecht vanaf € 11,50. Ook verhuur van kamers.

Actief
Wandelen – De organisatie CISE (zie blz. 230) heeft een brochure samengesteld met aantrekkelijke wandelroutes in combinatie met een autoroute.

Torre ▶ E 6

De N 339 loopt met smalle bochten langs langgerekte bergmeren over de **Torre** 9 . Het landschap met veel granietrotsen wordt steeds ruiger. Uiteindelijk ziet u in de verte twee goudkleurige koepels van een telecommunicatiestation. En zoals het de hoogste berg van het Portugese vasteland betaamt, hebt hier een prachtig panoramisch uitzicht.

Van half juli tot half september is hier een **Bikepark** met downhillpistes geopend. Voor eten en drinken kunt u terecht in het restaurant en in de souvenir- annex proviandwinkel (tel. 275 31 91 20, www.turistrela.pt). Voor professionele wielrenners en wielerfans is de etappe met aankomst op de top het hoogtepunt van de jaarlijkse Volta de Portugal.

Manteigas ▶ E 6

Onder de bergtop hebt u op 7 km in zuidelijke richting de mogelijkheid om over de aftakkende N 338 via **Manteigas** 10 terug te rijden. De weg voert u door het adembenemende, diep ingesneden **gletsjerdal** van de Rio Zêzere naar een plaats met warmwaterbronnen. De nabijgelegen Fonte Santa met een watertemperatuur van 42°C is heilzaam voor reuma, verkrampte spieren en aandoeningen aan de luchtwegen.

Indrukwekkend om te zien zijn de waterval **Poço do Inferno** (bron van de hel), ongeveer 7 km ten zuidoosten van Manteigas, en de rotsformatie **Cabeça do Velho** (kop van de oude), ongeveer halverwege naar Gouveia. Deze imposante steen lijkt op een menselijke schedel. De omgeving kunt u te voet ontdekken met zestien voor een deel prachtige wandelroutes van verschillende moeilijkheidsgraad en met een lengte die varieert van 2,5 tot 25,8 km (beschrijvingen, ook in het Engels, kunt u vinden op www.manteigastrilhosverdes.com).

Op de zuidhelling van de Serra is het nabije **Penhas da Saúde** een aantrekkelijk toeristisch dorp, dat harmonieus bij het landschap past. De nieuwe gebouwen volgen de stijl van de traditionele huizen.

Informatie
Turismo: Rua Dr. Esteves de Carvalho 2, tel. 275 98 11 29, di.-za. 9-13, 14-17.30 uur.
Parkbeheer (hoofdkantoor): Rua 1° de Maio, tel. 275 98 00 60, www.icnf.pt, ma.-vr. 9-12.30, 14-17.30 uur, deels ook za.-zo.

Accommodatie
Hoogstgelegen hotel van Portugal – **Serra da Estrela:** Penhas da Saúde, tel. 275 31 91 27, www.turistrela.pt. Gerenoveerd hotel op 1550 m hoogte met 60 kamers in rode en lichtbruine tinten. 2 pk € 75-140.

Covilhã ▶ E 6

Al achthonderd jaar is **Covilhã** 11 (35.000 inwoners) aan de zuidoostelijke voet van de Serra een centrum van de wolverwerking. De

SKIËN OP 2000 M HOOGTE

Informatie
Begin: skistation **Torre** 9 tussen Seia en Covilhã.
Openingstijden: dec.-apr., de liften zijn dag. 9-16.30 uur in bedrijf. De berghotels zijn rond Kerstmis, Oudjaar, carnaval en Pasen vaak volgeboekt.

Skipas: naargelang seizoen € 15-25 per dag, gratis bij overnachting in een aangesloten hotel.
Uitrusting: materiaal is te huur bij het bergstation Chalé das Pistas.
Belangrijk: zie voor informatie als sneeuwhoogte op www.skiserradaestrela.com.

Wie had dat nou gedacht – skiën in Portugal? Eerst gaat u met de auto over de schoongeveegde bergweg N 339 omhoog naar het hoogste punt van het Portugese vasteland. De top van de Torre heeft een hoogte van precies 1993 m, met zijn waarnemingstorens zelfs meer dan 2000 m. Deze extra meters worden in Portugal maar al te graag meegerekend.
Dan gaan de ski's onder en kunt u over negen pistes van verschillende moeilijkheidsgraad afdalen. Vier sleepliften en één stoeltjeslift vervoeren per uur maximaal 3700 skiërs. Sneeuwhoogtes van meer dan 3 m komen geregeld voor, maar natuurlijk is er ook weleens een winter zonder veel sneeuw. In dat geval zorgen 43 sneeuwkanonnen ervoor dat u over kunstmatige sneeuw kunt

afdalen. Overigens zijn de hellingen van de Torre geenszins te vergelijken met die in de Alpen: het maximale hoogteverschil is 146 m en de langste piste heeft een lengte van 1664 m. De **Pista da Torre** heeft de hoogste moeilijkheidsgraad, terwijl de **Pista do Cântaro** met een hoogteverschil van 15 m vooral iets is voor de jongste sportievelingen.

Erg druk is het hier buiten de vakantiedagen vrijwel nooit, en het schitterende zonlicht maakt de afdaling tweemaal zo fantastisch. De hellingen zijn ideaal voor beginners die zonder vrees voor wilde pistejunkies de eerste baantjes willen proberen of bij de skischool lessen willen volgen. Snowboarders komen aan hun trekken op de 'Kink Rails', 'Boxes' en 'Salto Zones'. Voor wie niet zo veel beweging zoekt, zijn er bovendien hondensleeën.

belangrijkste bezienswaardigheid is dan ook het wolmuseum **Museu de Lanifícios**, dat is gehuisvest in twee historische, zorgvuldig gerestaureerde fabrieksgebouwen uit de 18e eeuw (Rua Marquês d'Avíla e Bolama en Calçada do Biribau). Op aanschouwelijke wijze documenteert men hier de ontwikkeling van de wolindustrie sinds de 17e eeuw en de technieken van kaarden, spinnen, verven en weven (www.museu.ubi.pt, di.-zo. 9.30-12, 14.30-18 uur, € 5 voor beide fabrieken).

Informatie
Turismo: Avenida Frei Heitor Pinto, tel. 275 31 95 60, ma.-za. 9-13, 14-18 uur.

Actief
Paardrijden – **Quinta da Moreirinha:** Escadas de São Silvestre 3, mob. 963 06 69 38, www.passeios-cavalo.com.

Vervoer
Trein: Zona da Estação. Regelmatig naar Lissabon.
Bus: Central Camionagem, tel. 275 36 67 00. Goede verbinding met Lissabon, Porto, Guarda en Castelo Branco. Hartje zomer 4 x per dag naar de Torre.

Belmonte ▶ E 6

Kaart: zie blz. 224
Het afgelegen plaatsje **Belmonte** 12, 19 km ten noordoosten van Covilhã en buiten de toeristische gebaande wegen, is een waar juweel.

In het spoor van Pedro A. Cabral
In het **kasteel** op de burchtheuvel, waar het zicht helemaal reikt tot de bergen van de Serra da Estrela, bracht de ontdekker van Brazilië, Pedro Álvares Cabral, zijn jeugd door. Een tweelingvenster (bifora) aan de westkant dat verfijnd is gedecoreerd in manuelstijl herinnert aan die gouden tijden (9.30-12.30, 14-17.30, 's zomers tot 18 uur, € 1). De graven van zijn naaste verwanten zijn te vinden in de romaanse **Igreja São Tiago** tegenover het kasteel, waar ook fresco's uit de 16e eeuw zijn te bewonderen. Meesterlijk is de uit graniet gebeeldhouwde *Pietà* uit de gotiek (Largo do Castelo, 9.30-12.30, 14-17.30, 's zomers tot 18 uur).

Een grote publiekstrekker is het levendig vormgegeven **ontdekkersmuseum À Descoberta do Novo Mundo** in de Rua Pedro Álvares Cabral. Verspreid over zestien zalen wordt een beeld gegeven van de ontdekking van Brazilië met behulp van interactieve multimedia (half apr.-half sept. di.-zo. 9.30-13, 14-18, anders 9-12.30, 14-17.30 uur, € 5, combikaartje voor alle musea € 7,50).

De oude Joodse wijk
In de 13e eeuw droeg de vestiging van een grote Joodse gemeenschap in dit stadje bij aan de economische bloei. De historische Joodse wijk ligt direct aan de oostkant van het kasteel. Ondanks het in 1496 in gang gezette beleid van vervolging en gedwongen doop hielden de joden in het diepste geheim hun ritualen in stand. Pas in 1917 stuitte de Poolse ingenieur Samuel Schwarz op de Joodse gemeenschap en haalde deze uit de sfeer

van geheimhouding. Uiteindelijk werd de Joodse gemeenschap in 1989 weer officieel opgericht met tweehonderd gelovigen, zo'n 10 % van de inwoners, en een eigen rabijn. In 1997 werd een nieuwe **synagoge** in gebruik genomen (onregelmatige openingstijden).

Museu Judaico de Belmonte

Rua da Portela 4, half apr.-half sept. di.-zo. 9.30-13, 14-18, anders 9-12.30, 14-17.30 uur, € 2,50, combikaartje € 7,50

Dit unieke Joodse museum geeft met een eigentijds expositieconcept een uitvoerig kijkje in het leven van alledag van de zogenaamde cryptojoden. Vooral de vrouwen hielden gedurende vele eeuwen de verboden rituelen binnen de familie in stand. Men toont hier voorwerpen voor de gebedsdienst, boeken, munten, sieraden, kledingstukken en traditionele gereedschappen. Op een zwarte plaquette staan de namen vermeld van alle slachtoffers van de inquisitie met de leeftijd waarop ze stierven.

Informatie

Turismo: Castelo, tel. 275 91 14 88, di.-zo. 9-13, 14-18 uur, juni-sept. alleen wo.-zo.

Accommodatie, eten

Rustig gelegen – **Pousada:** Convento de Belmonte, iets buiten Belmonte, tel. 275 91 03 00, www.conventodebelmonte.pt. De verblijfsruimtes zijn ingericht in een klooster uit de 13e eeuw, de 24 luxueuze kamers in een moderne aanbouw. Voortreffelijke keuken. 2 pk € 80-180.

Eenvoudig – **Fio de Azeite:** Praça da República 8, tel. 275 91 30 05, zo.-avond en ma. gesl. De bediening en het eten stijgen ver uit boven de wat sfeerloze ambiance. Mooi terras. Aanrader is het eenpansgerecht met lamsvlees *(ensopado de borrego)*. Kleine gerechten vanaf € 4, slechts enkele hoofdgerechten ca. € 11.

Winkelen

Koosjer – **Mazal Tov:** Rua 1° de Maio 20, za. gesl. Levensmiddelen uit de regio naar joodse voedselvoorschriften geproduceerd, onder andere bergkaas.

Historische dorpen

Kaart: zie blz. 224

Monsanto behoort net zoals het nabijgelegen Idanha-a-Velha (zie hierna) tot de twaalf 'historische dorpen' *(aldeias históricas)* in de afgelegen streken van Beira. Met de steun van een financieringsprogramma van de overheid ziet de dienst voor monumentenzorg toe op het behoud van de oude gebouwen en krijgen de dorpen dankzij de stimulering van sociale en culturele activiteiten weer een perspectief. Het toerisme speelt daarbij een belangrijke rol. Ook al kan de leegloop niet tot staan worden gebracht, hij wordt zo wel vertraagd.

Monsanto ▶ F 7

Als een adelaarsnest ligt het dorp ten zuidoosten van Covilhã tegen de rotsige **Mons Sanctus**, ofwel 'heilige berg' (758 m). De antennes zijn in **Monsanto** [13] van de daken gehaald, de elektriciteitskabels liggen nu onder de grond. Monsanto is een museumdorp – pittoresk, schoon, opgeruimd – waar slechts weinigen hun vaste woonadres hebben. Een redelijke busverbinding met de dichtstbijzijnde stad is dan ook niet eens haalbaar. Maar een wandeling door de steile kronkelstraatjes tussen de huizen van granietsteen is daarom niet minder idyllisch.

Archeologische vondsten wijzen op een vroege *castro* van de Lusitaniërs, terwijl de Romeinen, West-Goten en Moren zich op de vlakte vestigden. Na de christelijke herovering begonnen de tempeliers in 1165 met de bouw van het kasteel op de bergtop, dat vervolgens alle Spaanse aanvallen wist te weerstaan, maar in de 19e eeuw in puin werd gelegd door een ongelukkige explosie van de opgeslagen munitie.

U hebt er een geweldig uitzicht over de vruchtbare vlakte en over de daken van de middeleeuwse kerken, kapellen en huizen, die nu vooral door gegoede stedelingen als vakantiehuis worden benut.

In 1938 uitgeroepen tot het meest authentieke dorp van Portugal: Monsanto

Informatie

Turismo: Rua Marquês da Graciosa, tel. 277 31 46 42, dag. 10-13, 14-18 uur, 's winters 9.30-13, 14-17.30 uur.

Accommodatie, eten

Gemoedelijk – **Taverna Lusitana:** Rua do Castelo 19, tel. 277 31 40 09, www.tavernalusitana.com. Restaurant met twee sfeervolle kamers in een granietstenen huis in het centrum. 's Zomers kunt u op het terras met uitzicht op het dal eten. Populair zijn de kaas- en worstplateaus. 2 pk € 60-70. Hoofdgerecht vanaf € 7.

Actief

Wandelen – in de omgeving zijn diverse wandelroutes van 3 tot 12 km en een leerpad over geologie uitgezet. Er is ook een gemarkeerde route van zo'n 12 km naar Idanha-a-Velha.

Idanha-a-Velha ▶ F 7

Het is tegenwoordig nauwelijks voor te stellen dat **Idanha-a-Velha** 14 ooit een belangrijke bestuurszetel van de Romeinen was, met een forum, Venustempel en thermen. Het lag toen aan de belangrijke verbindingsstraat van Braga naar Mérida. Uit die tijd zijn nu nog de **Romeinse stadsmuur**, een brug en de resten van een woonhuis te zien. De Sueven maakten de nederzetting in 585 tot een bisschopszetel.

De doopvont bij het zuidportaal van de oude **kathedraal** stamt uit die tijd, terwijl het noordportaal tijdens de Moorse heerschappij werd gebouwd (onregelmatige openingstijden, gratis). Naast het toeristenbureau staat een **olijfoliemolen** die tot een klein, maar bijzonder museum is verbouwd. Indrukwekkend zijn twee grote boomstammen die als hefboom fungeerden om de maalstenen de nodige druk te geven (dag. 10-13, 14-18 uur, 's winters 9.30-13, 14-17.30 uur, gratis).

Informatie

Turismo: Lagar das Varas, tel. 277 91 42 80, 10-13, 14-18 uur, 's winters 9.30-13, 14-17.30 uur, voor een deel ma. gesl.

Evenementen

Boom Festival: elke twee jaar in aug. (2018, 2020), www.boomfestival.org. Het cultureel festival trekt maar liefst dertigduizend bezoekers die de wereld als één geheel beleven.

Castelo Branco ▶ E 7

Kaart: zie blz. 224

De districtshoofdstad (32.000 inwoners) ligt ruim 50 km ten zuiden van Covilhã en 65 km ten zuidwesten van Idanha. De naam **Castelo Branco** 15, ofwel 'wit kasteel', is vermoedelijk te herleiden tot het Lusitanisch-Romeins weerdorp Castra Leuca. Na de oprichting van Portugal bouwden de tempeliers een nieuwe vesting, die in de 14e eeuw werd uitgebreid. De twee torens en de kasteelmuur steken nu hoog uit boven de stad, die het centrum van een van de belangrijkste landbouwregio's van Portugal is.

Een bijzondere attractie van de stad zijn de *colchas*, uit linnen geweven kleden en bovenkleden. Deze worden, geïnspireerd door Japanse voorbeelden, kunstzinnig versierd met kleurige borduursels. De Portugese zeevaarders brachten deze al in de 16e eeuw mee terug. De borduursters van Castelo Branco zijn nu nog steeds beroemd om hun kunstwerken, die ze in hun atelier **Oficína de Bordado** nabij de kathedraal aan de Largo da Sé presenteren (ma.-vr. 14-19, za.-zo. 10-12, 14-18 uur).

De oude stad

Het oude stadsdeel zelf ziet er weinig spectaculair uit, veel huizen zijn ook dringend aan sanering toe. Maar in de smalle Rua dos Cavaleiros is in een 18e-eeuws stadspaleis het **Museu Cargaleiro** opgericht, waarna in 2011 een modern museumgebouw ertegenover kwam te staan. De in deze buurt geboren poëtische realist Manuel Cargaleiro (geb. 1927) is een van de succesvolste Portugese kunstenaars uit deze tijd. Zijn schilderijen boeien door hun opgewekte kleurvoering. In wisselende exposities toont men het werk van deze meester. Daarnaast is er veel ruimte vrijgemaakt voor zijn persoonlijke collectie,

Castelo Branco

met onder meer werk van Pablo Picasso, Helena Vieira da Silva en Sonia Delaunay (di.-zo. 10-13, 14-18 uur, € 2).

Met het niet te missen, futuristische **Centro de Arte Contemporânea** kan de stad bogen op nog een kunsttempel aan de centrale Campo dos Mártires da Pátria (di.-zo. 10-13, 14-18 uur, € 2).

Jardim en bisschoppelijk paleis

In de noordkant van de oude stad ligt de vroeger tot de landerijen van de bisschop behorende **Jardim do Paço**. Deze tuin werd in 1720 naar Italiaans voorbeeld ontworpen en is een van origineelste tuinen van de barok. Rond vijvers en trappen, tussen groene hagen en sinaasappelbomen staan talloze fraai vormgegeven beelden: heiligen, apostelen, allegorieën van de deugden, tekens van de dierenriem en symbolen van continenten. Bijzonder is de vooroudergalerie van de koningen. De Spaanse heersers over Portugal van de periode 1580-1640 zijn in kleiner formaat uitgebeeld naast de Portugese vorsten (dag. 9-17, 's zomers tot 19 uur, € 2).

Het langgerekte bisschoppelijk paleis herbergt sinds 1910 het **Museu de Francisco Tavares Proença**. De naamgever verzamelde archeologische vondsten; verder toont men bisschopsgewaden, religieuze schilderkunst, munten en wandtapijten (Rua Jesuita Manuel Dias, di.-zo. 10-12.30, 14-17.30 uur, € 2).

Informatie

Turismo: Avenida Nuno Álveres 30, tel. 272 33 03 39, 10-13, 14-18 uur, voor een deel zo. gesl.

Accommodatie

Weids uitzicht – **Tryp Colina do Castelo:** Rua da Piscina, tel. 272 34 92 80, www.tryp colinacastelo.com. Hotel met 103 functionele en comfortabele kamers, zeer rustig en hooggelegen; met een healthclub. 2 pk € 55-95 zonder ontbijt.

Eten en drinken

Regionaal – **Retiro do Caçador:** Rua Ruivo Godinho 15, tel. 272 34 30 50, zo. gesl. In deze 'jachthut' serveert men eenvoudige gerechten in een met enkele jachttrofeeën getooide zaal, natuurlijk ook wildbraad. Hoofdgerecht vanaf € 6, lunchmenu ca. € 7,50.

Uitgaan

Alternatief – **Bar Património:** Praça Luís de Camões, 20-2 uur, vaak al vanaf 14 uur. Cultureel centrum in vrolijke kleuren met discotheek (alleen vr.-za.) en jazzbar in een historisch stadspaleis.

Vervoer

Bus: Rua Saibreiro, tel. 272 34 01 26. Regelmatig naar de steden in de omgeving.

Parque Natural do Tejo Internacional ▶ E/F 7/8

Het **natuurpark** 16 strekt zich uit over een oppervlakte van 25.088 ha aan weerszijden van de grensrivier Taag (Tejo), ten oosten en ten zuidoosten van Castelo Branco en Idanha-a-Velha. Zwarte ooievaars, Iberische keizerarenden, gieren en reigers vinden hier een geschikte leefomgeving. Verder zijn ook visotters, wilde katten en herten te zien. Ongeveer 610 verschillende plantensoorten groeien op de vlakten en de glooiende heuvels, waaronder 51 inheemse, zoals de Lusitaanse wondklaver of het Portugees klokje.

Wandelingen

De meeste wandelroutes in het natuurpark liggen op de Spaanse kant, maar ook in Portugal zijn er enkele routes gemarkeerd. Een route van 10,5 km die terugkeert bij het beginpunt voert u in **Salvaterra do Extrema** tot vlak bij de grens. Rond het kuurplaatsje **Termas de Montesinhos** loopt een eenvoudig pad van 5 km. En de langeafstandsroute GR 29 loopt over een lengte van 53 km door dit gebied.

Informatie

Parkbureau: Castelo Branco, Avenida do Empresário, Praça NERCAB, tel. 272 34 81 40, www.icnf.pt/portal/ap/p-nat/pnti, ma.-vr. 9-13, 14-17.30 uur.

Hoofdstuk 4

Porto en de monding van de Douro

In Porto wordt het geld verdiend dat in Lissabon wordt uitgegeven. Zo zien de 240.000 inwoners van Porto dat. Inderdaad is er nergens in Portugal zoveel bedrijvigheid als in deze Noord-Portugese agglomeratie. De regio ontwikkelde zich al vroeg tot een handelscentrum. De Romeinen noemden hun aan de oever van de Douro gelegen nederzetting Porto Cale, ofwel 'mooie haven'. In de middeleeuwen was er een levendige handel met Engeland en Vlaanderen. De lucratieve verkoop van de port zorgde in de 17e en de 18e eeuw voor een grote opbloei.

De voor de wereld openstaande handelsmetropool Porto zorgde voor een frisse wind onder de liberale burgerij, die tot in de 20e eeuw rebelleerde tegen koning en adel, en uiteindelijk ook tegen Lissabon. Met de succesvolle economie groeide ook de culturele betekenis van de stad. De erkenning als UNESCO-Werelderfgoed (1996) en Culturele hoofdstad van Europa (2001) gaf een extra culturele stimulans.

In de schaduw van de metropool maken ook de steden in de omgeving een culturele opleving door. Espinho in het zuiden heeft niet alleen de mooiste stranden en een druk uitgaansleven, maar organiseert ook een uitstekend muziekfestival. Santa Maria da Feira nodigt in een wetenschapsmuseum uit tot avontuurlijke experimenten en in het papiermuseum tot eigenhandig papier maken. Ten noorden van Porto ontwikkelde het met veel historische bouwwerken gezegende Vila do Conde zich tot een levendige museumstad.

Ponte Luís I: de kloeke ijzerconstructie van het architectenbureau van Gustave Eiffel overspant sinds 1886 de rivier

In een oogopslag: Porto en de monding van de Douro

Bezienswaardig

⭐ **Porto:** de oude stad staat inmiddels op de UNESCO-Werelderfgoedlijst, de kerken behoren tot de mooiste van het land, de musea tot de modernste, het uitzicht vanaf de oever van de Douro is fantastisch. En het enkele jaren geleden geopende concertgebouw Casa da Música is van voortreffelijke kwaliteit (zie blz. 242).

Vila do Conde: al bij de rit erheen wekt de aanblik van het imposante clarissenklooster de lust op om deze stad ten noorden van Porto met zijn kantklosmuseum en zijn scheepsbouwmuseum te ontdekken (zie blz. 269).

Fraaie routes

Van Porto naar Vila Nova de Gaia: de wandeling gaat door de historische havenwijk Ribeira aan de Douro, dan over de ijzeren brug Dom Luís naar de overkant en langs de promenade op die oever naar de portwijnkelders. Van de cafés en restaurants aan de rivier hebt u een onvergetelijk uitzicht over de Noord-Portugese metropool, waarvan de huizen dicht opeen van laag naar hoog op de heuvelhelling liggen (zie blz. 262).

Wandeling aan de Atlantische Oceaan: de route van 15 km voert deels over houten vlonders door het duinlandschap van Espinho naar Vila Nova de Gaia aan de zuidoever van de Douro. Geregeld zweept de wind de golven op tot ver op de stranden, wat een wild romantische aanblik geeft. Op rustige dagen is er daarentegen volop gelegenheid een duik in het koele water van de Atlantische Oceaan te nemen en even bij te komen in een strandcafé (zie blz. 264).

Tips

Café Majestic: in de met spiegels versierde zaal onder majestueuze kroonluchters zijn vele passages van het eerste boek van Harry Potter geschreven (zie blz. 243).

Boekwinkel Lello & Irmão: de misschien wel mooiste boekwinkel van de wereld bestaat al sinds 1906 (zie blz. 253).

Casa da Música: bij een rondleiding door het concertgebouw krijgt u een kijkje achter de schermen, mogelijk als voorafje voor een uitvoering in de avond (zie blz. 254).

Museu de Arte Contemporânea: het belangrijkste museum van Portugal voor eigentijdse kunst ligt ingebed in een uitgestrekt park (zie blz. 255).

Een stationshal als kunstwerk

Actief

Nostalgisch winkelen: de namen van de Portugese winkels klinken al veelbelovend, zoals 'A Favorita do Bolhão' (de lievelinge van de wijk Bolhão) of 'Pérola do Bolhão' (parel van Bolhão). Levensmiddelen, koffie, bonbons, huishoudelijke artikelen, boeken, textiel, lakens en scheerkwasten zijn te vinden in winkels die maar al te vaak een fraaie jugendstilgevel hebben (zie blz. 250).

Met de boot langs de wijngaarden aan de Douro: vanuit Vila Nova de Gaia vaart een excursieboot via een aantal stuwen met sluizen stroomopwaarts. Ondertussen kunnen de opvarenden genieten van een glaasje port, waarvan de druiven in de omgeving groeien (zie blz. 258).

★ Porto

▶ C 4

Rond de havenwijk Ribeira laat de oude handelsstad zich zien in vrolijke kleuren en met een mediterrane sfeer. Middeleeuwse straatjes lopen pittoresk omhoog naar het bisschoppelijk paleis. Daar hult Porto zich in het strenge grijs van graniet, waaruit de huizen van de bovenstad zijn opgetrokken. Porto is een beminnelijke en zelfbewuste stad van contrasten.

De plaatselijke trots is legendarisch. De inwoners noemen zich al sinds de middeleeuwen *invicta,* dat zowel vlijtig als onoverwinnelijk betekent. Aan een gebeurtenis vroeg in de geschiedenis danken ze ook hun bijnaam *tripeiros* (penseters). Toen de Portugese vloot zich onder het commando van Hendrik de Zeevaarder in 1415 opmaakte om de Marokkaanse stad Ceuta te veroveren en zo het koloniale tijdperk van Portugal in te luiden, zouden de inwoners van Porto heel onzelfzuchtig hun vleesvoorraad hebben ingeleverd en de resterende pens (*tripas)* tot hun lievelingseten hebben uitgeroepen. Die mag nu op geen enkele menukaart meer ontbreken.

Met de grote winsten uit de porthandel werden in de 18e eeuw de van oorsprong vrij sobere gotische kerken opgeluisterd met overdadige goudversieringen. Ook het strenge, door donker graniet gedomineerde stadsbeeld kreeg een flinke oppepper met een elegante barokstijl. Verantwoordelijk hiervoor was de Italiaanse bouwmeester Nicolau Nasoni (1691 tot 1773), die de stad tot zijn tweede vaderland had gemaakt.

Maar het is niet allemaal pracht en praal in Porto. Zelfs nu inmiddels de eerste bouwwerkzaamheden in gang zijn gezet, wachten nog veel huizen in de binnenstad na jarenlange leegstand nog vergeefs op een grote sanering. Dat doet overigens niet af aan de liefde voor de stad. Het geeft de inwoners van Porto bijzonder veel genoegdoening als de voetbalclub FC Porto voorstaat op de rivalen uit Lissabon. In de afgelopen jaren is dat overigens geregeld het geval.

Het centrum van Porto

Kaart: zie blz. 247

Rond Avenida dos Aliados

Deze brede avenue vormt de centrale verkeersader in de binnenstad van Porto. De avenue werd tijdens de Eerste Wereldoorlog aangelegd en de naam verwijst naar de zegevierende geallieerden bij wie Portugal zich in 1917 had aangesloten. Aan weerszijden staan monumentale bank- en kantoorgebouwen in historiserende stijl, waarmee de avenue als een representatief visitekaartje van de stad geldt. Voor wie een wandeling door de stad maakt, zijn de groenstroken en fonteinen in het midden aantrekkelijk. Aan het zuideinde komt de avenue uit op de **Praça da Liberdade**, die is getooid met het ruiterbeeld van de liberale koning Pedro IV. Hij bevrijdde de stad in 1833 van een uithongerende belegering door absolutistische troepen. Aan het noordeinde staat de 70 m hoge toren van het **stadhuis** 1 , dat in de periode 1920-1957 werd gebouwd en dat met een zware, donkere gevel sterk doet denken aan voorbeelden in Noord-Europa (rondleiding door de feestzalen: 1e zo. van de maand na aanmelding, tel. 222 09 40 00).

Iets noordelijker sieren hoofdwerken van de **straatkunst** in Porto de parkeergarage Trindade in de Rua de Alferes Malheiro. Hier toont Mr. Dheo zijn vader die de Torre dos Clérigos in zijn hand houdt, en geeft Hazul Luzah een allegorie te zien van het onoverwinnelijke Porto, bijna een beetje mystiek.

De Rua Formosa leidt van de Avenida dos Aliados in oostelijke richting naar de **Mercado Bolhão** 1 . In deze volkse markthal, een constructie van ijzer en glas uit 1917, verkoopt men elke dag onder meer fruit, vis, vlees, pens en bloemen.

Rua de Santa Catarina

Iets ten oosten van de markthal komt u bij de verkeersluwe winkelstraat Rua de Santa Catarina. Traditionele zaken en talloze winkels van moderne ketens wisselen elkaar hier af. In de namiddag en het begin van de avond is er bijna geen doorkomen aan. Bij het kruispunt met de Rua de Fernandes Tomás vallen de grote afbeeldingen van blauw-witte azulejo's aan de **Capela das Almas** in het oog. Deze werden in de vorige eeuw vervaardigd en geven taferelen te zien uit het leven van Franciscus van Assisi en Sint-Catharina. Het rad met ijzeren punten waarop deze vroegchristelijke martelares uit Alexandrië werd gefolterd, is haar attribuut geworden en is veel te zien op de gevels van huizen. In Porto wordt zij vereerd als beschermheilige van de naaisters.

Het prachtigste traditionele café van Portugal, **Café Majestic** 12 , opende in 1921 zijn deuren op nr. 112 en groeide al snel uit tot een geliefd trefpunt voor politiek-literaire gespreksrondes, de *tertúlias*. Het café is halverwege de jaren 90 grondig gerestaureerd en geniet nu een beschermde status als monument. Het nodigt zowel toeristen als stedelingen uit voor een onvergetelijke nostalgische koffiepauze in de met spiegels versierde zaal onder majestueuze kroonluchters. Misschien ervaart u in deze illustere ruimte ook een zweem van magie, want hier schreef J.K. Rowling aan een van de tafeltjes een deel van het eerste boek in de serie, *Harry Potter en de Steen der Wijzen*.

Praça da Batalha

Het plein aan het zuideinde van de Rua de Santa Catarina ontwikkelde zich in de 18e en de 19e eeuw tot een centraal trefpunt van de burgers van Porto. Naar aanleiding van het verrassende succes van een Italiaans gezelschap dat voor het eerst in Portugal een opera op de planken bracht, opende het stadsbestuur in 1795 het **Teatro Nacional de São João** 11 . Na een grote brand in 1908 werd het theater in een historiserende mengstijl wederopgebouwd en na een uitvoerige renovatie straalt het nu als nieuw.

Hiertegenover staat de **Cinema Batalha** in een modernistische stijl, die lange tijd de belangrijkste bioscoop van Porto was. Na jaren van leegstand werd het een paar jaar geleden gesaneerd en opnieuw geopend. Maar nadat het opnieuw is gesloten, treedt nu wederom het verval in. Aan de gouden tijden waarin soms ook wel een circus of een theatergezelschap gastoptredens in de bioscoop verzorgde, herinnert in elk geval nog de fraai gerestaureerde jugendstilgevel van de aangrenzende bioscoop Águia d'Ouro. Inmiddels is het verbouwd tot het **Moov-Hotel** 7 .

Aan de rand van het plein staat de in 1737 voltooide barokkerk **Igreja de Santo Ildefonso** 2 , waarvan de gevel bijna tweehonderd jaar later door Jorge Colaço werd opgeluisterd met blauw-witte tegels.

Naar station São Bento 3

De Rua 31 de Janeiro leidt langs enkele fantasierijk vormgegeven winkelpuien uit de tijd van de jugendstil naar de **Igreja dos Congregados**. Dit nog altijd drukbezochte godshuis uit de 17e eeuw werd eveneens door Jorge Colaço met azulejo's versierd. Kort daarvoor had de kunstenaar al zijn grote meesterwerk voltooid met zijn originele versiering met ongeveer twintigduizend tegels van het in 1915 geopende station voor stadsvervoer São

> **Porto Card**
> Deze kaart biedt korting of gratis toegang tot veel musea en historische gebouwen, en korting bij enkele winkels en restaurants. De kaart is verkrijgbaar bij de stedelijke toeristenbureaus en tal van hotels, en kost voor 1, 2, 3 of 4 dagen ongeveer € 6, 10, 13 of 15. Tegen meerprijs is het gebruik van het openbaar vervoer hierbij inbegrepen. In dat geval geldt een prijs van ongeveer € 13, 20, 25 of 33.

Bento (Estação de São Bento). Nadat er met grootschalige inzet van explosieven ruimte was gemaakt voor de spoorlijn werd dit station aangelegd in het sinds 1892 leegstaande nonnenklooster São Bento de Avé Maria.

De grote afbeeldingen tonen geromantiseerde taferelen uit het landelijke en het religieuze leven, de ontwikkeling in de tijd van de vervoersmiddelen en tal van historische gebeurtenissen. Op de rechtermuur wordt de vlak bij het station staande romaanse kathedraal weergegeven zoals hij er oorspronkelijk uitzag. Op de voorgrond maakt de bisschop de pas in de stad aangekomen koning João I en zijn Engelse gemalin Filipa van Lencastre duidelijk wie het in de stad voor het zeggen heeft. De kerkvorst houdt namelijk persoonlijk de teugels van de twee koninklijke paarden in zijn hand.

Kathedraal 4

Terreiro da Sé, juli-sept. ma.-za. 9-19, zo. 9-12.30, 14.30-19, apr.-juni, okt. dag. 9-12.30, 14.30-19, nov.-mrt. tot 18 uur, geen bezichtiging tijdens kerkdiensten (vaak 11-12 uur), gratis; kruisgang juli-sept. 9-18.30, apr.-juni, okt. 9-12.15, 14.30-18.30, nov.-mrt. tot 17.30 uur, zo. altijd alleen 's middags, € 3

Meer dan tweeduizend jaar geleden vestigden de Romeinen zich op de 78 m hoge granietheuvel Pena Ventosa. In de 12e eeuw werd een 750 m lange verdedigingsmuur rond de stad aangelegd. In 1120 legde de Galicische gravin Dona Teresa, de moeder van de eerste Portugese koning, de eerste steen voor een romaanse kathedraal (Sé) met twee zware torens en weermuren met schietgaten en kantelen. Vanuit dit bouwwerk regeerden de bisschoppen en verdedigden ze in samenwerking met de gegoede kooplieden de belangen van de stad tegenover de koning en de adel, die tot 1509 niet langer dan drie dagen achtereen in Porto mochten verblijven.

In de eeuwen daarna deden talloze aanen verbouwingen door bisschoppen met geldingsdrang sterk afbreuk aan de stijleenheid van het bouwwerk. De sierlijke loggia aan de noordzijde en het hoofdportaal in barokstijl werden toegevoegd door de Italiaan Nicolau Nasoni. Het duistere driebeukige interieur wekt ondanks zijn hoogte de indruk van een ingesloten ruimte, zoals de zware gevel ook al doet vermoeden. De kleurige fresco's in het maniëristische koor zijn eveneens van de hand van Nasoni. In de linker dwarsbeuk is de *Retábulo do Sacramento* te zien: in de honderd jaar van 1632 tot 1732 vervaardigden Portugese zilversmeden dit prachtige altaarstuk van 800 kg massief zilver voor de kapel van het Heilig Sacrament. Een slimme koster verborg het pronkstuk voor de plunderaars van Napoleons leger achter een witte gipslaag. Bijzonder mooi is de gotische kruisgang, die in de 18e eeuw werd versierd met

blauw-witte tegels. De afbeeldingen stellen de *Metamorfosen* van Ovidius en taferelen uit joodse bruiloftsliederen voor.

Terreiro da Sé

De smalle middeleeuwse woonhuizen rond de kathedraal werden in de jaren 30 in opdracht van dictator Salazar gesloopt om het godshuis een monumentaler aanzien op het nieuw gecreëerde plein te geven. Daarbij werd ook een nieuwe **schandpaal in neomanuelstijl** neergezet. Bij de werkzaamheden stuitte men op het fundament van een versterkt herenhuis uit de middeleeuwen. Deze **Torre da Cidade** werd met een verschuiving van 15 m in westelijke richting weer opgebouwd en is nu het onderkomen van de toeristische onderneming Portotours.

Fel omstreden was de modernisering van de naburige **Casa da Câmara**, die voorheen het stadhuis was en in de middeleeuwen een vergaderplaats van ambachtslieden. De gerenommeerde architect Fernando Távora uit Porto voegde aan het vervallen gebouw een 20 m hoge plomp-moderne opbouw toe. Hier is nu een toeristenbureau gehuisvest.

Het op de rivier uitkijkende **bisschoppelijk paleis**, ook weer van Nicolau Nasoni, is een van de mooiste wereldse barokgebouwen van Portugal, zelfs al zijn er elementen

Overweldigende tegelkunst in het station São Bento

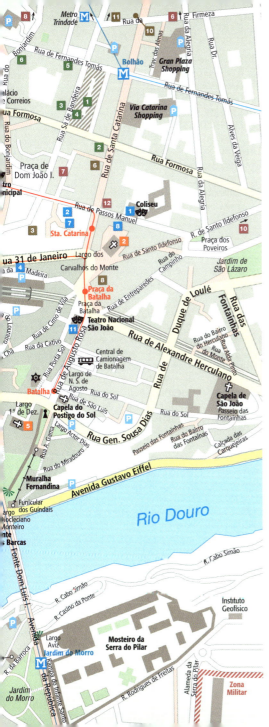

Porto

Bezienswaardig

1. Stadhuis
2. Igreja de Santo Ildefonso
3. Station São Bento
4. Kathedraal
5. Igreja de Santa Clara
6. Igreja de São Lourenço
7. Praça da Ribeira
8. Igreja de São Francisco
9. Beurspaleis
10. Igreja da Misericórdia
11. Torre en Igreja dos Clérigos
12. Igreja do Carmo e dos Carmelitas
13. Museu Nacional de Soares dos Reis
14. Museu Romântico
15. Museu do Vinho do Porto
16. World of Discoveries
17. Museu do Carro Elétrico
18. Aquarium Sea Life Center
19. Museu de Arte Contemporânea

Accommodatie

1. Palácio das Cardosas
2. Pestana Vintage Porto
3. Teatro
4. Eurostars das Artes
5. Casa do Conto
6. Grande Hotel do Porto
7. Loftpuzzle
8. Moov
9. Pão de Açúcar
10. The White Box House
11. Porto Spot Hostel

Eten en drinken

1. DOP
2. Iraça
3. Cantina 32
4. Essência
5. A Grade
6. Casa Nanda
7. Abadia

▷ blz. 248

- 8 Antunes
- 9 O Caraças
- 10 Suribachi
- 11 andor violeta
- 12 Café Majestic
- 13 Café Guarany
- 14 Mercearia das Flores

Winkelen
- 1 Mercado Bolhão
- 2 Pérola do Bolhão
- 3 Casa Chineza
- 4 Casa Januário
- 5 A Favorita do Bolhão
- 6 Casa de Guimarães
- 7 Lello & Irmão
- 8 A Vida Portuguesa
- 9 Camões & Moreira

Uitgaan
- 1 Passos Manuel
- 2 Pitch
- 3 Armazém do Chá
- 4 Gare Clube
- 5 Indústria
- 6 Café Lusitano
- 7 Zoom
- 8 Maus Hábitos
- 9 Hardclub
- 10 Casa da Música
- 11 Teatro Nacional de São João
- 12 Candelabro

Actief
- 1 Boottocht

---

van rococo en classicisme in opgenomen. De bisschop werd in 1910 na de burgerrevolutie uit het paleis verdreven. Tot 1956 was hier het stadhuis gevestigd. Nu is het weer van de kerk, met de vicaris-generaal als bewoner.

Igreja de Santa Clara 5
ma.-vr. 9.30-12, 15.30-19, za. 10-12, 15-18, zo. alleen 10-12 uur, gratis
Onderweg naar de rivier kunt u eerst even kijken bij de kerk van het clarissenklooster aan de nabije Largo 1° de Dezembro. Volgens een gelofte aan zijn gestorven Engelse gemalin liet koning João I deze gotische kerk in 1416 bouwen voor de in afzondering levende nonnen. Het overdadige, vergulde houtsnijwerk uit de 17e eeuw veranderde de kerk in een schatkamer in barokstijl met een zweem van oosterse pracht. De sociale roeping van de nonnenorde is rechts van de ingang te zien aan een middeleeuwse vondelingenschuif. Met het eraan hangende belletje werden de nonnen gewaarschuwd dat er een baby was neergelegd.

Een inrijpoort links van de kerk geeft toegang tot een indrukwekkend **uitkijkpunt** over de Douro en de restanten van de gotische stadsmuur.

Igreja de São Lourenço 6
Largo do Colégio, di.-za. 10-19 uur, gratis, museum € 2
Vanaf de kathedraal gaat u over een trap omlaag naar de jezuïetenkerk Igreja de São Lourenço. Wegens het aanhoudende verzet onder de burgers tegen de 'religieuze verleiding' van rechtschapen jongeren door de jezuïeten werd de bouw ernstig vertraagd en duurde die maar liefst van 1573 tot 1709. Het lichte interieur geeft een maniëristische stijl te zien, terwijl de zware, nooit helemaal voltooide voorgevel al een aankondiging is van de barok. Na de verdrijving van de jezuïeten in 1759 namen de blootsvoets lopende augustijnen hier hun intrek, van wie de orde was gezeteld in de Rua dos Grilos in Lissabon. Sindsdien heet de kerk in de volksmond **Igreja dos Grilos** (kerk van de krekels). In de noordvleugel van de kerk is een museum voor religieuze kunst ingericht.

Bairro da Sé
Hier ligt het beginpunt van de Rua de Santana, een van de oudste straten van de stad. De belangrijke verbinding tussen de kathedraal en de haven was al in de middeleeuwen geplaveid. Destijds heerste er grote rijkdom, maar de omliggende Bairro da Sé werd in de afgelopen tientallen jaren een sociale brandhaard met een welig tierende drugshandel en straatcriminaliteit. Inmiddels wordt flink tegengas gegeven met een en qua architectuur zeer geslaagde stadssanering in combinatie met maatschappelijke maatregelen. Een voorbeeld is het project van de kerk **Português de Gema** (nr. 33), een café-restaurant, waar sociale probleemgevallen en werklozen aan de slag kunnen, en dat lekker gebak biedt.

Ribeira

Kaart: zie blz. 247

Via de Rua dos Mercadores komt u bij de **Praça da Ribeira** 7 midden in de pittoreske havenwijk. Het ruime, rechthoekige plein ligt open naar de rivier en moest vroeger voor de aankomende reizigers, meestal Engelse handelaren, de toegangspoort tot een welvarende stad zijn. Daartoe moesten in de 17e-18e eeuw de lage vissershuisjes het veld ruimen voor representatieve gebouwen in classicistische stijl. Aan de oever boden vele eeuwen lang de marktvrouwen hun verse handelswaar aan. En van de oever gingen de handelsgoederen in ossenkarren over de steile straten omhoog naar de bovenstad. Lange tijd had deze wijk een slechte naam omdat de donkere huizen regelmatig door overstromingen werden geteisterd. Maar dankzij omvangrijke saneringsmaatregelen is Ribeira sinds de jaren 80 veranderd in een felbegeerde stadse woonwijk, waar de opgewekte kleuren van de huizen een mediterrane uitstraling hebben.

Cais da Ribeira

Op deze centraal gelegen plek spreekt men graag af voor een etentje of een drankje, alvorens in de richting van Baixa naar de populaire bars en discotheken te gaan. Aan de waterkant van Cais da Ribeira is het moeilijk kiezen tussen de talloze restaurants en bars met een aantrekkelijk uitzicht op de oude portwijnboten *(rabelos)* en wijnkelders aan de overkant van de Douro. En tijdens een wandeling door de straatjes achter de kade krijgt u geregeld iets te zien van het gewone Portugese leven van alledag.

Aan de voet van de ijzeren brug herinnert het zwarte reliëfbeeld **Alminhas da Ponte** aan een dag van onheil in de geschiedenis van de stad. In maart 1809 probeerden de inwoners van Porto op de andere oever van de Douro een veilig heenkomen te zoeken voor de oprukkende soldaten van Napoleon. Er brak paniek uit en de toenmalige pontonbrug begaf het onder de last van de vluchtelingen. Duizenden verdronken in de rivier. Op de steunmuur in de straat ertegenover toont de eigentijdse schilder Júlio Resende op de 54 m lange tegelafbeelding *Ribeira Negra* de vrolijke en kleurige kant van Ribeira.

Ponte Luís I en Ponte Dona Maria Pia

Het aanzicht van de haven wordt sterk bepaald door de kloeke ijzeren constructie van de **Ponte Luís I**. De brug is ontworpen door Théophile Seyrig, een medewerker en compagnon van Gustave Eiffel. De imposante smeedijzeren boog van de brug was bij de inwijding in 1886 de grootste ter wereld. Met een uitstekende aanpassing aan de heuvelligging van de stad loopt het onderste 172 m lange niveau voor auto's en voetgangers van Ribeira naar de portwijnkelders aan de overkant in Vila Nova de Gaia (zie blz. 262), terwijl het bovenste niveau met een lengte van 392 m de metro en voetgangers van de kathedraal naar de zuidelijke rivieroever voert en daarbij een betoverend uitzicht over de historische havenwijk van Porto levert.

Iets verder stroomopwaarts ligt nog een spoorwegbrug van recordafmetingen over de Douro. Deze **Ponte Dona Maria Pia**, die in 1877 door Gustave Eiffel zelf werd ontworpen, is net geen 353 m lang.

Igreja de São Francisco 8

Rua do Infante Dom Henrique, kerk en museum juli-sept. 9-20, mei-juni, okt. 9-19, nov.-mrt. 9-18 uur, € 3,50

De Igreja de São Francisco aan de noordwestrand van Ribeira is een van de prachtigste barokkerken van Portugal. De bedelorde van de franciscanen bouwde oorspronkelijk een sobere kerk, die het eerste gotische godshuis van Porto was. Door latere toevoegingen worden de zintuigen nu overweldigd door het alomtegenwoordige vergulde houtsnijwerk. Van de weelderige zijkapellen tot boven in het kruisgewelf reiken de barokversierin gen, die werden gefinancierd door rijke burgers. Zij verzekerden zich daarmee ook van een exclusief graf in de kloostercatacomben. Twee opmerkelijke zijaltaren geven een plastische uitbeelding van de bloedige moord op vijf franciscaner monniken door Marokkaanse

NOSTALGISCH WINKELEN

Informatie
Begin: markthal Mercado Bolhão in de Rua Formosa
Duur: 2-3 uur

Openingstijden en toegang: de meeste van de genoemde winkels hebben van 13-15 uur middagpauze.
Kaart: zie blz. 247

Porto's benedenstad Baixa vormt een weergaloze omgeving van heerlijk romantische speciaalzaken. Bij een wandeling om wat in winkels rond te kijken krijgt u ongetwijfeld het gevoel weer in de tijd van uw jeugd terug te zijn en kan elk voorwerp, hoe curieus ook, de kooplust opwekken. En tussendoor kunt u ook nog genieten van jugendstilgevels in vrolijke kleuren en uitnodigende reclame- en uithangborden in art-decostijl.

Rond het beginpunt, de bedrijvige markthal **Mercado Bolhão** 1, zijn tal van knusse levensmiddelenzaken te vinden. Op tegels ingebrande, door bloemen omringde vrouwenfiguren in de omlijsting van de etalage lokken de consument naar **Pérola do Bolhão** 2 (Rua Formosa 270), vermaard om het hoogwaardige assortiment stokvis. **Casa Chineza** 3 (Rua Sá da Bandeira 343) heeft naast een overweldigend aanbod aan kruidige schapenkaas, gerookte worsten, gedroogde vruchten en wijnen speciaal voor toeristen uit het noordelijke deel van Europa volkorenbrood en knäckebröd beschikbaar. Echt Portugees is schuin hiertegenover nog **Casa Januário** 4 (Rua Sá da Bandeira 352), die sinds 1926 verse specerijen verkoopt als kaneel, saffraan, gemalen knoflook, kardemom, nootmuskaat en koriander.

In de volgende zijstraat links staan nog meer levensmiddelenzaken oude stijl, zoals **A Favorita do Bolhão** 5 (Rua Fernandes Tomás 785), waar glazen containers voor bonbons en drop (€ 5 tot 22 per kilo) in de lange houten toonbank zijn aangebracht. Ook huishoudelijke artikelen zijn in deze buurt volop te koop. De uitstallingen en rekken van de messenzaak **Casa de Guimarães** 6 om de hoek (Rua do Bonjardim 464) geven alle denkbare producten met een scherpe rand te zien: scharen, messen, scheerartikelen, slagershaken en blikopeners in alle vormen en maten, en prijzen.

In de Rua do Almada aan de westkant van de Praça da Trindade begint het hart van de enthousiaste doe-het-zelver sneller te kloppen. Wie op zoek is naar bijzondere hydrometers, plastic slangen, afdichtingsringen, zekeringen, katrolletjes, lampen of gereedschap, kan in tientallen handwerkwinkels vakkundig advies krijgen. Na sluitingstijd hangen de ijverige verkopers de elektrische boor en de elektrische schroevendraaier liefdevol alsof het om een boeket bloemen gaat achter de toegangsdeur. Als u in westelijke richting door de Rua de Ricardo Jorge loopt, ziet u een Chinees aandoende **krantenkiosk**, een inmiddels helaas gesloten schilderachtig overblijfsel uit oude tijden.

Een fraai staaltje jugendstil is te bewonderen bij de mooiste boekwinkel van Portugal, **Lello & Irmão** 7 (Rua dos Carmelitas 144), die in een kleine brochure in diverse talen voor de klanten de roerige geschiedenis van de winkel uit de doeken doet. De aangrenzende Rua Cândido dos Reis wilden de stadsplanologen aanvankelijk voorzien van een glazen overkapping naar het voorbeeld van de Parijse passages. Die overkapping is er niet gekomen, maar des te mooier komen nu de jugendstilgevels van woningen en winkels uit. Op de eerste verdieping van het hoekhuis kunt u nog rondsnuffelen tussen verder allang verdwenen merkartikelen uit het vroegere Portugal in **A Vida Portuguesa** 8 , van olijfolie tot deegsponsjes en scheerkwasten (Rua da Galeria de Paris 20).

Een echt juweeltje is gevestigd op nr. 34-42: **Camões & Moreira** 9 , de laatste van oorspronkelijk vier textielgrossiers. Hij levert vanuit zijn fotogenieke interieur aan kleermakers in heel Portugal, met uitgelezen stoffen uit alle hoeken van de wereld.

moslims en de stamboom van Jesse. De daaronder in een boot rustende *Senhora da Boa Viagem* draagt zorg voor het welzijn van zeelieden en vakantiegangers.

In een aanbouw vindt u het knekelhuis en een mooi museum voor religieuze kunst, waar het beeld van een kennelijk zeer mild gestemde God de Vader toezicht houdt.

Beurspaleis 9

Rua Ferreira Borges, apr.-okt. dag. 9-18.30, anders 9-13, 14-17.30 uur, rondleiding elk halfuur, € 8

Het franciscanenklooster viel in 1832 tijdens schermutselingen tussen de liberalen en het absolutistische leger ten prooi aan brand. Op het fundament bouwde de plaatselijke handelsvereniging daarna het classicistische Beurspaleis, dat zijn economische macht zelfbewust tot uiting brengt. De vroegere kruisgang is nu de door een koepel van ijzer en glas overspande Pátio das Nações. Het pronkstuk is de Moorse Zaal, die min of meer een imitatie van de stijl van het Alhambra is. Bovendien is hier de originele werkkamer van Gustave Eiffel te bezichtigen.

In de **Sala Ogival** van het Portugees Wijninstituut, dat in het paleis gevestigd is, kunt u tegen een geringe vergoeding wijnen proeven en eventueel kopen. Pal naast het Beurspaleis biedt het **Portwijninstituut** in de winkel Visit Tasting & Shop veel informatie over de port en toont tijdens een halfuur durende bezichtiging ook de laboratoria waar de wijnen worden gecertificeerd (ma.-vr. 11-19 uur, rondleiding € 5).

Mercado Ferreira Borges
Praça do Infante Dom Henrique
De tegenover het Beurspaleis gelegen markthal Mercado Ferreira Borges is een fraai voorbeeld van de industriële ijzer-en-glas-architectuur van de 19e eeuw, al is de hal nooit als markt gebruikt. Hij was bedoeld om de marktvrouwen aan de rivieroever hygiënische omstandigheden te bieden, maar zij wilden geen afstand doen van hun oude plek. Een paar jaar geleden is het gebouw gemoderniseerd en verbouwd tot ruimte voor evenementen van de populaire **Hardclub** 9 .

Casa do Infante
Rua da Alfândega, di.-zo. 9.30-13, 14-17.30 uur, € 2,20, za.-zo. gratis
Op het plein voor het huis staat een beeld van Hendrik de Zeevaarder. Hij zou in 1394 in de Casa do Infante ter wereld zijn gekomen. Het herenhuis uit de 14e eeuw werd ooit door de koning in gebruik genomen om gasten onder te brengen en als magazijn te dienen, later als munthuis en douanegebouw. Tegenwoordig is het na een geslaagde renovatie te bewonderen als een representatief middeleeuws gebouw, waarin het stadsarchief en expositieruimten over de stadsgeschiedenis zijn ondergebracht.

Westelijke oude stad

Kaart: zie blz. 247

Rua das Flores
De autovrije Rua das Flores staat algemeen bekend als de mooiste straat van het oude Porto. Deze werd in 1521 in opdracht van koning Manuel I aangelegd als een moderne verbinding tussen het klooster São Domingo en het klooster São Bento, en moest zo breed zijn dat twee koetsen elkaar konden passeren. Rijke burgers en adellijke families vestigden zich hier, en daarna volgden tal van juweliers en zilver- en goudsmeden. Nadat de straat tot voetgangersgebied is verklaard, is het veranderd in een flaneerstraat met talloze alternatieve cafés en restaurants, een luxehotel en trendy winkeltjes, waartussen enkele oude zaken zich nog staande hebben gehouden. De elektriciteitskasten zijn hier in opgewekte kleuren beschilderd door bekende streetart-kunstenaars uit Porto.

Igreja da Misericórdia 10
Rua das Flores, di.-zo. 9-12, 14.30-17.30 uur, museum apr.-sept. dag. 10-18.30, okt.-mrt. 10-17.30, kerk € 5, museum € 2
De Igreja da Misericórdia werd gebouwd in een strakke renaissancestijl, die ook kenmerkend is voor het interieur van de eenbeukige kerk. De bouwmeester Nicolau Nasoni voorzag het godshuis van een omvangrijke barokgevel. In het bijbehorende museum wordt het wat merkwaardig aandoende renaissanceschilderij *Fonte da Vida* tentoongesteld: voor de gekruisigde Christus, wiens bloed naar een levensbron stroomt, zijn de knielende koning Manuel I en zijn gemalin met acht kinderen te zien.

Torre en Igreja dos Clérigos 11
Rua São Filipe de Nery, dag. 9-18 uur, 's zomers tot 19 uur, kerk gratis, toren € 2
Op het hoogste punt van de **historische universiteitswijk** schiep Nicolau Nasoni het symbool van Porto, dat voor hem zijn nieuwe vaderland was, en voor zichzelf een grafmonument. De vrijstaande kerktoren van de Igreja dos Clérigos is met bijna 76 m de hoogste van het land en diende als oriëntatiepunt voor naar Porto varende zeelieden. In de volksmond wordt hij Porto's vermanende wijsvinger genoemd. Na een klim over 240 steile traptreden hebt u op de duizelingwekkende top een indrukwekkend uitzicht over de stad.

Het ovale kerkschip in late barokstijl ademt een mondaine luchtigheid. Misschien dacht Nasoni ook aan het uitzicht vanuit zijn laatste rustplaats naast het altaar toen hij het Mariabeeld maakte: op het trapvormige hoofdaltaar lijkt ze wel een lichtvoetige danseres.

Westelijke oude stad

Igreja do Carmo e dos Carmelitas 12
Rua do Carmo, Carmo ma.-vr. 7.30-19, za.-zo. 9-18.45 uur; Carmelitas ma., wo. 8-12, 13-18, di., do. 9-18, za. 9-16, zo. 9-13.30, feestdagen 9-12 uur, gratis

Deze ongebruikelijke dubbelkerk staat achter het classicistische universiteitsgebouw. De **kerk van de orde van ongeschoeide karmelieten** uit 1628 is te herkennen aan de eenvoudige en strakke renaissancegevel. Het eenbeukige interieur is getooid met vergulde altaren uit de 17e-18e eeuw.

Ongeveer honderdveertig jaar later liet de wereldse orden van karmelieten rechts ervan de **Igreja do Carmo** in speelse rococostijl aanbouwen. Sinds 1912 is een buitenmuur aan de zijkant opgeluisterd met een paneel van blauw-witte tegels. Het kerkinterieur lijkt op het eerste oog ook rijkversierd, maar er zijn geen kunstvoorwerpen aanwezig: die zijn geroofd door het leger van Napoleon.

Boekwinkel Lello & Irmão 7
Rua dos Carmelitas 144, ma.-za. 10-19.30 uur, € 3 (wordt verrekend bij aankoop van een boek)

Achter een neogotische gevel blijkt de gerenommeerde boekwinkel Lello & Irmão, die in 1906 zijn deuren opende, een waar pronkjuweel van de jugendstil te zijn. Houten rekken vol boeken reiken tot net onder het gewelf. Een sierlijke gedraaide, met rood tapijt beklede trap verbindt de drie verdiepingen. De winkel diende als voorbeeld voor het trappenhuis in Harry Potters tovenaarsschool. Ook in de winkelstraten in de omgeving geven talloze tegelfriezen elementen van de jugendstil te zien.

Rua de Miguel Bombarda
Via het voetgangersgebied van de Rua de Cedofeita bereikt u de Rua de Miguel Bombarda. Hier staat het **Centro Comercial** met talloze alternatieve winkels, waar u voor (bijna) alles terechtkunt, van een nieuw kapsel tot zelfgemaakte poppen. Ook zijn er kunsthandels die een uitstekend kijkje in de kunstenaarswereld van Portugal geven, vooral die aan het westeinde van de straat.

Museu Nacional de Soares dos Reis 13
Rua Dom Manuel II, wo.-zo. 10-18, di. 14-18 uur, € 5

In de vrijwel parallel aan de Rua de Miguel Bombarda lopende straat werd in 1833 het eerste kunstmuseum van Portugal geopend, het Museu Nacional de Soares dos Reis. In het middelpunt van de collectie staan de imposante marmeren sculpturen van António Soares dos Reis (1847-1889). Minder boeiend is de afdeling schilderkunst van de 19e en de vroege 20e eeuw, met overwegend landschappen en portretten. De belangrijkste schilders van Porto ontbreken hier. Buitengewoon is wel de verfijnde collectie op de bovenverdieping, waar meubilair, stoffen, sieraden en aardewerk een verbluffend beeld geven van het rijke leven van de elite sinds de 17e eeuw.

Jardins do Palácio de Cristal
Rua Dom Manuel II

Aan het eind van de straat is in de 19e eeuw door de Duitse tuinarchitect Emile David dit idyllische park aangelegd, met inheemse en tropische bomen, kronkelpaden en eendenvijvers. In het midden stond van 1865 tot 1952 een spectaculair kristalpaleis, dat het veld moest ruimen voor het plompe betonnen sportpaleis Pavilhão Rosa Mota. In het zuidelijke deel van het park kunt u genieten van een mooi uitzicht.

Museu Romântico 14
Rua de Entre Quintas 220, ma.-za. 10-12.30, 14-17.30 uur, € 2,20, za.-zo. gratis

De romantische tijdgeest van de 19e eeuw leeft ook voort in het Museu Romântico ten westen van het park. In de chique Villa Quinta da Macieirinha bracht de tot ballingschap gedoemde koning van Piëmont en Sardinië, Carlos Alberto, de laatste drie maanden van zijn leven door.

Museu do Vinho do Porto 15
Rua do Monchique 45, di.-za. 10-17.30, zo. 10-12.30, 14-17.30 uur, € 2,20, za.-zo. gratis

Een heel mooie wandelroute voert u over de kasseien van de Rua de Entre Quintas omlaag

CASA DA MÚSICA

Het in 2005 geopende concertgebouw **Casa da Música** 10 moet volgens de intentie van de Nederlandse architect Rem Koolhaas een object uit de wereldruimte zijn, maar het wordt ook wel geringschattend 'schoenendoos' genoemd. De architect zelf noemde zijn meesterwerk 'gek'. Het transparante cultuurpaleis wil openstaan voor de stad en haar inwoners. Volgens dit principe zijn zelfs de repetitie- en verblijfsruimtes van de musici van buiten te zien, ook tijdens de levendige rondleidingen die ongeveer een uur duren. De akoestiek en de aankleding van het auditorium zijn indrukwekkend. Omringd door dubbele gevels van glas in golflijnen heeft het publiek tijdens een concert ook zicht op de buitenwereld van de stad. De 1238 stoelen van licht fluweel zijn uitschuifbaar, de armleuningen hebben verlichte silicone onderdelen om het meelezen met de partituren mogelijk te maken. De binnenmuren van pijnboomhout zijn met goud getooid, twee orgels in de stijl van de barok en de romantiek sieren de wanden – momenteel zijn het nog dummy's, voor de originele exemplaren worden sponsors gezocht. Boven het auditorium bevindt zich een babysitkamer, waar de kleintjes oogcontact kunnen hebben met hun van de muziek genietende ouders. Voor andere vormen van muziek en theateropvoeringen zijn bovendien een kleine zaal en de ondergrondse parkeergarage beschikbaar.

Het gebouw staat aan de Praça de Mousinho de Albuquerque, met een metrostation op vier haltes van de markthal Bolhão (tel. 220 12 02 20, www.casadamusica.pt, rondleiding ook in het Engels dag. 11 en 16 uur, € 5).

Gek of geniaal? – Casa da Música

Westelijke buitenwijken

naar de Douro en het Museu do Vinho do Porto. De zware gewelven van granietsteen wekken de indruk van een wijnkelder, maar in dit museum wordt aan de hand van historische documenten en moderne computeranimaties een beeld gegeven van de invloed die de handel in port had op het leven in de stad.

World of Discoveries 16
Rua de Miragaia 106, www.worldofdiscoveries.com, ma.-vr. 10-18, za.-zo. 10-19 uur, € 14
Een bezoek aan de 'wereld van ontdekkingen' is een vermakelijke en leerzame belevenis voor jong en oud. Eerst wordt aan de hand van scheepsmodellen, interessante toelichtingen op touchscreens en interactieve globes een beeld gegeven van het matrozenleven en de ontwikkelingen in de wetenschap (meertalig). Daarna gaan de bezoekers zelf in een boot en glijden in het spoor van de ontdekkingsreizigers over het water naar India, China en Japan. Er komt ook een element van het spookhuis aan te pas wanneer het zeemonster Adamastor uit de nevel opduikt en wanneer de reizigers een donderbui moeten doorstaan.

Museu do Carro Elétrico 17
Rua Alameda Basílio Teles 51, ma. 14-18, di.-vr. 10-18, za.-zo. 14-19 uur, € 8
Van de halte vóór het museum van ontdekkingen rijdt tram 1 naar het charmante Museu do Carro Elétrico. Porto was de eerste stad op het Iberisch Schiereiland waar in 1895 al een elektrisch aangedreven tram in gebruik werd genomen. Overigens zijn hier ook de paardentrams te zien die daarvoor werden gebruikt. De hier getoonde trams stammen uit 1872.

Westelijke buitenwijken

Kaart: zie blz. 247
Van het trammuseum rijdt de tram verder naar de wijk Foz, tegenwoordig een van de betere woonwijken van Porto aan de Atlantische Oceaankust met talloze chique restaurants. Ongeveer een eeuw geleden veranderde het eenvoudig vissersdorpje in een mondaine badplaats. Uit die tijd stamt nog een sierlijke pergola voor het centrale strand. De smalle straatjes van de oude dorpskern hebben nog steeds een volkse sfeer, en de mooie wijkmarkt aan de Rua do Diu kent nog steeds een trouwe klantenkring.

De stranden van Porto
Tussen de vestingen **Forte de São João Baptista** in het zuiden en **Castelo do Queijo** in het noorden, die beide ooit werden gebouwd om bescherming tegen piraten te bieden, liggen tal van rotsige baaien en kleine zandstranden. De stranden **Praia Foz** en **Praia do Homen do Leme** hebben een blauwe vlag verdiend dankzij een sterk verbeterde waterkwaliteit en zijn geschikt om te zwemmen. Verder kunt u aangenaam wandelen over de kustpromenade en genoeglijk bijkomen in een van de strandrestaurants.

Aquarium Sea Life Center 18
Rua Particular do Castelo do Queijo, ma.-vr. 10-18, za.-zo. tot 19 uur, € 13, gezinskaart vanaf € 30,50, korting bij vooruitbestelling via www.visitsealife.com/Porto/
Tegenover het Castelo do Queijo vormt het aquarium van het Sea Life Center een grote attractie op zich. Verspreid over een oppervlakte van 2400 m² in en rond een centraal aquarium zijn minstens zo'n zesduizend zee- en rivierdieren te bewonderen.

Parque de Serralves en Museu de Arte Contemporânea 19
Rua Dom João de Castro 210, www.serralves.pt, apr.-okt. di.-vr. 10-19, za.-zo. 10-20, nov.-mrt. di.-vr. 10-17, za.-zo. 10-19 uur, museum en park € 10, alleen park € 5
Langs de grens met de wijk Boavista strekt zich het **Parque de Serralves** uit met talrijke planten. Dit park van 18 ha werd in de jaren 30 in Franse stijl aangelegd rond de art-deco villa van de textielfabrikant Carlos Cabral. Tegenwoordig fungeert het park als een mooie en sfeervolle omlijsting voor moderne sculpturen, zoals de grote aansprekende schoffel van Claes Oldenburg. Tijdens een wandeling door het goed verzorgde landschapspark

Porto

kunt u genieten van zowel kunstzinnige als botanische bijzonderheden.

Midden in het park plaatste de beroemde Portugese architect Álvaro Siza Vieira in 1999 met zijn puristisch-witte bouwstijl het zeer belangrijke **Museum voor eigentijdse kunst**, waarvan de wisselende exposities van zeer hoog gehalte zijn en jaarlijks zo'n driehonderdduizend kunstliefhebbers trekken. Bezoekersrecords waren er voor de retrospectieven van Andy Warhol en Paula Rego. Kenmerkend voor het gebouw zijn de muren van grote witte vlakken en de ogenschijnlijk toevallige rangschikking van de afzonderlijke kubusvormige bouwlichamen en vensters. Ze bieden steeds een nieuw zicht op het park en laten de natuur en de cultuur in een creatieve relatie tot elkaar komen. De elf zalen van zeer uiteenlopende omvang zijn flexibel aan te passen voor elk expositieconcept.

Informatie

Turismo: Rua Clube dos Fenianos 25, tel. 223 39 34 72, www.visitporto.travel, dag. 9-19, juni-okt. tot 20 uur.
Welcome Center: Passeios das Cardosas, tegenover station São Bento, tel. 258 82 02 70, apr.-okt. 9-20, anders tot 19 uur. Groot regionaal bureau, interactieve aanbiedingen.
Andere informatiebalies:
Luchthaven: aankomsthal, tel. 229 42 04 96, dag. 8-23.30 uur.
Kathedraal: Casa da Câmara, tel. 223 32 51 74, dag. 10-19, juni-okt. tot 20 uur.
iPoints: in het zomerseizoen zijn er extra informatiekiosken bij het station Campanhã, aan de Praça da Ribeira en bij Museu Serralves.

Accommodatie

Luxe – **Palácio das Cardosas** 1 : Praça da Liberdade 25, tel. 220 03 56 00, www.ichotelsgroup.com. Interconti heeft een 18e-eeuws paleis in Porto dat oorspronkelijk als klooster bedoeld was, zorgvuldig gerestaureerd en degelijk ingericht met 105 kamers. Zeer centrale ligging. 2 pk vanaf € 150.

Aan de rivier – **Pestana Vintage Porto** 2 : Praça da Ribeira, tel. 223 40 23 00, www.pestana.com. Ensemble van vier historische huizen aan het plein die werden gerestaureerd en onderling verbonden. Er zijn nu meer dan 48 modern ingerichte kamers, deels met uitzicht op de Douro. 2 pk € 120-1000 (tijdens stadsfeest).

In het theater – **Teatro** 3 : Rua Sá da Bandeira, 84, tel. 220 40 96 20, www.hotelteatro.pt. Chic vormgegeven, in rustgevende bruine tinten gehouden hotel met 74 kamers in een voormalig theater, waaraan nog tal van decoratieve elementen herinneren. 2 pk € 104-280.

Stijlvol – **Eurostars das Artes** 4 : Rua do Rosário 160, tel. 222 07 12 50, www.eurostarshotels.com. Hotel met 89 kamers in modern design, aan de achterkant rustig. 2 pk € 80-180 zonder ontbijt, tijdens het stadsfeest in juni tot € 1000.

19e-eeuws en modern – **Casa do Conto** 5 : Rua da Boavista 703, tel. 222 06 03 40, www.casadoconto.com. Antiquiteiten uit de 19e eeuw, toen het hotel werd gebouwd, en eigentijds designmeubilair vormen een stijlvolle mix. De slechts 7 kamers zijn minstens 30 m² groot. Met bibliotheek, verblijfsruimte en tuin. 2 pk vanaf € 98.

Elegant – **Grande Hotel do Porto** 6 : Rua de Santa Catarina 197, tel. 222 07 66 90, www.grandehotelporto.com. Traditioneel hotel waar voorheen gekroonde hoofden de nacht doorbrachten, met 92 modern ingerichte kamers van verschillende grootte; elegante salon en eetzaal. 2 pk € 60-120.

Appartement met service – **Loftpuzzle** 7 : Largo dos Lóios 15, mob. 915 41 08 44, www.bnapartments.com. Complex met 12 grote studio's met keuken; bij de prijs inbegrepen zijn beddengoed, handdoeken en de afsluitende schoonmaak. Studio vanaf € 55.

In de bioscoop – **Moov** 8 : Praça da Batalha 32, tel. 220 40 70 00, www.hotelmoov.com. Filmaffiches herinneren aan de vroegere bioscoop. 2 pk vanaf € 44 zonder ontbijt.

Met uitzicht – **Pão de Açúcar** 9 : Rua do Almada 262, tel. 222 00 24 25, www.paodeacucarhotel.pt. Met oud meubilair ingericht hotel; de kamers op de bovenste verdieping hebben een eigen dakterras. 2 pk € 70-220.

Alles in het wit – **The White Box House** 10 : Rua de Santa Catarina 575, mob. 911 00 85 85, www.the-white-box.pt. Mengeling van hostel en hotel. 2 pk ongeveer € 60.

Goed en goedkoop – **Porto Spot Hostel** 11 : Rua Gonçalo Cristóvão 12, tel. 224 08 52 05, www.spot-oportohostel.com. Uitstekend gelegen, moderne hostel, kamers met 2-8 bedden, met of zonder eigen wc, gebruik van keuken, grillmogelijkheden. Bed op slaapzaal vanaf € 14, 2 pk vanaf € 50.

Eten en drinken

Op het hoogste niveau – **DOP** 1 : Palácio das Artes, Largo de São Domingos 18, tel. 222 01 43 13, zo. en ma.-middag gesl. Moderne en chique uitstraling in de oude ambiance van een dominicanenklooster. Regionale recepten worden door Rui Paula, de grote kok van de restaurantwereld in Porto, op creatieve wijze verfijnd, waaronder bacalhau en pens. Hoofdgerecht ongeveer € 20, menu ca. € 75, goedkopere lunch.

Goed en mooi – **Traça** 2 : Largo de São Domingos 88, tel. 222 08 10 65, zo. gesl. Vrijwel perfect bereide traditionele gerechten, met het accent op vlees- en wildgerechten. De specialiteiten zijn zwijnsrug *(bochechas)* en lamsschouder uit de oven *(paletilla de cordeiro)*. Voor rokers is de eerste verdieping gereserveerd. Hoofdgerecht vanaf € 15.

Fijne sfeer – **Cantina 32** 3 : Rua das Flores 32, tel. 223 03 90 69, zo.-avond en ma. gesl. Tot de geserveerde hoofdgerechten behoort een goede stokvis. Maar eigenlijk charmeert kok Luís Américo vooral met zijn kleine gerechtjes die bedoeld zijn om aan tafel te delen. Kies bijvoorbeeld Portobello-paddenstoel met gekaramelliseerde geitenkaas, gerookt buikstuk van het varken of een paprikacompote. Hoofdgerecht vanaf € 18, gerechtjes vanaf € 5.

Concertgebouw – **Casa da Música:** Avenida Boavista 604, bovenverdieping van het concertgebouw 10 , tel. 220 10 71 60, zo. en aug. gesl. De modern toebereide Portugese gerechten met internationale invloeden sluiten goed aan bij de coole ambiance. Menu vanaf € 13 (lunch) en € 19 (diner), hoofdgerecht vanaf € 17.

(Niet alleen) vegetarische genoegens – **Essência** 4 : Rua de Pedro Hispano 1190, tel. 228 30 18 13, zo. gesl. Voor dit aangename restau-

Met dit uitzicht wordt het eten bijna tot bijzaak

Porto

MET DE BOOT LANGS DE WIJNGAARDEN AAN DE DOURO

Informatie
Begin: Cais do Gaia, Vila Nova de Gaia
Eind: station São Bento, Porto
Duur: 7-19 uur naar Peso da Régua of 8-19 uur naar Pinhão (met terugreis).

Tarieven: diverse in Porto gevestigde reders bieden boottochten aan, zoals Douro Azul (www.douroazul.com) of Porto Tours (www.portotours.com). Kaartjes vanaf € 65 of vanaf € 85, za.-zo. met toeslag.

8 uur! De scheepsbel luidt aan de Cais do Gaia in **Porto**. De boot vertrekt voor een tocht naar het stroomopwaarts gelegen Peso da Régua. Eerst is de Douro nog breed en stroomt vrij rustig onder de historische ijzeren brug van Porto door. Links straalt het Palácio do Freixo met een nieuwe glans sinds de hotelketen met pousada's het paleis heeft verbouwd tot een luxehotel. Het oorspronkelijke gebouw werd in de 18e eeuw ontworpen door de befaamde barokarchitect Nicolau Nasoni.

Aan boord komt nu een ontbijt op tafel. Daarna passeert de boot na ongeveer een uur varen bij **Crestuma** de eerste waterkering, met een hoogteverschil van bijna 14 m. Bij **Castelo de Paiva** herinnert een monument aan de rampzalige instorting van een brug. In 2001 viel een volledig bezette tourbus in de diepte, waarbij 59 mensen verdronken. Portugal raakte in een crisis die uitliep op de val van de regering. Voordat de boot iets verder stroomopwaarts door de **sluis van Carrapatelo** gaat, die met een hoogteverschil van 35 m een van de grootste van Europa is, krijgt u eerst nog de lunch voorgeschoteld.

Het rivierdal wordt smaller. Links en rechts rijzen de met wijnranken begroeide leisteenbergen steil de hoogte in. U vaart nu door een van de spectaculairste streken van Portugal, die ook op de

Adressen

UNESCO-Werelderfgoedlijst staat. Om nog meer van de prachtige natuur te genieten is een glaasje port op het zonnedek misschien een goed idee? De boot vaart nu langs de grote wijngaarden. In de namiddag komt de boot aan in **Peso da Régua** (zie blz. 320), waar een aantal gasten uitstapt voor de terugreis naar Porto. Wie aan boord blijft, beleeft nog een verdere tocht van 90 minuten over de smaller wordende rivier tot de laatste halte: **Pinhão** (zie blz. 324). De terugreis naar Porto gaat daarna per boemeltrein, wat ook al een belevenis is.

rant achter de Casa da Música is een omweg zeker de moeite waard. Kies bijvoorbeeld de seitanschnitzel met spinazie in amandel- en madeirasaus. Mooie tuin. Hoofdgerecht vanaf € 11, ook enkele vleesgerechten van ongeveer € 15, lunchmenu ca. € 9.

Bij de Praça da Ribeira – **A Grade** 5 : Rua de São Nicolau 9, tel. 223 32 11 30, zo. gesl. Sympathiek restaurant met slechts 4 tafeltjes. Goede degelijke kost, salades en lekkere voorgerechten. Hoofdgerecht vanaf € 10.

Geliefd in de buurt – **Casa Nanda** 6 : Rua da Alegria 394, tel. 225 37 05 75, zo.-avond en ma. gesl. Gemoedelijk buurtrestaurant dat het stukje verder lopen zeker waard is; eenvoudige Portugese maaltijden met de beste ingrediënten. Hoofdgerecht ongeveer € 12.

Traditioneel – **Abadia** 7 : Rua do Ateneu Comercial do Porto 22-24, tel. 222 00 87 57, zo. gesl. Populair restaurant met grote keus uit gerechten, van sardines tot wild zwijn. Hoofdgerecht vanaf € 10.

Regionale keuken – **Antunes** 8 : Rua Bonjardim 525, tel. 222 05 24 06, zo. gesl. Specialiteiten zijn varkenspoot en het bekroonde dessert 'arme ridders' *(rabanadas)*. Hoofdgerecht vanaf € 6,50.

Degelijke kost – **O Caraças** 9 : Rua das Taipas 27, tel. 220 17 45 05, zo. en ma.-middag gesl. Het kleine, wat verborgen gelegen restaurant biedt elke dag slechts twee gerechten, die onder invloed staan van de stevige keuken van het Portugese binnenland, zoals gebraden rundvlees. Hoofdgerecht 's middags ongeveer € 5, 's avonds vanaf € 9.

Vegetarisch – **Suribachi** 10 : Rua do Bonfim 136/140, tel. 225 10 67 00, zo. gesl. Het oudste vegetarische restaurant in Porto, met een biologische winkel. Aangame eetruimte en een groot balkon met veel groen op de eerste verdieping. Er is alleen te eten zolang de voorraad verse ingrediënten strekt. Hoofdgerecht ca. € 5.

Aan het plein – **andor violeta** 11 : Praça Carlos Alberto 89, tel. 222 01 66 18, ma.-za. alleen 's avonds. Aan een paar lichte tafeltjes op een geplaveide vloer worden gerechten geserveerd als in het eigen vet ingelegd Iberisch varken met tomatenrijst. Hoofdgerecht ca. € 13. Het plein is trouwens uitgegroeid tot een centrum van cafés en restaurants, met bijvoorbeeld hiertegenover **Caçula** (ruime menukaart, ook pizza en vegetarisch vanaf € 10) en het Chinees aandoende **Quiosque Vermelho**, geregeld met baractiviteit aan de voorkant.

Schitterend – **Café Majestic** 12 : Rua de Santa Catarina, ma.-za. 9.30-24 uur, zie blz. 239.

Stijlvol – **Café Guarany** 13 : Avenida dos Aliados 89-95. Het in 1933 geopende historische café-restaurant is versierd met moderne muurschilderingen van de kunstenares Graça Morais. Het is met name ook bekend om de concerten (piano, fado en Cubaans) die er worden gegeven.

Buurtwinkel – **Mercearia das Flores** 14 : Rua das Flores 110, ma.-do. 10-19, vr.-za. 13-19 uur. Regionale heerlijkheden, zoals kaas, wijn, olijfolie, visconserven en tapas worden bereid om ter plekke te eten of mee te nemen.

Winkelen

Markthal – **Mercado Bolhão** 1 : Rua Formosa, zie blz. 250.

Stokvis – **Pérola do Bolhão** 2 : Rua Formosa 270, zie blz. 250.

Delicatessen – **Casa Chineza** 3 : Rua Sá da Bandeira 343, zie blz. 250.

Koffie en thee – **Casa Januário** 4 : Rua Sá da Bandeira 401, zie blz. 250.

Porto

Levensmiddelen – **A Favorita do Bolhão** 5 : Rua Fernandes Tomás 785, zie blz. 250.
Messen – **Casa de Guimarães** 6 : Rua do Bonjardim 464, zie blz. 250.
Boekwinkel – **Lello & Irmão** 7 : Rua dos Carmelitas 144, zie blz. 250.
Nostalgisch – **A Vida Portuguesa** 8 : Rua da Galeria de Paris 20, zie blz. 250.
Lakens – **Camões & Moreira** 9 : Rua Cândido dos Reis 34-42, zie blz. 250.

Uitgaan

Cool – **Passos Manuel** 1 : Rua de Passos Manuel 137, in het Coliseu, zo.-do. 17.30-2, vr.-za. 22-4 uur. Discotheek in retrolook.
Café en muziekbar – **Pitch** 2 : Rua de Passos Manuel 34-38, www.facebook.com/Club.Pitch, di.-za. 22-6 uur, dj's alleen vr.-za. Op de bovenverdieping een bar in Engelse stijl met zware leren fauteuils, op de benedenverdieping ruimte om te dansen en voor concerten.
Populair – **Armazém do Chá** 3 : Rua José Falcão 180, www.armazemdocha.com, di.-za. 21-4 uur. Muziekclub met dj's en geregeld liveconcerten, maar ook een levendige bar en café, verdeeld over drie verdiepingen van een vroegere koffiebranderij en theedepot.
Avant-gardistisch – **Gare Clube** 4 : Rua da Madeira 182, www.facebook.com/gareporto, vr.-za. 0-6 uur, vaak ook wo. en do. Hier danst men onder de granietstenen bogen van het oude gebouw bij station São Bento. Ook concerten, met het accent op house en dance.
Discotheek – **Indústria** 5 : Avenida do Brasil 843, Praia do Molhe, Foz, www.facebook.com/IndustriaClub, vr.-za. 0-6 uur. Al vele jaren een instituut onder de discotheken van Porto, met muziek die gaat van techno tot experimenteel.

> **Actueel programma**
> Informatie over het rijke culturele aanbod in Porto en omgeving is te vinden in het door tijdschriftenwinkels verkochte maandblad **Time Out Porto** (alleen Portugees) en op de website van **iPorto** (http://iporto.amp.pt, ook in het Engels).

Gay – **Café Lusitano** 6 : Rua de José Falcão 137, wo.-za. 21.30-4 uur. Populaire bar die vooral wordt bezocht door homo's en lesbiennes van gemengde leeftijd. **Zoom** 7 : Beco de Passos Manuel 40, vr.-za. vanaf 0 uur. De grootste gaydiscotheek van de stad. Meer adressen zijn te vinden via www.portugalgay.pt.
Alternatief – **Maus Hábitos** 8 : Rua de Passos Manuel 178, 4. Stock, tel. 222 08 72 68, www.maushabitos.com, di.-zo. 12-24, meestal tot 4 uur. Boven de daken van Baixa gelegen cultureel project met exposities, concerten, theater, bar en restaurant.
Pop en rock – **Hardclub** 9 : Rua de Ferreira Borges, www.facebook.com/HardClubPorto, di.-zo. 11-2 uur. Concerten, films en exposities in de oude markthal tegenover het Beurspaleis.
Concertgebouw – **Casa da Música** 10 : Praça de Mousinho de Albuquerque, www.casadamusica.pt, zie blz. 254.
Nieuwe glans – **Teatro Nacional de São João** 11 : Praça da Batalha, tel. 223 40 19 10, www.tnsj.pt.
Zeg het met boeken – **Candelabro** 12 : Rua da Conceição 3, ma.-za. 10-2 uur. Zorgvuldig gerestaureerde traditionele boekwinkel, die nu als bar wordt gerund. Zeer populair.

Actief

Boottocht – **Zesbruggentocht** van bijna een uur (kaartjes bij het beginpunt 1 aan de Cais da Ribeira, ca. € 12,50).
Dagtocht over de Douro – zie blz. 258.
Rondrit – **Carristur:** rit in een dubbeldekker met open dak (www.yellow bustours.com).

Evenementen

Queimas das Fitas: 1e week van mei. Traditioneel studentenfeest met optochten en rockconcerten.
Primavera Sound: mei-juni. Alternatief rockfestival met bands als Blur en Suede (www.nosprimaverasound.com).
Stadsfeest São João: 23-24 juni. Porto gaat even helemaal los, men slaat elkaar met plastic hamers op het hoofd, vooral als iemand leuk wordt gevonden, en eet gegrilde sardi-

Adressen

nes en geitenvlees. Nog een ander hoogtepunt is de wedstrijd tussen portschepen op de Douro.

Jazz no Parque: juli. Jazz van de bovenste plank in het Parque de Serralves.

Noites Ritual: eind aug.-half sept. Portugese rock- en popbands brengen het publiek in vervoering (https://facebook.com/festival noitesritual).

Vervoer

Luchthaven Francisco Sá Carneiro: zo'n 15 km ten noorden van de binnenstad, tel. 229 43 24 00, www.ana.pt. Van de luchthaven naar de binnenstad – metro: vertrek voor de aankomsthal van 6 -0.30 uur, reistijd ca. 30 min. naar het centrum en station Campanhã, tarief ca. € 1,80 (zone Z 4) met de chipkaart Andante (zie rechts); nachtbus: 3 M naar Avenida dos Alíados; taxi: tarief naar de binnenstad ca. € 25.

Trein: station Campanhã: 4 km ten oosten van het historische centrum met aansluiting op de metro. Geregeld naar Lissabon, Braga, Guimarães, Viana do Castelo. **Station São Bento:** centrum (zie blz. 243). Regelmatig naar Braga, Guimarães en Espinho, minder vaak naar het Dourodal, steeds via Campanhã.

Vervoer binnen de stad:

Centro da Mobilidade: in station São Bento, 8-19.30 uur. Informatiebalie en kaartjes voor openbaar vervoer in de regio en daarbuiten.

Metro: er zijn zes lijnen, die worden gekenmerkt door een eigen kleur. Het centrale overstapstation is Trindade. Informatie via tel. 808 20 50 60, 225 08 10 00, www.metrodoporto.pt. De metro rijdt van ca. 6 tot 1 uur.

Bus: het netwerk van buslijnen is dicht, maar weinig overzichtelijk. Interessant voor toeristen is lijn 500, die van de Praça da Liberdade via São Bento naar de stranden aan de Atlantische Oceaan rijdt. Overzichten zijn echter nauwelijks verkrijgbaar, www.stcp.pt.

Tram: lijn 1 E van de Igreja São Francisco naar de aan de Atlantische Oceaan gelegen wijk Foz, lijn 18 van de Igreja do Carmo naar de oever van de Douro, lijn 22 van Praça de Batalha naar Rua do Carmo. Kaartjes zijn te koop bij de bestuurder, de kaarten Andante 24 en Andante Tour zijn niet geldig.

Onderweg met de Andante

De oplaadbare chipkaart is geldig voor metro, tram, kabelbaan en bus binnen de stad. Hij is voor € 0,60 verkrijgbaar bij de kaartjesautomaten op alle metrostations en bij de verkoopbalies van Loja da Mobilidade en Lojas Andante op de spoorwegstations naar andere steden en de grotere metrostations (zoals Trindade). Daar wordt de chipkaart opgeladen met het gewenste aantal ritten (ca. € 1,20 per rit in de binnenstad; naar de luchthaven, zone 4, ca. € 1,80). De chipkaart moet voor elke rit bij de elektronische toegangspoort van de metro of bij de controleautomaat van de bus worden ingevoerd. Op zwart rijden staat een forse boete.

Andante 24 is 24 uur lang geldig in al het openbaar vervoer behalve de tram en de gratis lift (binnenstadzone Z 2 ca. € 4,20, met luchthavenzone Z 4 ca. € 6,20).

Andante Tour 1 en Andante Tour 3 zijn geldig voor een onbegrensd aantal ritten (niet in de tram) in de hele stad voor 24 en 72 uur (ca. 7 en € 15). Deze kaarten zijn niet opnieuw oplaadbaar.

Taxi: een rit in de binnenstad kost ca. € 5-10. U kunt de chauffeur op straat met een handgebaar aanroepen. Centrale taxistandplaatsen zijn onder andere te vinden op de Praça da Liberdade, voor het luchthavengebouw en bij de stations. Vooraf reserveren is mogelijk via tel. 220 40 37 82, 225 07 64 00 of met de gratis app Meo Taxi.

Funicular dos Guindais: kabelspoorverbinding tussen de Praça da Batalha en de Praça da Ribeira (nov.-apr. 8-20, mei-juni, sept.-okt. 0 22, juli-aug. 8-24 uur, rit € 2,50, de kaart Andante is niet geldig).

Elevador da Lada: de gratis lift gaat op en neer tussen Ribeira en de kathedraal.

Parkeren: in de straten van Porto geldt betaald parkeren. Verspreid over de binnenstad zijn voldoende parkeergarages beschikbaar. Relatief goedkoop is het openbare parkeerterrein **Parque Municipal aan de Rua da Alfândega** langs de oever van de Douro.

Omgeving van Porto

De omgeving van Porto is op zichzelf al een bezoek waard. Op de zuidoever van de Douro rijpt de port in Vila Nova de Gaia, iets verderop lokken de prachtige zandstranden van Espinho, en voorbij het historische stadje Santa Maria da Feira begint het wandelgebied van Arouca. Vila do Conde ten noorden van Porto is een charmante stad met veel musea en nog veel meer feestelijke evenementen.

Van Porto zuidwaarts

Kaart: zie blz. 268

Vila Nova de Gaia 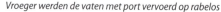 C 4

De stad ligt op de heuvelhelling aan de zuidoever van de Douro, maar helaas is het een iets minder romantisch plaatje in Porto. Toch draagt **Vila Nova de Gaia** 1 aanzienlijk bij aan de welvaart in de regio: hier liggen miljoenen liters port opgeslagen. Voordat Portugal toetrad tot de EG, wist een machtige lobby van wijnhandelaren het gedaan te krijgen dat alleen die ondernemingen port mochten exporteren die hun wijnkelder in deze stad hadden. De ijzeren brug Dom Luís I verbindt de stad met Porto aan de overkant van de rivier, de onderste rijbaan met Ribeira, de bovenste met de kathedraal van Porto.

De aanblik vanuit Vila Nova de Gaia op het silhouet van Porto is adembenemend mooi. Talloze moderne restaurants, bars en cafés nodigen hier uit tot een drankje of een kop

Vroeger werden de vaten met port vervoerd op rabelos

Van Porto zuidwaarts

koffie, sommige hebben ligstoelen neergezet bij de rivier, waar de historische vervoersbootjes liggen te schommelen. Deze *rabelos* vervoerden het kostbare druivennat van het wijnbouwgebied naar de wijnkelders. Tegenwoordig nemen moderne tankwagens op iets minder romantische wijze hun taak over.

Het langgerekte voormalige kloostergebouw van de augustijnen naast de bovenste rijbaan van de brug valt al van ver op. Het in de periode 1540-1602 gebouwde **Mosteiro da Serra do Pilar** is intussen door het leger in gebruik genomen, maar het renaissanceklooster en de kruisgangen zijn voor publiek toegankelijk, en u kunt naar boven gaan in de koepeltoren voor een panoramisch uitzicht (di.-zo. 9.30-17.30, apr.-okt. tot 18.30 uur, € 1, koepel € 3). Vanaf de rivier gaat sinds enkele

OP BEZOEK BIJ PORTPRODUCENTEN IN VILA NOVA

Een bezoek aan een portwijnkelder hoort er zeker bij als u een tijdje in deze streek verblijft. Meestal wordt de rondleiding in het Engels gegeven en kost die ongeveer € 3 inclusief het proeven van enkele portwijnen. De toeristenbureaus in Vila Nova de Gaia hebben voor de bezoekers een toeristische kaart beschikbaar waarop de wijnproducenten staan ingetekend (ook op www.cavesvinhodoporto.com). Houd er rekening mee dat de bezichtigingen uiteenlopen in duur (van 10 tot 30 min.) en in deskundigheid van de gids. Veel wijnproducenten maken indruk met een modern en elegante vormgeving van de museumruimte, maar loodsen de bezoekers vaak in recordtempo door de wijnkelders naar de verkoopruimte. Dit gebeurt vooral bij bedrijven waarvoor langs de kustpromenade op opdringerige wijze reclame wordt gemaakt.

Een aanrader wat de kwaliteit van de wijn betreft is **Taylor's**, een bedrijf dat in 1692 is opgericht en sindsdien in het bezit van dezelfde familie is gebleven. Tijdens een museumachtige, interactieve rondgang krijgt u een toelichting bij de verschillende productiemethoden, rijpingsprocessen en kwaliteiten van de versterkte wijn met een alcoholpercentage van 18-20 %. U ziet er vaten met een inhoud van meer dan 100.000 l. De tocht heuvelopwaarts naar de fraaie oude ontvangstruimtes is op zich al de moeite waard vanwege het terras met uitzicht op Porto. Een virtuele rondleiding kunt u vinden op www.taylor.pt (Rua do Choupelo 250, tel. 223 74 28 00, dag. 10-18 uur).

De portwijnproducent **Ferreira** (Avenida Ramos Pinto 70, tel. 223 74 61 07, dag. 10-12.30, 14-18 uur) toont in aanvulling op de bezichtiging van de kelder ook historische gereedschappen en foto's. Dona Antónia, ook wel Ferreirinha (kleine Ferreira) genoemd, was in de 19e eeuw de eerste vrouw die de leiding van een portwijnonderneming op zich nam, wat destijds een sensatie was. Ze was precies 1,40 m lang en wordt op schilderijen alleen zittend weergegeven.

Als de artistieke vormgeving van de flessen u interesseert, kijk dan ook bij **Ramos Pinto** (Avenida Ramos Pinto 400, tel. 223 70 70 00, www.ramospinto.pt, mei-okt ma.-vr. 10-18, apr. ma.-vr. 9-17 uur). Dit bedrijf heeft een museum ingericht voor zijn etiketten, reclameborden en jugendstilaffiches. Voor alle bezichtigingen van de koele kelders geldt dat u ook in de zomer het best een pullover mee kunt nemen.

jaren een **kabelbaan** in 5 minuten omhoog (vertrek tegenover de markthal, dag. 10-18, 's zomers tot 20 uur, € 5).

Informatie
Turismo: Avenida Diogo Leite 135, tel. 223 75 82 88, 's zomers dag. 10-20, anders ma.-za. 9-18 uur.

Eten en drinken
Aan de weg langs de oever staan tal van restaurants, met aan het eind het onlangs geopende restaurantcomplex **Cais de Gaia**.

Winkelen
Warenhuis – **El Corte Inglés:** Avenida da República (metro João de Deus). Consumptietempel van de Spaanse warenhuisketen. Interessant is een luchtfoto van Vila Nova de Gaia die voor de ingang in de plaveisel is aangebracht.

Evenementen
Marés Vivas: juli. Rockfestival van drie dagen met Portugese en internationaal bekende bands aan het strand van Cabelelo.

Espinho ▶ C 4

Prachtige stranden met goed zeewater voor zwemmers en surfers, het oudste casino van Portugal, een druk uitgaansleven, populaire visrestaurants en uitstekende verkeersverbindingen maken **Espinho** 2 , ongeveer 20 km ten zuiden van Porto, tot de badplaats die bij de inwoners van Porto het geliefdst is. Het vissersdorpje veranderde sterk door de aanleg van een spoorlijn in 1867. Er waren toen wel dertien illegale casino's, waar ook respectabele burgers uit de grote stad hun geluk zochten. Daarop werden er straten in een rechthoekig patroon aangelegd, zonder namen, maar met nummers.

Bezienswaardig
Bijzonder mooi is het **voetgangersgebied** van Rua 19, met oude cafés en winkels, waaronder Alves Ribeiro op nr. 294, een winkel met koloniale waar. Aan oude tijden herinnert ook de vissers die op onregelmatige tijden op de zuidelijke **Praia dos Pescadores** met een tractor hun netten uit zee trekken; dat werk werd vroeger gedaan met ossen. Het **stadsmuseum** in een voormalige conservenfabriek aan de zuidkant van de stad toont deze vismethode en de verwerking van de gevangen vis (di.-vr. 10-17, za. 11-13.30, 14.30-18 uur, € 1,20).

Strandpromenade
Bij de stranden met fijn zand worden 's zomers strandstoelen en hutten verhuurd. Langs de autovrije strandpromenade loopt een **fietspad**. Door de duinen loopt een 15 km lange **wandelroute**, deels over houten vlonders, naar de stranden van Vila Nova de Gaia. Na een winterstorm is vaak een deel van het pad verstoord door verwaaiend zand.

Informatie
Turismo: Avenida 8, Centro Comercial Solverde II, tel. 224 90 13 16, dag. 9-13, 14-18 uur.

Accommodatie
Aan zee – **Solverde:** São Félix da Marinha (3 km noordelijker), Avenida da Liberdade, tel. 227 33 80 30, www.solverdehotel.com. Aan de buitenkant oogt het vrijstaande betonnen gebouw weinig aanlokkelijk, maar de 166 ruime kamers kunnen bijna luxueus genoemd worden. 2 pk met zicht op zee € 103-225, met zicht op de weg ca. € 25 goedkoper.

In een woonsituatie – **Aparthotel Solverde:** Rua 21, nr. 77, tel. 227 33 80 00, www.solverde.pt. Studio's en appartementen in een flat in het casinocomplex, deels met zeezicht. Studio voor 1-2 personen € 48-99 zonder ontbijt.

Gastvrij – **Espinho Guesthouse:** Rua 29, nr. 71, tel. 224 96 57 48, www.espinhoguesthouse.com. Twee moderne kamers (2 pk € 50-80) en drie slaapzalen (bed € 8-20).

Eten en drinken
Aan de kustpromenade Rua 2 staat een hele rij restaurants die gerechten met verse vis en zeevruchten als specialiteit hebben. Aanraders zijn **Marisqueira Golfinho**

Port: een zoete wijn verovert de wereld

In 1678 begon de triomfantelijke opmars van de port. De Franse Zonnekoning Lodewijk XIV had zojuist een invoerheffing op Engelse waar afgekondigd, waarop de Engelsen reageerden met een invoerverbod op Franse wijn. Nu moesten voor de Engelse consumenten snel nieuwe bronnen van alcoholische drank worden aangeboord.

Die werden door Engelse handelsreizigers gevonden in de kloosters rond het Noord-Portugese Lamego, waar al sinds de 12e eeuw wijn werd geproduceerd. Engeland stimuleerde de import van wijn uit Portugal door een zeer lage invoerheffing in te stellen. Bij het vervoer over zee boette de goede wijn echter sterk aan kwaliteit in of werd zelfs ondrinkbaar. Men zocht een oplossing door wat brandewijn met een hoog alcoholpercentage bij te mengen om het gistingsproces stop te zetten. Het totale alcoholpercentage steeg daardoor naar ongeveer 20 % en de restsuiker in de most gaf de zoete smaak. Om vervalsingen, prijsdalingen en overproductie tegen te gaan werd het Dourodal in 1756 aangewezen als een begrensd wijnbouwgebied voor port. Zoiets gebeurde wereldwijd voor het eerst en ook 99 jaar voordat de regio voor bordeaux werd afgekondigd. De steile hellingen aan de rivier zijn in terrasvorm bebouwd, de wortels van de wijnranken dringen tot wel 12 m diep door in de bodem met leisteen, die overdag de zonnewarmte opslaat en 's nachts aan de wijnranken afgeeft. De kwaliteit van de druiven en de menging, en de methode en de duur van het bewaren zijn bepalend voor de kwaliteit van de wijn.

Eenvoudig zijn de witte port, die gekoeld als aperitief wordt gedronken, en de rode soorten port 'tawny' en 'ruby'. Deze rijpen gemiddeld drie jaar in de wijnkelder. Een ruby wordt bewaard in grote vaten met een inhoud van wel 100.000 l, waardoor de wijn nauwelijks kan oxideren. Hij behoudt zijn robijnrode (Engels: *ruby*) kleur, is fruitig-fris van smaak en past goed bij kaas. Als de fles eenmaal geopend is, dient hij vrij snel gedronken te worden. Een tawny wordt bewaard in kleine houten vaten en krijgt daardoor een roodbruine (Engels: *tawny*) kleur. Hij past goed bij chocolade en gebak. Naast de eenvoudige tawny worden er ook hoogwaardige oude tawny's geproduceerd met een rijpingsperiode van 10, 20, 30 of 40 jaar. Deze leeftijdaanduiding verwijst naar de gemiddelde bewaartijd van de bijgemengde wijn in het vat. Als de fles eenmaal geopend is, verliest de port na twee maanden nog niets van de smaak.

Er zijn ook flessen waarop een enkel jaartal staat vermeld, bijvoorbeeld 1970. Dan gaat het om een port die is vervaardigd van druiven van één, zeer goed oogstjaar. De wijn rijpt in een periode van 24 tot 35 maanden in een vat en ontwikkelt daarna zijn aroma verder in de fles. Wijnkenners drinken deze wijn daarom op z'n vroegst na 12 tot 15 jaar. De wijn moet gedecanteerd worden en na het openen van de fles heeft hij niet langer dan 24 uur zijn optimale smaak. Om dit nadeel te vermijden vonden de portproducenten de 'Late Bottled Vintage' (LBV) uit. Dat is ook port van druiven van één goed oogstjaar, maar deze rijpt 4 tot 6 jaar in het vat en wordt voor het bottelen eerst gefilterd, zodat het karakter van de wijn niet meer verandert.

op nr. 663 met een terras (hapjes vanaf € 3, hoofdgerecht vanaf € 10) en het wat goedkopere **Marisqueira Espinhomar 1** op nr. 799.

Uitgaan

Voor gelukzoekers – **Casino:** Rua 19, nr. 85. zo.-do. 15-3, vr.-za. 16-4 uur. Naast gokspelen ook veel concerten en shows.

Actief

Zwemmen – Het populairst van de acht stranden is **Praia Pop** tussen Rua 7 en 9; rustiger zijn de zuidelijke stranden **Silvade** en **Paramos**.

Surfen – **Surf Atitude:** mei-sept. Praia das Sereias, anders Praia da Baía, mob. 916 01 43 45, www.surfatitude.com.

Wandelen – Wandelroute van 15 km aan zee in de richting van Vila Nova de Gaia.

Evenementen

Festival Internacional de Música: 4 weken in juli. Festival waarin moderne klassieke muziek centraal staat.

Festas da Nossa Senhora d'Ajuda: 3e weekend van sept. Stadsfeest ter ere van de beschermheilige met processies, bloementapijten, straatkunstenaars, concerten en een groot vuurwerk.

Vervoer

Trein: Avenida 8, tel. 227 32 12 19. Ongeveer elke 30 minuten naar Porto, vaak naar Aveiro.

Santa Maria da Feira ▶ C 4

Het stadje **Santa Maria da Feira** 3 met 12.000 inwoners, bijna 20 km ten zuidoosten van Porto, ligt aan de snelweg A 1. Hier komen het verleden en het heden samen, met zowel historische gebouwen als een modern beurscentrum, en zowel het historische papiermuseum als het modernste wetenschapsmuseum van Portugal. In 2006 kreeg de stad een bittere tegenslag te verwerken. Precies tien jaar en een maand na de opening van een fabriek die de grootste werkgever in de regio was, werd deze gesloten. De eigenaar, een Duitse schoenenfabrikant, besloot de fabriek naar Oost-Europa te verplaatsen vanwege de lagere kosten aldaar en stimulerende subsidies. De datum was geen toeval, want de onderneming had naast financiële steun het fabriekssterrein gratis van de gemeente gekregen – op voorwaarde dat hier minstens tien jaar zou worden geproduceerd.

Bezienswaardig in het centrum

Tussen de **Igreja da Misericórdia** (17e eeuw) aan de noordrand van de oude stad en de zuidelijker gelegen, met blauwe tegels beklede **parochiekerk** en het klooster Lóios (16e eeuw) liggen talloze keurige straatjes. Het klooster herbergt het **Museu Convento dos Lóios**, dat niet alleen archeologische vondsten toont, maar ook een beeld geeft van de volksgebruiken (mei-sept. di.-zo. 9-18, anders di.-vr. 9-17 uur, za.-zo. 14.30-17.30 uur, € 2).

Boven alles uit torent een monumentale vesting, waarvan de oorsprong helemaal teruggaat tot eind 9e eeuw. Sinds 1117 werd voor de poorten een belangrijke markt (Portugees: *feira*) gehouden, waaraan het stadje nu zijn naam dankt. Ook al zijn er nog enkele afzonderlijke delen van het kasteel uit die vroege tijd behouden gebleven, zijn huidige aanzien kreeg het **kasteel** vooral door latere uitbreidingen in de 15e eeuw. Helaas verwoestte een grote brand in 1722 een wachttoren en de woonvertrekken (di.-vr. 9.30-12.30, 13.30-18 uur, za.-zo. 10-12.30, 13.30-18.30, 's winters di.-zo. 9.30-12.30, 13-17 uur, € 3).

Visionarium

zo'n 4 km ten westen van het centrum, Rua Interior ao Europarque, ma.-vr. 9-18, za.-zo. 14-19 uur, € 6,50

Aan de rand van het beursterrein Europarque nabij de snelweg is het supermoderne Visionarium ingericht, dat de bezoekers onder het motto 'Waar het spel werkelijkheid is' uitnodigt tot een 'groot wetenschappelijk avontuur'. Met futuristische museumtechnieken en aan de hand van spannende en vermakelijke experimenten krijg je hier ook zonder diepgaande kennis van natuur- en scheikunde een beter inzicht in de ontwikkelingsgeschiedenis van de aarde en het zonnestelsel.

Van Porto zuidwaarts

Het uitgangspunt van het museum is, hoe kan het ook anders in Portugal, de odyssee van de Portugese ontdekkingsreizigers.

Museu do Papel Terras de Santa Maria

www.museudopapel.org, di.-vr. 9.30-17, za.-zo. 14.30-17.30 uur, € 3, individuele rondleiding € 3 extra

Dit onderhoudende papiermuseum in een voormalige fabriek vertelt alles over een tak van industrie die ook nu nog van grote betekenis voor Portugal is. Voor de bezoekers worden de oude machines nog eenmaal in gang gezet, en in een kuip mag de bezoeker ook zelf papier scheppen. Al met al is het museum zeker de rit erheen waard, ook al is die soms wat ingewikkeld. Het staat in de noordelijke buitenwijk Paços de Brandão, die is te bereiken via de afrit met die naam op de A 1.

Informatie

Turismo: Rua Dr. Roberto Alves 52, tel. 256 37 08 02, ma.-vr. 9-18, za. tot 17 uur.

Accommodatie

In een woonsituatie – **Dos Lóios:** Rua Dr. António C. Ferreira Soares 2, tel. 256 37 95 70, www.facebook.com/HoteldosLoios. Hotel met 32 ruime kamers in een woonblok. 2 pk ongeveer € 55.

Winkelen

Zoetigheden – **Casa das Fogaças:** Rua Dr. Roberto Alves 38-40. Traditionele banketbakkerszaak met regionale producten, waaronder ook de *fogaças* (zie hierna).

Knapperige kasteeltorens

Alomgewaardeerd en in de meeste banketbakkerijen in de regio verkrijgbaar zijn de **fogaças** uit Santa Maria da Feira – zoete broodjes van meel, suiker, boter, eieren, citroen en zout. Uit de ronde basisvorm steken vier torentjes omhoog, die de torens van het kasteel moeten voorstellen. Elk jaar wordt op 20 januari een feest ter ere van dit broodje gehouden.

Evenementen

Imaginarius: eind mei. Modern straattheaterfestival van hoge kwaliteit.
Viagem Medieval: variabele periode in de zomer. Middeleeuws feest waarbij men zich als ridders en jonkvrouwen verkleedt.

Vervoer

Trein: Vila da Feira. Regelmatig naar Espinho.
Bus: halte voor Hotel Nova Cruz in de Rua São Paulo da Cruz. Geregeld naar Arouca, Espinho en Porto.

Arouca ▶ D 4

Op enige afstand van de gebaande toeristische wegen was **Arouca** 4, ruim 35 km ten oosten van Santa Maria da Feira gelegen, tot voor kort vooral een centrum van de textielindustrie. Toen de belangrijkste fabrieken hun deuren moesten sluiten omdat de sector hard door de crisis werd getroffen, maakte de stedelijke overheid van de nood een deugd en zette des te sterker in op het natuurtoerisme. In de omliggende groene heuvels zijn nu tal van **wandelroutes** van verschillende lengte en moeilijkheidsgraad uitgestippeld. Een interessante toegift bij een bezoek aan deze streek is het vroeger zeer invloedrijke cisterciënzer klooster.

Ten zuidoosten van Arouca liggen de **traditionele dorpen** Janada, Regoufe, Drave en Covêla te midden van de ruige bergen. Ze zijn alleen over smalle weggetjes te bereiken. Hier kan de bezoeker nog een indruk krijgen van het leven van de Portugese bevolking op het platteland in de bloeitijd van de kloosters.

Cisterciënzer kloosters

kerk dag. 7.30-18, 's zomers tot 20 uur, gratis; museum di.-zo. 9.30-12, 14-17 uur, € 3

Aan het begin van de 13e eeuw was de bouw van het klooster een cadeau van koning Sancho I aan zijn dochter Mafalda. Daarna volgden talloze giften en donaties, die hier nu tentoon worden gesteld in een van de belangrijkste musea voor religieuze kunst op het Iberisch Schiereiland. Mafalda zelf werd in een kostbare sarcofaag bijgezet in de kloosterkerk

Van Porto noordwaarts

Kaart: zie blz. 268

Matosinhos ▶ B 3

Door de metrolijn lijkt het alsof het kuststadje **Matosinhos** 5 net buiten de stadsgrens van Porto door de metropool is ingelijfd. Matosinhos staat in de schaduw van de op een na grootste industriehaven van Portugal en een futuristische terminal voor cruiseschepen, die in de oceaan uitsteekt. Rond de markthal liggen mooie winkelstraten. De tascas en restaurants aan de centrale Avenida Serpa Pinto en nabij de haven zijn populair vanwege de verse en goedkope vis.

De nestor van de Portugese architectuur, **Álvaro Siza Vieira**, werd in de Rua Roberto Ivens geboren op nr. 582. Het woonhuis kan nu worden bezichtigd, evenals in twee omgangen het werk van de meester zelf en van zijn leerling Eduardo Souto de Moura (ma.-vr. 10-12.30, 14.30-18 uur, www.casadaarquitectura.pt).

Informatie
Turismo: Avenida General Norton de Matos (kustweg), Praia do Titan, tel. 229 38 64 23, ma. 13-19, di.-za. 9.30-19 uur.

Eten en drinken
Stijlvol vegetarisch – **Daterra:** Rua Afonso Cordeiro 71, tel. 229 37 08 53, zo.-avond gesl. Buffet met drie verschillende hoofdgerechten, daarbij vaak tofu en seitan. Exposities en kookcursussen. Lunch ca. € 7, diner € 8,50, in het weekend € 12.

Bij de haven – **Tito 1:** Rua Heróis de França 321, tel. 229 38 06 92, ma. gesl. De vis wordt op straat gegrild, en u kunt deze aan een tafeltje ernaast eten of anders in de eenvoudige eetruimte; ook eenpansgerechten met rijst. Hoofdgerecht vanaf € 8.

Actief
Zwemmen – Ondanks de nabijheid van een grote haven is het water bij het lange zandstrand schoon.

---

die later in de 17e en de 18e eeuw werd verbouwd. Indrukwekkend zijn verder de rijkelijk vergulde altaren, een barokorgel met 24 registers en 1352 pijpen en het meesterlijke houtsnijwerk van het koorgestoelte.

Geoparque
meestal di.-za. 10-17, zo. 14-17 uur, gratis
In het Geoparque bij Canelas, te bereiken via de EN 326-1, zijn interessante fossielen te ontdekken die uit de oertijd stammen. U kunt een toelichting krijgen van het parkbeheer en in een klein museum.

Informatie
Turismo: Rua Abel Botelho 4, tel. 256 94 02 58, ma.-vr. 9-12.30, 14-17.30 uur, za.-zo. 9.30-13, 14-17.30 uur.

Accommodatie
Symphatiek – **Quinta de Novais:** Santa Eulália (buiten de stad), tel. 256 94 01 00, www.quintadenovais.com. Landelijk hotel met 16 kamers en een grote tuin. 2 pk € 60-65.

Van Porto noordwaarts

Vila do Conde ▶ B 3

Over de vierbaansweg IC 1 bereikt u vanuit Porto na ongeveer 30 km **Vila do Conde** 6 met 25.000 inwoners. Dankzij talrijke historische bezienswaardigheden, een mooie ligging tussen de Rio Ave en de Atlantische Oceaan, en de culturele betrokkenheid van de gemeente heeft deze 'stad van de graaf' zich ontwikkeld tot een aantrekkelijke reisbestemming. Met de nieuwe vormgeving van de kustweg **Frente Atlântica** door Álvaro Siza Vieira is aan de Avenida Brasil een nieuwe attractie aan de waterkant gecreëerd. Hiervoor ligt de replica van een 15e-eeuws schip, die via het Scheepsbouwmuseum (zie hierna) kan worden bezichtigd. Het enige pijnpunt is de door industriële lozingen vervuilde zee. Zwemmen is hier dus helaas niet aan te raden.

Clarissenklooster

Vila do Conde wordt gedomineerd door een imposant clarissenklooster, dat na de bouw in 1318 bijdroeg aan de economische oploei van de stad. De nonnen ontpopten zich namelijk als gewiekste handelsvrouwen, die zelfs hun concurrenten in de stad een belasting oplegden. Bovendien waren ze vermaard om hun zoete gebak, dat de plaatselijke banketbakkers tot de dag van vandaag nog bakken volgens overgeleverd recept. Het kloostergebouw, dat langzamerhand in verval raakt terwijl er nog veel onduidelijk is over het gebruik ervan in de toekomst, kreeg zijn huidige vorm pas in de 18e eeuw. De bijbehorende eenbeukige **weerkerk** met de sarcofaag van de ordestichtster is daarentegen in oorspronkelijke staat bewaard gebleven en is voor publiek toegankelijk.

Bij de zachte verlichting in de avond komt het **aquaduct** met 999 bogen, dat het klooster vroeger van water voorzag, op z'n mooist uit. Het is 7 km lang en stamt uit het begin van de 18e eeuw.

In het centrum

Rond het stadhuis en de parochiekerk **Igreja Matriz** met een interessant museum voor religieuze kunst (dat desgewenst door de koster wordt geopend, gratis) vormen woonhuizen met versieringen in manuelstijl het historische centrum. Aan de granietstenen schandpaal (1582) dreigt een met een zwaard zwaaiende arm mogelijke wetsovertreders. De prachtige **paleizen** van de adel, die ooit naar deze welvarende stad trok, liggen verspreid over het hele gebied van Vila do Conde. Ook tal van kunstenaars en schrijvers namen hier in de 19e eeuw hun intrek, onder wie Antero de Quental, Camilo Castelo Branco, J.M. Eça de Queirós, José Régio en Sonia Delaunay.

Een merkwaardige indruk maakt de **Capela de Nossa Senhora do Socorro** boven de vissershaven, want met de ronde koepel lijkt het eerder een moskee dan een christelijke kerk. Voor hun vertrek kwamen vissers hier tot Maria bidden om een behouden terugkeer.

Scheepsbouwmuseum

Rua do Caís da Alfândega, di.-zo. 10-18 uur, € 1,07

Acht musea heeft de stad maar liefst. Opvallend is het Museu da Construção Naval em Madeira, ofwel 'museum voor de scheepsbouw met hout'. Het accent ligt op de presentatie van de ambachten die een rol speelden bij de constructie van schepen; verder zijn er zeekaarten en maquettes te zien. In het water voor het museum ligt de replica van een karveel die kan worden bezichtigd. Tegenwoordig ligt aan de overkant van de rivier nog altijd de grootste werf van Portugal voor schepen die volgens deze methode worden gebouwd.

Kantklosmuseum

Rua de São Bento 70, di.-zo. 10-18 uur, € 1,07

Het Museu das Rendas de Bilros is gewijd aan het ambacht dat in Vila do Conde een belangrijk centrum heeft gevonden. Naast oude gereedschappen is er een waardevolle collectie van regionaal en internationaal kantwerk dat is gehaakt of geklost te bewonderen.

Centro da Memória/ Museu da Vila

Rua 5 de Outubro, di.-zo. 10-18 uur, € 1,07

Om ruimte te bieden aan het Centro da Memória en het Museu da Vila is aan de

Omgeving van Porto

uitvalsweg richting Póvoa de Varzim een stadspaleis uit de 17e eeuw gerestaureerd en uitgebreid met een moderne aanbouw. Naast wisselende exposities ziet u hier een collectie historische voorwerpen die de stadsgeschiedenis illustreren.

Informatie
Turismo voor de regio: Rua Cais das Lavandeiras, z.n., tel. 252 24 84 45, dag. 9-18, 's zomers tot 19 uur.
Turismo voor de stad: Rua 25 de Abril 103, tel. 252 24 84 73, ma.-vr. 9-13, 14-18 uur. Met fietsverhuur.

Accommodatie
In de vesting – **Forte de São João Baptista:** Avenida Brasil, mob. 918 89 44 86, www.fortesaojoao.com.pt, 's winters gesl. Bijzonder hotel met 7 supermodern uitgeruste en elegante kamers in een 17e-eeuwse vesting. 2 pk ca. € 140.
Met traditie – **do**. **Brazão:** Avenida Dr. João Canavarro 14, tel. 252 64 20 16, www.hotel brazao.pt. Hotel met 26 gezellige kamers in een adellijk huis uit de 16e eeuw; achteraan echt rustig. 2 pk ca. € 56, juli-aug. ca € 82.

Eten en drinken
Instituut – **Caximar:** Avenida Brasil, 2 km noordelijker, tel. 252 64 24 92, ma. gesl. Uitstekende vis en zeevruchten vanaf € 12.
Authentiek – **O Cangalho:** Rua Cais das Lavandeiras 48, tel. 252 11 08 98, zo. gesl. Populair restaurant met verse vis en vlees van de grill. Hoofdgerecht vanaf € 12.
Voor voetbalfans – **Ramon:** Rua 5 de Outubro 176/8, tel. 252 63 13 34, di. gesl. Eenvoudige, maar smakelijke streekgerechten in een eetzaal die getooid is met alles wat met voetbal te maken heeft. Hoofdgerecht ca. € 16 voor 2 personen, een halve portie die genoeg is voor 1 persoon ca. € 10.
Thee en kamers – **Erva Doce:** Rua das Cais das Lavandeiras 39/40, tel. 224 07 87 65. Bij de, ook biologisch verbouwde, thee wordt in dit lichte en opgewekte etablissement zoet gebak aangeboden. Ook verhuur van kamers, en bedden op een slaapzaal.

Winkelen
Kantwerk – **Kantklosmuseum:** gehaakte en gekloste kleden die ter plekke zijn gemaakt (zie hiervoor).

Actief
Fietsen – **Biconde:** gratis fietsen te huur bij gemeentelijke verhuurstations na registratie bij een van de toeristenbureaus.

Evenementen
Festas de São João: 23-24 juni. Het feest gaat de hele nacht gewoon door. Naar oud gebruik verdrijft men de boze geesten door iemand niet al te hard met een plastic hamer op zijn/haar hoofd te slaan en met stinkende kruiden te bestrooien.
Kunstnijverheidsbeurs: eind juli-begin aug. Een van de grootste beurzen in Portugal.
Gastronomiebeurs: aug. Wordt in een van de weekenden gehouden

Vervoer
Metro: Largo Delfim Ferreira, ca. 1,3 km buiten de stad. Regelmatig naar Porto en Póvoa de Varzim.

Póvoa de Varzim ▶ B 3

Als een 'zee van welbehagen' prijst de kuststad van 30.000 inwoners zich in een prospectus aan. Overigens moet u zich bij deze term niet iets voorstellen van een romantische oase van rust, want **Póvoa de Varzim** 7 is juist de enige plaats in deze regio waar het massatoerisme overheerst. Dat heeft natuurlijk alles te maken met het bijna oneindig lang lijkende zandstrand met een promenade waarlangs vele flats staan en met het casino, dat in 1934 zijn deuren opende in een stijlvol classicistisch gebouw.

Bezienswaardig
Heel anders dan de flats en het casino is de oude **visserswijk** achter de haven. De smalle huisjes staan er dicht op elkaar, op het achterplaatsje werden de materialen voor het werk opgeslagen. De vissers sloten zich van de rest van de bevolking af, zelfs huwelijken werden

Van Porto noordwaarts

alleen toegestaan binnen de eigen groep. Een mooi beeld van dit leven van de vissersgemeenschap krijgt u aan de hand van oude foto's en kinderpoppen in het **Museu Municipal de Etnografia e História** (Rua Visconde de Azevedo, di.-zo. 10-12.30, 14.30-17.30 uur, € 1, do. gratis).

Iets zuidelijker stond aan de Praça do Almada het **geboortehuis** van de grootste Portugese schrijver van de 19e eeuw, **J.M. Eça de Queirós**. In die eeuw werden ook de huizen gebouwd de Rua da Junqueira, nu voetgangersgebied. Mooi zijn de smeedijzeren hekken voor de ramen op de bovenverdieping.

Informatie
Turismo: Praça Marquês de Pombal, tel. 252 29 81 20, ma.-vr. 9-13, 14-19, half juni-half sept. ma.-vr. 9-19, het hele jaar za.-zo. 9.30-13, 14.30-18 uur.

Accommodatie
Bijzondere ligging – **Grande Hotel da Póvoa:** Largo do Passeio Alegre 20, tel. 252 29 04 00, www.grandehoteldapovoa.com. Ketenhotel met 86 zeer moderne kamers in de middenklasse nabij het strand en naast het casino. 2 pk € 60-95.

Eten en drinken
Populair – **O Pátio:** Avenida Vasco da Gama, Edifício Rio, tel. 252 68 43 25. Restaurant met vis en zeevruchten als specialiteit, maar ook geitenvlees en eend met rijst. Hoofdgerecht vanaf € 9.

Streekgerechten – **O Firmino:** Rua Dr. Caetano de Oliveira 100, tel. 252 68 46 95, di. gesl. Eenvoudige gerechten zoals pens en bacalhau. Dagschotel vanaf € 5, anders hoofdgerecht vanaf € 9.

Uitgaan
Aan het strand – **Plastic:** Avenida dos Descobrimentos, Largo do Porto de Pesca, www.facebook.com/plasticdeluxe, vr.-za. 23-4 uur. Voor een vrij trendy jong publiek, met zo nu en dan concerten.

Voor wie van een gokje houdt – **Casino:** Avenida de Braga, zo.-do. 15-3, vr.-za. 16-4 uur.

Evenementen
Literaire week: half feb. Lezingen van nationale en internationale auteurs.
São Pedro: 28-29 juni. Folklore, muziek, processies, eten.
Festival Internacional de Música: juli. Concerten klassieke muziek in de hele stad.

Vervoer
Bus: Rua Dona Maria I, tel. 252 61 84 00, enkele keren per dag naar Braga, Guimarães en plaatsen in de omgeving.
Metro: Rua Almirante Reis, regelmatig naar Porto.

Aver-o-Mar en Aguçadouro ▶ B 3

Iets ten noorden van Póvoa de Varzim liggen de twee kustplaatsjes Aver-o-Mar en Aguçadouro. Op het strand verzamelen groepen mannen en vrouwen het aangespoelde zeewier en spreiden het uit om te drogen. Daarna wordt het zeewier in Afrikaans aandoende hutten opgeslagen om later te worden uitgestrooid over de velden die tot aan de zee doorlopen – het is een mestmethode die langs de hele kust van Noord-Portugal voorkomt.

Rates ▶ B 3

Ongeveer 7 km landinwaarts staat in Rates aan de N 205 de rijkelijk versierde romaanse **kerk São Pedro**, een echt juweel van romaanse architectuur met een imposant hoofdportaal. Het traditioneel met een kruis uitgebeelde Lam Gods siert het zuidportaal. Dit godshuis werd eind 12e eeuw door Bourgondische bouwmeesters neergezet op de plaats waar de heilige Pedro, die door de apostel Jakobus de Meerdere naar Lusitania was gezonden, tijdens een preek werd gedood door Romeinse soldaten (geen vaste openingstijden, meestal 9-17 uur, gratis).

Van de nabije, 202 m hoge **Monte São Felix**, met oude windmolens, een godshuis en een monument voor Portugese emigranten, kunt u genieten van een weids uitzicht.

Hoofdstuk 5

Het groene noorden

Nergens is het landschap van Portugal zo gevarieerd als in de noordelijke provincies Minho en Trás-os-Montes. De eindeloze stranden, bosrijke gebergten en historische steden vormen samen een harmonieus geheel. In het westen is de Atlantische Oceaan een natuurlijke grens, in het zuiden de Douro. Aan het noorden en het oosten grenst het tegenwoordig vriendelijk gezinde Spanje.

De betrekkingen waren overigens niet altijd vriendschappelijk, en daarom worden veel steden in het noorden van Portugal gedomineerd door middeleeuwse kastelen. Van deze steden verdient Guimarães bijzondere aandacht, want het werd in 1139 de eerste hoofdstad van Portugal. De opmerkelijke kerken verspreid over de hele regio met Braga als centrum gaan terug tot de vroegchristelijke tijd.

Ontspanning aan zee is ruimschoots te vinden aan schone zandstranden, die slechts een enkele keer worden onderbroken door rotsige baaien. Terwijl het gebied nabij de kust rond de rivieren Ave en Cávado in het teken staat van de moderne industrie, zijn landinwaarts vrijwel vergeten werelden te ontdekken, waar nog heel wat boeren zijn die hun land bewerken met behulp van ossen.

Het berglandschap, dat in het nationaal park Peneda-Gerês een hoogte bereikte van meer dan 1500 m, is voor een groot deel ongerept. Een paradijs voor wandelaars. Wijnkenners zullen zich in de zevende hemel wanen in Minho met zijn sprankelende vinho verde – en natuurlijk in het Dourodal, waar de druiven voor de port groeien.

In de wijngaarden van het Dourodal nabij Pinhão

In een oogopslag: het groene noorden

Bezienswaardig

 Guimarães: pittoreske straatjes, romantische pleinen, majestueuze gebouwen – de bakermat van Portugal heeft zijn middeleeuwse sfeer behouden (zie blz. 277).

 Parque Nacional Peneda-Gerês: het enige nationaal park van Portugal is een paradijs voor natuurvrienden en bergwandelaars (zie blz. 309).

 Dourodal: de rivier doorklieft de steile berghellingen van het UNESCO-Werelderfgoed waar de zware druiven van de port groeien (zie blz. 316).

Fraaie routes

Door het dal van de Rio Lima: de rit voert langs steden van de manuelstijl en de renaissance, langs romaanse kapellen, door groene landschappen en over de Route van de Vinho Verde. Van Viana do Castelo gaat de rit verder over de N 202 via Ponte de Lima naar Ponte da Barca (zie blz. 299).

In het Dourodal: de rit van Amarante over de N 101 naar Peso da Régua, over de N 222 naar Pinhão en via Sabrosa over de N 323 naar Vila Real met een uitstapje naar Lamego geeft een indruk van het echte Portugal (zie blz. 316).

Naar Trás-os-Montes: de snelste route naar het afgelegen noordoosten en de steden Chaves (zie blz. 330), Bragança (zie blz. 328) en Miranda do Douro (zie blz. 327) en naar de rotstekeningen van Foz Côa (zie blz. 326) gaat over de snelweg A 4 via Vila Real. Daarbij is een omweg door het Dourodal zeker aan te bevelen.

Tips

Noord-Portugese stranden: rustiger stranden dan in Algarve zijn te vinden bij Apúlia, Ofir, Moledo en Viana do Castelo (zie blz. 291).

Palácio de Brejoeira: een particulier wijnchateau bij Monção dat kan worden bezichtigd. Ook de vinho verde van eigen huis is fantastisch (zie blz. 308).

Rotstekeningen uit de steentijd: de archeologische vondsten bij Vila Nova de Foz Côa zijn te zien op vrijstaande leisteenrotsen en zijn wel dertigduizend jaar oud (zie blz. 326).

Solar Bragançano: een stadspaleis in Bragança laat fijnproevers kennismaken met een verfijnde landelijke keuken (zie blz. 329).

Hoog boven Viana – Wandelen over de waterleiding: deze buitengewone wandeltocht in de bergen boven de zee volgt deels de historische waterleiding die tot op heden in gebruik is (zie blz. 300).

Over het pelgrimspad naar Ponte de Lima: zelfs een halve dag over deze route geeft al het gevoel dat bij een bedevaart hoort. Eventueel is verlenging van de route mogelijk (zie blz. 304).

Nationaal park Peneda-Gerês – Wandelen over weidepaden: soms wordt het wat steil tussen de aardbeibomen en Pyreneeëneiken, totdat het hoogplateau tussen de puntige granietrotsen wordt bereikt (zie blz. 314).

Met de stoomtrein door het Dourodal: de loc Henschel 0186 trekt vijf historische wagons door het dal, onder begeleiding van volksmuziek en port (zie blz. 322).

Het midden van Minho

De stedelijke driehoek Guimarães, Braga en Barcelos vormt het geografische middelpunt van Minho en tegelijk ook het historische hart van Portugal. In Guimarães werd het Portugese koninkrijk opgericht, Braga was de eerste bisschopsstad en Barcelos is befaamd om een van de oudste en grootste weekmarkten van het land.

Natuurlijk worden bezoekers van een regio die zoveel Portugese geschiedenis ademt ook aangetrokken door de interessante oude bouwwerken, met vroege Keltische nederzettingen, resten van Romeinse legerplaatsen, christelijke kastelen, middeleeuwse straatjes, adellijke stadspaleizen en katholieke godshuizen. Ook nu nog wordt het leven van veel bewoners ge-

De middeleeuwse charme van de Praça São Tiago in Guimarães werkt uitnodigend

Guimarães

kenmerkt door een diepe religiositeit, die zich uit in de vele kerkelijke feesten, processies en bedevaartplaatsen. Braga beschouwt zichzelf als de religieuze hoofdstad van Portugal.

Dankzij de uitstraling van de invloedrijke universiteit van Braga en de vestigingen van moderne industrieën in de omgeving, onder meer van grote multinationals, richten de steden zich echter inmiddels met een jeugdige vitaliteit ook meer op het heden. Aan dit bruisende levensgevoel draagt ongetwijfeld de sprankelende vinho verde uit de regio bij, evenals de regionale keuken, die in het hele land in hoog aanzien staat.

Het landschap rond de steden is weinig opwindend door de lukrake bebouwing. Alleen aan de oostrand van Braga en Guimarães nodigen beboste heuvels uit tot een wandeling met een weids uitzicht. Maar als u een tocht wilt ondernemen naar Porto of de nabije Atlantische Oceaan, dan is een uitstapje in dit hart van Minho zeker een aanrader. Dat wordt vergemakkelijkt dankzij de uitstekende verbindingen over spoorlijnen en wegen.

Vila Nova da Famalicão ▶ C 3

Ongeveer 30 km ten noorden van Porto buigt de snelweg A 7 af in de richting van Guimarães. Op dit punt kunt u even een kijkje nemen in het **textielmuseum** in Vila Nova da Famalicão. In de huidige tijd van crisis in de textiel is er zeker een museum nodig dat herinnert aan de oude glorietijd van de Noord-Portugese textielindustrie. In oude fabriekshallen geven weefstoelen, spinmachines, tal van documenten en foto's een uitgebreid beeld van sociale geschiedenis rond de textiel (Rua José Casimira da Silva, di.-vr. 10-17.30, za.-zo. 14.30-17.30 uur, gratis).

★ Guimarães ▶ C 3

Kaart: zie blz. 279

Smalle straatjes en door middeleeuwse huizen omzoomde pleinen bepalen het beeld van de charmante stadskern. Een paar honderd meter oostelijker verheft zich het oude kasteel, met op de achtergrond de donkergroene heuvels van Penha. Aan de stadsmuur valt in grote letters te lezen: *aqui nasceu Portugal* (hier werd Portugal geboren). De bijna 60.000 inwoners van Guimarães zijn onmiskenbaar trots op deze grote gebeurtenis in de stadsgeschiedenis in 1139, toen het nieuwe koninkrijk werd uitgeroepen met Guimarães als hoofdstad. De nabijgelegen ruïnes van versterkte nederzettingen van de Kelten wijzen er overigens op dat de streek al veel eerder werd bewoond. In de 10e eeuw liet gravin Mumadona uit het koningshuis León een klooster en een kasteel bouwen om bescher-

ming te bieden aan de vele mensen die zich hier vestigden. De nederzetting won snel aan betekenis en werd ruim honderd jaar later door Dom Henrique, graaf van Portucale, als residentie gekozen. Zijn zoon Afonso Henriques versloeg een Galicisch leger in de Slag bij São Mamede in 1128. Pikant detail was dat hij daarmee tegen zijn eigen moeder streed, die het graafschap Portucale bij Galicië wilde inlijven. Toen hij in 1139 ook nog het Moorse leger een vernietigende nederlaag toebracht, was de weg vrij voor de oprichting van een zelfstandig koninkrijk.

Wandeling door de stad

Alle bezienswaardigheden zijn gemakkelijk te voet te bereiken. Een goed uitgangspunt kan het kasteel uit de 10e eeuw zijn. Aan de voet hiervan zijn goede parkeermogelijkheden.

Castelo en Igreja de São Miguel
dag. 9-18 uur, toren tijdelijk gesl., gratis
Het **Castelo** 1, de belangrijkste romaanse vesting van Portugal, verheft zich met acht zware wachttorens boven de stad. Oorspronkelijk werd het kasteel door gravin Mu-

Guimarães

Bezienswaardig
1. Castelo
2. Igreja de São Miguel
3. Paço Ducal
4. Oude stadhuis
5. Igreja Nossa Senhora da Oliveira/Museu Alberto Sampaio
6. Museu Arqueológico Martins Sarmento
7. Plataforma das Artes e da Criatividade
8. Palácio de Vila Flor
9. Tanques dos Couros
10. Igreja São Francisco
11. Igreja São Gualtar

Accommodatie
1. Pousada de Santa Marinha
2. Casa de Sezim
3. Casa do Arco
4. Toural
5. Prime Hostel

Eten en drinken
1. Solar do Arco
2. Etc
3. Nora do Zé da Curva
4. Adega dos Caquinhos
5. Cor de Tangerina

Winkelen
1. Loja da Oficina
2. Mercado Municipal Nova

Uitgaan
1. Espaço B

Actief
1. Centro Equestre
2. Fietsverhuur GetGreen

---

madona gebouwd om de eerste christelijke gemeenschap bescherming te bieden tegen aanvallen van zowel Moren en als Noormannen. Daarna is het tot aan de 15e eeuw herhaaldelijk versterkt. De van kantelen voorziene muren en de 27 m hoge burchttoren zijn voor publiek toegankelijk.

Volgens de overlevering werd de eerste Portugese koning, Afonso Henriques, in dit kasteel geboren en werd hij gedoopt in de naburige romaanse **Igreja de São Miguel** 2 (12e eeuw). Enkele getrouwen zouden onder de grafplaten in het kerkje liggen.

Paço Ducal 3
dag. 9-18 uur, € 5

Het oog valt meteen op de 39 zonderlinge schoorstenen die de steile daken van het Paço Ducal, ofwel hertogelijk paleis, sieren. Het werd in de periode 1420-1442 gebouwd door de buitenechtelijke zoon van koning João I, die later hertog van Bragança werd, en is met zijn mengeling van bouwkundige stijlen een unicum op het Iberisch Schiereiland. De ruime zalen met fraaie plafonds van donker hout zijn ingericht met een overdadige pracht. De Vlaamse wandtapijten tonen motieven uit de Romeinse oudheid die zijn gebaseerd op ontwerpen van Peter Paul Rubens. De door de Portugese renaissanceschilder Nuno Gonçalves ontworpen wandtapijten tonen de veldtochten in Noord-Afrika van de opdrachtgever. Verder zijn er waardevolle meubelstukken, porseleinen vazen uit Delft en China en een collectie historische wapens te bewonderen.

Van de burchtheuvel naar de Praça São Tiago

Al in de vroege jaren van gravin Mumadona leidde de smalle **Rua de Santa Maria** van de burchtheuvel naar de lagergelegen wijk. Het door imposante granietstenen huizen omringde plein wordt voor het eerst in de 12e eeuw officieel vermeld. In een huisnis iets ten noorden van het kloostergebouw van Santa Clara, waar nu de burgemeester resideert, valt een volks huisaltaar op. In 1727 liet een christelijke broederschap zeven kruiswegstaties langs de openbare wegen oprichten. Vijf van deze over de stad verspreide **kapellen van het lijden van Christus** worden nu nog steeds gebruikt om te bidden.

Het straatje loopt langs de **Casa dos Arcos** met een eigen boogpoort op de centrale Praça São Tiago (ofwel Santiago). Omringd door granietstenen paleizen en woonhuizen die met kleurige balkons zijn getooid, ademt het plein een middeleeuwse charme. Diverse caféterrassen en restaurants nodigen uit

Nieuw leven in oude gebouwen

De verbouwing van historische bouwwerken kent al een lange traditie in Portugal. Zo kregen gotische kerken in de 18e eeuw een aankleding in barokstijl en werden in de 19e eeuw buiten gebruik gestelde kloosters verbouwd tot kazerne, ziekenhuis, station, fabriek of brouwerij.

Sinds de jaren 80 zien Portugese architecten het bouwkundige erfgoed als een uitdaging en proberen ze met een eigentijds antwoord te komen op het thema van bescherming van monumenten. Ze zien het aanwezige gebouw als ruw materiaal voor de nieuwe vormgeving van een bouwwerk en contrasteren oude en nieuwe materialen om ze uiteindelijk tot een harmonisch, eigentijds geheel samen te smelten. Door de creatieve verbouwing van de kloosterruïnes tot hotels en musea verliezen de historische gebouwen hun onaantastbaarheid en staan ze open voor cultureel toerisme. Het oude gebouw wordt nieuw leven ingeblazen.

Als een mijlpaal in de architectuur geldt de in 1988 voltooide verbouwing van het klooster São Gonçalo in **Amarante**. Terwijl het aanzicht van buiten grotendeels behouden bleef, plaatste de architect Alcino Soutinho tussen de twee kruisgangen een moderne vleugel. Het sobere concept van de nieuwbouw accentueert de waardigheid van het historische deel, waarin nu de stadsbibliotheek en een modern kunstmuseum hun intrek hebben genomen (zie blz. 318). Ongeveer in dezelfde periode ging de oprichter van de architectuurschool van Porto, Fernando Távora, van een ander idee uit bij de verbouwing van het augustijnenklooster Santa Marinha da Costa nabij **Guimarães** tot een pousada (zie foto boven en blz. 282). Van ver is al duidelijk te zien hoe de roestrode metalen gevel van de moderne vleugel met kamers tegen het oude gebouw leunt. Stijlverschillen worden niet verbloemd, maar op bijna provocerende wijze benadrukt. Desondanks of juist daardoor krijgt het geheel een contemplatieve uitstraling, die wordt versterkt door de klank van Gregoriaans gezang in de kruisgang van het vroegere klooster.

Nog een stap verder ging Távora's leerling Eduardo Souto de Moura bij het ontwerp voor de pousada Santa Maria do Bouro (1989-1997) in de ruïne van het cisterciënzer klooster van **Terras do Bouro** uit de 12e eeuw. Op het eerste gezicht lijkt het bij de zware muren uit granietsteen om een eenvoudige restauratie van een oud bouwwerk te gaan. Maar in werkelijkheid schiep de Noord-Portugese architect een nieuw gebouwd hotel, waarvoor hij de resten van het oude klooster als bouwmateriaal gebruikte en die vernuftig combineerde met moderne materialen en designelementen, zoals plafonds van rood metaal en vensters zonder kozijnen. De eetzaal is ondergebracht in de oude kloosterkeuken, waarbij het ontbijtbuffet nu wordt geserveerd op een oorspronkelijke meterslange tafel uit zwaar graniet. Behouden zijn ook de irrigatiekanalen in de kruisgang en de kloostertuin, waar nu weer langvergeten sinaasappelsoorten groeien. Het contrast tussen het meditatieve kloosterleven aan de ene kant en het luxueuze hotelverblijf aan de andere kant wordt afgedekt door een behendige inzet van rijen bomen en een waterreservoir. Ze camoufleren keurig de begraafplaats van het klooster en het zwembad (voor verdere informatie zie blz. 78).

om even te gaan zitten. Volgens de legende bracht de apostel Jakobus de Meerdere (Portugees: São Tiago) ooit een beeld van Maria naar Guimarães en zette hij dat neer in een heidense tempel op dit plein.

De arcaden van het **oude stadhuis** 4 omsluiten het plein aan de zuidkant. Het wat plompe bouwwerk uit de 14e eeuw werd drie eeuwen later verbouwd. Interessant zijn een uitvoerig beschilderd houten plafond in het interieur en aan de buitenkant de vensters in renaissancestijl.

Largo da Oliveira

Net zo mooi als de Largo da Oliveira in het midden van het oude stadsdeel is zijn ontstaanslegende. In de 7e eeuw werd de hier woonachtige edelman Wamba tot koning van de West-Goten uitgeroepen. Hij bleef echter liever actief als boer en had weinig zin om te regeren. Daarom stak hij een olijftak (*oliveira* betekent 'olijfboom') in de vruchtbare aarde en verklaarde het ambt pas te zullen aanvaarden als de loot was uitgelopen. Tot verdriet van Wamba gebeurde dat ogenblikkelijk.

Igreja Nossa Senhora da Oliveira 5

Largo da Oliveira, kerk ma.-za. 8.30-12, 15.30-19.30, zo. 9-13, 17-20 uur, gratis; museum di.-zo. 9.30-18, juli-aug. ook wo.-za. 20.30-23 uur, € 3

Het plein wordt gedomineerd door een gotische zuilengang ter herinnering aan een in 1340 gewonnen veldslag tegen Moorse legers en door de hoofdkerk, de Igreja Nossa Senhora da Oliveira, die werd gebouwd als dank voor de overwinning in de Slag bij Aljubarrota in 1385 tegen Castilië. Een romaans kerkje moest het veld ruimen voor dit nieuwe godshuis, dat daarna nog herhaaldelijk werd verbouwd. Het gotische westportaal is daarbij intact gebleven. De toren dateert van 1523, de hoofdkapel en het hoofdaltaar stammen uit de late 17e en de 18e eeuw.

Interessant zijn de kruisgang die asymmetrisch is aangelegd, wat ongebruikelijk is, en de kloostervertrekken van de Oliveira-kerk, waarin nu het **Museu Alberto Sampaio** is gehuisvest. U ziet hier beeldhouwkunst van de middeleeuwen tot in de 18e eeuw, kostbaar goud- en zilversmeedwerk, waardevolle heiligenbeelden en grafmonumenten. Bijzondere aandacht wordt geschonken aan een nationale relikwie, de maliënkolder die João I beschermde in de Slag bij Aljubarrota. De toenmalige koning had een verrassend klein postuur.

Largo do Toural

Van de zuidwesthoek van het plein leidt de smalle, door oeroude huizen omzoomde Rua Egas Moniz naar de Largo do Toural. Tot 1791 werd op dit plein de stedelijke rundermarkt gehouden. Pas in de 18e eeuw werd het plein naar Lissabons voorbeeld omringd met representatieve gebouwen. Voor de belangrijke gebeurtenis in de recente stadsgeschiedenis, toen Guimarães in 2012 Culturele hoofdstad van Europa was, onderging het plein met de omringende huizen een uitgebreide renovatie.

Naar het Museu Arqueológico Martins Sarmento 6

Rua Paio Galvão, di.-zo. 9.30-12.30, 14.30-17.30, za.-zo. vanaf 10 uur, € 3

Zo'n 200 m verder van het centrum is in de galerij boven het voormalige dominicanenklooster het archeologisch museum ondergebracht met vondsten van de Keltische nederzettingen Briteiros en Sabroso.

Plataforma das Artes e da Criatividade 7

Avenida Conde de Margaride 175, di.-zo. 10-19 uur, € 4

Een fraai staaltje moderne Portugese architectuur, vormgegeven met goudkleurige kubussen, vult de historische markthal iets verder naar het noorden aan. U vindt hier het Plataforma das Artes e da Criatividade. Dit kunstplatform vormde het culturele middelpunt toen Guimarães Culturele hoofdstad van Europa was en kostte een slordige 13,6 miljoen euro. Het is gewijd aan de ook internationaal hoog aangeschreven kunstenaar José Guimarães. Verspreid over twee verdiepingen toont men zijn omvangrijke collectie regionale religieuze kunst en Afrikaanse en Zuid-Amerikaanse kunstnijverheid. Een fascinerend onderdeel is verder zaal 3, die 'Magie' wordt genoemd en waar tientallen maskers in een symmetrische ordening op lichte staanders van glas prijken. Ze vormen een opvallend contrast met het eigen werk van de kunstenaar, dat bestaat uit kleurrijke figuren en abstracte schilderingen. Op de begane grond worden bovendien wisselende exposities van eigentijdse Portugese kunst gehouden.

Paládo de Vila Flor en Tanques dos Couros

Alvorens terug te gaan naar het centrum kunt u even een mooi uitstapje maken naar het zuidelijk gelegen **Palácio de Vila Flor** 8 in de Avenida Dom Afonso Henriques. De gevels en de prachtige tuin van het cultureel centrum zijn in de oorspronkelijk staat behouden.

Meteen om de hoek zijn in de Rua dos Couros de **Tanques dos Couros** 9 vrij toegankelijk voor publiek. In deze watercontainers werden ooit dierenhuiden ontdaan van vlees en vet en ten slotte verwerkt tot leer. Daar was noeste arbeid voor nodig.

Igreja São Francisco en Igreja São Gualtar

Als u daarna over de Alameda São Dâmaso teruggaat, komt u langs de van oorsprong gotische **Igreja São Francisco** 10. Door talrijke verbouwingen is een merkwaardig gestructureerd godshuis ontstaan, met binnen een prachtig altaar, indrukwekkende azulejo-panelen en verguld houtnijwerk (di.-za. 9.30-12, 15-17 uur, zo. alleen 's ochtends, gratis).

Iets verderop wordt de aandacht getrokken door de **Igreja São Gualtar** 11 uit de 18e-19e eeuw met speelse witte torens en een bekleding met azulejo's (di.-za. 7.30-12, 15-17 uur, zo. alleen 's ochtends, gratis).

Informatie

Turismo de São Tiago: Praça de São Tiago, tel. 253 42 12 21, www.guimaraesturismo.com, juni-sept. ma.-vr. 9.30-19, anders tot 18, za. 10-13, 14-18, zo. 10-13 uur.

Accommodatie

Bekroond – **Pousada de Santa Marinha** 1 : Costa (3 km ten oosten van Guimarães), tel. 253 51 12 49, www.pousadas.pt. Deze pousada met 49 kamers won een Europese architectuurprijs voor de moderne uitbreiding van het oude kloostergebouw (zie blz. 280). Het stijlvolle café in de kruisgang ontvangt graag ook wie niet in de pousada logeert. 2 pk € 110-190.

Voor wijnliefhebbers – **Casa de Sezim** 2 : Santa Amaro (5 km zuidwestelijk), tel. 253 52 30 00, www.sezim.pt. Historisch landgoed met 9 luxueuze gastenkamers; met een eigen wijnkelder. 2 pk vanaf € 95.

Historisch – **Casa do Arco** 3 : Rua de Santa Maria 52, tel. tel. 938 40 78 98, www.casadoarcoguimaraes.com, juni-nov. In het middeleeuwse stadspaleis zijn slechts 2 kamers beschikbaar, met historisch meubilair. 2 pk ca. € 75.

Centraal – **Toural** 4 : Largo A. L. de Carvalho, tel. 253 51 71 84, www.hoteltoural.com. Hotel met 30 ruime kamers; die aan de voorkant kijken uit op de Praça do Toural. 2 pk vanaf € 75.

Sober – **Prime Hostel** 5 : Rua da Liberdade 42-44, mob. 910 09 34 67, www.hostelprimeguimaraes.com. Eenvoudige kamers in een pand uit de 17e eeuw. Bed in de slaapzaal vanaf € 16, 2 pk ca. € 39.

Eten en drinken

Gezellig – **Solar do Arco** 1 : Rua de Santa Maria 48, tel. 253 51 30 72, zo.-avond gesl. Smakelijke traditionele gerechten, ook zeevruchten. Hoofdgerecht vanaf € 10.

Populair – **Etc** 2 : Rua da Ramada 50, tel. 253 41 20 22. Een beetje verborgen en toch altijd vol. Men serveert vis en vlees van de houtskoolgrill (vanaf € 9) en 26 verschillende salades (€ 4-28).

Even zoeken – **Nora do Zé da Curva** 3 : Travessa Gil Vicente, tel. 253 41 44 57, zo.-avond gesl. Het restaurant is te bereiken via het winkelcentrum op Rua Santo António 117. Wisselende daggerechten (ca. € 9), maar steevast *bacalhau*.

Oeroud – **Adega dos Caquinhos** 4 : Travessa da Arrochela z.n., tel. 253 51 69 17,

zo. gesl. Dona Augusta bereidt stevige kost in de oeroude tasca. Hoofdgerecht ca. € 13 voor 2 personen.
Vegetarisch – **Cor de Tangerina** 5 **:** Largo Martins Sarmento 89, tel. 253 54 20 09, za.-avond en ma. gesl. Een coöperatie verkoopt hier fairtrade levensmiddelen en bereidt aan de hand van traditionele recepten heerlijke gerechten, die worden geserveerd in de knusse eetzaal of op het mooie zomerterras. Gerecht € 11-12.

Winkelen
Kunstnijverheid – **Loja da Oficina** 1 **:** Rua da Rainha 126. Regionale ambachtslieden verkopen hier hun fraaie producten.
Weekmarkt – **Mercado Municipal Nova** 2 **:** elke vrijdag.

Uitgaan
4 in 1 – **Espaço B** 1 **:** Alameda da Universidade, https://facebook.com/EspacoB, vr.-za. 22-2 uur. Alles in één: bar, café, discotheek, concertzaal. Trefpunt van studenten en jongeren.

Actief
Wandelen – Het toeristenbureau heeft folders beschikbaar over drie wandeltochten in de omgeving; meer plattegonden op de website van het toeristenbureau.
Paardrijden – **Centro Equestre** 1 **:** Quinta do Loureiro Velho, Fermentões (ca. 4 km noordelijk), mob. 932 02 02 00.
Fietsen – **GetGreen** 2 **:** verhuur bij de Plataforma das Artes, ook organisatie van fietstochten, www.getgreen.pt

Evenementen
Stadsfeest Gualterianas: 1e weekend van aug. Folklore, dierenmarkt, optochten en feestelijke verlichting van de stad.

Vervoer
Trein: Avenida Dom João IV. Bijna elk uur naar Porto (rechtstreeks) en Braga (met overstap).
Bus: Alameda Mariano Felgueiras, naast het winkelcentrum GuimarãeShopping. Geregeld naar Porto, Braga en Póvoa de Varzim.

Onderweg naar Braga

Van Guimarães naar Briteiros ▸ C 3

Zo'n 6 km ten noorden van Guimarães vindt u in het kuurplaatsje **Caldas das Taipas**, waarvan het zwavelhoudende water de Romeinen al verzachting bood, aan de grote weg N 101 naar Braga de smallere zijweg N 310. Deze gaat ook in de richting van Braga, maar voert eerst langs de Keltische nederzetting **Citânia dos Briteiros** uit de 8e eeuw v.Chr. Smalle straatjes lopen hier tussen ongeveer tweehonderd ruïnes van huizen, waarvan de muurrestanten tot 1 m hoog zijn. De loop van de weermuur werd aangehouden bij de reconstructie. Of de twee in de 19e eeuw weer opgebouwde rondhuizen overeenkomen met de originele, is nog maar zeer de vraag (apr.-sept. dag. 9-18, anders tot 17 uur, € 3). De naburige kleinere nederzetting in **Sabroso** is gratis toegankelijk.

Slechts een paar kilometer verder over de N 309 verwelkomt een reusachtig beeld van de paus voor de karakterloze bedevaartskerk **Nossa Senhora do Sameiro** elk jaar meer dan een half miljoen bedevaartgangers. Met de bouw werd in 1876 begonnen, nadat paus Pius IX een beeld van Maria van Sameiro had gezegend.

Bom Jesus do Monte ▸ C 3

dag. 8.30-18 uur, meestal met een middagpauze, gratis

Na hooguit 5 minuten rijden komt u bij de Bom Jesus do Monte. Deze bedevaartskerk is onbelangrijk in kunsthistorisch opzicht, maar te midden van groene bossen hebt u van het uitkijkplatform en een caféterras een weids uitzicht over het in een dal gelegen Braga. Los van de weg voert een pittoreske, dubbele trap met veertien kapellen met de staties van de kruisweg en een kabelbaan die werkt op waterballast. De bovenste wagon wordt gevuld met met 3500 l water, waarna het gewicht de onderste wagon omhoogtrekt.

Het pad naar de bedevaartskerk Bom Jesus do Monte is steil

Accommodatie

Elegant – **Hotel do Parque:** Monte de Bom Jesus, tel. 253 60 34 00, www.hoteisbomjesus.pt. Een paar van de ruime kamers hebben een klein balkon en uitzicht op Braga. 2 pk € 79-102.

Braga ▶ C 2/3

Kaart: zie blz. 287

Braga (ca. 112.000 inwoners) is het bestuurscentrum en de grootste stad van Minho. De studenten van de universiteit houden een bloeiende jongerencultuur in stand in de talrijke bars en discotheken. Aan de andere kant houdt de bestendige invloed van de katholieke kerk ook een actief religieus leven in stand. Braga gaat er dan ook prat op zowel de jongste stad van Europa te zijn als het christelijke middelpunt van Portugal.

Al in 27 v.Chr. maakten de Romeinen Bracara Augustus tot hoofdstad van de Romeinse provincie Gallaecia en werd het een belangrijke handelsplaats. In 409 maakten de Sueven de nederzetting tot hun religieus centrum. Na lange strijd namen de christelijke heroveraars in 1040 de stad definitief over van de Moren. Ze riepen Braga officieel uit tot koninklijke residentie en officieus tot het Portugese Rome. Daarna werden luisterrijke kerken en paleizen gebouwd die uiting gaven aan een nieuwe welvaart.

Wandeling door de stad

Bijna alle belangrijke historische gebouwen zijn te vinden in het oude stadsdeel tussen de stadspoort **Porta Nova** [1] in het westen en de grote Praça da República (zie blz. 285) in het oosten. De kathedraal is beslist een bezoek waard, en bij een wandeling door de straatjes kunt u heel wat moois ontdekken.

Museu dos Biscainhos [2]

Rua dos Biscainhos, di.-zo. 9.30-12.45, 14-17.30 uur, € 2

Een van de fraaie gebouwen in de stad is het adellijke paleis uit de 17e eeuw ten noorden van de stadspoort. Het werd nog tot

Braga

1963 door particuliere eigenaars bewoond, maar hun luxueuze bezit is nu voor publiek opengesteld. Een onverwachte oase van rust vindt u in de in barokstijl aangelegde tuin met een goed verzorgd bomenbestand.

Kathedraal 3

kerk dag. 8-19, 's winters tot 18.30 uur, middenschip gratis, koor en zijkapellen € 3; museum di.-zo. 9-12.30, 14-18.30 uur, 's winters tot 17.30 uur, € 2

In de 12e eeuw werd de eerste steen gelegd, maar de kathedraal kreeg pas zijn definitieve vorm in de 18e eeuw. In de tussentijd werd de kathedraal telkens weer uitgebreid en verbouwd, want de bisschoppen van Braga wensten een godshuis dat zich met de grootste kerken ter wereld kon meten. Het zuidportaal en het middenschip zijn romaans, het westportaal is gotisch, het koor en het altaar zijn in manuelstijl. Verder geven grote delen van het interieur en het tweedelige orgel een weelderige barokstijl te zien. De van oorsprong gotische kruisgang maakte ook plaats voor een in barokstijl.

Aansluitend zijn er de prachtige zijkapellen en het **kerkmuseum** met de domschat. In Portugese ogen verdient een ijzeren kruis bijzondere aandacht: Pedro Álvares Cabral droeg dit in 1500 toen hij Brazilië ontdekte. De eerste bisschop van Braga rust in de 13e-eeuwse Capela de São Geraldo die in de 18e eeuw werd versierd met verguld houtsnijwerk en azulejo's. In de Capela da Glória ligt een van zijn opvolgers, Gonçalves Pereira, in een rijkelijk versierde sarcofaag. De plafondfresco's zijn in Moorse stijl uitgevoerd, ook al voerde de bisschop ooit het christelijke leger aan tegen de Moorse strijdmacht. Alleen de koninklijke kapel, de Capela dos Reis, handhaaft een sobere uitstraling. Hier rusten Dona Teresa en Dom Henrique, de ouders van de eerste Portugese koning, in hun grafmonument.

Bijzondere aandacht verdient de zogende Maria aan de buitenmuur van het koor, die in de vorm van een beeld weinig voorkomt. Tussen de familiewapens van de koning en de aartsbisschop biedt Maria het kindje Jezus haar borst (Senhora do Leite). Het gaat hierbij overigens om een kopie, het origineel is te zien in het bijbehorende museum.

Rond de Rua do Souto

De autovrije Rua do Souto, ooit de pronkstraat van Braga, straalt een en al baroksfeer uit. Van de tijden van welvaart getuigen de huizen van twee verdiepingen met hun smeedijzeren balkonhekken. Het mooiste gebouw is het **aartsbisschoppelijk paleis** 4 (17e-18e eeuw). De paleisdelen aan de achterkant tegenover de Jardim de Santa Bárbara stammen uit de 14e en de 15e eeuw. Een met familiewapens getooide fontein (1723) siert het voorplein. Tegenwoordig telt de hele straat nog slechts twee (!) bewoners. Ook enkele winkels staan leeg. In diverse etalages zijn wel houtgesneden heiligenbeelden en huisaltaren te bewonderen. De religieuze kunstnijverheid van Braga wordt over de hele wereld verkocht.

Praça da República

De toegang tot het plein wordt bewaakt door de **Torre de Menagem** 5 , een overblijfsel van de middeleeuwse verdedigingswerken die begin 20e eeuw werden gesloopt. Het grote plein met veel groen vormt het hart van de stad, vooral nadat het doorgaande verkeer ondergronds werd geleid. Nu kunt u hier heerlijk zitten op van de vele caféterrassen, waaronder het terras bij het oude koffiehuis **A Brasileira** 4 .

Solar en Casa dos Coimbras 6

Veel huizen in de stad zijn getooid met een familiewapen. Een merkwaardig voorbeeld vindt u aan de Largo de São João do Souto. Al in de 16e eeuw waren Solar en Casa dos Coimbras eigendom van een adellijke familie. Vensters in manuelstijl sieren de zware granietstenen gevel, daarbovenuit torent een gotische kapel. Boven de ingang ziet u een wapenschild dat wordt gedragen door naakte jongedames en olijk knipogende draken.

Romeins Braga

In het schuin hiertegenovergelegen koffiehuis **Frigideiras do Cantinho** met een grote keus aan hemelse taart en worstjes in bladerdeeg *(frigideiras)* ziet u onder glasplaten het fundament van een Romeins huis. De nabijgelegen Romeinse fontein **Fonte do Ídolo** 7 was in de vroegchristelijke tijd nog een gewijde plaats voor een regionale riviergodin. Zij wordt gesymboliseerd door een in lang gewaad gehuld vrouwenlichaam van 1,10 m hoog. In de rotswanden zijn reliëfvoorstellingen gegrift (Rua do Raio, mei-sept. di.-zo. 10-13, 13.30-18, anders di.-zo. 9-13, 13.30-17 uur, € 1,85).

De **Romeinse thermen** zijn ca. 1 km naar het zuidwesten in de Rua Dr. Rocha Peixoto te bezichtigen (mei-sept. di.-zo. 10-13, 13.30-18, anders di.-zo. 9-13, 13.30-17 uur, € 1,85).

Palácio do Raio 8

Rua do Raio, di.-za. 10-13, 14.30-18.30, tijdelijk gratis

Het langgerekte Palácio do Raio (1754) charmeert met een barokgevel die uitvoerig is versierd met ornamenten en blauwe azulejo's. Het paleis heeft enige tijd dienst gedaan als ziekenhuis. Daarom stelt de liefdadigheidsorganisatie **Casa da Misericórdia** hier enkele objecten uit de vroegere ziekenhuisapotheek tentoon naast religieuze kunst.

Bezienswaardig aan de rand van de stad

Aan de zuidrand van de stad, in de Rua dos Bombeiros Voluntários, documenteert het **Museu Regional de Arqueologia Dom Diogo de Sousa** de stadsgeschiedenis van de oude steentijd tot de Romeinen. De vondsten vormen wel een duidelijk contrast met het futuristische witte museumgebouw (di.-zo. 9.30-17.30 uur, € 3).

Aan de noordrand van de stad, te bereiken via de rondweg, staat Braga's moderne pronkstuk tussen een rotsmassief. Meer dan 70 miljoen euro heeft de bouw van het het **voetbalstadion** voor het Europees kampioenschap voetbal in 2004 gekost. Hiervoor liet de bekende architect Souto de Moura 1,7 miljoen m^3 aan gesteente opblazen om ruimte te maken voor het stadion met twee lange tribunes. De stad raakte door dit gigantische project bijna failliet, maar de architectuur is weergaloos (rondleiding ma.-vr. 10.30 en 15.30 uur, € 6).

Zo'n 500 m ten westen hiervan staat de **kapel São Frutuoso**, een mausoleum voor de gelijknamige bisschop van de West-Goten uit de 7e eeuw en een van de weinige preromaanse religieuze bouwwerken in Portugal (Avenida São Frutuoso, onregelmatige openingstijden, gratis).

Na 5 km over de N 205-4 in de richting van Barcelos kunt u een zijweg nemen naar het **Mosteiro de Tibães**, het moederklooster van de Portugese benedictijnen. Het grote, in 1661 voltooide en nu grondig gerestaureerde kloostercomplex met een overdadig met goud versierde kerk is een van de belangrijkste bouwwerken van de vroege barok in het land (apr.-okt. di.-zo. 10-19, anders 10-18 uur, € 4).

Informatie

Turismo: Praça da República 1, tel. 253 26 25 50, ma.-vr. 9-13, 14-18.30, za.-zo. 9-13, 14-18 uur, 's zomers ook langer.

Braga Card: de tweedaagse kaart die € 5 kost, biedt korting bij verscheidene bezienswaardigheden en hotels.

Accommodatie

In een stadspaleis – **Bracara Augusta** 1 **:** Avenida Central 134, tel. 253 20 62 60, www.bracaraaugusta.com. Historisch herenhuis in het centrum met 19 verschillend ingerichte kamers en suites. 2 pk € 79-99.

In een klooster – **Hospedaria Convento de Tibães** 2 **:** Tibães, 8 km westelijk, tel. 253 28 24 20, www.hospedariatibaes.com. Voor gasten staan 9 zeer moderne, aangename en eenvoudig ingerichte kamers ter beschikking; met restaurant. Bezoek aan het klooster met rondleiding gratis. 2 pk vanaf € 65.

In een herenhuis – **Domus 26 Guesthouse** 3 **:** Avenida São Miguel o Anjo 26, mob. 917 33 90 95, www.domus26guesthouse.pt. Slechts 4 kamers, opgewekt modern ingericht, voor een deel met balkon en zicht op de kathedraal. 2 pk € 55-75.

In het centrum – **Albergaria da Sé** 4 **:** Rua Dom Gonçalo Pereira 39-45, tel. 253 21 45 02.

Braga

Bezienswaardig
1. Porta Nova
2. Museu dos Biscainhos
3. Kathedraal
4. Aartsbisschoppelijk paleis
5. Torre de Menagem
6. Solar en Casa dos Coimbras
7. Fonte do Ídolo
8. Palácio do Raio

Accommodatie
1. Bracara Augusta
2. Hospedaria Convento de Tibães
3. Domus 26 Guesthouse
4. Albergaria da Sé

Eten en drinken
1. Inácio
2. Cozinha da Sé
3. Gosto Superior
4. A Brasileira

Winkelen
1. Mercado da Saudade

Uitgaan
1. GNRation
2. Velha-a-Branca
3. Mavy Mavy

Historisch woonhuis pal achter de kathedraal met 12 eenvoudige, maar aantrekkelijke kamers. 2 pk ca. € 50.

Eten en drinken

Klassieker – **Inácio** 1 : Campo das Hortas 4, tel. 253 61 32 35, di. gesl. Dit restaurant is een gastronomisch instituut met vele onderscheidingen waar men naast stokvis verfijnde degelijke kost serveert. Hoofdgerecht vanaf € 11. In de naburige huizen zijn ook aanbevelenswaardige restaurants met een vergelijkbaar prijsniveau gevestigd, zoals **Bem-mequer** (nr. 5-6) met uitstekende desserts, **Cruz Sobral** (nr. 7-8) met gerechten van de houtskoolgrill, en **Alexandre** (nr. 10) met een moderne inrichting.

Eigentijds – **Cozinha da Sé** 2 : Rua Dom Frei Caetano Brandão 95, tel. 253 27 73 43, ma. en di.-middag gesl. Interessant is het spanningsveld tussen de stijlvolle inrichting en de historische muren van graniet. Men serveert oude streekgerechten in licht gemoderniseerde vorm, zoals varkensfilet met appelmoes en kastanjes. Hoofdgerecht vanaf € 10.

Vegetarisch – **Gosto Superior** 3 : Praça Mouzinho de Albuquerque 29, tel. 253 21 76 81. Een van de eerste vegetariërs in het noorden van Portugal. Hoofdgerecht ca. € 6, kleine gerechten ca. € 4.

Het midden van Minho

Eerste aan het plein – **A Brasileira** 4 : Largo do Barão de São Martinho 17, tel. 253 26 21 04, 8-24, zo. tot 20 uur. Het in 1907 opgerichte koffiehuis, dat voor de honderste verjaardag zorgvuldig werd gerestaureerd, is een trefpunt van jong en oud. Met terras.

Winkelen

Traditioneel – **Mercado da Saudade** 1 : Rua Dom Paio Mendes 59. Markt met oude Portugese merkartikelen en delicatessen. In het bijbehorende **koffiehuis** kunt u terecht voor kleine gerechten.

Uitgaan

Veel bars bevinden zich in de oostelijke universiteitswijk. In het centrum vindt u:
Digitaal – **GNRation** 1 : Praça Conde de Agrolongo 123, tel. 253 14 22 00, www.gnration.pt. Ooit het bureau van de politie (GNR), nu een cultuurpaleis dat Portugese kunstenaars stimuleert op het gebied van digitale kunst, met concerten, toneel, exposities en workshops.
Alternatief – **Velha-a-Branca** 2 : Largo da Senhora-a-Branca 23. Populair cultureel centrum met café, bar, concert- en theaterzaal. Geregeld exposities en politieke discussies. Ontspannen sfeer.
Tussen de rekken – **Mavy Mavy** 3 : Rua Dom Diogo de Sousa 133, dag. 10-3 uur. Boekhandel sinds 1888, café en bar sinds 2012. Houten plafonds met tegels, oude boeken, vaak dj's en concerten. Drankjes en kleine gerechten.

Evenementen

Semana Santa: Goede Week. Het grootste religieuze feest van Portugal (zie blz. 296).
Braga Romana: 3 dagen eind mei. Romeinse markt met circus en spektakel.
Stadtfest: rond 24 juni. De stadsheilige São João wordt geëerd met muziekuitvoeringen, processies en vuurwerk.
Noite Branca: 1e za. van sept. Tienduizenden jongeren vieren feest met muziek, theater en kunst.

Vervoer

Trein: Largo da Estação. Zeer vaak naar Porto, Lissabon en de steden in de omgeving.
Bus: Avenida General Norton de Matos, tel. 253 20 94 00. Elk halfuur naar Porto, regelmatig naar alle belangrijke steden in de regio en de luchthaven van Porto (www.getbus.eu).
Parkeren: in de centrale parkeergarage onder de Praça da República.

Barcelos ▶ C 3

Halverwege naar de zee ligt het mooie provinciestadje Barcelos, dat in heel Portugal bekend is dankzij een bonte haan die in geen enkele goede souvenirwinkel ontbreekt. Het verhaal dat erbij hoort, gaat als volgt: ooit

Barcelos

werd een vrome pelgrim in Barcelos beschuldigd van diefstal en vervolgens ter dood veroordeeld door een hongerige rechter die meer geïnteresseerd was in een knapperig gebraden haantje dan een eerlijk proces. Na het uitspreken van het misplaatste vonnis verkondigde de pelgrim: 'Als u mij ophangt, zal de haan op uw bord kraaien als teken van mijn onschuld. En dat gebeurde! Gelukkig was de strop om de hals van de ten dode opgeschreven pelgrim niet goed vastgeknoopt en overleefde hij de executie tot opluchting van alle betrokkenen. En tot vreugde van de vele toeristen die nu op de Portugese markten een bonte haan van aardewerk kunnen kopen.

Rond de Campo da República

Elke donderdag wordt op de met bomen begroeide, centraal gelegen Campo da República de grootste **weekmarkt** van Portugal gehouden: echt een belevenis. Mocht u echter geen belangstelling hebben voor het rumoerige marktgewoel, dan kunt u heel goed op een andere dag van het plein genieten, wanneer de sfeer wat rustiger is.

Het opvallendste bouwwerk van Barcelos is de **Templo do Senhor Bom Jesus da Cruz**, een vrijstaande kerk op een achtzijdig grondplan recht tegenover de Campo. De kerk werd in de 16e-17e eeuw gebouwd nadat hier een zwart kruis uit de aardbodem te

Op de grootste markt van het land, die van Barcelos

voorschijn zou zijn gekomen. Iets verder naar het zuiden staat de imposante toren **Torre da Porta Nova** die vroeger deel uitmaakte van de stadsmuur en die nu onderdak biedt aan de plaatselijke kunstnijverheidsvereniging. Op het uitkijkterras kunt u genieten van een weids uitzicht (ma.-vr. 10-18, za.-zo. 10-12.30, 14-18 uur, gratis).

Aardewerkmuseum
di.-vr. 10-17.30 uur, za.-zo. 10-12.30, 14-17.30 uur, voorlopig gratis
In de Rua Cónego Joaquim Gaiolas is een bezoek aan het Museu de Olaria een aanrader. De meeste van de in totaal 6600 objecten, die in wisselende opstellingen worden getoond, zijn afkomstig uit de particuliere collectie van een volkenkundige uit de streek. Daarnaast krijgt u aardewerk voor alledaags gebruik te zien om de herinnering aan de vroegere manier van leven in stand te houden.

Andere bezienswaardigheden
De **parochiekerk** aan de westrand van de stad kan pronken met romaanse elementen en imposante azulejo-afbeeldingen. Vanuit het plantsoen bij de kerk rond de middeleeuwse schandpaal hebt u een fraai uitzicht over het omliggende landschap en op de kleine gemeente **Barcelinos** aan de overkant van de Rio Cávado.

Op een heuvel boven de gotische brug over de rivier bouwden de graven van Barcelos hun versterkte **paleis**. In de ruïnes hiervan worden nu archeologische vondsten tentoongesteld, waaronder een wegkruis dat de door de haan geredde pelgrim zou hebben laten oprichten (Rua Duques de Bragança, meestal dag. 9-18.30 uur, gratis).

Informatie
Turismo: Centro de Interpretação, Largo Dr. José Novais, tel. 253 81 17 11, ma.-wo., vr. 9.30-18, do., za. en 's zomers ook zo. 10-13, 14-17 uur.

Eten en drinken
Eeuwenoud – **Bagoeira:** Avenida Dr. Sidónio Pais 57, tel. 253 81 12 36. Traditionele gerechten als stokvis en gebraden lams- of geitenvlees. Een andere specialiteit is speenvarken, maar men serveert ook salades. Hoofdgerecht vanaf € 7,50.
Regionale keuken – **Casa dos Arcos:** Rua Duque de Bragança 185, tel. 253 82 62 65. Traditioneel restaurant dat zich na een wisseling van eigenaar voorzichtig aan vernieuwing waagt. Men serveert degelijke kost, zoals champignons met kastanjes als voorgerecht. Veel rijstgerechten, ook vegetarische. Hoofdgerecht vanaf € 9.

Winkelen
Weekmarkt – **Campo da República:** elke donderdag de hele dag.
Kunstnijverheid – **Torre de Menagem:** Largo Dr. José Novais. De producten worden ter plekke vervaardigd en verkocht.

Uitgaan
Geen Vaticano – **Vaticano:** Rua Cândido da Cunha de Barcelos, vr.-za. vanaf 22, zo. 15-21 uur. Een van de grootste houseclubs van Portugal.
Geen concilie – **Conciliu:** Rua Duque de Bragança 185, vr.-za. vanaf 22 uur. Actuele hits, rock en pop.

Actief
Paardrijden – **Equivau:** Lugar do Chouve, Barqueiros (5 km zuidwestelijk), mob. 962 77 82 93, https://pt-pt.facebook.com/teamequivau.

Evenementen
Festas das Cruzes: een week lang vanaf 3 mei. De Templo Bom Jesus wordt versierd met bloementapijten, ambachtslieden presenteren hun werk op straat, elke dag wordt wel een processie gehouden en elke nacht is er vuurwerk.

Vervoer
Trein: Largo Marechal Gomes da Costa, aan de oostrand van Barcelos. Geregeld naar Porto, Braga en Viana do Castelo.
Bus: Avenida das Pontes, 1 km noordelijker. Elk halfuur naar Braga, regelmatig naar plaatsen in de omgeving.

Het noorden van Minho

Historische steden, mooie zandstranden en stille berglandschappen bepalen het rijkgeschakeerde beeld van het noorden van Portugal. Net zo veelzijdig is de alomgeroemde keuken – die maar al te vaak onderdeel is van levendige feesten! Een bezoek aan een van de talrijke dorpsfeesten is steevast een onvergetelijke belevenis.

De Rio Minho vormt de natuurlijke grens met Spanje. De machtige verdedigingswerken in Melgaço, Monção, Valença, Vila Nova de Cerveira en Caminha herinneren nog aan tijden van oorlog. Tegenwoordig zijn ze vooral een vreedzamer doelwit van liefhebbers van gebouwen van kunsthistorische waarde. Terwijl het leven van de inwoners aan zee door de eeuwen heen in het teken stond van handel en visserij, voorzagen de inwoners van het binnenland zich in hun onderhoud door de vruchtbare bodem te bewerken. Zichtbare getuigen daarvan zijn de maisschuren, *espigueiros*, en de hoge wijnranken voor de sprankelende vinho verde. In de regio drinkt men deze rood, in de rest van de wereld wit.

De in de afgelopen decennia opgekomen textiel- en schoenenindustrie heeft na een jarenlange crisis met succes standgehouden tegenover goedkoop producerende concurrenten uit Azië. Dat lukte dankzij een hogere kwaliteit en een hogere productiviteit bij veel Portugese bedrijven, die inmiddels concurrerend zijn op de wereldmarkt en zelfs naar China exporteren.

Daarnaast hoopt men met een uitbreiding van het toerisme nieuwe bronnen van inkomsten te creëren. Er zijn wandelroutes uitgestippeld in de heuvels van de Serra de Arga en in de bergen van het nationaal park Peneda-Gerês, de aantrekkelijke stranden worden met grote zorg onderhouden, bijna alle hebben de blauwe vlag voor schoon water toegekend gekregen, en het aanbod groeit van vakanties met sportieve activiteiten en de eerste wellnesshotels.

Aan de monding van de Rio Cávado

Kaart: zie blz. 292

Praia da Apúlia ▶ B 3

Paradijselijke stranden omringen de monding van de Rio Cávado. Boven de **Praia da Apúlia** 1, omzoomd door het lichte zand van glooiende duinen, prijken oude windmolens. Zelfs nadat zich hier enkele jaren geleden een strandhotel en een specialiteitenrestaurant hebben gevestigd, is het op deze eenvoudige, wat sfeerloze locatie aanzienlijk rustiger dan het aan de noordkant ervan gelegen strand van **Ofir** met vlakbij een heerlijk pijnbomenbos, luxehotels, discotheken en een groot aanbod aan sportieve activiteiten.

Accommodatie

Nabij het strand – **Apúlia Praia:** Avenida da Praia 45, tel. 25 39 89 24 90, www.apulia praia-hotel. com. Het enige hotel ter plekke, dat in 2004 werd geopend in een vanbuiten weinig aantrekkelijk betonnen gebouw. De kamers die eigenlijk modern-comfortabel zijn ingericht, lijken al dringend toe aan renovatie. 2 pk € 54-89.

Eten en drinken

Vers uit zee – **A Cabana:** Lugar de Cedovém, tel. 253 98 20 65, buiten de zomer do. gesl. Zeer geliefd, eenvoudig familierestaurant, dat sinds 1982 aan de noordelijke kustweg

Het noorden van Minho

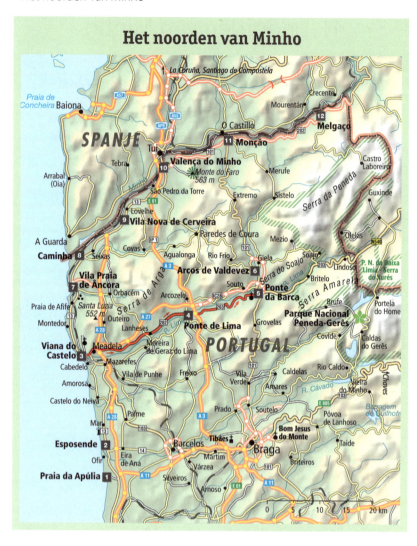

is gevestigd. Specialiteiten zijn vis en zeevruchten. Hoofdgerecht vanaf € 8.

Uitgaan

Hier gebeurt heel wat – **Pacha:** in Ofir, Lugar das Pedrinhas, www.pacha-portugal.com, hartje zomer dag. 23-4 uur. Vijf dansvloeren van in totaal 47.000 m², 12 bars, een restaurant en dj's van wereldfaam.

Esposende ▶ B 3

Aan de noordzijde van de riviermonding ligt het innemende **Esposende** 2. De afstand tot het strand is echter wel zo'n 1,5 km. Maar dankzij die afstand is het rustige stadje ook gevrijwaard gebleven van de grote hotels voor massatoerisme. Aan economisch succesvollere tijden herinnert nabij de parochiekerk een indrukwekkend in brons gegoten monument voor de plaatselijke arbeiders op de werven. Al in de 13e eeuw werden in Esposende karvelen gebouwd. Helaas is de 16e-eeuwse Igreja da Misericórdia meestal gesloten. De prachtige kapel voor de 'Heer van de zeevaarders' (Senhor dos Mareantes) is getooid met een gouden altaar en een houten cassettenplafond. Hiernaast staat het door arcaden omringde stadhuis uit de 17e eeuw.

Informatie

Turismo: Avenida Engenheiro Arantes e Oliveira 72 (kuststraat), tel. 253 96 13 54, www.visitesposende.com, ma.-za. 9.30-18 uur, 's winters ma.-za. 9.30-12.30, 14-18 uur.

Accommodatie

Voor actievelingen – **Suave Mar:** Avenida Engenheiro Arantes e Oliveira, tel. 253 96 94 00, www.suavemar.com. Tussen stad en strand gelegen hotel met 84 smaakvolle kamers, tegen meerprijs ook met zeezicht; sportfaciliteiten en zeer goed panoramarestaurant. 2 pk 52-117. Hoofdgerecht vanaf € 12.

Actief

Onder en boven water – **Centro de Mergulho e Ecologia Marinha:** Avenida Engenheiro Arantes e Oliveira (jachthaven), tel. 253 96 48 36, www.cmem.forum-esposendense.pt. Uitstapjes naar de lagune, duiken en zeilen, lessen in de ecologie van de zee.

Paardrijden – **Centro Equestre do Sol:** in Gandra (2,5 km zuidwestelijk), mob. 933 27 42 81, op Facebook.

Wandelen – Het toeristenbureau heeft informatie over tien wandeltochten, ook door de lagune, beschikbaar.

Evenementen

Romaria de São Bartolomeu do Mar: 24 aug. Onder bescherming van versierde heiligenbeelden worden speciaal voor het 'heilige bad' geklede kinderen in zee gedoopt.

Vervoer

Bus: regelmatig naar Porto, Braga en naar steden in de regio.

Viana do Castelo ▶ B 2

Kaart: zie blz. 292; **Kaart:** zie blz. 298
De 29.000 inwoners van **Viana do Castelo** 3 kunnen er trots op zijn dat hun stad bijzonder mooi is. De tegenhanger van het verkeersluwe historische centrum is de waterkant, die befaamde Portugese architecten in eigentijdse stijl hebben opgepept.

Wandeling door de stad

Praça da República 1

In de cafés aan de esplanade van de centrale Praça da República zit u tegenover prachtige granietstenen bouwwerken in renaissance- en manuelstijl. In het midden staat een door João Lopes de Oudere in 1551 fraai vervaardigde **fontein**, met daarop een verfijnd astrolabium. Hiermee contrasteren moderne, meer dan levensgrote sculpturen, die echter niet heel goed in het totaalbeeld passen.

Aan de noordoostkant van het plein staat het laatgotische **stadhuis**, dat met zijn zware blokken zandsteen eerder een weerburcht lijkt en mogelijk een kleinere imitatie van het Venetiaanse Dogenpaleis wilde zijn. De enkele ornamenten, zoals een hemelbol en karvelen, verwijzen naar het belang van de stad in de tijd van de Portugese ontdekkingsreizen in de 15e-16e eeuw. Toentertijd werden op het elegante plein bruisende hoffeesten gehouden, want het was speciaal daarvoor – als een publieke balzaal – in opdracht van koning Manuel aangelegd.

Naast het stadhuis staat de **Igreja da Misericórdia** (16e eeuw). Het interieur van de kerk werd in barokstijl met kostbare tegelpanelen versierd, waarop de goede daden van een gelovige christen worden uitgebeeld. Verder valt de weelderig versierde gevel van het vroegere armenhuis op, dat nog tot in 1982 als stadsziekenhuis heeft gefungeerd. Atlanten en kariatiden torsen de last van drie verdiepingen. Hier valt goed de invloed van de Vlaamse renaissance te bespeuren, want de Vlamingen waren de belangrijkste handelspartner (niet helemaal betrouwbare openingstijden ma.-za. 10-12, 15-17 uur, € 2).

De Praça da República in Viana do Castelo

Van hun riante winsten lieten de kooplieden de pronkhuizen bouwen die het plein omringen en die ook het beeld in de rest van de overwegend verkeersluwe binnenstad bepalen. Tijdens een wandeling door de historische oude stad zijn talloze mooie omlijstingen van vensters en deuren in manuelstijl te bewonderen.

Aan de zuidwestkant van het plein wordt in het **Museu do Traje** de feestelijke klederdracht voor vrouwen getoond, die evenals het gouden filigraanwerk in het hele land beroemd is (di.-vr. 10-18, za.-zo. 10-13, 15-18 uur, combikaartje met Museu des Artes Decorativas € 2).

Kathedraal 2
Rua Sacadura Cabral, dag. 9-12, 14-18 uur, gratis

De nabijgelegen kathedraal werd begin 15e eeuw ontworpen door bouwmeesters uit Galicië en ziet er door de romaanse torens meer

Casa dos Nichos 3
Rua de Viana, ma.-za. 10-13, 14-17 uur, gratis
In een van de oudste en chicste stadspanden uit de 15e eeuw is een deel van het Archeologisch Museum ondergebracht. Naast diverse expositiestukken en een virtuele introductie tot de vroege geschiedenis toont men hier een film van 20 minuten.

Igreja São Domingos 4
Largo de São Domingos
De in de binnenstad gelegen Avenida dos Combatentes da Grande Guerra vormt de scheiding tussen het gegoede deel van Viana da Castelo en de vroegere wijk van ambachtslieden en vissers. Neem hier beslist even een kijkje in de Igreja São Domingos van eind 16e eeuw met een imposant barokaltaar in de noordelijke dwarsbeuk.

Museu de Artes Decorativas 5
Largo de São Domingos, di.-vr. 10-18, za.-zo. 10-13, 15-18 uur, combikaartje met Museu do Traje (zie blz. 294) € 2
Schuin tegenover de Igreja São Domingos herbergt een herenhuis in barokstijl het stadsmuseum met een geweldige collectie faience, stijlmeubelen en grote tegelafbeeldingen.

Aan de oeverpromenade
De promenade is in de afgelopen jaren opnieuw vormgegeven. Centraal staan futuristische overheidsgebouwen van de Noord-Portugese architecten Fernando Távora en Alváro Siza Vieira. Voor liefhebbers van boeken en architectuur is de **Bibliotheek** 6 zeker interessant. Nog futuristischer is het in 2013 geopende **Centro Cultural** 7 van 1200 ton staal en beton, waarvoor de architect Eduardo Souto de Moura verantwoordelijk was. Het heeft de stedelijke cultuur zonder enige twijfel nieuw leven ingeblazen.

Navio Hospital Gil Eannes 8
Cafés en restaurants bieden een mooi plekje aan de rivier. Daar ligt ook het vroegere ziekenhuisschip Navio Hospital Gil Eannes, dat sinds 1955 de kabeljauwvissers tijdens hun vaart naar de noordelijke zeeën begeleidde.

als een weerkerk uit. Het hoofdportaal wordt geflankeerd door de apostelen, en erboven wordt het laatste oordeel uitgebeeld. Na een brand in 1809 werd het kerkinterieur weinig bijzonder versierd in neogotische stijl. De zeevaarderskapel met een galjoen in de linker dwarsbeuk bleef ongedeerd. Het beschilderde houtsnijwerk met de *Graflegging van Jezus* werd in 1530 in Antwerpen vervaardigd. Al de zijkapellen waren schenkingen van rijke kooplieden.

Hartstochtelijke heiligenverering: feesten in Minho

De Noord-Portugezen zijn gelovige en sociale mensen en zijn houders van het landelijke record voor religieuze feesten, bedevaarten en heiligenvereringen. Voor de periode van april tot september somt het regionale toeristenbureau alleen al voor het noorden van Minho meer dan duizend festiviteiten op, die vaak teruggaan tot de middeleeuwen.

Deze diepe religiositeit komt heel nadrukkelijk tot uiting in de nachtelijke processies van de **Semana Santa** in Braga. Ze beginnen op Witte Donderdag en vinden een eerste hoogtepunt in de processie op Goede Vrijdag, de Enterro do Senhor, wanneer mannen gehuld in boetekleden en met donkere capuchons over hun hoofd door de met fakkels verlichte straten van het oude stadsdeel lopen om Jezus' bijzetting in het graf te herdenken. Op paasochtend wordt de spanning doorbroken tijdens het feest van Jezus' opstanding uit de dood, wanneer de gelovigen een prachtig versierd kruis kussen en door de stad dragen.

Het **Coca-feest** van Monção beeldt al sinds de 16e eeuw op Hemelvaartsdag de strijd tussen goed en kwaad uit. Sint-Joris, de beschermheilige van de kruisvaarders, vecht hoog te paard met helm en lans tegen het kwaad in de gedaante van de draak Coca. Het 5 m lange dier van hout met een reusachtige bek en in felle kleuren beschilderd pantser wordt door twee mannen bestuurd en wordt pas verslagen verklaard als de heilige strijder onder luid gejuich van de vele toeschouwers het monster een oor heeft afgeslagen.

In het Limadal worden kleurrijke **processies** gehouden om de beschermheiligen te herinneren aan hun concrete opdracht. Zo moet Sint-Silvester toch alsjeblieft niet het hem aanbevolen grazende vee vergeten, en moet Sint-Antonius bijstand verlenen tegen valse beschuldigingen en boze buren, die een ernstig gevaar vertegenwoordigen in een dorpsgemeenschap waarin iedereen op de hulp van anderen aangewezen is. Johannes de Doper wordt geacht tegen hoofdpijn te helpen, Sint-Lucia bij een slechter wordend gezichtsvermogen, en de heilige Mamede voor voldoende moedermelk. De gebeden worden tijdens de ommegang in een zo'n luid mogelijk koor van stemmen voorgedragen om de verre oren in de hemel met de grootst mogelijke zekerheid te bereiken. Gewoonlijk eindigen de processies ver buiten de dorpen, bijvoorbeeld in een kapel van de beschermheilige op een heuvel of zelfs in een bedevaartskerk diep in het gebergte, zoals de Igreja Senhora da Peneda bij Castro Laboreiro.

In de afgelegen bergen konden de deelnemers zich onttrekken aan de sociale controle van de dorpelingen en des te uitgelatener feestvieren. Daarbij ging de onschuld nogal eens verloren. Bij de mystieke bedevaart van **São João** in de Serra de Arga (28-29 aug.) dankt men Johannes de Doper met bijzondere offergaven als gestolen dakpannen en zout voor het vee. Gedurende danswedstrijden en vrolijke volksmuziek, die na het eten van gebraden lamsvlees klinkt, wordt het een lange nacht in de bergen.

Maar ook de feestelijke rituelen aan de kust gaan vaak gepaard met een portie oud bijgeloof. Ter ere van **São Bartolomeu do Mar** worden in Esposende (23-24 aug.) kinderen van drie tot elf jaar in zee gedoopt om hen immuun te maken tegen aandoeningen als angstaanvallen, epilepsie, rachitis en stotteren, die aan de duivel worden toegeschreven. Een van de traditionele offergaven is een zwarte kip.

Fraai uitgedost voor een groot feest

De zogeheten **middernachtdoop** komt voort uit de angst dat de duivel de ziel van een kind dat nog niet is gedoopt kan roven. Bij de oude bruggen in het bergland zit tegenwoordig echter niet zo vaak meer een hoogzwangere vrouw te wachten op een toevallige voorbijganger die bij de doop van het nog ongeboren kind in de maneschijn als peetvader kan fungeren.

Een vrolijk spektakel is het zeer indrukwekkende feest in Viana do Castelo. Tijdens de **Romaria da Senhora da Agonia** (rond 20 aug.) gaan de vrouwen gekleed in kleurrijke klederdracht en tonen ze vol trots hun versierselen van gouden filigraanwerk. Het beeld van de Senhora da Agonia wordt over met bloemen getooide straten naar een vissersboot gebracht en op volle zee gezegend om zo de zee te danken voor de betoonde genade. Reusachtige dikke hoofden van papier-maché, de olijke *cabeçudos,* kijken toe bij het spektakel in de stad.

Maar of dat nog religieus te noemen is? In Amarante, in het nabijgelegen district Trás-os-Montes, trakteren de inwoners elkaar tijdens de verjaardag van de stadsheilige Gonçalo (10 jan.) op speciale met gist gebakken koekjes. Ze hebben de vorm van een fallus! Gonçalo is namelijk een bruggenbouwer in de liefde. En hij helpt de al wat oudere vrijgezellen aan een onverwacht en daarom des te gelukkiger huwelijk.

De sleutel voor de niet aflatende populariteit van deze feesten schuilt niet alleen in de groeiende betekenis voor het toerisme, maar zeker ook in de uiting van verbondenheid tussen de plaatselijke bevolking en de vele arbeidsmigranten. Hun financiële bijdrage is nodig om de grote feesten te kunnen organiseren, waarbij de Portugezen in het buitenland een sterker vaderlandsgevoel ervaren in de gemeenschap. Daarom zijn veel lokale feesten die in juni, juli of september plaatsvonden resoluut naar augustus verschoven, de klassieke vakantiemaand van Portugezen die naar Frankrijk migreerden.

Viana do Castelo

Bezienswaardig
1. Praça da República
2. Kathedraal
3. Casa dos Nichos
4. Igreja São Domingos
5. Museu de Artes Decorativas
6. Bibliotheek
7. Centro Cultural
8. Navio Hospital Gil Eannes/Centro do Mar

Accommodatie
1. Casa Melo Alvim
2. Flôr de Sal
3. Laranjeira

Eten en drinken
1. O Pescador
2. Tasquinha da Praça
3. Casa Primavera
4. Pastelaria Caravela

Nu biedt het onderdak aan het **Centro do Mar**, dat is gewijd aan maritieme ecologische thema's (di.-vr. 9.30-12.30, 14.30-17, za.-zo. vanaf 10 uur, gratis); Hierbij hoort ook een **museum** dat de betekenis van de Atlantische Oceaan voor de ontwikkeling van de stad belicht (di.-za. 9.30-17 uur, € 3,50).

Bezienswaardig in de omgeving

Landinwaarts verheft zich de **Serra de Santa Luzia** boven de stad. Op de top van een heuvel staat een **bedevaartskapel**, die te voet over zeshonderd traptreden te bereiken is, per auto of met een kabelbaan. Deze basiliek is een navolging van de Sacré-Cœur in Parijs en werd pas in 1954 voltooid. Vanaf de koepel hebt u een panoramisch uitzicht.

In de heuvels zijn de muren blootgelegd van zo'n veertig huizen van de Keltisch-Iberische nederzetting **Citânia de Santa Luzia**, die tot in de 4e eeuw n.Chr. werd bewoond (di.-zo. 10-12, 14-17, 's zomers tot 18 uur, € 2). U kunt even lekker bijkomen op het terras met uitzicht van een nabije **pousada**.

Informatie
Turismo: Rua do Hospital Velho, tel. 258 82 26 20, ma.-za. 9-12.30, 14-17.30, 's zomers 9.30-12.30, 14-18 uur.

Viana do Castelo

Viana Welcome Center: Rotunda da Liberdade, mob. 913 34 88 13, www.vivexperiencia.pt, dag. 10-18, hartje zomer tot 19 uur. Dit centrum is tevens informatiebalie, maar vooral voor bemiddeling bij vrijetijdsbesteding en fietsverhuur.

Accommodatie

Historisch – **Casa Melo Alvim** 1 : Avenida Conde da Carreira 28, tel. 258 80 82 00, www.meloalvimhouse.com. Hotel in het oudste herenhuis (1509) van de stad met 16 stijlvolle kamers van verschillende grootte. 2 pk € 92-173.

Modern – **Flôr de Sal** 2 : Avenida de Cabo Verde, Praia Norte 100, tel. 258 80 01 00, www.hotelflordesal.com. Modern wellnesshotel aan de rotskust, 2 km buiten de stad, met 60 comfortabel ingerichte kamers. Kuurafdeling van 2000 m^2. 2 pk € 87-136.

Stijlvol – **Laranjeira** 3 : Rua Cândido dos Reis 45, tel. 258 82 22 61, www.hotelaranjeira.com. Designhotel in het wit op een zeer centrale locatie, maar de kamers zijn vrij klein. 2 pk € 52-85.

Op het platteland – **Turismo de Habitação:** in een aantal herenhuizen in de omgeving worden kamers verhuurd voor zo'n € 70-130. Voor uitgebreide informatie zie www.solaresdeportugal.pt.

Eten en drinken

Heerlijke visschotels – **O Pescador** 1 : Largo São Domingos 35, tel. 258 82 60 39, zo.-avond en ma. gesl. Visgerechten en eenpansgerechten met zeevruchten vanaf € 9,50. Aanrader is het visplateau voor ca. € 30 (voor 2 personen).

Populair – **Tasquinha da Praça** 2 : Praça da Liberdade, o.nr., tel. 258 82 33 61, di. gesl. Dit familiebedrijf heeft met eenvoudige, maar smakelijke gerechten de harten van de lokale bevolking gewonnen. Veel bacalhau, grote keus aan kleine gerechten. Hoofdgerecht vanaf € 7,50.

Bij de vissers – **Casa Primavera** 3 : Rua Góis Pinto 57, tel. 258 82 18 07, zo. gesl. Een paar tafels, daarnaast een keuken en een toonbank waaraan de oude vissers hun rode wijn drinken – al sinds 1948. Meestal serveert men een mix van vissoorten of een lapje vlees. Volgens oude traditie volgt daarna de soep. Bij de koffie komt automatisch de fles brandewijn. Menu ongeveer € 7 met drankjes.

Aan het plein – **Pastelaria Caravela** 4 : Praça da República 62, tel. 258 82 55 75. Een oud herenhuis is met behoud van de gevel verbouwd en met een ambitieuze architectuur veranderd in een modern café. De lekkere gerechtjes en salades vanaf € 4 serveert men ook op het terras.

Actief

Zwemmen – De mooiste stranden ten noorden van de stad zijn **Carreço** (8 km), **Paço** (10 km) en **Afife** (12 km). Naar het ten zuiden van de Rio Lima gelegen strand van **Cabedelo** vaart ongeveer elk uur een pont vanuit de centrale haven van Viana do Castelo.

Surfen – **Surf Clube de Viana:** surfcenter CAR, Praia do Cabedelo, mob. 962 67 22 22, www.facebook.com/surfeclubeviana. Materiaalverhuur en lessen.

Wandelen – Het toeristenbureau geeft informatie over diverse gemarkeerde wandelroutes in de omgeving. Beschrijvingen kunt u ook downloaden via de website van het Viana Welcome Center: www.vivexperiencia.pt. Zie ook blz. 300.

Evenementen

Jazz na Praça da Erva: eind juli. Nationale en internationale musici geven concerten op het centrale plein.

Neopop: half aug. Gerenommeerde internationale dj's en bands uit de dancescene.

Festa das Agonias: het weekend dat het dichtst bij 20 aug. is. Grootste zomerfeest van Minho, waarbij Viana do Castelo verandert in een kleurenzee van klederdrachten, traditionele poppen en optochten (zie blz. 296).

Vervoer

Trein: Avenida dos Combatantes da Grande Guerra. Geregeld naar Porto, Barcelos en in de richting van het Spaanse Galicië.

Bus: Estação Viana Shopping, pal naast het centraal station, tel. 258 81 72 77, geregeld naar de andere steden in Minho.

HOOG BOVEN VIANA – WANDELEN OVER DE WATERLEIDING

Informatie

Begin en eind: Basílica de Santa Luzia in Viana do Castelo. Het beginpunt is lopend te bereiken over zeshonderd traptreden, per auto of een kabelbaan.
Lengte en duur: 10,2 km; ca. 3 uur
Moeilijkheidsgraad: halfzwaar (ca. 220 m hoogteverschil); geel-rode markering.
Belangrijk: geen faciliteiten voor eten en drinken, wel mooie picknickplaatsen.

Meteen aan de rand van Viana do Castelo verheffen zich beboste heuvels, die zijn begroeid met eucalyptussen, pijnbomen, aardbeibomen en zelfs berken. De Atlantische Oceaan ligt ver beneden in de diepte maar lijkt ook heel dichtbij.

Bij de hooggelegen **bedevaartskerk Santa Luzia** (zie blz. 298) hebt u een prachtig uitzicht, maar dit is niet de enige plek daarvoor tijdens deze wandeling. Vanaf dit beginpunt gaat u eerst over de verharde weg links van het godshuis, totdat u bij een splitsing komt. Wandel links voorbij de ruïne van een huis en ga meteen daarna het bos in. Het pad daalt af naar de zee en biedt zo nu en dan zicht op het niet zo ver hiervandaan gelegen Galicië. De afdaling eindigt bij **twee zware stenen bogen**, waarover de waterleiding fris bronwater uit het heuvelland naar de reservoirs van Viana do Castelo transporteert. Tussen de bogen door loopt het pad omhoog naar het gesloten buizenstelsel van steen waarover de route licht stijgend ruim een halfuur verdergaat. Tussendoor is er slechts eenmaal een korte afdaling in een dalkom.

De route loopt langs een **waterhuisje**, vanwaar u een kort uitstapje naar rechts kunt maken naar een **waterinstallatie**. De hoofdroute gaat echter rechtdoor. Zo nu en dan zijn er halfwilde Garrano-paarden tussen de bomen te zien. U steekt een bospad over en wanneer het bos en het struikgewas lichter worden, komt u op een plek waar u heerlijk kunt bijkomen met uitzicht op de Atlantische Oceaan, de heuvels en enkele moderne windmolens.

Achter de **Azenha velha**, een kleine waterval – overigens alleen na langdurige winterregen –, gaat u over het bospad naar links naar een asfaltweg richting **São Mamede**. Dit kleine dorp is een soort vakantiedorp geworden voor rijke Portugezen die behoefte aan rust hebben. De huizen met dikke muren zijn uitgebreid gerestaureerd en inmiddels voorzien van een tennisbaan of een zwembad in de tuin.

Bij de volgende kruising een paar honderd meter voorbij de rand van het dorp wijzen de markeringen naar links en na ca. 1 km over een zandpad naar rechts. Daarna wandelt u langs een **toren** uit de Tweede Wereldoorlog die werd gebouwd om vliegtuigen te observeren. De uitkijktoren biedt nu zicht op een vredig bergland.

Het pad loopt nu echt steil omlaag naar een asfaltweg, die eerst links naar kazernes leidt en dan algauw weer het bos in. Daarna komt u weer op de weg uit. Rechts ziet u de opgravingen van de **Keltische nederzetting van Santa Luzia** (zie blz. 298), daarna de **pousada**, waar vermoeide wandelaars kunnen neerstrijken op het caféterras met misschien het mooiste uitzicht over de kust. Vanaf dit terras is het nog maar 5 minuten lopen naar het beginpunt bij de basiliek.

Door het dal van de Rio Lima ▶ B/C 2

Kaart: zie blz. 292

Vanuit Viana do Castelo kunt u een uitstapje maken naar het Limadal. De nieuwe snelweg is er gekomen nadat een parlementslid van de oppositie uit Ponte de Lima met zijn stem de regeringspartijen aan een meerderheid hielp. Kies nu toch voor de N 202, die langs **Solar de Bertiandes** loopt. Aan weerszijden van een toren in manuelstijl staan twee in de 18e eeuw aangebouwde herenhuizen. Daarachter strekt zich een vogelrijk uit in het merenlandschap van **Lagoas de Bertiandos**. U kunt hier wandelen over opwindend aangelegde leerpaden. Een bezoekerscentrum bij de ingang geeft meer informatie (www.lagoas.cm-pontedelima.pt, ma.-vr. 9-12.30, 14-17.30, za.-zo. 14.30-17.30 uur).

Ponte de Lima ▶ C 2

Te midden van dichtbegroeide heuvels ligt het charmante **Ponte de Lima** 4, dat 3000 inwoners telt. U ziet hier een heel ensemble van herenhuizen in manuelstijl. Voor de behoedzame sanering van het plaatsje kreeg het zelfs een hoge EU-onderscheiding. In de Praça de Camões kunt u heerlijk zitten op een van de caféterrassen met zicht op de **Romeins-romaanse brug** die wel een prachtig toneeldecor lijkt. Keizer Augustus liet de brug in de 1e eeuw n.Chr. bouwen als onderdeel van een legerweg. Aan de zijde van de overkant zijn acht Romeinse rondbogen bewaard gebleven, voor een deel in rivierzand verzonken. In de 14e eeuw werd de brug verlengd met 22 romaanse pijlers.

Bezienswaardig

De oversteek over de autovrije brug maakt deel uit van de Portugese pelgrimsroute naar Santiago de Compostela (zie blz. 304) en is zeker de moeite waard vanwege het mooie uitzicht op het silhouet van de stad. De brug leidt naar de botanische tuin **Parque do Arnado** met modeltuinen van verschillende stijlperioden (gratis) en naar het Speelgoedmuseum aan de Largo da Alegria. Dit **Museu do Brinquedo Português** toont 3500 objecten sinds eind 19e eeuw. Er tuft ook een originele speelgoedtrein uit 1940 door het Portugese landschap (di.-zo. 10-12.30, 14-18 uur, € 3).

Een paar honderd meter stroomafwaarts ontwerpen internationale landschapsarchitecten elke zomer, zolang er geld van sponsoren blijft binnenkomen, fantastische **tuinfestivals** (ingang bij Clube Náutico, € 1).

U kunt heerlijk rondzwerven door het middeleeuwse centrum van de stad, die in 1125 nog vóór de oprichting van het Portugese koninkrijk stadsrechten kreeg. De laatste restanten van de gotische **verdedigingswerken** zijn de stadspoort Porta Nova en de wachttorens Torre de São Paulo en Cadeia Velha. De laatste was ooit een gevangenis met extra dikke muren, maar herbergt nu een klein stadsmuseum en het toeristenbureau. De fraaie vroeggotische **Igreja Matriz** werd uitgebreid met altaren in barokstijl; het blauw-witte tegelpaneel aan de buitenmuur toont koning João IV. De gemeente heeft een historische tour door de stad uitgestippeld.

Het **Museu dos Terceiros** aan het eind van de Avenida 5 de Outubro is ondergebracht in een voormalige franciscanenkerk uit de 17e eeuw. Het beeld van de lijdende Jezus, Senhor dos Passos, wordt tijdens de processie op Goede Vrijdag door de straten gedragen (di.-zo. 9-12.30, 14-18 uur, € 2,50).

Informatie
Turismo: Passeio 25 de Abril (Torre de Cadeia Velha), tel. 258 94 23 35, ma.-za. 9.30-12.30, 14-18, 's winters ma.-za. 9-12.30, 14-17.30 uur.

Accommodatie
Bij adel thuis – **Paço de Calheiros:** Calheiros, tel. 258 94 71 64, www.pacodecalheiros.com. 7 km noordwestelijk. Adellijk paleis uit 1336 met 15 stijlvolle kamers en appartementen. Het is eigendom van de oprichter van de ver-

Aan deze brug dankt het stadje zijn naam: de Ponte de Lima uit de Romeinse tijd

Door het dal van de Rio Lima

eniging voor herenhuizen. Tuin met zwembad en tennisbaan; ook paarden. 2 pk ca. € 125.
In een historisch pand – **Solares de Portugal:** Praça da República, tel. 258 74 16 72, www.solaresdeportugal.pt. Nationale bemiddeling voor vakanties in herenhuizen met een grote keus ter plekke. Vanaf € 70.

Eten en drinken

Eenvoudig en goed – **Vaca das Cordas:** Rua Beato F. Pacheco 39, tel. 258 74 11 67, zo. gesl. Kleine gerechtjes (vanaf € 2,50), zoals stokvispannenkoekje of varkenspoot in koriander, en zeven hoofdgerechten, € 25-30 voor 2 personen.

Landelijke keuken – **Alameda:** Alameda de São João, tel. 258 94 16 30, ma. gesl. Stevige traditionele gerechten in een authentiek restaurant vanaf € 8.

Winkelen

Markt – Elke twee weken op ma. een markt aan de rivieroever.
Kunstnijverheid – **Cadeia das Mulheres:** naast het toeristenbureau.

Actief

Fietsen – Mooie fietsroutes lopen langs de Rio Lima onder andere naar de Lagoas de Bertiandos. Fietsverhuur bij Clube Náutico aan de overkant van de rivier en bij het informatiecentrum van Lagoas.
Paardrijden – **Centro Equestres Vale do Lima:** Feitosa, www.grupojpimenta.com.

Evenementen

Vaca das Cordas: op de avond voor Sacramentsdag (2e do. na Pinksteren) worden met kleine versieringen uitgedoste stieren opgehitst en door het stadje gedreven.
Feira do Cavalo: eind juni. Belangrijke paardenmarkt met competities, rijtochten op lusitaners en een cultureel programma.

Vervoer

Bus: Rua Quinta Graciosa, aan de noordrand van de stad. Elk uur naar Viana do Castelo, regelmatig naar Braga en Ponte da Barca.

Ponte da Barca ▶ C 2

Ook het naburige **Ponte da Barca** 5 kan pronken met een middeleeuwse brug. Verder lijkt het overigens ook veel op Ponte de Lima. Alleen is het hier allemaal wat bescheidener. Een hal met arcaden uit 1752 bood lange tijd ruimte aan een markt, en de aangrenzende wijk Quarteirão Piloto gaat terug tot de bloeitijd van het plaatsje in de 16e eeuw. In een van de huizen in manuelstijl heeft koning Manuel I zelfs ooit de nacht doorgebracht. Lokale patriotten vermoeden dat Fernão de Magalhães (Magellaan) hier werd geboren. Aan de rivier ligt een mooie picknickplaats.

OVER HET PELGRIMSPAD NAAR PONTE DE LIMA

Informatie
Begin: Portela da Facha (cementfabriek) aan de N 204 ten zuiden van Ponte de Lima, te bereiken met een taxi (ca. € 12).
Eind: Ponte de Lima
Lengte en duur: ca. 9 km; ca. 2,5 uur
Markering: gele pijlen
Moeilijkheidsgraad: in het begin bergaf, dan vlak. Goede, vaak geasfalteerde paden.
Inlichtingen: www.caminhoportuguesdesantiago.com.

Ze vallen goed op in Ponte de Lima, de gele pijlen op huismuren en poortbogen. Het zijn de merktekens van de veel bewandelde *Caminho Portugûes*, de belangrijkste pelgrimsroute vanuit Portugal naar Santiago de Compostela. Deze tocht volgt een deel ervan.

Vanaf de **cementfabriek van Portela da Facha** loopt u over de weg in noordelijke richting. Na zo'n 200 m gaat u bij het plaatsnaambord van Facha links het bos in. Na ongeveer 10 minuten lopen komt u bij het begin van een verharde weg die langs enkele boerderijen en woonhuizen leidt. Hier verbouwt men druiven voor de wijnproductie, aan de rand van de weg blaffen honden, maar die blijven gelukkig op hun erf. Nog eens bijna 10 minuten later loopt rechts een weg omhoog, die u na 300 m alweer net voorbij de bosrand naar links verlaat. Onderweg hebt u herhaaldelijk uitzicht over de dalen tussen de omringende bergen.

De route gaat voort tussen velden en wijngaarden naar de **Capela São Sebastião**. U ziet er een mooie blauw-witte tegelafbeelding van een pelgrim. De gele pijlen wijzen hierna de weg naar een groep huizen en iets daarachter komt u langs het landelijke onderkomen **Quinta do Sobreiro**. Inmiddels zit er een goed uur op.

In het plaatsje Sobreiro staat het gebouw dat ooit het voornaamste in de hele omgeving was, de **Quinta do Bom Gosto**. Helaas maakt het nu niet bepaald een bewoonde indruk. Nog een stukje verder en dan neemt u de N 203 naar rechts. Hierna kunt u even wat eten en drinken bij het

Langs de kust naar het noorden

eenvoudige **Café Flor de Lotus** en proviand inslaan bij een banketbakkerszaak. Daarna verlaat u de grote weg weer snel, en gaat u naar links in de richting van Bouças.
Als u voorbij een stuk bos bent gekomen, is het even opletten geblazen omdat u de zijweg naar de sporthal (Polidesportivo) zeker niet moet nemen. Vervolgens gaan enkele dorpen in elkaar over zonder duidelijk zichtbare grenzen. Hier staan talloze huizen leeg, een onmiskenbaar teken dat de bewoners hun vaderland om economische redenen hebben verlaten. Toch is er nog een kruidenierswinkeltje en rijdt er zo nu en dan een tractor langs.
Veel bewegwijzeringsbordjes zijn sierlijk op tegels gebrand. Zo'n bord geeft ook het resterende traject naar Ponte de Lima aan als 1 km, maar dat is een schatting die veel te laag is. Het is nog ruim 30 minuten lopen, waarbij u langs diverse **wegkruisen** en de **kapellen** van Sint-Jakobus en Sint-Franciscus komt. Het **kerkje** voorbij de middeleeuwse brug van Barros is gewijd aan Nossa Senhora das Neves (Onze-Lieve-Vrouw van de Sneeuw). De naam verwijst naar de legende waarin Maria in de 4e eeuw op een dag in augustus de heuvel Esquilino in Rome met sneeuw zou hebben bedekt.
Nu is het echt niet ver meer naar **Ponte de Lima**. Een verbodsbord voor auto's is alleen maar fijn voor pelgrims en andere wandelaars. Voorbij een kleine zuiveringsinstallatie is voor de eerste keer de Rio Lima te zien. Bij de rivier volgt u de oever tot onder de grote autobrug door en dan gaat u langs de kerk Nossa Senhora da Guia de stad in.

Informatie
Turismo: Rua Conselheiro Rocha Peixoto 9, tel. 258 45 52 46, di.-za. 10-13, 14-18 uur.
ADERE: Rua Dom Manuel I, tel. 258 45 22 50, www.adere-pg.pt, ma.-vr. 9-12.30, 14.30-18 uur. Bureau van de vijf gemeenten bij het nationaal park Peneda-Gerês met informatie over wandeltochten en onderdak.

Winkelen
Streekproducten – **ArteBarca:** naast ADERE, dag. 14-17.30 uur. Regionale kunstnijverheid, en verder honing, worst, wijn…

Arcos de Valdevez en Bravães ▶ C 2

Ondanks een verbazingwekkend aantal kerken en een middeleeuwse schandpaal maakt **Arcos de Valdevez** 6, 6 km noordelijker, een weinig sfeervolle indruk. Maar het kerkje São Salvador aan de rand van **Bravães**, 4 km westelijker aan de N 203, is zeker een bezoek waard. De portalen, rijkelijk versierd met mensengestalten, vogels en abstracte patronen, worden gerekend tot de waardevolste creaties van de Portugese romaanse bouwkunst.

Accommodatie
Design in een molen – **Casa do Rio Vaz:** in Couto (3 km ten noorden van Arcos de Valdevez), tel. 258 52 60 78, www.casadoriovez.com. Historische olijfoliemolen te midden van een tuin met bomen aan een beek. In deze idyllisch entourage zijn er 5 elegante en stijlvolle kamers voor gasten. 2 pk vanaf € 84.

Langs de kust naar het noorden

Kaart: zie blz. 292

Vila Praia de Âncora ▶ B 2

Vila Praia de Âncora 7, een plaats met ongeveer 5000 inwoners, is de volgende grote badplaats ten noorden van Viana do Castelo. Aan de rand van de stad zijn de resten van een versterkte nederzetting uit de bronstijd te bezichtigen. Ook is er de imposante dolmen van Barrosa, waarvan de platte steen op negen rechtop staande stenen rust.

Nog eens 4 km noordelijker komt u bij een smalle zijweg van de N 13 die afbuigt naar de prachtige **Praia de Moledo** met fijn zand. Voorname villa's herinneren aan de oude glorietijd, toen de gegoede inwoners van Porto zich hier kwamen ontspannen. Een voetpad loopt door een geurig pijnbomenbos naar de monding van de Rio Minho, waar u ook goed kunt zwemmen.

Eten en drinken

Heerlijk – **Ancoradouro:** Moledo, Rua João Silva 522, tel. 258 72 24 77, juli-sept. di.zo., anders alleen vr.-avond, za. en zo.-middag. Gegrilde vis, en verder rundvlees uit de regio. Hoofdgerecht vanaf € 15.

Caminha ▶ B 2

Het knusse stadje **Caminha** 8 met 2300 inwoners wordt beschermd door een zware stadsmuur, vroeger tegen vreemde legers, nu tegen de geluidshinder van de ringweg. Binnen de muren heerst een rustige sfeer in de smalle oude straatjes, met in het midden de **Praça Conselheiro Silva Torres**, waar een fontein in manuelstijl staat. De cafés zetten bij mooi weer hun tafels buiten op het verkeersluwe plein.

Aan de zuidwestkant van het plein staat naast het stadhuis de **Torre de Relógio**. Deze romaanse toren is als enige overgebleven van de oorspronkelijke tien wachttorens. De klokken dateren uit de 17e eeuw (beklimming € 1). Daarachter begint de levendige **Rua Direita**. Achter de sierlijke huisgevels zijn nu talloze bars en restaurants gevestigd.

Igreja Matriz
Rua Direita

Aan het eind van de Rua Direita komt u bij de driebeukige Igreja Matriz. Met zijn gekanteelde klokkentoren wekt dit belangrijkste bouwwerk van de vroege renaissance in Noord-Portugal de indruk van een mengeling van vesting en godshuis. Het zuid- en het westportaal zijn overdadig in manuelstijl versierd met mensenfiguren, engelenhoofden en dieren. Een groteske waterspuwer ontbloot zijn achterste naar het noordwesten, onmiskenbaar in de richting van Spanje. Het interieur heeft een mooi plafond in mudejarstijl, dat door Moorse bouwmeesters in opdracht van christenen is vervaardigd.

Informatie

Turismo: Praça Conselheiro Silva Torres (in de klokkentoren), tel. 258 92 19 52, ma.-za. 9.30-12.30, 14-17.30 uur.

Accommodatie

Hightech – **Design & Wine:** Praça Conselheiro Silva Torres 8, tel. 258 71 90 40, www.designwinehotel.com. Een interessant concept: achter een stadspaleis werd een met 35 graden draaibaar avant-gardistisch gebouw geplaatst, waarin de kamers een uitzicht hebben dat afhankelijk is van de positie. De kamers in het historische gebouw zijn goedkoper. 2 pk vanaf € 75.

Eten en drinken

Volop vis – **Solar do Pescado:** Rua Visconde Sousa Rego 85, tel. 258 92 27 94, zo.-avond en ma. gesl. In het met tegels versierde restaurant wordt de menukaart gedomineerd door vis, ook uit de rivier de Minho, en schelp- en schaaldieren. Hoofdgerecht vanaf € 13, goedkoper lunchmenu. De prijs van vis wordt berekend per gewicht.

Goedkoop – **Rio Coura:** Avenida Saraiva de Carvalho 1-5, tel. 258 92 11 42, zo.-avond en ma. gesl. Eenvoudige, stevige kost waar veel lokale inwoners op afkomen. Specialiteit is vlees van jonge geit (afhankelijk van seizoen). Hoofdgerecht vanaf € 8,50.

Actief

Zwemmen – **Praia da Caminha**, ongeveer 1,5 km buiten Caminha.

Wandelen – Het toeristenbureau geeft folders over wandeltochten in de **Serra de Arga**.

Vervoer

Trein: Avenida Manuel Xavier. Regelmatig naar Valença en Porto.

Bus: haltes aan de grote weg, tel. 258 92 27 90. Elk uur naar Viana do Castelo, regelmatig naar Valença en Porto.

Veerboot: Avenida Marginal, tel. 258 71 03 00. Vaart di.-zo. regelmatig naar Galicië.

Aan de Rio Minho

Kaart: zie blz. 292

Vila Nova de Cerveira ▶ B 1

Tal van smalle straatjes komen uit op het historische centrum van **Vila Nova de Cerveira** 9 . De robuuste verdedigingsmuren, die ooit nog door koning Dinis in 1320 werden gebouwd, hebben tot nu toe alle aanvallen weerstaan. In de parochiekerk is een gouden barokaltaar te bewonderen, in de nabije Igreja da Misericórdia een *Ecce Homo*-beeld.

Het **Fórum Cultural** voor eigentijdse kunst in de Avenida das Comunidades Portuguesas heeft onregelmatige openingstijden (meestal di.-vr. 15-19, za. 10-13, 15-19 uur, gratis), maar ook in het stadje zelf staan moderne kunstobjecten tentoongesteld.

In het **Aquamuseu do Rio Minho** aan de rivier toont men de vissen die in de rivier leven en daarnaast de gebruikte methoden bij de visvangst. In de museumtuin loopt een leerpad (http://aquamuseu.cm-vncerveira.pt, di.-zo. 10-12.30, 14-18 uur, € 2,20).

Actief
Fietsen en kajakken – **Animaminho:** Parque de Lazer do Castelinho (aan de rivier), www.animaminho.eu. Georganiseerde tochten te voet, per kajak en per fiets. Ook verhuur.

Evenementen
Bienal de Cerveira: elke twee jaar (2019, 2021) half aug.-half sept., www.bienaldecerveira.pt. Internationaal festival van kunst en cultuur.

Valença do Minho ▶ C 1

Het hoog op een heuvel gelegen **Valença do Minho** 10 trekt vooral veel bezoekers uit het nabije Spanje. Parkeerplaatsen zijn beschikbaar aan de voet van de verdedigingsmuur uit de 17e-18e eeuw. De oude straatjes worden omzoomd door herenhuizen met zware muren, waarin nu overwegend restaurants en souvenirwinkels zijn gehuisvest. Het mooiste, maar het meest toeristische deel van de stad zijn de Praça da República met omgeving en de Rua da Direita.

Fraaie kerken zijn de romaanse **Igreja de Santa Maria dos Anjos** en de gotische **Igreja da Colegiada**, waar tijdens een latere restauratie classicistische elementen zijn toegevoegd. Verder zijn bezoekers uit Spanje vooral dol op het weidse uitzicht op hun eigen land, dat hier te bereiken is via een door Gustave Eiffel gebouwde brug van twee niveaus. Interessant voor de liefhebber is het **Brandweermuseum** aan de Praça Forte, met vierhonderd expositiestukken die ooit zijn verzameld door de brandweerman Manuel Sobral (di.-vr. 10-12.30, 14-17, za.-zo. 14-17 uur, € 1,50).

Informatie
Turismo: Paiol do Campo de Marte (bij de zuidelijke stadspoort), tel. 251 82 33 29, ma.-za. 9-12.30, 14-17.30 uur.

Accommodatie
Bijzondere ligging – **Pousada São Teotónio:** Baluarte de Socorro, tel. 251 80 02 60, www.pousadas.pt. In een pand dat tegen de verdedigingsmuur is gebouwd; prachtig panorama. 2 pk € 85-185.

Eten en drinken
Stevige kost – **Casa Álvaro:** Oliveira da Mosca, Ganfei (2 km noordoostelijk nabij N 101), tel. 251 82 23 65, ma. gesl. Eenvoudig, maar toch in de wijde omtrek vermaard om de eigen specialiteiten stokvis en varkensribstuk. Hoofdgerecht vanaf € 11,50.

Actief
Fietsen – Fietsroute van 15 km over het vroegere spoorlijntraject naar Monção. Fietsverhuur in de naburige Spaanse stad Tui (www.verdeazul.es).
Wandelen – Het toeristenbureau biedt informatie over gemarkeerde wandelroutes.

Vervoer
Trein: Largo da Estação. Geregeld naar Viana do Castelo.

Het noorden van Minho

Monção ▶ C 1

Verder landinwaarts leidt de N 101 naar de stad **Monção** 11 . Een mooi historisch verhaal eert de slimme vrouwen van de stad, de *heroinas*. In 1369 had het leger van Castilië Monção omsingeld en dreigde een hongersnood. Toen kwam de bakkerin Deu-la-Deu Martins met het idee de belegeraars het laatste brood dat ze nog hadden te schenken, met het aanbod om hun, als daar behoefte aan was, nog meer te geven. De vijand was onder de indruk van de vermeende etensvoorraad en blies de aftocht. De heldin kreeg voor haar geniale optreden een grafmonument in de romaans-gotische parochiekerk. De nakomelingen verkopen het broodje *pãozinho de monção* in elke bakkerij in de stad.

Vanaf de verdedigingsmuren, die door de eeuwen heen steeds zijn uitgebreid, ziet u uit op de omgeving en het nabije Spanje, dat aan de overkant van de Rio Minho ligt. Een Portugese dichter bezingt de twee buren zelfs als geliefden die door de rivier bijeen worden gebracht. De warmwaterbronnen, die al door de Romeinen werden gewaardeerd, zijn in de afgelopen paar jaar gerestaureerd, maar hebben ondanks een modern wellnessaanbod hun vroegere betekenis nog niet herwonnen. Met het naburige Melgaço vormt Monção de wijnregio Alvarinho. Van de druiven wordt een bijzonder goede vinho verde gemaakt.

Palácio da Brejoeira
di.-zo. 9.30-12, 14-17.30 uur, hartje zomer dag., € 5
Een echt voornaam paleis is het Palácio da Brejoeira, 3 km zuidelijker aan de weg naar Ponte da Barca. Toen het in 1804-1828 werd gebouwd, moest het in stijl het koninklijk paleis Ajuda in Lissabon naar de kroon steken. In het paleis heeft koning Manuel II eens overnacht, maar ook was het de plek waar de dictators Franco en Salazar elkaar spraken.

Informatie
Turismo: Casa do Curro, Praça Deu-la-Deu, tel. 251 65 27 57, di.-za. 9-12.30, 14.30-18 uur.

Accommodatie
Op een wijngoed – **Solar de Serrade:** Mazedo, 3 km zuidelijker, tel. 251 65 40 08, www.solardeserrade.pt. Welvarend landgoed met 8 stijlvol ingerichte kamers. 2 pk € 60-70.

Eten en drinken
Rustiek – **Sete à Sete:** Rua Conselheiro João da Cunha, bij de stadspoort, tel. 251 65 25 77, ma. gesl. Regionale keuken. Aanraders zijn de vis uit de rivier en op zondag het gebraden geitenvlees. Gerecht vanaf € 11.

Actief
Fietsen – Fietsroute over het voormalige spoorlijntraject naar Valença do Minho.

Evenementen
Festa da Coca: Sacramentsdag (2e do. na Pinksteren). Feest sinds de 13e eeuw rond de strijd van Sint-Joris tegen de boze draak Coca.

Melgaço ▶ C 1

Het plaatsje **Melgaço** 12 ademt een middeleeuwse sfeer. Wat achteraf gelegen in de smalle straatjes staan twee knusse romaanse kerken, de **Igreja Matriz** (12e eeuw) en de **Igreja da Misericórdia** (13e eeuw). Boven het rustige stadje verheft zich, omringd door kasteelmuren, een vrijstaande romaanse wachttoren. In de toren is een klein archeologisch museum ingericht, en u kunt de toren beklimmen (di.-zo. 9.30-12.30, 14-17 uur, 's zomers 14.30-19 uur, € 1, combikaartje voor alle musea in Melgaço € 2,50, toegang binnen de kasteelmuren dag. 10-19 uur, gratis).

Edifício dos Três Arcos (gebouw met drie bogen) is de bijnaam van een huis in de Rua Direita dat de rijkdom tentoonspreidt van de vroegere eigenaars, zoals van zovele landedelen van vroeger. Inmiddels biedt het onderdak aan **Solar do Alvarinho**, waar de kwaliteitswijnen van de alvarinhodruif kunnen worden gedronken. Een kleine bar biedt kleine hapjes bij de wijn aan. Daarnaast kunt u er terecht voor worst en kaas uit de regio en kunstnijverheid (dag. 10-12.30, 14.30-19 uur).

Het ongewone museum **Espaço Memória e Fronteira** is gewijd aan emigratie en immigratie uit economische noodzaak en aan de wereld van de smokkel (di.-zo. 10-12.30, 14.30-17, 's zomers 14.30-19 uur, € 1, combikaartje € 2,50).

Een puur juweeltje van romaanse bouwkunst is ongeveer 1 km noordelijker aan de N 301 te bewonderen. 'De kerk **Nossa Senhora da Orada**', oordeelde de auteur José Saramago, 'is echter zo'n meesterwerk van beeldhouwkunst dat elk woord te veel is, omdat het te weinig zegt.'

Informatie

Turismo: Praça da República 133, tel. 251 40 24 40, ma.-za. 10-13, 14-18 uur, 's zomers ook zo.-ochtend.

Accommodatie

Bij familie – **Quinta da Calçada:** São Julião (5 km noordelijker), tel. 251 40 25 47, www.quintadacalcada.com. Landgoed uit de 18e eeuw met 3 kamers. 2 pk ca. € 75.

Eten en drinken

Traditioneel – **Sabino:** Largo Hermenegildo Solheiro 46, tel. 251 40 45 76, ma. gesl. In de jaren 40 was dit nog een duistere kroeg, nu is het een uitstekend restaurant met stokvis en geitenvlees. Hoofdgerecht vanaf € 7.

Winkelen

Wijn en worst – **Solar do Alvarinho:** zie blz. 308.

Actief

Wandelen – Informatie over wandeltochten is verkrijgbaar in het centrum van Porta de Lamas de Mouro, aan de rand van het nationaal park, 20 km zuidwestelijker, tel. 251 46 50 14.
Avontuur – **Melgaço Radical:** Rua da Casa do Povo 10, www.melgacoradical.com.

Evenementen

Festa do Alvarinho e do Fumeiro: eind apr. Eerste wijnproeverij van de nieuwe jaargang.
Melgaoço em Festa: 1e helft aug. Feesten rond de vesting.

✿ Parque Nacional Peneda-Gerês ▶ C/D 1/2

Kaart: zie blz. 292 en 311
Vanuit Braga (zie blz. 284) of Arcos de Valdevez (zie blz. 305) kunt u op comfortabele wijze bij het enige nationaal park van Portugal komen. Maar het mooiste landschap krijgt u onderweg te zien als u van Melgaço over de N 202 hierheen rijdt. Tal van dolmens vormen de stenen getuigen van vroege bewoning. Het plaatsje **Castro Laboreiro** is vooral bekend om het fokken van Portugese herdershonden. Van een oorspronkelijke *castro* zijn alleen nog ruïnes te zien.

Flora en fauna

Het *parque nacional* met een oppervlakte van 72.000 ha is opgericht in 1971 en omvat de bergketens Peneda, Gerês, Soajo, Laboreiro en Amarelo. Het park telt ongeveer 9000 inwoners, van wie vele nog van de landbouw leven. Het Portugese Barroso-rund levert smakelijk vlees, terwijl uit de melk van de Cachena-koe een lokale kaasspecialiteit wordt bereid. De talloze maisschuren *(espigueiros)* zijn een mooi bewijs van het belang van de maisteelt.

De bergen bereiken een hoogte van meer dan 1500 m. De ruige granietrotsen en een vrij lage boomgrens doen enigszins denken aan de Franse Pyreneeën. Met een jaarlijkse hoeveelheid neerslag van 3000 mm is deze regio een van de vochtigste van Europa. Wandelaars moeten dan ook zelfs in de zomer rekening houden met regen. Daartegenover staat dan wel dat een weergaloze verscheidenheid aan planten te vinden is. Alleen in deze regio gedijt de Gerês-lis, die in het late voorjaar het land blauw kleurt.

Ook de dierenwereld is ruimschoots aanwezig. Het is geen uitzondering als u hier kleine halfwilde paarden tegenkomt, de inheemse *garranas*. In het park leven zo'n vijftig wolven. Ze worden echter serieus bedreigd door de schaapsherders, omdat ze jaarlijks wel duizend stuks vee verslinden. Beren zijn hier al enkele eeuwen geleden uitgestorven. In de lucht zweven diverse roofvogels, waaronder soms ook een steenarend. In de bomen en bij de meren hoort u het getjilp van kleine en grote vogels, waaronder blauwe reigers, ijsvogels, grote gele kwikstaarten, hoppen, steenuilen, groene spechten en wielewalen. Voor geïnteresseerden heeft het parkbeheer nadere informatie beschikbaar.

Inmiddels heeft het nationaal park zich ook ontpopt tot een paradijs voor actieve vakantiegangers. Bij de meren is het genieten voor watersporters, terwijl voor wandelaars tal van routes zijn uitgestippeld.

Vila do Gerês en omgeving ▶ D 2

De troeven van het oude kuurplaatsje Vila do Gerês zijn de ligging in een smal dal op een hoogte van 400 m, overtuigende toeristische faciliteiten en de gemarkeerde wandelroutes. Gouden tijden beleefde men hier aan het begin van de vorige eeuw. Het gezonde bronwater, dat onder de merknaam Fastio in heel Portugal wordt verkocht, trok veel gegoede kuurgasten. Men kan hier nog altijd kuren, maar de infrastructuur is ook beschikbaar voor actieve vakantiegangers, zoals het mooie kuurpark met een boszwembad en een klimtuin of wellness in in het kuuroord.

Barragem da Caniçada

Liefhebbers van watersport kunnen hun hart ophalen op het romantische stuwmeer Caniçada bij **Rio Caldo** aan het zuideinde van het dal. Het meer werd eigenlijk aangelegd voor energieopwekking in het bergland. Aan de oever ziet u de recentste toeristische attractie, het ogenschijnlijk vrij zwevende vakantiehuis van Cristiano Ronaldo, dat is ontworpen door architect Souto Moura en dat vanuit excursieboten is te bewonderen.

Informatie

Turismo: Rua 20 de Junho 45 (dorpsrand), tel. 253 39 11 33, dag. 9.30-12.30, 14-18 uur, maar zo.-ma. vaak gesl. **Filiaal** aan het meer van de Rio Caldo, tel. 253 39 15 03, dag. 9.30-12.30, 14-18 uur, maar openingstijden niet helemaal betrouwbaar.
Parkbeheer: N 308-1, 1,5 km noordelijker, tel. 253 39 01 10, apr.-okt. ma.-vr. 9-12, 14-16.30 uur. Hier zijn veel informatiefolders over de flora en fauna in het nationaal park beschikbaar.

Accommodatie

Van oud naar nieuw – **Pousada de Amares:** Santa Maria de Bouro, 15 km westelijker, tel. 253 37 19 71, www.pousadas.pt. Pousada met een zeer interessante architectuur en 32 voortreffelijke kamers. 2 pk € 110-196.
Voor actie en kuur – **Universal:** Avenida Manuel Francisco da Costa, tel. 253 39 02 20, www.hoteisgeres.com. Kuurhotel uit 1890 met 50 aangename, rond een mooie binnenplaats gegroepeerde kamers, met boszwembad en tennisbaan. 2 pk € 49-70.
Boven het meer – **Lagoa Azul:** Vilar da Veiga (6 km zuidelijker), tel. 253 39 13 70, www.lagoaazuldogeres.com. Nieuw hotel met 13 kamers met meerzicht, op 1e verdieping met balkon. 2 pk vanaf € 45, ook appartementen.

Eten en drinken

Echt goed – **Baltazar:** Avenida Manuel Francisco da Costa, tel. 253 39 11 31, mei-okt. dag., anders onregelmatig geopend. Lekkere voorgerechtjes en traditionele gerechten, zoals bergforel of lamsvlees. Hoofdgerecht vanaf € 7,50. Ook hotelkamers.
Authentiek – **Lurdes Capela:** Rua Dr. Manuel Gomes de Almeida (laaggelegen dorpsrand), tel. 253 39 12 08. Geitenvlees, Barroso-rund, wild en forel, allemaal uit de regio. Hoofdgerecht vanaf € 7,50.

Actief

Wandelen – De toeristenbureaus hebben informatiefolders over veertien wandeltochten beschikbaar, het parkbeheer nog eens twee extra. Zie ook blz. 314.
Paardrijden – **Gerês Equi'Desafios:** bureau in Campo de Gerês, Rua de São João 93, tel. 253 35 28 03, www.equidesafios.com.
Zwemmen – **Stuwmeer Caniçada:** kristalhelder water, maar wel flink koud.

Parque Nacional da Peneda-Gerês

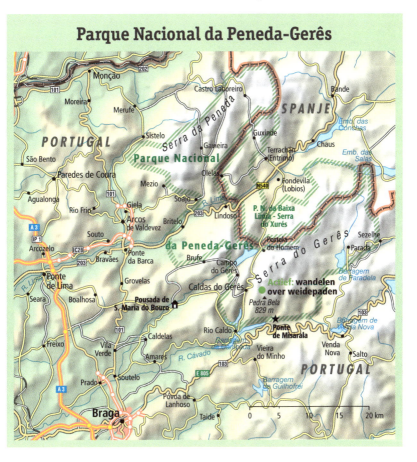

Watersport – Diverse aanbieders zijn te vinden aan de Marina de Rio Caldo, zoals **Água, Montanha e Lazer**, mob. 925 40 20 00, www.aguamontanha.com.

Lopend en varend – **Gerêsmont:** Rua de Arnaçao 43, tel. 253 39 16 70, www.geresmont.com.

Wellness – **Spa Termal:** Avenida Manuel Francisco da Costa, tel. 253 39 11 13, www.aguasdogeres.com, mei-okt.

Uitstapjes – **Hotel Universal:** zie blz. 310. Vier bustochten door het nationaal park.

Vervoer
Bus: geregeld naar Braga.

Over de Via Romana naar het noorden ▶ D 1/2

Via São Bento naar Covide

Van Barragem da Caniçada loopt de N 304 door een prachtig landschap via de drukbezochte bedevaartsplaats São Bento naar Covide. Dit is het beginpunt voor twee van de mooiste, maar ook zwaarste wandelroutes in het nationaal park. Deze vaak zeer steile wandelroutes, de **Trilho do Castelo** en **Trilho da Cidade da Calcedônia**, duren allebei vijf uur en komen ook allebei weer uit op hun beginpunt. Vanuit het centrum van Covide loopt u over de zuidelijke en de westelijke bergen. In de 1e tot

Parque Nacional Peneda-Gerês, het enige nationaal park van Portugal

NATIONAAL PARK GERÊS – WANDELEN OVER WEIDEPADEN

Informatie
Begin en eind: toeristenbureau in Caldas do Gerês
Lengte en duur: 11,4 km, 600 m hoogteverschil; ruim 4 uur
Oriëntatie: de route volgt de PR 3 met geel-rode markering. Een grote overzichtskaart is verkrijgbaar in het toeristenbureau.
Belangrijk: enkele stukken omhoog en omlaag zijn erg steil, en goede wandelschoenen zijn daarom noodzakelijk. Er zijn onderweg geen faciliteiten voor eten en drinken.

De naar het beginpunt terugkerende wandeltocht Trilho dos Currais volgt de historische weidepaden en voert langs omheiningen die nog steeds in gebruik zijn. Veehouderij in gemeenschapsverband was de sleutel tot overleven voor de veeboeren in de ruige bergstreken. Ze hoedden hun vee gemeenschappelijk op de weiden, geiten het hele jaar door, runderen en schapen van mei tot september. De eigenaars namen de taak van het hoeden beurtelings op zich, en ze hielden samen de paden vrij en onderhielden samen hutten en omheiningen *(currais)* als bescherming tegen wolven.

Het beginpunt voor de tocht is de noordelijke uitvalsweg van **Caldas do Gerês**. Vanaf dit punt volgt u ruim 10 minuten de weg in de richting van Spanje (Portela do Homem), die u voor een deel kunt inkorten door over plantsoenen te lopen. Daarna verlaat u de weg en gaat u langs een picknickplaats het bos in. De route gaat verder omhoog, eerst nog over bospaden. Na zo'n 15 minuten komt u bij een smal pad dat naar rechts afbuigt. Tussen aardbeibomen en pyreneeëneiken door loopt u met scherpe bochten ongeveer een halfuur lang steil bergopwaarts. Hiervoor is beslist een goede conditie nodig.

Opeens bent u dan bij de rand van het dichte bos. Het pad kruist hier een onverharde bosweg, die u naar links volgt. U gaat nog iets verder omhoog, maar minder steil, tot u een plateau bereikt. Een pad over het weiland loopt in de richting van puntige granietrotsen in het oosten die dichtbij lijken te staan. Een mooie plek om bij te komen met uitzicht op het ruige berglandschap.

Nadat u het weiland bent overgestoken, volgt u het kronkelpad tussen de granietrotsen door. Het pad kunt u hier en daar gemakkelijk kwijtraken, maar de aanduidingen zijn bijzonder goed. In elk geval loopt u eerst ongeveer 40 minuten in zuidelijke richting, en daarna naar het westen, totdat u op 829 m hoogte het **uitkijkpunt Pedra Bela** bereikt, waar ook een rijweg naartoe

Parque Nacional Peneda-Gerês

loopt. Hier ontvouwt zich een panorama over het blauwgroene stuwmeer van Caniçada en het diep ingesneden dal van van Gerês.
Nu is het nog een keer nodig dat u goed oplet, want het pad voor de verdere route is wat moeilijk te vinden. Met tal van bochten loopt het tegenover een kleine picknickplaats eerst flink steil bergafwaarts in de schaduw van een naaldbos. Daarna kruist het pad enkele keren de asfaltweg en verbreedt zich langzamaan tot een echt bospad. Na ongeveer een uur afdalen bent u terug in het centrum van Gerês.

de 4e eeuw liep hier een Romeinse grote weg van Braga naar Astorga in Spanje. Langs de route ziet u nog vele militaire mijlpalen.

Campo de Gerês

In Campo de Gerês, dat een middeleeuwse sfeer ademt met zijn smalle straatjes en granietstenen huizen, geeft een klein **streekmuseum** een beeld van het leven in vroegere tijden in het buurplaatsje Vilarinho das Furnas, dat in 1972 door het stuwmeer onder water kwam te staan. In een droge zomer steken de ruïnes van de huizen nog boven het water uit (di.-zo. 9-12, 13-17 uur, € 2).

Portela do Homem

Aan het eind van het meer volgt de niet-geasfalteerde bosweg de Romeinse straat in de richting van Portela do Homem aan de Spaanse grens, ruim 11 km ten noorden van Gerês. In het vroegere tolhuis is nu een bar gevestigd, een monument herinnert aan de Portugese emigranten die hier afscheid van hun familie namen. Ongeveer 1 km zuidelijker in de richting van Gerês kunt u in de zomer bij een watertemperatuur van 19°C een verfrissende duik nemen in een natuurlijk waterbekken dat romantisch tussen de granietrotsen ligt.

Lindoso

De weg loopt in noordelijke richting verder, door Spanje, en dan naar Lindoso. Hoog boven dit onopvallende dorp tronen de ruïnes van een kasteel, waar nu historische wapens en archeologische vondsten tentoon worden gesteld (onregelmatige openingstijden, € 1,50). Fascinerend zijn de 64 oude maisschuren van graniet. Ze zijn elk eigendom van een familie en staan bij elkaar rond het gemeenschappelijke dorpsplein van het dorp, op stenen pijlers die bescherming tegen ongedierte moeten bieden.

Serra da Peneda

Van Lindoso gaat de weg N 202 via Soajo, dat in de zomer van 2010 in het nieuws was vanwege grote bosbranden, naar de Serra da Peneda. Het westelijke deel van het nationaal park is nauwelijks voor toerisme ontsloten, al zijn er enkele wandelroutes uitgestippeld. Belangrijk voor pelgrims is de **bedevaartskerk Nossa Senhora da Peneda** bij **Gavieira** met accommodatie en restaurants.

Accommodatie

In de bergen – **Peneda:** Lugar de Peneda, Gavieira, tel. 251 46 00 40, www.penedahotel.pt. Deze voormalige pelgrimsherberg is verbouwd tot een hotel met 20 in bruin en rood ingerichte kamers. 2 pk € 62-75.

Castro Laboreiro

De vesting boven het landelijke stadje werd verwoest door een explosie in de munitieopslagplaats. De ruïne biedt nog een fantastisch uitzicht op de bergen. Een **streekmuseum** documenteert het zware leven van de bevolking in deze afgelegen regio en vertelt het verhaal van de regionale herdershond Cão de Castro Laboreiro (di.-zo. 10-12.30, 14-17, hartje zomer tot 19 uur, € 1).

De wandelroutes in de omgeving verhogen de aantrekkelijkheid van het plaatsje. Zo is er de 18 km lange, zeer zware wandelroute **Trilho Castrejo**, die over hoge heuvels en door diepe dalen voert. Voor geïnteresseerden zijn er in de omgeving tal van grafvelden uit het neolithicum te zien.

Dourodal en Trás-os-Montes

Trás-os-Montes betekent 'achter de bergen', en die ligging verklaart ook wel waarom het afgelegen noordoosten is achtergebleven. Het leven hier is authentiek, maar staat ook in het teken van armoede. Het dal van de rivier de Douro is daarentegen een lieflijk-romantische wijnstreek. En de rotstekeningen van Foz Côa getuigen van het feit dat hier dertigduizend jaar geleden al mensen woonden.

Ruim driemaal zo hoog is de gemiddelde koopkracht van iemand in Lissabon in vergelijking met iemand in het district Bragança, de hoofdstad van de oostelijke regio Trás-os-Montes. De regio is onderontwikkeld; het komt nog voor dat oudere inwoners zich verplaatsen per ezel. De regio heeft zelfs nog een eigen taal, het Mirandês.

Een heel ander beeld geeft het Dourodal te zien, dat een plaats heeft gekregen op de UNESCO-Werelderfgoedlijst. De rivier meandert vredig tussen de steile bergen met wijngaarden door. Dankzij de voortreffelijke port en de Dourowijn is deze streek welvarend geworden. In de afgelopen jaren zijn hier talrijke romantische hotels in het dure segment gebouwd.

Door het Dourodal

Kaart: zie blz. 321

De historische stadskernen van Amarante, Bragança, Chaves, Lamego, Miranda do Douro en Vila Real blijven overwegend gevrijwaard van een moderne bouwwoede, en ook in afgelegen dorpen is nog menig kunsthistorisch juweeltje te vinden. In alle rust en vrijwel niet door mensenhanden beroerd verheft het ruige bergland van het Portugese noordoosten zich tot een hoogte van ruim 1400 m. Jammer is wel dat hier veel mogelijkheden voor het toerisme nog onbenut blijven. Tot nu toe is er nauwelijks een infrastructuur voor wandelaars opgezet.

Als u romantisch bent aangelegd, maak dan een tocht per boot en trein door het Dourodal. Een mooie rit voor automobilisten

Door het Dourodal

gaat over de A 4 ten noorden van de rivier via Amarante en Vila Real naar Peso da Régua.

Amarante ▶ D 3

Het 12.000 inwoners tellende stadje **Amarante** 1 lijkt in de laatste jaren te snel gegroeid te zijn. Als armen van een octopus kronkelen de nieuwbouwwijken over de omliggende heuvels. Maar het historische centrum langs de Rio Tâmega is van nieuwbouw gevrijwaard gebleven. Vele sfeervolle herenhuizen uit de 17e en de 18e eeuw die uitkijken op de rivier bieden nu onderdak aan cafés en restaurants. Een zware granietstenen brug vormt de verbinding met de overkant, met de belangrijkste bezienswaardigheden.

Igreja de São Gonçalo
Praça da República, meestal 9-19, 's winters 9-17.30 uur, gratis

Het renaissanceklooster van São Gonçalo met een bekoorlijke kruisgang werd in 1620 voltooid, de koninklijke galerij boven het zijportaal, het orgel en het gouden altaar zijn in de baroktijd toegevoegd. Verliefde paartjes kunne het grafmonument van Gonçalo naast het hoofdaltaar opzoeken. Weliswaar ligt het stoffelijk overschot van deze heilige niet hier, maar wie zijn beeld aanraakt, of beter nog kust, zal eeuwig liefdesgeluk ervaren! Ter ere van deze beschermheilige van de geliefden geeft men elkaar op zijn verjaardag op 10 januari en tijdens het stadsfeest begin juni zoete broodjes in de vorm van een fallus.

De leisteenheuvels van het Dourodal 'leveren' wereldwijd gewaardeerde wijnen

Museu Municipal Amadeo de Souza-Cardoso

Alameda Teixeira de Pascoaes, di.-zo. 10-12, 14-18, 's winters tot 17.30 uur, € 1

Achter de kerk is in een verbouwd dominicanenklooster een museum voor moderne Portugese kunst ondergebracht, waar ook archeologische vondsten zijn te zien. Dit gemeentelijk museum is vernoemd naar de vroege kubist Amadeo de Souza-Cardoso (1887-1918), die van Amarante naar Parijs trok en daar met toonaangevende avant-gardisten samenwerkte.

Buiten het centrum

Het bekoorlijke Amarantes is bij mooi weer ook goed te bewonderen vanaf de rivier. Aan de oever worden waterfietsen met een kleurig zonnescherm verhuurd. Langs de rivier liggen knusse plekjes voor een zomerse picknick in het gras.

In de dalen rond Amarante zijn diverse romaanse kerken te vinden. Bijzonder interessant is de weerkerk van **Travanca** (20 km noordwestelijk, te bereiken via de de N 211-1) met een rijkversierd portaal.

Informatie

Turismo: Largo Concelheiro António Cândido, tel. 255 42 02 46, dag. 9-18, juni-sept. 9-19 uur.

Accommodatie

Chic – **Casa da Calçada:** Largo do Paço 6, tel. 255 41 08 30, www.casadacalcada.com. Groot herenhuis met 26 luxueuze kamers. 2 pk vanaf € 120.

Functioneel – **Navarras:** Rua António Carneiro, tel. 255 43 10 36, www.tamegaclube.com. Het beslist aan te bevelen een kamer aan de achterkant op de hogere verdiepingen te vragen vanwege de rust en het uitzicht. 2 pk € 40-80.

Eten en drinken

Haute cuisine – **Largo do Paço:** in Hotel Casa da Calçada (zie hiervoor). Verfijnde Portugese kookkunst. Hoofdgerecht vanaf € 24, menu voor lunch € 35, voor diner € 125.

Authentiek – **Tasquinha da Ponte:** Rua 31 de Janeiro 193, tel. 255 43 37 15. Aan lange houten banken serveert men kleine gerechten vanaf € 2,50, en hoofdgerechten vanaf € 7,50.

Winkelen

Weekmarkt – Elke wo.- en za.-ochtend.

Actief

Wandelen – Het toeristenbureau heeft informatie over twee wandeltochten beschikbaar.

Fietsen – **Ecopista da Linha do Tâmega:** fietsroute van 40 km door een prachtig landschap over een voormalig spoorlijntraject.

Evenementen

Stadsfeest: 1e weekend in juni. Met jaarmarkt, dans en processie.

Zomerfestival: juli-aug. Met concerten en toneelvoorstellingen.

Vervoer

Bus: Avenida 1° de Maio. Zeer vaak naar Porto en Vila Real, minder vaak naar Braga, Guimarães, Chaves en Bragança.

Vila Real ▶ E 3

Voorbij Amarante hebt u keus uit twee routes die allebei door een mooi landschap leiden: de bochtige N 101 gaat naar Peso da Régua, en vandaar kunt u verder rijden naar Pinhão en via Sabrosa over de N 323 naar Vila Real. Of u neemt de snelweg A 4, die over de dicht beboste Serra do Marão rechtstreeks naar **Vila Real 2** gaat.

De naam 'koninklijke stad' heeft deze levendige universiteitsstad, die met 18.500 inwoners aan de samenloop van Rio Corgo en Rio Cabril ligt, te danken aan de stichting door koning Dinis aan het eind van de 13e eeuw. Tal van met familiewapens getooide adellijke paleizen in het bescheiden, maar zeer bezienswaardige centrum herinneren aan die tijd van voorspoed. Vila Real kan ook bogen op een prominent kind van de stad. Op Avenida Carvalho Araújo nr. 17 werd de ontdekkingsreiziger Diogo Cão geboren, die in 1482 de monding van de rivier de Congo ontdekte.

Bezienswaardige kerken

In de nabije omgeving van het geboortehuis van Cão staat de vroeggotische **kathedraal São Domingos** uit de 15e eeuw. In het interieur van de driebeukige kerk zijn bij de rijkversierde pilaren en kapitelen nog romaanse elementen te zien. Onder een eenvoudig tongewelf staat een gouden hoofdaltaar uit de 18e eeuw.

De aan de noordkant van het centrum in de Rua dos Combatentes da Grande Guerra gebouwde **Igreja São Pedro** (16e eeuw) is versierd met polychrome renaissancetegels. De in het voetgangersgebied gelegen **Igreja do Clérigo** (17e eeuw), ook wel Capela Nova genoemd, heeft daarentegen prachtige blauw-witte azulejo's uit de barok. De pronkgevel wordt toegeschreven aan Nicolau Nasoni en combineert stijlelementen van rococo en classicisme (Rua Dr. Roque da Silveira).

Museu da Vila Velha

Rua de Trás-os-Muros, dag. 10-12.30, 14-19 uur, gratis
Het gebouw van het Museu da Vila Velha aan de zuidrand van het centrum maakt een futuristische indruk. Naast archeologische vondsten toont men hier moderne kunst.

Informatie

Turismo: Avenida Carvalho Araújo 94, tel. 259 32 28 19, dag. 9.30-12.30, 14-17 uur, 's winters en za.-zo. vaak met middagpauze.

Accommodatie

Groot hotel – **Mira Corgo**: Avenida 1° de Maio 76, tel. 259 32 50 01, www.hotelmiracorgo.com. Hotel met 166 moderne kamers in twee gebouwen; die in de nieuwbouw zijn groter en comfortabeler. 2 pk ca. € 73.
Klein pension – **Real:** Rua Combatentes da Grande Guerra 5, tel. 259 32 58 79, www.residencialreal.com. Eenvoudige, ruime kamers in het voetgangersgebied. 2 pk ca. € 40.

Eten en drinken

In het vat – **Terra de Montanha**: Rua 31 de Janeiro 16-18, tel. 259 37 20 75, zo.-avond gesl. De gasten zitten hier in gehalveerde wijnvaten! Men serveert stevige kost, zoals varkenspoot met tuinbonen. Vanaf € 10,50 voor een halve portie die voor een persoon genoeg is.
Gemoedelijk – **22:** Rua Teixeira da Sousa 16, tel. 259 32 12 96. Eenvoudig eethuis met streekgerechten, zoals *feijoada*, een eenpansgerecht met bonen. Hoofdgerecht vanaf € 5,50.

Winkelen

Delicatessen – **Casa dos Sabores Regionais:** Rua Dr. Domingos Campos 8 (ten noorden van het centrum). Worst, ham, wijn en olijfolie.

Actief

Wandelen – Informatie over wandelroutes is verkrijgbaar bij het toeristenbureau en het informatiebureau van het naburige natuurpark Alvão aan de Largo Freitas achter het stadhuis (mei-okt. ma.-vr. 9-12.30, 14-17.30 uur).

Evenementen

Sacramentsdag: 2e do. na Pinksteren. Middeleeuwse processie.
Stadsfeest: rond 13 juni. Folklore en vuurwerk.
Douro Jazz: half sept.-half okt. Festival met nationale en internationale musici.

Vervoer

Bus: geregeld naar Porto, Bragança, Amarante en plaatsen in de regio.

Bezienswaardig in de omgeving ▶ E 3

Casa de Mateus

mei-okt. 9-19, anders 9-18 uur, toegang met rondleiding steeds op het hele uur, naar aanmelding vooraf op www.casademateus.com ook in het Engels, € 10, alleen tuin € 6,50
De **Casa de Mateus**, een vermoedelijk door Nicolau Nasoni ontworpen herenhuis aan de N 322 in de richting van Sabrosa, is de vrij grote omweg zeker waard. Het is het belangrijkste niet-religieuze gebouw uit de barok in Portugal, met een grote overdaad aan versieringen. Het wordt nu bewoond door nazaten van de opdrachtgever, de graaf van Mangualde, maar

de mooie tuin en vele delen van het gebouw zijn te bezichtigen in het kader van een rondleiding. De verfijnde architectuur met uit kastanjehout gesneden plafonds en deuren en het luxueuze interieur zijn een afspiegeling van de tijdgeest onder de rijke adel in de 18e eeuw. Meubilair, tapijten, porselein, heiligenbeelden, schilderijen, goud- en zilverwerk: alles is het fijnste van het fijnste. De huiskapel is verrijkt met kostbare heiligenbeelden en relikwieën, de bibliotheek bevat ruim tweeduizend perkamentrollen, zeekaarten en waardevolle boeken. Hier zijn ook originele drukplaten van een editie van het Portugese nationale epos *De Lusiaden* uit 1817.

De als een park aangelegde tuin strekt zich uit rond een vijver waarin het paleis van twee verdiepingen wordt weerspiegeld. De sculptuur van de badende vrouwen werd gemaakt door João Cutileiro. Vanaf een dorsvloer kijkt u uit over het omliggende bergland, in het voorjaar bloeien de rode camelia's, een tunnel van ceders lijkt wel een gotische kathedraal.

Op het etiket van de wereldwijd bekende wijn Mateus Rosé, die ook wel berucht is om zijn suikergehalte, is dit herenhuis te zien, maar de wijn wordt onafhankelijk hiervan gemaakt in een naburig gebouw.

Santuário de Panóias
wo.-zo. 9-12.30, 14-17, di. 14-17 uur, € 2
Na nog eens 5 km over de N 322 ziet u een zijweg naar het Santuário de Panóias. Op drie steenblokken van graniet slachtten de Romeinen in de 2e-3e eeuw n.Chr. offerdieren om de goden gunstig te stemmen. Volgens de inscripties vooral voor Serapis, een Egyptische god van de onderwereld. Duidelijk te zien zijn de geulen waardoor het bloed wegstroomde.

Vila Marim en omgeving
Ongeveer 4 km ten westen van Vila Real verheft zich aan de rand van het ruige natuurpark van Alvão, waar nog wolven leven, in **Vila Marim** de burchttoren Torre de Quintela uit de 13e eeuw. In de dorpskerk zijn mooie, goed bewaard gebleven fresco's te bewonderen. De nabije dorpen van ambachtelijke nijverheid **Agarês** en **Bisalhães** genieten faam om hun geweven linnen en hun antracietkleurig aardewerk, dat met een in deze streek ontwikkeld procedé wordt gebakken van bruingrijze klei.

Winkelen
Kunstnijverheid – Aardewerk en textiel zijn in de dorpen van ambachtelijke nijverheid **Agarês** en **Bisalhães** rechtstreeks bij de makers te koop.

Van Vila Real in de richting van Bragança ▶ E/F 3

Als u na een bezoek aan Vila Real over de IP 4 rechtstreeks naar Bragança (zie blz. 328) rijdt, kunt u onderweg een tussenstop houden in het landelijke **Murça** aan de **Rota do Azeite**, de route van de olijfolie. Hier is zowel aan de olijvenplukkers als aan een historisch zwijn een monument gewijd. Het staat in graniet gebeeldhouwd op het centrale plein van het stadje. In de 7e eeuw zou de toenmalige nederzetting zijn geteisterd door een enorm groot wild zwijn, dat pas kon worden gedood nadat de graaf van Murça een drijfjacht had georganiseerd.

In **Mirandela**, halverwege de route naar Bragança, biedt het Centro Cultural Municipal onderdak aan een van de beste kunstmusea van Portugal, het **Museu Municipal Armindo Teixeira Lopes**. Het is vernoemd naar de bekendste schilder uit de regio. U ziet hier 460 schilderijen en sculpturen van 286 nationale en internationale kunstenaars van de 20e eeuw, zoals Almada Negreiros, Abel Mata en Domingos Sequeiras (Avenida João Pimentel, ma.-vr. 9-12.30, 14-17.30 uur, za. 14.30-18, gratis).

Peso da Régua ▶ E 4

Een adembenemend uitzicht biedt de bochtige N 2 tussen Vila Real en **Peso da Régua** **3** . De route over de snelweg kost minder tijd, maar is ook veel minder mooi.

Peso da Régua is met 9000 inwoners een zeer bedrijvig stadje en een centrum van de port. De architectuur is minder interessant,

Door het Dourodal

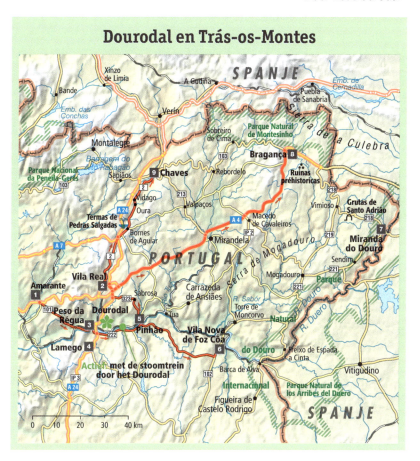

afgezien van een paar adellijke huizen uit de 18e eeuw. De stad is echter heel geschikt als uitvalsbasis voor verkennende ritjes in de omgeving en tochten over de Douro, die tegen zonsondergang een bijzonder romantisch decor vormt.

Museu do Douro
di.-zo. 10-13, 14.30-18 uur, hartje zomer ook ma., € 6
Pal aan de rivier staat het uiterst boeiende Museu do Douro. Het is enerzijds gewijd aan de wijnproductie, en anderzijds aan de sociale leefomstandigheden in de Dourostreek. In de tuin is een historisch schip te bewonderen, waarmee men vroeger de gerijpte wijnen naar Vila Nova de Gaia (zie blz. 262) transporteerde. Daarnaast worden er exposities van historische reclameaffiches en van regionale kunstenaars gehouden. In de bijbehorende bar schenkt men port per glas.

Informatie
Turismo: Rua da Ferreirinha, tel. 254 31 28 46, dag. 9.30-12.30, 14-18 uur.

Accommodatie
Mooi gelegen – **Régua Douro:** Largo da Estação da CP, tel. 254 32 07 00, www.hotelreguadouro.pt. Hotel in een betonnen pand

MET DE STROOMTREIN DOOR HET DOURODAL

Informatie
Begin en eind: station van Peso da Régua (Largo da Estação)
Duur: 3 uur
Tijd: juli-eind sept. za. ca. 15 uur, in aug. ook wo.; op andere dagen kunt u de tocht maken met een regelmatig rijdende trein op smalspoor.
Inlichtingen en tarief: de spoorwegmaatschappij CP geeft informatie op www.cp.pt in het Engels onder *How to travel*. Hier kunt u ook kaartjes boeken (€ 42,50).

Aan het historische perron roept de locomotief Henschel 0186 met doordringende fluittonen en schijnbaar vol ongeduld de passagiers op om plaats te nemen in de vijf gereedstaande, met hout beklede wagons uit 1912. De hete stoom doet de lucht onder de stralende zon trillen.
De ramen van de wagons zijn omlaaggeschoven, een laatste fluit, en dan vertrekt hij. **Peso da Régua** (zie blz. 320) ligt al snel achter u. Over de Douro ligt een brug voor autoverkeer als symbool van het moderne verkeer. Opwindender is de tocht beneden aan de rivier, waar het water bijna tot aan de spoorlijn golft.
Een groepje muzikanten vermaakt de gasten met volksmuziek, een glaasje port maakt de stemming nog vrolijker. Na zo'n 40 minuten is de trein bij het wijncentrum **Pinhão** (zie blz. 324), waar

Door het Dourodal

hij 10 minuten stilstaat zodat spoorwegarbeiders de voorraad water en steenkool kunnen aanvullen. Er is 3000 l water en 200 kg steenkool nodig om de ketel tot 400°C te verwarmen. De passagiers kunnen zich in de tussentijd verwonderen over de prachtige tegelafbeeldingen die het station sieren.
De locomotief laat weer een fluittoon horen en zet zich dampend en sissend in beweging. Het spoor loopt steeds dicht langs de rivier, slechts een enkele keer loopt het wat hoger de bergen in en door een korte tunnel. Volgens de dienstregeling duurt het 22 minuten tot de trein aankomt bij het eindstation **Tua**, een afgelegen plek waar verder weinig gebeurt.
Toch vliegt het verblijf van een uur hier voorbij, terwijl de locomotief met veel gehijg en gepuf in omgekeerde richting wordt gerangeerd en de remmen nauwkeurig worden gecontroleerd. Alles onder het toeziend oog van tal van deskundige treinliefhebbers, van wie velen op de terugreis op het balkon van de wagon staan. Net als vroeger.

met 67 moderne kamers, deels met fraai uitzicht over de rivier (met toeslag). 2 pk vanaf € 75.

Eten en drinken
Voortreffelijk – **DOC:** EN 222, Folgosa (12 km richting Pinhão), tel. 254 85 81 23, 's winters zo.-avond en ma. gesl. De aroma's, smaken en visuele sensaties wil men in dit restaurant verenigen met het terras aan de Douro. Zo krijgt u hier fantasierijke gerechten als tarbot met asperge, groene saus en gepureerde mais met kreeftenvlees. Hoofdgerecht ca. € 30, menu ca. € 80.
Regionaal – **Cachó D'Oiro:** Rua Branca Martinho (nabij de markt), tel. 254 32 14 55. Bekend om de inktvis, verder een grote keus aan regionale gerechten vanaf € 9,50.
Voedzaam – **O Maleiro:** Rua dos Camilos 108, tel. 254 31 36 84. Traditionele gerechten van stokvis tot slachtschotel. Hoofdgerecht vanaf € 7,50.

Winkelen
Port – **Museu do Douro:** zie blz. 321.
Wijnproeverij – Tal van wijngoeden in de omgeving zijn te bezichtigen. Zonder afspraak bijvoorbeeld de exclusieve **Quinta do Vallado** in Vilarinho dos Freires, 7 km noordoostelijk (www.quintadovallado.com).

Vervoer
Trein: Largo da Estação. Regelmatig naar Porto, minder vaak naar Pinhão.
Bus: Largo da Estação, voorverkoop in Adega do Quim. Regelmatig naar de naburige plaatsen en naar Porto.

Lamego ▶ D 4

Ook al verstoort de op hoge pijlers boven het dal gelegen nieuwe snelweg het plaatje, toch is het uitzicht vanaf de N 2 in de richting van **Lamego** 4 adembenemend. Ook het stadje zelf, met 11.000 inwoners, biedt veel bezienswaardigheden.

Burchtheuvel
In 1143 werd Afonso Henriques waarschijnlijk in de **Igreja de Almacave** door de eerste Portugese standenvertegenwoordiging officieel erkend als de rechtmatige koning van Portugal. Deze romaanse kerk is het hele jaar door te bezichtigen (7.30-12, 16-19.30 uur, gratis). De naburige romaanse **kasteelruïne** aan de Rua do Castelo werd verbouwd tot een multimediaal **museum**. Het kasteel werd ooit gebouwd boven op een Moorse vesting. De met kantelen omkranste toren en de waterkelders zijn nog behouden gebleven (di.-zo. 10-18 uur, gratis).

Rond de kathedraal
In de periode daarna ontwikkelde Lamego zich, mede dankzij een nijvere Joodse gemeenschap, tot een belangrijk handelscentrum. Representatieve herenhuizen en de indrukwekkende **kathedraal** getuigen nog van

die welvarende tijd. Met de bouw van de kathedraal werd begonnen in 1129; uit die tijd stamt ook de zware kerktoren. De gotische gevel met drie prachtig versierde portalen werd pas in het begin van de 16e eeuw gebouwd, en de renaissancistische kruisgang nog weer een halve eeuw later (dag. 8-13, 15-18 uur, 's zomers voor een deel zonder middagpauze, gratis).

In het voormalige bisschoppelijk paleis (1786) hiertegenover is nu het **stadsmuseum** gehuisvest. De kostbaarste expositiestukken zijn vijf altaarstukken die Grão Vasco in 1501-1511 voor de kathedraal schilderde in olieverf op walnotenhout. Daarnaast toont men hier Brusselse wandtapijten uit begin 16e eeuw, munten, archeologische vondsten en schilderijen (di.-zo. 10-18 uur, € 3).

Igreja Nossa Senhora dos Remédios

dag. 8.30-12.30, 13.30-18 uur, 's zomers zonder middagpauze tot 19 uur

Boven de stad verheft zich op een fiere hoogte van 600 m de spectaculaire **bedevaartskerk** Nossa Senhora dos Remédios. Dit in 1761 voltooide godshuis in barokstijl met classicistische stijlelementen is een van de belangrijkste bedevaartsplaatsen van Portugal. De grote trap van bijna zevenhonderd treden die van het centrum van Lamego omhoogleidt, is weelderig versierd met beelden, fonteinen en tegelafbeeldingen (zie foto op blz. 325).

Informatie

Turismo: Avenida Regimento de Infantaria 9, tel. 254 09 90 00, dag. 9.30-12.30, 14-18 uur.

Accommodatie

Op het platteland – **Casa de Santo António:** Britiande, ca. 5 km zuidoostelijk, tel. 254 69 93 46, www.casasantoantoniobritiande.com. Voornaam herenhuis met 6 antiek ingerichte kamers, een mooie tuin en een eigen met tegels versierde kapel uit de 17e eeuw. 2 pk ca. € 110-120, minimaal verblijf van 2 nachten.

In het centrum – **Solar dos Pachecos:** Avenida Visconde Guedes Teixeira, tel. 254 60 03 00. Klein zorgvuldig gerestaureerd herenhuis in het centrum met 15 zakelijk-moderne, kleine kamers. 2 pk € 40-70.

Eten en drinken

Achter de kathedraal – **Trás da Sé:** Rua Virgílio Correia 12, tel. 254 61 40 75, wo.-avond gesl. Eenvoudig restaurant met goede streekgerechten vanaf € 7. Recensies van gasten worden op briefjes aan de muren geplakt.

Lekker zoet – **Pastelaria Scala:** Avenida Visconde Guedes Teixeira 21, tel. 254 61 26 99, wo. gesl. Specialiteit zijn de *cavacas*, met suikerglazuur overdekte biscuits.

Actief

Wandelen – Het toeristenbureau biedt informatie over zes gemarkeerde wandelroutes.

Evenementen

Nossa Senhora dos Remédios: eind aug.-begin sept., hoogtepunten op 6, 7 en 8 sept. Culturele evenementen, optochten en processies ter ere van de beschermheilige.

Vervoer

Bus: Largo da Linha (achter de Rua do Regimento de Infantaria). Regelmatig naar Peso da Régua.

Mosteiro São João de Tarouca ▶ E 4

di. 14-17.30, wo.-zo. 10-12.30, 14-17.30, 's zomers tot 18 uur, 3e weekend in de maand gesl., gratis

Zo'n 18 km ten zuidoosten van Lamego, aan de N 226, staat het eerste cisterciënzer klooster van Portugal. Dit Mosteiro São João de Tarouca werd in 1124 gesticht. De driebeukige laatromaanse kerk met mooie tegelafbeeldingen en schilderingen uit de renaissance is ondanks de opheffing van het klooster intact gebleven.

Pinhão ▶ E 3

Hoog boven de Douro kronkelt de N 222 door het landschap en biedt steeds weer een fantastisch uitzicht op het in het dal gelegen

Door het Dourodal

plaatsje **Pinhão** 5 . In dit geografische middelpunt van de regio van de port is niets te merken van de bedrijvigheid in het naburige Peso da Régua. De witte huisjes liggen stil tussen de wijngaarden op de hellingen. Druiven van de hoogste kwaliteit groeien hier, alle grote wijnhuizen hebben in deze omgeving een eigen wijngoed. Bijzonder mooi is het station, waar op 24 tegelafbeeldingen motieven uit de wijnbouw te bewonderen zijn.

Op het particuliere wijngoed **Quinta do Bomfim** op de rivieroever ten oosten van de brug kunt u op eigen gelegenheid rondwandelen of een rondleiding krijgen met informatie over de wijnproductie van nu en vroeger (apr.-okt. 10.30-19, anders tot 17 uur, 's zomers

Omhoog naar de bedevaartskerk van Lamego

is reserveren aan te raden, tel. 254 73 03 50, www.symington.com).

Bij **Alijó**, 15 km noordelijker, zijn dolmens en rotstekeningen te zien.

Accommodatie

In de wijngaarden – **Quinta Nova:** Quinta Nova de Nossa Senhora do Carmo, ca. 15 km westelijk, tel. 254 73 04 30, www.quintanova.com. Gerestaureerd herenhuis met 11 luxueuze kamers op het landgoed van de portproducent Burmester boven de Douro. 2 pk € 100-220.

Prachtig gelegen – **CS Vintage House:** Lugar da Ponte, tel. 254 73 02 30, www.csvintagehouse.com. Prachtig hotel met 41 lichte en luxueuze kamers in het vroegere landhuis van de portproducent Taylor's uit de 18e eeuw, idyllisch aan de rivier. 2 pk € 50-200.

In een rustige omgeving – **Casa do Visconde de Chanceleiros:** Chanceleiros, ca. 4 km noordwestelijk, tel. 254 73 01 90, www.chanceleiros.com. Adellijk huis van twee eeuwen oud met 9 kamers in een rustige omgeving en met een mooi vergezicht, smaakvol gerestaureerd door een Duits echtpaar. Uitgebreid met tuin, zwembad, sauna en tennisbaan. Voor huisgasten wordt 's avonds gekookt. 2 pk € 135-170.

Eten en drinken

Voortreffelijk – **DOC:** EN 222, Folgosa (14 km richting Peso da Régua). zie blz. 323.

Bij Dona Fernanda – **Douro:** Largo da Estação (in het gelijknamige hotel), tel. 254 73 21 49. De vrouw des huizes bereidt heerlijk geitenvlees; ook de stokvis is uitstekend. Hoofdgerecht vanaf € 7.

Vervoer

Trein: Largo da Estação, regelmatig naar Régua en Porto.

Vila Nova de Foz Côa ▶ F 4

In 1991 werd de waterspiegel van de Rio Côa in de omgeving van **Vila Nova de Foz Côa** 6, een stadje dat ongeveer 45 km ten oosten van

Vrolijke stemming tijdens de oogst

Pinhão ligt, verlaagd voor de bouw van een stuwdam. Toen de laagste delen van de steile leisteenhellingen bloot kwamen te liggen boven het water, ontdekten onderzoekers **rotstekeningen uit de steentijd**. Inmiddels zijn deze door de UNESCO tot Werelderfgoed bestempeld. In totaal zijn het er zo'n vijfduizend, waarvan sommige dertigduizend jaar oud zijn.

Parque Arqueológico do Vale do Côa

Rua do Museu, tel. 279 76 82 60, www.arte-coa. pt, di.-zo. 9-12.30, 14-17.30, museum di.-zo. 10-13, 14-18 uur, € 5

De oudste figuren zijn in het steen gekrast, later werden ze met beitels in het steen gegrift. De populairste motieven uit de oertijd zijn dieren als paarden, runderen en geiten. Een ware sensatie waren zestien tekeningen van mensenfiguren van wie enkele een dierenkop hebben. Van de 31 vindplaatsen zijn er drie voor het publiek toegankelijk gemaakt. Deze kunt u bezichtigen binnen het kader van een rondleiding van zo'n 2 uur (ca. € 10) alsof u in een openluchtmuseum rondloopt. Zo wordt het bezoek in een terreinwagen voor acht personen en te voet tot een heel bijzondere belevenis. Het is beslist noodzakelijk u van tevoren aan te melden, want door het geringe aantal gidsen kan er slechts een beperkt aantal bezoekers worden verwerkt. De vertrektijden zijn flexibel, maar nooit op maandag. Een spontaan bezoek heeft geen zin.

Het **Museu de Arte e Arqueologia** is de afronding van het bezoek. Naast oude vondsten toont men video's van tekeningen die niet voor publiek toegankelijk zijn. Verder geeft het museum een beeld van de geschiedenis van de aarde.

Informatie
Turismo: Avenida Gago Coutinho 9, tel. 279 76 03 29, dag. 9-12.30, 14-17.30 uur.

Accommodatie
In het rode huis – **Casa Vermelha:** Avenida Gago Coutinho 3, tel. 279 76 52 52, www.casa vermelha.com. Stadspaleis met 7 kamers uit de jaren 20 dat dankzij de rode kleur (ofwel: vermiljoen, Portugees *vermelha*) al van ver in het oog springt. 2 pk ca. € 90.

Eten en drinken
Wijn en meer – **Aldeia Douro:** Rua Dr. José A. Saraiva de Aguilar 19, tel. 279 76 23 23, ma. gesl. Tapasbar, mediterrane keuken en wijnhandel.

Vervoer
Bus: Avenida da Misericórdia, 1 x per dag naar Bragança en naar Porto.

Omgeving van Vila Nova de Foz Côa ▶ F/G 4

Onderweg naar het noorden kunt u een kijkje nemen in de parochiekerk van **Torre de Moncorvo**, die in 1644 werd voltooid na een bouwtijd van honderd jaar. De kerk in het oude stadje **Freixo de Espada à Cinta**, dat iets buiten de doorgaande route, ten oosten van Torre de Moncorvo aan de N 221 ligt, vergde maar liefst vierhonderd jaar. Het heeft elementen van alle bouwperioden sinds de romaanse stijl.

Miranda do Douro ▶ H 3

Enkele eigenaardigheden kenmerken de ruim 2000 inwoners van **Miranda do Douro** 7, een stadje aan de grens met Spanje. Ze spreken naast het Portugees hun eigen streektaal, Mirandês, een mengeling van Spaans, Portugees en Latijn. En ze houden de traditie van een Keltische zwaarddans in leven, al is het een puur mannelijke aangelegenheid met drie muzikanten en acht dansers. Spectaculair is de plaats waar de Douro doorbreekt tussen steile, in het zonlicht in verschillende kleuren oplichtende rotswanden door.

Bezienswaardig
De geplaveide straatjes in de dorpskern worden omzoomd door met familiewapens getooide woonhuizen uit de 15e-16e eeuw. In het **streekmuseum** zijn historische gebruiksvoorwerpen, klederdrachten en muziekinstrumenten te zien (wo.-zo. 9.30-12.30, 14-17.30 uur, di. alleen 's ochtends, € 2).

De driebeukige **kathedraal** die aan het zuideinde van het voetgangersgebied staat, dateert uit de late 16e eeuw. Twee versterkte torens flankeren het langgerekte renaissance-portaal. Binnen ziet u een beeld van het Jezus-kind met rode sjerp, zilveren zwaard en hoge hoed. Uitgerust met deze attributen zou Jezus in de 17e eeuw persoonlijk de Spaanse belegeraars hebben teruggeslagen (wo.-zo. 9.30-12.30, 14-17.30 uur, di. alleen 's ochtends, gratis).

Van het nabijgelegen **bisschoppelijk paleis** zijn na een brand alleen nog delen van de arcaden overgebleven, waaromheen nu een park is aangelegd (wo.-zo. 9.30-12.30, 14-17.30 uur, di. alleen 's ochtends, gratis).

Informatie
Turismo: Largo Menino Jesus de Cartolinha, tel. 273 43 11 32, di.-za. 9-13, 14-18 uur, hartje zomer ook ma.

Accommodatie
Familiepension – **Cabeço do Forte:** Rua do Cabeço do Forte 10, tel. 273 43 14 23, www.cabecodoforte.com.pt/. Keurige kamers op de heuvel tegenover het kasteel, met uitzicht. 2 pk € 45-55.

Eten en drinken
Regionaal – **Capa d'Honras:** Travessa do Castelo 1, tel. 273 43 26 99. Herhaaldelijk bekroonde streekkeuken, met gebraden vlees van ram, jonge geit of wild zwijn. Vanaf € 10.

Actief
Boottocht – **Europarques Hispano Luso:** tel. 273 43 23 96, www.europarques.com, dag. om 16 uur, weekend en aug. ook om 11 uur. Op een boot voor 120 personen vaart u tussen de rotsen door.

Wandelen – Informatie over diverse wandelroutes in het **natuurpark** is verkrijgbaar bij het bureau van het natuurpark, Cabanais do Castelo, Largo do Castelo, tel. 273 43 14 57.

Evenementen
Festas de Sante Bárbara: eind aug. Feest met stokdansen, concerten en processies.

Vervoer
Bus: halte bij de stadsrand, 2 x per dag naar Vila Real en Porto.

Bragança ▶ G 2

Kaart: zie blz. 321

Met 23.000 inwoners is Bragança de grootste stad van Trás-os-Montes. Het heeft vele mooie hoekjes en bezienswaardigheden, maar helaas ook lelijke nieuwbouw. De kathedraal vormt het middelpunt van de benedenstad, in de bovenstad staat het kasteel centraal. Van 1640 tot de afschaffing van de monarchie in 1910 waren de Portugese koningen afkomstig uit het adellijke geslacht Bragança. In 1780 werd de stad **Bragança** 8 de zetel van een bisschop. De bevoorrechte stad maakte een periode van welvaart door, waarvan vele representatieve huizen van granietsteen nu nog getuigen.

Dat veranderde in de afgelopen decennia, toen veel inwoners om economische redenen wegtrokken naar Frankrijk. Om jonge inwoners voor de stad te behouden restaureert men nu huizen in het centrum en stelt die ter beschikking aan studenten.

Wandeling door de stad

Centrum van de benedenstad
De sobere **kathedraal** werd gebouwd in de 16e eeuw. Bezienswaardig zijn het vergulde houtsnijwerk van het koor, de ooit tot het jezuïetencollege behorende kruisgang rond een begroeide binnenplaats en de sacristie, waar 39 schilderijen het leven van de stichter van de jezuïetenorde Ignatius van Loyola uitbeelden. De schandpaal op het mooie voorplein werd in 1689 opgesteld.

Het prachtige voormalige bisschoppelijk paleis aan de straat naar de bovenstad herbergt het fraaie streekmuseum **Abade de Baçal**. Hier toont men archeologische vondsten uit de tijd van de Romeinen, meubilair uit de 17e-19e eeuw en volkskunst, en verder Portugese schilderkunst uit de 20e eeuw (Rua Abílio Beça 27, di.-zo. 9.30-17.30 uur, € 3).

Bragança

Een heel andere benadering van kunst is te zien is het naburige **Centro de Arte Contemporânea Graça Morais**. Hier toont men werken van de eigentijdse kunstenares Graça Morais, die in haar werk dieper ingaat op de rol van de vrouw op het platteland van Noord-Portugal (Rua Abílio Beça 105, di.-zo. 10-12.30, 14-18.30, € 2).

In het huis ernaast heeft in 2016 het **Centro de Interpretação Sefardita** zijn deuren geopend. Dit interactieve museum documenteert de cultuur en het leven van de joodse gemeenschap in deze regio vóór de jodenvervolging. De architect die dit centrum ontwierp, was Eduardo Souto Moura.

Een bijzondere kunstvorm is iets verderop te vinden in de kloosterkerk **São Bento** (16e eeuw) aan de voet van het kasteel. Boven het vergulde altaar ziet u een stucplafond in de geometrische mudejarstijl, dat in opdracht van christenen werd vervaardigd door Moorse ambachtslieden.

In de bovenstad

De eerste muurring van het goed behouden gebleven **kasteelcomplex** werd in 1187-1189 gebouwd, waarna in de 14e eeuw een tweede verdedigingsmuur werd toegevoegd. Tot in de 15e eeuw omsloten ze het middeleeuwse Bragança, de kleine huizen worden nog steeds bewoond. De 33 m hoge **kasteeltoren** biedt ruimte aan een klein legermuseum (di.-zo. 9-12, 14-17 uur, € 2). Van de kasteelmuren hebt u uitzicht over het natuurpark Montesinho (zie blz. 330).

Hiervoor staat een gotische **schandpaal** op de rug van een granietstenen zwijn, een vruchtbaarheidssymbool uit de Keltisch-Iberische tijd dat in deze streek wel meer te zien is. Het plompe **Domus Municipalis** uit de 13e eeuw met romaanse arcaden is het oudste bewaard gebleven niet-religieuze gebouw van Portugal. Op een lange stenen bank zaten de standen bijeen met de koning, en later zaten hier de raadsheren (Rua da Cidadela, onregelmatige openingstijden, gratis).

Uniek voor het Iberisch Schiereiland is het **Museu Ibérico da Máscara e do Trajo**, dat is gewijd aan de maskers en klederdrachten van de winterse optochten in de regio en de aangrenzende Spaanse gebieden (Rua Dom Fernando O Bravo 24/26, di.-zo. 9-12.30, 14-17.30, 's zomers 9-13, 15-18 uur, € 1).

Informatie

Turismo: Avenida Cidade de Zamora, tel. 273 38 12 73, dag. 9.30-12.30, 14-18 uur.

Accommodatie

Prachtig uitzicht – **Pousada de São Bartolomeu:** Estrada de Turismo, tel. 273 33 14 93, www.pousadas.pt. Hotel met 28 kamers met alle comfort in een modern gebouw, 2 km buiten Bragança met een prachtig uitzicht over de stad. 2 pk € 90-170.

Met fietsverhuur – **Tulipa:** Rua Dr. Francisco Felgueiras 8-10, tel. 273 33 16 75, www.tulipa-turismo.com. Vriendelijk en eenvoudig familiepension met 25 kamers. 2 pk ongeveer € 50.

Eten en drinken

Uitmuntend – **Solar Bragançano:** Praça da Sé 34, tel. 273 32 38 75. Voortreffelijk restaurant dat stijlvol is gehuisvest op de 1e verdieping van een stadspaleis uit de 18e eeuw. De regionale keuken met een creatief raffinement legt het accent op wild, onder begeleiding van klassieke achtergrondmuziek. Hoofdgerecht vanaf € 10.

Winkelen

Kunstnijverheid- en veemarkt – **Feira das Cantarinhas:** 2-4 mei. *Cantarinhas* zijn van gebakken leem vervaardigde waterkruikjes.
Weekmarkt – Op de 3e, 12e en 21e van elke maand.

Uitgaan

Discotheek – **Mercado Club:** markthal, wo.-za. 22-5 uur. House en hitparade in een stijlvolle entourage.
Concerten – **Teatro Municipal:** Praça Prof. Cavaleiro Ferreira. Veel muziek, ook jazz.

Actief

Fietsen – Er zijn diverse mountainbikeroutes uitgestippeld. Fietsen zijn te huur bij Hotel Tulipa (zie hiervoor) ook voor niet-gasten.

Wandelen – Informatie over wandelroutes is verkrijgbaar bij het toeristenbureau en bij het beheer van het natuurpark (zie hierna).

Evenementen
Festa da Cidade: 12-22 aug. Processies, folklore, kunstnijverheid en middeleeuws feest.

Vervoer
Bus: Avenida João da Cruz, tel. 273 30 04 50. Geregeld naar Porto, minder vaak naar het Dourodal.

Parque Natural de Montesinho ▶ F/G 1/2

Net buiten Bragança ligt het Parque Natural de Montesinho van 75.000 ha. De bergen zijn ongerept en nauwelijks door mensen beklommen. Van de huizen met platte daken in de 92 dorpen zijn vele in de afgelopen tijd verlaten door hun bewoners, die elders een beter leven zochten. Toch worden hier unieke tradities in ere gehouden. Zo trekken jongemannen in de nacht voor kerst in kleurige mantels en met angstaanjagende maskers voor hun gezicht luid schreeuwend door de straatjes. Dit is een initiatiegebruik dat nog uit Romeinse tijden stamt. Een authentiek muziekinstrument is hier de Keltische doedelzak. In de zuidwestelijke uitlopers bij Vinhais vormt een biologisch park (www.parquebiologicodevinhais.com) een soort botanische tuin met wandelpaden en een dierentuin.

Informatie
Parkbeheer: in Bairro Rubacar, Rua Cónego Albano Falcão, lote 5, tel. 273 30 04 00, ma.-vr. 9-12.30, 14-17.30 uur.

Accommodatie
Verblijf in het natuurpark – Voor wandelaars verhuurt Montesinho Vivo ongeveer 20 onderkomens midden in het natuurpark, afhankelijk van de grootte € 40-220 per dag; nadere informatie op www.montesinhovivo.pt.

Actief
Fietsen – zie blz. 329.

Chaves ▶ E 2

Kaart: zie blz. 321

Het interessante kuurstadje **Chaves** 9 ligt midden op een vruchtbare vlakte aan de Rio Tâmego. Het bronwater is wel 73°C warm. De Romeinen kwamen hier al kuren en noemden de plaats naar hun toenmalige keizer Aquae Flaviae. Aan die tijd herinnert een intact gebleven **Romeinse brug** uit de 2e eeuw met achttien granietstenen bogen, waarvan zes nu in het zand staan. De brug was onderdeel van de belangrijke route van Braga via Astorga door het huidige Castilië naar Rome. De pijlerstenen met Latijnse inscripties in het midden van de brug zijn kopieën van de originelen die in het streekmuseum te zien zijn.

Wandeling door de stad

Het ongeveer 20.000 inwoners tellende Chaves is een bedrijvige en levendige stad dankzij het verzorgingsgebied eromheen en de vele kuurgasten. Daarentegen doet de verkeerssluwe **oude stad** rond de smalle Rua Direita juist erg rustig aan. Door de omringende stadsmuur was hier in de middeleeuwen een groot ruimtegebrek en konden de huizen slechts op kleine percelen worden gebouwd. Daarom werden de huizen des te hoger gebouwd. En op de bovenste verdiepingen werden balkonachtige, in fel rood en groen beschilderde erkers van hout aangebracht.

Rond het Castelo
Van het kasteel, dat koning Dinis in de 14e eeuw als bastion tegen de Spanjaarden liet bouwen op de plaats van een Romeinse vesting, staan nu nog enkele muurresten en de wachttoren overeind, waarin een collectie wapens wordt getoond. U hebt er een mooi uitzicht over stad en omgeving (ma.-vr. 9-12.30, 14-17.30, za.-zo. 9-12.30 uur, combikaartje voor alle bezienswaardigheden € 1).

Aan de centrale **Praça de Camões** staan de twee belangrijkste kerken van de stad. De driebeukige **Igreja Matriz de Santa Maria Maior** is de oudste maar werd in de 16e eeuw grondig verbouwd. Aan het oude ro-

Chaves

maanse bouwwerk uit de 12e eeuw herinneren nog de toren en het met plantenmotieven versierde portaal. Een aanbouw herbergt het kerkmuseum (kerk gratis, museum ma.-vr. 9-12.30, 14-17.30, za.-zo. 9-12.30 uur, combikaartje € 1).

De eenbeukige **Igreja da Misericórdia** (17e eeuw) schuin hiertegenover vertoont alle kenmerken van overdadige barok. De kerk is rijkelijk met goud versierd, maar bijzonder fraai zijn de grote tegelpanelen met taferelen uit het evangelie.

In het vroegere paleis van de hertog van Bragança is nu het streekmuseum **Museu da Região Flaviense** ondergebracht. Men toont hier vooral eenvoudige volkskunst en archeologische vondsten (ma.-vr. 9-12.30, 14-17.30, za.-zo. 9-12.30 uur, combikaartje € 1).

Forte de São Francisco
Rúa da Aliança
Binnen de muren van het Forte de São Francisco ten noorden van de oude stad kunt u genieten van een van de vele grote **tuinen**. Het voormalige franciscanenklooster werd in de 17e eeuw verbouwd tot een vesting, waarin nu een luxehotel zijn intrek heeft genomen (zie hierna).

Informatie
Turismo: Terreiro da Cavalaria, tel. 276 34 81 80, ma.-za. 9-12.30, 14-17.30 uur.

Accommodatie
In de vesting – **Forte de São Francisco:** Alto da Pedisqueira, tel. 276 33 37 00, www.fortesaofrancisco.com. In de sfeervolle vesting uit 1662 zijn 58 tot in de kleinste details luxueus gemoderniseerde kamers ingericht; met panoramarestaurant. 2 pk € 70-128.
In de vrije natuur – **Casa de Samaiões:** Samaiões, 5 km ten zuiden van Chaves, tel. 276 34 04 50, www.hotel-casasamaioes.com. Rustig landelijk hotel met 18 zeer comfortabele kamers met oud meubilair. 2 pk € 72-95.
Eenvoudig – **Kátia:** Rua do Sol 32, tel. 276 32 34 46. Gemoedelijk hotel met 25 gemoderniseerde kamers tussen de oude stad en de thermen. 2 pk € 42-52.

Eten en drinken
Familiebedrijf – **Carvalho:** Alameda do Tabolado, Bloco 4, tel. 276 32 17 27, zo.-avond en ma. gesl. Moeder en dochter Carvalho serveren voor een deel stevige, en voor een deel verfijnde regionale gerechten, waarbij bacalhau een belangrijke plaats inneemt. Hoofdgerecht vanaf € 8.
In een wijnpakhuis – **Adega Faustino:** Travessa do Olival, tel. 276 32 21 42, zo. gesl. In de geplaveide houten hal zet men streekgerechten op tafel, van varkensoren tot stokvisballetjes. Hoofdgerecht vanaf € 6.

Uitgaan
Voor wie het slim speelt – **Casino:** Lugar do Extremo, Valdante, zo.-do. 17-3 uur, za.-zo. vanaf 15, vr.-za. tot 4 uur. Met hotel en geregeld culturele evenementen.

Winkelen
Aardewerk – In Nantes, dat 7 km naar het zuidoosten aan de N 213 ligt, wordt zwart aardewerk ambachtelijk geproduceerd en in tal van winkels verkocht.

Evenementen
Sabores de Chaves – Folar: 2 dagen voor Pasen. Feest met het paasbanket *folares*, een soort hartige deegtasjes.

Vervoer
Bus: diverse haltes, tel. 276 33 34 91. Regelmatig verbinding met Porto, Vila Real, Amarante, Braga en Guimarães.

Omgeving van Chaves ▶ E 2

In **Outeiro Seco**, dat ruim 3 km ten noorden van Chaves ligt, is een waar juweel te vinden. Weliswaar zijn de meeste fresco's van de romaanse Igreja Nossa Senhora da Azinheira naar Porto overgebracht, maar op de buitenmuren zijn nog talloze afbeeldingen van mensen en dieren te zien.

Aan de N 213 naar **Valpaços** verwijst een bord 2 km ten zuiden van Chaves naar een goed behouden Romeinse verharde weg.

Hoofdstuk 6

Alentejo

De zon zet het zachtglooiende heuvellandschap in een gouden gloed en laat de druiven voor kwaliteitswijnen rijpen. Tarwevelden en kurkeikenbossen strekken zich tot een eindeloze verte uit. Met kantelen gekroonde kastelen verheffen zich hoog boven historische plaatsjes. De stranden met fijn zand aan de Costa Azul van Alentejo reiken tot aan Algarve. Ook de tijd lijkt hier uitgerekt, zoals treffend uitgebeeld in een reclamespotje voor televisie: een kind fietst voorbij en groet zijn opa. Geen reactie. Pas als het kleinkind allang uit het beeld is verdwenen, reageert de oude heer. Begeleid met de reclamespreuk: 'Vaak moet iets lang rijpen, voordat het goed is: wijnen uit Alentejo.'

Het bij veel toeristen weinig bekende Alem do Tejo (Aan de overkant van de Taag) strekt zich uit over een derde van het Portugese vasteland, maar telt slechts 8 % van alle inwoners. Dit zijn overwegend landarbeiders, die na de Anjerrevolutie eigen coöperaties oprichtten. De landhervorming werd door de regering in Lissabon al snel ongedaan gemaakt. De 'hoop van Alentejo' werd niet vervuld.

Als alternatief wordt nu het cultureel toerisme gestimuleerd. De witte dorpjes en oeroude steden worden flink opgeknapt. Évora, het kroonjuweel van Alentejo, is nu de uitvalsbasis voor uitgebreide routes door de wijnstreken in de omgeving, die zelfs helemaal tot aan de bergen van het natuurpark Serra de São Mamede gaan.

Lenteachtige kleurenpracht in Alentejo

In een oogopslag: Alentejo

Bezienswaardig

⭐ **Évora:** de historische koningsstad midden in een wijnregio straalt dankzij de universiteit een jeugdige charme uit. Het oudste bouwwerk is een Romeinse tempel, die door de eeuwen heen als slachthuis heeft gediend (zie blz. 338).

⭐ **Marvão:** dit weerdorp ligt als een adelaarsnest tegen de steile rotshelling en bekoort met een geweldig kasteel en sfeervolle oude straatjes (zie blz. 352).

⭐ **Mértola:** het witte stadje lijkt wel een fantastisch openluchtmuseum. Hier hebben Feniciërs, Romeinen, West-Goten en Moren duidelijk zichtbare sporen achtergelaten (zie blz. 371).

Fraaie routes

Serra de São Mamede: de nationale weg N 359 van Portalegre naar Marvão loopt met tal van bochten over de bergen van het bosrijke natuurpark met een vergezicht naar Spanje. Kurkeiken, pijnbomen, steeneiken en kastanjebomen vormen hier de vaste begeleiding (zie blz. 352).

Serra de Grândola: zachtglooiende heuvels met kurk- en steeneiken, een modeldorp van Alentejo en een oude windmolen die nog in bedrijf is, geven sfeer aan dit bochtige weggetje dat van Grândola naar Santiago do Cacém leidt. Voor een actieve tussenstop kunt u een van de wandelroutes volgen, die worden aangeduid door bordjes aan de kant van de weg (zie blz. 360).

Tips

Castelo van Évoramonte: het kasteel heeft een ongewoon uiterlijk door vier ronde torens. Met een korte wandeling door de dorpsstraatjes komt u boven (zie blz. 350).

Museu da Tapeçaria Guy Fino: in Portalegre worden ook nu nog fraaie tapijten geknoopt. Waardevolle exemplaren worden in het mooie museum tentoongesteld (zie blz. 351).

Praia da Comporta: de zee neemt bij het aantrekkelijkste strand van Alentejo een turkooisblauwe kleur aan, het fijnkorrelige zand is vrijwel wit (zie blz. 359).

Zoetigheden in Beja: de plaatselijke banketbakkers maken kleine koekjes naar een oeroud recept van het klooster – gewoonweg hemels! (zie blz. 369).

De zware menhirs in Almendres zijn wel zesduizend jaar oud

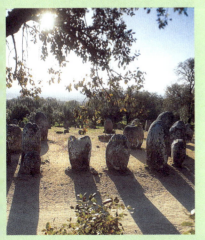

Over de Rota dos Vinhos do Alentejo: de regionale wijn noemt men graag modern, en modern is ook de presentatie van de wijnboerenvereniging in Évora. Dit is het beginpunt van de wijnroute, waarbij ook veel duidelijk wordt over de geschiedenis van de regio (zie blz. 344).

Een reis naar de steentijd: een inleiding tot de wereld van menhirs, steencirkels en dolmens biedt het kleine museum van megalietculturen in Castelo de Vide. En ziet u de ene stenen kolos na de andere, tot aan de afsluitende menhir van Meadas – 7 m hoog, 15 ton zwaar en vijfduizend jaar oud (zie blz. 354).

Alto Alentejo

Kastelen, heel veel kastelen. Boven vrijwel elke stad staat een imposante vesting. Oorspronkelijk werden ze gebouwd tegen de Spanjaarden, die nu als vreedzame bezoekers welkom zijn. Évora is de hoofdstad van de regio en een wonder van architectuur. In de omgeving produceert men een paar van de beste Portugese wijnen en uitstekende olijfolie.

Montemor-o-Novo en omgeving

Kaart: zie blz. 338
Vanuit de richting van Lissabon komt u onderweg naar Évora al snel in een landelijke omgeving, waar men oude tradities in ere houdt.

Montemor-o-Novo ▶ D 11

Na krap een uur rijden over de snelweg A 6 bereikt u **Montemor-o-Novo** 1 . Door het bijvoegsel 'o Novo' (de nieuwe) zou je het niet denken, maar de Romeinen hadden hier al een kasteel. Later bouwden de Portugese koningen hier een kasteel, waarvan de ruïne nog steeds te zien is. De inwoners van de stad werden beroemd om hun verzet tegen Salazar en om hun rol als aanjagers bij de landhervorming kort na de Anjerrevolutie. Bij de laatste gemeenteraadsverkiezingen behaalden de communisten opnieuw de absolute meerderheid.

Uit de oude steentijd

De **Gruta de Escoural**, de enige bekende Portugese grot met rotstekeningen uit de oude steentijd, ligt nabij het zuidelijke buurstadje Santiago do Escoural en is alleen op afspraak toegankelijk (tel. 266 85 70 00, rondleidingen di.-za. 10.30 en 14.30 uur, € 3). Echt spectaculair zijn deze rotstekeningen uit de oude steentijd die zijn verspreid over diverse grotkamers, waarbij de oudste figuratieve rotstekeningen dertigduizend jaar oud zijn.

In het **informatiecentrum** kunt u films en foto's bekijken (di.-za. 9.30-13, 14-17, 's zomers 14.30-18 uur, niet tijdens een rondleiding).

In de omgeving van de grot bevindt zich een flink aantal megalietgraven. De **steen-**

Montemor-o-Novo en omgeving

cirkel van **Almendres** ligt in een eikenbosje nabij het dorp Guadalupe en bestaat uit maar liefst 95 menhirs, waarvan enkele zijn getooid met symbolische tekens. De dolmen **Anta Grande do Zambujeiro**, iets zuidelijker bij Valverde gelegen, is met een doorsnede van 50 m en een hoogte van 6 m het grootste megalietensemble van Portugal, als een kathedraal van de steentijd (gratis toegankelijk).

Accommodatie

In de natuur – **Monte do Chora Cascas:** 4 km ten zuidwesten van Montemor-o-Novo, tel. 266 89 96 90, www.wonderfulland.com/choracascas. In het elegante landhuis worden 6 smaakvol ingerichte kamers verhuurd. 2 pk ca. € 160.

Winkelen, actief

Biologische boerderij – **Herdade do Freixo do Meio:** Freixo do Meio, 15 km noordwestelijk, via de N 114, tel. 936 90 93 73, www.herdadedofreixodomeio.com. Elke Portugese natuurwinkel heeft producten van dit landgoed, ruim honderdvijftig worden er geproduceerd. Verkoop aan de boerderij; **wandelroute** van 5,8 km over het terrein, ook met ezel of paard.

Arraiolos ▶ D 10

Arraiolos 2, 25 km noordoostelijker, is befaamd om zijn kleurrijke wollen tapijten, geborduurd met een vaste kruissteek. Eind 15e eeuw werden de Moren na hun verdrijving uit de Lissabonse wijk Mouraria welwillend opgevangen in deze gemeente. Ze zijn gebleven

Een kring van steenblokken vormt de steencirkel van Almendres

Alto Alentejo

Accommodatie
Barokpaleis – **Casa Dom Diogo:** Rua Cunha Rivara 6, tel. 266 49 00 25, www.montra.net/casaddiogo. In een centraal gelegen paleis uit de 18e eeuw worden 4 kamers verhuurd die met azulejo's zijn versierd en zijn ingericht met stijlmeubelen. 2 pk € 50-70.

Eten en drinken
Landelijk – **A Moagem:** Rua da Fábrica 2, tel. 266 49 96 46, zo.-avond gesl. Ruime keus aan regionale specialiteiten (zoals vlees van het Iberisch varken en lamsvlees). Hoofdgerecht € 10-17.

Winkelen
Geborduurde tapijten – **Fracoop:** Praça do Município 17. Coöperatie van tapijtmakers.

Vervoer
Bus: Praça da República, kaartjes verkrijgbaar in de bus. Een enkele keer naar Évora, 1 x per dag naar Lissabon.

en hun kunstnijverheid leeft nu nog voort. De knoopsters hebben tien tot vijftien dagen nodig voor een vierkante meter; hun werk wordt gepresenteerd in een informatiecentrum bij het toeristenbureau (zie hierna, € 1). Hier is ook werk uit verschillende perioden te zien. Ambachtelijke bedrijfjes in de omliggende straten bieden de tapijten te koop aan.

Het belangrijkste historische gebouw is het **Convento Nossa Senhora da Assunção** uit de 16e eeuw, waarin nu een pousada is gevestigd (zie hierna). De kloosterkerk werd in 1700 versierd met blauw-witte tegelafbeeldingen, die overgaan in het wit beschilderde netgewelf. Eveneens met azulejo's getooid is de **Igreja da Misericórdia** nabij het stadhuis. En boven de woonhuizen met witte muren en de smalle straatjes troont een kasteelruïne uit de 14e eeuw.

Informatie
Turismo: Praça do Município 19, tel. 266 49 02 54, di.-zo. 10-13, 14-18 uur, 's winters tot 17 uur.

 Évora ▶ D 11

Kaart: links, **Kaart:** zie blz. 343

Het uitgestrekte stadsensemble van de vroegere koninklijke residentie Évora lijkt wel een prachtig openluchtmuseum, met talloze adellijke paleizen, kerken en kloosters. Binnen de middeleeuwse stadsmuren staan 365 gebouwen onder bescherming van monumentenzorg. Het oude stadsdeel werd al in 1986 tot UNESCO-Werelderfgoed uitgeroepen.

Met de in 1979 heropende universiteit kreeg Évora (50.000 inwoners) een flinke scheut jeugdige levendigheid toegediend. De stad is rijk gezegend met gastronomische smulpaleizen en culturele hoogtepunten, en is dan ook zeker een aanrader voor een verblijf van enkele dagen.

De Kelten hadden hier al een handelspost, die later ook floreerde onder de heerschappij van de Romeinen en de Moren. De ridder Giraldo Sempavor, ofwel Gerard Zonder Vrees, veroverde Évora in 1165 voor koning Afonso Henriques, nadat hij de Moorse stadsbestuurder en zijn dochter eigenhandig had onthoofd. In het stadswapen van Évora zijn nu nog steeds twee afgeslagen hoofden te zien.

De bloeitijd in de 15e en de 16e eeuw lokte veel leden van de adel naar de stad. Zij bouwden hier prachtige stadspaleizen in een wonderlijke mengeling van gotiek, manuelstijl, mudejarstijl en renaissance. Menig Portugese koning bracht hier met zijn hofhouding meer tijd door dan in de hoofdstad Lissabon. De in 1559 opgerichte jezuïetenuniversiteit, ontwikkelde zich al snel tot het op een na belangrijkste onderwijsinstituut van het land, en maakte Évora tot een stad van de wetenschap.

Wandeling door de stad

Templo romano 1
Largo Conde de Vila Flor
Een uitstekend beginpunt voor een wandeling door de stad is de Romeinse tempel in het noordoosten van de oude stad. Dit oudste bouwwerk van Évora stamt uit de 1e of de 2e eeuw. De tempel werd deels verwoest door de christelijke West-Goten, en de godenbeelden werden geroofd. Een jezuïet in de 17e eeuw vermoedde dat het een heiligdom voor Diana, de Romeinse godin van de jacht, betrof. Recent onderzoek wijst echter op verering van Jupiter op deze plek.

Buiten kijf staat in elk geval dat het bouwwerk met veertien van de oorspronkelijk achttien Korinthische zuilen op een oppervlak van 25 x 15 m de best bewaard gebleven Romeinse tempel van Portugal is. Een niet onbelangrijke factor voor dit behoud was het feit dat men in de middeleeuwen de vrije ruimte tussen de zuilen dichtmetselde. Dit gebouw deed daarna enkele eeuwen dienst als het stedelijk slachthuis. Pas in 1871 werd de bezienswaardigheid uit de oudheid op aandrang van schrijvers ontdaan van latere toevoegingen.

Palácio Duques de Cadaval en Convento dos Lóios 2
Largo Conde de Vila Flor, 's zomers di.-zo. 10-18, 's winters tot 17 uur, € 7
Het schuin tegenover de tempel gelegen adellijk paleis is particulier bezit van de gravin van Cadaval. Vroeger bood het onderdak aan de Portugese koningen. In de bijbehorende kloostergebouwen is nu een pousada (zie hierna) gevestigd, die de kruisgang met sinaasappelbomen en de oude kloosterkerk voor publiek openstelt; ze zijn te bereiken via een laag portaal naast de hotelingang.

Museu de Évora 3
Largo Conde de Vila Flor, http://museudevora. imc-ip.pt, di.-zo. 10-18, nov.-mrt. 9.30-17.30 uur, € 3
Op de plek van het Romeinse *forum* liet aartsbisschop Frei Manuel do Cenáculo in de 16e eeuw zijn paleis bouwen, waarin nu het Museu de Évora is ondergebracht. Centraal in het stadsmuseum staat de grote collectie religieuze schilderijen. Prachtig is de aan de Hollandse Gerard David toegeschreven dertiendelige schilderijencyclus over het leven van Maria, die oorspronkelijk het koor van de kathedraal en daarna het bisschoppelijk paleis sierde. Het leven van Jezus wordt weergegeven op zes Portugees-Vlaamse schilderijen uit begin 16e eeuw. Ook is er expressief werk uit de tijd van de barok te zien van de Portugese kunstenares Josefa de Óbidos.

Casa-Museu Eugénio de Almeida 4
Largo Conde de Vila Flor, www.forumea.pt, di.-zo. 10-18, nov.-mrt. 9.30-17.30 uur, € 3, zo. gratis
Een interessant contrast met het Museu de Évora vormen de wisselende exposities van moderne kunst in het Casa-Museu Eugénio de Almeida ertegenover. In het imposante 16e-eeuwse paleis Paço dos Condes de Basto was tot 1821 het eerste gerechtshof van de inquisitie in Portugal gevestigd. Nu staat het gebouw in dienst van de kunst en worden er werken van overwegend internationale experimentele kunstenaars getoond.

Kathedraal 5
Largo Conde de Vila Flor, dag. 9-17, 's winters 9-12.30, 14-17 uur, museum ma. gesl., € 1,50, met kruisgang € 2,50, met toren € 3,50, met museum € 4

Alto Alentejo

Als een imposante granietstenen weerburcht verheft de grootste middeleeuwse kathedraal van Portugal (13e eeuw) zich boven de omringende huizen. De ongewone, in de wijde omgeving zichtbare kerktoren lijkt wel een spits toelopende helm en wordt omkranst door acht kleine torentjes. Fraaie beelden van de twaalf apostelen sieren het gotische hoofdportaal. Binnen straalt de driebeukige kerk een weldadige harmonie uit, waaraan de uitbreidingen uit latere perioden geen afbreuk doen.

De zijkapel Nossa Senhora da Piedade wordt overwelfd door een boog in manuelstijl, het grote orgel werd toegevoegd in de 16e eeuw. Het marmeren koor in barokstijl is van de hand van de Duitser Johann Ludwig. Aan de linkerkant van het middenschip kijkt vanaf een verhoging de Nossa Senhora do Ó over de gelovigen uit. Dit is een in kerken weinig voorkomende uitbeelding van Maria tijdens haar zwangerschap. In het bijbehorende museum is een Franse Madonna van ivoor (14e eeuw) te bewonderen. Het beeld kan worden geopend en toont dan een uit ivoor gesneden drieluik.

Universiteit 6
Largo do Colégio, ma.-vr. 9-20, za. 9-18 uur, € 3
In een renaissancegebouw uit 1551 dat zo'n 150 m achter de kathedraal staat, was tot 1759 de door jezuïeten geleide universiteit gehuisvest. Pas in 1979 en nu onder regie van de overheid opende de universiteit weer haar deuren voor studenten. Neem zo mogelijk even een kijkje in de rijkelijk met marmer en azulejo's versierde collegezalen, waarvoor overigens wel entree wordt geheven.

Via de Rua Conde Serra da Tourega wandelt u daarna omlaag naar de **Largo da Porta de Moura**, waar in het midden een renaissancefontein staat die met een grote wereldbol het begin van de moderne tijd symboliseert.

Igreja de São Francisco 7
Praça 1º de Maio, ma.-za. 9-18, zo. 10-18 uur, kapel € 3
De franciscaner kerk in manuelstijl werd in 1480-1510 gebouwd in het zuidelijke deel van de oude stad. Ongewoon is de granietstenen uitbouw met vijf bogen, deels in de hoefijzervorm van de mudejarstijl. De schilderijen in het interieur tonen de heroïsche daden van Portugese ontdekkingsreizigers. Een inscriptie boven de driebeukige **Capela dos Ossos** (knekelkapel) geeft te kennen: 'Wij, beenderen, die wij hier zijn, wachten op de uwe.' In de 17e eeuw gaven de franciscanen de dodenkapel een gewetensvolle aankleding met beenderen van zo'n vijfduizend skeletten.

Het in de vroegere monnikenvleugel ingerichte **Museum voor religieuze kunst** toont op de bovenverdieping een uitzonderlijke schat: kribbes uit Alentejo die zijn gemaakt door de plattelandsbevolking. Van kurk, aardewerk of hout, de ene keer kunstzinnig, de andere keer ontroerend, en soms kitscherig. Het panoramaterras kijkt uit over Évora.

Praça do Giraldo 8
Enkele straatjes noordelijker komt u bij het levendige middelpunt van Évora, de Praça do Giraldo, vernoemd naar de onbevreesde veroveraar. Het sfeervolle plein wordt omringd door elegante herenhuizen met daarbij de **Igreja de Santo Antão**, die bekoort met een brede renaissancegevel. Onder de schaduw biedende arcaden nodigen traditionele winkels uit om rond te kijken en caféterrassen om even bij te komen. Het centrale trefpunt is de markante **marmeren fontein**. Op deze plek stond vroeger nog tot in de 16e eeuw een Romeinse triomfboog. Aan de opgewekte sfeer van vandaag de dag is niet te merken dat hier ooit gruwelijke processen en bloedige terechtstellingen plaatsvonden, die hier door de inquisitie werden georganiseerd.

Aquaeduto da Água de Prata 9
Vanaf het plein maakt u een heerlijke wandeling door smalle straatjes, langs binnenplaatsjes en arcaden, naar het 'aquaduct van het zilveren water', dat sinds 1537 het kostbare vocht vanuit het noordwesten naar de stad

De jongeren van Évora vermaken zich vooral in bars, de ouderen doen dat op de Praça do Giraldo

vervoerde. De aanleg van de 18 km lange, voor een deel ondergronds lopende, waterleiding werd gefinancierd door de plaatselijke adel. Merkwaardig om te zien zijn de huizen die tussen de 26 m hoge bogen zijn gebouwd.

Ermida de São Brás 10
Avenida Dr. Francisco Barahona 1, ma.-za. 10-13, 15-19, zo. 10-13 uur, gratis
Net buiten de oude stad springt de versterkte Ermida de São Brás in het oog. Deze witte kapel werd in 1485 gebouwd en geeft een mengeling te zien van Moorse en gotische stijlelementen. Op het dak prijken Moorse kantelen, daarboven verheft zich de klokkentoren. De gotische pilaren zijn voorzien van Moorse rondingen, terwijl het christelijke kerkinterieur is versierd met geometrische azulejo's.

Informatie
Turismo: Praça do Giraldo 73, tel. 266 77 70 71, dag. 9-19, 's winters tot 18 uur.

Accommodatie
Luxueus klooster – **Pousada dos Lóios** 1 : Convento dos Lóios, Largo do Conde de Vila

Évora

Bezienswaardig
1. Templo romano
2. Palácio Duques de Cadaval/ Convento dos Lóios
3. Museu de Évora
4. Casa-Museu Eugénio de Almeida
5. Kathedraal
6. Universiteit
7. Igreja de São Francisco
8. Praça do Giraldo
9. Aquaeduto da Água de Prata
10. Ermida de São Brás

Accommodatie
1. Pousada dos Lóios
2. ecorkhotel
3. Albergaria Solar de Monfalim
4. Riviera

Eten en drinken
1. Fialho
2. Luar de Janeiro
3. Salsa Verde
4. Pão de Rala

Uitgaan
1. Praxis Club
2. Art Café

Actief
1. Skydive
2. Adventurebike

Flor, tel. 266 73 00 70, www.pousadas.pt. Voor een luxueus verblijf in het klooster zijn de monnikencellen, steeds twee voor één hotelkamer, verbouwd tot een slaapkamer met badkamer. 2 pk € 135-230.

Energiebewust – **ecorkhotel** 2 : Quinta da Deserta e Malina (ca. 8 km zuidwestelijk), tel. 266 73 85 00, www.ecorkhotel.com. Het eerste gecertificeerde ecologische hotel van Portugal. Alles werkt hier op zonne-energie, het hoofdpand is bekleed met kurk als isolatiemateriaal. De 56 vrijstaande suites zijn elk 70 m² groot. Suite vanaf € 90.

Stijlvol – **Albergaria Solar de Monfalim** 3 : Largo da Misericórdia 1, tel. 266 70 35 29, www.solarmonfalim.com. Rustig herenhuis uit de 16e eeuw met 26 eenvoudige kamers en een idyllische patio. 2 pk € 60-83.

Gemoedelijk – **Riviera** 4 : Rua 5 de Outubro 49, tel. 266 73 72 10, www.riviera-evora.com. Stadspand in het voetgangersgebied met 21 smaakvol ingerichte kamers. 2 pk € 60-75.

Eten en drinken

Gastronomisch instituut – **Fialho** 1 : Travessa das Mascarenhas 14-16, tel. 266 70 30 79, www.restaurantefialho.com, ma. gesl. Hier bereidt een van de bekendste chef-koks van Portugal verfijnde gerechten uit de keuken van Alentejo. Uitgelezen wijnkaart. Hoofdgerecht vanaf € 14.

Klein maar fijn – **Luar de Janeiro** 2 : Travessa do Janeiro 13, tel. 266 74 91 14, do. gesl. Uitstekend bereide specialiteiten van Alentejo, met een ruime keus aan voorgerechten. Hoofdgerecht vanaf € 13.

Vegetarisch – **Salsa Verde** 3 : Rua do Raimundo 93-A, tel. 266 74 32 10, za.-avond en zo. gesl. Volgens recepten uit Alentejo, zelfbediening met gerechten berekend naar gewicht, kleine schotelgerechten vanaf € 5.

Kostelijk – **Pão de Rala** 4 : Rua do Cicioso 47, dag. 8-18.30 uur. Dit piepkleine café heeft zich nooit iets van modes aangetrokken en bestaat nog steeds. Ook het kloosterlijk gebak wordt volgens oude recepten gemaakt.

Uitgaan

Studentenpubliek – **Praxis Club** 1 : Rua de Valdevinos 21, di.-za. vanaf 23.30 uur. Discotheek met twee dansvloeren.

Cultuur in de kruisgang – **Art Café** 2 : Rua Serpa Pinto 6, mob. 969 71 92 77, op Facebook, dag. vanaf 10 uur. Kunstexposities en concerten in het café annex bar.

Actief

Parachutespringen – **Skydive** 1 : Aeródromo, mob. 910 99 99 91, www.skydiveportugal.pt. Ook tandemsprongen.

Fietsverhuur – **Adventurebike** 2 : Travessa do Barão 18, tel. 266 70 23 26. Bij de Rua do

OVER DE ROTA DOS VINHOS DO ALENTEJO

Informatie
Begin: Évora
Duur: halve dag tot enkele dagen
Inlichtingen: meertalige informatie over de wijnroute is beschikbaar bij de wijnboerenvereniging Vinhos do Alentejo, die op verzoek ook een bezichtigingstour organiseert: Praça Joaquim António de Aguiar 20-21, Évora, tel. 266 74 64 98, www.vinhosdoalentejo.pt, ma. 14-19, di.-vr. 11-19, za. 10-13 uur.

Het is het handigst om de wijnroute te beginnen met een bezoek aan de grote tentoonstellingsruimte van de **wijnboerenvereniging in Évora**. De wijnroute zelf is opgedeeld in drie afzonderlijke trajecten, waarbij met het oog op de kwaliteit van de wijnen en de culturele betekenis van de streek de Rota Histórica het interessantst is. Hierbij bezoekt u de uitstekende wijngaarden Reguengos, Redondo en Borba en de wijngaarden van het gecertificeerde wijnbouwgebied (DOC) nabij de historische steden Vila Viçosa, Estremoz, Arraiolos en Montemor-o-Novo. De lievelingswijnen van de Portugezen hebben een volle smaak, zijn fruitig en kunnen langere tijd worden bewaard. Vermoedelijk deed men hier al aan wijnbouw voordat de Romeinen kwamen. Het grote succes van de wijn van Alentejo begon in 1958, toen de boeren de eerste coöperaties opzetten. Nu wordt de helft van de in Portugal gedronken flessen in Alentejo geproduceerd.
Vanzelfsprekend krijgen wijnliefhebbers bij het proeven veel te horen over bodem, klimaat, aanplant en de belangrijkste druivensoorten in Alentejo: trincadeira, aragonês, periquita, alicante bouchet en cabernet sauvignon. Portugezen hebben overigens een voorkeur voor rode wijn. Op de landgoederen stelt men zich ten doel de bezoekers ook vertrouwd te maken met de cultuur en het landschap van de regio. Een prominent en zeer gerenommeerd wijngoed is **Herdade do Esporão** in Reguengos, waarvan de eigenaar, een voormalige bankier en voorzitter van de voetbalvereniging Sporting Lissabon, na de aankoop in 1973 de modernste technieken in zijn wijnkelders heeft ingevoerd en zo een technologische revolutie in de Portugese wijnbouw teweeg heeft gebracht. De lijst van internationale prijzen is lang. In het bijbehorende restaurant serveert men voor de lunch creatief gearrangeerde heerlijkheden. In het archeologisch museum komt u meer over de geschiedenis te weten (tel. 266 50 92 80, www.esporao.com, rondleiding 11, 15, 17 uur, aanmelding aan te raden, restaurant elke dag geopend).
Een van de weinige wijngoederen die door een vrouw wordt geleid, is **Roquevale** in Redondo. Van 2 miljoen kg druiven maakt men jaarlijks 2,5 miljoen l wijn. De goed drinkbare landwijn Terras de

Monsaraz en omgeving

Xisto is in elke supermarkt verkrijgbaar (www.roquevale.pt, aanmelding per e-mail is aan te raden). In het centrum van Redondo heeft de gemeente een modern **wijnmuseum** en de wijnbar met proeverij Enoteca ingericht (Praça da República, apr.-okt. di.-zo. 10-13, 14-19, 's winters tot 18 uur, Enoteca di.-vr. 15-21, za.-zo. 12.30-22 uur).

De **stichting Eugénio de Almeida** laat zich leiden door doelstellingen van algemeen nut. De inkomsten uit de eigen wijnproductie wordt gebruikt voor de financiering van culturele activiteiten, waaronder ook het moderne kunstmuseum in Évora. De lekkere wijnen worden verkocht onder de naam EA, de initialen van de oprichter. De wijnen van de hoogste kwaliteit dragen de naam van het vroegere jezuïetenklooster Cartuxa; daar vlakbij, 3 km ten noorden van Évora, worden de wijnen bewaard (Quinta de Valbom, rondleiding di.-zo. 10.30, 15, 16.30 uur, tel. 266 74 83 83, www.fundacaoeugeniodealmeida.pt).

Timor begint een fietsroute van 20 km lang over een voormalig spoorlijntraject.
Aan de wijnroute – zie blz. 344.

Evenementen
Stadfeest: 2e helft van juni. Kunstnijverheid, theater, concerten en evenementen.

Vervoer
Trein: Largo de Estação. 4 x per dag naar Lissabon en Beja, 2 x per dag met overstap naar Algarve.
Bus: Avenida Túlio Espanca, tel. 266 73 81 20. Zeer vaak naar Lissabon, geregeld naar de steden in de regio, een enkele keer naar Algarve.

Monsaraz en omgeving ▶ F 11

Kaart: zie blz. 338
Onmiskenbaar is de wijnbouw van het hoogste belang voor de economie van de dunbevolkte hoogvlakte ten oosten van Évora. Een van de kenmerkende, zij het weinig spectaculaire wijnstadjes is **Reguengos**, dat aan de N 256 ligt.

Slechts een paar kilometer voorbij Reguengos buigt een regionale weg af naar **Monsaraz 3**. Algauw ziet u in de verte de schitterende witgekalkte woonhuizen binnen een lange, met wachttorens versterkte stadsmuur, die halverwege de 13e eeuw door de tempeliers werd gebouwd.

Bezienswaardig
Bij een wandeling door de stille dorpsstraatjes van Monsaraz lijkt het alsof de tijd hier heeft stilgestaan. Overigens waait hier in juli altijd een frisse wind door het plaatsje tijdens de feestweek, met tentoonstellingen, theateruitvoeringen en concerten. Een bijzonder mooie straat is de **Rua Direita**.

Een kunsthistorisch juweel is te vinden in het **Museu do Fresco** (Largo Dom Nuno Álvares Pereira, links van de parochiekerk, die zeker ook een kijkje waard is). In het museum zijn op een fresco uit het begin van de 15e eeuw een goede en een slechte rechter uitgebeeld. De laatste neemt met een janusgezicht en gadegeslagen door de duivel zijn steekpenningen in ontvangst (dag. 9.30-12.30, 14-17.30, 's zomers tot 18 uur, € 1).

In de omgeving zijn talloze vondsten gedaan die erop wijzen dat deze streek al vroeg werd bewoond. Vermeldenswaard zijn de **Cromeleque do Xarez** bij Telheiro en de 5 m hoge **Menir de Outeiro** ongeveer 3 km noordelijker.

Informatie
Turismo: Rua Direita, mob. 927 99 73 16, dag. 9.30-12.30, 14-17.30, 's zomers tot 18 uur.

Accommodatie
Stijlvol – **Estalagem de Monsaraz:** Largo de São Bartolomeu 5, tel. 266 55 71 12, www.estalagemdemonsaraz.com. Hotel met 19 zeer smaakvol ingerichte kamers aan de voet van de stadsmuur. 2 pk € 50-90.

Rustiek – **Monte Alerta:** Monte Alerta, 2 km ten oosten van Monsaraz, tel. 266 55 01 50, www.montealerta.pt. Hotel met 8 ruime, degelijk ingerichte kamers. 2 pk € 75.

Eten en drinken

Fantastisch uitzicht – **Sabores de Monsaraz:** Largo de São Bartolomeu, ma. en di.-middag gesl. Uiterst populair restaurant met streekgerechten van Alentejo en een legendarisch dessertbuffet. Hoofdgerecht vanaf € 12.

Winkelen

Traditioneel geweven – **Loja Dona Mizette:** Rua do Celeiro (toegang tot het dorp). Winkel met handgeweven tapijten, aardewerk, jam en olijfolie.

Actief

Paardrijden – **Horta da Moura:** 2,5 km zuidelijker, tel. 266 55 01 00, www.hortadamoura.pt. Ook kamerverhuur en een restaurant.

Evenementen

Museu Aberto: 10 dagen in juli. Cultuur in de openlucht, elke twee jaar (2018, 2020).

Vervoer

Bus: Estrada de Monsaraz. Een enkele keer naar Reguengos.

Vila Viçosa ▶ E 10

Kaart: zie blz. 338

Over de N 255 bij Reguengos gaat u langs het versterkte plaatsje **Alandroal** naar **Vila Viçosa** 4, dat letterlijk 'van kracht blakende stad' betekent. Ook de omschrijving 'de mooie' wordt wel aan de naam toegevoegd van deze voormalige zetel van het Huis Bragança. Die laatste omschrijving heeft het niet alleen te danken aan het in de omgeving gewonnen marmer dat voor de bouw van de huizen werd gebruikt. Ter ere van deze waardevolle steensoort werd overigens bij de steengroeve Gradinha zo'n 2 km noordelijker een **marmermuseum** ingericht (di.-zo. 9.30-13, 14.30-18, 's winters 9-12.30, 14-17.30 uur, € 1,50).

De hoofdattractie is echter niet het stadsbeeld of het **kasteel**, dat in de tijd van koning Dinis werd gebouwd en in de 17e eeuw flink werd versterkt. Binnen de voor publiek toegankelijke ommuring vindt u nu de met azulejo's getooide **bedevaartskerk** Santuário da Nossa Senhora da Conceição, een **jachtmuseum** en een **archeologisch museum** (openingstijden als Paço Ducal, zie hierna, € 3). Maar men gaat in de eerste plaats naar Vila Viçosa vanwege de Paço Ducal.

Paço Ducal

Terreiro do Paço, apr.-juni, sept. di. 14.30-17.30, wo.-vr. 10-13, 14.30-17.30, za.-zo. 9.30-13, 14.30-18, juli-aug. steeds tot 18 uur, okt.-mrt. di. 14-17, wo.-vr. 10-13, 14-17, za.-zo. 9.30-13, 14-17 uur, laatste toegang steeds een uur eerder, € 6 met rondleiding. Voor elk museum een extra toeslag, koetsmuseum € 3, wapenmuseum € 3, schatkamer € 2,50

De bouw van de noordvleugel begon al in 1501, maar pas in de 18e eeuw dit koninklijk paleis van drie verdiepingen van het Huis Bragança voltooid met een voorgevel van 110 m lang. Toen Portugal van 1580 werd geregeerd door het Spaanse koningshuis, trok de adel weg uit de residentie Lissabon. Hiermee brak de periode aan van de *corte na aldeia*, 'het hof in het dorp'. De familie Bragança was het machtigste adellijke geslacht in Portugal, en dus werd het slot van de Bragança's tot het middelpunt van de Portugese aristocratie. In het paleis hield men overdadige feesten en op het voorplein stierengevechten.

De pracht en praal hield niet op bij de vormgeving van het interieur. In het kader van een rondleiding (standaard in het Portugees, alleen wo., do. en vr. om 11 uur in het Engels en om 15 uur in het Frans) kunt u de vijftig zalen bewonderen, die zijn bekleed met eeuwenoude azulejo's, ingericht met wandtapijten en kostbaar meubilair, en beschilderd met plafondfresco's.

De **bibliotheek** van de in 1910 verdreven Manuel II omvat dertigduizend historische banden. Het paleis herbergt bovendien een **wapenmuseum**, een **koetsmuseum** en de **koninklijke schatkamer**.

In het augustijnenklooster tegenover het paleis zijn de mannen van het Huis Bragança bijgezet, de vrouwen kregen een plaats in het **Convento das Chagas de Cristo** aan de oostkant van het Terreiro do Paço, waarin nu een pousada is ondergebracht (zie hierna).

Informatie
Turismo: Praça da República, 268 88 93 17, dag. 9.30-13, 14.30-18 uur.

Accommodatie, eten
Voornaam – **Pousada Dom João IV:** Terreiro do Paço, tel. 268 98 07 42, www.pousadas. pt. Hotel met 36 luxueuze kamers in het koninklijke klooster Chagas de Cristo uit begin 16e eeuw. In het restaurant serveert men gerechten volgens recepten van de clarissen. 2 pk € 90-170. Hoofdgerecht vanaf € 14.

Vervoer
Bus: Largo Dom João IV, tel. 268 98 01 20. Diverse keren per dag naar Évora, Estremoz en Elvas, een enkele keer naar Lissabon.

Elvas ▶ F 10

Kaart: zie blz. 338
Zo'n 6 km noordelijker komt u bij het bescheiden wijnstadje **Borba** aan de N 4, die naar **Elvas** 5 nabij de Spaanse grens leidt. In de vele steengroeven langs de weg werd fijn marmer gewonnen. Net voordat u aankomt in Elvas, dat in 2012 tot UNESCO-Werelderfgoed werd uitgeroepen, passeert u het **aquaduct van Amoreira**. Na een bouwtijd van 124 jaar werd het bouwwerk met 843 bogen voltooid in 1622. Het werd gefinancierd met een speciale belasting op levensmiddelen. De rijen bogen die uit vier niveaus bestaan, reiken tot een hoogte van 31 m en hebben een lengte van 7540 m. De in de 19e eeuw gerestaureerde waterleiding voedt nu nog steeds de Fonte da Misericórdia aan de westrand van de stad.

Kasteel
di.-zo. 9.30-13, 14-17.30, 's winters 10-17 uur, € 2

De stad Elvas met 15.000 inwoners gaat er prat op dat het de meest versterkte plaats van Portugal is, omdat zij een sleutelpositie innam tijdens de onafhankelijksstrijd tegen de Spaanse overheersing tussen 1580 en 1640. Het kasteel werd ooit door de Moren gebouwd op de ruïnes van een Romeins fort en in de eeuwen daarna door de Portugese koningen verder uitgebreid. Bovendien werden er in de 17e en de 18e eeuw extra forten gebouwd die de Spanjaarden moesten afschrikken.

Door de oude stad
Terwijl de meervoudige ringmuur vooral een strenge kilte uitstraalt, lijken de Moorse bedrijvigheid en de zuidelijke kalmte in de oude stad met zijn grillige structuur voort te leven. De smalle straatjes lopen vaak onder poortbogen door en komen dan uit op een sfeervol pleintje.

Aan de voorzijde van de met zwart en wit marmer geplaveide Praça da República verheft zich de als een vesting aandoende, voormalige **kathedraal Nossa Senhora da Assunção**. De eerste kerkdienst in dit driebeukige godshuis werd in 1537 gehouden. Tot in de 18e eeuw onderging het nog uitbreidingen en veranderingen, waardoor er elementen van manuelstijl tot rococo zijn te zien. De vloer is met marmer belegd, de muren zijn versierd met fraaie tegels, de gewelven zijn kleurrijk beschilderd. In het bijbehorende museum zijn drie schilderijen van Luís de Morales te bewonderen (dag. 10-13, 14-17, 's zomers 15-18 uur, museum € 1).

Uitzonderlijk mooi is de versiering van de **dominicanenkerk Nossa Senhora da Consolação** aan de ten noorden van de Praça da República gelegen Largo Santa Clara. De achthoekige centraalbouw wordt ondersteund door beschilderde pilaren, de koepel is volledig bekleed met azulejo's in symmetrische patronen. Van het kerkdak kunt u uitkijken over de hele stad (dag. 10-13, 14-17, 's zomers 15-18 uur, gratis). De schandpaal op het plein stamt uit de 16e eeuw.

Een ander pronkstuk van de stad is het **Museum voor Moderne Kunst** in de Rua da Cadeia. Hier wordt met de Colecção António

Alto Alentejo

De oude dominicanen wisten al wat mooi is: kleurige azulejo's – van oorsprong een Moorse vorm van kunstnijverheid – sieren de koepel van hun kerk in Elvas

Cachola een van de belangrijkste particuliere verzamelingen van eigentijdse Portugese kunst voor het publiek toegankelijk gemaakt (Museu de Arte Contemporânea de Elvas, di. 14-18, wo.-zo. 11-18 uur, € 2).

Informatie
Turismo: Praça da República, tel. 268 62 22 36, ma.-vr. 9-19, 's winters tot 18 uur, za.-zo. 9-18 uur.

Accommodatie
Smaakvol gerestaureerd – **São João de Deus:** Largo São João de Deus 1, tel. 268 63 92 20, www.hotelsaojoaodeus.com. Hotel met 52 ruime kamers in een voormalig militair hospitaal van de johannieters. 2 pk ongeveer € 90.
Alternatieven – Tal van andere hotels zijn nog te vinden aan de grote doorgaande weg N 4.

Eten en drinken
De hier genoemde uitstekende restaurants liggen buiten de stad, maar zijn beslist een extra ritje waard.

Op het hoogste niveau – **A Bolota:** in Terrugem, Quinta das Janelas Verdes, 14 km ten westen van Elvas, tel. 268 65 61 18, zo.-avond, ma.-di. gesl. Geraffineerde keuken van Alentejo. Hoofdgerechten, zoals wild zwijn met pruimensaus en kastanjepuree, vanaf € 16, menu vanaf € 20.
Regionale keuken – **Taberna do Adro:** in Vila Fernando, Largo da Igreja, Vila Fernando, 15 km ten noordwesten van Elvas, tel. 268 66 11 94, wo. gesl. Gemoedelijk plattelandsrestaurant met uitstekende gerechten, ruime keus aan voorgerechten. Hoofdgerecht € 6-8.

Vervoer
Bus: Fonte Nova, tel. 268 62 28 75. Diverse keren per dag naar Estremoz en Lissabon.

Campo Maior ▶ F 10

Kaart: zie blz. 338
Uiteraard verheft zich ook boven het noordelijke buurstadje **Campo Maior** 6 een tijdens

de regering van koning Dinis gebouwd kasteel. Overigens explodeerde in het begin van de 18e eeuw de munitieopslagplaats in de **burchttoren**. Daarbij vielen zeshonderd doden en werden achthonderdhuizen verwoest. De toren is later weer opgebouwd (dag. 10-13, 14-17 uur, 2e weekend van de maand gesl., € 2). Eveneens van ver te zien is de wit oplichtende gotische **parochiekerk** met een huiveringwekkende dodenkapel. In de kunstzinnig uit beenderen opgebouwde zijaltaren staan volledige skeletten opgesteld.

De stad is met name beroemd om een bijzonder feest. Deze **Festas do Povo** worden 'gehouden wanneer het volk *(povo)* dat wil', zoals in de beschrijving wordt vermeld. Daarom kan het jaren duren voordat er weer een feest op touw wordt gezet. Maar dan knutselen de inwoners vanaf februari kleurige bloemen van papier in elkaar, waarmee ze de stad versieren. Ten slotte wordt er eind augustus een week lang nog uitbundiger feestgevierd dan in het toch al op feesten beluste Portugal (actuele informatie bij het toeristenbureau).

Centrum van de koffie
Herdade das Argamassas, di.-vr. 10-18,
's winters tot 17, za.-zo. 10-14 uur, € 6,50
Campo Maior noemt zich de hoofdstad van de koffie. Het heeft met Delta-Cafés dan ook de grootste koffiebranderij van Portugal. Op het bedrijfsterrein werd in 2014 in een ruimte van 3200 m² een museumachtig centrum van de koffie ingericht, waar men bezoekers ook interactief wil laten kennismaken met de verwerking van de bonen en de geschiedenis en de vooruitzichten van dit drankje – volgens de wervende tekst van dit unieke project.

Olijfoliemuseum
Rua de Olivença, di.-zo. 10-13, 14.30-17.30,
's zomers tot 10 uur, € 1
De productie van olijfolie is een andere traditionele tak van nijverheid in Campo Maior. Enkele jaren geleden werd daarom in het grafelijk paleis van Olivã een museum geopend dat veel leerzame informatie biedt, zij het dat hij met zijn moderne stijl ook wat steriel aandoet. Na de bezichtiging kunt u olijfolie proeven.

Informatie
Turismo: Largo Barata, tel. 268 68 93 67, di.-zo. 10-13, 14-18 uur, 's winters beperktere openingstijden.

Estremoz en omgeving ▶ E 10

Kaart: zie blz. 338
Luxe is in **Estremoz** 7 de normaalste zaak van de wereld. Veel huizen zijn gebouwd van het fijnste marmer – met dank aan de talrijke steengroeven in de omgeving. Dit provinciestadje tussen Elvas en Évora, dat met 8500 inwoners allang tot buiten de beschermende stadsmuur is uitgegroeid, heeft een rijke historie met de 14e eeuw als hoogtepunt.

Op de burchtheuvel
Estremoz werd de koninklijke residentie toen koning Dinis voor zijn gemalin Isabel (Elisabeth) van Aragón een paleis naast de 27 m hoge **burchttoren** liet bouwen. Van de met kantelen uitgeruste balkons kunt u genieten van een panoramisch uitzicht. In de 18e-eeuwse **Capela Rainha Santa Isabel** die links ervan staat, tonen azulejo-afbeeldingen de verschillende levensfasen van de wonderen verrichtende en later heilig verklaarde Isabel. Zij had volgens de legende net als haar oudtante, Elisabeth van Thüringen, brood veranderd in rozen. De sleutel voor de bezichtiging van de kapel is beschikbaar in de tegenover de kapel gelegen maniëristische hallenkerk van **Santa Maria** uit 1559 (onregelmatige openingstijden, gratis).

De fraaie **Galeria de Desenho** is ondergebracht in de middeleeuwse audiëntiezaal van de koning en toont wisselende exposities van eigentijdse schilderkunst. De galerie maakt deel uit van het **stadsmuseum**. Een bezoek aan dit museum is de moeite waard vanwege honderden kleine zogeheten Estremoz-beeldjes van beschilderd aardewerk. Ze zijn een bijzonder staaltje van de plaatselijke kunstnijverheid en geven een beeld van het landelijke en het religieuze leven. In de negen

Alto Alentejo

zalen zijn verder archeologische vondsten, aardwerk en meubilair te zien (Largo Dom Dinis, di.-zo. 9-12.30, 14-17.30 uur, € 1,60).

Igreja São Francisco
Rossio Marquês de Pombal, dag. vanaf 16 uur
Via de middeleeuwse straatjes van de bovenstad komt u bij het centrale plein Rossio. In de franciscaner kerk Igreja São Francisco ligt het hart van koning Pedro I begraven, die in 1367 in dit klooster stierf en zijn hart aan de orde schonk. Pedro had een voorliefde voor dergelijke merkwaardige invallen, waarover men in Coimbra en Alcobaça heel wat liederen kan zingen (zie blz. 199 en 205).

Informatie
Turismo: Rossio Marquês de Pombal, tel. 268 33 92 27, dag. 9-12.30, 14-17 uur.

Accommodatie
Fantastisch paleis – **Pousada da Rainha Santa Isabel:** Largo Dom Diniz, tel. 268 33 20 75, www.pousadas.pt. Hotel met 29 kamers voor een verblijf in het paleis als de koningin, met een combinatie van luxe en romantiek. Voortreffelijk restaurant. 2 pk vanaf € 90.

Centraal en toch goedkoop – **O Gadanha:** Largo General Graça 56, tel. 268 33 91 10, www.residencialogadanha.com. Enkele jaren geleden geopend hotel met 15 eenvoudige, aangename kamers, waarvan 3 beschikken over een terras. 2 pk ca. € 40.

Eten en drinken
De hoogste lof – **Adega do Isaías:** Rua do Almeida 21, tel. 268 32 23 18, zo. gesl. Wijnkelder met degelijke kost van Alentejo. De Portugese oud-president Mario Soares beloofde na een maaltijd in de hele wereld reclame te maken voor de specialiteit *migas*, een stevige broodpap. Hoofdgerecht vanaf € 12.

Winkelen
Weekmarkt – Elke zaterdag wordt op Rossio een van de mooiste markten van Portugal gehouden. Hier verkoopt men van alles, van fruit en groente tot kunstnijverheid.

Evenementen
Fiape: eind apr.-begin mei. Beurs voor kunstnijverheid en landbouw, met een gastronomische competitie.

Vervoer
Bus: Avenida 9 de Abril. Regelmatig naar Lissabon en Évora.

ARTISTS IN RESIDENCE

Op het landgoed **Herdade da Marmeleira** heeft een Nederlands echtpaar een alternatieve plaats van cultuur gecreëerd voor *artists in residence*. Het hele jaar door komen hier kunstenaars, musici en dansers uit de hele wereld om hier hun creativiteit de vrije loop te laten of workshops bij te wonen. Ook vakantiegangers kunnen een van de 10 appartementen (€ 55 voor 2 personen) huren om de artistieke omgeving op zich te laten inwerken. Het rustige landgoed ligt 3 km ten oosten van Évoramonte niet ver van de N 18, tel. 268 95 90 07, www.obras-art.org.

Évoramonte ▶ E 10

Over de N 18 die in zuidwestelijke richting naar Évora leidt, bereikt u na zo'n 17 km het dorp **Évoramonte** 8 . Op de burchtheuvel kijkt het middeleeuwse, door een muur omringde dorp uit over de wijde vlakte. Steile straatjes lopen omhoog naar het **kasteel** dat koning Dinis in 1306 liet bouwen op de resten van een Moorse vesting. Na een aardbeving in 1531 werd het kasteel verder versterkt. Karakteristiek zijn de ronde torens op de vier hoeken van de imposante burcht. Ook in dit plaatsje werd Portugese geschiedenis ge-

Portalegre

schreven. In 1834 gaf de absolutistisch regerende koning Miguel zich hier over tijdens de burgeroorlog tegenover zijn liberaal ingestelde broer Dom Pedro (wo.-zo. 10-13, 14.30-18, 's winters tot 17.30 uur, laatste weekend van de maand gesl., € 2).

In de oude stad met smalle straatjes zijn in het bijzonder de azulejo's in de **Igreja da Misericórdia** bezienswaardig (onregelmatige openingstijden).

Portalegre ▶ E 9

Kaart: zie blz. 338

Op een heuvel bijna 60 km ten noorden van Estremoz verheft zich het indrukwekkende silhouet van de kleine districtshoofdstad **Portalegre** 9 (17.000 inwoners) boven de wijde vlakte. Rond de op een aangename manier weinig opzienbarende oude stad, die voor een deel verkeersluw is gemaakt, loopt een middeleeuwse **ringmuur**. Van de twaalf torens en zeven stadspoorten zijn drie torens bewaard gebleven.

Kathedraal

Praça do Município, 8.15-12, 14.30-18 uur, ma.-di. voor een deel 's middags gesl., gratis

Op de hoogste plaats van de stad werd in de 16e eeuw de driebeukige kathedraal gebouwd. Het prachtige interieur huisvest de grootste verzameling maniëristische schilderijen in Portugal. De portalen, voorgevel en de tegelpanelen in het interieur werden in de 17e en de 18e eeuw toegevoegd.

Voormalig klooster São Bernardo

Avenida Jorge Robinson, dag. 9.30-12.30, 14-17.30 uur, gratis

In de 17e-18e eeuw was Portalegre een middelpunt van het religieuze leven. Het cisterciënzer klooster São Bernardo werd gesticht in 1518, de kloosterkerk werd verfraaid door de beroemde renaissancebeeldhouwer Nicolas de Chantarène. Hij was ook verantwoordelijk voor het weelderig versierde marmeren grafmonument van bisschop Jorge de Melo, die het klooster had gesticht. Met zijn hoogte van 12 m en breedte van 7 m was het vanwege de verkwistende luxe onderwerp van gesprek onder de gelovigen. De twee renaissancistische kruisgangen stralen na hun renovatie een tijdloze rust uit. Het klooster is tegenwoordig in gebruik als kazerne, waardoor u het alleen na een beleefd verzoek aan de wachtpost bij de ingang kunt bezichtigen onder begeleiding van een agent.

Museu da Tapeçaria Guy Fino

Rua da Figueira, di.-zo. 9.30-13, 14.30-18 uur, € 2,60, eventueel met rondleiding (aanrader)

De vervaardiging van kostbare wandtapijten heeft Portalegre al in de 16e eeuw beroemd gemaakt. Marques de Pombal liet hier halverwege de 18e eeuw een tapijtfabriek oprichten in het voormalige jezuïetencollege. Het tapijtmuseum dat hier nu is ondergebracht, is een van de waardevolste en mooiste musea van heel Portugal.

Guy Fino, een Franse tapijtfabrikant, was in de jaren 40 van de 20e eeuw in contact gekomen met de in Portalegre werkzame Manuel do Carmo Peixeiro, die hier een nieuwe knooptechniek had ontwikkeld. Uit hun vruchtbare samenwerking kwamen in Portalegre tapijtkunstwerken voort die naar de hele wereld werden geëxporteerd. De fijne wol komt uit Australië en Nieuw-Zeeland, de draden worden hier gesponnen en in zevenduizend verschillende tinten geverfd. De vervaardiging van een vierkante meter vergt twee maanden. De wel 15 m brede weefstoelen zijn nu te bewonderen in het museum. Maar in het middelpunt staat de expositie van de wollen creaties, onder andere van Le Corbusier, Eugenio Granell, Helena Vieira da Silva, José de Guimaraes en Manuel Cargalelro.

Andere musea

Portalegre beschikt over twee andere interessante musea. De **Casa Museu José Régio** toont de particuliere verzameling kunstnijverheid, meubilair en vooral Christusbeelden in de woning van de in 1969 gestorven schrijver (di.-zo. 9.30-13, 14.30-18 uur, € 2,60). Ook in de nabijgelegen **Igreja do Convento de São**

Alto Alentejo

Francisco ligt het accent op religieuze kunst (di.-vr. 10-13, 14.30-18 uur, € 2).

Informatie
Turismo: in het stadhuis, Rua Guilherme Gomes Fernandes 22, tel. 245 30 74 45, dag. 9.30-13.30, 14.30-17.30, in de winter 9-13, 14-17 uur.

Accommodatie
Milieuvriendelijk – **Rossio:** Rua 31 de Janeiro 6, tel. 245 08 22 18, www.rossiohotel.com. Slechts een paar rode vlekken onderbreken het grijs en wit van dit designhotel, dat werkt op zonne-energie en waar zelfs het water zo mogelijk wordt hergebruikt. 2 pk ca. € 68.

Eten en drinken
Originele streekkeuken – **Solar do Forcado:** Rua Cândido Reis 14, tel. 245 33 08 66, za.-middag en zo. gesl. In de oven gebakken en met oregano gekruide geitenkaas is een van de voorgerechten. Een spies van een wilde stier en jachtspecialiteiten staan in het geschikte seizoen op de menukaart. Verder nog veel gerechten van de grill. Hoofdgerecht vanaf € 10.

Evenementen
Feira de Doçaria: apr. Kloosterlijke zoetigheden worden geserveerd in de kruisgangen van het klooster São Bernardo.

Vervoer
Bus: Rua Nuno Álvares Pereira, tel. 245 33 00 96. Regelmatig naar Lissabon, een enkele keer naar steden in de regio.

Parque Natural da Serra de São Mamede ▶ E/F 9

De smalle N 359 loopt met tal van bochten door het natuurpark Serra de São Mamede, dat zich over 56.000 ha uitstrekt tussen Portalegre, Castelo de Vide en Marvão. Het stille berglandschap met een hoogste punt van 1025 m vormt een weinig bekend, maar aantrekkelijk **wandelgebied**. Informatie is verkrijgbaar in Portalegre bij het toeristenbureau (zie hiervoor) en het parkbureau (Rua Augusto César de Oliveira Tavares 23, tel. 245 30 91 89, www.icnf.pt/portal). Er worden ook hutten voor wandelaars verhuurd.

★ Marvão ▶ E 9

Kaart: zie blz. 338

Er is nauwelijks een andere stad die zich kan beroemen op zo'n uitgesproken mooie ligging. Van grote afstand is het imposante kasteel te zien, dat op een 862 m hoge rots staat, met steil naar het dal aflopende hellingen. Ook al is de kandidatuur voor het UNESCO-

Werelderfgoed onlangs mislukt, toch is het middeleeuwse, door vestingmuren omringde stadje een van de meest romantische plaatsen die Portugal te bieden heeft. De smalle geplaveide straatjes worden omzoomd door witte huizen en komen uit op stille pleintjes. Het spectaculaire uitzicht reikt bij helder weer tot aan de Serra da Estrela, terwijl Castelo de Vide, Estremoz en de dorpen in het naburige Spanje bijna aan de voeten lijken te liggen.

Kasteel
Nogal wisselend, meestal tot 18, 's zomers tot 19 uur, € 1,30

De naam van de stad verwijst naar de Moorse heerser Ibn Maruam. Meteen na de christelijke herovering werd met de bouw van het kasteel begonnen, waarna koning Dinis het in de 14e eeuw uitbreidde tot een groot, goed onderhouden complex. De voor een deel drievoudige ringmuur is voor publiek toegankelijk, evenals de burchttoren.

De geheimzinnige sfeer in de duistere gangen rond de waterkelder roept misschien herinneringen op aan spookverhalen uit de kindertijd. Een trap voert omlaag naar de bron. Tijdens een belegering was de watervoorraad toereikend voor een halfjaar.

Marvão wordt omringd door een zachtglooiend heuvellandschap

Alto Alentejo

EEN REIS NAAR DE STEENTIJD

Informatie
Begin: museum van de megalietculturen in Castelo de Vide.
Lengte en duur: met uitstapjes naar alle dolmens ca. 55 km; 3-5 uur
Inlichtingen: folders met informatie voor wie zelfstandig reist, zijn beschikbaar bij het toeristenbureau, dat ook informatie biedt over uitstapjes die worden georganiseerd door plaatselijke archeologen.
Belangrijk: de rit naar de vindplaatsen gaat voor een groot deel over stevige maar onverharde wegen.

Het kleine **museum van de megalietculturen** (zie blz. 356) in Castelo de Vide is een zeer geschikt beginpunt, alvorens in het vrije veld naar de stenen kolossen te gaan die onze voorouders ons in Alentejo hebben nagelaten. De benamingen zijn: menhir (Bretons: grote steen), steencirkel (verzameling menhirs) en dolmen (verzameling menhirs met een deksteen). Deze grote steenblokken zijn tot zesduizend jaar oud. Over de N 246-1 gaat de route eerst westwaarts. Als u de zijweg links in de richting van Portalegre volgt, komt u na 3 km bij de **dolmen** (Portugees: *anta*) **van Sobral**. Deze is aangelegd in de 3e of 4e eeuw v.Chr. Hier werden doden op hun rug liggend begraven onder imposante afsluitstenen, met bij hen levensmiddelen, wapens en sieraden voor de reis naar het hiernamaals. Dankzij de dunne, rechtop geplaatste draagstenen maakt de **dolmen van Melriça** een fijnbewerkte indruk. Hiervoor rijdt u terug naar het begin van de zijweg en dan links ca. 2,5 km richting Nisa.
Bij het stuwmeer **Barragem da Póvoa**, 4 km verderop, zijn veel archeologische vondsten gedaan. Van de **dolmen van Currais** zijn echter alleen nog wat rudimentaire resten over. Aan de noordkant van het stuwmeer maakt de weg door het mooie landschap een bocht naar rechts richting Póvoa e Meadas en voert u langs het **grafveld van Boa Morte** ('mooie dood'); het telt acht afzonderlijke begraafplaatsen uit de late middeleeuwen.
Rond het plaatsje **Póvoa e Meadas** zijn tal van andere opgravingen met bordjes aangegeven. Het plaatsje is verder ook bekend om het feest dat wordt gehouden in de nacht naar 8 december (Maria-Onbevlekte-Ontvangenis). De jongemannen van het dorp moeten hout sprokkelen voor een groot vuur op het dorpsplein. Dit moet tot Kerstmis blijven branden om zo geluk te brengen voor het hele komende jaar.

Voorbij Póvoa e Meadas loopt de weg in oostelijke richting, totdat na ongeveer 6 km een weggetje zuidwaarts terug naar het beginpunt leidt. Maar eerst voert de route u nog naar het hoogtepunt van deze rondrit. Met een hoogte van 7 m is de **menhir van Meadas** de grootste in deze streek. Hij heeft een gewicht van 15 ton en is vijfduizend jaar oud. Naast deze steen voelt een mens zich behoorlijk klein.

Museu Municipal
Travessa de Santa Maria, dag. 10-12.30, 13.30-17 uur, € 1,90
In de oude parochiekerk toont dit museum archeologische vondsten, religieuze kunst, klederdrachten en gebruiksvoorwerpen. De in 2016 gemoderniseerde inrichting van het museum vormt een spannend contrast met het vergulde altaar met tegelafbeeldingen.

Casa da Cultura
Rua 24 de Janeiro 1, dag. 10-17 uur, gratis
Een weinig voorkomende combinatie: midden in de wirwar van de straatjes in de oude stad is het vroegere gebouw van de gevangenis verbouwd tot een aantrekkelijk museum voor de geschiedenis van de lokale rechtspraak: op de eerste verdieping werd in een klein zaaltje rechtgesproken.

Bijzonder is ook vóór de Igreja da Estrela het vrijstaande kruis van marmer en granietsteen uit de 15e eeuw.

Informatie
Turismo: Rua de Baixo (nabij de stadspoort), tel. 245 90 91 31, dag. 10-17 uur. Beschrijvingen bij drie wandelroutes zijn verkrijgbaar.

Accommodatie, eten
Met een weids uitzicht – **Pousada:** Rua 24 de Janeiro 7, tel. 245 99 32 01, www.pousadas.pt. Hotel met 29 met traditioneel meubilair ingerichte kamers in twee stadspanden, romantisch en comfortabel. 2 pk vanaf € 110. Een bijbehorend restaurant met mooi uitzicht biedt een verfijnde keuken van Alentejo. Hoofdgerecht vanaf € 17.
Sympathiek – **El-Rei Dom Manuel:** Largo de Olivença, tel. 245 90 91 50, www.turismarvao.pt. Gemoedelijk hotel met 15 aangename kamers, voor een deel met een weids uitzicht.

2 pk € 50-85. In het bijbehorende restaurant serveert men lekkere specialiteiten van Alentejo. Hoofdgerecht vanaf € 10.

Evenementen
International Music Festival: eind juli. Ambitieuze concerten met klassieke muziek, onder leiding van dirigent Christoph Poppen (www.marvaomusic.com).
Festa da Castanha: 2e weekend in nov. Gastronomische specialiteiten rond de tamme kastanje en kunstnijverheid op straat.

Vervoer
Bus: stadspoort, 2 x per dag (ma.-vr.) naar Castelo de Vide en Portalegre.

Castelo de Vide ▶ E 9

Kaart: zie blz. 338
Ook als u nog onderweg bent naar het mooie stadje **Castelo de Vide** [10], met ongeveer 3000 inwoners, springt al van ver het niet zo heel spectaculaire, maar wel imposante kasteel op een hoogte van 600 m in het oog. Het kasteel draagt een inscriptie die vermeldt dat de bouw in 1327 was voltooid.

Onduidelijkheid bestaat er wel over de oorsprong van de naam van het stadje – werd de oude naam Vide vanwege de bouw van het kasteel veranderd in Castelo de Vide, of is de naam afgeleid van het vroegere Castelo Davide? Zo noemde de belangrijke Joodse gemeenschap in de 15e-16e eeuw de stad.

Kasteelterrein
Van de oorspronkelijke Moorse vesting is nog het ventilatiesysteem te zien. Ondanks enkele verbouwingen en schade in de onafhankelijkheidsstrijd tegen Spanje heeft het kasteel zijn

middeleeuwse structuur behouden. In het zuidoostelijke deel steekt de **burchttoren** boven de buitenmuren uit. Twee van de vier torens staan er nog, maar de vroegere woonruimtes liggen in puin.

De eenbeukige **Igreja de Nossa Senhora da Alegria** is geheel en al met azulejo's bekleed (slechts sporadisch geopend). Op het kasteelterrein is nabij de Praça das Armas het **Museum van de megalietculturen** ingericht. Hier krijgt u een beeld van de vele vondsten uit de prehistorie in het noordelijke deel van Alentejo en kunt u daar meer over te weten komen (dag. 9.30-13, 14.30-18 uur in de zomer, en 14-17 uur in de winter; zie ook blz. 354).

Door de oude stad

Een wandeling door de intact gebleven oude stad is fantastisch. Om de romantische sfeer nog verder te verhogen wedijveren de bewoners in de grillige straatjes, waarvan vele steil omhoog- of omlaaglopen, met elkaar wie zijn huis het mooist met bloemen heeft versierd. Prachtig zijn met name de gotische woningtoegangen in de Rua do Arcário.

De voormalige **Joodse wijk** van Castelo de Vide loopt van de parochiekerk aan de centrale, door respectabele herenhuizen omringde **Praça Dom Pedro V** omhoog naar het kasteel. De **oude synagoge** in de Rua da Fonte is uitgebreid gerenoveerd. Binnen de zware muren geeft men nu in elf zalen een levendig beeld van de geschiedenis van de Joodse gemeenschap en de voortlevende tradities in de stad. Zo gaat het over het eten van ongedesemd brood tijdens het Pascha-feest, waaraan nu nog een bijzonder paasbrood herinnert. Verder is er een thematische presentatie van vondsten bij opgravingen (dag. 9.30-13, 14.30-18 uur 's zomers bzw. 14-17 uur in de winter, gratis).

Waarschijnlijk was er nog een tweede, geheime, synagoge in een bijkamer van de christelijke huiskapel van het stadspaleis **Casa do Morgado** op Rua Nova 24. Hier komt ter ere van de revolutionairen van 25 april 1974 het Museu Salgueiro Maia, een revolutionair die in deze stad werd geboren. Tot dan hebben ambachtelijke werkers hier hun atelier, onder wie de vrouwen die traditionele borduur- en patchworkproducten vervaardigen.

Castelo de Vide is ook bekend om het gezonde water, zelfs al hebben de oude thermen sterk aan betekenis ingeboet. Volgens historische berichten waren hier in de 18e eeuw ongeveer driehonderd bronnen en fonteinen. Vele daarvan klateren nu ook nog, zoals de monumentale stadsfontein **Fonte da Vila** uit de 16e eeuw aan de rand van de Joodse wijk, waarvan de overkapping wordt gedragen door zes marmeren zuilen.

Informatie
Turismo: Praça Dom Pedro V, tel. 245 90 82 27, www.castelodevide.pt/turismo, dag. 9-13 en 's zomers 15-18, anders 14-17 uur.

Accommodatie
Op stand – **Casa Amarela:** Praça Dom Pedro V 11, tel. 245 90 58 78, www.casaamarelath.pt Het woord *amarela* betekent 'geel' en dat is ook de kleur waarmee de voorgevel van dit 17e-eeuwse herenhuis aan het centrale plein in het oog springt. De inrichting is chic, met zelfs vergulde kroonluchters. 2 pk ongeveer € 80.

Goede prijs-kwaliteitverhouding – **Sol e Serra:** Avenida da Europa, 1, tel. 245 90 00 00, www.grupofbarata.com. Hotel met 86 keurige kamers in lichte tinten; aan de voorkant lawaaiig. Uitstekend restaurant. 2 pk vanaf € 30.

Eten en drinken
Stevige landelijke kost – **O Alentejano:** Largo dos Mártires da República 14, tel. 245 90 13 55, ma. gesl. Gerechten met lamsvlees of Iberisch varken worden hier erg lekker bereid. Hoofdgerecht vanaf € 9.

Onder een oud gewelf – **Dom Pedro V:** Praça Dom Pedro V 10, tel. 245 90 12 36, di. gesl. Veelzijdige keuken van Alentejo in een rustieke ambiance; ruime keus aan nagerechten. Hoofdgerecht vanaf € 10.

Vervoer
Bus: Parque José da Luz. Een enkele keer naar Lissabon en naar steden in de regio.

Baixo Alentejo

Zo'n 100 km ten zuiden van Lissabon bepalen witte steden, lichtgele stranden en een turkooizen zee het beeld aan de Costa Azul van Alentejo. Achter de kust strekt zich de Planície Dourada, de 'gouden hoogvlakte', uit tot aan de Spaanse grens. Zachtglooiende heuvelketens reiken tot de horizon, het land lijkt bijna leeg.

Eenzame stranden zijn vooral ten zuiden van Comporta te vinden. Door het Sado-natuurreservaat (zie blz. 168) en de Serra de Grândola lopen diverse wandelroutes. Bijna kaarsrecht verbinden wegen met weinig verkeer de steden in het dunbevolkte binnenland. Goudgeel is de tarwe al sinds de tijd van de Romeinen, onder kurkeiken en olijfbomen grazen schapen, geiten en halfwilde Iberische varkens. Van de heuveltoppen kijken de *montes*, de boerderijen van Alentejo, uit over de landerijen. Dagloners moesten vroeger zware herenarbeid verrichten, totdat in 1975 rond de districtshoofdstad Beja een beweging voor landhervorming opkwam. De revolutionaire landbezettingen hielden slechts korte tijd stand, na enkele jaren kwamen de oude eigenaars met steun van de regering in Lissabon terug. De arbeidsomstandigheden zijn weliswaar sterk verbeterd, maar de armoede is gebleven. Deze komt tot uiting in de zang, de *cante alentejano*, die wordt erkend als UNESCO-Werelderfgoed. Een solozanger begint op gedragen toon, gevolgd door een pauze, en dan zet het koor in.

Het weidse landschap en de zomerse hitte dringen de mensen kalmte en een zekere deemoedigheid op. Het leven verloopt hier langzaam, men treft elkaar op het dorpsplein en de tijd lijkt stil te staan.

Alcácer do Sal ▶ C 11

Kaart: zie blz. 363
In de lucht cirkelen ooievaars boven de rijstvelden in de brede delta van de Rio Sado. De meanderende rivierstromen, rijk aan vis, waren vanouds de levensaders van het rustige stadje **Alcácer do Sal** 1 (ongeveer 9000 inwoners) en boden de schepen beschutting tegen stormen. Al in het neolithicum lag op deze plek een versterkte nederzetting die handel dreef met volken aan de Middellandse Zee.

Deze nederzetting was onder de Feniciërs, de Grieken en de Carthagers uitgegroeid tot een bestuursstad; onder de Romeinen had het versterkte Urbes Salacia Imperatoria zelfs een eigen munt. In de burgeroorlog tussen Julius Caesar en Pompeius vervulde Salacia een actieve rol aan de zijde van Pompejus. In die tijd werd hier zout gewonnen en was de conservering van levensmiddelen de voornaamste bron van inkomsten. Uit de combinatie van de Moorse plaatsnaam Al Qasr Abru Danis met het Portugese woord voor zout *(sal)* kwam de huidige naam Alcácer do Sal voort. Na de verdrijving van de Moren werd de stad een centrum van landbouw en handel. In de 16e eeuw bracht de stad twee beroemdheden voort: Bernardim Ribeiro, de belangrijkste Portugese dichter vóór Camões, en Pedro Nunes, die als sterrenkundige en wiskundige aanzienlijk bijdroeg aan de ontwikkeling van de zeevaart. Na de aanleg van de spoorlijn verloor de rivier aan betekenis en viel het stadje in de 20e eeuw in een doornroosjesslaap.

Wandeling door de stad

De straat langs de oever is versmald om het autoverkeer in het stadje terug te dringen.

Daardoor is de wandeling langs de rivier en in de smalle straatjes langs de vissershuisjes en de adellijke paleizen wel veel plezieriger. En tussendoor nodigen caféterrassen uit om even bij te komen.

Archeologisch museum
di.-zo. 9-12.30, 14-17.30 uur, gratis, voorlopig wegens renovatie gesl.
In de vroegere Igreja do Espírito Santo, die is getooid met een venster in manuelstijl, is tegenwoordig een klein archeologisch museum gevestigd. Men toont hier interessante vondsten van de steentijd tot de Moorse heerschappij en aardewerk uit de 18e eeuw.

Burchtheuvel
De bebouwing met witte huizen reikt tot aan het **Castelo**, dat wordt bewaakt door tientallen ooievaars. De straten lopen steil omhoog, een rit per auto heeft de voorkeur boven lopen. De eerste grote slag om het bezit van het kasteel vond plaats in 966, toen een krijgsvloot van de Vikingen de aanval inzette – tevergeefs. Ook de christelijke legers hadden er moeite mee: pas in 1217 werden hier de Moren overwonnen, zeventig lange jaren na de herovering van het nabijgelegen Lissabon. In het kasteel is nu een pousada ondergebracht. Met toestemming van de receptionist kunt u de huiskapel, de kruisgang en de resten van de West-Gotische ommuring bezichtigen.

Bij opgravingen in het kader van een uitbreiding voor de pousada werden in verschillende bodemlagen resten van menselijke bewoning aangetroffen, van het neolithicum tot de middeleeuwen. Deze vondsten zijn nu te bezichtigen in een klein museum, de **Cripta Arqueológica** (di.-zo. 9-12.30, 14-17.30, juli-aug. 9.30-13, 15-18.30 uur, € 1,50).

De naburige romaans-gotische **Igreja de Santa Maria do Castelo** werd gebouwd op de fundamenten van een heidens heiligdom. Bezienswaardig in de driebeukige kerk zijn de vergulde houten altaren uit de 16e eeuw (slechts sporadisch geopend). Tussen de kerk en de pousada zijn opgravingsvondsten van het Romeinse forum (1e eeuw v.Chr.) te zien (meestal 's middags geopend, gratis).

Informatie
Turismo: Largo Luís Camões (aan de rivier), tel. 265 00 99 87, ma.-za. 9-13, 14-17 uur.

Accommodatie
Met prachtig uitzicht – **Pousada Dom Afonso II:** tel. 265 61 30 70, www.pousadas.pt. Een uitzonderlijk mooie pousada met 35 kamers in het kasteel. Het moderne design is in harmonie met de historische gebouwen. In het restaurant serveert men regionale rijstgerechten. 2 pk € 100-210.

Eten en drinken
Terras boven de rivier – **Retiro Sadino:** Avenida João Soares Branco 6, tel. 265 61 30 86, www.retirosadino.com. Ruime keus aan voorgerechten en gerechten van Alentejo in diverse varianten. Hoofdgerecht € 8-16.

Actief
Wandelen – Een gemarkeerde wandelroute van 13 km door rijstvelden en kurkeikenbossen voert van het toeristenbureau omhoog naar het kasteel en terug.
Watersport – **Rotas do Sal:** Ameira, mob. 967 06 60 72, www.rotasdosal.pt. Het aanbod varieert van boottochten, dolfijnen kijken en vogels kijken tot duiken, zeilen en kanoën.

Vervoer
Bus: Avenida José Saramago, tel. 265 62 24 51. Regelmatig naar Lissabon en Setúbal, geregeld naar Sines en Grândola.

De Costa Azul van Alentejo ▶ B 11/12

Kaart: zie blz. 363
Bijna zonder bochten en helemaal vlak loopt de N 253 door de uitgestrekte pijnboombossen langs de zuidgrens van het Reserva Natural do Estuário do Sado (zie blz. 168) over een bijna ongerepte kuststrook. Voorlopig nog ongerept, moet daar helaas aan worden toegevoegd, want tussen Comporta en Melides staan hotels gepland met in totaal honderd-

De Costa Azul van Alentejo

Ooievaars nestelen graag op Zuid-Portugese kerktorens

duizend bedden. De nationale en internationale investeringsgroepen beloven duizenden arbeidsplaatsen en een paradijs op aarde. Wie van een paradijs ook enige stilte en rust verwacht, moet zich haasten, ook al loopt het project door de economische crisis wel aanzienlijke vertraging op.

Comporta en omgeving ▶ B 11

Op het grote zandstrand **Praia da Comporta** hebt u een weids uitzicht over de overwegend turkooisblauwe zee en op de Serra da Arrábida. Behalve in de zomer en in de weekends is het strand volkomen verlaten. Afgezien van een paar strandrestaurants is er geen enkele bebouwing. Alleen als u strak naar rechts kijkt, ziet u de haven van Setúbal. In deze richting ligt ook het schiereiland Troja, waar golfbanen, luxueuze appartementen en hotels zijn aangelegd. Tussen Troja en Setúbal vaart een autoveerboot.

Het eigenlijke dorp **Comporta** 2 ligt 1,5 km landinwaarts en is een centrum van de rijstindustrie. De plaatselijke exporteur noemde zijn bedrijf wat onbescheiden Atlantic Company. Een modern rijstmuseum is gewijd aan dit waardevolste landbouwproduct van de regio (di.-zo. 10-13, 14.30-19, 's winters tot 17 uur, € 2).

In het 4 km verderop gelegen **Carrasqueira** zijn eigenaardige huizen van vissers te ontdekken die uit riet zijn opgetrokken, waarbij alleen hout werd gebruikt om de constructie te versterken. De raamopeningen zijn erg klein en geven aan dat er een of twee binnenvertrekken zijn. De aanlegsteigers voor boten staan op dunne houten palen in het water.

Accommodatie

Functioneel en comfortabel – **Comporta Village:** Rua do Secador, tel. 265 49 06 40, www.comportavillage.com, 's winters gesl. Complex met 25 zeer eenvoudige appartementen met keukenblok en slaapruimte. Appartement voor 4 personen € 100-160.

Eten en drinken

Hoogtepunt in de regio – **A Escola:** Cachopos, N 253 (tussen Alcácer do Sal en Comporta), tel. 265 61 28 16, ma. gesl. In de vroegere dorpsschool serveert men uitmuntende regionale gerechten en dat voor bijna onverslaanbare prijzen. Specialiteiten zijn rijst met inktvis en garnalen, en wild konijn in brooddeeg. Hoofdgerecht vanaf € 12, met enkele aanvullende voorgerechten toereikend voor 2 personen.

Vervoer
Bus: streekbus naar Alcácer do Sal.

Grândola ▶ C 12

Kaart: zie blz. 363
Aan de N 261 in zuidelijke richting liggen slechts weinig dorpen of steden. Wel buigen er voortdurend zijwegen af naar de stranden, zoals naar de **Praia da Carvalhal**, een strand dat is aan te raden vanwege de mooie ligging. Na 11 km komt u bij een tweesprong, links gaat u naar de 'stad van de revolutie' **Grândola 3**. De hymne van de Anjerrevolutie had als titel *Grândola, vila morena*. Op 25 april 1974 klonk dit lied op Radio Renascença als het afgesproken signaal voor de opstand (zie hierna). De zanger José Afonso had de tekst en de muziek al in 1964 voor de Muziekvereniging Arbeidersbroederschap van Grândola geschreven: 'Grândola, bruine stad, land van broederschap, het volk heeft de doorslaggevende stem, in jou, o stad.'

Overigens is Grândola geen bruine *(morena)* stad, de tekst verwijst hiermee naar de dorre velden in de zomer. De huizen van het plattelandsstadje zijn witgekalkt. Het leven van alledag speelt zich af in smalle straatjes, mooie parken en knusse pleintjes, grote bezienswaardigheden zijn er niet. Alleen aan de uitvalsweg richting Lissabon springt het monument van de revolutie in het oog. Een langgerekt tegelpaneel herinnert met het motto *dá mais força a liberdade* ('Geef de vrijheid meer kracht') aan de belangrijkste gebeurtenis in de recente geschiedenis van Portugal.

Maar ook de nabije omgeving bestaat geenszins alleen maar uit bruine velden die naar water dorsten. Over de zachtglooiende, met olijven en pijnbomen begroeide heuvels van de Serra de Grândola zijn in de afgelopen jaren mooie wandelroutes aangelegd, waaronder ook een etappe van het pelgrimspad naar Santiago de Compostela.

Informatie
Turismo: Praça Marquês de Pombal 1, een verhuizing naar het oude stadhuis aan de Praça Dom Jorge staat op stapel, tel. 269 75 04 29, ma.-vr. 9-17, za. 10-13 uur.

Accommodatie
Gemoedelijk – **Casa Morgado's:** Rua 1° de Dezembro, tel. 269 18 58 17, www.casamorgados.com. Hotel van 6 kamers in een stadspand met een moderne inrichting in felle kleuren. Met gebruik van keuken en een klein zwembad op de binnenplaats. 2 pk € 75-85.

Eten en drinken
Hartelijke sfeer – **Espaço Garrett:** Rua Almeida Garrett 4, tel. 269 49 80 87, zo.-ma. gesl. Sympathiek restaurant annex galerie en winkel voor regionale specialiteiten en wijnen. Daggerecht ongeveer € 11.

Actief
Wandelen – Bij het toeristenbureau zijn folders verkrijgbaar over diverse wandelroutes.

Vervoer
Trein: station 1 km oostelijk, 4 x per dag naar Lissabon en naar Algarve.
Bus: Rua do Bocage, tel. 269 44 24 08. Regelmatig naar Lissabon en Sines, minder vaak naar Algarve.

Van Grândola naar Sines

Kaart: zie blz. 363

Serra de Grândola ▶ C 12

De in een mooi landschap gelegen doorgaande weg N 120 naar Santiago do Cacém geniet ondanks de vele bochten de voorkeur boven de autoweg IP 8. Zo rijdt u tussen de knoestige

Van Grândola naar Sines

steen- en kurkeiken van de Serra de Grândola door. In het voorjaar tooien de sneeuwwitte bloesems van de cistusrozen de heuvelhellingen. Onderweg passeert u **Santa Margarida da Serra**, echt een dorp van Alentejo. Rond de 15e-eeuwse parochiekerk staan de huizen dicht opeen in de karakteristieke bouwwijze van de regio. Ze hebben een plat dak, zijn witgekalkt, en hebben slechts enkele vensters, waarvan de kozijnen blauw zijn geschilderd.

Moinho da Quintinha en Miróbriga

Op een heuvel net voor Santiago do Cacém kunt u even een kijkje nemen bij de interessante stadsmolen **Moinho da Quintinha**. Als er genoeg wind staat, laat de molenaar zijn ambachtelijk werk zien (meestal di.-za. 9.30-12.30, 14-17 uur, gratis).

Een paar honderd meter verderop vindt u de indrukwekkende opgravingen van de Romeinse nederzetting **Miróbriga** uit de 1e eeuw n.Chr. De resten van een Venustempel, marmeren thermen en het forum zijn te bezichtigen (di.-za. 9-12.30, 14-17.30, zo. 9-12, 14-17.30 uur, € 3).

Santiago do Cacém
▶ C 12/13

Met een goede 7000 inwoners is **Santiago do Cacém** 4 kleiner dan Grândola, maar het maakt wel een bedrijviger indruk. Misschien heeft het te maken met de nabijheid van de zee of zijn imposante kasteel, dat meer toeristen trekt. Of aan een legendarische oorlogsheldin, die haar geest de nakomelingen actief houdt. Zij kwam met haar leger aan bij de Moorse gemeente en versloeg op 25 juni, de naamdag van Sint-Jakobus (Portugees: São Tiago), de Moorse prins Kassen. Daarmee was duidelijk wat de nieuwe plaatsnaam zou zijn: São Tiago de Kassen (later Cacém).

De stad geeft overigens een ambivalent gevoel door de mengeling van plompe nieuwbouw en pittoreske, maar in verval geraakte woonhuizen in het historische centrum. Boven alles uit torent dan nog het middeleeuwse **tempelierskasteel**, dat in de 19e eeuw een nieuwe functie kreeg toebedeeld: binnen de muren ligt de stadsbegraafplaats. De goed onderhouden muren zijn voor publiek toegankelijk. Het weidse uitzicht maakt een wandeling zeer aantrekkelijk.

Vlak bij het kasteel staat de **Igreja Matriz** uit de 13e eeuw, die nog tot in de 20e eeuw herhaaldelijk werd verbouwd. Een vroeg hoogreliëf geeft Sint-Jakobus als Morendoder te zien (wo.-zo. 10-12.30, 14.30-18, okt.-mrt. tot 17 uur, gratis).

Museu Municipal
wo.-vr. 10-12, 14-16.30, za. 12-18 uur, gratis
In het stadsmuseum aan de Praça do Município toont men naast de particuliere collectie van de plaatselijke archeoloog en muntenverzamelaar Gualberto da Cruz tal van volkskundige objecten. Ook zijn een keuken en woonvertrekken uit de 19e eeuw nagebouwd. Aangezien het museum is ondergebracht in een voormalige gevangenis, kunt u ook nog enkele cellen bekijken.

Lagoa de Santo André
Een toeristische trekpleister is **Vila Nova de Santo André** met prachtige stranden. De Lagoa de Santo André is de grootste van enkele lagunes, en een fantastische locatie om te surfen en vogels te kijken. Er varen ook nog steeds bootjes uit om vis te vangen. Hoewel de tot Melides reikende lagunes beschermd natuurgebied zijn, vormen grote toeristische projecten wel degelijk een acuut gevaar.

Informatie
Turismo: Quinta do Chafariz (het plantsoen aan de voet van de historisch stadskern), tel. 269 82 66 96, ma.-za. 9-17 uur, hartje zomer vaak ook zo.

Accommodatie
Functioneel – **Vila Park:** Vila Nova de Santo André, Bairro das Flores, tel. 269 75 01 00, www.vilapark.com. Door een particuliere universiteit gerund modern hotel met 79 kamers, waar naast het gewone personeel studenten van de opleiding voor toerisme praktijkervaring opdoen. 2 pk € 75-125.

Baixo Alentejo

Eten en drinken
Regionaal – **Covas:** Santiago, Rua Cidade de Setúbal 8 (bij het busstation), tel. 269 82 26 75. Eenvoudig restaurant met zeevruchten, rijstgerechten en eenpansgerechten met vis. Hoofdgerecht vanaf € 8.

Actief
Zwemmen – De mooiste stranden zijn **Costa de Santo André**, **Praia de Melides** en Praia Aberta Nova (ook naturistenstrand).
Surfen – **Costazul Surf Alentejo:** de belangrijkste locatie is Porto Covo, zie blz. 365. Lessen, materiaalverhuur en vakantiekamp in de lagunes.
Wandelen – Informatie over **wandeltochten door de lagunes** bij het informatiecentrum van de milieuvereniging ICNF, Monte de Paio, tel. 269 74 90 01, ma.- vr. 10-13, 14-17 uur, www.icnf.pt.
Paardrijden – **Centro Equestre de Santo André:** Monte Welho de Cima, tel. 269 75 12 35, www.cesa.pt. Lessen en tochten te paard, ook voor kinderen.
Safari – **Badoca Park:** Vila Nova de Santo André, www.badoca.com, dag. 9.30-18 uur. Park met Afrikaanse wilde dieren, ca. € 17,50.

Vervoer
Bus: Rua Cidade de Setúbal 22, tel. 269 81 87 50. Geregeld naar Lissabon en Sines.

Sines ▶ B 13

Kaart: zie blz. 363
Wie naar **Sines** 5 rijdt, kan zich het best van tevoren op een kleine schok voorbereiden. De vierbaanswegen leiden namelijk langs olieraffinaderijen en industrieterreinen. Fabrieksschoorstenen laten er witte rook ontsnappen. Maar als u eindelijk boven in de oude stad bent aangekomen, bevindt u zich in de smalle straatjes van een mooi stadje van 14.200 inwoners.

In het spoor van Vasco da Gama
Sines ging de Portugese geschiedenisboeken in als de geboorteplaats van de ontdekkingsreiziger Vasco da Gama (1469-1524). Een gietijzeren beeld van hem staat achter de parochiekerk (18e eeuw) bij het kasteel en kijkt uit over de zee. In de middeleeuwse voorganger van deze kerk had Vasco volgens de wens van zijn vader, de burgemeester van de stad, een carrière als geestelijke moeten beginnen. Als hij dat had gedaan, was de zeeroute naar India misschien door de gehate Spaanse concurrenten ontdekt. Uit liefde voor zijn geboortestad liet de zeevaarder na zijn grote zeereis naar India de in manuelstijl uitgevoerde kapel **Ermida de Nossa Senhora das Salas** aan

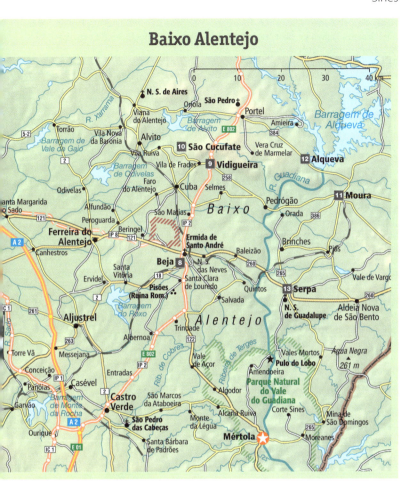

de westrand van de stad boven de haven op eigen kosten grondig vernieuwen. Enkele jaren geleden is de kapel gerestaureerd (za.-zo. 10-12, 14.30-18, 's winters 14-17 uur, € 1,50).

In de 13e eeuw stond hier ook al een kapel, die was gebouwd in opdracht van de Griekse hofdame Lescaris nadat ze op zee in nood was geraakt. Ze beloofde dat ze, als ze behouden weer aan land zou komen, een kerk zou bouwen in de dichtstbijzijnde vestingstad. Dat bleek Sines te zijn. Van het vroegere **kasteel** resteren nu nog de muren, waarbinnen een interessant **archeologisch museum** en een **gedenkplaats voor Vasco da Gama** zijn ingericht (di.-zo. 10-13, 14.30-18 uur, 's winters 14-17 uur, gratis).

Centro de Artes

Rua Cândido dos Reis, http://centrodeartes.sines.pt, dag. 14-20 uur, gratis

De smalle straatjes van de oude stad komen uit op het in 2005 geopende Centro de Artes met zijn gewaagde architectuur, dat door zijn roze marmerblokken enigszins doet denken aan het Centro Cultural de Belém in Lissabon. De architecten van dit kunstcentrum in Sines waren de gebroeders Manuel en Francisco Aires Mateus. Tussen de twee tegenover elkaar staande delen loopt de Rua Cândido dos Reis door, die voor de juiste uitstraling voor € 125.000 werd geplaveid met marmer.

Informatie
Turismo: Castelo, tel. 269 63 22 37, di.-zo. 10-13, 14.30-18 uur, 's winters 14-17 uur.

Accommodatie
In het doktershuis – **Casa do Médico de São Rafael:** Quinta de São Rafael, Lote 36, tel. 269 86 08 00, www.cmsrafael.com. Hotel met 20 lichte kamers die modern en vrolijk zijn ingericht. Het staat in de oude stad en heeft een uitstekend restaurant. 2 pk afhankelijk van seizoen € 82-115.

Eten en drinken
Authentiek – **Castelo:** Rua João de Deus 24, tel. 269 63 27 58, zo. gesl. In dit gemoedelijke eethuis krijgt u vis of vlees van de grill voorgeschoteld aan lange tafels met zicht op de open keuken. U kunt ook buiten op een klein terras eten. Hoofdgerecht ongeveer € 10.

Actief
Surfen – **Escola de Surf:** Praia de São Torpes (zuidelijk), mob. 917 86 11 44, www.surfinalentejo.com.

Evenementen
Carnaval: feb.-mrt. en aug. Kleurrijke en feestelijke bedrijvigheid in het carnavalsweekend en tijdens een zomers carnaval.
Festival Músicas do Mundo: eind juli. Een aantal dagen lang klinkt er wereldmuziek in het kasteel.
Centro de Artes: in het centrum organiseert men exposities, theater, film en muziekevenementen, http://centrodeartesdesines.com.pt, dag. 14-20 uur.

Vervoer
Bus: Rua Julio Gomes da Silva, tel. 269 63 22 68. Geregeld naar Lissabon, een enkele keer naar plaatsen in de regio.

Vasco da Gama kijkt in zijn geboortestad Sines uit over het weidse water

Van Sines naar Algarve

Kaart: zie blz. 363

Porto Covo ▶ B 13

Porto Covo 6, 13 km ten zuiden van Sines, vormt de noordelijke grens van het natuurpark Sudoeste Alentejano Costa Vicentina, dat langs de kust doorloopt tot aan Sagres in Algarve. Het plaatsje Porto Covo is in trek bij buitenlandse toeristen, mogelijk vanwege de nieuw aangelegde strandpromenade. Het heeft overigens een rechtlijnig stratenplan, maar verder vindt u hier de vertrouwde witgekalkte huisjes met ramen in blauw geschilderde kozijnen. De buiten de dorpskern gelegen appartementenparken zijn hier minder storend dan in andere badplaatsen, maar echt rustig is het niet meer in Porto Covo.

Ilha do Pessegueiro

Naar het 3 km zuidelijker voor de kust gelegen Ilha do Pessegueiro kunt u zich 's zomers laten overzetten in een vissersboot. De tocht is de moeite waard vanwege het mooie strand. Tijdens de Tweede Punische Oorlog zouden de Carthagers hier een haven hebben gehad. Zoutpannen uit de Romeinse tijd zijn er nog steeds te zien, evenals de ruïne van een fort uit de 17e eeuw.

Informatie

Turismo: Largo do Mercado, tel. 269 95 91 24, ma.-vr. 9-12, 13-17 uur, hartje zomer ma.-za. 10-13, 15-19 uur.

Accommodatie

Functioneel – **Porto Covo:** Rua Vitalina da Silva, Lotes 1-2, tel. 269 95 91 40, www.hotelportocovo.com. Vakantiepark met 22 eenvoudige appartementen met kitchenette. Appartement voor 2 personen € 56-96 zonder ontbijt.

Actief

Wandelen – zie blz. 366.
Surfen – **Costazul Surf Alentejo:** Rua Vasco da Gama, Lote 48, mob. 932 66 52 69, www.costazulsurf.com. Materiaalverhuur, lessen en vakantiekamp.

Vila Nova de Milfontes en omgeving ▶ B 13

Vila Nova de Milfontes 7 is een badplaats ten zuiden van Porto Covo. Helderwitte huizen, sommige ook in felle kleuren beschilderd, staan dicht opeen rond de kleine dorpskerk. Smalle kronkelstraatjes komen uit op de kade aan de rivier de Mira. In de wintermaanden heerst hier een aangename rust, maar zelfs in de zomer is de drukte nog wel te verdragen, ook al omdat de moderne vakantieparken bij de duinen ongeveer 2 km verderop zijn aangelegd. Aan de langgerekte stranden op de rivieroever aan de overkant is plaats genoeg om te zwemmen en te wandelen. In de zomer kunt u zich laten overzetten door een vissersboot.

De aanlegsteiger ligt naast het door klimop overwoekerde sprookjesachtige **kasteel**, dat in 1602 werd gebouwd om bescherming tegen piraten te bieden en in 1939 werd verkocht aan een rijke koopman uit Lissabon. Die verbouwde het tot een chic hotel, maar dat is inmiddels gesloten.

Zuidelijke buurplaatsen zijn **Almograve**, een klein vissersdorp met een erg mooi dorpsstrand, en **Zambujeiro do Mar** aan de grens met Algarve. Dit laatste plaatsje is wat minder romantisch, maar staat wel bekend om een zomers muziekevenement. Dan komen tienduizenden bezoekers om op het **Festival MEO Sudoeste** iets van de sfeer van Woodstock te ervaren en naar alternatieve rock te luisteren. Nog eens 12 km zuidelijker ligt het mooie **Odeceixe** al in Algarve (zie blz. 383).

Informatie

Turismo: Rua António Mantas, tel. 283 99 65 99, daq. 10-13, 14-18 uur.

Accommodatie

Gemoedelijk – **Casas Brancas:** Travessa do Botequim 6, Odemira, tel. 283 32 76 69, www.casasbrancas.pt. Regionale vereniging van knusse particuliere onderkomens, zoals Casa do Adro uit de 17e eeuw in het centrum, Rua

WANDELTOCHTEN DOOR ALENTEJO

Helemaal zonder gevaar is het niet op de steile rotsen van het 75 km lange, in vier dagetappes onderverdeelde **vissperspad**, dat deel uitmaakt van de **langeafstandsroute Rota Vicentina**. Zo'n 30 m lager beuken de woeste golven van de Atlantische Oceaan tegen het donkere gesteente.

Gelukkig is er voor wie graag wil wandelen maar niet van duizelingwekkende dieptes houdt, een **historisch pad** dat door de glooiende heuvels van het binnenland loopt. Het is zo goed onderhouden dat het ook geschikt is voor mountainbikers. Olijfbomen, kurkeiken, steeneiken en eucalyptussen worden afgewisseld door tarwevelden of een akkertje met zoete aardappelen, die een specialiteit van deze streek zijn. De route loopt langs oeroude dorpjes en levendige stadjes. Het beginpunt is Santiago do Cacém (zie blz. 361), het eindpunt is Cabo São Vicente (zie blz. 380) in Algarve. In 12 dagetappes kunt u 230 km lopen over het traject van de middeleeuwse pelgrims die naar Santiago de Compostela trokken.

Voor wie alleen maar een dag wil wandelen, is het **traject van 20 km** van Porto Covo (zie blz. 365) naar Vila Nova de Milfontes een aanrader. U wandelt langs zandstranden, steile rotsen en een fort. In het voorjaar hangt de geur van de kustplanten in de lucht. Dat is ook de beste periode, van april tot juni. De actieve vereniging Rota Vicentina (www.rotavicentina.com) stelt uitvoerige beschrijvingen met kaartenmateriaal ter beschikking om te downloaden en zendt eventueel een gedetailleerde wandelgids toe (bijdrage van € 15).

Diário de Notícias 10, tel. 283 99 71 02, www.casadoadro.com.pt, 2 pk € 70-90.

Eten en drinken
Rustiek – **Tasca do Celso:** Rua dos Aviadores 30, tel. 283 99 67 53, ma. gesl. Goede keuken van Alentejo, met vooral vis en zeevruchten. Lekkere eenpansgerechten met vis vanaf € 15, ook salades en kleinere gerechten.
Aan de kade – **A Fateixa:** Largo do Cais, tel. 283 99 64 15, wo. gesl. Terrasrestaurant met pas gevangen vis voor prijzen naar het gewicht. Hoofdgerecht vanaf € 9.

Actief
Surfen en fietsverhuur – **SudAventura:** Rua Custódio Brás Pacheco 38A, tel. 283 99 72 31, www.sudaventura.com. Lessen en materiaalverhuur.
Zwemmen – De mooiste stranden zijn die op de zuidelijke rivieroever en bij Almograve.
Wandelen – Het toeristenbureau geeft informatie over drie wandelroutes. Zie ook de tip.

Vervoer
Bus: Rua António Mantas 26. Verbindingen met Lissabon, Portimão en Lagos.

Beja en omgeving
▶ D 12

Kaart: zie blz. 363; **Kaart:** zie blz. 368
De 28.000 inwoners tellende hoofdstad van Baixo Alentejo ligt ongeveer 100 km ten oosten van de Costa Azul en 78 km ten zuiden van Évora. Het is in beide gevallen in ruim een uur rijden goed te bereiken over de autowegen IP 2 of IP 8. Tarwevelden met daartussen kurkeiken en olijfbomen vormen een prachtig landschap. Een andere bron van inkomsten is de schapenteelt. Vaak ziet u ook de halfwilde Iberische varkens. Veel inwoners van **Beja** 8 spreken overigens ook wat Duits, omdat de Duitse luchtmacht tot voor kort in deze omgeving oefende in laag vliegen. Het militair vliegveld is inmiddels verbouwd tot een regionale luchthaven.

Beja kan terugkijken op een lange stadsgeschiedenis. Julius Caesar ondertekende hier het vredesverdrag met de opstandige Lusitaniërs en noemde de plaats daarna Pax Julia. De West-Goten maakten de stad tot hun bisschopszetel, en na de christelijke herovering op de Moren werd Beja opnieuw een bisschopsstad. Talrijke gebouwen in manuelstijl en renaissancestijl, en vele sfeervolle straatjes en romantische pleintjes in de oude stad getuigen nog van de welvaart van vroeger.

Wandeling door de stad

Castelo 1
dag. 9.30-12.30, 14-18 uur, gratis
Een goed beginpunt voor een wandeling door de stad is het kasteel, waarvan de bouw op Romeinse en West-Gotische fundamenten al in de 13e eeuw begon tijdens de regering van Afonso III. De 40 m hoge **Torre de Menagem**, de hoogste burchttoren van Portugal, is te beklimmen over 183 smalle traptreden. Bij helder weer reikt het zicht tot aan de Atlantische Oceaan. Van de drie kasteelzalen is vooral de ridderzaal op de begane grond met een Moors stergewelf erg mooi.

De westelijke **Porta da Évora** 2 naast de burchttoren, was een van de vier stadspoorten van Pax Julia en werd later in de middeleeuwse stadsmuur opgenomen. De Romeinse boog is behouden gebleven.

Bezienswaardige kerken

Niet ver van de stadspoort staat de **Igreja de Santo Amaro** 3 . Waarschijnlijk gaat het hierbij om een West-Gotische basiliek die in de 10e eeuw werd verbouwd tot een gebedshuis van christenen onder Moorse heerschappij. De onopvallende gevel stamt uit de 15e eeuw. Enkele zuilen en kapitelen van het oorspronkelijke bouwwerk zijn behouden. Daarom heeft men ook de West-Gotische afdeling van het **streekmuseum** in de kerk ondergebracht. Indrukwekkend zijn de met inscripties getooide grafstenen uit de 7e eeuw (di. 14-17, wo.-zo. 9.45-12.30, 14-17 uur, € 2).

De in de 16e eeuw gebouwde **Igreja da Misericórdia** 4 met een opvallende galerij in renaissancestijl was aanvankelijk bedoeld als stedelijk slachthuis. Maar toen het gebouw te mooi bleek te worden voor dit profane doel, besloot men er met de aanbouw van een dwarsstaande kapel een kerk voor de orde van Misericórdia van te maken. Momenteel is het gebouw in gebruik voor het **kunstnijverheidsproject Arabe**. Hier maakt en verkoopt men allerlei objecten van kurk, aardewerk, kantwerk, wollen dekens en houten speelgoed.

Een echte schatkamer van religieuze barokkunst is de iets verderop staande **Igreja de Nossa Senhora dos Prazeres** 5 . Na een uitvoerige restauratie schitteren de kleurrijke plafondschilderingen en het vergulde houtsnijwerk met een hernieuwde glorie. In het **Museu Episcopal** ernaast worden waardevolle liturgische objecten uitgestald (wo.-zo. 9.30-12.30, 14-18 uur, € 1,50).

De oorsprong van de vroegchristelijke **Igreja de Santa Maria** 6 ligt in de tijd dat de West-Goten aan de macht waren. Daarna gebruikten de Moren het godshuis als moskee. Een ongewone Boom van Jesse siert het zijaltaar van Nossa Senhora do Rosário.

Núcleo Museológico da Rua do Sembrano 7
Rua do Sembrano, di.-za. 9.30-12.30, 14-18 uur, gratis
Een eigentijdse tegenhanger van de oude kerken wordt gevormd door dit gebouw met een plat dak, dat vanwege zijn architectuur overigens omstreden is. Met de bouw hiervan wilde men de vroege geschiedenis van de stad voor het voetlicht brengen en voor een groot publiek toegankelijk maken. In het Núcleo Museológico zijn resten te zien van de bronstijd, vanaf 3000 v.Chr., en Romeinse muren.

Convento da Conceição 8
Largo da Conceição, www.museuregional debeja.pt, museum di.-zo. 9.30-12.30, 14-17.15 uur, € 2
Dit prachtige clarissenklooster uit de tweede helft van de 15e eeuw nam bij voorkeur vrouwen uit de adel op. Het werd gesticht door de ouders van koningin Eleonora, die op

Beja

Bezienswaardig
1. Castelo
2. Porta da Évora
3. Igreja de Santo Amaro
4. Igreja da Misericórdia
5. Igreja de Nossa Senhora dos Prazeres/ Museu Episcopal
6. Igreja de Santa Maria
7. Núcleo Museológico da Rua do Sembrano
8. Convento da Conceição

Accommodatie
1. Pousada Convento de São Francisco
2. Francis

Eten en drinken
1. Adega Típica 25 de Abril
2. Maltesinhas

Winkelen
1. Mestre Cacau

Actief
1. Fietsverhuur stadhuis
2. Fietsverhuur Casa da Cultura

het voorplein wordt geëerd met een monument. Op hoge leeftijd trad zij ook zelf tot de orde toe. De fraaie aankleding van de kapittelzaal doet bijna oosters aan. Boven een soort 16e-eeuws fries van Spaans-Moorse azulejo's in verschillende patronen werden de muren tot boven in het kruisgewelf beschilderd met kleurige fresco's en patronen. Dit fantastische totaalkunstwerk vertoont een verrassende harmonie. In het rijkelijk vergulde houtsnijwerk van de kloosterkerk en de met tegels versierde gotische kruisgang wordt de pracht en praal van het klooster voortgezet. Ze vormen nu de hoofdruimte van het **streekmuseum**, dat vooral Romeinse vondsten toont.

In 1669 kreeg het klooster een plaats in de wereldliteratuur. De Franse militair Noël Bouton de Chamilly vertelde zijn Parijse vrienden de wellustige, maar verzonnen liefdesgeschiedenis van de non Mariana Alcoforado. Het verhaal werd door zijn vriend Gabriel de Guilleragues gepubliceerd als *Lettres Portugaises*, waarna het als een lopend vuurtje door de door mannen gedomineerde literaire kringen van Europa ging. Het verhaal werd ook in diverse talen vertaald.

De nonnen van Beja lieten ook nog een ander erfgoed na – een onnoemelijke hoeveelheid recepten voor zoetigheden, waarvan dat voor de **Pastéis de Santa Clara** het beroemdst is. Dit taartje is nu overal in de stad te verkrijgen. Bijzonder lekker is het taartje in het theehuis **Maltesinhas** 2 aan de Terreiro dos Valentes.

Informatie
Turismo: in het Castelo, tel. 284 31 19 13, dag. 9.30-12.30, 14-18 uur.

Accommodatie
Moderne en elegant – **Pousada Convento de São Francisco** 1 : Largo Dom Nuno Álvares Pereira, tel. 284 31 35 80, www.pousadas.pt. Rustig hotel met 35 kamers in een voormalig franciscanenklooster uit de 13e eeuw. In het vroegere refectorium serveert men verfijnde streekgerechten. 2 pk € 95-150.
Keurig – **Francis** 2 : Praça Fernandes Lopes Graça, tel. 284 31 55 00, www.hotel-francis.

com. Modern hotel aan de rand van de stad met 45 aangename kamers en een healthclub. 2 pk ca. € 55-65.

Eten en drinken
Authentieke taverna – **Adega Típica 25 de Abril** 1 : Rua de Moeda 23, tel. 284 32 59 60, zo.-avond en ma. gesl. Gerechten die kenmerkend zijn voor Alentejo, zoals broodsoep, stokvis en lamsvlees, voor een lage prijs. Halve porties die voor één persoon genoeg zijn vanaf € 6.
Theehuis – **Maltesinhas** 2 : Terreiro dos Valentes 7, ma.-za. 8-19.30 uur.

Winkelen
Chocolade – **Mestre Cacau** 1 : Rua Capitão João Francisco de Sousa 33. Ruime keus aan onweerstaanbare chocolade en bonbons van eigen makelij.

Actief
Fietsen – De gemeente stelt gratis fietsen ter beschikking op vertoon van uw identiteitsbewijs. Afhaalstations vindt u bij het **stadhuis** 1 , Praça da República, en bij de **Casa da Cultura** 2 , Rua Luís de Camões (ma.-vr. 10-17.30 uur).

Vervoer
Trein: Largo da Estação. 4 x per dag naar Lissabon en Évora (met overstap), 2 x per dag naar Algarve (ook met overstap).
Bus: Rua Cidade de São Paulo. Geregeld naar Algarve, regelmatig naar plaatsen in de regio en naar Évora.

Vidigueira ▶ E 12

De autoweg IP 2 voert in noordelijke richting door een met wijngaarden begroeid heuvellandschap naar het plaatsje **Vidigueira** 9 met lage, witgekalkte huizen, waarvan de raamkozijnen in felle kleuren zijn geschilderd. Na zijn terugkeer uit India kreeg Vasco da Gama deze streek toebedeeld als graafschap. Het **streekmuseum** in de vroegere dorpsschool is echter niet aan deze grote ontdekkingsreiziger gewijd, maar geeft met een

Baixo Alentejo

levendige presentatie een beeld van het onderwijs op het platteland en de oude ambachten (di.-zo. 10-18, 's winters tot 17 uur, € 2).

Informatie
Turismo: Câmara Municipal, Praça da República, z.n., tel. 284 43 74 10, ma.-za. 9-12.30, 13.30-17 uur.

São Cucufate ▶ D 12

wo.-zo. 10-12.30, 14-17.30, 's zomers 10-13, 14.30-18.30 uur, di. alleen 's middags, € 3

Een paar kilometer ten westen van Vidigueira liggen aan de weg naar Alvito in **São Cucufate** 10 de imposante ruïnes van een Romeins landgoed. Het werd in de 1e-4e eeuw aangelegd in drie bouwfasen. Van het hoofdgebouw kunnen de voor een deel nog zeer goed bewaard gebleven dubbele bogen in twee niveaus worden beklommen via een buitentrap. Op het terras kunt u zich bij het uitkijken over de vroeger ook al vruchtbare velden met enige fantasie een voorstelling maken van het leven in de Romeinse tijd. De grote thermen getuigen van de rijkdom van de vroegere landeigenaar. Na de 7e eeuw werd het landgoed als klooster gebruikt door benedictijnen, die het de naam São Cucufate gaven.

Moura ▶ E 12

Kaart: zie blz. 363
Het stadje **Moura** 11 met 10.000 inwoners ligt ten oosten van Vidigueira en wordt gedomineerd door een van oorsprong Moors kasteel, dat na 1295 werd uitgebreid tijdens de regering van koning Dinis I.

Bezienswaardig
Bij de bezichtiging van het **kasteel** is enige voorzichtigheid geboden, want een enkele keer breken her en der stukken steen van de vestingmuur af. Moura werd internationaal bekend dankzij de olijfolie van hoge kwaliteit, die al in de 17e eeuw naar andere landen in Europa werd geëxporteerd. In het **olijfoliemuseum Lagar de Varas do Fojo** in de Rua São João de Deus documenteert men overigens niet alleen de handel uit vroeger tijden, maar toont men ook een indrukwekkende uitstalling van maalwerken (di.-zo. 9.30-12.30, 14-17.30 uur, gratis).

De plaatsnaam Moura (Moorse) wordt alle eer aangedaan door de sfeervolle Moorse wijk **Mouraria**, met kasseienstraatjes, lage huizen en schoorstenen in de vorm van een minaret. Hier was voorheen het kleine Arabische museum **Núcleo Árabe** te vinden, waar een 7 m diepe waterput uit de 14e eeuw was te zien. Het is nu in zijn geheel overgebracht naar het **Museu Municipal** in de Rua de Romeira (nr. 19.) Verder toont men in dit stadsmuseum archeologische vondsten uit de vroegste tijden (di.-zo. 9.30-12.30, 14-17.30 uur, gratis).

Een juweeltje van tegelkunst gaat schuil in de vanbuiten onopvallende **Igreja de São Pedro**, die te bereiken is via het Museu de Arte Sacra in de Rua da República (nr. 18). De muren van de kerk en het hoogaltaar zijn bekleed met een magnifiek tapijt van azulejo's uit de late 17e eeuw (di.-zo. 9.30-12.30, 14-17.30 uur, € 1).

Bijzonder fraai zijn ook de met vroege Sevillaanse tegelversieringen van de altaarruimte en het portaal in manuelstijl van de **Igreja de São João Baptista** aan de centrale Praça Sacadura Cabral. Deze kerk werd in de 16e-18e eeuw gebouwd.

Informatie
Turismo: in het kasteel, tel. 285 25 13 75, dag. 9-12.30, 14-17.30, 's zomers za.-zo. 9.30-12.30, 14-18 uur.

Accommodatie
Landelijk en eenvoudig – **Horta de Torrejais:** Estrada da Barca, 4 km westelijk, tel. 285 25 36 58, www.hortadetorrejais.com. Gasthuis met 10 kamers dat uit traditionele materialen is opgebouwd. 2 pk ca. € 70.

Alqueva ▶ E 12

Een paar kilometer ten noorden van São Cucufate ligt de **Barragem d'Alqueva** 12, de dam voor het grootste stuwmeer in Europa.

De bouw was destijds fel omstreden (zie blz. 372), maar inmiddels komen hier steeds meer faciliteiten voor watersport.

Accommodatie

Op een woonboot – **Barcos Casas:** Amieira Marina, stuwmeer, ca.17 km noordoostelijk, tel. 266 61 11 73, www.amieiramarina.com. Woonboten van verschillende omvang om mee te varen en om er te verblijven. Vanaf € 177 per nacht voor 4 personen of vanaf € 291 voor maximaal 10 personen.

Actief

Kanoën en kajakken – **Amieira Marina:** zie hiervoor. Verhuur van bootjes om op het stuwmeer te peddelen.

Paardrijden – **Herdade do Outeiro:** Alqueva, mob. 966 20 36 00, www.herdadedoouteiro.com/pt/herdade.html. Ruitertochten rond het stuwmeer. Ook een gecombineerd programma met overnachting op een woonboot.

Sterren kijken – **Dark Sky Alqueva:** www.darkskyalqueva.com. Nachtelijke activiteiten als observatie van de sterrenhemel, paardrijden of nachtvogels kijken.

Serpa ▶ E 13

Kaart: zie blz. 363

Beroemd is het zo'n 28 km zuidelijker gelegen buurstadje **Serpa** 13 vooral om zijn kruidige schapenkaas. Het plaatsje zelf is vooral een bezoekje waard vanwege het uitgesproken romantische oude centrum.

Bezienswaardig

Witte huizen omzomen de smalle straatjes, die omhooglopen naar het middeleeuwse **kasteel** op de heuveltop. De in een vierkant aangelegde stadsmuur is 9 m hoog. Van de burchttoren hebt u een weids uitzicht over de huizen en de hoogvlakte van Alentejo. De trap omhoog bevindt zich naast een klein **archeologisch museum** in het kasteel (dag. 9-12.30, 14-17.30 uur, gratis).

In het westelijke deel van Serpa lijken de sierlijke bogen van een **aquaduct** boven de stadsmuur en de woonhuizen te zweven. Deze kloeke waterleiding werd in de 17e eeuw uitsluitend ten behoeve van het adellijk paleis Solar dos Condes de Ficalho gebouwd. Ruim honderd jaar geleden pompte een door ossen in beweging gezet waterrad het koele vocht nog omhoog.

In een kalm tempo speelt zich de landelijke bedrijvigheid af voor de caféterrassen op de centrale **Praça da República**. Het plein wordt aan de voorzijde gedomineerd door een hoge klokkentoren en de gotische **Igreja Santa Maria**, een driebeukige kerk. Via de Rua dos Cavalos komt u bij een merkwaardig klokkenmuseum, het **Museu do Relógio**. Hier is de particuliere verzameling van 2300 authentieke uurwerken uit vier eeuwen te zien in de sfeervolle entourage van een klooster uit de 16e eeuw (di.-vr. 14-17.30, za.-zo. 10-12.30, 14-17.30 uur, € 2).

Het **Museu Etnográfico** in de voormalige markthal aan de Largo do Corro herinnert aan (bijna) uitgestorven beroepen als pakzadelmaker, blikslager of hoefsmid (dag. 9-12.30, 14-17.30 uur, gratis).

Informatie

Turismo: Rua dos Cavalos 19, tel. 284 54 47 27, za.-di. 10-13, 14-18, wo.-vr. 9-18 uur.

Eten en drinken

Gerenommeerd – **Alentejano:** Praça da República 8, 1e verdieping, tel. 284 54 43 35, zo.-avond en ma. gesl. Restaurant met veelzijdige keus aan landelijke gerechten. Hoofdgerecht vanaf € 8.

Winkelen

Regionale heerlijkheden – **Casa Paixão:** Praça da República 6. Specialiteit zijn de met kwark gevulde taartjes *(queijadas)*.

 Mértola ▶ E 14

Kaart: zie blz. 363

Het weergaloze silhouet van de museumstad Mértola is op z'n mooist te zien als u de stad nadert vanuit zuidelijke of oostelijke richting.

Alqueva-stuwdam – goed of slecht voor Alentejo?

Als een soort fata morgana duikt uit het eindeloze droge landschap plotseling een schitterend meer met blauw water op. Sinds in 2002 de sluizen van de 458 m lange stuwdam werd gesloten, vulde zich bij Alqueva het grootste stuwmeer van Europa, dat een oppervlakte heeft van 250 km². Het lijkt wel een Portugese mythe.

De eerste plannen voor een stuwdam in de rivier de Guadiana tussen Moura en Monsaraz gaan terug tot 1957, toen het door de dictatuur overheerste Portugal zich met intensieve landbouw onafhankelijk wilde maken van graanimport. Maar de werkzaamheden voor de bouw begonnen pas nadat het regime was gevallen. En met de beëindiging van de landbouwhervormingen in 1978 werd ook de bouw van de dam stilgelegd. Het Alqueva-stuwmeer werd een droombeeld, de stuwdam was alleen nog iets waarop men kon hopen in een regio die een van de armste in Europa is en die jaarlijks ruim vijfduizend inwoners door verhuizing verliest.

Dankzij financiële steun van de EU kon de bouw van een 96 m hoge stuwdam in 1995 worden hervat. De kosten van het hele project van twee miljard euro werd gerechtvaardigd door het vooruitzicht dat er in de regio twintigduizend arbeidsplaatsen zouden worden gecreëerd. Deze investering voorziet ook in een waterkrachtcentrale, een centrale op zonne-energie en 5000 km aan irrigatiekanalen, die samen een dorre vlakte van 110.000 ha tot bloei moeten brengen. Critici stelden in een tijd van agrarische overproductie vragen bij de energieverslindende irrigatie van nog meer olijf- en wijngaarden en fruitplantages en achtten de uitgeputte bodem ongeschikt voor duurzame intensieve landbouw. Daarnaast was er kritiek op de ecologische gevolgen van het verdwijnen van ruim een miljoen bomen en de bedreiging van de leefomgeving van 240 diersoorten.

Ondanks deze tegenargumenten werd de bouw van de dam voltooid. Het plan voor het stuwmeer was uitgegroeid tot een kwestie waarop alle mogelijke wensen en angsten werden geprojecteerd. Maar terwijl de in deze streek invloedrijke Communistische Partij en de vroegere landbezetters nog droomden van onteigening van de uitgestrekte improductieve landerijen ten gunste van kleine pachters, werd er gekozen voor een heel ander beleid. De grond rond het stuwmeer kwam in handen van Nederlandse tomatentelers en Spaanse olijfboeren. Veel 'Hollandse' tomaten komen tegenwoordig uit Portugal. Naast deze buitenlandse investeerders kwamen er diverse kleine bedrijfjes en grote toeristische ondernemingen die de oevers van het stuwmeer wilden ontwikkelen tot een luxueus vakantieoord. Inmiddels zijn hier tal van watersportfaciliteiten en overnachtingsmogelijkheden beschikbaar. Het ambitieuze oude plan was door de economische crisis in duigen gevallen omdat de krediettoezeggingen werden ingetrokken. De voormalige bankier José Roquette heeft nu met een investeringsvolume van 1,2 miljard euro de aanleg van een grote jachthaven, drie golfbanen en diverse hotels gepland. Zo wordt de bevolking beroofd van de vooruitzichten waarnaar sinds de Anjerrevolutie niet alleen de Nobelprijswinnaar José Saramago in zijn roman over de hoop van Alentejo had verlangd.

Mértola

Langs de gekanteelde stadsmuur strekken de witte huizen zich uit van de rivier omhoog naar het middeleeuwse kasteel.

De roerige geschiedenis van het zuiden van Portugal is vanaf het eerste begin tot het heden terug te vinden in dit stadje met ruim 7000 inwoners. De Feniciërs wonnen al ijzererts in de nabijgelegen mijnen van São Domingos en maakten de nederzetting tot een belangrijke haven. De rivier maakte een verbinding over water met verafgelegen landen aan de Middellanse Zee mogelijk. Om die reden werd de strategisch gunstig gelegen stad bewoond door achtereenvolgens Carthagers, Grieken, Romeinen, West-Goten, Arabieren en christelijke kruisridders.

Toen de uit Lissabon afkomstige historicus Cláudio Torres zo'n veertig jaar geleden begon de verschillende bodemlagen met resten van bewoning naar boven te brengen, werd Mértola bevangen door een sfeer van culturele bewustwording. Veel jongeren kregen interesse in het leven van hun voorouders en het werk op het archeologische opgravingsterrein. De vondsten uit het Moorse tijdperk maakten deze locatie tot de belangrijkste opgravingsplaats van het Iberisch Schiereiland.

Wandeling door de stad

De stad is te zien als een geschiedenisboek waar je doorheen kunt wandelen. Het is gewoon geweldig om door het stadje te slenteren, waar ook nog eens tientallen ooievaars en zo'n zeventig paartjes torenvalken nestelen. Van de aangename **markthal** leidt het kasseienstraatje Rua da Igreja heuvelopwaarts naar de Igreja Nossa Senhora da Assunção.

Igreja Nossa Senhora da Assunção
di. zo. 9 12.30, 14-17.30 uur, gratis
De plompe parochiekerk werd – en dat is uniek in Portugal – opgenomen in het aanvankelijk ongewijzigde bouwwerk van een moskee. Dat is nog te zien aan het cedermotief in mudejarstijl op het dak, een vierkante binnenruimte met vijf even hoge booggewelven, de zijingang in Moorse hoefijzervorm en de mihrab, de naar Mekka gerichte gebedsnis, met een duidelijk zichtbare stucversiering, waarvoor nu een Mariabeeld staat. Overigens werd bij een verbouwing in de 16e eeuw het Moorse zadeldak vervangen door een gotisch gewelf, werd de minaret afgebroken en kwam er een renaissanceportaal.

Alcáçova
openingstijden zoals alle musea, zie hierna
Iets hogerop ligt de vruchtbaarste archeologische vindplaats van Mértola, de Alcáçova. Onder een christelijke begraafplaats (13e-18e eeuw) zijn Moorse woonhuizen en Romeinse thermen blootgelegd. Ook trof men een 4e-eeuwse half onder de grond gelegen zuilengang aan, die de Romeinen als gevangenis gebruikten en de Arabieren als waterkelder. De spectaculaire vondst van een 6e-eeuws mozaïek met jachttaferelen, waarvan de motieven Syrische invloeden vertonen, geeft aan dat Mértola ook in de vroegchristelijke periode wijdverbreide handelscontacten had.

Kasteel
Het nabijgelegen kasteel werd in de 13e eeuw door de militaire Orde van Santiago gebouwd op Moorse fundamenten. In de burchttoren zijn West-Gotische vondsten uitgestald; de toren en de muren zijn voor publiek toegankelijk. U hebt er een weids uitzicht over de omliggende groene heuvels, het rivierdal en de oude stad, die over zeer interessante musea beschikt.

Musea
Alle musea okt.-juni di.-zo. 9.15-13, 14-17.45, half juli-sept. 9.45-13, 14-18.15 uur, Museu Romano ook ma., combikaartje voor alle musea € 5 tegenover € 2 voor een enkel museum
De bij opgravingen aangetroffen Romeinse vondsten worden op aantrekkelijke wijze uitgestald in het **Museu Romano**, dat aan de zuidkant van de oude stad staat. Hier ziet u bijvoorbeeld een keizerbeeld zonder hoofd: bij een machtsovername werden de hoofden van beelden vaak vervangen.

Nog iets verder naar het zuiden toont men in het nieuwe gebouw van het **Museu Arte**

Baixo Alentejo

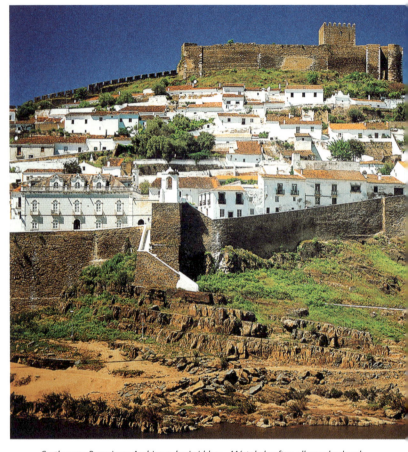

Carthagers, Romeinen, Arabieren, kruisridders – Mértola heeft ze allemaal gekend

Islâmica fascinerende overblijfselen uit de Moorse tijd, waaronder grafstenen, sieraden en gebruiksvoorwerpen. Opzienbarend is het aardewerk dat met figuren was beschilderd, zoals levendige jachttaferelen. Dit aardewerk druiste duidelijk in tegen het verbod in de Koran op het maken van afbeeldingen.

Maar ook de christelijke cultuur komt in Mértola niet te kort. Deze is in het tegenovergelegen **Museu Arte Sacra** vertegenwoordigd met volkse en vaak zonderlinge wormstekige kerkbeelden en gebruiksvoorwerpen voor de kerkdienst uit de 15e tot de 18e eeuw. Deze objecten zijn overwegend afkomstig uit dorpskerken in de omgeving.

Dat de Moorse tradities tot op de de dag van vandaag voortleven, bewijzen de vrouwen van de **weefcoöperatie Oficina de Tecelagem** naast het toeristenbureau. De culturele verbondenheid met Noord-Afrika blijkt uit hun weeftechnieken en -patronen. Voor gebruik in eigen land zijn er dikke met de hand vervaardigde schapenwollen sokken.

In de nieuwbouwwijk aan de noordkant zijn de fundamenten van een vroegchristelijke basiliek blootgelegd. Ze zijn nu te zien in

Mértola

het **Museu Paleocristão**. Centraal staan grafstenen met Griekse, Latijnse en Hebreeuwse inscripties, die zo nu en dan uitgebreide informatie over de overledene geven.

Op de binnenplaats van een naburige school werd een deel van een Romeinse necropool ontdekt, waarboven in de 19e eeuw de Capela São Sebastião werd gebouwd. Onder de getoonde objecten vallen vooral de grafgiften bij een kindergraf op. De gouden hanger uit de 4e of de 5e eeuw is getooid met het Griekse Christusmonogram XP (bezichtiging na aanmelding bij het toeristenbureau).

Het is een waardige afsluiting van de unieke reeks musea van Mértola.

Informatie
Turismo: Rua da Igreja 31, tel. 286 61 01 00, dag. 9-13, 14-18 uur. Onder meer informatie over de islamitische kunst in Mértola.

Accommodatie
Milieuvriendelijk – **Herdade de Vale Covo:** Corte Sines, 24 km noordelijk, tel. 286 61 61 81, www.herdade-valecovo.com. Op een afgelegen plek in het Guadianadal ligt dit milieuvriendelijk gerunde landgoed met 5 kamers voor gasten en biologisch halfpension. 2 pk € 65-130.

Eten en drinken
Stevige landelijke kost – **Alengarve:** Avenida Aureliano Mira Fernandes 20 (ten noorden van het centrum), tel. 286 61 22 10, wo. gesl., Hoofdgerecht ongeveer € 9. Specialiteiten zijn soep met vis uit de rivier, een eenpansgerecht met lamsvlees, *migas* (broodpap) met Iberisch varken, en wildbraad.

Actief
Vogels kijken – Het toeristenbureau heeft informatie over vijf hotspots om vogels te kijken beschikbaar.
Wandelen – In de omgeving zijn tien wandelroutes uitgestippeld. PR 1 begint aan de rand van de stad. PR 9 leidt naar de waterval Pulo do Lobo, vanaf Estrada do Pulo do Lobo, 5 km voorbij Amendoeira da Serra. Let op: informeer bij het toeristenbureau naar jachttijden.

Evenementen
Festival Islâmico: elke twee jaar half mei (2019, 2021). De oude stad verandert in een kleurrijke Noord-Afrikaanse bazaar met een veelzijdig cultureel programma, dat wordt verzorgd door kunstenaars uit het hele Middellandse Zeegebied. De restaurants serveren dan ook Arabische gerechten.

Vervoer
Bus: hoofdstraat. Een enkele keer naar Algarve, naar Beja en Lissabon.

Hoofdstuk 7

Algarve

Paradijselijke stranden, door de Atlantische Oceaan omspoelde rotsformaties, mediterrane planten en bomen, een authentiek achterland en niet in de laatste plaats de 3200 zonuren per jaar maken Algarve tot een populaire vakantiebestemming. Vanwege de koelere watertemperatuur en de harde wind is de steile kust van Costa Vicentina in het uiterste westen wat minder ingericht op toerisme. De Barlavento tussen Cabo de São Vicente en Faro is beroemd om de kleine baaien met zwemwater tussen grillige rotsen. De Sotavento, de kuststrook tot aan de Spaanse grens, heeft een warmere zeestroom en eindeloze zandstranden.

Door de noordelijke bergketens was Algarve lange tijd afgezonderd van de rest van Portugal. Zo konden de Moren hier meer dan vijfhonderd jaar aan de macht blijven. Al-gharb noemden zijn hun kalifaat, ofwel 'het westen'. Moorse tradities als witgekalkte huizen met op minaretten lijkende schoorstenen geven de landstreek achter de kust een unieke charme. De vele heuvels worden overdekt met een bonte variatie van sinaasappel- en olijfgaarden, kurkeikenbossen en amandelbomen.

Vooral tussen Albufeira en Portimão dreigt de zegen van een overdadige schoonheid van het landschap in het tegendeel om te slaan. De grote hotels rukken steeds verder op. Gelukkig hebben de historische steden Faro, Lagos en Tavira hun eigen karakter behouden.

De rotsformaties van Ponta da Piedade worden onderbroken door grotten, die alleen met kleine bootjes te bereiken zijn

In een oogopslag: Algarve

Bezienswaardig

 Costa Vicentina: donkere rotsen verheffen zich steil boven de Atlantische Oceaan en worden gegeseld door woeste golven en tomeloos natuurgeweld (zie blz. 382).

 Rode rotsen: een bijna onwerkelijk aandoende kleur kenmerkt de donkerrode zandsteenrotsen tussen Albufeira en Quinta do Lago (zie blz. 394).

Faro: een als monument beschermde oude stad en een mooi winkelgebied – hier is voor ieder wat wils te vinden (zie blz. 396).

Alte: witgekalkte huizen omzomen met bloemen getooide straatjes, met verder een fijne picknickplaats en een natuurlijk zwembassin (zie blz. 418).

Silves: de vroegere hoofdstad van de Moren schittert met een rood kasteel, een imposante kathedraal en Moorse waterkelders van 18 m diep (zie blz. 419).

Fraaie routes

Uitstapje langs de westkust: van de zuidwestpunt van Europa bij Cabo de São Vicente leidt de route langs de stille stranden in het wilde westen, met tal van uitkijkpunten en mooie plekjes voor surfers en voor wie rust zoekt (zie blz. 380).

Langs de Rio Guadiana: van Castro Marim gaat de route door een rustig rivierlandschap en langs eenzame dorpen naar Alcoutim, met daar een veerboot naar het naburige Spanje of anders verder naar Mértola in Alentejo. Langs de rivier loopt de smalle secundaire weg met tal van bochten eerst via Guerreiros do Rio (zie blz. 409).

Door de Serra do Caldeirão: de N 397 en N 124 verbinden Tavira met de witte dorpen in het ongerepte heuvelland. Deze route is ook geschikt voor sportieve fietsers. Kurkeiken en een schrale leisteenbodem bepalen het beeld in het landschap; op de bochtige wegen is weinig verkeer (zie blz. 411).

Tips

Zonsondergang aan de kaap: romantische gevoelens komen onwillekeurig boven als de bloedrode zon in de zee zinkt (zie blz. 380).

Vogels kijken: trek- en nestvogels vinden volop voedsel in het beschermde natuurgebied van de lagune Ria Formosa (zie blz. 403).

Boottocht langs de grotten van Algarve: in een sprookjesachtig landschap van onwerkelijke aandoende vingers, poorten, bogen, pieken en torens die boven het water uitsteken, varen kleine vissersbootjes langs de kust bij Lagos. Het hoogtepunt is de Ponte da Piedade (zie blz. 388).

Fietsen en wandelen aan de Rio Guadiana: 'een venster dat uitkijkt op de Guadiana' – De wandeling is net zo geweldig als deze benaming belooft. En dat is niet alleen omdat u onderweg kunt genieten van de zoetigheden die de vrouwen van Azinhal bakken (zie blz. 410).

Met de fiets door het stille bergland: het beginpunt is Loulé, vanwaar wegen met weinig verkeer naar de heuvels boven de zee leiden, door een landschap van kurkeiken, eucalyptussen, steeneiken en aardbeibomen (zie blz. 416).

De rotsen van Algarve

Brede, kilometerslange zandstranden en idyllische baaien vormen de mooiste kust van Europa, zoals men die hier vrij zelfverzekerd noemt. Fantastische rotsformaties steken als stenen vingers uit de turkooiskleurige zee omhoog. Helaas werpen nogal wat grote hotels een duistere schaduw over de vissersdorpjes en historische steden.

Sagres en omgeving

Kaart: zie blz. 382
In de afgelopen decennia zijn in het rotsachtige Algarve dertig van de meer dan veertig golfbanen in Algarve aangelegd, waarvan de *greens* zich vaak tot aan de kust uitstrekken. Binnen- en buitenlandse investeerders spreken over aanzienlijke opbrengsten en beloven de bevolking veel arbeidsplaatsen. Maar milieubeschermers uiten kritiek op de aantasting van de natuur door pesticiden en het hoge waterverbruik, want een enkele golfbaan heeft net zoveel water nodig als een stad van 10.000 inwoners.

Cabo de São Vicente
▶ B 15

Er bestaan veel mythen over de **Cabo de São Vicente** 1, die in de oudheid wel als het einde van de bewoonde wereld werd gezien. De Romeinen noemden het imposante rotsplateau Promontorium Sacrum, een heilig voorgebergte waarop de goden zich na gedane arbeid te ruste legden. De stervelingen was het alleen overdag toegestaan hier te komen. De huidige naam is te herleiden tot de vroegchristelijke martelaar Vincentius van Zaragoza. Na de verovering van Spanje door de Moren in de 8e eeuw werd het stoffelijk overschot van deze Spaanse heilige hier in veiligheid gebracht. Na de christelijke herovering van Lissabon liet koning Afonso Henriques in 1173 de sarcofaag naar de hoofdstad overbrengen met een boot, die werd begeleid door twee zwarte raven, die sindsdien het stadswapen van Lissabon sieren.

Een bezoek aan de zuidwestpunt van het Europese vasteland blijft ondanks de drukte een onvergetelijke belevenis, vooral bij zonsondergang. De steile rotsen zijn meer dan 60 m hoog. De zeebodem heeft hier ook een steil verloop, met al een diepte van 4000 m op 65 km buiten de kust. Geduldige vissers wachten hier met lange vislijnen op hun vangst, de **vuurtoren** zendt het sterkste licht van Europa uit, dat op zee tot op 59 km ver te zien is. Een klein **museum** met een bijbehorend café geeft een kijkje in de gang van zaken (dag. 10-18, 's winters tot 17 uur, € 1,50).

Sagres ▶ B 15

De sterke punten van het 8 km naar het oosten gelegen, niet bijzonder opzienbarende **Sagres** 2 (3000 inwoners) zijn de aardige vissershaven en enkele goede restaurants. Het tegen de wind beschutte strand van Sagres ligt bij een fantastische duiklocatie.

Vesting
nov.-mrt. 9.30-17.30, okt., apr. tot 18.30, mei, juni, sept. tot 20, juli-aug. tot 20.30 uur, € 3
Aan de grote Fortaleza aan de rand van de stad zijn meer mythen en geschiedverhalen verbonden dan met feiten kan worden aangetoond. Hendrik de Zeevaarder (1394-1460) liet de vesting waarschijnlijk bouwen om bescherming tegen piraten te bieden. Lange tijd werd aangenomen dat hier een zeevaart-

Sagres en omgeving

school was ondergebracht, maar dat blijkt niet uit geschiedkundig onderzoek. Hendrik verzamelde wel belangrijke geleerden om zich heen, zoals Joden uit Catalonië en Martin Behaim uit Neurenberg, om navigatie-instrumenten, astronomische berekeningen en zeekaarten te verbeteren.

Vast staat wel dat de vesting in 1587 werd verwoest tijdens een aanval door de Engelse kaper Francis Drake, en dat ze daarna werd herbouwd. De functie en de ouderdom van een stervormige formatie van stenen, die in 1919 bij opgravingen werd ontdekt en als **windroos** werd aangeduid, zijn nog steeds een raadsel. In plaats van de gebruikelijke 32 delen heeft deze er 42. De dictator Salazar wilde de mythevorming versterken door bij een sanering in de jaren 50 de vesting terug te brengen naar hoe deze er in de 15e eeuw uitzag. Zo'n veertig jaar later kozen architecten echter een andere aanpak toen ze het complex integreerden in een modern museum.

Informatie

Turismo: Rua Comandante Matoso, tel. 282 62 48 73, di.-za. 9.30-12.30, 13.30-17.30 uur.

Accommodatie

Trendy en goedkoop – **Mareta View:** Sítio de Mareta, tel. 282 62 00 00, www.maretaview.com. Gemoderniseerd hotel in het centrum met slechts 17 kamers, die in vriendelijke kleuren zijn gehouden. 2 pk € 45-131.

Eten en drinken

Terras aan de haven – **A Tasca:** Porto da Baleeira, tel. 282 62 41 77, wo. gesl. Keurig aangekleed restaurant met een aantrekkelijke keus uit verse vis en schelp- en schaaldieren. Met zomers terras aan de haven. Hoofdgerecht vanaf € 12.

Actief

Zwemmen – **Praia da Mareta:** aan de zuidelijke rand van de stad, met een paar mooie restaurants met terras.

Surfen – **Sagres Natura:** Rua Mestre António Galhardo, z.n., www.sagres-surfcamp.com. Materiaalverhuur. Heel geschikt is de oostelijke Praia do Martinhal.

Duiken – **Divers Cape:** Porto da Baleeira, mob. 965 55 90 73, www.diverscape.com. Lessen en duiktrips.

Aan de overkant ligt Amerika: Cabo de São Vicente

De rotsen van Algarve

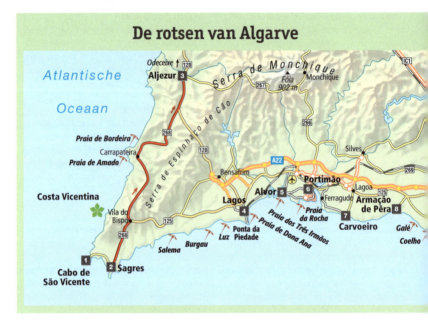

Fietsen – **Memmo Bikes:** Memmo Baleeira Hotel, Sítio da Baleeira, tel. 282 62 42 12, www.memmohotels.com. Verhuur van mountainbikes.

Vervoer
Bus: elk uur naar Lagos, 's zomers 1 x per dag naar Aljezur en Lissabon, weinig naar de kaap.

 Uitstapje langs de Costa Vicentina

Kaart: hierboven
Een echte aanrader is een uitstapje naar de adembenemende westkust van Algarve, de Costa Vicentina, waar imposante leisteenrotsen zich tot 50 m hoogte boven de woelige oceaan verheffen. Het levert de bezoeker een onvergetelijk landschap op van schrale vegetatie, onstuimige golven en het bijna eindeloze water. En alles is hier nog vrij van bebouwing, vrij van grote hotels.

Via Vila do Bispo naar Carrapateira ▶ B 15

De N 268 loopt vanaf Sagres in noordelijke richting langs het landelijke stadje **Vila do Bispo**, dat koning Manuel I in de 16e eeuw schonk aan de bisschop *(bispo)*. Het is de moeite waard hier even de zijweg N 125 te nemen voor het 4 km verderop gelegen romaanse kerkje **Nossa Senhora de Guadalupe** uit de 13e eeuw. Dit is het oudste godshuis van Algarve, waar de diepgelovige Hendrik de Zeevaarder kwam bidden (okt.-apr. di.-zo. 9-13, 14-17, anders 9.30-13, 14-18.30 uur, € 2).

Het landschap van leisteen in deze streek staat onder natuurbescherming, zodat er ondanks protesten van bewoners, die hopen op arbeidsplaatsen en het grote geld, tot dusver geen grote hotels zijn neergezet. Op een hoogte van 156 m boven zeeniveau biedt de uitkijktoren **Torre de Aspa** een overweldigend panorama van de woeste kust. Smalle zijweggetjes leiden naar stille baaien en eenzame stranden. Vanwege de sterke stromingen is zwemmen hier trouwens gevaarlijk.

Uitstapje langs de Costa Vicentina

dit punt kunt u genieten van een mooi uitzicht op de Serra de Monchique. Het stadje heeft trouwens ook Duitse invloeden, want in de jaren 80 zijn veel alternatievelingen uit Duitsland hierheen getrokken. Het **stadsmuseum** toont archeologische vondsten van de ijzertijd tot de tijd van de Moren, met landbouwwerktuigen en maquettes van oude woonhuizen (di.-za. 9-13, 14-17 uur, 's zomers tot 18 uur, € 2). Fraai zijn de sobere markthal (ma.-za. 8-14 uur) en een paar romantische plekjes aan de rivier.

De stranden liggen enkele kilometers verderop. Naar de prachtige **Praia da Arrifana** leiden smalle voetpaden vanaf de rotsen omlaag. Vanuit de natuurlijke beschutting van een kleine haven gaan vissers op zoek naar de in heel Portugal felbegeerde eendenmosselen *(percebes)*, die langs de steile rotsen te vinden zijn.

In Aljezur doen zich drie mogelijkheden voor een vervolgreis voor: naar het noordelijkere Alentejo, naar de oostelijke Serra de Monchique of over de N 120 naar **Lagos** aan de zuidkust van Algarve (zie blz. 385).

Ten noorden van **Carrapateira** ligt het grootste zandstrand, **Praia da Bordeira**, dat tevens een geweldige locatie voor surfers is. Duikers vinden aan deze kust het als bindmiddel gebruikte roodwier *(agar agar)*. Als u het steengruispad omhoog volgt, kunt u over de rotskust naar de zuidelijkere **Praia de Amado** wandelen. Onderweg hebt u dan een fantastisch uitzicht.

Eten en drinken

Rustiek – **O Sítio do Río:** in Carrapateira, tel. 282 97 31 19, di. gesl. Lekkere gegrilde vis, goede salades en vegetarische gerechten. Hoofdgerecht vanaf € 10, goedkoop lunchmenu.

Aljezur ▶ B 15

Op een heuvel boven het bedrijvige provinciestadje **Aljezur** 3 troont een van oorsprong Moorse vesting, die in 1246 door de christelijke militaire Orde van Santiago werd veroverd, maar door de aardbeving van 1755 in puin werd gelegd en daarna niet is herbouwd. Vanaf

PRAIA DE ODECEIXE

De naam van het plaatsje **Odeceixe** ca. 18 km ten noorden van Aljezur is afgeleid van de rivier de Seixe, die de grens met de regio Alentejo markeert. Op de heuvel staat een oude witte windmolen als symbool van het dorp van 900 inwoners. Meer is er eigenlijk ook niet te zien, zij het dat er 3 km verderop een bijzonder strand ligt. Het is een smalle strook zand die ligt ingeklemd tussen ruige rotsen. Het oninteressante vakantiepark links stoort nauwelijks, rechts steekt een voor de kust gelegen rots als een haaienvin uit het water omhoog.

Lagos

Bezienswaardig
1. Markthal
2. Monument Dom Sebastião
3. Monument Hendrik de Zeevaarder
4. Vroegere slavenmarkt
5. Igreja Santo António
6. Ponta da Bandeira

Accommodatie
1. Tivoli Lagos
2. Costa d'Oiro Ambiance Village

Eten en drinken
1. Adega da Marina
2. Escondidinho

Uitgaan
1. Joe's Garage
2. Stevie Ray's

Actief
1. Aanlegplaats voor grottenexcursie
2. Bom Dia
3. Lagos Surf Center

Informatie
Turismo: Rua 25 de Abril 62, tel. 282 99 82 29, ma.-vr. 9.30-13, 14-17.30 uur (afhankelijk van het personeel vaak ook za.-zo. en zonder middagpauze).

Eten en drinken
Bekend tot in Lissabon – **Taberna do Gabão:** in Odeceixe, Rua do Gabão 9, tel. 282 94 75 49, di. gesl. Specialiteit is het rijstgerecht met zeeduivel *(arroz de tamboril)*, verder veel gerechten van de grill, vooral vis. Hoofdgerecht ca. € 10-15.

Degelijk – **Pont'a Pé:** Largo da Liberdade 12, tel. 282 99 81 04. Terras aan de rivier, 's avonds vaak livemuziek. Degelijke streekgerechten, verse vis, grote keus aan nagerechten, ook van zoete aardappelen. Hoofdgerecht vanaf € 9.

Winkelen
Goede bakkerij – **Padaria de Odeceixe:** in Odeceixe, Rua da Botelha. Ruime keus aan brood en banket.

Actief
Surfen – **Aljezur Surf Center:** Praia da Arrifana, www.arrifanasurfschool.com. Lessen en materiaalverhuur.

Lagos ▶ C 15

Kaart: zie blz. 382, **Kaart:** links
Met tegels versierde woonhuizen, verkeersluwe straten, ontelbare caféterrassen en de kalme levenshouding van de 30.000 inwoners verlenen deze historische parel aan de zuidkust van Algarve een mediterrane lichtheid. De oude stad van **Lagos** 4 is een en al geschiedenis. Rond het beschutte havenbekken vestigden zich al Feniciërs, Kelten en Romeinen. Delen van de Moorse stadsmuur uit de 8e eeuw zijn behouden gebleven.

In Lagos werd het tijdperk van de roemruchte ontdekkingsreizen ingeluid; de beroemdste burger van de stad, Gil Eanes, slaagde er al in 1434 in om rond de legendarische Kaap Bojador in het zuiden van Marokko te varen. Maar ook de neergang van Portugal begon in Lagos, toen de jonge koning Sebastião in 1578 hier uitvoer met achthonderd schepen en 18 duizend soldaten voor een kruistocht en verpletterend werd verslagen in de Slag bij Alcacer-Kebir. Hij liet een land zonder directe troonopvolger achter en hielp zo de Spaanse koning Filips II aan de Portugese kroon. Hiervan is Portugal nooit hersteld.

Wandeling door de stad

In de oude stad
De fraai gemoderniseerde **markthal** 1 staat aan het noordeinde van het voetgangersgebied, niet ver van een ironisch **monument voor Dom Sebastião** 2 van João Cutileiro. Het geeft een meisjesachtige jongen in een veel te groot harnas te zien, onder de indruk van zijn rol als jonge koning. Bij de onthulling in 1973, in de tijd van heldenverering door de dictatuur, ontstond grote verontwaardiging.

Heel anders is het heldhaftige **beeld van Hendrik de Zeevaarder** 3 aan de met fonteinen opgeluisterde Praça Infante Dom Henrique. Met dit beeld vierde de dictator Salazar in 1960 de vijfhonderdste sterfdag van deze Portugese held. Aan de noordwestzijde van het plein werd in 1444 onder de arcaden van een onopvallend gebouw waarin nu een museum is gehuisvest, de eerste **slavenmarkt** 4 van Europa gehouden. Afrikaanse slaven werden door gegoede Portugezen gebruikt in zowel de huishouding als de landbouw. Verder werden ze vooral ingezet op de suikerriet-, koffie- en tabaksplantages in de kolonie Brazilië. Daarnaast vormden de slaven lucratieve handelswaar voor afzet in Europa, West-Afrika en Amerika. In het **Núcleo Museológico Rota da Escravatura** wordt onder andere het skelet van een slaaf getoond (di.-zo. 10-12.30, 14-17.30 uur, € 3).

Igreja Santo António 5

Rua General Alberto Silveira, museum di.-zo. 10-12.30, 14-17–30 uur, € 3

De eenvoudige voorgevel doet nauwelijks iets vermoeden van de pracht en praal in het interieur met verguld houtsnijwerk. De kerk was van oorsprong een regimentskapel. Daarom zijn er geen kerkbanken, want de soldaten moesten ook tijdens de kerkdienst in de houding staan. Ter ere van deze soldaten kreeg Sint-Antonius op het hoofdaltaar een generaalssjerp omgehangen. Veel van zijn wonderen zijn uitgebeeld op schilderijen. Het begin 18e eeuw gebouwde sieradenkastje in barokstijl raakte beschadigd bij de aardbeving van 1755, maar kon aan de hand van oude ontwerpen worden gereconstrueerd.

De kerk is toegankelijk via een **streekmuseum** met een sympathieke mengeling van archeologische vondsten, kunstnijverheidsproducten en gebruiksobjecten die een bijzonder doel dienen, zoals de maquette van een waterput, een traditionele maismolen en verfijnd kantwerk.

Ponta da Bandeira 6

Avenida dos Descobrimentos, di.-zo. 10-12.30, 14-17.30 uur, € 3

Tegenover de Moorse stadspoort staat de vesting Ponta da Bandeira. Sinds de 17e eeuw moest deze de haven tegen piraten beschermen, en nu biedt het bouwwerk vooral een mooi uitzicht over het historische centrum.

Informatie

Turismo: Praça Gil Eanes, tel. 282 76 30 31, ma.-za. 9.30-17.30 uur, hartje zomer een enkele keer ook zo.

Accommodatie

In het centrum – **Tivoli Lagos** 1 **:** Rua António Crisógono dos Santos, tel. 282 79 00 79, www.tivolihotels.com. Een ambitieus vormgegeven hotelcomplex met 313 tamelijk kleine kamers, waarvan de meeste een mooi uitzicht bieden. 2 pk € 50-150.

Buiten de stad – **Costa d'Oiro Ambiance Village** 2 **:** Rua Costa d'Oiro, tel. 282 76 02 61, www.sonelhotels.com. Rustig gelegen bungalowpark met een hoge standaard nabij de Praia da Dona Ana. Appartement € 69-173.

Eten en drinken

Bruisend van leven – **Adega da Marina** 1 **:** Avenida dos Descobrimentos 35, tel. 282 76 42 84. Bekend om zijn verse vis in een eetzaal die een soort hal lijkt. Daarnaast serveert men zeevruchten met prijzen naar gewicht, vlees en haantjes van de grill. Hoofdgerecht vanaf € 7,50.

Vrij onopvallend – **Escondidinho** 2 **:** Beco do Cemitério 2 A, tel. 282 76 03 86, zo. gesl. Bij de lokale bevolking geliefd restaurant met een terras. Gegrilde vis vanaf € 8.

Uitgaan

Rock of jazz – Populaire tenten in de oude stad zijn **Joe's Garage** 1 , Rua 1 de Maio 78, met rock, en **Stevie Ray's** 2 , Rua Nossa Senhora da Graça, met jazz en blues.

Actief

Grottenexcursie – Vissersboten vertrekken vanaf de **Avenida dos Descobrimentos** 1 , zie ook blz. 388.

Met de zeilboot – **Bom Dia** 2 **:** Marina de Lagos, Loja 10, www.bomdia-boattrips.com.

Rood, groen, wit, paars – het is een en al kleur in Lagos

Zeilcruises op de Atlantische Oceaan (dag. 10.30, 12.30, 14.30, 16.30 uur, ca. € 25, 's winters 11, 13, 15, 17 uur, ca. € 20).

Zwemmen – De stranden liggen buiten de stad. Aanraders zijn de **Praia da Dona Ana**, een zandbaai tussen grillige rotsen 2 km zuidelijker, of het 6 km lange zandstrand **Meia Praia** aan de oostkant van de stad.

Fietsen en surfen – **Lagos Surf Center 3**: Rua Silva Lopes, 31, tel. 282 76 47 34, www.lagossurfcenter.com. Vanuit de winkel organiseert men elke dag een surfsafari op zee, met materiaalverhuur. Daarnaast regelt men fietstochten en fietsverhuur.

Evenementen

Banho 29: 29. aug. Om middernacht in zee zwemmen. De oude traditie berust op het idee dat de duivel tot 24 uur naar zielen zoekt. Daarna is een duik in het water weer zonder gevaar. Met een cultureel programma.

Vervoer

Trein: Largo da Estação. Geregeld naar plaatsen aan de kust, minder vaak naar Lissabon.

Bus: Rossio de São João, tel. 282 76 29 44. Regelmatig naar Lissabon, en zeer vaak langs de kust van Algarve.

Ponta da Piedade ▶ C 15

Een vuurtoren wijst de weg op de landtong 3 km ten zuiden van Lagos. De grillige rotsformaties van de Ponta da Piedade worden onderbroken door grotten en tunnels. Een in de rots uitgespaarde trap leidt van een hoogte van ruim 20 m omlaag naar de zee, waar vissers in het zomerseizoen tochten langs de grotten aanbieden.

Bij de ongeveer 4 km westelijker gelegen **Praia da Luz** kunt u te voet of met de auto komen. De oude dorpskern is uitgebreid met nieuwe bebouwing – die er gelukkig wel erg mooi uitziet. Vanaf het gezinsvriendelijke strand kunt u uitgebreide wandelingen over de rotsen ondernemen.

Accommodatie

Exclusief – **Vila Valverde Design Hotel:** Estrada da Praia da Luz, tel. 282 79 07 90, www.

BOOTTOCHT LANGS DE GROTTEN VAN ALGARVE

Informatie

Begin en eind: Lagos, kustpromenade Avenida dos Descobrimentos (zuideinde).
Tijd en duur: bij mooi weer de hele dag zonder onderbreking; 20-30 minuten.
Tarief: ca. € 15 per persoon.
Belangrijk: de bootjes varen alleen bij kalme zee. Bij de grotten van Ponte da Piedade liggen vissersbootjes klaar voor een korte tocht. Langere tochten met een zeilschip biedt Bom Dia vanaf de jachthaven van Lagos (www.bomdia-boattrips.com).

Miljoenen jaren geleden was de botsing van de aardplaten van Afrika en Iberië verantwoordelijk voor het ontstaan van de kust van Algarve. Daarna ontstonden door erosie de grillige grotten, gaten en bogen in de westelijke steile kust van kalk- en zandsteen. De boottocht langs de verschillende rotsformaties staat garant voor een heel bijzondere vakantiebelevenis.

Eerst vaart u langs de **vesting Ponta da Bandeira**, die sinds de 17e eeuw de haven tegen piraten moest beschermen. Meteen daarachter verschijnt een kleine zandstrook, het zogenaamde 'aardappelstrand' **(Praia de Batata)**. Daarboven waakt de heilige Gonçalo als een soort hemelse havenbeschermer. Deze welbespraakte visserszoon en augustijner monnik zou in de 14e eeuw de verdwenen tonijn weer teruggebracht hebben naar de kust van Algarve.

Iets verderop vaart u langs het de **Praia do Pinhão**, ofwel strand van de pijnboompitten. Hoe dichter bij zee, des te donkerder lijken de gelige zandsteenrotsen, die hier een grote rijkdom aan verschillende vormen vertonen. Een paard misschien? Een hoed? Of een beer? Meestal geeft de gids op de boot een heel eigen uitleg voor de door golven ontstane rotsformaties.

Achter een klein uitstekend gedeelte komt de **Praia Dona Ana** tevoorschijn. Hier heerst een prachtig spel van licht en schaduw. In een sprookjesachtige sfeer doemen de donkere rotsen uit het zeewater op. Het is dan ook wel logisch dat Dona Ana op veel ansichtkaarten prijkt. Bij het volgende strand, **Praia do Camilo**, hebben de rotsen daarentegen een rodere glans. Twee kleine baaien zijn hier verbonden door een natuurlijke tunnel in de rotsen. Het strand mag dan iets minder beroemd zijn, het zand en het turkooisblauwe water zijn hier wel schoner.

Het hoogtepunt, en tevens het punt van terugkeer, is de **Ponta da Piedade** (zie blz. 387). Volgens de legende had de hemel ooit medelijden *(piedade)* met vissers die schipbreuk leden en spoelde hen hier ongedeerd aan land. Daarmee is de naam voor het beroemdste natuurschoon van Algarve verklaard. De verschillende tinten van het zeewater hebben bijna iets surrealistisch, van turkoois tot paars, van lichtblauw tot kobaltblauw. De gele zandsteenrotsen lijken jaarringen te dragen. Onwerkelijk aandoende vingers, poorten, bogen, pieken en torens steken boven het water uit en vormen een adembenemend sprookjeslandschap (zie foto blz. 376). Alleen kleine bootjes kunnen terecht in de smalle toegangen van de grotten. Afhankelijk van de lichtinval neemt de zee binnen een bijna smaragdgroene kleur aan – bijna als in een sprookjesland.

vilavalverde.com. Hotel op een oud landgoed met 15 moderne ruime kamers. 2 pk € 82-253.

Eten en drinken
Boven de zee – **Camilo:** Praia do Camilo, tel. 282 76 38 45, dag., 's winters een enkele keer gesl. Gemoderniseerd strandrestaurant met als specialiteiten vissoep en gegrilde vis. Hoofdgerecht vanaf € 8.

Alvor ▶ C 15

Kaart: zie blz. 382
Het aardige vissersdorpje ten oosten van Lagos heeft een aangename sfeer met pittoreske straatjes die uitkomen op een kleine haven met talloze terrassen van restaurants. Het plaatsje **Alvor** 5, dat door de Moren *albur* werd genoemd, verwierf in 1495 landelijke bekendheid toen koning João II hier na een onsuccesvol kuurverblijf in de Serra de Monchique overleed. Uit die tijd dateert de gotische parochiekerk, waarvan de portalen tot de mooiste staaltjes van manuelstijl in Algarve worden gerekend. Het met tegels versierde interieur is helaas meestal niet voor publiek toegankelijk.

Villa Abicada en Túmulos de Alcalar
Zo'n 5 km ten noorden van Alvor is de **Romeinse Villa Abicada** ontdekt, maar met de opgravingen is het niet zo bemoedigend gesteld. Interessanter zijn nu de neolithische **menhirs en dolmens van Alcalar**, ten noorden van de N 125, die een zesduizend jaar oud grafveld vormen. In een bezoekerscentrum geeft men nadere informatie (di.-za. 10-13, 14-16.30, juli-aug. 10-13, 14-18 uur, € 2).

Informatie
Turismo: Rua Dr. Afonso Costa 51, tel. 282 45 75 40, di.-za. 9-13, 14-18 uur.

Eten en drinken
Uitstekend – **Zé Morgadinho:** aan de oude vismarkt. Al sinds 1890 serveert men in deze taverna verse vis en lekkere gerechten met zeevruchten. Gerecht vanaf € 7,50.

Actief
Zwemmen en duiken – **Praia dos Três Irmãos:** kindvriendelijk strand met duinen ca. 2 km ten zuiden van Alvor. Het water bij de oostelijker gelegen **Praia do Vau** is ook geschikt om te duiken.

Portimão en omgeving

Kaart: zie blz. 382

Portimão ▶ C 15

Deze stad met 40.000 inwoners rond de op een na grootste vissershaven van Algarve heeft aan interessante historische bouwwerken niet veel te bieden, omdat slechts weinig gebouwen in **Portimão** 6 de aardbeving van 1755 hebben overleefd. Het gotische portaal en de renaissancetegels van de parochiekerk stammen nog wel uit de tijd vóór 1755. In het plantsoen tegenover het nieuwe cultureel centrum aan de Largo 1º de Dezembro geven azulejo-afbeeldingen op de zitbankjes episodes uit de Portugese geschiedenis weer. Excursieboten leggen aan bij de moderne kustpromenade aan de Rio Arade aan de voet van de spoorbrug. Iets

De rotsen van Algarve

Het vissersdorp Ferragudo is nog niet aangetast door de toeristenindustrie

daarachter liggen de authentiek gebleven restaurants van de oude havenwijk.

De Romeinen noemden deze plaats Portus Magnus (grote haven). In de tijd van de ontdekkingsreizen werden hier op de werven de karvelen gebouwd met hout uit de nabijgelegen Serra de Monchiques. In de 19e eeuw beleefde de haven een nieuwe economische bloei toen wel zestig conservenfabrieken hier de vis verwerkten. Na de toetreding tot de EU zijn daarvan slechts een paar overgebleven.

Stadsmuseum

wo.-zo. 10-18, di. 14.30-18 uur, half juli-half sept. wo.-zo. 15-23, di. 19.30-23 uur, € 3, za.-middag gratis

In het gebouw van een voormalige conservenfabriek aan de weg naar Praia da Rocha presenteert het boeiend ingerichte stadsmuseum met een multimediale expositie de geschiedenis van vijfduizend jaar. Daarnaast wordt in de originele omgeving van de fabriek een beeld gegeven van de route die de sardine aflegt van de zee naar het blikje.

Informatie

Turismo: Largo 1° de Dezembro (in het theatergebouw Tempo), tel. 282 40 24 87, www.visitportimao.com, ma.-vr. 9.30-19, za. 9-13, 14-18 uur.

Eten en drinken

In de visserswijk – **Dona Barca:** Largo da Barca 22, tel. 282 41 82 16, dag. Specialiteit zijn gegrilde sardines; met terras. Hoofdgerecht vanaf € 6.

Actief

Boottocht – Tot het aanbod behoren zowel korte grottentochtjes alsook excursies van een halve of een hele dag langs de rotskust, bijvoorbeeld op het **piratenschip Santa Bernarda**, Rua Júdice Fialho 4, tel. 282 42 27 91, www.santa-bernarda.com.

Vissen op zee – **Seafaris:** Marina, Loja 5, tel. 282 79 87 27, www.seafaris.net. Naast vissen ook dolfijnen kijken.

Motorsport – **Autódromo Internacional:** Aldeamento de Bemposta (noordelijk), www.

autodromodoalgarve.com. Lessen om te rijden in een raceauto op de baan waarop ook formule 1-teams hun wagens hebben getest.

Evenementen
Festival da Sardinha: een aantal dagen in aug. De gegrilde sardines worden begeleid met een veelzijdig cultureel programma, concerten en vuurwerk.

Vervoer
Trein: Largo Engenheiro Serra Prado. Geregeld naar plaatsen aan de kust, minder vaak naar Lissabon.
Bus: Largo do Dique, tel. 282 41 81 20. Regelmatig naar Monchique en naar alle steden van Algarve.

Praia da Rocha ▶ C 15

Het kilometerslange zandstrand dat hier en daar wordt onderbroken door grillige rotsformaties is fantastisch. Achter het strand verheft zich echter een decor van hoge flats, die het plezier kunnen bederven voor wie een omgeving van serene rust en ongerepte natuur zoekt. De strandrestaurants zijn bovendien op uniforme wijze gemoderniseerd. Alleen een paar jugendstilvilla's herinneren nog aan de tijd dat dit een mondaine badplaats was. Uit de tijd van de zeerovers stamt de beschermende **Fortaleza Santa Catarina** aan het oosteinde van het strand.

Wie naast het verblijf op het strand ook nog behoefte heeft aan toeristisch entertainment, discotheken, bars en restaurants, kan echter uitstekend terecht bij Praia da Rocha.

Informatie
Turismo: Avenida Tomás Cabreira (aan het strand), tel. 282 41 91 32, dag. 9-18, hartje zomer tot 19 uur.

Accommodatie
Fijn – **Vila Lido:** Avenida Tomás Cabreira, tel. 282 42 41 27, www.hotelvilalido.com, dec.-feb. gesl. Mooi, gemoedelijk hotel nabij de Fortaleza Santa Catarina met slechts 10 kamers, deels met eigen terras. 2 pk vanaf € 70.

Uitgaan
Spel en show – **Casino:** Avenida Tomás Cabreira, Praia da Rocha, dag. 16-3 uur.

Ferragudo ▶ C 15

Tegenover Praia da Rocha aan de overkant van de rivier ligt dit vissersplaatsje, dat lange tijd verschoond is gebleven van de toeristische hoogbouw. Inmiddels is hier echter ook al de eerste fantasieloze nieuwbouw gesignaleerd. In Ferragudo kunt u heerlijk zitten bij een van de talrijke visrestaurants aan de nieuwe oeverpromenade – steeds met uitzicht op het Manhattan van Algarve, de skyline van Praia da Rocha.

Accommodatie
Boven het strand – **Casabela:** Praia Grande, tel. 282 49 06 50, www.hotel-casabela.com. Aangenaam middenklassehotel onder Duits-Portugese leiding met zeezicht en toegang tot het strand. 2 pk € 145-240.

Eten en drinken
Ter plaatse de beste – **Sueste:** Rua Infante Santo 91, tel. 282 46 15 92, 's zomers dag., anders ma. gesl. Ruime keus aan verse vis; u kunt buiten op het terras aan de rivier eten of binnen onder een hoog gewelf. Hoofdgerecht vanaf € 12.

Carvoeiro ▶ C 15

De witte huizen en smalle straatjes liggen pittoresk tegen de heuvelhelling. Het kleine vissersplaatsje **Carvoeiro** [7] werd al vroeg door de Portugezen zelf ontdekt als vakantiebestemming. Rijke wijnboeren uit het nabije Lagoa bouwden in de jaren 30 hun zomerhuizen aan de idyllische baai ten westen van Lagos. Na de Anjerrevolutie kwamen ook veel buitenlandse toeristen hierheen. Eerst bleven de grote hotelflats nog achterwege, maar inmiddels is de tijd van een rustige vakantie hier voorbij en staan er talloze villa's, hotels en appartementencomplexen in het landschap. Een vrolijke moderne noot zijn de kleurig beschilderde elektriciteitskasten.

De rotsen van Algarve

Opzienbarend is de kust aan de rand van het dorp die **Algar Seco** wordt genoemd. Hier ziet u een mysterieuze wereld van grotten in de rotsen, poortbogen bij het strand en groen-blauw water in grotten aan zee.

Informatie
Turismo: Largo da Praia, tel. 282 35 77 28, ma.-vr. 9-13, 14-18, hartje zomer vaak ook wel za.-zo. en zonder middagpauze.

Accommodatie
Boven de zee – **Tivoli Carvoeiro:** Praia Vale Covo, tel. 282 35 11 00, www.tivolihotels.com. In terrasvorm gebouwd hotel met 289 lichte, comfortabele kamers. Aan een baai met eigen toegang tot het strand. 2 pk € 40-190.

Met strandzicht – **Casa Luiz:** Rampa Nossa Senhora da Encarnação, tel. 282 35 40 58, www.casaluiz.com. Gebouw met 4 ruime kamers en appartementen aan de staat boven het dorpsstrand. 2 pk vanaf € 40.

Eten en drinken
Een beetje afgelegen – **Casa Palmeira:** Rua do Cerro (boven de markthal), tel. 282 35 77 39, ma.-za. alleen 's avonds. Vis, gegrilde kip en heerlijke *cataplanas* in een vrij eenvoudige ambiance. U kunt ook op het terras eten. Hoofdgerecht vanaf € 9,50.

Piepklein – **Marisqueira:** Estrada do Farol 95, tel. 282 35 86 95, zo. gesl. Slechts een paar tafeltjes, waar men vis en vlees van de grill serveert. Hoofdgerecht vanaf € 8.

Actief
Zwemmen – De kwaliteit van het water bij het dorpsstrand is zeer goed. Aanraders zijn ook de nabije **Praia do Paraíso** in het westen en de 5 km oostelijker gelegen baaien van **Praia da Marinha** en **Praia de Benagil**, die tot de mooiste stranden van Algarve behoren.

Duiken – **Divers Cove:** Quinta do Paraíso, tel. 282 35 65 94, www.divers-cove.com (ook in het Nederlands). Duikschool.

Elektrisch fietsen – **Bicicletas Partilhadas:** gemeentelijk verhuurstation voor e-bikes op het plein voor het toeristenbureau. Dit is een eerste proefproject in Portugal.

Evenementen
Fatacil: 2e helft van aug. Beurs voor kunstnijverheid, toerisme en landbouw.

Armação de Pêra ▶ C 15

Vanwege het prachtige 6 km lange zandstrand is het kleine vissersdorp **Armação de Pêra** 8 veranderd in een toeristenstad met treurige contrasten. Dominant aanwezig zijn de uniforme appartementenflats, maar er zijn ook stijlvolle luxehotels en rond de kleine vishal vindt u zelfs nog een verrassend normale woonwijk van eenvoudige inwoners. Aan de westkant staat de vroeggotische kapel **Nossa Senhora da Rocha** op een 32 m hoge rots. Onze-Lieve-Vrouw van de Rots is de beschermheilige van de vissers.

Informatie
Turismo: Avenida Marginal, tel. 282 31 21 45, 9-13, 14-18 uur, 's winters vaak za.-zo. gesl.

Accommodatie
Verwennerij – **Vila Vita Parc:** 2 km westelijker in Alporchinhos, tel. 282 31 01 00, www.vilavitaparc.com. Een van de meest luxueuze hotelcomplexen van Algarve met een Moors geïnspireerde architectuur boven op de rotsen, met een uitgebreide wellnessafdeling. 2 pk vanaf € 200.

Eten en drinken
Zo uit zee – **Zé Leiteiro:** Rua Portas do Mar 15, ma. gesl. Eenvoudige kroeg. Het bord wordt voor ca. € 12,50 steeds met vis gevuld totdat u genoeg hebt gehad.

Actief
Zwemmen – Bij het lange dorpsstrand **Praia da Armação de Pêra**, rustiger is het aan de **Praia da Senhora da Rocha** in het westen.

Albufeira ▶ D 15

Kaart: zie blz. 382
Het pittoreske stadsbeeld van de binnenstad van **Albufeira** 9 , dat bijzonder fraai aan een

Albufeira

brede baai ligt, is gelukkig voor het grootste deel onaangetast door het massatoerisme. De grote hotels zijn voornamelijk gebouwd in de buitenwijken nabij de grillige rotskust. In augustus krijgen de 30.000 inwoners van Albufeira gezelschap van wel 40.000 toeristen. Van een mooi uitzicht kunt u genieten boven de **Praia dos Pescadores**, waar de oude eigenaars van de paar resterende bootjes nog herinneren aan de vroegere vissersplaats, die in de jaren 60 van de 20e eeuw uitgroeide tot een trefpunt van mondaine jongeren uit de rest van Europa en in één adem werd genoemd met Saint-Tropez.

Wandeling door de stad

Rond de als centraal trefpunt fungerende Largo Engenheiro Duarte Pacheco staan talloze toeristische cafés en restaurants, terwijl in de winkelstraten goedkope zaken te vinden zijn. Maar op het plateau boven het stadsstrand liggen nog rustige oude straatjes. Daar toont een klein **archeologisch museum** de plaatselijke vondsten van het Romeinse Baltum, het Arabische Al-Buhara en historische foto's van Albufeira (di.-zo. 9.30-17 uur, juli-aug. do.-vr. alleen 14-22 uur, € 2). De **Igreja de São Sebastião** in het westen herbergt een expositie over religieuze kunst (di.-zo. 9.30-17 uur, juli-aug. do.-vr. alleen 14-22 uur, € 2).

Informatie

Turismo: Rua 5 de Outubro, tel. 289 58 52 79, 's zomers dag. 9-18, 's winters 9-13, 14-17.30 uur, zo nu en dan za.-zo. gesl.

Accommodatie

Bij de rotsen – **Alísios:** Avenida Infante Dom Henrique 83, tel. 289 58 92 84, www.hotel alisios.com. Hotel boven het strand met 115 kamers. Het stadscentrum ongeveer 1 km westelijker is lopend te bereiken. De inrichting van de kamers is zakelijk, en u kijkt uit op het binnenland of de zee, deels met balkon, wat uiteraard allemaal meespeelt bij de prijs. 2 pk vanaf € 80.

Bijna echt Portugees – **Dianamar:** Rua Latino Coelho 36, tel. 289 58 78 01, www.diana mar.com, apr.-okt. De eigenaars komen uit Zweden, de kamers zijn ingericht in een vrij degelijke Portugese stijl. Pluspunt is het dakterras, ook de kamers op de bovenverdiepoing hebben een mooi uitzicht. 2 pk € 55-75.

Eten en drinken

Verse vis – **Tasca do Viegas:** Largo Cais Herculano 2 (oude vismarkt), mob. 967 85 09 75, zo. gesl. Ondanks alle toeristen en enkele pizza's als aanvulling op de verse vis heeft het zijn Portugese sfeer en hoge kwaliteit behouden. Hoofdgerecht vanaf € 13.

Uitgaan

Het uitgaansleven speelt zich af in de Avenida Sá Carneira aan de oostrand van de stad, hier algemeen bekend als The Strip. U vindt er de ene na de andere bar. Niet ver hiervandaan liggen de discotheken.

Dans – **Kadoc:** Estrada de Vilamoura, 's zomers dag. 23-6 uur. Grootste discotheek van Portugal, met dance, rock en alternatieve muziek.

Grote discotheek – **KISS Club:** Rua Vasco da Gama, Areias de São João, 's zomers dag. 23-6 uur. Op de draaitafel komen actuele hits en dance.

Actief

Zwemmen – In het westen zijn de baaien **Coelho** en **Castelo** en het lange zandstrand **Galé** populair, in het oosten **Praia da Oura** en **Maria Luisa**.

Duiken – **Indigo Divers:** Rua do Mercado, Lote M, Loja A, Areias do São João, www.indigo-divers.pt.

Recreatieparken – **Zoomarine:** EN 125, km 65, www.zoomarine.com. Met onder meer zeeleeuwen en robben. **Krazy World:** Estrada Algoz, Messines, www.krazyworld.com. Dierenpark met een kinderprogramma.

Vervoer

Trein: station in Ferreiras, 6 km buiten Albufeira.

Bus: Alto dos Caliços, tel. 289 58 06 11. Geregeld naar alle steden van Algarve en naar Lissabon.

Stadsbus: tussen busstation, binnenstad en buitenwijken rijden vijf buslijnen.

Baaien rond Albufeira ▶ D 15

De ten westen van Albufeira gelegen baaien **São Rafael**, **Coelha**, **Castelo** en **Galé** zijn onderling verbonden door een prachtig wandelpad. Parasoldennen, agaven en de van oorsprong tropische middagbloemen met roze bloesems gedijen hier goed. Maar de villa's en hotels komen inmiddels angstwekkend dicht bij dit stuk kust.

Nu al zijn aan de oostrand van de stad rond een stierengevechtarena en de rij bars en discotheken van 'The Strip', tal van lelijke nieuwe gebouwen verrezen. Maar als u zich daar doorheen hebt geworsteld, komt u bij de fantastische stranden **Praia da Oura**, **Praia da Balaia** en de sympathieke baai van het plaatsje **Olhos d'Água**. Hier begint een mooie wandelroute over de rotsen naar de rode zandsteenrotsen van **Praia da Falésia**. Bij dit strand kunt u vele kilometers langs het water wandelen.

Accommodatie

Juweeltje – **Quinta do Mel:** in Olhos d'Água, Aldeia das Açoteias, tel. 289 54 36 74, www.quintadomel.com. Stijlvol aangekleed landhuis met slechts 10 kamers. Het staat op bijna 2 km van het strand met de rode rotsen Falésia en biedt een weids uitzicht zonder enige bebouwing. 2 pk vanaf € 60.

Eten en drinken

Sfeervolle luxe – **Vila Joya:** in Praia Galé, 7 km ten westen van Albufeira, tel. 289 59 17 95, www.vilajoya.de, nov.-feb. gesl. Een culinair kleinood, want de Oostenrijkse chefkok Dieter Koschina geeft als enige in Portugal leiding aan een met twee Michelinsterren bekroonde keuken. Er worden ook kamers verhuurd. Menu € 105-195.

Niet duur – **A Grelha do Ti-Manel:** in Praia Galé, Vale de Rabelho (richting Guia), tel. 289 59 18 51, ma. gesl. Het accent ligt hier op vis. Het restaurant staat iets buiten de drukte, en is daarom ook wat goedkoper. Hoofdgerecht vanaf € 8, visschotel *(rodízio)* zoveel als u wilt voor ca. € 17.

Met zeezicht – **La Cigale:** in Olhos d'Água, tel. 289 50 16 37. Pal aan de baai kunt u boven het water van de Atlantische Oceaan genieten van verse vis en zeevruchten. Lunch vanaf € 7,50. hoofdgerecht diner vanaf € 14.

Vilamoura ▶ D 15

Kaart: zie blz. 382

Het naburige **Vilamoura** 10 is in de jaren 80 van de 20e eeuw uit de grond gestampt en trekt nu met zijn jachthaven, casino, golfbanen en een lang zandstrand vakantiegangers aan die een zwak hebben voor bont beschilderde betongebouwen of in Café Sete de sfeer willen proeven van de grote voetbalwereld. Dit café is eigendom van Figo, de Portugese oud-voetballer met rugnummer 7 (Portugees: *sete*), die geregeld in eigen persoon even komt kijken.

Aan de rand van het dorp is het Romeinse landgoed **Cerro da Vila** ontdekt. U ziet er mooie mozaïekvloeren en de fundamenten van enkele huizen, met waterreservoirs en badinstallaties. Het **Museu Cerro da Vila** toont op boeiende wijze archeologische vondsten ('s zomers 9.30-12.30, 14.30-19, 's winters 9.30-13, 14-18 uur, € 3).

 Rode rotsen ▶ D 15

Kaart: zie blz. 382

Rond Albufeira nemen de rotsen aan de kust geleidelijk een andere kleur aan, die van donkergrijs overgaat in okerkleurig en dan donkerrood. Dit natuurschoon is te zien tussen de luxueuze resorts Vale de Lobo en Quinta do Lago ten oosten van Vilamoura. Hier heeft leem zich met mosselen en kalksteen vermengd tot een dieprood afzettingsgesteente, dat zich 20 m boven het strand verheft en scherp contrasteert met de blauwe oceaan en het gele zand. U kunt hier vele kilometers over en naast de rotsen wandelen, op het strand liggen of op een terrasje zitten, en luisteren naar het geruis van de golven en genieten van de veelgeroemde 'mooiste kust van Europa'.

Voor strandlopers en wandelaars even aantrekkelijk: Praia da Falésia

Met het exclusieve golfcentrum **Quinta do Lago** hebt u ook al het natuurpark Ria Formosa (zie blz. 403) bereikt. Dit lagunegebied en de erachtergelegen zoetwatermeren vormen een geweldige omgeving om te nestelen voor zoet- en zoutwatervogels. Via twee gemarkeerde wandelroutes kunt u hier prachtig vogels kijken. Ook de bedreigde Europese kameleon komt nog voor in deze streek.

Accommodatie

Klassieke luxe – **Quinta do Lago:** tel. 289 35 03 50, www.hotelquintadolago.com. Uitgelezen luxe in een natuurpark, gewaardeerd door golfers en kapitaalkrachtige toeristen die rust zoeken. 2 pk vanaf € 260.

Actief

Boottocht – **Cruzeiros da Oura:** Marina de Vilamoura, Cais Q, tel. 289 30 19 00, www.cruzeiros-da-oura.com. Romantische zeilcruises tegen zonsondergang of voor het hele gezin met tijd om te barbecuen en te zwemmen in een baai. Ook tochten om te vissen op volle zee en dolfijnen te kijken.

Vogels kijken – Rond de Quinta do Lago zijn diverse observatieposten te vinden om vogels te kijken.

Wandelen – In het lagunelandschap zijn twee gemarkeerde routes uitgestippeld. Beginpunt is het parkeerterrein bij Quinta do Lago.

Almancil ▶ D 15

Aan de dorpsrand van **Almancil** 11 (ook als Almansil geschreven), dat aan de N 125 ligt, staat op een heuvel een barokkerkje.

Igreja de São Lourenço

di.-za. 10-18, zo. 14.30-18, ma. 14-18, 's winters tot 17 uur, € 2,50

Het interieur van deze kerk werd omstreeks 1730 tot in de ronde koepel volledig met blauw-witte tegelafbeeldingen versierd door Policarpo de Oliveira Bernardes. Ze doen verslag van de marteldood van Sint-Laurentius, die op de brandstapel werd gezet omdat hij geld voor de bouw van een kerk onder de armen had verdeeld. U ziet de genezing van blinden, het gebed van de heilige om de martelaarsdood, zijn gevangenneming, het contrast tussen de rijke kerk tegenover de keizer en de armen, die van Christus vervuld zijn, en tot slot de marteldood van Laurentius. Bijzonder fraai is ook het vergulde houtsnijwerk van het hoofdaltaar.

Het zand van Algarve

Dankzij het beschermde natuurgebied van de lagune Ria Formosa, die zich bijna tot aan de Spaanse grens uitstrekt, heeft de oostelijke kust van Algarve zijn rustige, soms landelijk aandoende karakter behouden. Vaak lopen de olijfgaarden, sinaasappelplantages en wijngaarden door tot aan de waterlijn. In Faro en Tavira zijn de oude stadsdelen opgeknapt.

De steden Faro, Tavira en Castro Marim werden al bijna drieduizend jaar geleden door de Feniciërs van kleine nederzettingen uitgebouwd tot belangrijke handelsposten. Ze hebben overigens geen rechtstreekse toegang tot een strand. Mede daardoor hebben ze hun unieke historische charme behouden. Anders is het aan de stranden nabij de Spaanse grens. Rond Monte Gordo wordt het beeld bepaald door hoge flats en grote hotels. Daar staat tegenover dat u van het hotel direct toegang tot de zee hebt.

Faro ▶ D 15

Kaart: zie blz. 399

Faro leidt met zijn 44.000 inwoners een bedrijvig eigen leven en trekt zich weinig aan van de toeristische drukte. Als hoofdstad van de regio Algarve en universiteitsstad heeft Faro dan ook veel te bieden: een levendige sfeer in het voetgangersgebied van de historische wijk, mooie historische gebouwen, musea en gezellige caféterrassen. En klepperende ooievaarspaartjes op kerktorens en huisdaken.

Stadsgeschiedenis

De Romeinen breidden de handelspost van de Feniciërs en de Grieken verder uit en noemden de stad Ossonoba. De huidige naam Faro is afgeleid van Harúm, de naam van een Moorse heerser. In 1249 was Faro de laatste stad op Portugese bodem die door de christelijke legers werd heroverd. Vanaf de 14e eeuw begon een periode van economische en culturele bloei, in 1577 werd Faro benoemd tot bisschopszetel. Negentien jaar daarna verwoestten Engelse troepen de stad, die later ook zwaar had te lijden onder de aardbevingen van 1722 en 1755. De wederopbouw in classicistische stijl ligt ten grondslag aan de harmonieuze architectuur die de oude stad nu kenmerkt. Een doorslaggevende rol speelde bisschop Fernando Gomes de Avelar, die naast kerken ook ziekenhuizen, scholen en bruggen liet bouwen. Aan hem is het monument op de Largo da Sé gewijd.

Wandeling door de stad

Jardim Manuel Bivar

Een goed beginpunt voor een rondwandeling is dit feestelijke plein met plantsoen, waar geregeld traditionele concerten en braderieën worden gehouden. De prachtige neo-Moorse gevel van de Bank van Portugal nabij de autovrije winkelstraat Rua de Santo António en een romantisch muziekpaviljoen dateren uit de elegante begintijd van de 20e eeuw. De neoclassicistische gevel van de **Igreja da Misericórdia** en de stadspoort **Arco da Vila** 1 schuin hiertegenover werden gebouwd door de uit Genua afkomstige Francisco Fabri. Het poortgebouw kan tot bijna helemaal boven worden beklommen als u langs een klein **stadsmuseum** (via het toeristenbureau, gratis) gaat. In een nis staat een marmeren beeld van Thomas van Aquino, die de stad voor de pest zou hebben behoed. In de passage ziet u ook nog een Moorse poort in hoefijzervorm.

Het voetgangersgebied van Faro nodigt uit tot een ontspannen wandeling

Faro

Bezienswaardig
1. Arco da Vila
2. Kathedraal
3. Convento de Nossa Senhora de Assunção/ Archeologisch museum
4. Arco do Repouso
5. Igreja de São Francisco
6. Streekmuseum
7. Igreja do Carmo

Accommodatie
1. Aqua Ria
2. Sol Algarve
3. Adelaide

Eten en drinken
1. Benfica e Faro
2. Restaurante Taska
3. Adega Nova

Winkelen
1. António Manuel

Uitgaan
1. Os Artistas
2. O Castelo
3. Columbus Bar

Actief
1. Bike Algarve
2. Formosamar
3. Excursieboten Ilha Deserta
4. Lands

Het zand van Algarve

Naar Largo da Sé

Het **centro histórico** is volledig omringd door een middeleeuwse stadsmuur, waarin drie stadspoorten zijn aangebracht. Op de geplaveide straatjes en pleintjes heerst een weldadige sfeer van rust. Tussen de eenvoudige woonhuizen zijn enkele kunstgaleries, restaurants en oude stadspaleizen te vinden. Ook kunt u boven op de stadsmuur genieten van een verrassend uitzicht over de zee, net als trouwens vanuit de bar **O Castelo** 2 .

Aan het centrale plein voor de kathedraal staan ook het classicistische **stadhuis**, het langgerekte gebouw van het **bestuur van het bisdom** en het **bisschoppelijk paleis** in een strakke renaissancestijl. Het interieur van dit paleis, dat rijkelijk is versierd met azulejo's, is alleen voor publiek toegankelijk als hier een kunstexpositie wordt gehouden.

Kathedraal 2

Largo da Sé, ma.-vr. 10-18.30, 's winters tot 17.30 uur, za. 10-13 uur, € 3

Op de plek van de kathedraal bevonden zich vroeger achtereenvolgens een Romeins forum, een West-Gotische kerk en een Moorse moskee. De klokkentoren en het portaal herinneren nog aan de eerste bouwfase vanaf 1251 in een vroeggotische stijl. Alle andere delen van het bouwwerk werden na de zware verwoestingen door de Engelsen en door aardbevingen herbouwd. Het resultaat is een allegaartje van bouwstijlen. De zijkapellen geven een prachtige barokstijl te zien met verguld houtsnijwerk. De Capela Nossa Senhora do Rosário dos Pretos is versierd met tegelpanelen in een vroege barokstijl. Twee zwarte beelden steunen het wierookvat, want vroeger kwamen hier voormalige Afrikaanse slaven bidden. Ongewoon is verder het onlangs gerestaureerde orgel, dat begin 18e eeuw door de Duitser Johann Uhlenkamp werd gebouwd en iets later in een oosterse stijl werd beschilderd.

Op het aangrenzende **kerkhof** zijn een kleine knekelkapel en resten van het Romeinse forum te bezichtigen. De klim naar de top van de **klokkentoren** wordt met een fantastisch uitzicht naar alle windrichtingen beloond.

Convento de Nossa Senhora de Assunção 3

Praça Afonso III, di.-vr. 9-18, 's zomers tot 19, za.-zo. 10.30-17, 11.30-18 uur, € 2

Op voormalige Joodse grond werd in het begin van de 16e eeuw het clarissenklooster gebouwd met steun van de koning. Rond een renaissancistische kruisgang van twee niveaus zijn nu de expositiezalen ingericht van het **Archeologisch museum**. Men toont hier waardevolle Romeinse vondsten van opgravingen, een afdeling met religieuze kunst en een particuliere collectie schilderijen uit de 19e eeuw. In de zomermaanden worden hier ook concerten en filmvoorstellingen gehouden.

Rond Largo de São Francisco

Bij de oostelijke stadspoort **Arco do Repouso** 4 zou de stadsveroveraar Afonso III zijn hersteld van de inspanningen van de slag. De poort geeft toegang tot de Largo de São Francisco, nu vooral in gebruik als een parkeerterrein dat dicht bij de binnenstad ligt. Aan de oostkant staat de 17e-eeuwse **Igreja de São Francisco** 5 , die is versierd met tegels in barokstijl waarop het leven van Sint-Franciscus is uitgebeeld. In het gerenoveerde kloostergebouw is nu een vakschool voor de toeristische branche gehuisvest.

Streekmuseum 6

Praça da Liberdade 2, ma.-vr. 10-13.30, 14.30-18 uur, € 2,50

Het streekmuseum aan het eind van het voetgangersgebied geeft een beeld van het leven en de arbeidsomstandigheden van vissers en boeren. U ziet er een reconstructie van woonvertrekken in een huis van Algarve.

Igreja do Carmo 7

Largo do Carmo, ma.-vr. 10-13, 14-17, 's zomers 15-18, za. 10-13 uur, kapel € 1

De tocht naar de Igreja do Carmo aan de noordrand van de oude stad is de moeite zeker waard. De bouw begon in 1713, maar de kerk was pas honderdzestig jaar later voltooid. De reden daarvoor is algauw duidelijk: een overdaad aan verguld houtsnijwerk. In een scherp contrast met al het blinkende goud staat de knekelkapel, waar de muren zijn getooid met schedels, beenderen en haarlokken.

Informatie
Turismo: Rua da Misericórdia 8-11, tel. 289 80 36 04, dag. 9-18, hartje zomer tot 19 uur, soms met middagpauze.

Accommodatie
Stijlvol – **Aqua Ria** 1 : Rua da Marinha,12, tel. 289 81 01 50, www.aquariaboutiquehotel.pt. Voor liefhebbers van eigentijds design. 2 pk vanaf € 70.

Zakelijk ingericht – **Sol Algarve** 2 : Rua Infante Dom Henrique 52, tel. 289 89 57 00, www.hotelsolalgarve.com. Aangenaam hotel met 40 kamers. 2 pk € 50-85.

Eenvoudig en goed – **Adelaide** 3 : Rua Cruz das Mestras 9, tel. 289 80 23 83. Gemoedelijk hotel met moderne en overwegend rustige kamers. 2 pk € 40-80.

Eten en drinken
Geweldig – **Benfica e Faro** 1 : Doca de Faro, tel. 289 82 14 22, dag. Lekkere vispannetjes *(cataplanas)*, die pas na de bestelling vers worden bereid: reken hierbij dus wel op enige tijd wachten. Verder gegrilde verse vis. Bij mooi weer kunt u op het terras eten met uitzicht op de oude stad. Eenpansgerecht ca. € 40 (genoeg voor 3 personen), vis ongeveer € 15 of € 48 per kilo.

Keuken van Algarve – **Restaurante Taska** 2 : Rua do Alportel 38, tel. 289 82 47 39, zo. gesl. Gemoedelijk klein restaurant met een ruime keus aan voorgerechten van Algarve *(petiscos)* en traditionele gerechten, zoals *xarem rico,* maispap met garnalen en mosselen. Dagqerecht € 5-6,50, anders ca. € 13.

Rustiek – **Adega Nova** 3 : Rua Francisco Barreto 24, tel. 289 81 34 33. Naast een grote keus aan visgerechten serveert men stevige kost als een eenpansgerecht met bonen en gebraden geitenvlees, maar ook enkele vegetarische gerechten. Hoofdgerecht vanaf € 6,50.

Winkelen
Goede mogelijkheden om te winkelen vindt u in de **Rua de Santo António** en de omliggende verkeersluwe straten, met tal van souvenirwinkels en kledingzaken, zoals **António Manuel** 1 (nr. 25) met modieuze kleding, maar wel voor pittige prijzen.

Uitgaan
Bars en discotheken zijn er volop rond de **Rua Conselheiro Bivar** in het noordelijke deel van de oude stad en in het centro histórico.

Breed cultureel programma – **Os Artistas** 1 : Rua do Montepio 10, www.artistasfaro.blogspot.pt/. Concerten, tentoonstellingen, discussies en films.

Rustige sfeer – **O Castelo** 2 : Rua do Castelo 11, dag. Cocktails, koffie, maaltijden, concerten en dj's met uitzicht op de lagune.

Altijd weer actueel – **Columbus Bar** 3 : Praça Dom Francisco Gomes 13 (Largo Manuel Bivar), www.barcolumbus.pt, dag. 11-4 uur. Al zo'n dertig jaar is dit een van de populairste bars van Algarve, en nog altijd jong. De lijst van beschikbare cocktails vult een tijdschrift. Met terras.

Actief
Fietsen – **Bike Algarve** 1 : EN 125, nr. 42-46, Patação (richting luchthaven), tel. 289 86 56 72, www.bikealgarve.com. Gespecialiseerd in kwaliteitsfietsen.

Zwemmen – **Praia de Faro:** 5 km buiten de stad, bereikbaar met de stadsbus. Ook bij de hiervoorgelegen Ilha Deserta (zie hierna).

Uitstapjes – **Formosamar** 2 organiseert boottochten speciaal om vogels te kijken (www.formosamar.pt). De veerboot **Ilha Deserta** 3 (www.ilha-deserta.com) vaart van de Cais da Porta Nova naar het onbewoonde eiland Deserta, met mooi zwemwater en een restaurant. **Lands** 4 (www.lands.pt) streeft ernaar bij de uitstapjes over water of te voet over land de natuur zo weinig mogelijk te belasten.

Vervoer
Trein: Largo da Estação. Regelmatig naar Vila Real de Santo António, Lagos, 5 x per dag naar Lissabon.

Bus: Avenida da República, tel. 289 89 97 60. Vaak naar in alle kuststeden en naar Lissabon.

Stadsbus: tegenover het busstation. Bijna elk uur naar de luchthaven (nr. 14 en 16, rijtijd ca. 20 min.) en naar het strand.
Luchthaven: het internationale vliegveld ligt 6 km ten zuidwesten van het centrum.

Uitstapje naar Milreu en Estói ▶ D 15

De N 2 leidt in noordelijke richting naar het 10 km verderop gelegen **Milreu**, het grootste Romeinse opgravingsterrein van Algarve. De villa uit de 2e eeuw was opgebouwd uit luxueuze materialen en beschikte over een eigen watervoorziening, verwarming en privébaden. Verder ziet u een patriciërshuis, een warmwaterbad en een waterheiligdom met opslagruimte en zuilenomgang dat later dienstdeed als een vroegchristelijke basiliek. De mozaïeken op vloeren en aan muren geven geometrische versieringen en gestileerde vissen en andere zeedieren te zien (di.-zo. 9-13, 14-17, mei-sept. 9.30-13, 14-18.30 uur, € 2).

In het rustige nabijgelegen plaatsje **Estói** vindt u niet ver van de parochiekerk een licht verwilderde slottuin met prachtige tegelafbeeldingen en talloze bustes. Dit is de tuin van het romantische Palácio do Visconde de Estói uit de 19e eeuw. Na herhaalde verbouwingen is hierin nu een pousada ondergebracht. Deze heeft de tuin ook voor niet-gasten opengesteld (via de hotelingang 1 km noordelijker).

Olhão ▶ E 15

De 15.000 inwoners tellende havenstad Olhão aan de N 125 wordt nogal eens vergeleken met een *medina* (oudste stadsdeel) van een Noord-Afrikaanse stad. Huizen van twee of drie verdiepingen met Moors aandoende platte daken en torentjes omzomen de smalle oude straatjes. Ze werden overigens pas sinds de 18e eeuw gebouwd, toen de plaatselijke vissers zich door hun visvangst voor de kust van Noord-Afrika lieten beïnvloeden door de architectuur in die streken.

Nog altijd leeft men in Olhão van de visserij, wat op culinair vlak tot uiting komt in de enorme keus aan vis in de restaurants en in de gerestaureerde **markthal** (ma.-za. 9-13 uur, za. aangevuld met een boerenmarkt). Aan het oosteinde van het plantsoen rond de markt vertrekken veerboten naar de voor de kust gelegen strandeilanden **Culatra** en **Armona**.

Bezienswaardig

De niet zo lange stadsgeschiedenis begon in 1698 met de bouw van de parochiekerk **Nossa Senhora do Rosário** in barokstijl, waarvan de toren uitkijkt over de daken van de oude stad (ma.-vr. 10-12.30, 15-18, za. 10-12.30 uur, toren € 1). In de kleine **Capela de Nossa Senhora** achter de kerk bidden vrouwen voor de behouden terugkeer van hun verwanten die op volle zee werkzaam zijn.

Tegenover de kerk staat het **Museu Municipal**, het stadsmuseum, dat een beeld geeft van de sociale geschiedenis van de stad, met het harde leven van de vissers die op zee en de arbeiders die in de conservenfabrieken werkten. In Olhão begon in 1808 een uitgebreide opstand tegen het bezettingsleger van Napoleon (Largo da Restauração, di.-vr. 10-12.30, 14-17.30, za. 10-13 uur, gratis).

Informatie

Turismo: Largo Sebastião Martins Mestre 8 A (tegenover het museum), tel. 289 71 39 36, ma.-vr. 9.30-13, 14-17.30 uur.

Accommodatie

Vriendelijk – **Pensão Bicuar:** Rua Vasco da Gama 5, tel. 289 71 48 16, www.pensionbicuar.com. Eenvoudig pension in de oude stad met gebruik van de keuken. 2 pk vanaf € 39 zonder ontbijt.

Eten en drinken

Aan de lagune – **Vista Ria (Grupo Naval de Olhão):** Avenida 5 de Outubro, z.n. (oosteinde van de kustpromenade), zo. gesl. Specialiteiten zijn eenpansgerechten *(cataplanas)* met vis, zeevruchten of gemengd. Ook gegrilde vis, alles voortreffelijk, wel vrij prijzig. Hoofdgerecht vanaf € 14.

Goedkoop alternatief – **Vai e Volta:** Largo do Grêmio (bij de supermarkt Pingo Doce), mob.

968 02 75 25, di.-za. 12-15 uur. Eenvoudig restaurant waar u voor ca. € 9 zo veel gegrilde vis kunt krijgen als u maar wilt *(rodízio de peixe grelhado)*.

Evenementen
Festival dos Mariscos: half aug. Concerten met daarbij een geweldige keus aan verse zeevruchten.

Vervoer
Trein: Rua da Estação. Regelmatig naar Vila Real en Faro.
Bus: Rua General Humberto Delgado, tel. 289 70 21 57. Geregeld naar Faro en naar de gemeenten in de omgeving.

Natuurpark Ria Formosa ▶ D/E 15

Informatiecentrum en natuurpark ma.-vr. 8-18, 's winters tot 17, za.-zo. 10-20, 's winters tot 19 uur, enigszins variërend, € 2,60

Zo'n 2 km ten oosten van Olhão is het informatiecentrum van het natuurpark te vinden in de **Quinta de Marim**. Langs een gemakkelijke wandelroute geven twintig panelen uitleg over de dieren- en plantenwereld van Ria Formosa ('welgevormde lagune') en over de traditionele landbouw- en visserijtechnieken. Over een gebied van zo'n 15.000 ha strekt het ecosysteem van de lagune zich uit van Quinta do Lago (zie blz. 395) tot Manta Rota.

De barrière-eilanden voor de kust deden een labyrint van zoutvelden, kanalen, doorwaadbare plaatsen en zandbanken ontstaan. Vissen paaien in de lagune; eenden, aalscholvers, flamingo's en waadvogels vinden hier volop voedsel. Vooral tijdens de trek zijn hier talrijke vogelsoorten te zien. Het symbool van het natuurpark is de purperkoet met een donkerblauw en paars verenkleed. Verder ziet u ook **Romeinse bassins** voor de productie van de kruidige vissaus *garum* uit zout, kruiden en gefermenteerde vis en een gerestaureerde **getijmolen**. Bij vloed stroomt het water in een spaarkom, bij eb gaat de sluis open en drijft het uitstromende water het molenrad aan.

Doorwaadbare plaatsen en zoutvelden kenmerken het landschap van Ria Formosa

Via Luz de Tavira naar Luzia ▶ E 15

In **Luz de Tavira** aan de N 125 heeft de parochiekerk een bijzonder mooi zijportaal in manuelstijl. Net iets voorbij het dorp buigt vanaf de N 125 een doodlopende weg af naar **Pedras d'el Rei**, vanwaar een wandelpad en een lokaal treintje door de lagune naar de **Praia de Barril** leiden. Met zijn bijna witte zand is dit een van de mooiste stranden van de oostelijke Algarve. Oude vissersbootjes en talloze ankers die er liggen om netten aan vast te maken, zijn overblijfselen uit de tijd van de tonijnvangst, die hier tot in de jaren 70 werd bedreven. In de oude vissershuisjes hebben nu cafés en restaurants hun intrek genomen.

De inwoners van het plaatsje **Santa Luzia**, dat ook over een fietspad langs de kustweg te bereiken is, leefden daarentegen van de vangst van inktvis. Ook nu nog zijn daar velen actief in. Hun bootjes liggen op het water te schommelen. Het is dan ook wel logisch dat er inktvis in allerlei varianten, zoals octopus, zeekat en pijlinktvis, bovenaan op de menukaart van de talloze restaurants prijkt.

Eten en drinken

Bij de lagune – **Marisqueira Fialho:** Pinheiro, afslag 3 km buiten Luz, tel. 281 96 12 22, ma. en jan. gesl. Mosselen en smakelijk gegrilde verse vis (vanaf € 30 per kilo) uit de lokale wateren worden geserveerd op het terras.

De omweg waard – **Casa do Polvo:** Santa Luzia, 3 km westelijk, Avenida Engenheiro Dom Pacheco 8, tel. 281 32 85 27, di. gesl. Het Duits-Portugese paar serveert verfijnde gerechten van Algarve, zoals inktvis in diverse varianten. Ze kopen rechtstreeks bij de vissers in. Met terras. Hoofdgerecht vanaf € 10, ook kleine gerechten vanaf € 2.

Tavira ▶ E 15

Het 'Venetië aan de Atlantische Oceaan' – die vriendelijke benaming is misschien wat hoog gegrepen. Maar je kunt hier wel heerlijk zitten in een van de cafés aan de rivier de Gilão. Op de achtergrond staan voorname stadspaleizen en op de burchtheuvel de witte symbolen van de stad: parochiekerk en watertoren. Het pittoreske stadje wekt een bedrijviger indruk dan je zou verwachten bij een inwonertal van 10.000. Er werd al vroeg begonnen met de sanering van de oude stad, waar al met al bijna dertig kerken en kapellen zijn te vinden. Gelukkig is er geen betonbouw bijgekomen. Tavira heeft zich zelfs ontwikkeld tot een centrum voor cultureel beleid in Algarve.

Geschiedenis

Tijdens de Moorse heerschappij was dit de belangrijkste haven van Algarve. In de christelijke middeleeuwen bood Tavira verbinding met de Portugese bezittingen in Noord-Afrika. De stad beleefde een grote bloei in de 15e en de 16e eeuw en exporteerde gezouten vis, gedroogde vruchten en wijn naar zowel Vlaanderen als Italië. Met de opkomst van de handeldrijvende burgerij groeide het aantal Joodse families, die tot hun verdrijving in de 16e eeuw op de linker rivieroever woonden.

Korte tijd later luidden het verlies van de Afrikaanse steunpunten en de geleidelijke verzanding van de haven de neergang van de stad in. De stad werd in 1645 zwaar getroffen door een pestepidemie en in de eeuw daarna door een aardbeving, die grote delen van de stad verwoestte.

Tavira wist zich echter snel te herstellen, de tonijn bracht vanaf de 18e eeuw nieuwe welvaart. De onderneming Bom Petisco exporteert nog steeds naar een aantal landen in Europa, maar de andere conservenfabrieken moesten inmiddels hun deuren sluiten. Doordat de vis in de jaren 70 een andere route nam, viel de stad in een soort doornroosjesslaap. De imposante huizen van de tonijnbaronnen zijn getooid met vierzijdige schilddaken. Vanwege de gelijkenis met een Chinees pagodedak dachten veel kunsthistorici dat het ging om culturele beïnvloeding door de handel overzee. Van Romeinse oorsprong is onmiskenbaar de imposante stenen brug over de Gilão, die na een overstroming in 1989 is herbouwd als voetgangersbrug.

Wandeling door de stad

Igreja da Misericórdia
Rua da Galeria, meestal ma.-za. 9-13, 14-18 uur, gratis

Aan de voet van de burchtheuvel springt in de Travessa da Fonte het fraai vormgegeven renaissanceportaal van de Igreja da Misericórdia in het oog. Onder de wijde mantel van het Mariabeeld zoeken zowel christelijke als islamitische koningen een toevlucht. Dat geeft wel aan dat de stad een openhartig karakter heeft. Het interieur van de kerk is versierd met met blauw-witte tegels.

Palácio da Galeria
Calçada da Galeria, di.-za. 9-16.30 uur, maar de tijden variëren geregeld, € 2, combikaartje met Núcleo Islamico € 3

Het straatje links van de kerk voert omhoog naar het kasteel. Onderweg komt u langs het Palácio da Galeria, waarin nu een ambitieuze expositieruimte voor eigentijdse kunst is ondergebracht.

Kasteelterrein
tuin dag. 9-19, 's winters 9-17 uur, gratis

Het kasteel ligt grotendeels in puin, maar de **vestingmuren** omringen nog een romantische **tuin** vol planten in allerlei kleuren. Vanaf de muren hebt u ook een prachtig uitzicht over de puntdaken van de stad en ziet u in de verte de zee.

Parochiekerk en watertoren

De burchtheuvel wordt nu gedomineerd door de kerk Santa Maria do Castelo, die op de fundamenten van een vroegere moskee is gebouwd. De minaret is veranderd in een imposante klokkentoren. Na de aardbeving in de 18e eeuw is de kerk in classicistische stijl herbouwd; van de oorspronkelijke gotische kerk zijn alleen het portaal en twee zijkapellen behouden gebleven (meestal ma.-vr. 10-13, 14-17, voor een deel ook za. 10-13 uur, € 1,50).

In de naburige watertoren projecteert een **camera obscura** rondom een beeld van Tavira op het witte doek. Aan de hand hiervan wordt een toelichting gegeven op de geschiedenis van de stad (okt.-jan. ma.-vr. 10-16, anders 10-17, juli-sept. ook za. 10-13 uur, steeds alleen bij mooi weer, € 4).

Igreja de Santiago

Ook de Igreja de Santiago aan de voet van de watertoren is gebouwd op de fundamenten van een moskee – en is vervolgens gewijd aan de Morendoder São Tiago (Sint-Jakobus). Een reliëf boven het hoofdportaal wijst waarschuwend naar de vroegere Moorse wijk, die zich over de naburige straatjes uitstrekte. Menig huis is nog voorzien van vensters met Moors tralievvork, waardoor de vrouwen heimelijk naar buiten konden kijken, terwijl er van buiten naar binnen niets te zien was.

Núcleo Islamico
Praça da República, di.-za. 9-16.30 uur, maar de tijden variëren geregeld, € 2, combikaartje met Palácio da Galeria € 3

De wandeling gaat weer omlaag en naar de rechter rivieroever. In een islamitisch woonhuis naast het toeristenbureau is het museum Núcleo Islamico ingericht. Een bezoek is eigenlijk alleen interessant vanwege een kruik. Deze wordt bekranst door lemen muzikanten die een huwelijksfeest opluisteren.

Oude markthal
Largo Dr. José Pires Padinha

Via het mooie stadspark tegenover de Núcleo Islamico komt u bij de vroegere markthal. In het gebouw met een lichte ijzerconstructie zijn souvenirwinkeltjes, restaurants en cafés ondergebracht nadat de marktkooplui een plek hadden gekregen in een moderne hal aan de rand van de stad.

Informatie
Turismo: Praça da República 5, tel. 281 32 25 11, ma. en vr. 10-13, 15-19, 's winters 14-18, di.-do. 9.30-19, 's winters tot 18 uur, maar de tijden variëren geregeld.

Accommodatie
In een historisch pand – **Pousada Convento da Graça:** Rua Dom Paio Peres Correia, tel. 218 40 76 80, www.pousadas.pt. Luxehotel

Gebouwd op de fundamenten van een moskee: Igreja Santa Maria do Castelo in Tavira

met 18 kamers in een voormalig augustijnenklooster, dat op de plaats van een synagoge gebouwd was. 2 pk vanaf € 130.

Traditioneel – **Pensão Lagoas:** Rua Almirante Cândido dos Reis 24, tel. 281 32 22 52. Klein familiepension met 17 eenvoudige kamers. Sympathiek en schoon. 2 pk € 40-55.

Eten en drinken

Uitgebreid – **Brisa do Rio:** Rua João Vaz Corte Real 38, mob. 915 43 44 52, wo. gesl. Vanwege het grote succes verruilde de familie een klein restaurant in een van de oude straatjes voor het huidige restaurant. De menukaart bleef gelijk, met het accent op gegrilde vis, maar ook met eenpansgerechten en visfilet in garnalensaus. Hoofdgerecht € 9-14.

Weer eens wat anders – **Zeca da Bica:** Rua Cândido dos Reis 26, tel. 281 32 38 43. Ook al is dit een eenvoudig restaurant, toch serveert men hier een paar ongewone gerechten, zoals een stuk kalkoen met een pastei van zeevruchten. Hoofdgerecht vanaf € 7,50.

Voor liefhebbers van zoet – **Tavira Romana:** Praça da República 24, tel. 281 32 56 08, dag. Geweldige keus aan traditioneel banket van Algarve.

Winkelen

Regionale producten – **Casa do Artesanato:** Calçada da Galeria 11. Kunstnijverheid en aardbeiboombrandewijn.

Actief

Fietsverhuur – **Sport Náutica:** Rua Jaques Pessoa 26, tel. 281 38 19 35.

Zwemmen – Strand op het zandeiland **Ilha de Tavira**, met 's zomers een bootverbinding vanaf de kade achter de oude markthal.

Evenementen

Cultuur in de zomer: juli-aug. Concerten, theater en kunstexposities.

Vervoer

Trein: Largo de Santo Amaro. Regelmatig naar de steden aan de kust.
Bus: Rua dos Pelames, tel. 281 32 25 46. Regelmatig naar Faro en naar Vila Real Santo António.

Cacela-a-Velha en Manta Rota ▶ E 15

Een gevoel alsof u in het verleden bent beland, krijgt u ongetwijfeld in **Cacela-a-Velha**, een idyllisch plaatsje op ruim 10 km achter Tavira dat te bereiken is via een zijweg van de N 125. De inwoners leven hier vooral van de mosselteelt. Bij archeologische opgravingen kwamen vondsten aan het licht uit de Romeinse en de Moorse tijd, toen het plaatsje nog een eigen haven had. Het oude kasteel wordt nu gebruikt door de kustwacht. In het café **Casa Azul** (di. gesl.) kunt u terecht voor gebak en hapjes uit eigen keuken; ook houdt men hier kunstexposities.

Een ongemarkeerde wandelroute (alleen bij lage waterstand begaanbaar) loopt door de lagune naar het strand van **Manta Rota**. Dit vakantiedorp is in de afgelopen jaren sterk gegroeid, maar is voorlopig nog niet ontsierd door al te lelijke nieuwbouw.

Info
Turismo: in Manta Rota, Largo do Casino, tel. 281 95 27 50, ma.-vr. 9-12.30, 13-15 uur.

Accommodatie
Keurig – **Turoasis:** in Praia da Lota, ten oosten van Manta Rota, tel. 281 95 16 44, www.turoasis.com. Middenklassehotel op slechts 200 m van het strand. 2 pk € 45-110. Bij het hotel hoort ook het aangrenzende appartementencomplex **Real Lota**, www.real-lota.com, met 52 appartementen (2-4 kamers). Vanaf € 33 zonder ontbijt, hartje zomer tot € 170.

Eten en drinken
Prachtig uitzicht – **Costa:** in Fábrica, 2 km ten westen van Cacela-a-Velha, tel. 281 95 14 67. Aanrader is het rijstgerecht met volop zeevruchten; u kunt eten op een terras aan zee. Hoofdgerecht vanaf € 14.

Monte Gordo ▶ E 15

Heel anders dan in Cacela-a-Velha is de sfeer in het oostelijke buurstadje Monte Gordo. Dankzij de langgerekte zandstranden met warme watertemperaturen was dit vissersplaatsje al in de jaren 20 geliefd als vakantieverblijf bij rijke grootgrondbezitters. Het eerste casino van Algarve opende hier zijn deuren. Maar de mooie oude kern komt steeds meer in de schaduw te staan van lelijke hotelflats.

Informatie
Turismo: Avenida Marginal, tel. 281 54 44 95, ma.-za. 9.30-13, 14-17.30, hartje zomer 15-18.30 uur.

Eten en drinken
In de openlucht – **Pezinhos N'areia:** in Praia Verde, 3 km ten westen van Monte Gordo, tel. 281 51 31 95, dag. tot 22 uur, hartje zomer tot 24 uur, 's winters gesl. Aan het witte strand kunt u genieten van vis per kiloprijs, en verder salades en tapas of slechts een kop koffie. Hoofdgerecht vanaf € 11.

Degelijk – **O Tapas do Arménio:** Rua Pero Vaz Caminha 24-A, tel. 281 51 27 22. ma. gesl. Anders dan de naam doet vermoeden serveert men gegrilde vis en eenpansgerechten. Hoofdgerecht vanaf € 9, menu ca. € 10.

Uitgaan
Spel en show – **Casino:** Avenida Marginal, dag. 16-3 uur. Met culturele evenementen.

Actief
Fietsverhuur – Tal van zeer goedkope aanbieders, waaronder **Tur Fortes**, Rua Bartolomeu Perestrelo 2 (oostrand van Monte Gordo).
Boottochten – **Riosul:** Rua Tristão Vaz Teixeira 15 C, tel. 281 51 02 00, www.riosultravel.com. Cruises over de rivier de Guadiana.

Vila Real de Santo António ▶ E/F 15

Marquês de Pombal liet in 1774 in hooguit vijf maanden deze grensstad aan de Guadiana uit de grond stampen om daarmee indruk te maken op het nabije Spanje. Het schaakbordpatroon van de straten in Vila Real de Santo António, dat nu 13.000 inwoners telt, lijkt op dat van Baixa in Lissabon. Ook hier werd de aanleg versneld met uniforme regels voor de bouw van de huizen. De panden zijn bijna allemaal twee verdiepingen hoog, en de gevel heeft steeds een deuropening en zes ramen.

In het midden ligt een vierkant plein met een patroon van stralen in het rond in het plaveisel. Sinaasappelbomen zorgen voor schaduw, caféterrassen nodigen uit om wat te drinken. De winkels zijn ingesteld op de wensen van Spaanse consumenten en bieden textiel in alle mogelijke variaties aan.

Info
Turismo: Centro Cultural António Aleixo, Rua 5 de Outubro, ma.-vr. 10-17, za. 10-16 uur. Informatiebalie in een cultureel centrum.

Accommodatie
Eenvoudig – **Coração da Cidade:** Rua Sousa Martins 17, tel. 281 53 04 70, www.coracao dacidade.com. Nieuw hotel met 21 zakelijke kamers nabij het centrum. 2 pk vanaf € 30.

Eten en drinken
Populair – **Casa Pisa II:** Rua Jornal do Algarve 44, tel. 281 54 31 57, wo. gesl. Bij de lokale bevolking geliefd restaurant met ruime keus aan vis. Halve porties die voor een persoon genoeg zijn vanaf € 6.

Vervoer
Trein: 1,5 km noordelijk. Geregeld naar Faro.
Bus: Avenida da República, tel. 281 51 18 07. Geregeld naar plaatsen in de omgeving en naar Faro.

Castro Marim ▶ E 15

Het mooie stadje Castro Marim ligt er 5 km noordelijker te midden van uitgestrekte zoutvelden wat slaperig bij. Twee imposante kastelen geven aan dat het plaatsje met witte huizen en rode daken ook een heel wat levendigere tijd heeft gekend. In de 13e eeuw werd het kasteel op de plaats van een Moorse burchtruïne gebouwd als verdedigingspost tegen Castilië. In 1319 brak de grote glorietijd van Castro Marim aan. Portugal verzette zich tegen de ban op de Orde van de Tempeliers en richtte met de hulp van die orde als opvolger de Orde van Christus op. Om te verhullen dat het alleen maar om een andere naam ging, werd de hoofdzetel van de orde tijdelijk van Tomar naar Castro Marim verplaatst.

Bezienswaardig
Een klein **archeologisch museum** documenteert de roerige geschiedenis van het kasteel (dag. 9-19, 's winters tot 17 uur, € 1,10). Tot 1755 woonde de plaatselijke bevolking binnen de muren van het kasteel. De aardbeving in dat jaar legde de woonhuizen echter in puin. Slechts een klein aantal gebouwen en een renaissancekerk werden herbouwd.

Vanaf het kasteel hebt u een onbegrensd uitzicht op Spanje, op het naburige kasteel São Sebastião uit de 17e eeuw, een gerestaureerde oude windmolen met bijbehorende tentoonstellingsgebouwen en het beschermde natuurgebied **Sapal de Castro Marim**, met drasland waar reigers, ooievaars en flamingo's broeden. Een derde van het gebied bestaat uit zoutvelden. Tijdens een wandeling langs de zoutvelden kunt u zien hoe het in de zon verdampende water dikke klonten zeezout achterlaat. Dit zeezout wordt zelfs in chique Franse restaurants gebruikt (Parkbureau ma.-vr. 9-13, 14-16.30 uur).

Informatie
Turismo: oude markthal, Rua São Sebastião, tel. 281 53 12 32, dag. 9-13, 14-19, 's winters tot 17 uur. Met verkoop van kunstnijverheid en regionale levensmiddelen.

Winkelen
Hartige souvenirs – **Tradisal:** Travessa do Castelo. Zuiver zeezout dat met traditionele technieken uit de zoutvelden in de omgeving is gewonnen.

Evenementen
Dagen van de middeleeuwen: eind aug. Feest in het kasteel met riddertoernooien, middeleeuwse kostuums, maaltijden en kunstnijverheid.

Het achterland van Algarve

Stilte en een ongerept landschap kenmerken de Serra do Caldeirão, de heuvelketen in het centrale achterland van Algarve. In de afgelegen dorpen komen bezoekers terecht in een landelijke omgeving die verder alleen nog in een museum te vinden is. In het westen van Algarve liggen de hoogste heuvels, met vooral de Serra de Monchique waarvan de Fóia met 902 m het hoogste punt van Algarve bereikt.

In het voorjaar worden hier en daar nog muildieren voor de wagen gespannen om langs de verspreid liggende moestuinen te trekken die mede in het levensonderhoud voorzien. Het stille achterland is lange tijd genegeerd door de beleidsbepalers voor het toerisme, die volop inzetten op de aantrekkingskracht van strand en zee. Maar inmiddels hebben liefhebbers van natuurtoerisme de streek ontdekt, die wordt doorkruist door een overwegend wit-rood gemarkeerde wandelroute. Deze loopt van Cabo de São Vicente helemaal naar Alcoutim (zie voor uitgebreide informatie op www.viaalgarviana.org). De Serra de Monchique leeft nu weer op dankzij de warmwaterbronnen, die met een modern wellnessaanbod een nieuw publiek aantrekken.

Uitstapje langs de Rio Guadiana

Van Castro Marim naar Guerreiros do Rio ▶ E 14/15

Een alternatief voor de nieuwe snelweg is de oude N 122 ten noorden van Castro Marim (zie blz. 408), die door een mooi landschap loopt maar ook meer bochten heeft. Via **Azinhal**, dat het beginpunt is voor een fraaie wandelroute (zie blz. 410), leidt de route eerst door een schraal heuvellandschap met kleine vruchtbare velden in de dalen. Al snel komt u bij de **Barragem de Odeleite**. Deze stuwdam dankt zijn naam aan het plaatsje **Odeleite**, dat schilderachtig op de helling aan de rivier ligt. Ook hier beginnen mooie wandelroutes. Het uitzicht wordt echter wel ontsierd door een nieuw viaduct boven het dorp, dat is gefinancierd door een EU-stimuleringsfonds.

Om de rit over een rustige secundaire weg langs de Guadiana voort te zetten, gaat u ongeveer 2 km terug naar de zijweg richting **Foz de Odeleite**. In de tijd vóór de toetreding tot de EG werd hier volop gesmokkeld. Daaraan herinneren de langzaam in verval rakende wachttorens van de douane en een klein riviermuseum in **Guerreiros do Rio** (di.-za. 9.30-13, 14-17.30 uur, € 2,50, combikaartje ook in Alcoutim geldig). Portugezen smokkelden koffie naar Spanje, en Spanjaarden smokkelden sigaretten naar Portugal.

Actief

Wandelen – Informatie over diverse wandelroutes is te vinden op www.odiana.pt.

Alcoutim ▶ E 14

Met hooguit ongeveer 1000 inwoners geldt Alcoutim toch al als een stadje. De rivier glinstert in het zonlicht, de huizen staan dicht op de aanlegplaats voor boten, stille kronkelstraatjes gaan omhoog naar het middeleeuwse kasteel. Daar toont men in een archeologisch museum vondsten uit de laatste vijfduizend

FIETSEN EN WANDELEN AAN DE RIO GUADIANA

Informatie

Begin en eind: Azinhal, parkeerterrein bij Largo do Mercado. Heenreis: via de EN 122, 14 km ten noorden van Castro Marim.
Lengte en duur: ca. 7,5 km; lopend ca. 2 uur, met de mountainbike bijna 1 uur.
Hoogteverschil: 95 m
Oriëntatie: geel-rode markering. Kaarten zijn verkrijgbaar bij de vereniging Odiana in Castro Marim (Rua 25 de Abril 1).
Fietsverhuur: fietsen zijn goedkoop te huur in Monte Gordo (zie blz. 407).
Belangrijk: de beste perioden zijn voorjaar, najaar en winter. Na hevige regenval zijn enkele dalkommen overigens moeilijk begaanbaar.

De goed gemarkeerde wandelroute Uma Janela para o Guadiana (een venster op de Guadiana) voert door waterrijke dalen en over schrale heuvels. Aan het eind komt u terug bij het beginpunt, waar een overzichtelijk informatiepaneel staat over de route en de planten en dieren die in deze omgeving leven. Vanaf het beginpunt volgt u de geel-rode markering door de rustige straatjes van het dorp Azinhal. Hier komt u ook langs de **bakkerscoöperatie A Prova** – een goede plek om lekkere proviand in te slaan voor onderweg (volg de bordjes). Bij de **parochiekerk** uit de 16e eeuw buigt een smaller pad af naar links naar de dorpsschool en daarna naar de **ruïne van een windmolen**. Aan de voet van een begraafplaats komt het pad uiteindelijk weer uit op de oorspronkelijke weg. Onderweg komt u eerst nog wel langs een oude **waterput**. Het is nog helemaal niet zo lang geleden dat de bevolking hier het water kwam halen.

De route gaat naar links een kort stukje over de weg, en dan begint tegenover de oprit naar een landgoed de klim omhoog over een onverhard pad. De heuvels zijn begroeid met cistusrozen, lavendel en rozemarijn; in de periode februari-juni bloeien tal van weidebloemen. Zo nu en dan wordt ergens een patrijs opgeschrikt door uw komst, veel vaker zijn er kwartels te zien.

Aan het eind van het stijgende pad wordt u beloond met een spectaculair **panorama over de Rio Guadiana** tot in Spanje. De route gaat nu naar rechts verder naar een breder onverhard pad, dat naar vruchtbaar **drasland** in een dal leidt. Ooievaars en reigers zijn hier in hun natuurlijke leefomgeving te zien. Op de verdere weg terug negeert u eerst alle zijpaden, totdat u bij een duidelijk zichtbare **markering naar rechts** komt. U gaat nu weer heuvelopwaarts en terug naar de rand van Azinhal. In het dorp voert een geasfalteerde weg naar links naar de EN 122, en dan is het nog een kort stukje tot u weer aan de voet van het parkeerterrein bent gekomen.

jaar. Bijzonder interessant is een verzameling Moorse spelen (dag. 9-17.30 uur, € 2,50).

Aan de Spaanse kant van de rivier lijkt het kasteel van **Sanlúcar** een spiegelbeeld. U kunt zich laten overzetten met een vissersboot. Of u kunt, heel trendy, in een zitje aan een stalen kabel omlaagzoeven naar de overkant. De hoogste snelheid is 80 km per uur en de kabel is 720 m lang. David Jarman uit Londen kwam met het idee, de uitvoering berust bij het Spaanse bedrijf Limite Zero (www.limitezero.com, mob. 0034-670 31 39 33 op het Spaanse telefoonnet, apr.-nov. wo.-zo.)

Serieus aan te raden is de rit van een halfuur van Alcoutim verder naar Mértola in Alentejo (zie blz. 371).

Informatie
Turismo: Rua 1° de Maio, tel. 281 54 61 79, di.-za. 9.30-13, 14-17.30 uur.

Eten en drinken
Uit bos en rivier – **Camané:** Praça da República, mob. 964 10 85 85, di. gesl. Eenvoudig landelijk restaurant met regionale specialiteiten. Erg lekker is het eenpansgerecht met lamsvlees. Hoofdgerecht vanaf € 8.

Hapjes – **O Quiosque:** boven de aanlegplaats van de veerboot. Het mooie terras onder bomen is een ideale plek om bij een hapje en een drankje wat te ontspannen.

Actief
Wandelen – Informatie over de talrijke wandelroutes is te vinden op www.odiana.pt.

Kanoën – De jeugdherberg Bairro do Rossio (rand van Alcoutim), tel. 281 54 60 04, verhuurt fietsen en kano's.

Zwemmen – Het strand aan de rivier heeft zelfs een blauwe vlag gekregen voor het schone zwemwater.

Evenementen
Feira dos Doces d'Avó: Goede Vrijdag en tweede paasdag. Bij de aanlegplaats aan de rivier viert men het feest van 'grootmoeders eierlekkernijen'.

Dorpsfeest: 2e weekend in sept. Met vuurwerk en een markt.

Door de Serra do Caldeirão

Van Tavira naar Cachopo ▶ E 14/15

Een van de mooiste routes door het bergland van Algarve is de rustige N 397 van Tavira noordwaarts naar Cachopo. U hebt een fantastisch uitzicht op glooiende heuvelketens, in de verte ziet u achter u de zilveren schittering van de zee; witgekalkte boerderijen staan verspreid over het weidse land, en tussen de landbouwvelden liggen bossen met kurkeiken, sinaasappelbomen en pijnbomen.

Eerst voert de weg met weinig verkeer u vanuit Tavira langs de Rio Gilão, voordat hij omhooggaat de heuvels in. Met tal van bochten rijdt u door een eenzaam landschap met een weids uitzicht op de bijna eindeloos lijkende heuvelketens. De route voert u naar **Cachopo**, dat zo'n vijfduizend jaar geleden al werd bewoond, maar waarheen pas in de 20e eeuw een weg, destijds nog onverhard, werd aangelegd. In de vroegere herberg van de stratenmaker toont nu een knus **streekmuseum** de leef- en arbeidsomstandigheden in de regio (ma.-vr. 9.30-13, 14.30-18 uur, gratis). Als u door de stille dorpsstraatjes wandelt, komt u langs de werkplaatsen van de hoefsmid en de zadelmaker – traditioneel ambachtelijk werk waarnaar hier nog vraag is. Een oude windmolen in het dorp lijkt meer een kleine kiosk, waar Dona Otilia zelfgesponnen linnen tot stoffen en dekens verwerkt.

Eten en drinken
Hier eet de plaatselijke bevolking – **O Retiro dos Caçadores:** N 124 (hoofdweg), tel. 209 04 41 74. Eenvoudige maar goede landelijke keuken. Hoofdgerecht ongeveer € 6.

Barranco do Velho ▶ D 15

Vanaf Cachopo loopt de N 124 door het bergland in westelijke richting, terwijl het landschap nog eenzamer wordt. Op de heuvel boven de dorpskerk van Barranco do Velho begint een **wandelroute** van een uur door de bossen, waarbij u op het beginpunt terugkeert. Op het landgoed Casa das Fontes zijn appartementen te huur. Dit is eventueel een goede uitvalsbasis voor een verdere ontdekking van de Serra, waarvan de uitlopers tot aan São Brás de Alportel reiken.

Accommodatie
Zorgzaam – **Casa das Fontes:** tel. 289 84 64 49, www.dasfontes.info. Liefdevol gemoderniseerd landgoed. Appartement voor 2 personen vanaf € 60 exclusief eindschoonmaak.

São Brás de Alportel
▶ D 15

Sinds de 19e eeuw is dit stadje van 10.000 inwoners al een centrum van de kurkverwerking. Nog steeds worden in de plaatselijke fabriek de champagnekurken voor het grote Moët & Chandon geproduceerd. De knoestige kurkeiken gedijen enorm goed op de schrale leisteenbodem. Wanneer ze eens in de negen jaar worden geschild, lichten hun stammen vuurrood in het landschap op.

Museu do Trajo do Algarve
Rua Dr. José Dias Sancho 61, ma.-vr. 10-13, 14-17, za.-zo. 14-17 uur, € 2
Dit streekmuseum is gehuisvest in de prachtige villa van een vroegere kurkfabrikant. Men toont er regionale klederdrachten, kunstnijverheid en paardenkoetsen. Een bijgebouw is helemaal gewijd aan de technieken die bij de kurkverwerking worden gebruikt.

Informatie
Turismo: Largo São Sebastião 23, tel. 289 84 31 65, di.-za. 9-13, 14-18 uur. Bureau voor de regio.
Turismo Municipal: Rua Dr. Victorino Passos Pinto 3, tel. 289 84 32 10, ma.-vr. 10-13, 14-18 uur. Bureau voor de stad.

Eten en drinken
Authentiek – **Adega Nunes:** Machados, 3 km zuidelijk richting Faro, tel. 289 84 25 06, ma. gesl. Op een wijngoed is een landelijk restaurant ingericht, waarvan de afgelegen ligging geen afbreuk doet aan de goede naam. Men serveert onder andere konijn, speenvarken en lamsvlees. Hoofdgerecht vanaf € 9.

Winkelen
Alles van kurk – **Pelcor:** Rua Padre Sena Neto 48. Of het nu gaat om een handtas of een paraplu, alles is gemaakt van kurk.

Actief
Wandelen – Het toeristenbureau heeft folders met informatie. Een aanrader is de wandelroute van drie uur bij het dorp Mesquita.
Alles over kurk – **Algarve Rotas:** het trefpunt is Museu do Traje, mob. 918 20 49 77, www.algarverotas.weebly.com. Interessant bezoek aan kurkfabrieken en wandeling door een bos met kurkeiken.

Evenementen
Festa da Aleluia: tweede paasdag. Kleurrijke processie met boeketten bloemen.

Vervoer
Bus: Rua João Louro, tel. 289 84 22 86. Regelmatig naar Faro, een enkele keer naar Loulé.

Loulé ▶ D 15

Loulé (18.000 inwoners) is een van de oudste steden van Algarve. Naast de befaamde markthal is ook de pittoreske oude stad een bezoek waard.

Markthal
Rua José Fernandes Guerreiro 34, ma.-za. 7-15 uur, ma. geen vis
Bij de kraampjes in de in neo-Moorse stijl gebouwde en onlangs gerestaureerde markthal heerst een levendige bedrijvigheid. Marktvrouwen prijzen luidkeels fruit, groente, vis, kaas en kunstnijverheid aan. De specialiteit is *queijo do figo,* een kaasje van vijgen, amandelen, kruiden en suiker. Op zaterdag is het aanbod zo groot dat ook de omliggende straten in beslag worden genomen. Daarmee groeit trouwens ook het toeristisch karakter.

Loulé

Museu de Arqueologia

Rua Dom Paio Peres Correia 17, di.-vr. 9-17.30, za. 9.30-16 uur, € 1,75

De historische gewelven van de voormalige burgemeestersresidentie, de Alcaidaria, bieden nu onderdak aan een archeologisch museum. Het is liefdevol ingericht met vondsten van de prehistorie tot de middeleeuwen. Onder een glazen afdekking ziet u de fundamenten van een Moors woonhuis. Op de eerste verdieping is een landelijke keuken gereconstrueerd. Een stenen maismolen kunt u hier eigenhandig draaien, zoals vroeger de arme vrouwen op het platteland elke dag deden toen maispap nog het belangrijkste voedsel was.

Een trap leidt verder omhoog naar de resten van de vroegere versterkte **stadsmuur** en naar de top van een imposante wachttoren. Het uitzicht reikt helemaal tot aan de Atlantische Oceaan. Op de heuvel tegenover de wachttoren springt een bouwwerk in het oog dat op een moskee lijkt. Het blijkt echter een moderne katholieke **kerk** te zijn die achter de kleine Capela Nossa Senhora da Piedade uit de 16e eeuw werd gebouwd. In de kapel wordt het beeld van Maria als de beschermheilige Mãe Soberana bewaard.

Andere bezienswaardigheden

Schuin tegenover het kasteel is de **Igreja Nossa Senhora da Conceição** bescheiden tussen een rij huizen gebouwd. Het interieur is echter uitbundig vormgegeven met een gouden altaar en driehonderd jaar oude blauw-witte tegelafbeeldingen (Rua Dom Paio Peres Correia, di.-vr. 9.30-17.30, za. tot 16 uur, gratis).

Minder spectaculair is de **parochiekerk** aan de Largo Cabrito de Silva, maar in het parkje naast het kerkplein kunt u genieten van een oase van rust.

Van de tradities van de burgers in de stad getuigt het koffiehuis **A Calcinha** aan de Praça da República; de knusse art-deco-inrichting dateert uit de jaren 20. Om het als monument te behouden wordt het na een sanering gerund door de gemeente. De volksdichter en stamgast António Aleixo (1899-1949) zit in brons gegoten voor de deur.

Informatie

Turismo: Avenida 25 de Abril 9, tel. 289 46 39 00, di.-do. 9.30-17.30, vr.-ma. 9.30-13, 14-17 uur (niet geheel betrouwbaar).

Accommodatie

Zeer aangenaam – **Loulé Jardim:** Praça Manuel de Arriaga 23, tel. 289 41 30 95, www.loulejardimhotel.com. Hotel met 52 lichte, ruime kamers in een stadspaleis met een klein zwembad op het dak. 2 pk vanaf € 50.

Eten en drinken

Goed en goedkoop – **O Beco:** Avenida 25 de Abril, tel. 289 46 29 80, zo. gesl. Degelijke en smakelijke kost vanaf € 8.

Vegetarisch – **Cantina dos Sabores:** Rua Nossa Senhora da Fátima, Lote 1, tel. 289 46 33 04, zo. gesl. Restaurant met een grote variatie in salades, overwegend vegetarische dagschotels (vanaf € 6) en versgeperste fruit- en groentesappen (ca. € 2,50).

Winkelen

Porselein – **Casa Louart (Teresa's Pottery):** Largo Dom Pedro I 15 (bij het kasteel). De kunstenares Teresa de Jesus beschildert aardewerk in vrolijke kleuren zonder kitsch.

Actief

Fietsen – zie blz. 416.

Evenementen

Carnaval: bonte optochten tijdens de carnavalsdagen.

Mãe Soberana: eerste paasdag en 2e zo. na Pasen. Processies ter ere van Maria, als de beschermheilige Mãe Soberana.

Festival Mediterrâneo: eind juni-begin juli. Mediterrane muziek in de oude stad.

Festival Internacional de Jazz: juli. Met sterren en nieuwkomers uit de jazzwereld.

Vervoer

Trein: station 6 km ten zuiden van Loulé.
Bus: Rua Nossa Senhora de Fátima, tel. 289 41 66 55. Regelmatig naar Faro, Albufeira, een enkele keer naar São Brás de Alportel en het achterland.

Moors erfgoed in het gewone leven en de cultuur

Zwarte ogen en haren, donkere tint, klein postuur. De inwoners van Algarve verschillen in uiterlijk weinig van Iraniërs of Marokkanen; ongetwijfeld heeft dit nog te maken met de langdurige Arabische aanwezigheid en de toenmalige vermenging van de bevolking. Geregeld worden de inwoners van Algarve ook nog uitgemaakt voor *mouros* (Moren).

De christelijke herovering van Algarve maakte in 1249 een einde aan de meer dan vijfhonderd jaar durende aanwezigheid van de Moren, die christenen en joden vrijheid van religie hadden gegund en hun deel lieten hebben aan de economische opbloei. De reconquista had tot gevolg dat vooral de politieke en culturele elite werd verdreven uit welvarende steden in Algarve als Xelb (Silves) en Harúm (Faro). De luisterrijke paleizen en moskeeën vielen ten prooi aan plundering door de christelijke legers. Anders dan in het naburige Spaanse Andalusië hield men hier slechts heel weinig bouwwerken uit de Moorse periode in stand, zoals het kasteel van Salir dat pas later tot een ruïne verviel als gevolg van een brand.

Maar iets veel duurzamers dan volksleiders en bouwwerken leeft tot op de dag van vandaag voort. Dat is de rijke schat van een gemeenschappelijke cultuur van alledag, die niet in de laatste plaats met zo'n negenhonderd Moorse leenwoorden in de Portugese taal haar sporen heeft nagelaten. Zelfs de naam Algarve komt uit het Arabisch: *al-gharb* betekent 'het westen' en verwijst naar de ligging van de regio in het kalifaat Córdoba. Misschien is ook de Zuid-Portugese uitspraak, die klinkers inslikt en van sis-klanken houdt, terug te voeren op de oude Arabische manier van spreken. En de sprookjes van Algarve doen de kinderen niet huiveren van boze heksen, maar vertellen enthousiast over Moorse prinsen.

Zo valt het misschien ook beter te begrijpen dat het stadswapen van Silves getooid gaat met twee hoofden van een christelijke koning en twee van een Moorse sjeik. Ook boven het portaal van de Igreja da Misericórdia in Tavira vinden katholieke en islamitische heersers eendrachtig bescherming onder de wijde mantel van Maria. Iets minder vriendelijk is de traditionele naam van een wijngoed in de buurt van Silves: Mata-Mouros, ofwel dood aan de Moren.

In de bouwwijze van de huizen wordt ook de culturele identiteit zichtbaar. Om de lemen muren tegen de vochtige winters te beschermen maakte men ze weerbestendig met een beschermende witte kalklaag. Ook al wordt er tegenwoordig met steen gebouwd, toch kalkt men in de dorpen de huizen nog steeds wit. Overigens wordt dat nog steeds gezien als iets van de huishouding en dus een taak van de vrouw. Een symbool van Algarve zijn inmiddels de schoorstenen met een puntdak en een traliepatroon, die wel een kleine minaret lijken. Nadat de moslims door het christelijk fanatisme van de reconquista waren gedwongen tot de doop, bouwden ze kleine moskeetorentjes op hun daken en bogen ze heimelijk vijfmaal per dag in de richting van Mekka.

De uit Noord-Afrika hierheen getrokken boeren vonden in het waterrijke achterland van Algarve uitstekende omstandigheden voor de teelt van planten die tot dan toe beperkt was gebleven tot de gebieden in Noord-Afrika en Arabië: vijgen, amandelen, johannesbrood en citrusvruchten. Deze bomen maken tegenwoordig net zozeer deel uit van het Zuid-Portugese landschap als de zon aan de hemel. Verder brachten de Moren ook rijst, suiker en katoen naar het land en voerden ze verbeteringen door in de olijventeelt.

De met puntdaken getooide schoorstenen zijn een overblijfsel uit de Arabische tijd

Dat heeft ook weer zijn neerslag gevonden in de taal. Het Portugese woord voor olijfboom, die oorspronkelijk werd geïmporteerd door de Romeinen, volgt de aanduiding in het Latijn en luidt *oliveira*. De veredelde olijfolie draagt echter de Arabische benaming *azeite*. De Moren cultiveerden hun gewassen met terrasbouw en brachten het land tot bloei. Hun *nora*, een door ossen of muildieren aan een disselboom aangedreven waterrad, bracht in de 12e eeuw een doorbraak in de irrigatiemethoden. Op de velden in het achterland zijn ze nu nog veel te zien, zelfs al zijn ze inmiddels verroest. In emmertjes *(alcatruzes)* aan een lange rondgaande ketting wordt het water uit de diepte naar boven gehaald, waarna het in een reservoir wordt opgeslagen.

Naar Arabisch voorbeeld worden nu ook nog steeds waterstromen tegengehouden met kleine stuwdammen *(açudes)* en wordt het water in irrigatiekanalen *(levadas)* langs de velden met gewassen geleid. De verdeling van het water wordt door de boeren onderling afgesproken. In de Vale de Mercês tussen Loulé en Querença werden gevallen waarover onenigheid bestond tot enkele jaren geleden nog beslist door een eigen waterscheidsgerecht naar Arabisch voorbeeld.

Sinds de jaren 90 besteedt de Portugese geschiedschrijving voor het eerst eerlijk aandacht aan de Moren en zet hen niet meer als vanzelfsprekend in het verdomhoekje als heidense veroveraars. Onder historici is nu een discussie gaande over de stelling dat de Moorse hegemonie niet zozeer berustte op militaire overwinningen en gewelddadige veroveringen, maar vooral op hun culturele en wetenschappelijke superioriteit en hun goede handelsbetrekkingen met de landen rond de Middellandse Zee. Op basis hiervan konden de Moren in de 8e eeuw een vrijwillige islamisering van het Iberisch Schiereiland tot stand brengen. De Moorse heersers komen in deze theorie naar voren als legitieme machthebbers en niet meer als vreemde en kwaadaardige onderdrukkers, zoals de historici hen voorheen beschreven.

Het achterland van Algarve

MET DE FIETS DOOR HET STILLE BERGLAND

Informatie
Begin en eind: Loulé
Lengte: kleine ronde ca. 47 km, grote ronde ca. 120 km.
Moeilijkheidsgraad: goed onderhouden wegen, maar door de vele klimmetjes is een goede conditie vereist.
Uitrusting: Bicicletas Masil in de Rua do Portugal in Loulé biedt technische hulp. Racefietsen zijn te huur bij Megasport (EN 125, Quatro Estradas, www.megasport.pt).
Overnachten: het hotel Loulé Jardim (zie blz. 413) is ingesteld op fietsers.

Natuurlijk vinden fietsers in Algarve niet de infrastructuur van bijvoorbeeld Mallorca, maar er liggen wel rustige wegen door een prachtig landschap. Een bijzonder mooie tocht voert u door de heuvels boven de zee.
Van de rotonde voor de markthal van **Loulé** (zie blz. 412) gaat u over de N 396 in noordelijke richting naar **Querença** (zie blz. 417). Aan de rand van Loulé begint de klim meteen al, met algauw een stabiel stijgingspercentage van zo'n 5 %. Zo nu en dan brengt een stukje afdaling een welverdiende adempauze. Zelfs midden in de zomer is de dichte bebossing met kurkeiken, eucalyptussen, steeneiken en aardbeibomen hier nog donkergroen. Er is weinig autoverkeer.
Na 17 km komt de weg uit op de N 124. Het uitzicht in westelijke richting reikt hier over de Serra do Caldeirão tot aan de toppen van de Serra de Monchique, maar de route gaat in tegenovergestelde richting naar het oosten verder. Er volgt een stuk van bijna 2 km dat zeer steil is, daarna mag u aan de rand van **Barranco do Velho** (zie blz. 411) een keuze maken. Voor de kleine ronde gaat u naar rechts. Het bochtige traject, met tussendoor nog wel een vrij lange klim, gaat 14 km omlaag naar **São Brás de Alportel** (zie blz. 412). Vandaar is het 13 km lang een tamelijk vlak parcours over de N 270, met wat meer auto's, om terug te keren naar Loulé.
Wie denkt dat hij/zij de grote ronde aankan, gaat door Barranco do Velho en buigt dan aan de noordrand van het dorp naar rechts naar Cachopo af. Nu volgt een traject van 22 km met veel korte klimmetjes en afdalingen. Na het verlaten van **Cachopo** (zie blz. 411) volgt een zoevende afdaling over de N 397, met daarop de klim met een stijging van wel 10 % op de **Alcaria do Cume**. Boven hebt u een fantastisch uitzicht over het vrijwel ongerepte bergland tot aan de zee.
In het dorp **Águas dos Fusos** (met snackbar) hebt u het ergste gehad. Met tussendoor twee korte klimmetjes daalt u zo'n 41 km lang af in de richting van **Tavira** (zie blz. 404).

Door het landschap van Barrocal

> Met dit mooie stadje met zijn burchtheuvel al in zicht, gaat u naar rechts. Eerst rijdt u even over de drukke N 125, maar daarna gaat u al snel via een met een groot opvallend kunstwerk opgetuigde rotonde verder over de N 270. Dit laatste traject van 27 km, dat in het begin nog omhooggaat, voert u door **São Brás de Alportel** terug naar Loulé. Voor een deel kunt u hier ook over een parallelweg rijden als u dat plezieriger vindt.

Door het landschap van Barrocal

De door cipressen omzoomde nationale weg N 396 leidt van Loulé in noordelijke richting naar Querença. Links en rechts groeien knoestige olijfbomen, johannesbroodbomen en vijgenbomen. Op de landerijen aan het riviertje oogst men driemaal per jaar in de kleine moestuinen. De vele amandelbomen tonen hun prachtige witte en roze bloesems al vroeg in het jaar, van januari tot in maart.

Querença ▶ D 15

Het mooiste dorpsplein in het achterland van Algarve, met enkele tafeltjes van een café en een restaurant, een fraaie dorpskerk en witgekalkte huizen: wat zou men zich nog meer wensen om even bij te komen in het 9 km ten noorden van Loulé gelegen Querença? Het godshuis in de stijl van gotiek en barok is getooid met een portaal in manuelstijl. Uitgebeeld zijn onder meer een negroïde gezicht en een aapje. Deze elders nauwelijks voorkomende beelden getuigden in de 16e eeuw in steen van de nieuwe wereld die de zeevaarders hadden ontdekt. Een klein, bij het toeristenbureau behorend **Museu d'Água** is gewijd aan de traditionele bewateringstechnieken. Duidelijk wordt hoe belangrijk de waterputten in de omgeving tot op de dag van vandaag zijn voor landbouw (ma.-vr. 9-17 uur, gratis). Juist in het weekend wordt de dorpse rust onderbroken, want dan lijkt een groot deel van Algarve een uitstapje naar deze streek te maken.

Van het kerkplein loopt de straat steil omlaag het dal in en dan naar links naar de **Fonte de Benémola**. Onderweg ziet u hier en daar een Moors schoepenrad dat een moestuin bewatert. Een gemarkeerde wandelroute leidt door het brongebied dat onder natuurbescherming staat.

Informatie
Turismo: kerkplein, tel. 289 42 24 95, ma.-vr. 9-17 uur.

Eten en drinken
Idyllisch – **Querença:** kerkplein, mob. 926 84 97 00, ma. gesl. In de eenvoudige taverna en op het terras aan het plein serveert men lokale gerechten. Ca. € 8,50.

Salir ▶ D 15

De parochiekerk en een watertoren hoog op de heuvel van de stad wijzen de weg in noordoostelijke richting naar het rustige dorp Salir (3000 inwoners). De Moren bouwden hier ooit een imposant kasteel, maar daarvan zijn slechts enkele muurresten over. Bij deze resten toont men in een klein **museum** de vondsten van opgravingen, waaronder gebruiksvoorwerpen van aardewerk (ma.-vr. 9-17.30 uur, meestal met middagpauze, gratis).

De hellingen van de burchtheuvel zijn overdekt met witgekalkte huizen, met daartussen smalle straatjes. Een weids uitzicht hebt u vanaf de 479 m hoge heuvel **Rocha da Pena**, die met tal van legenden verbonden is. Zo gaat het verhaal dat de Moren voor de oprukkende christenen wegvluchtten naar de grotten in de heuvel en daarbij elkaar toeriepen: salir, salir, ofwel 'weg, vlucht!' Zo werd de plaatsnaam geboren. De zuidwand van de rots is geweldig voor sportklimmers. Een goed gemarkeerde wandelroute van bijna 3 uur begint bij het café Rocha. U komt hier via het weggetje dat in het dorp Pena afbuigt van de N 124.

Het achterland van Algarve

Informatie
Turismo: Largo Pedro Dias (bij de kasteelruïne), tel. 289 48 91 37, ma.-vr. 9-17.30 uur, meestal met middagpauze.

Accommodatie
Landelijke stijl – **Casa da Mãe:** 2 km noordelijk in Almeijoafra, tel. 289 48 91 79, www.casadamae.com. Traditioneel ingerichte appartementen van verschillende grootte rond een bloementuin met zwembad. 2 pk vanaf € 65.

Eten en drinken
Heel goedkoop – **Papagaia Dourado:** Rua José V Gregório 25B, tel. 289 48 96 09, wo. gesl. Eenvoudig restaurant met vlees- en visgerechten van de houtskoolgrill (vanaf € 5), op bestelling vooraf ook wild zwijn.

Alte ▶ D 15

In het karakteristieke dorp Alte staan knusse traditionele huizen met minaretachtige schoorstenen langs de met bloemen getooide straatjes die de verbinding vormen tussen de **parochiekerk** en de Fonte Pequena. Meteen na de christelijke herovering van dit plaatsje begon men met de bouw van deze kerk, die werd voltooid in de 15e eeuw en door de aardbeving van 1755 voor een deel werd verwoest. In het kleurrijke interieur zijn tal van heiligenbeelden te zien. De zijkapel rechts van de ingang is bekleed met kostbare 16e-eeuwse tegels uit Sevilla. Het altaar staat onder een gewelf in manuelstijl (onregelmatige openingstijden, € 1).

Rond Fonte Pequena en Fonte Grande
De pittoreske picknickplaats bij de **Fonte Pequena** (kleine bron) aan de oostrand van het stadje krijgt verkoelende schaduw van platanen. Op enkele azulejo's zijn gedichten van de uit Alte afkomstige dichter Cândido Guerreiro (1871-1953) aangebracht. Een modern **museum** in het centrum van het dorp is aan hem gewijd (ma.-vr. 9.30-12.30, 14-17.30 uur). Sinds de vroege middeleeuwen werd hier het harde espartogras gewassen, met zware houten hamers platgeslagen en tot snoeren verstrengeld. Dat werd allemaal gedaan door vrouwen. Bijna 2 km noordelijker voedt de **Fonte Grande** (grote bron) een door bomen omzoomd natuurzwembad. Dit is in de zomermaanden een plek die koelte biedt en waar veel Portugezen komen barbecuen.

Informatie
Turismo: Polo Museológico Cândido Guerreiro e Condes de Alte, Rua Condes de Alte, tel. 289 47 80 60, ma.-vr. 9.30-12.30, 14-17.30 uur.

Accommodatie
In de hoogte – **Alte Hotel:** Estrada de Santa Margarida, ca. 2 km ten noordwesten van Alte, tel. 289 47 85 23, www.altehotel.com. Modern landelijk hotel met 28 kamers en uitzicht helemaal tot aan de kust. 2 pk € 44-95.

De witte en roze amandelbloesems sieren Algarve al in januari

Eten en drinken

Goed gerund – **Rosmaninho:** 5 km ten noordoosten van Alte in Sarnadas, tel. 289 47 84 82, liefst vooraf aanmelden. Liefdevol door Dona Fernanda bereide landelijke specialiteiten. Bijzonder aan te bevelen is het rijstgerecht met eend *(arroz do pato)*. Hoofdgerecht ongeveer € 8; ook particuliere kamers voor ca. € 40.

Zoetig en hartig – **Agua Mel:** Largo Jasé Cavaco Vieira, tel. 289 47 83 38. Lekker gebak en kleine gerechtjes.

Actief

Zwemmen – **Fonte Grande:** romantisch natuurzwembad, zie blz. 418.

Evenementen

Semana Cultural: 25 apr.-1 mei. Folklore, theater, optochten, sportevenementen en een traditionele 1 mei-picknick.

Silves ▶ C 15

Het Moorse kasteel van rood zandsteen troont van verre zichtbaar boven de historische stad, die een bloeitijd beleefde tijdens de Moorse heerschappij. In de 11e eeuw werd Silves, dat toen Xelb heette en bijna 40.000 inwoners telde, de hoofdstad van Algarve. Dankzij vele dichters, filosofen en musici groeide de stad uit tot een cultureel bolwerk met veelbezongen luxueuze paleizen.

Het leek een sprookje uit *Duizend-en-éénnacht*, maar er kwam een einde aan door de christelijke reconquista. Silves bleef eerst nog wel provinciehoofdstad en werd bisschopszetel, maar in de 16e eeuw woonden hier nog maar honderdveertig huishoudens. In 1577 verplaatste de bisschop zijn zetel naar Faro en ging het provinciebestuur naar Lagos. Nu telt de gemeente nog 11.000 inwoners.

Castelo

dag. 9-17.30, hartje zomer tot 19 uur, € 2,80, combikaartje met het archeologisch museum (zie hierna) € 3,90

De route naar de vroegere *medina* (oudste stadsdeel) loopt door een imposante Moorse stadspoort. Het kasteel zelf werd in de jaren 40 van de 20e eeuw grondig verbouwd met een toevoeging van torens en kantelen. Ook het heldhaftige beeld van de christelijke veroveraar Sancho I bij de kasteelpoort is een latere toevoeging. Van nog nieuwere datum zijn een modern theehuis en de met kanaaltjes doortrokken Moorse tuinen, die naast de archeologische reconstructies en opgravingen zijn aangelegd. Vanaf de zware kasteelmuren kunt u genieten van een fantastisch uitzicht over de omgeving.

Aan de voet van het kasteel

De bouw van de imposante **kathedraal** aan de voet van het kasteel begon in de 13e eeuw op de fundamenten van een Moorse moskee. Alleen het gotische hoofdportaal en de oostelijke delen van het gebouw hebben daarna de verwoesting door de aardbeving van 1755 overleefd (ma.-vr. 9-12.30, 14-17 uur, € 1, de ingang bevindt zich aan de rechter zijkant). De naburige **Igreja da Misericórdia** heeft een interessant zijportaal in manuelstijl met veel beeldhouwwerk. De moderne architectuur van het **Museu Municipal de Arqueologia** in de Rua das Portas de Loulé (nr. 14) staat in contrast met een Moorse waterkelder van 18 m diep. De bron vormt het hart van het museum. Interessant zijn ook de neolithische dolmens en de Romeinse en Moorse vondsten (dag. 10-18 uur, € 2,10, combikaartje met kasteel € 3,90).

Van de heuvel voeren de straatjes omlaag naar de geleidelijk verzandende **Rio Arade**, vroeger een belangrijke handelsverbinding met de zee. Over deze rivier ondernamen de Vikingen ooit een overigens vergeefse aanval op Silves. Een voetgangersbrug leidt naar Romeinse fundamenten aan de overkant. Bij de oostelijke uitvalsweg van de stad herinnert een beeldengroep op de Praça Al-Muthamid aan de tijd dat volken en religies vreedzaam naast elkaar leefden in het Moorse Xelb.

Informatie

Turismo: EN 124, Parque das Merendas (aan de rivier), tel. 282 09 89 27, dag. 9.30-13, 14-17 uur.

Accommodatie

Biologisch – **Quinta da Figueirinha:** Figueirinha (6 km oostelijk), tel. 282 44 07 00, www.qdf.pt. Milieuvriendelijk landgoed onder Duitse leiding. Appartementen vanaf € 30.

Eten en drinken

Zeevruchten – **Marisqueira Rui:** Rua Comendador Vilarinho 23, tel. 282 44 26 82, di. gesl. Zeevruchtenrestaurant met goedkope dagschotels. Meestal komt er ongevraagd een bord garnalen als voorgerecht op tafel, waarvoor u overigens wel moet betalen. Hoofdgerecht vanaf € 10, vis vanaf € 40 per kilo.

Ontspannen – **Café Inglês:** aan de voet van het kasteel, tel. 282 44 25 85, ma. gesl. Hier kunt u keurig binnen of in de schaduw van bomen buiten genieten van lekkere salades en kleine gerechten.

Winkelen

Alles van kurk – **Loja Regional Silva:** Rua 25 de Abril 10. Verrassend wat er allemaal van kurk kan worden gemaakt.

Evenementen

Feira Medieval: aug. Middeleeuwse markt, optochten en kostuums in de oude stad.

Vervoer

Trein: station 3 km zuidelijker. Regelmatig naar Faro en Lagos.
Bus: bij het toeristenbureau, tel. 282 44 23 38. Geregeld naar Portimão en Albufeira.

Serra de Monchique

Deze dichtbeboste bergketen in het westen is dankzij de vruchtbare zwarte aarde en de hoogste hoeveelheid neerslag per jaar in Algarve een soort Tuin van Eden. Groenteveldjes, acacia's, mimosa's en aardbeibomen, maar ook elders in Europa voorkomende zwarte

Serra de Monchique

elzen, kastanjebomen en essen maken deze bergketen met een vulkanische oorsprong tot een echt groengebied. In deze unieke leefomgeving komen veel diersoorten voor, zoals de bijna uitgestorven pardellynx ofwel Iberische lynx, en verder grote watersalamanders, genetkatten en wilde zwijnen. Een probleem is dat vooral de westflank overwegend is bedekt met eucalyptusplantages, waardoor het gevaar van bosbrand toeneemt. De 902 m hoge **Fóia** is de hoogste berg van Zuid-Portugal; vanaf de top kijkt u uit over de kust van Algarve en bij helder weer kunt u Afrika zien liggen.

Caldas de Monchique
▶ C 15

Het warme bronwater van 32 ºC in het kuuroord Caldas de Monchique aan de voet van het gebergte wordt aangewend voor de verzachting van reumatische pijn en aandoeningen van de ademwegen. De Romeinen bouwden al de eerste badhuizen in dit gebergte, dat ze Mons Cicus noemden. Vanaf de 15e eeuw waren de bronnen ook geliefd bij het Portugese koningshuis, in de 19e eeuw trokken de thermen veel gegoede Spaanse gasten. Uit deze tijd stammen de romantische villa's en hotels, die een grote investeerder enkele jaren geleden verbouwde tot een idyllisch wellnesscentrum.

Accommodatie
Kuurhotel – **Villa Termal:** tel. 282 91 09 10, www.monchiquetermas.com. Gemoderniseerd hotel uit de 19e eeuw met 13 ruime kamers en een wellnessafdeling. 2 pk € 52-105.

Eten en drinken
Italiaanse inspiratie – **Restaurante 1692:** aan het plein, tel. 282 91 09 10. De specialiteit is zeetong met amandelsaus; verder serveert men salades en pastagerechten. Hoofdgerecht vanaf € 14, goedkopere lunch.

Actief
Wellness – Diverse arrangementen kunt u eventueel ook per uur boeken via www.monchiquetermas.com.

Monchique
▶ C 14

Vanaf Caldas de Monchique is het over de bergweg 6 km naar Monchique (8000 inwoners), dat bekendstaat om de heerlijke berghammen, worsten en pittige medronho (brandewijn). Smalle steile straatjes nodigen uit tot een rustige wandeling in de deels autovrije oude stad. Bij de invalswegen verkoopt men klapstoeltjes die nog naar Romeins voorbeeld uit het hout van de zwarte els worden vervaardigd. Deze plek werd al in de prehistorie bewoond, maar werd zwaar beschadigd door de aardbeving in 1755. Van de 16e-eeuwse parochiekerk is het portaal met gebeeldhouwde scheepstouwen in manuelstijl intact gebleven.

Informatie
Turismo: Largo de São Sebastião, tel. 282 91 11 89, ma.-vr. 9.30-13, 14-17.30 uur.

Accommodatie
Berghotel – **Vilafoia:** Corte Pereiro (2,5 km buiten het dorp), 282 91 01 10, www.vilafoia.com. Modern hotel, kamers met balkon en uitzicht vanaf € 70.

Eten en drinken
Geliefd in de regio – **Charette:** Rua Dr. Samora Gil 30, tel. 282 91 21 42, wo. gesl. Stevige eenpansgerechten, landelijke gerechten € 10-14.

Actief
Wandelen – Voor mooie wandeltochten zie bijvoorbeeld www.portugalportal.nl/parels-van-wandelingen-in-west-algarve.
Fietsen – **Alternativtour:** tel. 282 91 32 04, www.alternativtour.com. Fietsverhuur; mountainbiketochten voor het gezin, en downhill biking voor sportievelingen.

Evenementen
Feira dos Enchidos: mrt. Ideale gelegenheid om de kruidige worsten te proeven.
Feira dos Presuntos: eind juli. Feest in het teken van de bergham.

Vervoer
Bus: regelmatig naar Portimão.

Culinair lexicon

In het restaurant

Kan ik een tafel reserveren?	*Posso reservar uma mesa?*
De menukaart, alstublieft.	*A ementa, faz favor.*
wijnkaart	*lista dos vinhos*
ontbijt	*pequeno-almoço*
middageten, lunch	*almoço*
avondeten, diner	*jantar*
voorgerecht	*entradas*
soep	*sopa*
dagschotel	*prato do dia*
vegetarische gerechten	*pratos vegetarianos*
nagerecht, dessert	*sobremesa*
een halve portie	*uma meia dose*
mes	*faca*
vork	*garfo*
lepel	*colher*
fles	*garrafa*
glas	*copo*
zout/peper	*sal/pimenta*
olie/azijn	*azeite/vinagre*
Eet smakelijk!	*Bom apetite!*
Het was erg lekker.	*Estava ótimo.*
De rekening, alstublieft.	*A conta, faz favor.*

Bereiding

assado	gebraden, ook: gebraad
cozido	gekookt
em escabeche	in saus van olijfolie en azijn (koud)
estufado	gestoofd
frito	gebakken
grelhado/na brasa	gegrild

Voorgerechten

azeitonas	olijven
chouriço	gerookte worst
manteiga	boter
pão	brood
patê de atum/sardinha	tonijn-/sardinepaté
presunto	(rauwe) ham
queijo	kaas

Soepen

caldo verde	groenekoolsoep met plakjes worst
canja da galinha	heldere kippensoep met rijst
creme de marisco	(romige) soep met zeevruchten
sopa de legumes/peixe	groente-/vissoep

Vis en zeevruchten

amêijoa	tapijtschelp
atum	tonijn
bacalhau	stokvis
besugo	zeebrasem
camarão	kleine garnaal
carapau	horsmakreel
cherne	wrakbaars
choco	zeekat, sepia
dourada	dorade (goudbrasem)
espardarte	zwaardvis
gamba	grote garnaal
lagosta	langoest
lampreia	lamprei, negenoog, prik
lavagante	kreeft
linguado	zeetong
lula	pijlinktvis
mexilhão	mossel
ostra	oester
pargo	zeebrasem
peixe espada	zwaardvis
perceves	eendenmossel
polvo	octopus
robalo	zeebaars
salmão	zalm
salmonete	mul, zeebarbeel
sapateiro	krab
sardinha	sardine
sargo	witte zeebrasem
sável	meivis, elft, fint
tamboril	zeeduivel

Vlees

bife	biefstuk steak
borrego	lam
cabrito	jonge geit
carneiro	schaap, ram
coelho	konijn
fígado, iscas	lever
frango	haantje
galinha	kip
javali	wild zwijn
lebre	haas
leitão	speenvarken
lombo	lende-, rugstuk
pato	eend
perdiz	patrijs
peru	kalkoen
porco (preto)	(Iberisch) varken
tripas	pens
vaca	rund
vitela	kalf

Groente en bijgerechten

abóbora	pompoen
alho	knoflook
arroz	rijst
batatas	aardappelen
cozidas/	gezouten/
a murro/	in de schil/
fritas	gebakken
beringela	aubergine
brócolos	broccoli
cebola	ui
cenoura	wortel
cogumelos	champignons
couve-flor	bloemkool
espinafre	spinazie
ervilhas	erwten
favas	tuinbonen
feijão (verde)	(sperzie) bonen
grelos	koolbladeren
massa	pasta, deegwaren
ovos	eieren
pepino	komkommer
pimento	paprika (poeder)
salada (mista)	(gemengde) salade

Nagerechten en fruit

ameixa	kwets, vrij harde blauwe pruim
ananás/abacaxi	ananas
arroz doce	rijstebrij
bolo/torta (de amêndoa)	(amandel-)gebak
cereja	kers
figo	vijg
gelado	ijs
laranja	sinaasappel
leite creme	crème brûlée
limão	citroen
maça assada	gebakken appel (koud)
meloa/melão	meloen
morango	aardbei
pêra	peer
pêssego	perzik
pudim flan	karamelpudding
salada de fruta	fruitsalade

Dranken

água com/sem gás	mineraalwater met/zonder koolzuur
aguardente (velho)	(oude) brandewijn
bagaço	eau de vie
bica/café	koffie (espresso)
café com leite	koffie met (veel) melk
café abatanado	grote koffie met meer water ('gewone' koffie)
caneca	bier van de tap (groot)
cerveja	bier (fles)
chá (preto/verde)	thee (zwart/groen)
galão	caffè latte (groot glas)
garoto	minder sterke koffie met melk (klein glas)
imperial	bier van de tap (klein)
leite	melk
macieira	Portugese cognac
medronho	sterkedrank van de aardbeiboom
sumo de laranja	sinaasappelsap
vinho	wijn
(branco/tinto/verde)	(wit, rood, jong)
vinho do Porto	port

Verklarende woordenlijst

Uitspraakregels

De klemtoon ligt in het Portugees doorgaans op de voorlaatste lettergreep.

- **ão** als een nasale 'au'
- **c** voor a, o, u als 'k'; voor e en i als 's'
- **ç** als 's'
- **-em /-im /-om** aan het woordeinde nasaal
- **es** aan het begin van het woord als 'iesj'
- **g** voor a, o, u als Engelse 'g' in *go*; voor e en i als 'zj'
- **h** wordt niet uitgesproken
- **j** als 'sj'
- **lh** als 'lj'
- **nh** als 'nj'
- **o** aan woordeind zonder klemtoon als 'oe'
- **s** voor medeklinker als 'sj'; voor klinker als 's'

Algemeen

goedemorgen	bom dia
goededag (na het middaguur)	boa tarde
goedenacht	boa noite
hallo!	olá!
tot ziens	adeus, até logo
ja/nee	sim/não
alstublieft	faz favor
dank u wel	obrigado (als man)
	obrigada (als vrouw)
sorry!	desculpe!

Onderweg

halte	paragem
bus	autocarro
tram	elétrico
trein	comboio
kaartje, ticket	bilhete
station	estação
luchthaven	aeroporto
taxi	táxi
auto	carro
benzine/gasolie	gasolina/gasóleo
tankstation	posto de gasolina
ingang	entrada
uitgang, afrit	saída
links	à esquerda
rechts	à direita
rechtdoor	em frente
hier/daar	aqui/ali, lá
stadscentrum	centro da cidade
stadsplattegrond	mapa da cidade
informatie	informação

Tijd

uur	hora
dag	dia
week	semana
maand	mês
jaar	ano
vandaag	hoje
morgen	amanhã
gisteren	ontem
maandag	segunda-feira
dinsdag	terça-feira
woensdag	quarta-feira
donderdag	quinta-feira
vrijdag	sexta-feira
zaterdag	sábado
zondag	domingo
feestdag	feriado

Noodgevallen

help!	socorro!
politie	polícia
arts	médico
tandarts	dentista
apotheek	pharmácia
ziekenhuis	hospital
ongeval	acidente
pijn	dor
pech	avaria

Accommodatie

hotel/pension	hotel/pensão
eenpersoonskamer	quarto individual
tweepersoonskamer	quarto com duas camas
kamer met/zonder badkamer	quarto com/sem casa de banho
wc, toilet	casa de banho

douche	duche
met ontbijt	com pequeno-almoço
halfpension	meia-pensão
zeezicht	vista mar
receptie	receção
paspoort	passaporte
sleutel	chave
bagage	bagagem
handtoek	toalha
rekening	factura

Winkelen

winkel	loja
markt	mercado
bakkerij	padaria
levensmiddelen	alimentos
geld	dinheiro
creditcard	cartão de credito
geldautomaat	caixa automático
bank	banco
telefoon	telefone
telefoonkaart	cartão telefónico
postkantoor	correios
postzegel	selo
geopend	aberto
gesloten	fechado
duur/goedkoop	caro/barato
hoeveel?	quanto?
openingstijden	horário (da abertura)

Getallen

1	um/uma	19	dezanove
2	dois /duas	20	vinte
3	três	21	vinte e um
4	quatro	30	trinta
5	cinco	40	quarenta
6	seis	50	cinquenta
7	sete	60	sessenta
8	oito	70	setenta
9	nove	80	oitenta
10	dez	90	noventa
11	onze	100	cem
12	doze	101	cento e um
13	treze		
14	catorze	150	cento e cinquenta
15	quinze		
16	dezasseis	200	duzentos/duzentas
17	dezassete		
18	dezoito	1000	mil

Belangrijke zinnen

Algemeen

Ik heet…	Chamo-me…
Hoe heet u?	Como se chama?
Fijn kennis te maken.	Encantado/-a.
Spreekt u Engels?	Fala inglês?
Ik begrijp het niet.	Não compreendo.
Hoe gaat het?	Como está?
Dank u, goed.	Bem, obrigado/-a.

Onderweg

Hoe kom ik bij…?	Como se vai para…?
Kunt u mij alstublieft … laten zien?	Pode-me mostrar…, faz favor?
Waar is…?	Onde está…?

Noodgevallen

Kunt u mij helpen?	Pode-me ajudar?
Ik heb een arts nodig.	Preciso de um médico.
Hier doet het pijn.	Dói-me aqui.

Accommodatie

Hebt u een kamer vrij?	Tem um quarto disponível?
Hoeveel kost de kamer per nacht?	Quanto custa o quarto por noite?
Kunt u mij een hotel aanraden?	Pode-me recomendar um hotel?

Winkelen

Hoeveel kost dat?	Quanto custa?
Ik wil graag…	Quero…
Wanneer gaat… open/dicht?	Quando abre/fecha…?

Register

Abrantes 191
accommodatie 78
activiteiten, sportieve 88
Afonso Henriques, koning 24, 25, 44, 52, 204, 278, 279, 323
Afonso, Jorge 165
Afonso, José 360
Agarês 320
Águas dos Fusos 416
Aguçadouro 271
alarmnummers 94
Albufeira 392
Alcácer do Sal 357
Alcobaça 198
Alcoutim 409
Alentejo 19, **333**
Algarve 19, **377**
Aljezur 383
Almancil 395
– Igreja de São Lourenço 395
Almendres, steencirkel 337
Almograve 365
Almourol, kasteel 191
Alqueva (stuwmeer) 370, **372**
Alqueva-stuwdam 372
Alte 418
Alvados 197
Alvor 389
Amarante 280, **317**
ambassades 94
Amoreira 347
Anjerrevolutie 50, 53
Anta Grande do Zambujeiro, dolmen 337
Antunes, António Lobo 68, 99
apotheken 97
apps 100, 101
architectuur 60
Arcos de Valdevez 305
Armação de Pêra 392
Arouca 267
Arraiolos 337, 344
Arruda, Diogo de 62
Arruda, Francisco de 62
autopech 77
Aveiro 216
– Convento de Jesus 217
– Igreja da Misericórdia 217
– Museu de Aveiro 217
– Sé de Aveiro 217

Aver-o-Mar 271
Azeitão 164
Azenhas do Mar 179
Azinhaga 191
Azinhal **409**, 410
azulejo's 13, **64**, 129

bacalhau (stokvis) 83, **84**
Barcelos 288
Barra 221
Barragem da Caniçada 310
Barragem d'Alqueva 370, 372
Barragem da Póvoa 354
Barragem de Odeleite 409
Barranco do Velho 411
Barrocal 417
Batalha 197
Batoni, Pompeo 131
Beira Interior 222
Beira Litoral 203
Beja 366
Belmonte 233
Berardo, Joe (José) 140
Berlenga, eilandengroep 186
bevolking 25
Bica, Carlos 69
Bisalhães 320
blokkeren van bankpas of creditcard 98
Boa Morte 354
Bocage, Manuel de 166
Bom Jesus do Monte 283
Borba 344, 347
Bordalo Pinheiro, Columbano Bordalo 65
Bordalo Pinheiro, Rafael 65, 142, 188
bosbranden 31
Boytac, Diogo de 62, 165, 191
Braga 284
– kathedraal 285
Bragança 328
Branco, Cassiano 115
Branco, Cristina 69, 130
Bravães 305
Breteiro, Nicolau 116
Briteiros 283
Buarcos 214
Buraka Som Sistema 69

Cabeça do Velho 231
Cabo da Roca 173
Cabo de São Vicente 380
Cabo Espichel 162
Cabral, Pedro Álvares 47, 190, 233, 285
Cacela-a-Velha 407
Cachopo 411
Cacilhas 160
Caesar, Julius 357, 367
Caetano, Marcello 50, 53, 123
Calatrava, Santiago 142
Caldas da Rainha 188
Caldas das Taipas 283
Caldas de Gerês 314
Caldas de Monchique 421
Caldo (rivier) 310
Caminha 306
Camões, Luís Vaz de 68, 99, 139, 191, 226
campings 80
Campo de Gerês 315
Campo Maior 348
Cão, Diogo 318
Caparica 160
Caramulo 222
Cargaleiro, Manuel 236
Carrapateira 383
Carrapatelo 258
Carrasqueira 359
Carvoeiro 391
Casa de Mateus 319
Cascais 171
Castelo Branco 236
Castelo de Bode 193
Castelo de Paiva 258
Castelo de Vide 354, **355**
Castilho, João do 138, 194
castro-cultuur 13, 60
Castro Laboreiro 309, 315
Castro Marim 408
Cávado (rivier) 291
Cayatte, Henrique 67
Celorico da Beira 225, 226
Chamilly, Noël Bouton de 369
Chantarène, Nicolas de 62, 177, 351
Chaves 330
Citânia dos Briteiros 283
Coelho, Pedro Passos 53

Het hoofdartikel is met **vet** aangegeven.

Coimbra 204
– Botanische tuin 208
– Igreja de Santa Cruz 205
– Largo da Portagem 204
– Mosteiro de Santa Clara 209
– Museu da Guitarra e do Fado de Coimbra 205
– Museu Machado de Castro 206
– Sé Nova 207
– Sé Velha 206
– Universidade Velha 207
Colaço, Jorge 243
Colares 178
Comporta 359
Conimbriga 204
Constância 191
Contrareformatie 63
Correia, Martins 149
Costa, António 53
Costa Azul 358
Costa da Caparica 160
Costa da Prata 221
Costa Nova 221
Costa Vicentina 382
Covide 311
Covilhã 231
Crestuma 258
Cruz, Gualberto da 361
culinair lexicon 422
Cunhal, Álvaro 186
Curia 212
Currais, dolmen 354

David, Emile 253
Dias, Bartolomeus 47
dictatuur 25, 50
dierenwereld 30
Dinis I, koning 44, 46, 52, 128, 207, 225, 330, 350
diplomatieke vertegenwoordigingen 94
Döblin, Alfred 50, 59
dolmens 13, 19, 230, 305, 309, 326, 335, 337, 354, 389, 420
Do's and Don'ts 94
douanebepalingen 72
Dourodal 225, 258, 316, 322
Douro (rivier) 24, 27, 258, 316
duiken 88

Eanes, Gil 46, 385
economie 25, 36
Eiffel, Gustave 65, 249, 251, 307
elektriciteit 95
Eleonora, koningin 129, 165, 187, 367
Elvas 347
Ericeira 180
Erró 149
Espinho 264
Esposende 292
Estarreja 221
Estói 402
Estoril 170
Estrela, Serra da 228
Estremadura 186
Estremoz 344, **349**
eten en drinken 81, 422
Evóra 344
Évora 338
– Casa-Museu Eugénio de Almeida 339
– Igreja de São Francisco 340
– kathedraal 339
– Museu de Évora 339
– Praça do Giraldo 340
– Templo romano 339
Évoramonte 350

fado 54, **67**, 105, 125, 128, 130, 205
Faro 396
– centro histórico 400
– Igreja do Carmo 400
– kathedraal 400
Fátima 59, **196**
feestdagen 95
feesten 92, 296
Ferdinand van Sachsen-Coburg-Gotha, prins-gemaal 65, 174, 177
Ferragudo 391
Ferrel 35
festivals 92, 93
Feuchtwanger, Lion 50, 59
fietsen 88, 229, 410, 416
Figueira da Foz 214
Filips II, Spaanse koning 48, 52, 127
Fino, Guy 351

fooien 95
fotograferen 96
Foz Côa 12
Foz de Odeleite 409
Freixo de Espada à Cinta 327
Furtado, Nelly 69

Gama, Vasco da 45, 47, 52, 139, 362, 369
gay 122, 153, 260
gehandicapten 96
geld 96
geografie 24
geschiedenis 24, **42**
gezondheid 96
Golegã 191
golfen 89
Gonçalves, Nuno 62, 136, 279
Gouveia 229
Grândola 360
Grão Vasco (Vasco Fernandes) 62, 223
Gregotti, Vittorio 140
Gruta de Escoural 336
Guadiana (rivier) 24, 407, **409**, 410
Guarda 226
Guerreiro, Cândido 418
Guerreiros do Rio 409
Guimarães 277
– Castelo 278
– Igreja de São Miguel 278
– Igreja Nossa Senhora da Oliveira 281
– Igreja São Francisco 282
– Igreja São Gualtar 282
– Paço Ducal 279
– Plataforma das Artes e da Criatividade 281
– Praça São Tiago 279
Guimarães, José 195, 281
Guincho **173**, 174
Gulbenkian, Calouste 141
Gulbenkian-stichting 67, 142
Guterres, António 53

heenreis 72
Hendrik de Zeevaarder, prins **46**, 52, 140, 242, 380, 382

Register

historische dorpen 234
Hundertwasser, Friedensreich 142, 149
huurauto 76

Idanha-a-Velha 236
Ilha do Pesseguiro 365
Ílhavo 215
Inês de Castro 199, **205**, 209
informatie 94
informatiebureaus 97
internet 94, 98
Isabel, koningin 209, 226, 349

jeugdherbergen 80
João I, koning 45, 46, 197, 248, 281
João II, koning 389
João III, koning 45
João IV, koning 48
João V, koning 48, 52, 65, 179
João, Maria 69

kaarten 98
kastelen 12
kinderen 98
kleding 99
klimaat 99
Komrij, Gerrit 68
Koolhaas, Rem 254
kortingen 102
kranten 102
kunst 13, 60
Kyão, Rão 69

Lagoa de Albufeira 162
Lagoas de Bertiandos 301
Lagos 385, 388
Lamego 323
– Igreja Nossa Senhora dos Remédios 324
– kathedraal 323
leestips 99
Leiria 203
Lima (rivier) 301
Lindoso 15
Linhares da Beira 227
links 100
Lissabon 16, **111**
– Alcântara 136

– Alfama 128
– Amoreiras 132
– aquaduct 132
– Bairro Estrella d'Ouro 126
– Basílica da Estrela 131
– Belém 136
– Cais do Sodré 124
– Campo de Ourique 131
– Casa de Alentejo 115
– Casa dos Bicos 118
– Casa-Museu Amália Rodrigues 131
– Casa-Museu Fernando Pessoa 132
– Casa Severa 125
– Castelo São Jorge 128
– Cemitério dos Prazeres 132
– Centro Cultural de Belém 140
– Coleção Berardo 140
– Elevador da Bica 124
– Elevador da Glória 124
– Elevador Santa Justa 117
– Estrela 131
– Expoterrein 142
– Fundação Arpad Szenes-Vieira da Silva 133
– Fundação Calouste Gulbenkian 141
– Graça 126
– Igreja do Carmo 123
– Igreja São Roque 124
– kathedraal 129
– Lapa 133
– Largo das Portas do Sol 128
– Largo dos Trigueiros 125
– Largo Martim Moniz 125
– LX Factory 136
– Mãe d'Água 132
– MEO Arena 144
– metrostations 148
– Miradouro da Graça 127
– Miradouro de São Pedro de Alcântara 126
– Miradouro Nossa Senhora do Monte 127
– Mosteiro dos Jerónimos 138
– Mouraria 125
– Museu da Carris 136
– Museu da Farmácia 124
– Museu da Marinha 139

– Museu do Chiado 119
– Museu do Design e da Moda 117
– Museu do Dinheiro 118
– Museu do Fado 128
– Museu do Oriente 136
– Museu Nacional de Arte Antiga 136
– Museu Nacional do Azulejo 129
– Museu Nacional dos Coches 137
– Museu Rafael Bordalo Pinheiro 142
– Oceanário 144
– Oriente, station 142
– Padrão dos Descobrimentos 140
– Palácio de Belém 137
– Pantheon Santa Engrácia 127
– Parlamentsgebouw São Bento 131
– Pavilhão do Conhecimento 145
– Portugees paviljoen 146
– Praça do Comércio 117
– Praça dos Restauradores 114
– Praça Marquês de Pombal 141
– Rossio 114
– Santa Apolónia 129
– São Bento 131
– São Vicente de Fora 127
– Stierengevechtarena 142
– Teatro Nacional de São Carlos 118
– Torre de Belém 140
– Torre Vasco da Gama 144
– Vila Berta 126
literatuur 68, 100
Loo, Tessa de 68
Loulé 412, 416
Lousã 211
Ludwig, Johann Friedrich 65, 179, 340
Ludwig, Johann Peter 65
Luso 212
Luz de Tavira 404

Madredeus 69
Mafra 16, 179

Het hoofdartikel is met **vet** aangegeven.

Magalhães, Fernão de (Magellaan) 45, 47, 192, 303
Mahler-Werfel, Alma 50
Maia, Salgueiro 190
Mann, Heinrich 50, 59, 68
Mann, Thomas 68, 192
Manta Rota 407
Manteigas 231
Manuel I, koning 24, 45, 52, 62, 64, 128, 138, 139, 192, 252
manuelstijl 13, 61, 62, 192
Maria I, koningin 131
Maria II, koningin 174, 176, 177
Marinha Grande 203
Mariza 69, 130
Marvão 352
Mata Nacional de Buçaco 212
Matosinhos 268
Meadas, menhir 355
Meco 162
megalietcultuur 24, 42, 52, 60, 335, 336, 354
Melgaço 308
Melriça, dolmen 354
Mendes, Paulo 137
Menez (Maria da Fonseca) 148
menhirs 13, 19, 335, 337, 345, 354, 389
Mercier, Pascal 68
Mértola 371
– Alcáçova 373
– Igreja Nossa Senhora da Assunção 373
– kasteel 373
Milreu 402
Minho 276
Minho (rivier) 27, 291, 307
Miranda do Douro 327
Mirandela 320
Miróbriga 361
Mísia 130
Monção 308
Monchique 421
Monsanto 234
Monsaraz 345
Monte Gordo 407
Montemor-o-Novo **336**, 344
Montemor-o-Velho 212
Morais, Graça 329
Moren 43, 52, 60, 414

Mosteiro São João de Tarouca 324
Moura 370
Moura, Ana 69, 130
Moura, Eduardo Souto de 66, 208, 223, 268, 280, 286, 295
mudejarstijl 61, 64
munteenheid 96
Murça 320
Murtosa 221
muziek, Portugese 106

Nasoni, Nicolau 65, 242, 244, 245, 252, 258, 319
nationale vlag 24
natuur 26
natuurparken 32, 33, 163, 197, 228, 237, 309, 320, 330, 352, 365, 395, 403, 408
Nazaré 201
Negreiros, José Sobral de Almada 67
Nery, Eduardo 149, 195
Nespereira 230
Nunes, Pedro 357

Óbidos 187
Óbidos, Josefa de 187, 339
Odeceixe 365, **383**
Odeleite 409
Ofir 291
Olhão 402
Olhos d'Água 394
Oliveira Bernardes, Policarpo de 166, 395
ontdekkingsreizen, Portugese 45, 46, 149
openingstijden 102
Ourém 196
Outeiro Seco 331
Ovar 221

paardrijden 89
Palmela 169
Parque Nacional Peneda-Gerês 309, 314
Parque Natural da Arrábida 163, 164
Parque Natural da Serra de Aire 197

Parque Natural da Serra de São Mamede 352
Parque Natural de Montesinho 330
Parque Natural do Tejo Internacional 237
Pedras d'el Rei 404
Pedro I, koning 199, 205, 350
Pedro II, koning 175
Pedro IV, koning 242
Penedono 226
Penhas da Saúde 231
Peniche 186
Peso da Régua 259, **320**, 322
Pessoa, Fernando 68, 100, 118, 132, 139
Pinhão 259, 322, **324**
planning van uw reis 14, 15
plantenwereld 27
politiek 25, 36
Pomar, Júlio 67
Pombal, Marquês de 49, 52, 65, 115, 162, 407
Ponsard, Mesnier du 117, 201
Ponta da Piedade **387**, 388
Ponte da Barca 303
Ponte de Lima **301**, 304
Pontes, Dulce 69
port 262, 263, **265**
Portalegre 351
Portela do Homem 315
Portimão 389
Porto 17, **239**
– Avenida dos Aliados 242
– Capela das Almas 243
– Casa da Música 254
– Igreja de Santa Clara 248
– Igreja de São Francisco 249
– Igreja de São Lourenço 248
– kathedraal 244
– Praça da Batalha 243
– Ribeira 249
– Rua das Flores 252
– Rua de Santa Catarina 243
– São Bento, station 243
– Torre en Igreja dos Clérigos 252
– World of Discoveries 255
Porto Covo 365
Porto de Mós 197

Register

Portugal in het kort 24
post 102
pousada's 78, 280
Póvoa de Varzim 270
Póvoa e Meadas 354
Praia Adraga 178
Praia da Apúlia 291
Praia da Arrifana 383
Praia da Balaia 394
Praia da Carvalhal 360
Praia da Comporta 359
Praia da Falésia 394
Praia da Luz 387
Praia da Oura 394
Praia da Rocha 391
Praia da Vieira 203
Praia de Amado 383
Praia de Barril 404
Praia de Mira 215
Praia de Moledo 306
Praia do Guincho 173
Praia Grande 179
Praia Maças 179
prijsniveau 102

Qeiróz, José Maria Eça de 100, 158, 269, 271
Queluz, Palácio Nacional de 170
Querença 417
Quinta do Lago 395

Rates 271
Real, Gaspar Corte 47
Redondo 344
Régio, José 269, 351
Rego, Paula 67, 172
Reguengos 344, 345
reisdocumenten 72
reisseizoen 16, 17, 18, 19, 99
religie 25
Resende, Júlio 149, 249
Reserva Natural do Estuário do Sado 168, 358
Ria de Aveiro 216, 220
Ria Formosa 395, 403
Ribeiro, Bernardim 357
Rodrigues, Amália 54, 69, 128, 130, 131
roken 103
rondreizen 20

Rota do Azeite, olijfolie-route 320
Rota dos Vinhos do Alentejo, wijnroute 344
Rota Vicentina, wandelroute 91, 366
rotstekeningen 12, 24, 42, 60, 326, 327, 336
Rowling, J.K. 243

Sabroso 283
Sado, rivier 160, 165, 168, 357
Sagres 380
Salazar, António de Oliveira 10, 25, 50, 53, 381
Salgado, Manuel 140
Salir 417
Salreu 220
Sancho I, koning 163, 169, 267
Sanlúcar 411
Santa Luzia 301, 404
Santa Margarida da Serra 361
Santa Maria da Feira 266
Santarém 190
Santiago do Cacém 361
Santos Populares 92
São Bento 311
São Brás de Alportel 412
São Cucufate 370
São Mamede 301
São Pedro de Moel 203
São Pedro do Sul 225
Sapal de Castro Marim 33, 408
Saramago, José 68, 100, 130, 179, 191
saudade 54
Sebastião, koning 385
Segui, Antonio 149
Seia 230
Serpa 371
Serra da Arrábida 163
Serra da Estrela 27, 88, **228**
Serra da Peneda 315
Serra de Aire 99
Serra de Grândola 360
Serra de Lousã 211
Serra de Monchique 27, 32, 88, **420**
Serra do Caldeirão 27, 411
Sesimbra 163

Setúbal 165
– Convento e Igreja de Jesus 165
– Museu do Trabalho 166
Setúbal, schiereiland 160
Severa, Maria 125
Seyrig, Théophile 249
Silves 419
Sines 362
Sintra 16, 174
– Castelo dos Mouros 175
– Palácio da Pena 175
– Palácio Nacional de Sintra 175
– Parque da Pena 176
Siza Vieira, Álvaro 66, 146, 208, 256, 268, 269, 295
skiën 89, 229, 232
Soares, Mário 51
Sobral, dolmen 354
Sócrates, José 53
Sousa, Marcelo Rebelo de 53
Soutinho, Alcino 280
souvenirs 106
Souza-Cardoso, Amadeo de 66
steencirkels 19, 335, 336, 345, 354
stokvis (bacalhau) 83, 84
surfen **89**, 181, 201
Szenes, Arpad 133

Taag (Tejo) 24, 27, 136, 142, 160
taal 25, 43
Tavares, Miguel Sousa 100
Tavares Proença, Francisco 237
Tavares, Sara 69
Taveira, Tomás 66, 132
Tavira 404
Távora, Fernando 66, 280, 295
telefoneren 103
Termas de Montesinhos 237
Terras do Bouro 280
Terzi, Filippo 63, 166, 217
tijd 104, 107
toerisme 25
toeristenbureaus 97
toiletten 104
tolwegen 77
Tomar 193
– Castelo Templário e Convento de Cristo 193

Colofon

Hulp gevraagd!
De informatie in deze reisgids is aan verandering onderhevig. Het kan dus wel eens gebeuren dat u ter plaatse een andere situatie aantreft dan de auteur. Is de tekst niet meer helemaal correct, laat ons dat dan even weten: anwbmedia@anwb.nl of Uitgeverij ANWB, Postbus 93200, 2509 BA Den Haag

Omslagfoto's: voorzijde omslag: Ponta da Piedade in Algarve (Lydia Hohenberger/Jürgen Strohmaier, Lissabon); achterzijde omslag en rug: Portugese tegelkunst aan de buitenzijde van de Igreja do Carmo in Porto (Look, München/age fotostock).

Fotoverantwoording:
DuMont Bildarchiv, Ostfildern: blz. 390, 395, 403 (Lubenow); 155, 166/167, 192, 335, 336/337, 359, 374/375 (Widmann); Fotolia, New York: blz. 64 (anecaroline); 159, 173 (Creating Images); 130 (Fulcanelli); 74 b. (mango2friendly); 86 (Mylova); 415 (Peter); 101 (policas); 168/169 (StockPhotosArt); Getty Images, München: blz. 352/353 (Carmichael); 189 (Merrill); Lydia Hohenberger/Jürgen Strohmaier, Lissabon: blz. 11, 216/217, 228/229, 284, 364, 376, 418/419; Huber-Images, Garmisch-Partenkirchen: blz. 381 (Da Ros); 55 (Gallagher); 387 (Gräfenhain); 213, 272, 294/295 (Howard); 126/127 (Raccanello); IFA-Bilderteam, Ottobrunn/München: blz. 241, 244/245 (Jon Arnold Images); 43 (Welsh); iStockphoto, Calgary: blz. 116 (Manakin); 194 (Mirski); 265 (wavipicture); Markus Kirchgessner, Frankfurt a. M.: blz. 47, 162, 185, 200/201, 250, 302/303, 316/317; laif, Köln: blz. 68 (4SEE/Cunha); 254 (Akhtar); 326 (Le Figaro Magazine); 23 (Gerber); 71 m., 83 o. (Gonzalez); 144/145 (Guiziou); 257 (hemis.fr/Dozier); 109 (hemis.fr/Guiziou); 74 lm. (hemis.fr/Sierpinski); 35 (hemis.fr/Soberka); 79, 280 (hemis.fr); 90 (Jaeger); 113, 122 (Hub); 156 (Jonkmanns); 181 (Jonkmanns/Stern); 341 (Knechtel); 332 (Raach); 57 (Schwarz); 71 b., 150/151 (Siemers); 97 (Steinhilber); 110 (Tuul & Morandi); 276/277 (Zenit/Boening); Look, München: blz. 58, 63 (age fotostock); 13 (Leue); 288/289 (Widmann); Mauritius Images, Mittenwald: blz. 138/139 (Abad); 71 o. (age/Bordonada); 74 o. (age/Hyniewska); 372 (age/Moreno); 103 (age/Pereyra); 232 (Alamy/Carvalho); 83 rm. (Alamy/Dagnali); 235 (Alamy/Hansen); 322 (Alamy/Luini); 238 (Alamy/Milas); 28 (Alamy/Scalia); 83 b. (Alamy/Torres); 93 (Alamy/travelpixs); 348 (Alamy/Vdovin); 17 (Alamy/White); 104 (Flüeler); 83 lm. (Foodanddrinkphotos); 182 (Frank); 312/313 (Hambach); 226, 396/397 (Howard); 85 (imagebroker/gourmet-vision); 89 (Kaiser); 9 (Krüger); 199 (Photononstop/Soreau); 18 (robertharding); 208/209 (Seba); 297 (Vidler); 74 rm. (Warburton-Lee/Pereyra); 38 (Westend61/Dieterich); Florian Peil, Berlijn: blz. 115, 325, 406; picture alliance, Frankfurt am Main: blz. 31 (dpa), 37 (dpa/Hitij); 51 (Archiv UPI); Thomas Widmann, Regensburg: blz. 137, 148; White Star, Hamburg: blz. 262 (Gumm)

Productie: Uitgeverij ANWB
Coördinatie: Els Andriesse
Tekst: Jürgen Strohmaier
Vertaling: Albert Witteveen, Amsterdam
Eindredactie: Machiel Rebergen, Amsterdam
Opmaak: Hubert Bredt, Amsterdam (binnenwerk);
Atelier van Wageningen, Amsterdam (omslag)
Grafisch concept: Groschwitz/Tempel, Hamburg
Ontwerp omslag: Yu Zhao Design, Den Haag
Cartografie: © DuMont Reisekartografie, Fürstenfeldbruck

© 2017 DuMont Reiseverlag, Ostfildern
© 2017 ANWB bv, Den Haag
Eerste druk
ISBN: 978-90-18-04153-3

Alle rechten voorbehouden
Deze uitgave werd met de meeste zorg samengesteld. De juistheid van de gegevens is mede afhankelijk van informatie die ons werd verstrekt door derden. Indien de informatie onjuistheden bevat, kan de ANWB daarvoor geen aansprakelijkheid aanvaarden.
www.anwb.nl

Het hoofdartikel is met **vet** aangegeven.

- Joods Museum 194
- Lucifermuseum 195
Torre 24, 228, **231**, 232
Torre de Moncorvo 327
Torreira 221
Trancoso 225
Trás-os-Montes 27, 316
Travanca 318
Tua 323

uitgaan 104, 122
uitrusting 99

Valença do Minho 307
Valpaços 331
veiligheid 105
verkeersregels 76
verklarende woordenlijst 424
vervoer 72, 75
Via Algarviana, wandelroute 91
Viana do Castelo **293**, 300
- Igreja da Misericórdia 293
- kathedraal 294
- Praça da República 293

Vidigueira 369
Vieira da Silva, Maria Helena 67, 133, 149
Vila do Bispo 382
Vila do Conde 269
Vila do Gerês 310
Vila Marim 320
Vilamoura 394
Vila Nova da Famalicão 277
Vila Nova de Cerveira 307
Vila Nova de Foz Côa 326
Vila Nova de Gaia 258, 262
Vila Nova de Milfontes 365
Vila Nova de Santo André 361
Vila Praia de Âncora 305
Vila Real 318
Vila Real de Santo António 407
Vilarinho das Furnas 315
Vila Viçosa 344, **346**
- Paço Ducal 346
Vinho Verde 87, 277
Viseu 222
- kathedraal 223
- Museu Grão Vasco 223

vissen (sportvissen) 91
voetbal 58
vogels kijken 33, 168, 220, 403
vrouwen, maatschappelijke
 positie van 41, 57, 105, 329, 414, 418

wandelen **91**, 99, 168, 176, 229, 267, 300, 304, 314, 352, 366, 410
water 106
watersport 88, 89, 91, 371
Werfel, Franz 50
wijn 87, 344
wijngaarden 258
winkelen 106
wintersport 89, 232

Zambujeiro 337
Zambujeiro do Mar 365
zeilen 91
Zêzere, rivier 193, 231
zwemmen 107